PETER ROSSDALE

PFERDE-ZUCHT

FRANCKH-KOSMOS

Titel der englischen Originalausgabe:
Horse Breeding
erschienen erstmals 1981 bei David & Charles,
Newton Abbot / Devon, überarbeitet und erweitert 1992
© Peter Rossdale 1981, 1992
(ISBN 0-7153-9975-6)

Aus dem Englischen von Jörg Savelsberg
Fachliche Beratung: Dr. med. vet. Barbara Poulsen Nautrup

Umschlaggestaltung von Atelier Jürgen Reichert, Stuttgart,
unter Verwendung eines Farbfotos von Werner Ernst:
Hannoveraner Stute Allegra v. Abhang III mit Stutfohlen, geb. 1992,
von Cuvee Charlie xx.

Die Deutsche Bibliothek – CIP-Einheitsaufnahme

Rossdale, Peter D.:
Pferdezucht / Peter Rossdale. [Aus dem Engl. von Jörg
Savelsberg]. – Stuttgart : Franckh-Kosmos, 1994
Einheitssacht.: Horse breeding ‹dt.›
ISBN 3-440-06747-5

Für die deutschsprachige Ausgabe:
© 1994, Franckh-Kosmos Verlags-GmbH & Co., Stuttgart
Alle Rechte vorbehalten
ISBN 3-440-06747-5
Printed in France / Imprimé en France
Herstellung: Die Herstellung, Stuttgart
Satz: Fotosatz Reinhard Amann, Aichstetten
Druck und Bindung: Partenaires Fabrication, Malesherbes

Inhalt

Vielen Dank!

Wie bei jedem Buch dieser Art war ich auf die Hilfe vieler Kollegen und Freunde angewiesen. Ich kann sie nicht alle aufzählen, aber zu ihnen gehören sowohl die Leitung wie das Personal jener Gestüte, für die ich in veterinärmedizinischer Hinsicht verantwortlich bin. Ferner wurde mir sehr von den Mitarbeitern meiner Praxis geholfen, besonders von Jenny Ousey, Andrew McGladdery und Sidney Ricketts. Ich möchte mich bei Jan Wade von R. & . W. Publications Ltd., Newmarket, für ihre redaktionelle Assistenz bedanken, bei Rachel Leeks, Anna Arnold und Enrico Stefanelli, einem Studenten der Veterinärmedizin aus Italien, der am TBA Equine Fertility Unit in Newmarket arbeitet. Mein Dank gilt außerdem Professor O. J. Ginther und Dr. W. R. Allen vom TBA Equine Fertility Unit für die Daten in Kapitel 14. Zum guten Schluß möchte ich mich bei Sue Hall vom Verlag David & Charles für ihre Geduld und Ausdauer bedanken.

Vorwort

Ich habe dieses Buch für den Pferdezüchter geschrieben und für alle anderen, die mit Zuchtstuten, Hengsten oder jungen Pferden zu tun haben. Es ist mein Ziel, den Leser über die biologischen Funktionen zu informieren, auf denen die Fortpflanzung des Pferdes beruht – und zwar in einer Sprache, die von Fachbegriffen so frei wie möglich ist. Es ist für die Beteiligten auf jeder Stufe der Verantwortung – Besitzer, Gestütsleiter und Personal – wichtig, sich mit diesem Thema auszukennen, damit sie die verschiedenen Vorgänge verstehen, mit denen sie in der Pferdezucht-Praxis konfrontiert werden. Ihr Wissen soll sie befähigen, sich mit den Problemen auseinanderzusetzen und auf gleichem Niveau miteinander zu reden. Es überrascht, wie oft Pferdebesitzer es nicht fassen können, daß ihre Stuten nicht frühzeitig in der Decksaison gedeckt worden sind, und häufig machen sie die Leute im Gestüt für ihre Fehlschläge verantwortlich.

In Wahrheit führen in der Pferdezucht viele Wege nach Rom. Sehr unterschiedlich sind die Rahmenbedingungen für die Zucht. Die einen Züchter sind reich, die anderen arm. Es gibt Profis und Amateure. Manche haben nur eine Stute, andere viele. Aber alle Pferdezüchter sind sich in einigen Bestrebungen gleich: Wir wollen Pferde auf wirkungsvolle und korrekte Weise züchten, wir wollen Erfolg haben, uns liegen die Gesundheit und das Wohlergehen der Pferde am Herzen. Es ist nicht die Aufgabe des Tierarztes, Dogmen zu predigen. Er muß erklären, wie Fortpflanzung funktioniert. Und das ist auch der Zweck dieses Buches. Der Mann an der „Front" – ob nun in der Abfohlbox oder in der Deckhalle – muß immer die Entscheidungen treffen. Dazu braucht er Hintergrundwissen und Information. Auf jeden Fall ist es wichtig, die Fakten zu kennen, bevor man eine korrekte Entscheidung treffen kann. Die Entscheidung kann bedeuten, daß man etwas unternimmt oder sich in Geduld übt, daß man eingreift oder den Tierarzt herbeiholt.

In all den Jahren meiner Arbeit als Fachtierarzt für Pferde beeindruckte mich die Begeisterung, mit der meine Hörer jeglichem Unterricht über alle Aspekte der Pferdezucht folgten. Unter den Menschen, die für Pferde Sorge tragen, gibt es offensichtlich jenen ernsthaften Typ, der lernen möchte, der sein Wissen und sein Verständnis von den körperlichen Funktionen des Pferdes verbessern will. Und die stehen in Beziehung zu den täglichen Erfahrungen hinsichtlich der sexuellen Aktivität oder Inaktivität, der Trächtigkeit, der Geburt und der Entwicklung des Neugeborenen.

Tierärzte sind wissenschaftlich geschult und darum gut geeignet, die Vorteile einer wissenschaftlichen Auffassung von der Pferdezucht deutlich zu machen, aber es ist wichtig, daß wir die Auswirkungen unserer Handlungen unter allen Umständen richtig einschätzen können. Von Natur aus lebt das Pferd z.B. im Herdenverband; ein Hengst verfügt über einen Stutenharem. Der Hengst und seine Haremsdamen erhalten während ihres ganzen Lebens ein enges soziales Band aufrecht und paaren sich im Frühling und Sommer, damit die Fohlen im späten Frühling des folgenden Jahres geboren werden. Aus ökonomischen, klimatischen und anderen Gründen trennen wir den Hengst von seinen Stuten. Ferner ordnen wir den Harem nach unserem Belieben. Die Stuten vom Hengst fernzuhalten, macht ein Vorgehen nötig, zu dem ein Abprobieren der Stuten gehört. Es veranlaßt diese, sexuelle Verhaltensweisen zu zeigen. Derart ist es möglich, darüber zu entscheiden, ob die jeweilige Stute einem Hengst zugeführt werden soll oder auch nicht. Das Abprobieren ist jedoch ein unnatürlicher Vorgang. Stuten können darauf ungünstig reagieren und nicht die typischen Anzeichen der Rosse zeigen. Die routinemäßige tierärztliche Untersuchung von Stuten werden wir später diskutieren, ebenso wie andere Maßnahmen, die in der Zucht nötig geworden sind wegen der Trennung des weiblichen Tiers vom männlichen.

Ich habe in diesem Buch versucht, haltungsbedingte Aktionen mit natürlichen Vorgängen zu verknüpfen, und derart – hoffentlich – den Züchter in die Lage zu versetzen, die Konsequenzen, Vorteile und Nachteile aller Abläufe zu bewerten, die notwendigerweise die Umwelt des Pferdes verändern und dadurch seine Reaktion auf die spezielle Umgebung. Durchweg vertrete ich die Auffassung, daß die natürliche Zuchtmethode unser Bezugspunkt sein muß. Und daß wir die Natur nicht verbessern, sondern nur in einer Weise mit ihr kooperieren können, die zumindest keine Schäden anrichtet. Um dieses Ziel zu erreichen, müssen wir uns der natürlichen Funktionen bewußt sein. Diesem Aspekt ist Teil II des Buches gewidmet. Teil III befaßt sich mit Abweichungen und Krankheiten.

Zehn Jahre sind verstrichen, seit die erste Auflage dieses Buches erschienen ist. Die Prinzipien der Pferdezucht haben sich in dieser Zeit nicht verändert. Aber die Wissenschaft hat, wie überall, neue Erkenntnisse erzielt. Der vielleicht bemerkenswerteste Fortschritt für die Pferdezucht war die Einführung der Ultraschalltechnik, der ein neues Kapitel gewidmet ist. Die Techniken der künstlichen Besamung (KB) haben sich verbessert und werden zunehmend europa- und weltweit angewandt, freilich nicht bei den Vollblütern, wo sie unverändert verboten sind. Die Technologie des Embryotransfers hat sich bei allen Spezies ebenfalls verbessert und wird auch in zunehmendem Maße beim Pferd angewandt. Aus diesen Gründen ist ein Abschnitt über KB und Embryotransfer hinzugekommen. Die Wissenschaft von der Fütterung hat sich fortentwickelt, und darum befaßt sich jetzt ein eigenes Kapitel mit diesem Thema, wenngleich es dazu viele ausgezeichnete Werke für jene gibt, die an einer detaillierteren Information interessiert sind; eine Liste wichtiger Bücher ist dem Kapitel angefügt.

Teil I
Pferd und Mensch

1
Die Natur des Pferdes

Seit Tausenden von Jahren nutzt der Mensch das Pferd, in Krieg und Frieden. In jüngerer Zeit – nachdem der Verbrennungsmotor erfunden worden ist – sind Sport und Erholung die Schwerpunkte der Pferdenutzung. Heute sind Pferde sozusagen vierbeinige Partner des Menschen. Sie bereiten ihm – ob als Zuschauer oder Reiter – Freude beim Freizeitreiten, Jagdreiten, Springreiten, Galopprennsport, Trabrennsport, bei der Vielseitigkeit und der Dressur. Jeden Tag widmen weltweit Abertausende von Männern und Frauen ihre Energien der Zucht, Aufzucht, dem Unterhalt und dem Training von Pferden aller möglichen Rassen. Sie verfolgen – auch gegen mancherlei Widerstand – sehr beharrlich ihre Ziele, bei denen es sich um die eigene Befriedigung, aber auch um Gewinnstreben handeln kann. Die Resultate ihrer Arbeit unterhalten Millionen von Zuschauern, die nur gelegentliches Interesse an Pferden und wenig Kontakt mit ihnen haben – außer als Beobachter auf Turnierplätzen oder als Zuschauer am Bildschirm. Das Pferd ist in vielen Ländern zu einer nationalen Freizeitbeschäftigung geworden, und die Zulieferindustrie, die sich mit vielen Bereichen rund ums Pferd beschäftigt, verschafft etlichen Menschen Arbeitsplatzsicherheit und Einkommen auf den Gebieten Fütterung, Journalismus, Werbung, Wetten, Hufbeschlag, Sattlerei, Transport per Luft, Straße, Wasser und, natürlich, Veterinärmedizin.

All diese Bereiche, die direkt oder indirekt mit dem Pferd verbunden sind, befassen sich mit einer einzigen Art, dem *Equus caballus*, mit seiner Vielzahl von Rassen – Shire und Shetland, Vollblut und Araber, Pony und Appaloosa usw. Die Evolution des modernen Pferdes reicht Ewigkeiten zurück bis zu fuchsgroßen Ahnen und umfaßt heute Wildpferde, Esel und Zebras.

Wir können die Privilegien und Vorteile nicht hoch genug einschätzen, die uns die Natur gewährt hat, als sie uns einen so anpassungsfähigen, nützlichen animalischen Partner an die Seite stellte. Da wir dieses liebenswerte, robuste und anmutige Geschöpf aus seiner natürlichen Umgebung herausgerissen und in unsere zivilisierte Lebensweise eingebunden haben, dürfen wir uns nicht nur der Vorteile seiner physischen und physiologischen Eigenschaften bedienen, wir müssen auch die Grenzen akzeptieren, innerhalb derer diese Attribute zu nutzen sind. Autos können unterschiedliche Gestalt, Abmessung und Leistung haben – aber von keinem Auto verlangen wir, daß es fliegt. Und könnte eines fliegen, dann wäre es kein Auto mehr. Diese Analogie trifft auch auf Pferde zu. Die Natur hat bestimmte Strukturen entwickelt, die wir nicht verändern können außer in Hinsicht auf Gestalt, Abmessung und Leistung; könnten wir irgendwie die evolutionäre Stufenleiter ändern und ein Pferd mit völlig anderen Merkmalen produzieren, etwa mit Flügeln oder mit einem zusätzlichen Gliedmaßenpaar, dann würde es sich nicht länger um ein Pferd handeln. Ein Pferd ist ein Pferd und bleibt ein Pferd, und für unsere Zwecke haben wir nur eine Spezies, *Equus caballus*, ein Produkt der Evolution. Diese Spezies hat 64 Chromosomen (jene Fäden, die das genetische Material tragen), das Bergzebra hat dagegen 32, der Esel 62 und das

Przewalskipferd 66. Die körperlichen und anderen Merkmale von Pferden sind Ausdruck ihres genetischen Materials, und ihre Größe und Gestalt können durch Selektion nur innerhalb bestimmter Grenzen verändert werden. Daraus resultieren die verschiedenen Rassen. Durch selektive Zucht können wir die Merkmale derart manipulieren, daß die Pferde den unterschiedlichen Zwecken entsprechen, zu denen wir sie nutzen, z.B. für die Reiterei, den Rennsport oder das Ziehen schwerer Lasten; fundamentale Änderungen der biologischen Funktionen wie Geschlechtsleben, Atmung, Verdauung oder Ausscheidung können wir nicht bewirken. Natürlich beeinflussen wir diese Funktionen, indem wir ihre Umgebung modifizieren, auf natürliche oder künstliche Art. Wir können zum Beispiel Pferde in einem heißen, trockenen Klima oder in einem kälteren, mehr gemäßigten Klima züchten. Ebenso können wir, in gewissem Maß, die geographische Umgebung ändern, indem wir für Unterstand und Wärme in kalten Gegenden oder für Bewässerung in heißen, unfruchtbaren Gegenden sorgen.

Bei der Zucht von Pferden müssen wir uns über die Wirkung der Umwelteinflüsse im klaren sein, über die Folgen der Selektion für das Zuchtmaterial und die Möglichkeiten der Art, sich innerhalb der Grenzen ihrer ererbten Merkmale anzupassen. Pferde aller Zuchten haben z.B. einen natürlichen Fortpflanzungsrhythmus: Die Paarungsbereitschaft ist im späten Frühjahr und im Sommer am größten. Dieses natürliche Fortpflanzungsmuster wird von der Tageslichtverlängerung gesteuert und war in Hinsicht auf die Evolution nötig für das Überleben der Art: So war sichergestellt, daß die Fohlen unter günstigen klimatischen Bedingungen geboren wurden. Zwischen natürlicher Auslese und Umwelt entwickelte sich eine Harmonie, in der sich beide ergänzten. Wir haben allerdings die Regeln der Evolution modifiziert. Wir wählen heute Zuchtmaterial auf der Basis spezieller Merkmale, wie etwa Rennleistung, aus und verändern die Umwelt, indem wir Frühlingsbedingungen im Winter schaffen. Wir haben so das Gleichgewicht zwischen natürlichem Sexualverhalten und Umwelt aufgehoben, lassen die Stuten zu beliebiger Jahreszeit decken – ungeachtet der Länge des Tages oder des jeweiligen Klimas. Ferner ändern wir die ererbten Fähigkeiten einer bestimmten Pferdepopulation, wenn wir solche Individuen, die einem von uns gewünschten Muster entsprechen, sich zum Beispiel im Februar auf unserer nördlichen Erdhalbkugel paaren lassen. Andererseits können wir die grundsätzliche Natur des Fortpflanzungszyklus der Stute nicht ändern, insbesondere nicht die Arbeitsweise der Keimdrüsen, die zuständig sind für Veränderungen des Verhaltens und der Physiologie im Rossezyklus (siehe Kapitel 2).

Pferde züchten

Die wichtigste Erwägung in der Pferdezucht betrifft die Auswahl der Tiere zur züchterischen Nutzung auf der Basis von hilfreichen Merkmalen, wie beispielsweise der Fruchtbarkeit: die Fähigkeit aufzunehmen, Fohlen auszutragen, zu gebären und zu ernähren. Ferner sollten die Zuchtpferde in einer entsprechenden Umgebung untergebracht sein. Unter angemessenen Ernährungsbedingungen zeigen Stuten sexuelle Aktivität und akzeptieren den Hengst in den späten Frühjahrs- und in den Sommermonaten. Und elf Monate später sind die Fohlen da, vielleicht nicht von allen Stuten, aber immerhin von einer beträchtlichen Anzahl. Um die Chance zu erhöhen, daß jede Stute ein Fohlen bekommt, sollte der strebsame Züchter jene Stuten aus dem Bestand entfernen, die im ersten Jahr nicht aufgenommen haben. Dasselbe Prinzip der Auslese sollte er in den folgenden Jahren anwenden. Diese Selektionskriterien sollten auch auf das männliche Pferd angewendet werden. Bei ungenügender Fruchtbarkeit ist es durch einen anderen Hengst zu ersetzen.

Züchter, die nach diesem Grundsatz handeln, werden alljährlich durch einen hohen Prozentsatz lebendgeborener Fohlen belohnt. Es muß genügend Weideland vorhanden sein, um starke Parasitenkonzentration zu vermeiden. Sie könnte Schwächung und Tod vieler Tiere verursachen und die züchterische Effizienz der Herde vermindern. Der kluge Züchter stellt sicher, daß tragende Stuten Zugang zu qualitativ hochwertigen Frühjahrsweiden haben, inbesondere in den letzten Monaten der Trächtigkeit, und daß diese Bedingungen auch nach dem Abfohlen vorhanden sind, wenn die Stuten sexuell aktiv werden und wieder gedeckt werden sollen.

Solche Maßnahmen befähigen den Pferdezüchter, seine Ziele zu erreichen. Wir können freilich nicht garantieren, daß das Resultat seiner Mühen auch geeignet ist für einen bestimmten Zweck. Züchtet er zum Beispiel Shetlandponys, Shires oder Vollblüter, dann wird es ihm immer gelingen, die gleiche Größe und Gestalt zu produzieren. Sobald er andere Selektionskriterien vorgibt – ein besonderes farbiges Abzeichen, Form des Kopfes oder Schnelligkeit –, geht die natürliche Gleichung nicht mehr auf. Früher oder später entwickeln sich Probleme. Um sich in der Praxis auf eine begrenzte Anzahl typischer Merkmale zu konzentrieren und andere auszuschließen, bedient man sich nur eines genetischen Pools und zieht diesen allen anderen vor. Wenn wir also auf der Basis von Rennleistung (Speed und Stamina) selektieren, dabei aber solche Qualitäten wie Fruchtbarkeit und Fähigkeit, eine gute Mutter zu sein, nicht berücksichtigen, dann steigern wir ungewollt die Risiken der Unfruchtbarkeit, des unzureichenden Größenwachstums und der mangelnden Gesundheit. Dies bedeutet nun nicht, daß alle Pferde mit überdurchschnittlicher Leistung nicht hinreichend fruchtbar oder alle sehr fruchtbaren Pferde langsam sind. Die Verbindung zwischen beiden Merkmalen ist auf jeden Fall in einem Teil der Population vorhanden. Wenn wir jedoch nur auf eine Gruppe von Merkmalen selektieren, sehen wir uns einem entsprechenden Zuwachs an Tieren mit Zuchtproblemen gegenüber. Wenn ein Züchter einen speziellen Markt bedienen will, muß er versuchen, das Gleichgewicht zwischen Fruchtbarkeit und Leistung herzustellen.

Soziale Organisation und Fortpflanzung

Der heutige Pferdezüchter sollte einiges über das Urwildpferd wissen, um die Zuchtprobleme zu verstehen. Natürlich gibt es nur wenige wirklich wilde Pferdearten, die man studieren kann. Viele von ihnen sind nur in Parks oder im Zoo anzutreffen. Um sie zu untersuchen und zu verstehen, müssen wir nicht in die Mongolei reisen, wo es die Przewalskipferde gibt, oder nach Afrika, wo noch Wildesel oder Zebras auftreten; eine Fahrt nach New Forest oder Exmoor genügt, um die

Grenze sichtbar werden zu lassen, die das moderne Pferd überschritten hat und auf der unsere züchterischen Bemühungen basieren.

Die soziale und sexuelle Organisation des Herdenlebens ist wichtig, weil sie instinktiv und nach ererbtem Muster abläuft. Sie entscheidet über einen Großteil des Sexualverhaltens unserer heutigen Pferde. Auch wenn wir – schon aus praktischen Gründen – dieser Organisation keine vollständige Entfaltung einräumen können, ist es nur dann möglich, sich mit bestimmten Problemen in Gestüten auseinanderzusetzen, wenn wir uns ihrer Bedeutung bewußt sind. Das Leben in der Herde ist das Motiv hinter den Verhaltensmustern, mit denen wir täglich konfrontiert werden, sei es als Tierarzt oder als Gestüter.

Grundsätzlich gibt es zwei Arten sexueller Organisation. Die eine haben sich die Pferdefamilie, das Zebra und das Bergzebra angeeignet, und sie wird charakterisiert durch umherstreifende Familiengruppen, die sich aus einem Hengst, ein paar Stuten und deren Fohlen zusammensetzen. Diese Gruppen (Harems) bleiben über viele Jahre beisammen. Die jungen männlichen Tiere verlassen schließlich ihre Gruppe und schließen sich Junghengstgruppen an, aus denen sich dann einzelne Tiere absondern, um neue Harems zu gründen. Diese setzen sich zusammen aus jungen Stuten, die ihre ursprüngliche Familie verlassen haben. Einige äl-

Ein Hengst mit seinen Stuten und deren Fohlen in Exmoor. Der Hengst erschien auf der Szene, weil der Fotograf sein Mißtrauen weckte. Er fühlte sich bemüßigt, seine Stuten vor äußeren Störungen zu schützen.

tere Stuten, die zu Streunerinnen geworden sind, können in die neue Gruppe einbezogen werden. Die Paarung findet zwischen dem Leithengst und seinen Stuten statt. Die Stellung dieses Hengstes wird von anderen Hengsten respektiert, zu Kämpfen kommt es kaum oder gar nicht. Die Fohlen verbleiben bis zu ihrem zweiten oder dritten Lebensjahr in der Familie und verlassen diese dann weniger, weil sie von den Älteren vertrieben werden, als vielmehr aus freien Stücken. Der Trennungsprozeß des Fohlens von der Stute oder des Jährlings bzw. Zweijährigen von der Familie ist jedoch ein empfindlicher Balanceakt zwischen positiver Zurückweisung und freiwilligem Verlassen der Herde. Derart erfreuen sich alle Mitglieder einer Familie fortdauernder Sicherheit in der Gruppe, und die Herde kann als Einheit große Strecken zurücklegen, ohne auf ein bestimmtes Territorium fixiert zu sein.

Im Gegensatz dazu hat eine kleinere Anzahl der Spezies Pferd eine andere Form der Organisation. Dazu gehören das Grevyzebra, das im Somaliland und im nördlichen Kenia lebt, und der Esel. Bei ihnen gibt es nicht die ständige Verbindung zwischen auch nur zwei erwachsenen Tieren. Angehörige dieser Arten können allein oder in Gesellschaft mit anderen leben. Die Zusammensetzung einer Gruppe kann sich freilich fast stündlich ändern. Es gibt nur eine dauerhafte Verbindung: die zwischen Stute und Fohlen. Ferner sind die Hengste an ein bestimmtes Territorium gebunden, das sie mit aller Energie gegen andere männliche Tiere ihrer Spezies verteidigen.

Die Pferde, wie wir sie besitzen und züchten, sind nach dem ersten sozialen Muster organisiert. Unter den Bedingungen des modernen Gestütsmanagements zwingen wir unseren Pferden jedoch eine Organisation auf, die eher der zweiten Art ähnelt, d. h. der des Grevyzebras und des afrikanischen Wildesels. So bringen wir den Hengst in eine Situation, die an die männliche Dominanz innerhalb territorialer Grenzen erinnert. Er bedient eine Herde, die sich ständig neu zusammensetzt. Es handelt sich also nicht um die zusammenhängende Familiengruppe mit nur einem männlichen Tier, die charakteristisch für die umherstreifenden Vorfahren unser heutigen Pferde ist.

Diese erzwungene Sozialordnung moderner Zuchtstätten wird fast überall in der Welt praktiziert. Sie isoliert den Hengst von den Stuten, beschränkt ihn auf eine Box im Stall oder auf einen speziell hergerichteten Paddock. Früher war es üblich, jeglichen Kontakt des Hengstes mit anderen Pferden zu verhindern. Heute hat er etwas mehr Freiheit, er wird bewegt, indem man ihn herumführt oder reitet. So hat der Hengst einigen entfernten Kontakt mit den Stuten in der Herde. Allerdings darf und muß er nicht das ihm zugewiesene Territorium innerhalb der Organisation des Gestüts verteidigen.

Die Stuten halten sich in Gruppen auf, die ziemlich willkürlich zusammengesetzt sind nach solchen Kriterien wie güst, tragend oder Fohlen bei Fuß. Die Gruppen kommen für relativ kurze Zeiten zusammen und bestehen allenfalls für Wochen oder Monate. Die Mitglieder einer Gruppe werden ferner isoliert oder neu zusammengesetzt, indem man sie nachts in die Box stellt. Auf der südlichen Erdhalbkugel, in Australien, Neuseeland und Südafrika, werden die Stuten im Lauf des Jahres kaum einmal aufgestallt. Ihnen werden Gruppenkontakte erlaubt, die denen ihrer Vorfahren und wilder Pferde ähneln, wenngleich die Stuten sich nicht der Anwesenheit eines Hengstes erfreuen. Nur in vergleichsweise seltenen Fällen werden Stuten und Hengste gemeinsam auf die Weide gelassen.

Die noch am wenigsten künstlichen Zuchtbedingungen erlegen wir halbwilden Herden auf, die über die Moore und durch die Wälder streifen. Deren Organisation ähnelt sehr dem natürlichen Ein-Hengst-Familienverband, in dem der Hengst über das ausschließliche Deckrecht verfügt. Diese fast natürliche Situation können wir nicht vergleichen mit dem intensiven Management von Vollbluthengsten, die während der Zuchtsaison mit den Stuten laufen und sich paaren dürfen. Unter diesen Bedingungen besteht die Herde aus Mitgliedern, deren Verhaltensmuster durch das Einreiten, Reiten und andere Maßnahmen „zivilisiert" wurden. Die Zusammensetzung dieser Gruppe ist nur zeitweilig und dient allein Zuchtzwecken während der Saison.

Die soziale Organisation des natürlichen Harems und die Verbindungen, die zwischen Familienmitgliedern geknüpft werden – dem Hengst, den Stuten, Fohlen, Jährlingen und jungen Hengsten und Stuten –, basieren auf den Zwängen, die sich aus der Paarung, dem genetischen Erbe und der Fütterung ergeben. Innerhalb des Harems dominiert der Hengst, und die männlich-weiblichen Bindungen schaffen eine Langzeit-Loyalität, die das ganze Leben der Stuten andauert. Sexuelle Signale werden vom Hengst interpretiert. Er betrachtet den breitbeinigen Stand der Stute in der Rosse (Östrus) als visuelle Einladung, ihren sexuellen Status zu erkunden. Der Geruch der rossigen Stute ist ein noch sichereres Signal, das dazu noch über einige Entfernung wirkt. Schließlich versichert sich der Hengst des sexuellen Status' der Stute über den Geschmackssinn. Der Harem repräsentiert eine Gruppe, die auf der Suche nach Futter große Strecken zurücklegen und gleichzeitig einen engen Zusammenhang aufrechterhalten kann. Zur Paarung kommt es, wenn die Stuten sexuell bereit sind. Dieses System hat sich durch die evolutionären Kräfte der Selektion entwickelt. Es bietet die besten Eigenschaften für optimale Überlebenschancen. Unter natürlichen Bedingungen paaren sich die von der Selektion begünstigten Individuen nur in den Frühjahrs- und Sommermonaten. Dadurch wird entschieden, daß die Fohlen ein Jahr später zu einer Zeit geboren werden, in der angemessene Ernährung und milde klimatische Bedingungen gewährleistet sind. Die Fähigkeit der umherstreifenden Gruppe, große Strecken zurückzulegen, beschränkt sie nicht auf ein Gebiet, das womöglich dürr wird, wo es an Futter und Wasser mangelt.

Der genetische Pool wurde durch das Haremsystem zusammengehalten und nicht durch immer neue Individuen zerstreut. Der Effekt dieser Beschränkung bedeutete, daß erfolgreiche Gruppen – solche mit Genen, die für optimales Überleben in feindlicher Umgebung verantwortlich sind – geschützt waren und ihre Position in der Herde aufrechterhielten, während dies weniger erfolgreichen Harems schlechter gelang. Erfolg zeugt Erfolg – diese Evolutionsmaxime gilt für alle Lebewesen. Für die Vermischung eines genetischen Pools mit einem anderen und die Erzeugung eines neuen genetischen Pools sorgten natürlich die jungen Hengste, die ihren eigenen Harem gründeten und zu dessen Mitgliedern streunende Stuten etablierter Harems gehörten oder junge Stuten, die ihren Harem verließen, als es „an der Zeit" war. Die Abtrennung der jungen Pferde begrenzte ferner das Maß der Inzucht, die sonst innerhalb des Harems aufgetreten wäre, wenn der Vater sich mit seinen Töchtern paart. Außerdem wurde dadurch das Risiko vermieden, daß ein Harem zu groß wurde, um von einem Hengst angemessen betreut zu werden.

Bruchstücke dieser sozialen Organisation und des Fortpflanzungsverhaltens – die sich über viele Millionen Jahre entwickelt haben – können wir heute noch an unseren Pferden in den Gestüten feststellen. Durch unser Management haben wir in den Prozeß der natürlichen Evolution eingegriffen, indem wir die Umwelt veränderten und eine Zuchtauswahl nach unseren Zielen und je nach Rasse betrieben. Wir können nur staunen, wie die Spezies Pferd bei dem Veränderungsprozeß mitgearbeitet hat. Das moderne Pferd hat sich daran gewöhnt, daß es auf umgrenzte Territorien beschränkt wird, daß Mitglieder eines Harems auf willkürliche Weise voneinander abgesondert und isoliert werden und daß sich die Decksaison änderte: Stuten werden sowohl im Winter als auch im Frühjahr, Sommer und Herbst gedeckt und bekommen zu allen Jahreszeiten Fohlen. Wir zahlen den Preis für diese Veränderungen, indem wir für Nahrung und Schutz derart sorgen müssen, daß sie diesem Wechsel im Paarungs- und Geburtsverhalten entsprechen. Wir sind sozusagen dazu verurteilt, Heu zu machen und Futter zu lagern, das reich ist an Kohlenhydraten und Proteinen; wir müssen teure Ställe bauen, um die Zuchtpferde unterzubringen und sie vor klimatischen Widrigkeiten dann zu schützen, wenn Frühlings- und Sommerverhältnisse erforderlich sind. Die notwendigen Maßnahmen zur Simulation des Frühjahrs im Winter sind recht teuer; viel Arbeit und Mühe ist angesagt, um die entsprechenden Futterstoffe zu produzieren und um die Pferdeboxen und begrenzten Weideflächen, die den Stuten zugestanden werden, einigermaßen frei von Parasiten zu halten. In der Natur ist keine dieser Maßnahmen nötig.

Die Keimdrüsen und die Sexualorgane sind der biologische Hintergrund des sozialen und sexuellen Verhaltens von Pferden. Die erfolgreiche Manipulation dieser Keimdrüsen und Organe und die Änderung ihrer Funktionen nach unseren Zwecken hängen vor allem von unserer Fähigkeit ab, die dabei ablaufenden biologischen Prozesse zu verstehen. Absicht dieses Buches ist es, dem Leser die grundsätzlichen biologischen Prinzipien jener Strukturen und Funktionen zu erklären, die die Fortpflanzung von Stuten und Hengsten in Gesundheit und bei Krankheit regeln. Nur durch das Verständnis von den komplexen Systemen und ihren Wechselwirkungen innerhalb des Körpers können wir die äußeren sexuellen Verhaltensweisen des Pferdes deuten und sie zu unserem ökonomischen Vorteil steuern. Pferdezucht ist simpel, wenn man alles der Natur überläßt; wenn wir aber die Führung übernehmen, müssen wir begreifen, was wir zu tun haben, um erfolgreich zu sein; viele Probleme und Erkrankungen, mit denen wir konfrontiert werden, sind das direkte Resultat unserer Verständnismängel. Je weiter wir uns von der Natur entfernen, desto schwieriger werden wahrscheinlich unsere Aufgaben in der Pferdezucht, desto mehr Problemen sehen wir uns gegenüber und desto wichtiger ist es, den biologischen Mechanismus der „Maschine" zu kennen, die wir zum Laufen bringen.

2
Veterinärmedizin und Zucht

Die Tierärzte sind im Verlauf des letzten Vierteljahrhunderts immer mehr in die Pferdezucht einbezogen worden. Die Gründe dafür liegen auf der Hand; Tiermediziner sind geschult in der Wissenschaft von der Fortpflanzung, und die wissenschaftlichen Erkenntnisse erweitern sich mit steigender Geschwindigkeit. Pferdezüchter andererseits haben es mit steigenden Kosten zu tun und sind zu einem immer größeren Kapitaleinsatz beim Erwerb von Stuten und Hengsten gezwungen. Der Wert von Weideland und Anbauflächen, die Löhne für Gestütspersonal und Landarbeiter, die Transportpreise und die Steuern sind eskaliert. Unter diesen Bedingungen ist der Ansporn groß, die Produktivität zu heben und dadurch die Stückkosten zu senken. Zugleich gibt es den Druck, Anforderungen des Marktes von durchaus künstlicher Natur zu entsprechen, wie zum Beispiel Aussehen, Größe und frühe Geburt. Alle Mittel scheinen für diese Zwecke gerechtfertigt, und es überrascht daher nicht, daß sich die Züchter zur Lösung ihrer Probleme der Veterinärmedizin und den Tierärzten zugewandt haben. In diesem Buch müssen wir untersuchen, wieweit ihr Vertrauen in die Wissenschaft sich erfüllt hat oder auch nur zu rechtfertigen ist. Einerseits haben wir mehr Pferde, weniger Weideflächen für Zuchtpferde, begrenzten Stallraum, erfahrene Arbeitskräfte und einen reduzierten Ertrag an Kraftfutter und Heu, woraus übervolle Ställe und zweitklassige Fütterung resultieren. Andererseits hat die Zucht Zugang zu ausgeklügelteren Techniken, Therapien und Maßnahmen, die in Labors, Tierarztpraxen und Instituten entwickelt worden sind.

Es ist schwierig, all diese Umstände in Begriffen wie Erfolg oder Fehlschlag objektiv einzuschätzen. Die meisten Vollblutzuchten weisen eine zunehmende Produktivität unter dem Aspekt der jährlich lebendgeborenen Fohlen auf. In der ersten Auflage dieses Buches zeigten die Zahlen zwischen 1957 und 1979, die dem *General Stud Book* (Vollblüter) Großbritanniens entnommen sind, daß die Gesamtzahl der Stuten von 7500 (1957) ihre Höchstmarke mit 17500 im Jahre 1975 erreicht hatte. In dieser Zeit blieb der Prozentanteil von tragenden Stuten und lebendgeborenen Fohlen unverändert. In jüngerer Zeit scheint sich die Prozentzahl der trächtigen Stuten verbessert zu haben (Abb. 1). Die Gründe dafür sind noch unklar, da es noch keine objektiven Studien zu diesem Thema gibt und Statistiken von Stutbüchern auf den Rückmeldungen von Züchtern beruhen, die sich nach Mode und Umständen verändern können. Ein Beispiel: Eine Stute ist, sagen wir mal, 60 Tage nach der letzten Bedeckung für trächtig befunden worden. Drei Monate später hat sie verfohlt. In der Meldung ans Stutbuch kann es nun heißen „verfohlt" aber auch „güst".

Eine Zunahme der Produktivität (Prozentsatz an lebendgeborenen Fohlen) scheint gleichwohl stattgefunden zu haben. Es kann dies seine Ursache darin haben, daß Besitzer Zuchtstuten mit schwacher Zuchtleistung auf ökonomischen Druck hin ausgesondert haben. Sie mag auf verbessertes Management und Fortschritte in der Tiermedizin zurückzuführen sein. Vielleicht handelt es sich auch

Abb. 1 a: Trächtigkeit (o–o–o) und lebendgeborene Vollblutfohlen (●-●-●) als Prozentsätze der insgesamt zwischen 1970 und 1993 gedeckten Stuten in Großbritannien.

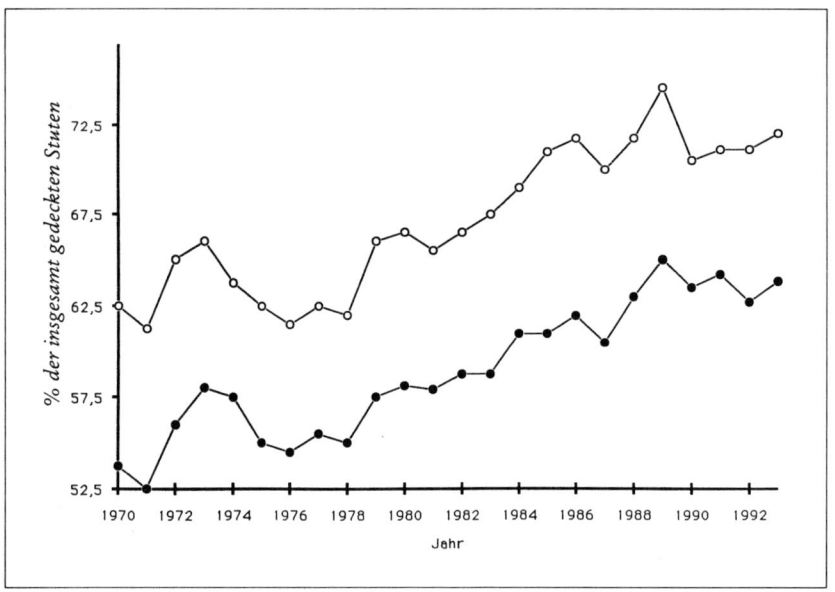

Abb. 1 c: Bedeckungen und registrierte Fohlen in den deutschen Warmblutzuchten 1991–1993 (nach FN-Jahresbericht – absolute Zahlen).

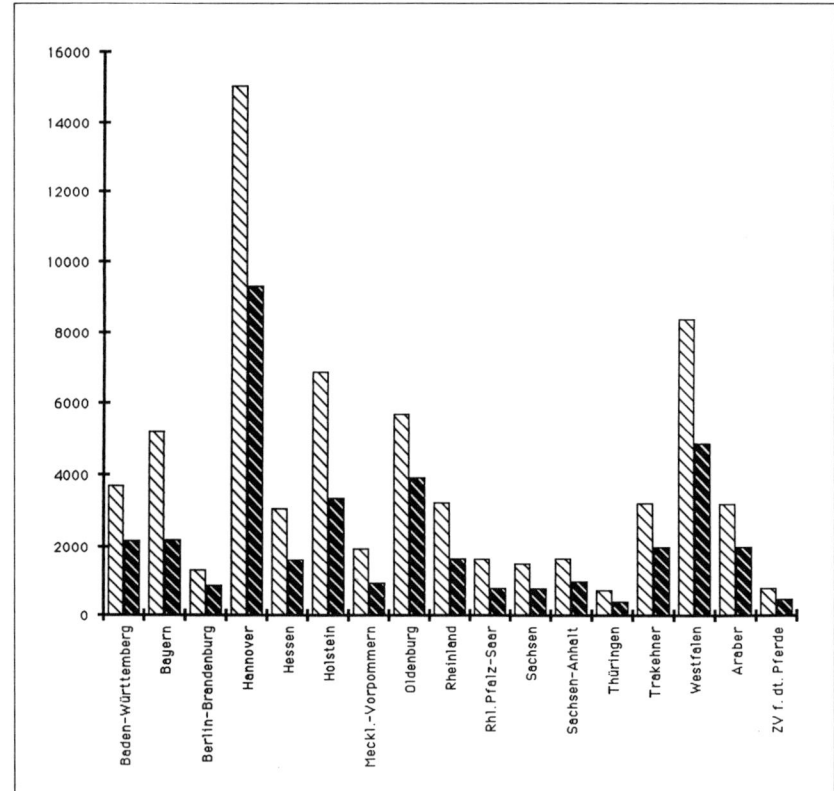

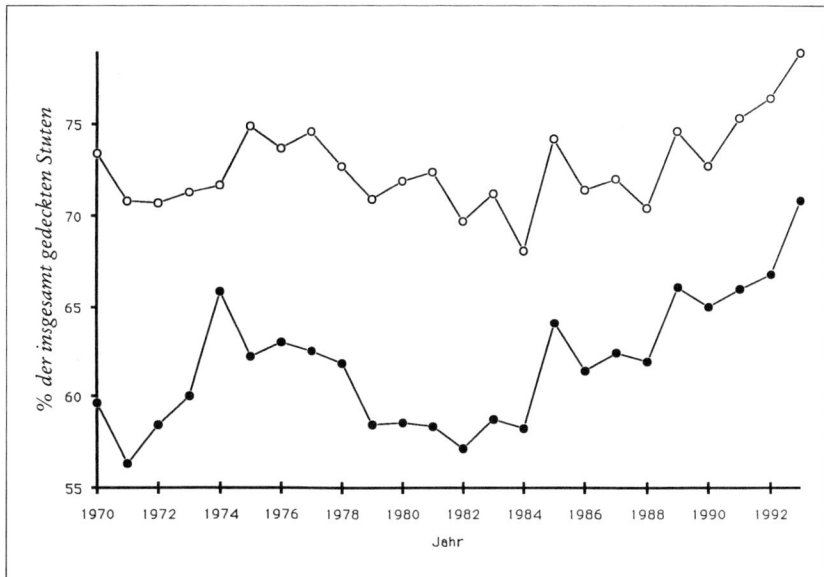

Abb. 1 b: Trächtig-keit (o–o–o) und lebendgeborene Vollblutfohlen (●–●–●) als Pro-zentsätze der insge-samt zwischen 1970 und 1993 in Deutschland ge-deckten Stuten (An-gaben nach ADGB – für 1993 vorläu-fige Zahlen).

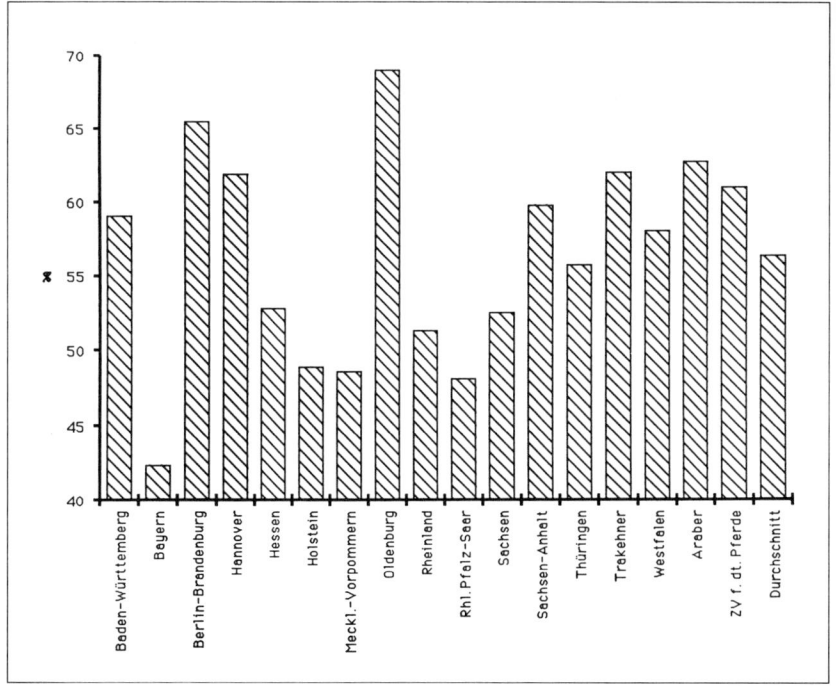

Abb. 1 d: Abfohl-quote 1992 in Pro-zent in den deut-schen Warmblut-zuchten (nach FN-Jahresbericht).

um eine Kombination dieser Faktoren. Ferner spiegeln die Resultate in sehr großen Beständen nicht das wider, was in kleineren Ställen bei optimalen Zuchtbedingungen erreicht werden kann. Groß ist die Zahl der Variablen, die in Rechnung gezogen werden müssen, um den Beitrag der Veterinärmedizin für die Pferdezucht einschätzen zu können. Man könnte mit Recht mehr Aufmerksamkeit
bei der Erstellung von Statistiken fordern. Diese müßten auf sorgfältig erhobenen
Informationen beruhen, damit man Fortschritte vergleichen kann – wenn schon
nicht von Jahr zu Jahr, so doch wenigstens von Jahrzehnt zu Jahrzehnt. Es wäre
eine dankbare Aufgabe für Zuchtverbände, solche Untersuchungen einzuführen
und zu überwachen.

Die Auswirkungen der Selektion auf die Fruchtbarkeit haben wir bereits diskutiert. Mit oder ohne tierärztliche Assistenz würde sich die Situation in jeder
Pferderasse verbessern, wenn Züchter Stuten auf gute Zuchtleistung selektieren
und solche mit zweitklassigen Resultaten aussondern würden. In Zuchten wie
der Vollblutzucht, in denen Züchter sich weigern, die simple Politik der Aussonde-
rung von schlechtem Zuchtmaterial aus ihrem Bestand zu betreiben, benötigen
wir die Hilfe des Tierarztes, um jene Defekte zu beheben, die eine Folge des züchterischen Fehlverhaltens sind. In der Praxis der Zucht von Hochleistungspferden
– für den Trab- und Galopprennsport, für Springen und Vielseitigkeit – dient die
Wissenschaft oft als Schild gegen die Probleme, für die die Zuchtpolitik verantwortlich ist. Dazu gehören die Auswirkungen übervoller Ställe, unzureichender
Futterqualität und der Bedeckungen in willkürlich gewählten Kalendermonaten,
die zu Geburten zu falscher Zeit und Frühreife führen. All diese Auswirkungen
kumulieren in Krankheit, Wachstumsstörungen und Verletzungen. Mit den Worten eines populären Schlagers: „You can't have one without the other". Intensives
Management und intensive Landwirtschaft sind unausweichlich verbunden mit
Krankheiten und Störungen. Als Konsequenz daraus werden Veterinärmedizin
und Tierärzte in starkem Ausmaß zur Beratung herangezogen.

Fortschritt in der Veterinärmedizin

Hormonale Funktionen

Die Veterinärmedizin bietet den Pferdezüchtern vielfältige Vorteile. Die 50er
Jahre stellten die Weichen für deutliche Fortschritte. Ab da wurde der Tierarzt
immer mehr in die praktische Pferdezucht einbezogen. Davor war der wichtigste
Beitrag der Wissenschaft zur Zucht das Wissen um den Rossezyklus der Stute. Es
beruhte auf der Beobachtung ihres Verhaltens (Seite 72), das in Verbindung gesetzt wurde zu den Informationen, die durch das rektale Abtasten der Eierstöcke
und die Untersuchung des Gebärmutterhalses mit einem Spekulum gewonnen
wurden. Diese Techniken lieferten die Basis für die gynäkologischen Routineuntersuchungen, die derart weltweit zu einem Merkmal für das Zuchtmanagement
der Nachkriegszeit wurden. Diese Untersuchungen verhalfen dem veterinärmedizinischen Berufsstand zu einer festen Position in der Zucht. Er übernahm weitgehend die Verantwortung des Stallmannes am Probierstand, weil der Tierarzt
über die Fähigkeit verfügte, die optimale Zeit der Bedeckung vorherzusagen und

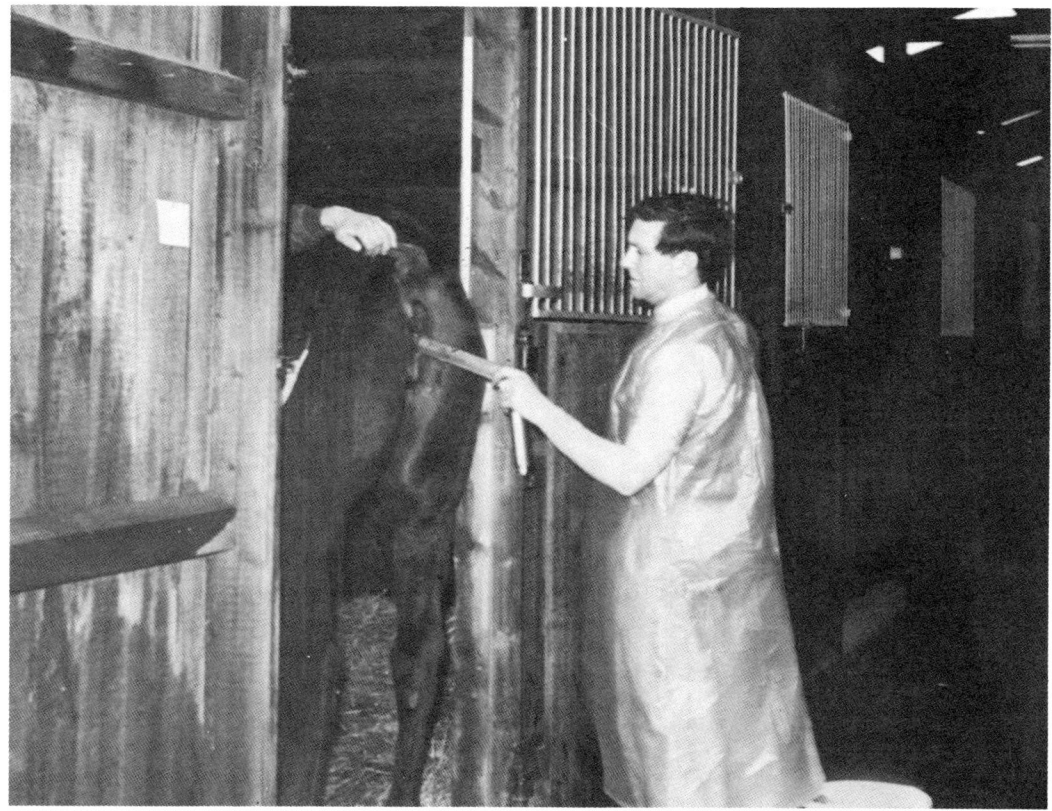

Rosse sowie Trächtigkeit festzustellen. Diese Themen werden ausführlicher auf Seite 62 diskutiert.

Von den hormonalen Ereignissen des Rossezyklus und der Trächtigkeit verstand man bis 1950 nur wenig, mit zwei bemerkenswerten Ausnahmen. Diese Ausnahmen waren 1. die Fähigkeit, die Ausstoßung einer reifen Eizelle durch die Verabreichung eines luteinisierenden Hormons wie HCG (**H**uman **C**horionic **G**onadotropine = menschliches Choriongonadotropin) herbeizuführen, das aus dem Urin schwangerer Frauen gewonnen wird, 2. wußte man um die Entwicklung der Schleimhautbecher (endometrial cups, siehe Seite 129), becherartige Gebilde im Uterus der trächtigen Stute, die die Quelle eines kräftigen Trächtigkeithormons (PMSG = **P**regnant **M**are's **S**erum **G**onadotropine) darstellen. Neue Techniken zur mengenmäßigen Bestimmung von Hormonen und zum Aufspüren biologischer Veränderungen im Körper haben für ein besseres Verständnis vom Rossezyklusder Stute gesorgt. Zum neuen Wissen kam ein außerordentlicher Fortschritt in der Herstellung von Präparaten hinzu, mit denen die Wirkung natürlicher Hormone nachgeahmt wird, oft sogar in verstärkter Weise. Die Kombination von Wissen und therapeutischen Techniken erlaubte es uns, den Rossezyklus immer erfolgreicher zu manipulieren. Diese Fortschritte haben es

Bei der vaginalen Untersuchung (Scheidenuntersuchung) mit einem Spekulum kann der Gebärmutterhals auf Rosseanzeichen untersucht und Material für die Laboruntersuchungen entnommen werden.

uns freilich noch nicht ermöglicht, mit den Problemen der Unfruchtbarkeit deutlich besser fertigzuwerden.

Beim Hengst hat man der Samenqualität im Hinblick auf die Fruchtbarkeit des Pferdes einige Aufmerksamkeit gewidmet, aber leider wissen und verstehen wir vom Pferdesamen immer noch viel weniger als vom Bullensamen. Diese Diskrepanz ist zurückzuführen auf das Verbot der künstlichen Besamung (KB) in manchen Pferdezuchten durch die Stammbuchfunktionäre. Dies hat eine detaillierte Untersuchung des Hengstsamens verhindert. Informationen darüber vermitteln nur jene Zuchten, in denen KB zugelassen ist, die Warmblutzuchtverbände etwa. Eines der praktischen Probleme der Untersuchung von Hengstsamen ist die große Zahl abnormaler Formen, die selbst bei Pferden von guter Fruchtbarkeit vorzufinden sind. Aus diesem Grund ist es besonders schwierig, die Fruchtbarkeit eines jungen Hengstes auf der Basis einer Samenuntersuchung vorherzusagen. Und darum gibt es auch eine bemerkenswerte Anzahl von Fällen, in denen sich solche Voraussagen als nicht zutreffend herausgestellt haben.

Die Bestimmung der Ursache für Unfruchtbarkeit ist oft nicht eindeutig möglich, sogar heute noch nicht, obwohl uns moderne Technologien zur Verfügung stehen. Auch die Behandlung hat sich nicht einmal in solchen Fällen verbessert, in denen die Ursache dingfest gemacht werden konnte. Möglicherweise kann man das Problem der Unfruchtbarkeit von Hengsten nur lösen, wenn man die Benutzung nicht hinreichend fruchtbarer Hengste mit einer genetischen Anlage zur Unfruchtbarkeit vermeidet.

Infektion

Infektionen durch Mikroorganismen waren schon in den 30er Jahren bekannt als Ursache für venerische (sexuell übertragbare) Krankheiten, die verbunden sind mit infektiösen Erkrankungen der Gebärmutter und der Genitalorgane. Amerikanische Wissenschaftler aus Kentucky beschrieben die unangenehme Natur von *Klebsiella*, von Streptokokken- und anderen Infektionen. Sie erzielten einigen Behandlungsfortschritt durch die Entwicklung einer chirurgischen Technik, mit deren Hilfe der mangelnde Verschluß der Scheide (Pneumovagina, siehe Seite 224) behoben wird. Der Virusabort wurde ebenfalls erstmals in den USA beschrieben und in der Folge als Erkrankung identifiziert, die in den meisten, vielleicht sogar in allen Ländern auftritt, in denen Pferde gezüchtet werden. Einige Male ist es zu einem epidemischen Auftreten des Virusaborts gekommen, und diese Krankheit, sehr gefürchtet von den Züchtern, ist heute noch nicht ausgerottet. Wenngleich wir mehr darüber wissen als vor dem Krieg, müssen wir noch viel über die Art ihrer Ausbreitung und über die Mittel zu ihrer Verhinderung lernen. Die Krankheit heißt heute Rhinopneumonitis, und das verantwortliche Virus wird EHV I genannt (Equines Herpes Virus I, siehe Seite 245).

Persönlichkeitskult

Vor den 50er Jahren waren die Möglichkeiten des Tierarztes eingeschränkt dadurch, daß er zuwenig wußte und verstand von den Abläufen und Erkrankungen, denen er sich in der Praxis gegenübersah. Außerdem standen moderne Medikamente wie Antibiotika und synthetische Hormonpräparate noch nicht zur Verfügung. In jenen Tagen war der praktische Tierarzt mehr auf die direkte Bobachtung des Patienten angewiesen – Labors, Röntgenapparate und andere Hilfsmittel waren rar. Sein professioneller Ruf gründete sich auf seiner aus Erfahrung gewonnenen Entscheidung. Ein Tierarzt, der mit Pferden und mit der zugehörigen Fachsprache aufgewachsen war, hatte einen deutlichen Vorteil gegenüber Kollegen mit weniger einschlägiger Tradition. Der Tierarzt, der selbst im Sattel saß und vielleicht noch Jagden ritt, erfreute sich schnell einer größeren Wertschätzung bei den Laien. Schon vor 25 Jahren vermittelte das Veterinärstudium den Studenten eine Disziplin des Denkens und Handelns, den Markenzeichen wissenschaftlicher Einstellung. Die Wissenschaft freilich war nur ein matter Abglanz dessen, was heute möglich ist, und jene Praktiker der klinischen Medizin und Chirurgie arbeiteten innerhalb enger diagnostischer und therapeutischer Grenzen. Die Meinung des Praktikers hatte Gewicht und Autorität, sofern er (selten, wenn überhaupt, handelte es sich um eine „Sie") genügend Reputation als Pferdetierarzt erworben hatte, um sich zu etablieren und von seinen kritikfreudigsten Klienten, den Pferdebesitzern, akzeptiert zu werden.

Die Wertschätzung persönlicher Erfahrung bei gleichzeitig relativ mangelhaftem wissenschaftlichen Hintergrund führte zu einem übertriebenen Personenkult. Dieser Kult beeinträchtigt alle Berufsstände auf die eine oder andere Weise, aber er erlangt da die größte Bedeutung, wo er stark auf Meinung und Erfahrung basiert und das tatsächliche Fachwissen nur begrenzt ist. Berufsanfänger sind oft Opfer solcher Umstände, da sie mit den älteren, erfahreneren Kollegen nicht auf objektiver Basis konkurrieren können. In geschlossenen Gesellschaften bildet sich leicht ein „magischer Zirkel", und die Veterinärmedizin macht da keine Ausnahme. Mit der größeren Bandbreite und der zunehmenden Effektivität wissenschaftlicher Methoden haben sich den jungen Tierärzten neue Möglichkeiten eröffnet. Entsprechend breiter sind auch die Anforderungen an die medizinischen Dienstleistungen geworden.

Diagnose

Neu entwickelte Instrumente und Techniken stehen inzwischen jedem Praktiker zur Verfügung. Röntgengeräte zum Beispiel waren einst ein Privileg veterinärmedizinischer Lehranstalten und Institute. Heute gibt es transportable Geräte von hinreichender Stärke und Effizienz, um verletzte Körperteile vor Ort zu röntgen. Viele Tierärzte haben inzwischen sogar solche Geräte, mit denen man auch Aufnahmen von größeren Körperteilen wie dem Hals oder Rücken anfertigen kann. Andere Formen diagnostischer Ausrüstung sind heute zu Allgemeingut geworden. Dazu gehört das flexible Endoskop mit Glasfaseroptik, das direkten visuellen Zugang zu den oberen Luftwegen des Kopfes und des Schlundes erlaubt. Ähnliche Instrumente werden verwendet, um in das Innere des Bauches sehen zu können. Labortechniken wurden immer mehr verfeinert, und die Interpretation ihrer Resultate ist inzwischen präziser, da man durch verstärkte Forschung und die Anwendung neuerer Methoden in der Praxis über genaue Daten verfügt. Infolgedessen ist die Diagnose immer mehr zu einer Wissenschaft geworden, während sie

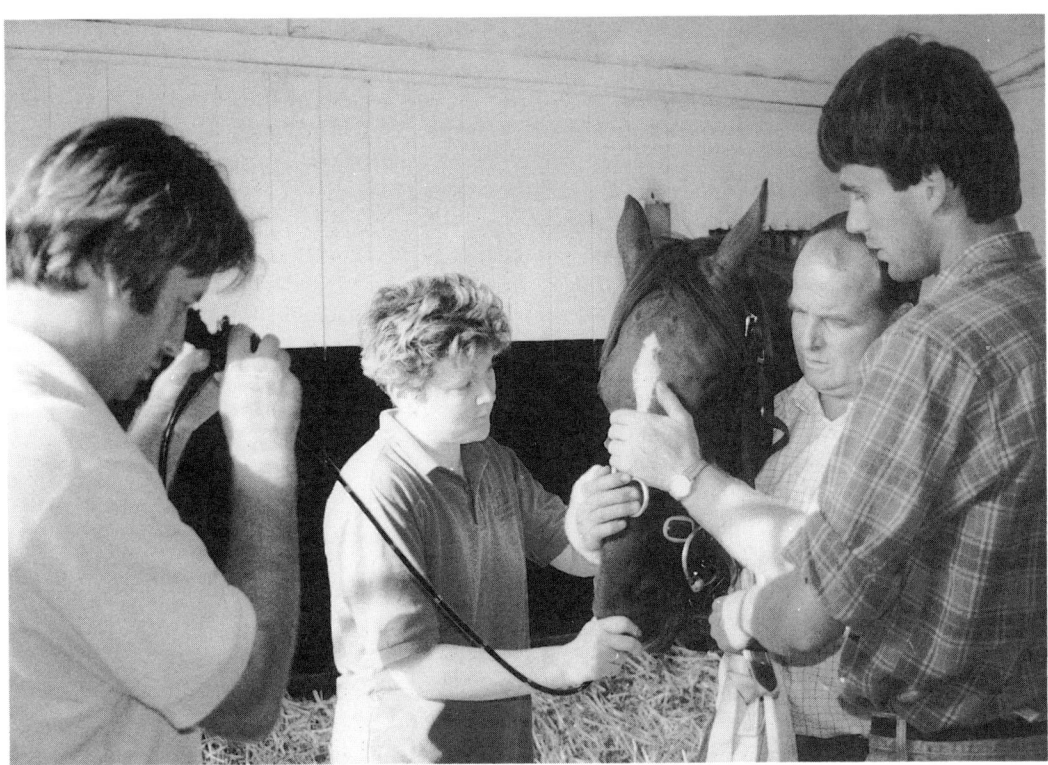

Tim Greet von den Beaufort Cottage Stables, Newmarket, nimmt eine Endoskopie vor.

vor etwa 35 Jahren noch so etwas wie eine Kunst war. In den vergangenen zehn Jahren haben Ultraschalldiagnostik, Endoskopie und Laboranalysen von Hormonkonzentrationen, die auf dem Radio-Immunassay (RIA = Methode zum Nachweis und zur quantitativen Bestimmung antigener Substanzen wie Proteine, Hormone und Enzyme) beruhen, die Diagnosebereiche in allen Zweigen der Veterinärmedizin enorm ausgeweitet.

Therapie

Damit gingen auch Verbesserungen in der medikamentösen und der chirurgischen Therapie einher. Anzahl und Wirksamkeit der Medikamente sind dramatisch gewachsen und verbessert worden. Sie sorgen für Möglichkeiten, von denen man vor 50, ja selbst vor 25 Jahren nicht einmal geträumt hat. Antibiotika haben unser Vorgehen und die Behandlung bei ansteckenden Krankheiten und bei so simplen Erkrankungen wie Abszessen und Hautveränderungen völlig verändert. All diese Krankheiten haben ökonomische Folgen, ob sie nun ernsthafter oder nur störender Natur sind. Entzündungshemmende Mittel, etwa Phenylbutazon („Bute", „Buta") und Kortison, werden mit großem Erfolg bei Zerrungen, Verletzungen, „dicken Beinen" und Lahmheit eingesetzt. Impfstoffe gegen Influenza und Herpesvirus (Rhinopneumonitis) haben unser „Waffenarsenal" im Kampf gegen die Ausbreitung epidemischer Infektionen erweitert.

Die Vollnarkose wurde einstmals als riskantes Unternehmen betrachtet, besonders bei länger dauernden chirurgischen Eingriffen. Größere Bauchoperationen (Kaiserschnitt, Darmverschlingung) oder orthopädische Eingriffe (Knochen und Gelenke) wurden nur selten unternommen. Als gasförmige Narkotika, die für Menschen und Kleintiere entwickelt worden waren, mit Erfolg auch beim Pferd eingesetzt werden konnten, begann eine neue Ära in der Pferdechirurgie.

Standard der Dienstleistungen

Diese Innovationen der Veterinärmedizin erweiterten die Zahl der Dienstleistungen, die dem Klienten angeboten werden konnten. Allmählich erwartete der Pferdebesitzer, dessen Pferde einen ständig größeren Geldwert darstellten, einen immer höheren Dienstleistungsstandard, der moderne diagnostische Techniken und Therapien umfaßte. Es sind immer mehr Tierärzte erforderlich, um angesichts der Grenzverschiebungen in der Veterinärmedizin diese neuen Gebiete zu bearbeiten. Die alte oligarchische Ordnung wurde ersetzt durch ein viel breiteres Spektrum junger Tierärzte, deren Reputation und Fachwissen sich landesweit verbreitet haben und nicht nur auf bekannte Rennbahnen oder Großstädte mit großen Turnierställen beschränkt sind. Der Beruf des Fachtierarztes für Pferde ist zu einem Spezialzweig der Veterinärmedizin geworden, und viele Praxen haben einen Spezialisten, der mit Pferden vertraut ist.

Andere Einflüsse auf den berufsständigen Fortschritt umfassen die Verbreitung von Wissen und Erfahrung durch solche Organisationen wie die British Equine Veterinary Association. Die BEVA wurde 1962 unter dem Vorsitz von Oberstleutnant John Hickman vom veterinärmedizinischen Institut in Cambridge gegründet. Zu ihren Mitgliedern gehören inzwischen fast alle Fachtierärzte für Pferde sowie die Vertreter von veterinärmedizinischen Hochschulen, Pferdeforschungsanstalten und anderen wissenschaftlichen Instituten. Kongresse und Zusammenkünfte werden von Delegierten aus allen Teilen der Welt besucht; dies spiegelt den breitflächigen Kontakt wider, den Tierärzte innerhalb ihres eigenen Landes und über Grenzen hinweg haben.

Die BEVA ist nicht die einzige Organisation, die zum Liberalisierungsprozeß wissenschaftlichen Fortschritts beigetragen hat. Die meisten Länder sind dem Vorbild der BEVA und ihres amerikanischen Gegenstücks, der American Association of Equine Practitioners (AAEP), gefolgt und haben eigene pferde-veterinärmedizinische Verbände gegründet. Auf dem Gebiet der Fortpflanzung des Pferdes ist außerdem 1974 eine berufsständische Körperschaft eingerichtet worden, die Zusammenkünfte im Vierjahresrhythmus veranstaltet. Diese Institution firmiert heute unter dem Namen International Equine Reproduction Symposia Committee. Zweck jedes Symposions ist es, die führenden Wissenschaftler der ganzen Welt zusammenzubringen und Probleme der Pferdezucht im weitesten Sinne aufzuspüren. Dabei geht es um den Hengst, die Stute, den Fetus und das neugeborene Fohlen. Vier Symposien fanden bislang statt: 1978 in Davis, Kalifornien, 1982 in Sydney, Australien, 1986 in Calgary, Kanada, und 1990 in Deauville, Frankreich. Die Ergebnisse sind als Beilagen der *Journals of Reproduction and Fertility* veröffentlicht worden.

Der Nutzen des Fortschritts in der klinischen Medizin, Chirurgie und Forschung in den beiden vergangenen Jahrzehnten bedeutet für die Veterinärmedizin, daß sie wesentlich mehr anzubieten hat im Hinblick auf diagnostische und therapeutische Dienstleistungen als je zuvor. Dieser Trend setzt sich in immer schnellerem Tempo fort. Es ist heute möglich, nahezu jedes Hormon im Blut der Stute mengenmäßig zu bestimmen und hormonale Veränderungen im Verlauf des Zuchtzyklus zu verfolgen. Der Begriff des hormonalen Ungleichgewichts, der in der Vergangenheit so oft ohne jede wissenschaftliche Basis verwendet wurde, kann nun objektiv nachgewiesen werden durch Bewertung der Hormonmengen, die für den Rossezyklus und die Aufrechterhaltung der Trächtigkeit zuständig sind. Eines der Hauptziele dieses Buches ist es, dem Leser die Bedeutung und die möglichen praktischen Auswirkungen dieser Entdeckungen zu erklären.

Nebeneffekte der Wissenschaft

Angesichts all dieses wissenschaftlichen Fortschritts gibt es freilich auch eine andere Seite der Medaille. Man kann sich nicht in natürliche Abläufe einmischen, ohne dafür Strafe zahlen zu müssen. Antibiotika haben Millionen Menschen geholfen. Aber es gibt einige Patienten, deren Gesundheit durch sie zeitweilig oder sogar dauerhaft geschädigt wurde. Tierärzte und Pferdebesitzer müssen bedenken, daß die Wissenschaft für die Pferdezucht sowohl vorteilhafte als auch nachteilige Folgen hat. Nicht nur die Wirkung von Medikamenten kann „nach hinten losgehen", auch der Einfluß der Wissenschaft auf die Zucht kann sich so auswirken. Zum Beispiel gibt es Stuten und Hengste, deren Zuchtlaufbahn von der Hilfe der Veterinärmedizin abhängt. Diese Tiere wären in früherer Zeit ausgesondert worden. Einige Störungen, die nach medizinischer Behandlung verlangen, werden weitervererbt. Die natürliche Selektion würde solche Mängel eliminieren. Tiere mit der Anlage zur Unfruchtbarkeit zeugen Nachkommen mit möglicherweise wachsenden Schwierigkeiten und schließlich Nachwuchs, der steril ist. Damit sorgt die Natur selbst dafür, daß die mangelhaften Anlagen aus der Herde verschwinden. Wenn wir jedoch unzureichend fruchtbare Tiere künstlich schützen und ihrer Vermehrung Vorschub leisten, dann selektieren wir auf mangelhafte genetische Merkmale hin und auf einen Zuwachs an Tieren in der Herde, die der tierärztlichen Aufmerksamkeit bedürfen. Derart werden nicht nur Einzeltiere zu Problemfällen, auch jede folgende Generation wird mehr und mehr abhängig von wissenschaftlichen Methoden.

Lassen Sie uns einmal durchspielen, wie sich diese unerfreuliche Realität in der Praxis darstellen kann. Bei mangelhaftem Verschluß der Scheide (Pneumovagina, siehe Seite 224) etwa dringt wegen eines fehlerhaften anatomischen Baus Luft auf ungewöhnliche Weise in die Scheide ein. Benutzen wir also Stuten mit einer solchen Mißbildung zur Zucht, dann produzieren wir Tiere mit derselben oder einer noch größeren Schwäche, als Eltern oder Großeltern aufwiesen. Wenn Luft in den Geschlechtstrakt eindringt, sind Infektion und mangelnde Fruchtbarkeit die Folgen, d.h. es wird schwierig, die Stute tragend zu bekommen. Läßt man diese Störung unbehandelt, wird der Schaden an der Gebärmutterschleimhaut so groß, daß die Stute vollständig unfruchtbar, also steril, wird. Dr. Caslick, ein Tierarzt

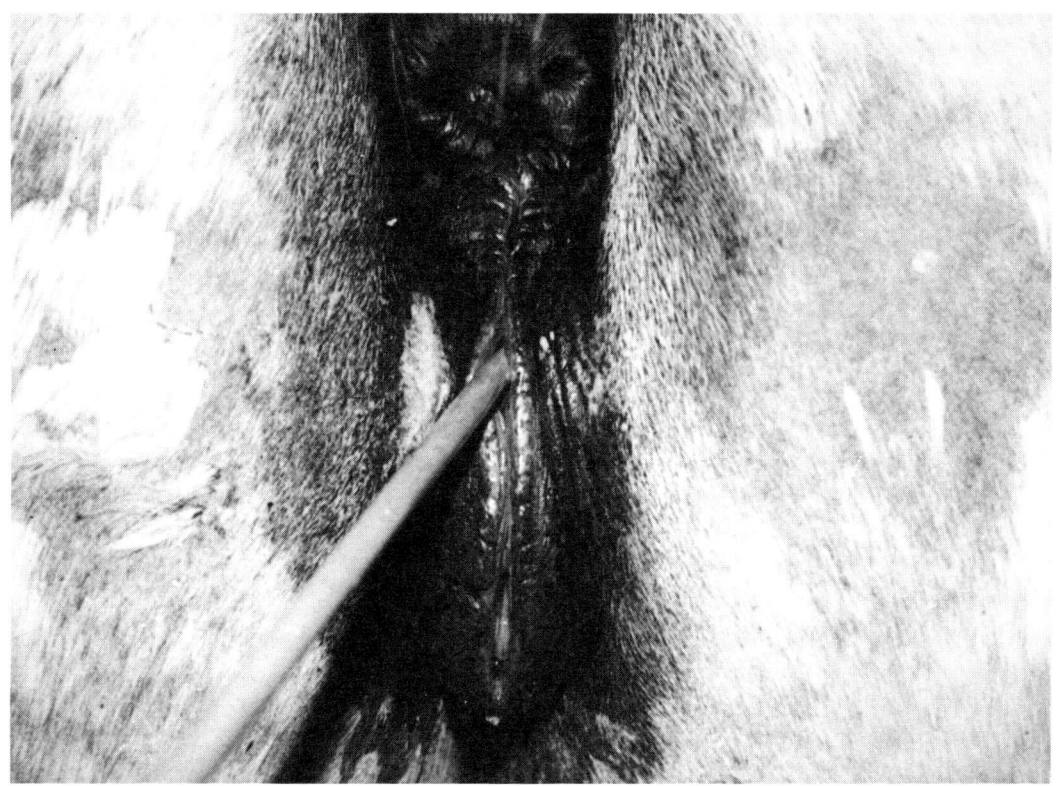

aus den USA, löste dieses spezielle Problem, indem er eine Operation zur Korrektur des anatomischen Defekts entwickelte. Dieser chirurgische Eingriff wurde erstmals in den 30er Jahren durchgeführt. Er hat bei Abertausenden von Stuten die züchterische Nutzbarkeit erhalten und verhindert, daß diese nur ungenügend fruchtbar oder gar steril wurden. Der Erfolg dieser Prozedur hat freilich auch dafür gesorgt, daß ein größerer Prozentsatz der Population an diesem anatomischen Defekt leidet und das Ausmaß der Mißbildung innerhalb der Population ebenfalls zunimmt. Heute müssen wir bei mehr Stuten einen größeren Teil der Scheidenöffnung „zunähen" als noch vor zwanzig Jahren. Bei einer Untersuchung in zwei Vollblutgestüten in Newmarket stellte sich heraus, daß ein Drittel aller Stuten „gecaslickt" war.

Die Behandlung mit Antibiotika ist ein weiteres Beispiel für unerwünschte Folgen. Antibiotika können häufig wirkungsvoll gegen Infektionen eingesetzt werden. Es überrascht nicht, daß diese Substanzen – Penizillin, Neomycin, Gentamicin, Ampicillin, um nur einige zu nennen – in der veterinärmedizinischen Praxis bei ansteckender Unfruchtbarkeit von Stuten und Hengsten in großem Umfang eingesetzt wurden. Viele Stuten sind geheilt und viele Hengste von gefährlichen Mikroben befreit worden. Bei diesem Prozeß wurden jedoch zwei unerwünschte Nebeneffekte festgestellt: 1. Mikroben (Bakterien und Pilze), die re-

Damm- und Schambereich sind gut ausgebildet. Dies ist eine wichtige Voraussetzung für die Fruchtbarkeit von Stuten. Ein Metallstab ruht auf dem Boden der Scheide. Der größere Teil der Schamlippen befindet sich normalerweise unterhalb dieses Punktes.

sistent gegen das verwendete Medikament sind, blühen zu Lasten ihrer harmlosen Mitbewerber auf. Derart verändert sich die natürliche Keimflora des Penis und des Genitaltraktes der Stute dauerhaft, und eine neue Mikrobenpopulation etabliert sich. Zum Beispiel kann sich die Mikrobe *Pseudomonas* auf dem Penis eines Hengstes niederlassen, der mit Antibiotika oder Antiseptika gegen den höchst ansteckenden CEM-Erreger (**C**ontagious **E**quine **M**etritis = kontagiöse equine Metritis) behandelt worden ist. 2. Antimikrobielle Behandlung kann neue Stämme von Keimen erzeugen, die gegen das Mittel der Wahl resistent sind. Man weiß, daß Mikroben eine einmal entwickelte Resistenz auch auf andere Mikroben übertragen können. So kann die Behandlung unserer Wahl ihr Ziel verfehlen und die Infektion bestehen bleiben.

Wissenschaft und Zuchtmethoden

In den vergangenen Jahren hat sich die Zuchtpraxis durch den Einfluß der Veterinärmedizin radikal verändert. Größere Einschnitte brachten die späten 40er und frühen 50er Jahre. Damals wurden das Abtasten der Eierstöcke und die vaginale Untersuchung als veterinärmedizinische Techniken in den großen Vollblutzuchten Großbritanniens, der USA und Irlands eingeführt.

Das Ziel der routinemäßigen veterinärmedizinischen Untersuchung war identisch mit dem Anliegen des Stallpersonals, nämlich herauszufinden, welche Stu-

Eine rossige Stute zeigt an der Probierwand Abwehrverhalten anstatt der üblichen Rosseanzeichen.

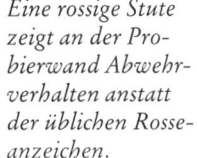

ten an einem bestimmten Tag rossig sein würden und wann sie einem Hengst zugeführt werden sollten. Die Gestüter benutzten – wie auch heute noch – den Probierstand, um eine Rosse festzustellen. Mehr und mehr jedoch wurde der Tierarzt herangezogen, um die sexuellen Hinweise im Probierstand zu bestätigen. Wie an allen Fronten zwischen menschlichem Management und Tierbiologie hat sich die Nachfrage nach artifiziellen Dienstleistungen verstärkt. Für die Pferdezucht bedeutet dies, daß heute bei mehr Stuten eine tierärztlich gestützte Diagnose nötig ist denn je. Das hat teils mit der Einstellung des Stallpersonals zu tun, dem es angenehmer ist, wenn der Tierarzt eine ziemlich sichere Diagnose stellt, als wenn es sich auf seine eigenen Beobachtungen verlassen muß. Die sind notwendigerweise begrenzt durch die subjektiven methodischen Mängel. Außerdem ist der Gestüter davon abhängig, daß die Stute tatsächlich Rossesymptome zeigt, d. h. ihn durch ihr Verhalten darüber informiert, daß sie rossig ist. Aus verschiedenen Gründen nimmt jedoch die Zahl der Stuten zu, die in dieser Hinsicht nicht mitarbeiten und nicht die erwarteten Hinweise im Probierstand zeigen.

Zwillinge

Die routinemäßige gynäkologische Untersuchung wurde ursprünglich durch den Anspruch der damaligen Veterinärmedizin gerechtfertigt, Zwillingsgeburten vermeiden zu können. Dazu wurden die Eierstöcke abgetastet, und es wurde festgestellt, ob nun ein oder zwei Follikel vorhanden waren. Waren zwei Follikel vorhanden – so wurde argumentiert –, könne man die Stute decken lassen, nachdem der erste und bevor der zweite Follikel gesprungen war. Dadurch ließe sich die Empfängnis von Zwillingen verhindern.

Diese frühen Hoffnungen erfüllten sich nicht, und so waren Zwillingsgeburten in der Vollblutzucht ebenso häufig wie vor der Einführung rektaler Untersuchungen. Rund zwei Prozent aller Vollblutträchtigkeiten (etwas mehr in einigen anderen Zuchten) beginnen als Zwillingsträchtigkeiten und enden mit finanziellen Verlusten wegen eines Aborts oder der Geburt eines kümmerlichen Fohlens. Die durchschnittlichen Kosten dieser Trächtigkeiten betrugen 1980 geschätzte 2000 Pfund pro Jahr, und der ökonomische Schaden, den Züchter in ganz Großbritannien erlitten, wurde mit mindestens 400 000 Pfund jährlich beziffert. Bezieht man Decktaxen, Geldentwertung und Schäden, die Stuten nach Zwillingsgeburten erlitten haben, in die Betrachtung mit ein, dann dürften sich die damaligen Zahlen vervielfacht haben. Bei der ersten Auflage dieses Buches wurde festgestellt, daß dieses Problem auf die Notwendigkeit intensiver veterinärmedizinischer Forschung hinweist und seine Lösung einen bedeutenden Beitrag zur Pferdezucht leisten und jene Schuld tilgen würde, die unser Berufsstand vor mehr als zwei Jahrzehnten auf sich geladen habe, als er die erwähnten irrigen Ansprüche erhob. Diese Wunschvorstellung ist inzwischen durch die Entwicklung der Ultraschalltechniken (Kapitel 15) Realität geworden. Wird diese Methode bei den routinemäßigen gynäkologischen Untersuchungen eingesetzt, kann die Häufigkeit von Zwillingsgeburten auf nahezu Null reduziert werden.

Trächtigkeitsdiagnose

Die frühe Diagnose der Trächtigkeit ist der wesentlichste Nutzen, den routinemäßige gynäkologische Untersuchungen dem Gestütsmanagement während der Decksaison anzubieten haben. In der Vergangenheit war das Gestütspersonal auf Trächtigkeitsanzeichen im Probierstand während der eventuellen nächsten Rosse nach der Bedeckung angewiesen. Es mußte also zwei bis vier Wochen warten, bevor es die Stute hinsichtlich ihrer Trächtigkeit einschätzen konnte. Außerdem war es darauf angewiesen, daß sich keine weiteren Rosseanzeichen bei der zweiten erwarteten Rosse einstellten, fünf bis sieben Wochen nach dem Decken. Und natürlich wurden die Stuten auf Rosseerscheinungen bis ans Ende der Deckperiode beobachtet. Diese Methode war ziemlich verläßlich. Aber dann waren da noch die Stuten, die außerhalb des erwarteten Zeitraums rossig wurden (siehe Seite 77). Von diesen sagt man, daß sie „umrossen". Andere Stuten wiederum zeigen über lange Perioden (zwei, drei oder vier Monate) keine Anzeichen sexueller Aktivität. Unter diesen Umständen ist eine Trächtigkeitsdiagnose von unschätzbarem Wert. Das Aufkommen der Ultraschalluntersuchung (siehe Seite 318) hat uns erlaubt, eine Trächtigkeit schon von etwa dem vierzehnten Tage an präzise zu diagnostizieren und dem Gestüter mitzuteilen, ob eine Stute tragend ist oder nicht.

Parasitenkontrolle und vorbeugende Medizin

Noch maßgeblicher war der Einfluß der Veterinärmedizin auf die Zucht in bezug auf die Maßnahmen und die Hilfestellung, die sie in Sachen Parasitenkontrolle und vorbeugender Medizin anbieten konnte. Es gibt viele erst in jüngster Zeit entwickelte Medikamente, die wirkungsvoll gegen die wichtigsten Parasiten des Pferdes eingesetzt werden können. Insbesondere Ivermectin, ein Wurmmittel, das Parasiten im Blut, Gewebe und Magen töten kann, hat unsere Möglichkeiten der Parasitenkontrolle stark erweitert. Wir können Parasitenbefall jetzt behandeln, nicht mehr nur ihm vorbeugen. Impfungen und andere prophylaktische Maßnahmen gegen Infektionen sind verbessert worden – aber der Weg ist noch lang, bevor das Risiko bakterieller und viraler Infektionen ausgeschaltet ist.

Forschung

Der Berufsstand der Tierärzte hat seine eigene Forschung auf das Aufspüren jener wirklich bedeutenden Probleme gerichtet, mit denen sich der Züchter konfrontiert sieht. Zu viele Projekte sind aber auf einer ad-hoc-Basis angegangen worden mit wenig oder gar keiner Hoffnung auf praktische Ergebnisse für den Pferdezüchter. Die Schritte von der Formulierung bis zum Abschluß eines Untersuchungsprojektes, das zu umsetzbaren Ergebnissen führt, sind zahlreich, verschlingen viel Zeit und sind teuer. Die finanziellen und personellen Mittel für solche Projekte sind jedoch begrenzt. Darum ist es besonders wichtig, unsere Anstrengungen zu koordinieren und zu systematisieren. Es gibt eine Reihe von Institutionen, die Fördermittel vergeben, z. B. das Horserace Betting Levy Board, das Wellcome Trust Home of Rest for Horses und – seit jüngstem – die Equine Virology Research Foundation (EVRF). Sie haben während der beiden vergangenen Jahrzehnte mit erheblichen Summen zur veterinärmedizinischen Forschung in Sachen Pferd beigetragen. Einzelpersonen, Gesellschaften und Zuchtverbände haben ebenfalls bedeutende Unterstützung in vielerlei Hinsicht geleistet, aber nicht immer entsprachen die Resultate den Erwartungen der Spender. Es ist zuviel auf einem zu weiten Feld geforscht worden. Zuwenig hat man die praktische Verwertbarkeit der Forschungsergebnisse für das Pferd, die Pferdebesitzer oder die landesweite Pferdezucht im Auge gehabt. Bedauerlicher ist noch, daß die Anstrengungen zu breitgefächert waren, als daß sie irgendwelche Hoffnungen auf die Lösung einiger größerer Probleme von Tierärzten oder Gestütern hätten vermitteln können. Der Großteil der Projekte hatte Selbstzweckcharakter: Da wurde wissenschaftliche Neugier befriedigt, Karriereaussichten von Untersuchern wurden verbessert, es wurden relativ uninteressante Probleme gelöst, denen man nur selten in der Praxis begegnet. All diese Untersuchungen wären vielleicht bei unbegrenzten Forschungsmitteln oder bei Unterbeschäftigung von Studenten gerechtfertigt. Unglücklicherweise existiert heute solcher Überfluß nicht – ganz im Gegenteil. Es wäre weiser, Prioritäten derart zu setzen, daß Wissensgebiete von besonderer Bedeutung bearbeitet werden. So könnte praktischer Nutzen bei der Lösung spezieller Probleme anfallen, etwa die Verbesserung von Methoden, mit denen man die Gründe für die Unfruchtbarkeit von Hengsten diagnostiziert, die Entwicklung eines Impfstoffes gegen den Blutwurm *Strongylus vulgaris*, die Verminderung vorgeburtlicher Schäden und solcher gleich nach der Geburt durch ein besseres Verständnis ihrer Ursachen. Die EVRF widmet einen wesentlichen Teil ihrer Unterstützung der Erforschung der Herpesvirus-Infektion, der Ursache für Atmungsprobleme bei jungen Pferden und des Abortes bei Stuten.

In der Praxis müssen wir mehr über die Bedeutung von venerischen Keimen (Geschlechtskrankheiten) wissen. Viel mehr Tupferproben als früher werden heute am Genitaltrakt der Stute und an den äußerlichen Genitalien des Hengstes entnommen, seit in den 60er Jahren *Klebsiella* und in den späten 70ern CEM auftraten. Wie zu erwarten wurden immer mehr venerische und potentiell venerische Keime gefunden, wenn auch die Bedeutung vieler dieser Organismen noch nicht einzuschätzen ist. Klinische Studien und Feldversuche sind nötig, bevor wir die Interpretationsprobleme von Klinikern, Gestütern und Pferdebesitzern lösen können.

Es gibt natürlich auch noch andere Probleme, die angegangen werden müssen. Es wäre allerdings sinnvoll, wenn sich die Repräsentanten der Tierärzteschaft und der Zucht entschließen könnten, Prioritäten zu setzen und dann die Anstrengungen hinsichtlich der Zielvorgaben zu bündeln, zu koordinieren und zu substantiieren – anstatt planlos wie bisher an die Dinge heranzugehen.

Ziele des Tierarztes

Die Verantwortlichkeit des Tierarztes ist nicht auf die Behandlung kranker Tiere und das Heilen von Krankheiten beschränkt. Er ist für vorbeugende Medizin zuständig und als Berater tätig in Sachen Zucht und Haltung von Pferden im Hinblick auf die Verbesserung der Gesundheit und der Produktivität der Zucht. Aber der Tierarzt hat auch die Aufgabe, jüngere Kollegen zu unterrichten und sein

Wissen sowie seine Erfahrung an Assistenten und Kollegen weiterzugeben. Der Tierarzt kommuniziert mit anderen in Vorlesungen, Diskussionsgruppen, bei praktischen Vorführungen und durch Zeitschriftenbeiträge, die sich mit generellen und speziellen Themen befassen, d.h. Forschungsresultate zu einem breit angelegten Stoffgebiet erläutern.

Es kann kaum bezweifelt werden, daß Status und Fortkommen unseres Berufsstandes von der Kommunikation der Ideen und Forschungsresultate abhängen – und letztendlich in der Diskussion und der Kritik weiterer Kreise stehen. Eine begrenzte, versteckte oder nicht mitgeteilte Wahrheit ist verschwendet, und, noch wichtiger, sie ist eine ungeprüfte Wahrheit. Professioneller Fortschritt hängt ab von der Überprüfung von Behauptungen, Methoden und Techniken. Anders kann über ihre Wahrheit, Genauigkeit und Wirksamkeit nicht entschieden werden.

Aber es gibt noch eine weitere professionelle Pflicht, und der ist dieses Buch gewidmet, nämlich der Kommunikation mit den Laien, in diesem Fall mit den Menschen, die Pferde besitzen und betreuen. Es ist wichtig, daß diese Menschen die Ziele, Grenzen und Möglichkeiten der Veterinärmedizin verstehen, wie sie von den Klinikern praktiziert, von den Mitarbeitern der Forschungsinstitute weiterentwickelt und wie sie unterstützt wird von der Zulieferindustrie, zu der Pharmaindustrie, Nahrungsmittelproduzenten, Schmiede und Sattler gehören.

Der Leser fragt sich vielleicht, weshalb es so wichtig sein soll, daß Laien biologische Prozesse und Krankheiten verstehen. Die Antwort liegt in der Tatsache, daß Tierärzte und Laien Partner sind bei der Gesunderhaltung des Pferdes, bei der Vorbeugung, bei der Diagnose und bei der Heilung von Leiden. Der Tierarzt ist darauf angewiesen, daß der Pferdepfleger Krankheitsanzeichen beobachtet und mitteilt. Diese Anzeichen und die Fähigkeit des Pferdepflegers, sie zu erkennen, stellen in erster Instanz den Nachweis für das Vorhandensein von Krankheit dar, der einen rechtzeitigen Behandlungsbeginn und optimalen Einfluß auf den Krankheitsverlauf möglich macht. Die Genauigkeit, mit der der Pfleger berichtet, ist in vielerlei Hinsicht entscheidend für die Diagnose und die Fortführung des Falles. Bei der Behandlung sind Hilfe und Assistenz des Pflegers häufig entscheidend für einen erfolgreichen Gang der Dinge. Wir werden sehen (siehe Seite 269), wie wichtig das Element der menschlichen Fürsorge gerade bei neugeborenen kranken Fohlen ist.

Nicht nur in Krankheitsfällen sind die Tierärzte sehr auf das Stallpersonal angewiesen, auch bei anderen Maßnahmen bedürfen sie ihrer Hilfe, zum Beispiel beim Abprobieren der Stuten und zum Festhalten bei veterinärmedizinischen Untersuchungen. Medizinische Laien, die mit Pferden arbeiten, sind in das tierärztliche Vorgehen auf jedem Niveau eingebunden, bei der Diagnose, Vorbeugung und Behandlung von Krankheiten. Ihr Anteil daran kann sich enorm steigern, wenn sie die grundsätzlichen Prinzipien verstehen, auf denen die tierärztlichen Handlungen beruhen. Jeder, der bei einer Geburt dabei ist, muß wissen, was er tut. Man kann nicht richtig agieren, wenn man den Prozeß nicht versteht, den man beobachtet.

Viele Jahre war es zum Beispiel üblich, daß der Pferdepfleger die Nabelschnur ergriff, sobald das Fohlen da war, sie abklemmte und durchtrennte. Dieses Vorgehen hat sich als schädlich erwiesen. Es bringt das Fohlen um viel Blut, das noch in der Plazenta (siehe Seite 121) zirkuliert, das Gewebe wird durch das Anbringen einer Klemme am Nabelstumpf „stranguliert", weil es von der Blutzufuhr abgeschnitten wird und dadurch abstirbt. Daraus entwickelt sich dann ein Tummelplatz für Mikroorganismen. Man lehrt das Stallpersonal heute, daß es sich um eine unnötige und womöglich schädliche Maßnahme handelt, wobei es gelegentlich natürlich nötig werden kann, daß die Nabelschnur von Menschenhand durchtrennt und mit einer Klemme versehen wird. Das Personal muß immer wissen, was vorgeht, damit es bei der Geburt die jeweils angebrachte Hilfestellung leisten kann. Es ist nicht optimal, wenn der Tierarzt ständig zu sagen hat, was getan oder unterlassen werden muß. Wer bei der Geburt dabei ist, muß die biologischen Abläufe einschätzen und seine Entscheidungen anhand seines Wissens und Verständnisses von den Ereignissen treffen können.

Die Verwendung von Wissenschaftssprache und Fachjargon hindert Menschen oft daran, miteinander zu kommunizieren. Manchmal führt sie auch zu Mißverständnissen. Tierärzte haben sich Mühe zu geben, dem Laien natürliche Funktionen mit solchen Begriffen zu erklären, die er auch verstehen kann. Das ist nicht immer einfach, denn es liegt in der Natur der Sache, daß die Fachsprache kompliziert ist – gelegentlich tut sich da selbst der Spezialist schwer. Laien lernen jedoch die Vorteile eines Jargons zu schätzen und Fachbegriffe in ihr Vokabular einzureihen. Zum Beispiel ist *Klebsiella* der Name eines Keimes, der infektiöse Unfruchtbarkeit bei Stuten und Hengsten verursacht. Klebsiellen wurden von Wissenschaftlern in den 30er Jahren als Ursache von Unfruchtbarkeit dingfest gemacht, waren aber bei Tierärzten wie bei Laien kaum bekannt, bis 1962 in der Gegend von Newmarket eine Epidemie auftrat. Seitdem hat es manche Diskussion und Stellungnahme zu Bedeutung und Gefahr dieses speziellen Keims gegeben. Gegründet wurde auch ein Komitee des Vollblutzüchterverbandes, das nach seinem Vorsitzenden, Lord Porchester, benannt wurde und die Aufgabe hatte, diesen Ausbruch in den frühen 60er Jahren zu untersuchen. Allmählich ist *Klebsiella* ein vertrautes Wort geworden, das die meisten Züchter aussprechen können.

Wir mußten allerdings erfahren, daß es verschiedene Arten von *Klebsiella* gibt, die unterschiedlich ansteckend und schädlich sind. Findet man *Klebsiella* an den Genitalien eines Hengstes oder einer Stute, dann muß das nicht unbedingt bedeuten, daß das Tier an einer sexuell übertragbaren Krankheit leidet. Der Begriff *Klebsiella* bedarf je nach den besonderen Merkmalen und den Bedingungen, unter denen sie auftritt, der Interpretation. Eine Situation läßt sich nicht dadurch vereinfachen, daß wir unseren Fachjargon verwenden, und so sehen wir uns wie in allen biologischen Angelegenheiten einem Konflikt gegenüber: der Notwendigkeit einer verständlichen Darstellung und dem Risiko einer zuweitgehenden Vereinfachung. In diesem Buch möchte ich einen Kurs zwischen diesen beiden Extremen steuern, um fachliche Begriffe jenen nahezubringen, die mit ihrer Bedeutung nicht so vertraut sind. Ich will weder in das Verhältnis zwischen Lesern und ihren professionellen Ratgebern eindringen, noch mir das Privileg des zuständigen Tierarztes aneignen, die Diagnose zu erstellen und Fortpflanzungsstörungen zu behandeln. Ich möchte das Verständnis fördern, damit eine mühelose Kommunikation über professionelle Sprachbarrieren hinweg möglich wird. Keinesfalls wird der Leser kategorische Hinweise für Diagnose und Behandlung finden. Auf diesen Feldern muß der Tierarzt/die Tierärztin vor dem Hintergrund der eigenen Erfahrung und der speziellen Umstände des Falles jede Entscheidungsfreiheit haben.

Die Welt des Pferdes ruft viele romantische Empfindungen wach. Bis zu einem gewissen Maß identifizieren wir uns alle gerne mit diesen wunderbaren vierbeinigen Geschöpfen. Unsere Einstellung ist häufig gefärbt von dem natürlichen Bestreben, unsere menschlichen Emotionen auf das Pferd zu übertragen. So erscheint uns ein gutes, warmes Kleiemash als Äquivalent für eine warme Mahlzeit nach einer anstrengenden Jagd, oder eine miefige, mit Stroh ausgeschüttete Box kommt uns wie unser Lieblingslehnstuhl am offenen Kaminfeuer vor. Die Mythologie der Pferdezucht stellt so etwas wie eine Grenze dar zwischen strikter wissenschaftlicher Interpretation und Natur pur. Aus offensichtlichen Gründen können wir uns auf die natürlichen Zuchtabläufe nicht mehr verlassen: Kleine Harems, die sich mit einem Hengst auf der Weide herumtreiben, sind unökonomisch, und sie würden auch nicht zu den erwünschten, hochspezialisierten Eigenschaften bei unseren Leistungspferden führen. Um unsere Ziele zu erreichen, muß Steuerung per Management den natürlichen Prozeß dominieren. Ökonomische Gründe zum Beispiel erfordern, daß die Stutenzahl im Harem von den naturüblichen 5 bis 15 auf 45 oder mehr ansteigt. Eine weitere moderne Forderung ist die, daß die aktuelle Belegschaft eines Harems sich alljährlich verändert, um den Diktaten von Zuchtprogrammen zu entsprechen. Dabei werden individuelle Stuten und Hengste ausgewählt, um Nachwuchs zu zeugen, wie ihn der Markt, der Sport oder andere Bereiche haben wollen. Dieser Abschied von natürlichen Bedingungen zwang den Züchter, sich an die veterinärmedizinische Wissenschaft zu wenden, um die Probleme zu bewältigen, für die künstlich geschaffene Systeme unausweichlich sorgen.

Heute sind Tierärzte auf allen Gebieten der Pferdezucht tätig. Sie assistieren bei Zuchtentscheidungen in Sachen Bedeckung, Diagnose und Behandlung von Unfruchtbarkeit, befassen sich mit ansteckenden Krankheiten und Ernährungsberatung, kümmern sich um Weidemanagement und Parasitenbekämpfung. Die Verantwortlichkeiten des Tierarztes im Gestüt sind zahlreich und unterschiedlich, wie der Leser bei sorgfältiger Lektüre von Teil II und III dieses Buches feststellen wird. In regelmäßigen Abständen muß die Frage gestellt werden, ob es unserem Berufsstand tatsächlich gelingt, den Anforderungen der Züchter zu genügen und zugleich die Produktivität in der Pferdezucht zu steigern. Im Krieg gab es in England den mahnenden Slogan „Ist Ihre Reise wirklich nötig?" Es ist angemessen, wenn Tierärzte, die stark in das Gestütsmanagement und die Pferdezucht eingebunden sind, sich einer ähnlich forschenden Frage stellen: „Ist deine Untersuchung, Behandlung, dein Ratschlag wirklich hilfreich und notwendig?" Nur eine kritische Bewertung unserer Handlungen gibt uns die Chance, unser Vorgehen so einzurichten, daß wir den Bedürfnissen der Züchter entsprechen. Aber es ist ebenso wichtig, daß der Züchter sorgfältig analysiert, wieweit seine

Bestrebungen und seine Forderungen an Tierarzt und Veterinärmedizin logisch sind. Die Einstellungen von Züchtern und Tierärzten haben Einfluß auf die Handlungen der jeweils anderen Seite.

Die Züchter entscheiden über die Termingestaltung der Decksaison und suchen die Hilfe des Tierarztes, damit die Fohlen außerhalb der von der Natur vorgesehenen Zeit zur Welt kommen, d.h. auf der nördlichen Erdhalbkugel im Januar und im Februar, auf der südlichen im August und September. Die Veterinärmedizin berücksichtigt heute diese „unnatürlichen" Forderungen, indem sie auch solche Hilfen wie künstliches Licht und Behandlung mit Hormonen (Prostaglandin, Progesteron, Releasing-Hormone; siehe Seite 90) erforscht. Die veterinärmedizinischen Maßnahmen sind ziemlich erfolgreich, aber bislang haben wir noch Probleme mit einer bestimmten Form von Anöstrus (Zeit, in der die Stute nicht rossig wird, Rosselosigkeit). Bei dieser Form ist die Stute sexuell inaktiv, und ihre Eierstöcke können durch künstliche Mittel nicht zur Aktivität angeregt werden. Die Veterinärmedizin ist also derzeit noch nicht in der Lage, die Forderung des Züchters nach früher Bedeckung in der Zuchtsaison in allen Fällen zu erfüllen. Wir müssen aufpassen: Wenn wir ein Ziel auf einem bestimmten Gebiet erreichen, dürfen wir keine Probleme auf einem anderen verursachen; durch die künstliche Stimulation der sexuellen Aktivität im Winter dürfen wir nicht erschweren, daß derart behandelte Tiere später in der Zuchtsaison noch aufnehmen, wenn das bis dahin nicht geschehen ist. Das alte Sprichwort, wonach man die Suppe auslöffeln muß, die man sich eingebrockt hat, ist irgendwie auch auf wissenschaftliche Methoden und Tierzucht anzuwenden.

Lernen durch Vergleiche

Es heißt, daß Vergleiche hinken, weil sie unausweichlich mit einer gewissen Einäugigkeit gezogen werden. Aber das Vergleichen von Resultaten, die in unterschiedlichen Situationen und unter differierenden Bedingungen zustande gekommen sind, kann informativ und hilfreich in allen Lebensbereichen sein. Der Vergleich ist die Basis wissenschaftlicher Methodik und läßt sich auch auf das veterinärmedizinische Wissen sowie das Management in der Pferdezucht anwenden. Tierärzte können lernen, indem sie Kollegen beobachten oder ihnen assistieren bei medizinischen oder chirurgischen Maßnahmen, die im Stil oder im Detail von jenen abweichen, die sie selbst anwenden.

Pferde werden unter extrem unterschiedlichen klimatischen Bedingungen gleichermaßen erfolgreich gezüchtet und aufgezogen – gemessen am Prozentsatz der lebendgeborenen Fohlen oder der Empfängnisrate. So sind etwa zwischen den optimalen Resultaten eines Gestüts in Newmarket, Großbritannien, und denen eines Gestüts in Hunter Valley, Australien, kaum Unterschiede auszumachen. In beiden Regionen ist die vollblutzüchterische Aktivität hoch konzentriert und verbunden mit reichem Management- und Veterinärmedizin-Fachwissen. Beide verfügen über ein Maximum an Finanzkraft, die Qualität des Zuchtmaterials und der Haltungsbedingungen ist hier wie dort auf höchstem Niveau. Hinsichtlich der züchterischen Effizienz können wir darum die besten Resultate in den Gestüten beider Pferdezuchtzentren erwarten.

Klima

In Australien sind die Sommermonate so heiß und trocken, daß die Weiden
schließlich braun und verbrannt sind. Demgegenüber sind die klimatischen Bedingungen in Europa gleichmäßig, die Weiden bleiben grün während des ganzen
Sommers. Das Klima auf beiden Kontinenten erlaubt es, daß die Pferde den Sommer über draußen bleiben. Ein Schutz vor der Mittagssonne und den Fliegen ist
jedoch in Australien notwendiger als in Europa. Grünfutter verschwindet praktisch während des Sommers von den australischen Weiden, sofern diese nicht bewässert werden, wie es heute freilich schon oft geschieht. Im Winter ist der Kontrast zwischen den klimatischen Bedingungen um einiges größer. Das australische Wetter ist generell viel weniger rauh als das in den europäischen Ländern.
Die Wetterbedingungen in Europa sind zeitweise extrem hart, und das macht die
Aufstallung der Pferde im Winter unvermeidbar. Stuten, Fohlen und abgesetzte
Jungtiere werden in Australien gewöhnlich Tag und Nacht draußen gelassen. Dieselben klimatischen Kontraste herrschen zwischen Kanada und Südafrika oder
Neuseeland und in den USA zwischen den Nord- und den Südstaaten. Abweichungen in der Temperatur, im Niederschlag und in den damit verbundenen Umweltbedingungen können innerhalb eines Landes je nach Höhenlage herrschen;
diese Unterschiede sind manchmal so extrem wie zwischen verschiedenen Ländern und Kontinenten.

Bedeutung des Klimas für die Gestütsführung

Die klimatischen Unterschiede als solche machen uns hier nicht so sehr zu schaffen, wohl aber ihre Auswirkungen auf Zuchtmethoden, Kosteneffizienz und Leistung. Am folgenreichsten ist der Kontrast zwischen den Klimazonen im Hinblick auf die Möglichkeit, die Pferde draußen zu halten, und die Notwendigkeit,
sie monatelang im Stall unterzubringen. Die Aufstallung erfordert Personal, um
die Tiere von der Weide zu holen und wieder hinzuführen, individuelle Fütterung, die tägliche Versorgung mit frischer Einstreu und Ausmisten. Arbeit, Materialien und Futterstoffe sind teuer, sie bedingen hohe Kapital- und Fixkosten.
Das Unterbringen in Gebäuden hat ferner den Nachteil, daß die Pferde einer unnatürlichen, staubigen Atmosphäre ausgesetzt sind. Verschärft wird das Problem
durch die Einstreu; Stroh und Heu enthalten große Mengen an Pilzsporen. Werden diese eingeatmet, dann fordern sie das Immunsystem heraus und können zu
Erkrankungen wie Dämpfigkeit oder chronischem Husten führen. Das Risiko
staubiger Luft wird noch verstärkt, wenn die Türen zur Vermeidung von Wärme-
verlusten geschlossen werden. Mag auch diese Maßnahme insofern erfolgreich
sein, als die Temperatur in der Pferdebox steigt, so mindert sie doch die Wirksamkeit der Ventilation, die in Ställen traditioneller Bauweise ohnehin meist ungenügend funktioniert. Eine weitere Folge des Einsperrens in Ställe ist die Bewegungs-
einschränkung für das Einzeltier über Monate hinweg. Draußen bewegen Pferde
sich beim Grasen ständig und regeln so ihre Körpertemperatur, da Wärme durch
Muskelaktivität freigesetzt wird. In der Box kann das Pferd sich nicht durch Bewegung warmhalten, und der Wärmeverlust durch Ausstrahlung ist erheblich.
Dach und Wände der meisten Pferdeboxen (Dachpfannen, Holz, Ziegelsteine)

bieten schlechte Isolierung. In einem kalten Klima geht ein großer Teil der Körperwärme auf diesem Weg verloren, abgesehen von den Verlusten durch Konvektion (Zugluft), Verdunstung und Ableitung (durch den Kontakt des Körpers mit dem Boden). Mangel an Bewegung hat ferner ungünstige Auswirkungen auf den Blutkreislauf und die Stoffwechselfunktionen, woraus Schwierigkeiten bei der Geburt und Gesundheitsstörungen beim ungeborenen Fohlen resultieren.

All diese Gefahren werden in Haltungssystemen vermieden, bei denen die Stuten während des ganzen Jahres Tag und Nacht draußen bleiben. Größter Nachteil dieser Haltungsform ist die hohe Kot- und damit Parasitenbelastung der Weide. Die Anzahl der Parasiteneier, die auf der Weide abgelegt werden, ist der Zahl der Weidestunden pro Morgen proportional. Je mehr Pferde sich auf der Weide aufhalten und je länger sie ihren Kot dort absetzen, desto größer ist das Problem. Auf der südlichen Erdhalbkugel haben die meisten Gestüte so viel Land, daß die Zahl der Weidepferde pro Morgen viel geringer ist als in der Intensivlandwirtschaft der nördlichen Hemisphäre. Maßnahmen zur Parasitenbekämpfung (siehe Seite 300) werden heutzutage in allen Ländern praktiziert, um so die Risiken starken Wurmbefalls zu vermindern.

Außenhaltung erlaubt viel größere Freiheit und ein natürlicheres Herdenleben. Dabei werden soziale Bindungen zwischen Mitgliedern der Gruppe weniger ernsthaft gestört als bei aufgestallten Pferden. Bei offenen, nicht durch das Klima

Auf der nördlichen Erdhalbkugel, wo die Pferde im Stall gehalten werden, ist Personal nötig, um die Tiere zwischen den Ställen und Koppeln hin- und herzuführen. Immerhin gewöhnt das den Nachwuchs an den Umgang mit dem Menschen.

verkomplizierten Systemen kann die Herde mit einem Minimum an Personal kontrolliert werden. In Australien besuchte ich das Gestüt Sedgenhoe nahe Scone in Neusüdwales. Dieses berühmte Gestüt gehört Lionel Israel und hatte im Jahre 1979 67 eigene Stuten, von denen nur fünf güst waren. In der Zuchtsaison erhöhte sich die Zahl der Stuten auf 200. Aber es waren nur vier Mann nötig für die Fütterung, das Abprobieren und die Überwachung des Deckgeschäfts, für die Parasitenbekämpfung und andere veterinärmedizinische Maßnahmen. In einem europäischen Gestüt würde man unter diesen Umständen wohl zumindest fünfzehn Angestellte brauchen.

Natürlich sorgen heiße, trockene Bedingungen für Probleme, die in einem kühleren Klima nicht auftreten, zum Beispiel das epidemische Auftreten von Sommerpneumonien, mit denen australische Gestüte wegen des Staubes auf den Weiden zu kämpfen haben, besonders dort, wo Stuten und Fohlen sich zum Schutz vor der Sonne unter Bäumen zusammendrängen. Trotz aller Schwierigkeiten ist der Prozentsatz an lebendgeborenen Fohlen ebenso hoch wie in Großbritannien. Im Gestüt Stockwell von Ken Cox (nahe Melbourne, Victoria) hatte der Hengst Showdown zwischen den Jahren 1966 und 1974 folgende Resultate: Von 549 ihm zugeführten Stuten wurden 452 (82,3 Prozent) tragend laut früher Trächtigkeitsdiagnosen. Von diesen verloren 15,5 Prozent ihr Fohlen oder hatten eine Totgeburt. Es blieben schließlich 382 (69,6 Prozent) lebendgeborene Fohlen, das bedeutete einen Jahresdurchschnitt von 42,5. Die Anzahl der Stuten, die in dieser Periode jährlich gedeckt wurden, schwankte zwischen 50 und 70, und der Durchschnitt der Bedeckungen pro Stute lag zwischen 1,45 und 1,86. Diese Zahlen brauchen den Vergleich mit denen irgendeines Vollblutgestüts in Europa oder sonstwo gewiß nicht zu scheuen.

Die Weide

Die Freiheit, sich über große Flächen bewegen zu können, ist aus bereits beschriebenen Gründen eine Voraussetzung für das Herdenleben: Sie mindert die Wurmgefahren und verschafft den Mitgliedern der Herde Zugang zu angemessener Ernährung. Bei Intensivhaltung und beschränkten Weideflächen muß Futter extra herangeschafft und müssen Maßnahmen zur Parasitenbekämpfung ergriffen werden. In den Systemen der südlichen Hemisphäre ist die Weidefläche meist größer als auf der Nordhalbkugel. Das Gestüt Bhima in Hunter Valley, Neusüdwales, beherbergt drei Hengste und verfügt über knapp 690 Hektar, von denen gut 200 bewässert werden. Eine vergleichbare Größe hat kaum ein europäisches Gestüt – wenn überhaupt. Die Bewässerung ist ein bedeutender Faktor im Gestütsmanagement in jenen Teilen der Welt, wo das Klima trocken ist. Die Fütterung hängt oft ab vom Wachstum der Luzerne oder anderer Pflanzen mit tiefen Wurzeln, von denen verschiedene auch geerntet werden. Die Höhe über dem Meeresspiegel hat bedeutenden Einfluß auf den Niederschlag und das Wachstum der Gräser. Auf dem Gestüt Hagley in Südaustralien, das dem verstorbenen Dr. Peter Irwin gehörte, beträgt der jährliche Niederschlag gut achtzig Zentimeter. Er vermindert sich jedoch pro Meile um zehn Zentimeter: Das Gelände fällt vom Gestüt aus immer mehr ab.

Umzäunung

Weidezäune kosten Geld und sorgen für Verletzungsrisiko. Stachel- und Spanndraht, mit denen üblicherweise weltweit Weideflächen für Rindvieh eingezäunt sind, werden bei Pferdeweiden seltener verwendet. Auf der südlichen Erdhalbkugel allerdings wird Stacheldraht bei Pferdeweiden überwiegend eingesetzt; die Häufigkeit von Hautverletzungen ist darum recht hoch. Die Verletzungen reichen von kleinen Abschürfungen bis zu tiefen Schnittwunden an den Gliedmaßen, der Brust und den Flanken. Pferde können lebenslang durch Narben gekennzeichnet sein. Tiere, die in Kontakt mit Stacheldraht aufwachsen, können lernen, mit seinen Gefahren zu leben, und sind geringeren Risiken ausgesetzt als solche, die erst später in eine Stacheldrahtumzäunung verbracht werden. Eine junge Stute, die in einen mit Stacheldraht abgegrenzten Auslauf gestellt wird, zieht sich leichter Verletzungen zu als eine, die sich schon in frühester Jugend daran hat gewöhnen können. Die Einzäunung mit glattem Draht unterschiedlicher Stärke und Konstruktion hat sich als ziemlich wirkungsvoll und relativ sicher herausgestellt. Elektrozäune werden in einer Reihe von australischen Gestüten mit Erfolg eingesetzt. Im Gestüt Shirley Park nahe Melbourne gibt es keine Wasserknappheit, und die Weiden sind während des ganzen Jahres grün. Dort werden weißgestrichene Holzzäune verwendet, die gut zu den weißen Gebäuden mit ihren roten Dächern passen und an ihre britischen Vorbilder erinnern.

Parasitenbekämpfung

Programme zur Parasitenbekämpfung (siehe Seite 300) unterscheiden sich weltweit kaum. Die regelmäßige Verabreichung von Medikamenten zur Reduzierung der Menge an Eiern, die über den Kot auf die Weide gelangen, ist üblich, dasselbe gilt für die zeitweilige Stillegung von Weiden und das Grasenlassen im Wechsel mit Rindern und Schafen. Pferde sind notorische Weidezerstörer durch ihre Art zu grasen und ihr wählerisches Verhalten: Sie lassen Bereiche übrig, in denen Gräser und andere Pflanzen dicht und üppig wachsen. Diese Geilstellen bilden sich selbst nach Bearbeitung mit dem Pflug und Neuansaat meist wieder, weil sie fast immer durch Exkremente des Pferdes verunreinigt sind. Läßt man andere Tierarten darauf grasen, kann man derartige Ungleichgewichte vermindern, jedoch nicht ganz ausschalten. Günstig wirkt sich auf den Pflanzenbestand auch aus, wenn man die Weide einige Zeit brach liegen läßt und wiederholt mäht.

Abprobieren

Es gibt sehr unterschiedliche Methoden, Stuten abzuprobieren. Die grundsätzliche Methode, wie sie überall in der Welt praktiziert wird, sieht so aus, daß man die Stute täglich für kurze Zeit oder einen über den anderen Tag mit dem Hengst in Kontakt bringt (siehe Seite 68). Dieses Verfahren setzt sie intensiver sexueller Stimulation aus und veranlaßt sie – wenngleich auf unnatürliche Weise –, dem Beobachter Hinweise auf ihre Empfängnisbereitschaft zu geben. Dann wird die Entscheidung getroffen, ob die Stute gedeckt werden soll oder nicht.

Abweichende Schwerpunkte werden in den verschiedenen Situationen gesetzt. Auf der südlichen Erdhalbkugel verbringt man die Stute in einen durch Holz oder Buschwerk eingefriedeten Pferch, der Probierhengst läuft auf der anderen Seite. Im Gegensatz dazu werden in Europa die Stuten an der Hand zum Probierstand geführt (siehe Seite 69).

Der praktische Unterschied zwischen diesen Vorgehensweisen ist gering. Die entscheidenden Faktoren sind die Zeitspanne, in der die Stute mit dem Hengst Kontakt hat, und das Ausmaß, in dem ihre natürlichen Instinkte unter den jeweiligen Umständen Hinweise geben. Diese Hinweise können allerdings von äußeren Einflüssen überdeckt werden. Dabei kann es sich um Furcht angesichts ungewohnter Umgebung handeln, um Aufregung, die aus der Trennung vom Fohlen oder anderen Herdenmitgliedern resultiert, oder um den Wunsch, frei zu galoppieren oder zu grasen. Man muß wissen, daß der Prozeß des Abprobierens und seine Absicht vereitelt werden können, wenn man Umwelteinflüsse außer acht läßt, die geeignet sind, die sexuellen Äußerungen zu irgendeiner Zeit zu verschleiern.

Es ist vielleicht sogar wichtiger, Stuten in Situationen geringeren Stresses zu beobachten, zum Beispiel wenn sie gemeinsam mit anderen Mitgliedern der Herde grasen. Auf der südlichen Erdhalbkugel zieht man eine Beobachtung der Stuten auf der Weide vor, bei der sie ständigen oder häufigen Kontakt mit einem männlichen Tier haben.

Diesen Kontakt kann man herstellen, indem man einen Ponyhengst in einen umzäunten oder an die Weiden angrenzenden Auslauf stellt, so daß rossige Stuten unmittelbar Interesse am Hengst zeigen können. Einen Ponyhengst über die Koppeln zu reiten oder zu führen ist wirkungsvoll, wenn Stuten und Hengste an diese Methode gewöhnt sind. Sie kann sich als gefährlich für den Reiter, das Pferd und die Stuten erweisen, wenn dazu leicht erregbare oder unfügsame Hengste verwendet werden. In Europa ist es gebräuchlicher, den Hengst an den Koppeln entlangzuführen, so daß das Stallpersonal Gelegenheit hat, die Reaktion der Stuten auf die Annäherung des Hengstes zu beobachten.

Die Praxis auf der südlichen Erdhalbkugel erlaubt den Fohlen bei Fuß, ihre Mütter zum Probierstand zu begleiten und in einem Verschlag innerhalb des überdachten Deckstalles der Paarung beizuwohnen. Dies trägt dazu bei, Stuten in der Fohlenrosse zu beruhigen, die nicht die erwarteten Verhaltensmuster (Rosseanzeichen) zeigen, wenn sie von ihrem Nachwuchs getrennt werden.

Veterinärmedizinische Untersuchungen

Die tierärztliche Kontrolle durch Voruntersuchungen wird weltweit und umfassend praktiziert. Die dabei verwendeten Techniken unterscheiden sich allenfalls geringfügig. Sie basieren auf rektalem Abtasten und Untersuchung von Gebärmutter und Eierstöcken, und umfassen ferner Tupferproben. Der auffälligste Unterschied betrifft das Handling. In Großbritannien und Irland werden Stuten gewöhnlich in der Stallgasse oder Pferdebox untersucht, während man auf der südlichen Erdhalbkugel dafür einen Pferch bevorzugt. In Australien ist es ziemlich üblich, daß hundert Stuten oder mehr für eine Trächtigkeitsdiagnose vom Tierarzt an einem Tag untersucht werden. Eine solche Zahl wäre auf einem Gestüt in Großbritannien eher ungewöhnlich.

Paarung

Der Deckplatz oder Deckstall ist generell von einfacher Art. Dort treffen Stute und Hengst aufeinander, häufig zum ersten Mal. Es gibt gelegentlich Plätze, an denen die Stute vor der Paarung untersucht und gewaschen werden kann. In einigen Gestüten wird auch der Hengst vor und/oder nach dem Decken abgewaschen. Mancherorts gibt es Verschläge, in denen Fohlen bei Fuß während der Paarung untergebracht werden können. Dies ist freilich auf der südlichen Erdhalbkugel üblicher als auf der nördlichen.

Die meisten Deckplätze haben einen Probierstand, eine feste Wand oder eine, die für das letzte Abprobieren in die richtige Position gebracht werden kann, bevor die Stute endgültig dem Hengst zugeführt wird. Das Festhalten der Stute wird häufig durch Halfter und Nasenbremse erleichtert, ferner wird ein Vorderbein angehoben, bis der Hengst die Stute bestiegen hat. Über die Hinterhufe der Stute werden Filzschuhe gestreift. Manche fesseln auch die Hintergliedmaßen. Diese Methode ist in Großbritannien allerdings in Mißkredit geraten, da sie als unnötig und gefährlich gilt.

Die Geburt

Auf der nördlichen Erdhalbkugel finden Geburten zumeist in der Box statt. Über 90 Prozent aller Stuten fohlen zwischen 19 Uhr und 6 Uhr ab. Dieses Muster gilt auch für die südliche Erdhalbkugel, wo Stuten draußen gebären. Angesichts dieser Umstände ist für die Überwachung gewöhnlich ein „Nachtwächter" zuständig, der in einem Caravan oder einer Hütte neben der Abfohlkoppel sitzt oder schläft. Diese Koppel wird mit einer Quartzlampe oder einem anderen Kunstlicht beleuchtet.

Gelegentlich treten Probleme auf, wenn Stuten auf Koppeln abfohlen, auf denen sich auch noch andere Herdenmitglieder aufhalten. Eine Stute zum Beispiel, die noch nicht gefohlt hat, versucht möglicherweise, ein neugeborenes Fohlen von seiner Mutter zu trennen. Eine Stute, die bereits gefohlt hat, stiehlt vielleicht ein gerade gefallenes Fohlen, adoptiert es und läßt ihr eigenes im Stich.

Einige Tiere – meist solche, die erstmals fohlen – galoppieren von ihren Fohlen weg, weil die hinten heraushängende Nachgeburt sie ängstigt. Es ist eine kuriose Tatsache, daß selbst solche Stuten, die sich auf einer großen Koppel aufhalten, nahe an der Umzäunung fohlen. Dabei kann es passieren, daß das Fohlen eine Böschung hinunterrutscht und in einen Tümpel fällt, was fatale Folgen haben kann. Diesen Problemen sieht man sich natürlich bei Aufstallung in einer Abfohlbox nicht gegenüber, wie sie vom Gestütsmanagement in der nördlichen Hemisphäre bevorzugt wird.

Der Nabel des neugeborenen Fohlens wird mit Jod oder einem Antiseptikum behandelt. Es werden Klistiere gegeben, und man leistet dem Fohlen Hilfe beim Saugen, falls sich dies als notwendig erweist. Dem Fohlen kann auch Orangensaft, Glyzerin, das sogenannte Epsomer Bittersalz, Rizinusöl und/oder Eiklar möglichst bald nach der Geburt gegeben werden, um den Abgang des Darmpechs (Mekonium, siehe Seite 195) zu erleichtern.

Termingestaltung der Decksaison

Wo man auch züchtet – zwei Themen werden immer heiß diskutiert: die Notwendigkeit, willkürlich gewählte Termine der (Vollblut-)Decksaison mit denen der natürlichen Paarungszeit zusammenfallen zu lassen (siehe Seite 35), und die Anwendung der künstlichen Besamung (KB, siehe unten und Seite 117, 335). Die meisten Tierärzte stimmen darin überein, daß es hilfreich wäre, die Zuchttermine derart zu verändern, daß eine bessere Fruchtbarkeit erzielt und die Fohlen während optimaler klimatischer Bedingungen und üppig sprießender Weiden geboren werden. Die Argumente für oder gegen einen Wechsel werden jedoch stark beeinflußt durch solche Faktoren wie Wirtschaftlichkeit und Mikroklima des jeweiligen Landstrichs. Die Probe aufs Exempel, ob sich Terminveränderungen auszahlen oder nicht, wäre dann erbracht, wenn sich dadurch erstens die Unkosten senken und zweitens die Produktivität steigern ließen. Würde man in Großbritannien und Irland den Start der Vollblut-Zuchtsaison vom gegenwärtigen 15. Februar auf den 1. April verschieben, würden zweifellos die Kosten gesenkt und die Produktivitätsraten angehoben.

Beim augenblicklichen System sind große Anstrengungen erforderlich, um die angeborene Tendenz der Stute, vor dem Monat April sexuell inaktiv zu sein (Anöstrus, siehe Seite 65), aufzuheben. Um das Ungleichgewicht zu beheben, muß das Gestütsmanagement erhebliche Summen investieren für Aufstallung, künstliche Beleuchtung, Futter usw., einmal ganz abgesehen von den Kosten für tierärztliche Konsultationen und Behandlungen, die eine Zucht in den Wintermonaten voraussetzt. Die Auseinandersetzung gewinnt eine weitere Dimension durch die Tatsache, daß Bedeckungen im Winter und zu Beginn des Frühjahrs in Fohlengeburten zur Winterzeit resultieren, so daß die Notwendigkeit schützender Maßnahmen entsprechend zunimmt. Ein weiterer Aspekt des Problems sind die vielen Nächte, die durchwacht werden müssen. Ihre Zahl steigt proportional zur Länge der Zuchtsaison. Würde man also die Deckperiode konzentrieren, dann würden die dabei anfallenden Personalkosten sinken, ebenso die Pensionsausgaben jener Besitzer, die über einen eigenen Stall verfügen und ihre Stuten preiswerter zu Hause halten können.

Diese Faktoren treffen natürlich nicht auf Klimazonen zu, in denen Stuten Tag und Nacht draußen bleiben können. Unter diesen Bedingungen ist auch der Anöstrus (sexuelle Inaktivität) im Winter und zu Beginn des Frühjahrs nicht so ausgeprägt wie dort, wo Winter und Sommer extreme Temperaturunterschiede aufweisen. Der Anöstrus hängt jedenfalls weitgehend mit der Länge der Tage zusammen. Darum spielt die geographische Breite eine bedeutende Rolle hinsichtlich der Probleme einer Zucht außerhalb der von der Natur dafür vorgesehenen Monate.

Künstliche Besamung (KB)

Die KB wird in verschiedenen Ländern und bei bestimmten Rassen praktiziert, zum Beispiel beim Standardbred in den USA, beim Araber und bei den Warmblutrassen in solchen Ländern wie Deutschland, China, Polen und der ehemaligen Sowjetunion. Eine Rasse, das Vollblut, gibt es, deren Repräsentanten eisern gegen diese Technik opponieren. Jüngst wurde von seiten der Tierärzte starker Druck ausgeübt. Sie wollten die Zuchtbuchverantwortlichen überreden, ihre Position des vollständigen Verbots aufzugeben und die KB zumindest aus veterinärmedizinischen Gründen zuzulassen. Zu den Gründen gehört die Notwendigkeit, eine Geschlechtsinfektion bei jenen Stuten zu vermeiden, die mit einer venerischen Mikrobe wie *Klebsiella* oder dem CEM-Erreger infiziert sind oder waren. Die verschiedenen Techniken der KB werden in Kapitel 15 beschrieben, die Argumente für und gegen ihre Anwendung bei Vollblütern aus veterinärmedizinischer Sicht werden auf Seite 117 diskutiert. An dieser Stelle befassen wir uns mit der KB allein unter dem Aspekt verbesserter Produktivität.

Es kann kaum bezweifelt werden, daß die KB, wie sie beim Standardbred und bei Traberzuchten in den USA angewandt wird, weniger Personal erfordert als geplante natürliche Bedeckungen. Sie steigert die Wahrscheinlichkeit der Empfängnis und vergrößert die Zahl der Stuten, die gedeckt werden und aufnehmen können. Mit anderen Worten, KB erlaubt Gestüten, mehr Fohlen zu geringeren Kosten zu produzieren als bei Anwendung des Natursprungs. Unglücklicherweise werden diese Argumente von den Vollblutverantwortlichen zurückgewiesen. Sie befürchten, daß der Zucht Schaden zugefügt würde durch eine übermäßige Benutzung bestimmter Blutlinien zu Lasten anderer. Die traditionelle Abwehrhaltung gegenüber der KB wird außerdem verstärkt durch die Erklärung des großen italienischen Züchters Tesio, daß die KB das Element „Liebe" aus der Zucht entferne und daß noch nie ein klassischer Sieger unter künstlichen Bedingungen empfangen worden sei.

Heute können wir diese Thesen nicht mehr so recht nachvollziehen. Man kann jedoch mit dem Argument sympathisieren, daß die Teilung von Ejakulaten (Ergüssen) – dem grundsätzlichen Vorteil der KB – einen verderblichen Effekt für die finanziellen Interessen der Züchter hat, deren Solvenz wohl mehr auf Verknappung bestimmter Blutlinien innerhalb der Zucht als auf einem Überangebot beruht.

Ein anderes Argument, das nicht immer bedacht wird, wenn man dieses Thema diskutiert, ist die vergleichsweise schlechte Samenqualität bei Vollbluthengsten. Im Kapitel 4 diskutieren wir das Faktum, daß Empfängnis nur möglich ist, wenn eine Mindestzahl lebender normaler Spermien in der Gebärmutter der Stute abgelegt wird. In vielen Zuchten, in denen KB routinemäßig angewendet wird, werden die Hengste nach der Qualität ihres Samens ausgewählt. Bei den Vollblütern ist das jedoch nicht der Fall, die Hengste werden fast ausschließlich nach Rennleistung selektiert. Viele Vollbluthengste haben eine ziemlich geringe Anzahl lebender normaler Spermien in ihren Ejakulaten. Würde man die auch noch teilen, dann wiesen die einzelnen Teilmengen nur noch eine ungenügende Anzahl brauchbarer Spermien auf. Derart nähme man der besamten Stute die Chance zu empfangen, die bei einer natürlichen Besamung und dem gesamten Ejakulat vielleicht vorhanden wäre.

KB ist also eine nützliche Technik, um die Ausbreitung von Geschlechtskrankheiten zu vermeiden. Unter bestimmten, genau definierten Umständen stellt sie eine Hilfe für das Management und einen finanziellen Vorteil dar. Von ihr kann man jedoch nicht erwarten, daß sie zur Produktivität bei Rassen wie den Vollblütern beiträgt, bevor man sich dort nicht radikal von herrschenden Einstellungen verabschiedet.

Produktivität

Produktivität kann auf unterschiedliche Art gemessen werden. Züchter können zum Beispiel ihren Erfolg am finanziellen Ertrag messen, der aus dem Verkauf ihrer Produkte und/oder dem Gewinn von Rennpreisen herrührt. Die Basis solcher Einschätzung beruht weitgehend auf den Kräften des Marktes, auf Moden und subjektiven Einstellungen der Abnehmer.

Die nützlichsten Indikatoren für Produktivität beziehen sich auf die Effizienz, etwa den Prozentanteil lebendgeborener Fohlen und deren Gesundheit für den gedachten Einsatzzweck. Die Aufstellungen des Vollblutstutbuches sind umfassend und dienen dazu, das Produktivitätsniveau in dieser speziellen Zucht zu illustrieren. Womöglich sind sie auch auf andere Rassen anzuwenden. Ein von der BEVA (British Equine Veterinary Association) erstelltes Gutachten wies aus, daß von je 100 Stuten, über die Rückmeldungen vorliegen und die von Vollbluthengsten gedeckt worden sind, 25 güst bleiben und zehn verfohlen oder ein totes Fohlen zur Welt bringen. 65 Fohlen könnten also theoretisch später ins Training genommen werden. In Wirklichkeit laufen aber nur 28 irgendwann in Rennen. Die restlichen werden exportiert, erweisen sich als nicht schnell genug und/oder ziehen sich gesundheitliche Schäden zu. Man kann daraus schließen, daß 100 Stuten nötig sind, um 28 lebende, gesunde Fohlen zu produzieren, oder, mit anderen Worten, ungefähr zehntausend Stuten, um die Menge von 3400 Zweijährigen zu erzeugen, wie sie jedes Jahr ungefähr für eine Laufbahn auf der Flachen ins Training genommen wird. Diese Zahlen sind der Gesamtpopulation entnommen, und sie spiegeln lokale Situationen nicht exakt wieder. Hervorragende Leistungen auf dem Gebiet der Selektion, des Managements und der Landwirtschaft können zu deutlich besseren Resultaten in einzelnen Beständen führen.

Ein ähnliches Gutachten wie das von der BEVA hat Dr. J. Bourke vom australischen Victoria Racing Club erstellt. Er listete einige der Gründe für den Abgang unter den 2000 neuen Pferden auf, die alljährlich in die Rennpferdepopulation in Victoria übernommen werden. Als Gründe führte er den Export ins Ausland oder in einen anderen australischen Staat an, die Unfähigkeit, den Trainingsanforderungen standzuhalten, frühzeitiges Ausscheiden wegen zu geringer Klasse, wegen Verletzungen oder anderer Ursachen. Wenn auch deutlich ist, daß die Abgänge nicht allein auf biologische Prozesse zurückzuführen sind, gibt es doch ein weites Feld, auf dem die Veterinärmedizin und/oder das Gestütsmanagement eine positive Rolle spielen können.

Häufig wird argumentiert, daß es genügend Pferde für das Training gibt und wir nichts tun sollten, um die ohnehin ausufernde Population an Vollblutpferden in Großbritannien noch weiter anwachsen zu lassen. Eine Steigerung der Produktivität könnte freilich dazu dienen, eine proportionale Verkleinerung der Stutenpopulation möglich zu machen. Daraus würden jährliche Einsparungen in den laufenden Kosten und eine weitere Verminderung des Kapitaleinsatzes resultie-

ren. Gelänge es zum Beispiel, die Verluste durch güste Stuten und nicht lebendgeborene Fohlen um zehn Prozent zu reduzieren, dann könnten damit trotzdem
nur vier Prozent der Gesamtverluste aufgefangen werden. Möglichkeiten für we-
sentlichere Einsparungen gäbe es also noch zuhauf, wenn sich Züchter und Tierärzte zu einer konzertierten Aktion aufrafften, um die veterinärmedizinische
Wissenschaft und den gesunden Menschenverstand zusammenwirken zu lassen.

Auslese aus positiven Gründen

Das Anheben der Produktivität in prozentualer Hinsicht würde es den Züchtern
erlauben, Tiere von minderwertiger Qualität auszusondern und derart den Standard der Zucht zu fördern. Der Schlüssel zum Fortschritt liegt im Herausfinden
jener Bereiche, in denen Fortschritt möglich ist. Gewiß gibt es weder ein Patent-
rezept noch eine einzelne Maßnahme, mit deren Hilfe der jährliche Abgang wesentlich reduziert werden könnte. Ferner würde jede Maßnahme, die für einen
merklichen Unterschied sorgte, die Unterstützung aller Beteiligten erfordern:
der Tierärzte, Pferdebesitzer, der Gestütsleiter und -angestellten. Aus tierärztlicher Sicht würde ich vorschlagen, daß man der Auslese positiver Eigenschaften
bei Zuchtstuten mehr Aufmerksamkeit widmet, etwa der Fähigkeit, aufzunehmen und jährlich ein lebendes, gesundes Fohlen mit normalem Geburtsgewicht
zu liefern. Stuten, die in dieser Beziehung einen bestimmten Standard nicht erreichen, sollten ausgesondert werden. Ähnliches wäre bei Hengsten zu empfehlen.
Aber es widerstrebt den Züchtern mehr, männliche Tiere aus der Zucht zu nehmen als weibliche. Ein Derbysieger zum Beispiel ist das kommerzielle Herzstück
eines Gestüts – selbst wenn die Empfängnisrate unter seinen Stuten nur 40 oder
50 Prozent beträgt.

Rennleistung und Selektion für die Zucht stehen bei Hengsten in einem viel en-
geren Verhältnis als bei Stuten. In der Praxis gelangen viele Stuten in die Zucht,
weil sie keine Rennen gewinnen können und nur so eben das Ziel in einem Mai-
denrennen für Dreijährige auf einem zweitklassigen Rennplatz erreichen. Der
Einfluß der Mutter auf den Körperbau des Nachwuchses kann gar nicht überbetont werden, er ist größer als der des Hengstes, weil die Stute das Fohlen nicht nur
zu empfangen, sondern auch auszutragen, zu gebären und zu ernähren hat, von
der Empfängnis bis zum Absetzen. Die Erblichkeit von Rennleistung beträgt annähernd 33 Prozent, wie aus einer Studie hervorgeht, die vom Institut für Gene-
tik des Dubliner Trinity College vorgelegt wurde. Dies bedeutet, daß die Rennqualitäten des Einzeltieres zu etwa 33 Prozent auf genetischen und zu 66 Prozent
auf Umwelt-Faktoren beruhen. Genetische Faktoren sind die bei der Empfängnis
vererbten Lebensbausteine, der genetische Bauplan sozusagen. Die Umwelteinflüsse wirken ab der Empfängnis während des gesamten Wachstums innerhalb
und außerhalb des Mutterleibes.

Diese Forschungsergebnisse werfen ein Licht auf die Bedeutung der Umwelteinflüsse, mit denen sich die Gestütsleitung und der Tierarzt Tag für Tag zu beschäftigen haben. Ist jedoch die Umwelt relativ standardisiert oder gar optimal,
dann kann die Verbesserung des Nachwuchses nur erreicht werden durch eine
Verbesserung der ererbten Lebensbausteine.

Fünfzehn Prozent aller Junghengste, die in Großbritannien und Irland im Rennsport eingesetzt werden, schlagen eine Karriere als Deckhengst ein. Dagegen werden 85 Prozent aller jungen Stuten, die auf der Rennbahn waren, in die Zucht genommen. Der Selektionsdruck auf Hengste ist dementsprechend groß. Stuten sind dagegen keinem so hohen Selektionsdruck ausgesetzt, und so kann man den genetischen Wert der Nachkommen viel leichter verbessern, indem man Zuchtstuten sorgfältig selektiert, als wenn man hohe Maßstäbe bei der Hengstauswahl anlegt.

Zusammenarbeit mit der veterinärmedizinischen Wissenschaft

Eine durchdachtere Anwendung der veterinärmedizinischen Erkenntnisse ist notwendig. So sollten zum Beispiel alle güsten Stuten innerhalb der letzten vier Monate der Decksaison untersucht werden. Es ist wichtig, den Grund für ihr Güstbleiben herauszufinden und nach der Diagnose die entsprechende Behandlung einzuleiten, um ihre Chance, in der nächsten Saison aufzunehmen, zu verbessern. Heute kommen häufig Stuten zur Bedeckung im Gestüt an, die an einer genitalen Störung leiden. Ihre Behandlung hätte schon früher einsetzen müssen und nicht erst dann, wenn sie beim Hengst sind (siehe Unfruchtbarkeit, Seite 221).

Selbst wenn es in ihrem eigenen Interesse liegt, kooperieren Pferdebesitzer nicht mit dem Tierarzt, was die Gesundheit ihrer Stuten betrifft. Veterinärmedizinische Untersuchungen, die ein so wichtiger Bestandteil der Zuchtsaison sind und so vielfältige Vorteile bringen (siehe Seite 214 ff.), lassen viele Züchter außerhalb der Saison nicht vornehmen. Von vielen Stuten, die im Februar auf die Deckstelle geschickt werden, nehmen ihre Besitzer an, daß sie sowohl zur Paarung früh in der Zuchtsaison bereit sind als auch über eine angemessen fruchtbare Verfassung verfügen. Viele Tiere befinden sich jedoch in einem sexuell inaktiven Zustand und könnten noch für Wochen oder Monate zu Hause gelassen werden, bevor sie mit zusätzlichen Kosten in einem Fremdgestüt untergebracht werden. Es würde genügen, wenn der Tierarzt die Stute zu Beginn der Decksaison in etwa vierzehntägigen Intervallen untersuchen würde, bis er eine Aktivität der Eierstöcke feststellt. Eine Blutprobe zur Bestimmung des Progesteron-Niveaus sollte vorgenommen werden, um sich zu vergewissern, ob der Mangel an sexueller Aktivität auf dem Vorhandensein eines Gelbkörpers im Eierstock beruht (dazu finden Sie die Erklärung auf Seite 63 ff.). Der Besitzer kann spezielle Maßnahmen ergreifen, um eine sexuelle Aktivität im Winter zu bewirken, indem er Kunstlicht zur Verlängerung des Tageslichtes einsetzt (siehe Seite 65). Tierärztliche Untersuchungen sind gleichwohl nötig, um einschätzen zu können, ob diese Maßnahmen gegriffen haben.

Ein effizientes Zuchtprogramm muß angemessene Maßnahmen umfassen, um Verlusten durch Parasitenbefall, bakterielle und virale Infektionen, Ernährungsstörungen und Verletzungen vorzubeugen. Es ist wichtig, daß Besitzer wie Tierärzte ständig auf der Hut sind, um eine angemessene und dauerhafte Vorbeugung zur Vermeidung ernsthafter Folgen sicherzustellen. Das Programm zur Parasitenbekämpfung etwa muß auf seine Wirksamkeit hin mindestens einmal pro Jahr getestet werden. Weist es Mängel auf, muß es entsprechend geändert werden (siehe zur Diskussion der Parasitenbekämpfung Seite 300). Auf ähnliche Weise müssen Impfprogramme gegen Krankheiten wie Influenza und Tetanus (Wundstarrkrampf) erstellt werden, um zu jeder Zeit für Schutz zu sorgen – insbesondere für jene Mitglieder der Herde wie die Fohlen, für die die Folgen dieser Krankheiten am gefährlichsten sein können.

Falsche Fütterung oder eine Ernährung, in der das Verhältnis von Vitaminen, Mineralstoffen, Proteinen und Kohlenhydraten nicht stimmt, kann zu schlechtem Wachstum, Knochenerkrankungen und Unwirtschaftlichkeit führen. Hält man sich nicht an die Grundsätze einer guten Wirtschaft, dann kann das zu einer Beeinträchtigung von Wachstum und Entwicklung des fetalen Fohlens oder gar zur Fehlgeburt führen. Unser Wissen hat noch viele Lücken, was die Fütterung angeht. Dem Züchter ist daher zu empfehlen, sich mit der falschen Ernährung als möglichem Grund für Verluste zu beschäftigen. Er soll die jeweils aktuellen Informationen zu diesem Thema heranziehen und sich von Ernährungswissenschaftlern und Tierärzten beraten lassen. Es ist wichtig für die Gestütsleitung, die Abläufe anhand der Resultate auf allen Gebieten der Produktivität im Jahresrhythmus neu zu bewerten – ob es sich nun um den prozentualen Ertrag handelt, die Gesundheit oder das Wachstum ihrer Produkte. Unternehmerische Fehlentscheidungen können ernsthafte ökonomische Verluste zur Folge haben. Dazu gehören zu große Bestände an Stuten, Fohlen und/oder Jährlingen in zu kleinen Stallungen und auf nicht hinreichend großen Weideflächen, schlechtes Weidemanagement, Fütterung mit geringwertigen Nahrungsmitteln, das Außerachtlassen von vernünftigen wissenschaftlichen Grundsätzen zur Krankheitsvorbeugung und -kontrolle. All dies führt zu schlechter Produktivität.

Mythos und Realität

Die Pferdezucht kann verglichen werden mit einem vielfarbigen Prisma, das eine Unzahl von Facetten aufweist. Sie kann großen Gewinn bringen – an Geld oder Erfolg – oder einfach nur sehr viel Freude, wie sie mit der Teilnahme am Wunder der Fortpflanzung verbunden ist – und das bei einem der wundervollsten Geschöpfe der Natur. Die auf Ödland hinter dem Haus des Besitzers gehaltene trächtige Stute, die Zugang hat zu einer baufälligen Scheune als Unterstand, kann all diese Ansprüche erfüllen – Profit, Freude und ein Gefühl von Erfolg –, und zwar ebensosehr wie eine Stute, die zusammen mit vielen anderen in einem Gestüt mit makellosen Anlagen und ausgedehnten, gut umzäunten Weideflächen lebt und von professionellem Personal umsorgt wird. In der Praxis bestimmt der Zweck häufig die Art der Haltung: Die Ponykreuzung von geringem Geldwert erfreut sich vorwiegend der besonderen Zuwendung ihres Besitzers, während der wertvolle Vollblüter ein intensives Management erfährt. Ob es sich freilich um ein Pony, einen Voll- oder Warmblüter handelt – ein Pferd ist grundsätzlich ein Pferd und reagiert auf die Herausforderungen durch seine Umwelt wie ein Pferd. Und seine Ansprüche an die Umwelt lassen sich mit denen des Menschen nicht vergleichen. Das Sprichwort vom Pferd, das man zwar ans Wasser führen, nicht aber zum Saufen zwingen kann, ist höchst treffend in bezug auf die Haltung und die Biologie. Pferde sind sehr anpassungsfähig. Sie können sich fortpflanzen unter

Wüstenbedingungen und in Sümpfen, auf tiefliegenden Weiden oder auf Berghöhen mit Krüppelbewuchs, aber irgendwo hat auch ihre Vielseitigkeit Grenzen. Auf diese Grenzen müssen wir Anworten finden, wenn wir Pferde selektiv, wirtschaftlich und für spezielle Zwecke züchten wollen. Legen wir Rasse, Typ und Leistung als Hauptziele der Anpaarung fest, dann ignorieren wir tendenziell die biologisch angemessenen Reaktionen.

Lassen Sie uns ein Beispiel dafür betrachten, wie die Selektion auf ein artifizielles Ziel hin den Prozeß der natürlichen Selektion stören kann. Eine Gruppe von Vollblutstuten und -hengsten hat sich über Generationen hinweg unter bestimmten Umweltbedingungen gepaart. Die Hengste sind aufgestallt, und die Stuten dürfen Tag und Nacht draußen sein. Das Klima ist das ganze Jahr über mild. Bei der Auswahl der Stuten für die Zucht hat man die Leistung im Rennsport kaum berücksichtigt. Die Hengste dagegen sind nur dann verwendet worden, wenn sie über herausragende Rennqualitäten verfügten. Nehmen wir nun an, daß ein Teil dieser Stuten in ein anderes Land verlegt wird, wo extreme Witterungsunterschiede herrschen und lange Monate im Stall verbracht werden müssen. Diese Umgebung würde eine neue Herausforderung darstellen. Einige Stuten würden sich anpassen (akklimatisieren), einige nicht. Müßten wir in der neuen Umgebung die Stuten auf der Basis ihrer Rennleistung selektieren, würden wir eine weitere Einflußgröße einführen, die sich auf die Anpassungsreaktionen des Nachwuchses auswirken würde. Nach ein paar Generationen in der neuen Umgebung könnten wir erwarten, heimisch gewordenes, voll an die Umwelt angepaßtes Zuchtmaterial vorzufinden und neuere „Einwanderer", von denen einige sich angepaßt haben und andere Probleme aufweisen, die bis zur völligen Anpassungsunfähigkeit reichen. Die letztere könnte sich darstellen als Verhaltensauffälligkeit (Untugenden, schlechte Angewohnheiten), als Unwirtschaftlichkeit, Anfälligkeit für endemische (einheimische) Krankheiten und als Unregelmäßigkeiten der Fortpflanzungsfunktionen. Einige Stuten könnten eine abnorme sexuelle Aktivität entwickeln: über Monate hinweg, auch in der willkürlich bestimmten Zuchtsaison, inaktiv sein und dafür im Herbst und im Winter aktiv.

Untersuchen wir einen bestimmten Stutenbestand in der Praxis, dann weist ein Teil der Tiere ein biologisches Muster auf, das mit den Herausforderungen der Umwelt nicht korrespondiert. Diese Stuten sind einem Streß ausgesetzt. Das Tier, das auf der Koppel gedeiht, aber im Training Gewicht verliert, ist wahrscheinlich ein Beispiel für mangelhafte Anpassungsreaktion auf Aufstallung und Absonderung von den anderen Herdenmitgliedern. Es ist nicht möglich, das genaue Verhältnis zu bestimmen zwischen den Auswirkungen der Selektion, der Umwelt und der Fähigkeit, sich an spezielle Umweltbedingungen anzupassen. Wir können aber sicher sein, daß diese Einflüsse in unserem Stuten- und Hengstbestand am Werk sind. Wir sollten an diese Einflußnahme denken, wenn wir die Umwelt auf unsere Ziele hin manipulieren. Wir dürfen erwarten, daß etwa 50 Prozent des Bestandes die Veränderungen problemlos hinnehmen, 25 Prozent sie nur widerstrebend dulden und 25 Prozent unsere Hoffnungen auf irgendeine Weise enttäuschen. So wollen es die biologischen Fakten des Lebens. Die einzige Möglichkeit, unsere Resultate in der Praxis zu verbessern, besteht darin, Verständnis für die fundamentalen Aspekte der Körperfunktionen für die Zucht und für die Auswirkung von Fehlfunktionen auf die Fruchtbarkeit und den Gesundheitszustand zu entwickeln. Diese interessanten Themen werden im zweiten und im dritten Teil dieses Buches behandelt. Sie sind das A und O für Erfolg und Fehlschlag in der Zucht, ganz gleich welche Rasse oder welchen Typ wir züchten wollen.

Der Fortpflanzungszyklus

Die Fortpflanzung ist eine Kette biologischer Ereignisse, die mit zwei Einzeltieren in einer Generation beginnt. Diese zeugen ein neues Individuum, nähren es in der mütterlichen Gebärmutter, aus der es bei der Geburt ausgetrieben wird, und dann noch so lange, bis es abgesetzt wird und damit eine unabhängige Existenz erhält. Wenn das neue Wesen sexuell reif geworden ist, kann es seinerseits eine weitere Folge in der Fortpflanzung einleiten und den Fortpflanzungsprozeß fortführen.

Die Empfängnis ist der Start für das neue Wesen und findet im Moment der Befruchtung von Eizelle (weibliche Keimzelle) und Spermium (männliche Keimzelle) statt. Beschreibt man die männlichen und die weiblichen Funktionen mit einfachsten Begriffen, dann produzieren sie die männlichen und weiblichen Keimzellen und liefern sie an einem Treffpunkt ab, wo die Befruchtung stattfinden kann. Die Eizelle ist passiv, und das Spermium ist aktiv und eindringend. Ort der Vereinigung ist der obere Teil der Eileiter. Die weiblichen Funktionen umfassen zusätzlich die Ernährung des neuen Individuums während der sogenannten Trächtigkeit. Zu den weiblichen Organen gehören zwei Eierstöcke, in denen die Eizellen erzeugt werden, und der Genitaltrakt, ein schlauchförmiges Organ, durch das das Sperma zur Eizelle gelangt und in der sich die befruchtete Eizelle bis zur Geburt entwickeln kann.

Zu den männlichen Organen gehören die beiden Hoden, die das Sperma produzieren, und der männliche Genitaltrakt, durch den das Sperma bei der Paarung herausgeschleudert wird, um im weiblichen Genitaltrakt abgelegt werden zu können. Alle Organe und Drüsen des männlichen und des weiblichen Sexualsystems sind eigens „konstruiert" für die Ereignisse der Befruchtung, Trächtigkeit und Geburt. Schließlich sorgt das weibliche Euter für die Ernährung des Fohlens bis zum Absetzen.

Ziel des zweiten und dritten Teils dieses Buches ist es, die Hintergründe der Fortpflanzung darzustellen, bei gesunden wie bei kranken Tieren.

Teil II
Natürliche Funktionen des Pferdes

1
Die sexuellen Funktionen der Stute

Der Rossezyklus

Wie schon der Name sagt, besteht der Rossezyklus aus einer Serie von Ereignissen in sich wiederholenden Intervallen. Der Östrus (die Rosse) dauert fünf Tage, der Diöstrus (Zeit zwischen zwei Rossen) fünfzehn Tage. Der typische östrische Zyklus währt also insgesamt 20 Tage.

Unter allein biologischen Gesichtspunkten ist der Östrus jene Periode, in der die Stute den Hengst annimmt. Im Gestütsjargon: Sie ist „rossig", sie „steht". Diöstrus bedeutet wörtlich: zwischen zwei Rossen. Während des Diöstrus akzeptiert die Stute den Hengst nicht, sie ist „nicht rossig", „steht nicht". In der Praxis wird der Rossezyklus betrachtet als eine Folge von sich wiederholenden Rosseperioden.

Die Eizelle (Ovum) wird während der Rosse von den Eierstöcken ausgestoßen und damit der Befruchtung durch das Sperma des Hengstes zugänglich. Der Diöstrus andererseits ist ein Intervall, in dem die Gebärmutter bereit ist, die befruchtete Eizelle aufzunehmen, falls eine Empfängnis stattgefunden hat. Ist die Eizelle nicht befruchtet worden, dann wird die Bereitschaftsphase für die Trächtigkeit beendet und eine weitere östrische Phase angehängt, um die nächste Gelegenheit für eine Paarung und Befruchtung herbeizuführen. Sobald die befruchtete Eizelle sich in der Gebärmutter eingenistet hat, werden Rossezyklen unterdrückt, und die Stute verbleibt in einem Zustand, der dem des Diöstrus entspricht.

Um leichter diskutieren zu können, werden wir den Rossezyklus unter fünf Gesichtspunkten betrachten: 1. Anatomie, 2. Physiologie, 3. Verhalten, 4. Einflüsse und Variationen, sowie 5. praktische Umsetzung der Kenntnisse.

Anatomie

Der Rossezyklus basiert auf den Veränderungen der Fortpflanzungsorgane und der Keimdrüsen, die deren Funktionen steuern. Die Geschlechtsorgane der Stute bestehen aus den Eierstöcken und dem Genitaltrakt, der den Eileiter, die Gebärmutter, den Gebärmutterhals, die Scheide und die Scham umfaßt (Abb. 2). Die Gebärmutter kann sich ausdehnen, um sich der Entwicklung des Fohlens während der elf Monate Trächtigkeit anzupassen. Gebärmutterhals, Scheide und Scham formen den Geburtskanal. Die Sexualhormone werden im Hypophysenvorderlappen (Teil der Hirnanhangdrüse), in den Eierstöcken und in der Gebärmutter gebildet. Die Fortpflanzungsorgane umfassen auch die Milchdrüsen, die aber nicht am Rossezyklus beteiligt sind und uns hier nicht beschäftigen.

Die Eierstöcke

Die Eierstöcke haben eine etwa bohnenförmige Gestalt. Form und Größe unterscheiden sich ja nach Rasse, Alter des Tieres und Jahreszeit. Sie messen im Schnitt

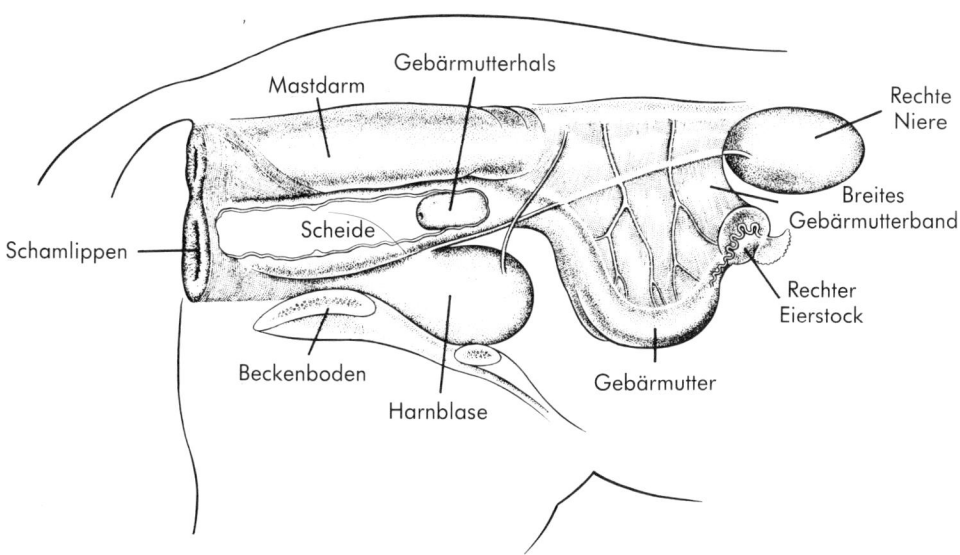

Mastdarm

Gebärmutterhals

Rechte Niere

Breites Gebärmutterband

Scheide

Schamlippen

Rechter Eierstock

Beckenboden

Harnblase

Gebärmutter

7 cm mal 4 cm. Jeder Eierstock besteht aus einer faserigen Masse, die man Stroma (bindegewebiges Stützgewebe) nennt. Stuten werden mit vielen tausend Eizellen geboren. Sie befinden sich im Stroma knapp unter der Oberfläche des Eierstocks. In ihrem weiteren Leben produziert die Stute keine Eizellen mehr. Ist eine Stute, mit etwa zwei Jahren, geschlechtsreif, dann entwickelt sich eine Anzahl von Follikeln rund um die Eizellen, die während der Rosse größer werden. Die Follikel agieren als hormonproduzierende Drüsen und bilden Östrogen. Schließlich reißt einer der Follikel (Ovulation), und die Eizelle entweicht durch eine schwache Stelle in der Kapsel, die den Eierstock umschließt. Diese schwache Stelle heißt Ovulationsgrube und ist am eingekerbten Teil des bohnenförmigen Eierstocks gelegen. Die Auskleidung des Follikels blutet, und es bildet sich ein Blutknötchen in dem Raum, den vorher die Flüssigkeit und die Eizelle eingenommen haben. Besondere Zellen in der Schleimhaut des Follikels, Luteinzellen genannt, wachsen in das Knötchen hinein und formen eine hormonproduzierende Drüse, die Gelbkörper oder Corpus luteum genannt wird. Dieses Gewebe produziert Progesteron. Der Gelbkörper ist zwischen zwei Rossen tätig, während des Diöstrus. In den Wintermonaten ruhen die Eierstöcke; dieser Zustand heißt Anöstrus (übersetzt etwa: ohne Rosse). In diesem Status sexueller Ruhe sind weder Follikel noch funktionsfähige Gelbkörper vorhanden. Die Eierstöcke weisen also unterschiedliche Strukturen auf je nach sexuellem Status des Einzeltieres zu einer bestimmten Zeit.

Die Eileiter
Die Eileiter liegen in den Bändern, die auch die Eierstöcke und die Gebärmutter verbinden (Abb. 3). Jeder Eileiter ist geschlängelt und mißt etwa 25 cm. Die Eileiter öffnen sich direkt in die Gebärmutter jeweils an der Spitze des Gebärmutter-

Abb. 2: Die Genitalorgane der Stute von der rechten Seite aus gesehen. Eierstock und Gebärmutter werden durch das breite Gebärmutterband gehalten, das von Blutgefäßen durchzogen ist.

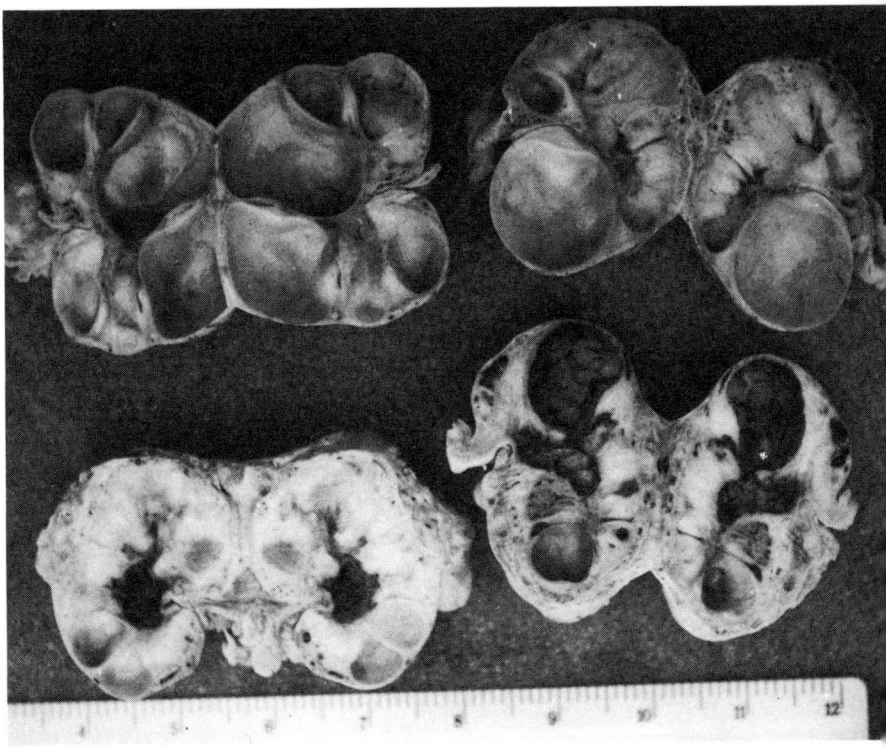

*Vier Eierstöcke,
hälftig aufgeschnit-
ten, um die ver-
schiedenen inneren
Strukturen darzu-
stellen: (Unten
links:) Zwei kleine
Follikel, die einan-
der berühren, sind
in der unteren
Hälfte zu sehen.
Das dunkle Ge-
bilde unmittelbar
darüber ist ein un-
längst gebildeter
Gelbkörper, der
hellere Fleck neben
dem Gelbkörper
ein alter und nicht
mehr funktionie-
render Gelbkörper.
(Unten rechts:)
Zwei große, un-
längst gebildete
Gelbkörper sind in
der oberen Hälfte
des Eierstocks zu er-
kennen, mit einem
alten Gelbkörper
unmittelbar darun-
ter und einem dick-
wandigen kleinen
Follikel etwas wei-
ter weg. (Oben
rechts:) Dieser Eier-
stock enthält einen
großen, reifen Folli-
kel und etwas nar-
biges Gewebe, ver-
ursacht durch Gelb-
körper, die ihre
Funktion schon
lange eingestellt ha-
ben. (Oben links:)
Ein ungewöhnli-
cher Eierstock, der
mehrere Follikel
unterschiedlicher
Größe enthält.*

horns. Die Eileiter haben auf der Gebärmutterseite einen Durchmesser von ungefähr zwei bis drei Millimeter, zu den Eierstöcken weiten sie sich stark und werden
ampullenförmig. Hier findet die Befruchtung statt zwischen der Eizelle, die
durch die Ovulation in die Eileiter gelangt, und dem Sperma, das sich nach dem
Decken auf den Weg durch die Gebärmutter in den Eileiter gemacht hat.

Das winzige Gebilde des Eileiters besteht aus einer sehr feinen Außenhaut,
einer Muskelschicht in der Mitte und innen der Schleimhaut. Die Schleimhaut
enthält eine einzelne Zellschicht, ihre Flimmerhaare formen einen Gang in Richtung auf die Gebärmutter. Es ist die Funktion des Eileiters, Eizelle und Spermien
aufzunehmen und die befruchtete Eizelle in die Gebärmutter wandern zu lassen.
Es ist eine merkwürdige, bislang noch nicht vollends erklärte Tatsache, daß unbe-
fruchtete Eizellen im Eileiter verbleiben und nicht in die Gebärmutter abwan-
dern.

Die Gebärmutter

Die Gebärmutter (Uterus) ist ein hohles, muskulöses Organ mit einem Gebärmutterkörper und zwei Gebärmutterhörnern, die ihm eine etwa Y-förmige Gestalt verleihen (Abb. 3). Sie ist über das breite Gebärmutterband (Gekröse) am
Dach der Bauchhöhle aufgehängt. Die Arterien, Venen und Nerven, die den Uterus und die Eierstöcke versorgen, verlaufen in diesem Gekröse. Ein Riß der Arte-

rie bei der Geburt kann zu einer ernsthaften, möglicherweise tödlichen Blutung führen (siehe Seite 265). Bei einer nichttragenden Stute ist die Gebärmutter klein im Vergleich zu ihrer Größe während der Trächtigkeit und kurz vor der Geburt. Die Gebärmutterhörner messen etwa 25 cm, und der Gebärmutterkörper ist ungefähr 20 cm lang. Der Uteruskörper hat einen Durchmesser von etwa 10 cm. Form und Größe des Organs variieren in Abhängigkeit vom sexuellen Status; dazu kommen wir später noch. Hinten zieht sich der Gebärmutterkörper zum Gebärmutterhals (Cervix) zusammen, der den Uterus von der Scheide trennt. Der Gebärmutterhals ist etwa 7,5 cm lang und hat einen Durchmesser von 4 cm. Ein Teil des Gebärmutterhalses ragt in die Höhlung der Scheide hinein und erscheint – durch ein in die Scheide eingeführtes Spekulum betrachtet – rosettenförmig. In Gestalt und Größe ändert sich der Gebärmutterhals ebenfalls entsprechend dem jeweiligen Zyklusstand der Stute.

Die Höhle der Gebärmutter ist bei der nichttragenden Stute weitgehend verstrichen (wenig ausgebildet) und kommuniziert an der Spitze der Gebärmutterhörner mit den Eileitern und am entgegengesetzten Ende mit dem Gebärmutterhals. Die Wand der Gebärmutter besteht aus drei Schichten, einem äußeren dünnen Bauchfellüberzug, der in das breite Gebärmutterband übergeht, einer mittle-

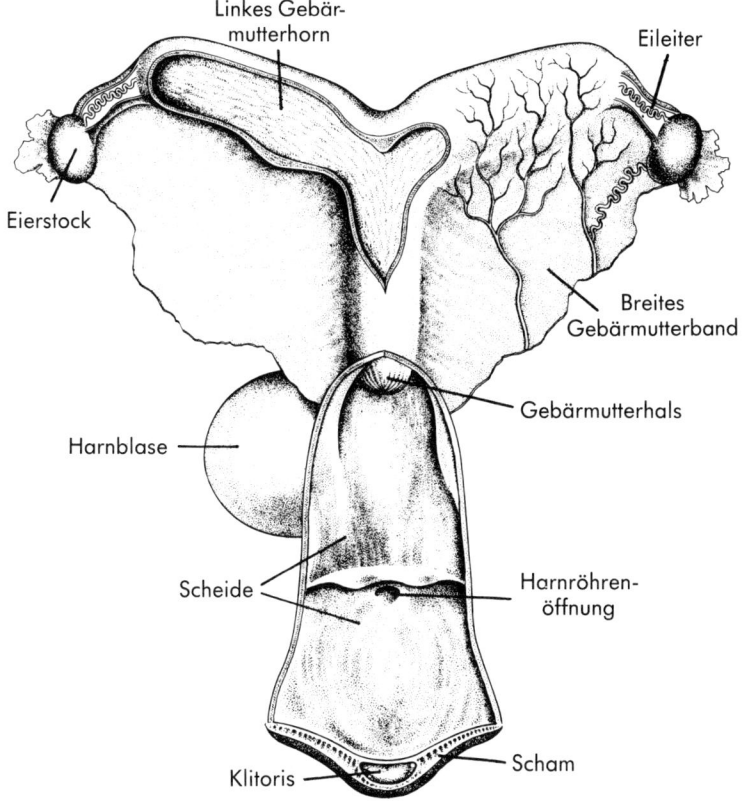

Abb. 3: Die Eierstöcke, das breite Gebärmutterband, der Eileiter, die Gebärmutter (teilweise geöffnet), der Gebärmutterhals und die Scheide der Stute von oben betrachtet. Die Blase ist unterhalb der Scheide zu sehen, und ihre Harnröhrenöffnung befindet sich genau vor der Schleimhautfalte, die das Hymen (Jungfernhäutchen) darstellt, das die Scheide im Verhältnis zwei Drittel zu ein Drittel teilt.

ren Muskelschicht und einer inneren Schleimhautauskleidung. Wenn wir später bei der Biopsie (Untersuchung von Gewebe) die Schleimhaut der Gebärmutter (Endometrium) besprechen, werden wir feststellen, daß sie ein einschichtiges Epithel (Zellverband) aufweist, unter dem sich viele verzweigte, röhrenförmige Drüsen befinden.

Während der Rosse ist die Wand der Gebärmutter erschlafft, die Uterusdrüsen sondern feuchten Schleim ab, und die Oberfläche ist sehr stark durchblutet. Zwischen zwei Rossen hat die Muskulatur in der Gebärmutterwand einen erheblichen Tonus (Spannungszustand), und das Organ ist angeschwollen. Die Drüsen der Gebärmutter sind nicht aktiv, der von ihnen abgesonderte Schleim ist klebrig, und in der Gebärmutterschleimhaut zirkuliert nur wenig Blut.

Der Uterus ist während der Trächtigkeit zu weitreichenden Veränderungen in der Lage. Er nimmt das sich entwickelnde Fohlen auf und bietet die Oberfläche zur Anheftung der Plazenta.

Der Gebärmutterhals

Der Gebärmutterhals (Cervix) erschlafft oder zieht sich zusammen je nach sexuellem Status. Während der Rosse ist er geöffnet, während der Zwischenrosse und der Trächtigkeit ist er geschlossen. Er kann durch die Scheide betrachtet werden: Er ist rot, feucht und erschlafft („verlaufen") während der Rosse, zusammengezogen (verschlossen), blaß und klebrig während der Zwischenrosse.

Die Scheide

Die Scheide (Vagina) befindet sich in der Beckenhöhle und reicht vom Gebärmutterhals bis zur Scham (Vulva). Sie ist röhrenförmig und mißt in der Länge etwa 20 cm. Im normalen, natürlichen Zustand berühren sich ihre Wände. Wenn jedoch der Verschluß des Scheidenvorhofs (siehe Seite 58) durch ein Spekulum oder durch den Penis des Hengstes geöffnet wird, gehen die Wände auseinander, und es zeigt sich, daß der Durchmesser der Scheide etwa zwölf Zentimeter beträgt. Die Fähigkeit der Scheide, sich zu weiten, ist im übrigen nur durch die Knochen des umgebenden Beckengürtels begrenzt.

Die Wand der Scheide besteht aus einer inneren Schleimhaut- und einer äußeren Muskelschicht. Beide sind sehr elastisch. Die Wand hat keine Drüsen, und nur ihr ganz vorne befindlicher Teil wird von Bauchfell (Peritoneum) umkleidet. Die Scheidenhöhlung wird in einen vorderen (anterioren) und einen hinteren (posterioren) Abschnitt geteilt durch eine Falte in der Wand der Scheide, die nur selten einen vollständigen Hymenalring (Jungfernhäutchen) bildet. Die Harnleiter öffnen sich hinter dem Hymen inmitten des rückwärtigen Scheidenbodens. In dieser Öffnung können wir auf Keime wie *Klebsiella* stoßen, die ebenfalls Ursache für Gebärmutterinfektionen sein können (siehe Seite 215).

Die Scham

Die Scham (Vulva) ist der am weitesten hinten liegende Teil der Geschlechtsorgane. Sie schützt den Zugang zur Scheide, ohne daß es eine genau definierte Trennlinie zwischen beiden gäbe. Der hintere Teil der Scheide mag darum als Teil

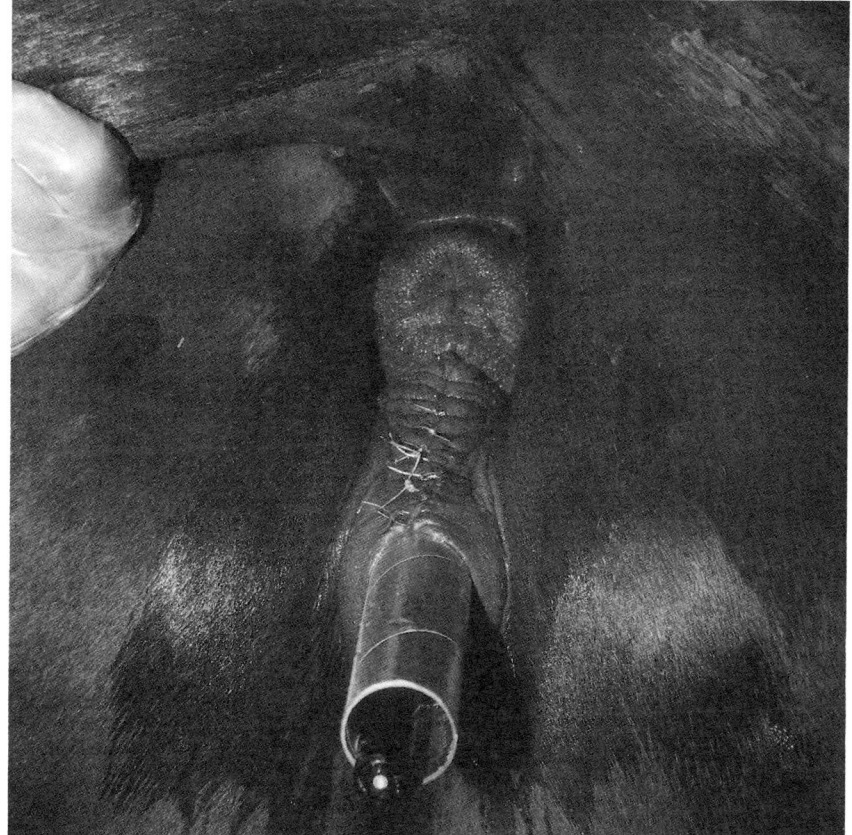

Ein Einmal-Spekulum aus Pappe ist in die Scheide einer mit vielen Stichen genähten Stute eingeführt. Der Gebärmutterhals kann mit Hilfe einer bleistiftdicken Stablampe betrachtet und Abstriche können genommen werden.

der Scham bezeichnet werden, wenngleich es sich bei dem Gebilde, das wir im allgemeinen mit dem Begriff „Scham" verknüpfen, um eine Körperöffnung handelt, die durch die Schamlippen gebildet wird. Diese berühren sich oben und unten in einem Winkel. Man spricht vom oberen (dorsalen) und unteren (ventralen) Schamwinkel.

Die Schamlippen werden von dünner, pigmentierter und glatter Haut bedeckt, die reichlich mit Talg- und Schweißdrüsen versehen ist. Unter der Haut liegt eine Muskelschicht, die die Scham zusammenziehen kann, oben bis zum Schließmuskel des Afters reicht und unten die Klitoris (Kitzler) umschließt. Dieser Muskel ist teilweise verantwortlich für die Verkürzung und Verlängerung der Scham in der Rosse bzw. Zwischenrosse. Gemeinsam mit einem weiteren Muskel, der die Klitoris umschließt, kann er die Schamlippen öffnen und die Klitoris freigeben zu einer Aktion, die umgangssprachlich als „Blitzen" bezeichnet wird.

Die Klitoris

Zieht man die Schamlippen auseinander, kann man einen rundlichen Körper von etwa 2,5 cm Größe sehen, der sich in einer Vertiefung im unteren Schamwinkel befindet. Es ist dies die Eichel der Klitoris, die dem verdickten Ende des männlichen Penis entspricht. Die Vertiefung, in der die Eichel liegt, ist die Klitorisgrube. Das Dach dieser Höhlung bzw. des Grübchens wird von einer kleinen Falte (Frenulum) gebildet. Im Zentrum der Eichel befindet sich eine Ausbuchtung (Sinus), die ein fettiges Exsudat (Smegma) ähnlich dem enthält, das in der Vorhaut des Hengstes zu finden ist. Sowohl diesem Sinus als auch der Klitorisgrube wendete man sich in den letzten Jahren mit großer Aufmerksamkeit zu. Man vermutete, daß sie sexuell übertragbare Keime beheimaten könnten, wie sie für die CEM oder andere Infektionen verantwortlich sind.

Freilegen der Klitoris durch Teilen des unteren Schamwinkels: Sie wird von der Scheide durch eine kleine Falte (Frenulum, Pfeil) getrennt und besteht aus dem Klitoriskörper (Mitte), der von einer Grube umgeben ist. Der Sinus (Ausbuchtung) befindet sich in der Mitte des Klitoriskörpers.

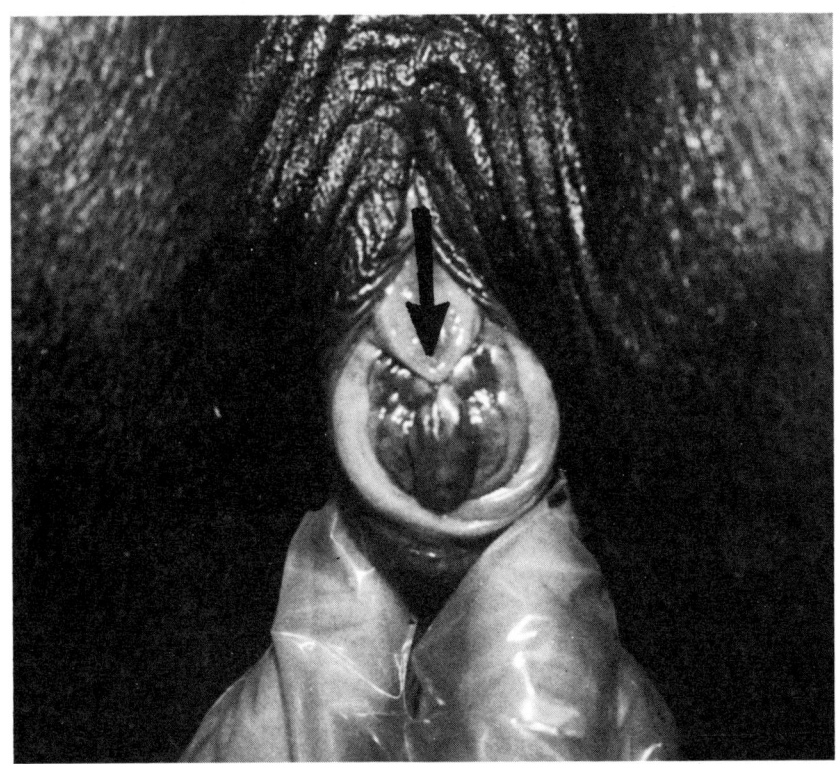

Der Aufbau des hinteren Genitaltraktes

Seit vielen Jahren weiß man, daß Luft, die abnormerweise in das Genitale eindringt, Infektion und Unfruchtbarkeit verursachen kann. Dieses Thema wird später ausführlicher diskutiert (siehe Seite 223 ff.). Die normale Gestalt von Scheide und Scham in bezug auf die knöcherne, vom Becken gebildete Unterlage wird in Abbildung 4 dargestellt. Drei Verschlüsse verhindern, daß Luft durch das in der Gebärmutter und in der Scheide vorhandene Vakuum in den Genitaltrakt

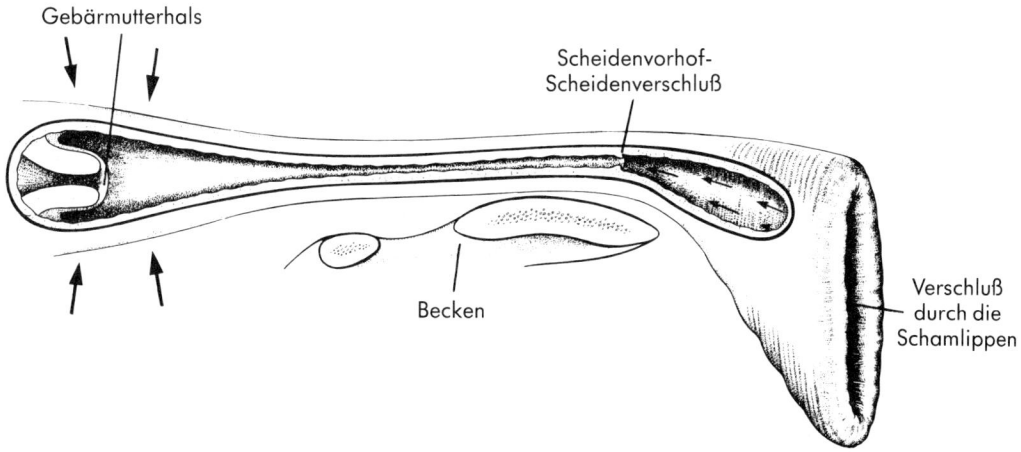

Gebärmutterhals

Scheidenvorhof-
Scheidenverschluß

Becken

Verschluß
durch die
Schamlippen

eingesaugt wird. Diese Verschlüsse sind: 1. die Schamlippen, 2. der Scheidenvorhof-Scheidenverschluß, der durch die Falte in der Scheidenwand auf Höhe des Hymens und des Beckenrandes gebildet wird, und 3. der Gebärmutterhals. Die Rosse wirkt sich insoweit auf die Verschlüsse aus, als dann die Schamlippen vergrößert und schlaff sind, der vestibuläre Verschluß von Schleim angefeuchtet und der Gebärmutterhals erschlafft ist.

Die Scham ist während der Zwischenrosse kontrahiert und der Schleim klebrig. Aus diesem Grund ist der Verschluß relativ dicht, es sei denn, es liegt eine schlechte „Konstruktion" vor (Abb. 5). Luft kann ferner in die Scheide eindringen beim Einführen eines Spekulums, beim Deckakt und nach der Geburt, wenn Scheide und Scham stark geweitet sind.

Abb. 4: Der normale Bau einer Scheide mit den physiologisch vorhandenen Verschlüssen, die ein Eindringen von Luft in die inneren Genitalien verhindern (nach R. M. Butterfield).

Physiologie

Zyklische Veränderungen an den Fortpflanzungsorganen der Stute

Rosse (Östrus): Die Veränderungen an den Geschlechtsorganen gehen einher mit Veränderungen des Sexualverhaltens. Während der Rosse ist der Genitaltrakt entspannt, und seine Oberfläche ist mit feuchtem Schleim bedeckt. Die Schamlippen sind geschwollen und vergrößert, ihre Oberfläche ist vom Schleim der Scheide angefeuchtet. Die Muskeln der Schamlippen machen eine Erschlaffung oder Kontraktion über die ganze Länge der Scham möglich. Die Schamlippen können nach außen gestülpt sein („Blitzen") und die Klitoris freigeben. Es kann sich beim Zeigen dieses empfindsamen Gebietes um einen Prozeß der Selbststimulierung handeln, jedenfalls spielt es eine wichtige visuelle Rolle, um die Aufmerksamkeit des Hengstes zu erregen.

Wenn wir die Schamlippen öffnen und durch ein Spekulum in die Scheide schauen, sehen wir, daß die Auskleidung von Scheide und Gebärmutterhals feucht und gerötet ist, die Falten des Gebärmutterhalses sind geschwollen (ödematös) und verlaufen. Derart vergrößern sie die Öffnung in die Gebärmutter.

Abb. 5: Schlechter Bau der Geschlechtsorgane der Stute

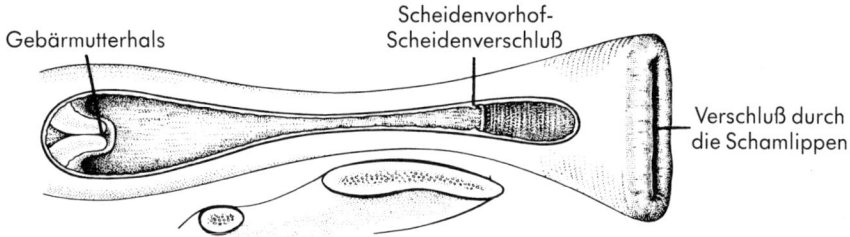

Gebärmutterhals   Scheidenvorhof-Scheidenverschluß

Verschluß durch die Schamlippen

Außerhalb der Rosse: Wirkt der Verschluß durch die Schamlippen, ist der Gebärmutterhals geschlossen. Der Scheidenvorhof-Scheidenverschluß wird nicht benötigt.

Außerhalb der Rosse: Scham und Scheidenvorhof-Scheidenverschluß funktionieren nicht.

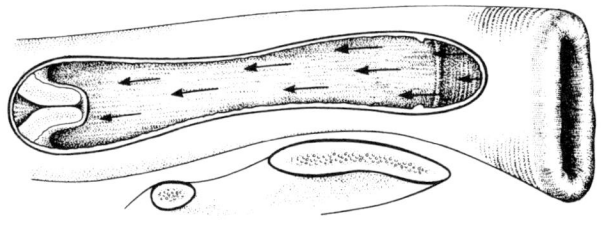

Außerhalb der Rosse: Alte oder schlecht gebaute Stute – dasselbe wie zuvor, nur schlimmer

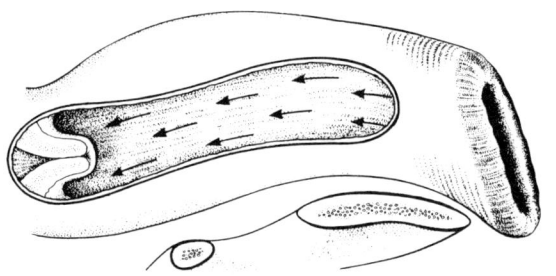

Normalerweise können wir nicht direkt in die Gebärmutter hineinsehen. Das gelingt nur mit speziellen optischen Geräten. Könnten wir hineinsehen, dann würden wir feststellen, daß die Schleimhaut der Gebärmutter während der Rosse aufgedunsen, mit Blut angefüllt und von einer dünnen, feuchten, schleimigen Schicht bedeckt ist. Könnten wir mit dem Mikroskop näher hinschauen, dann würden wir erkennen, daß der Zellverband der Gebärmutteroberfläche große (säulenartige) Epithelzellen enthält, und daß in den tieferen Schichten viele aktive Drüsen damit beschäftigt sind, Schleim abzusondern.

Der blutgefüllte, entspannte und oberflächlich feuchte Zustand des Genitale ist eingerichtet auf das Eindringen des Hengstpenis und auf die Passage der Spermien durch die Gebärmutter zu den Eileitern. Ein Eierstock oder auch beide enthalten während der Rosse eine Reihe von kleinen Follikeln (Abb. 6) entsprechend

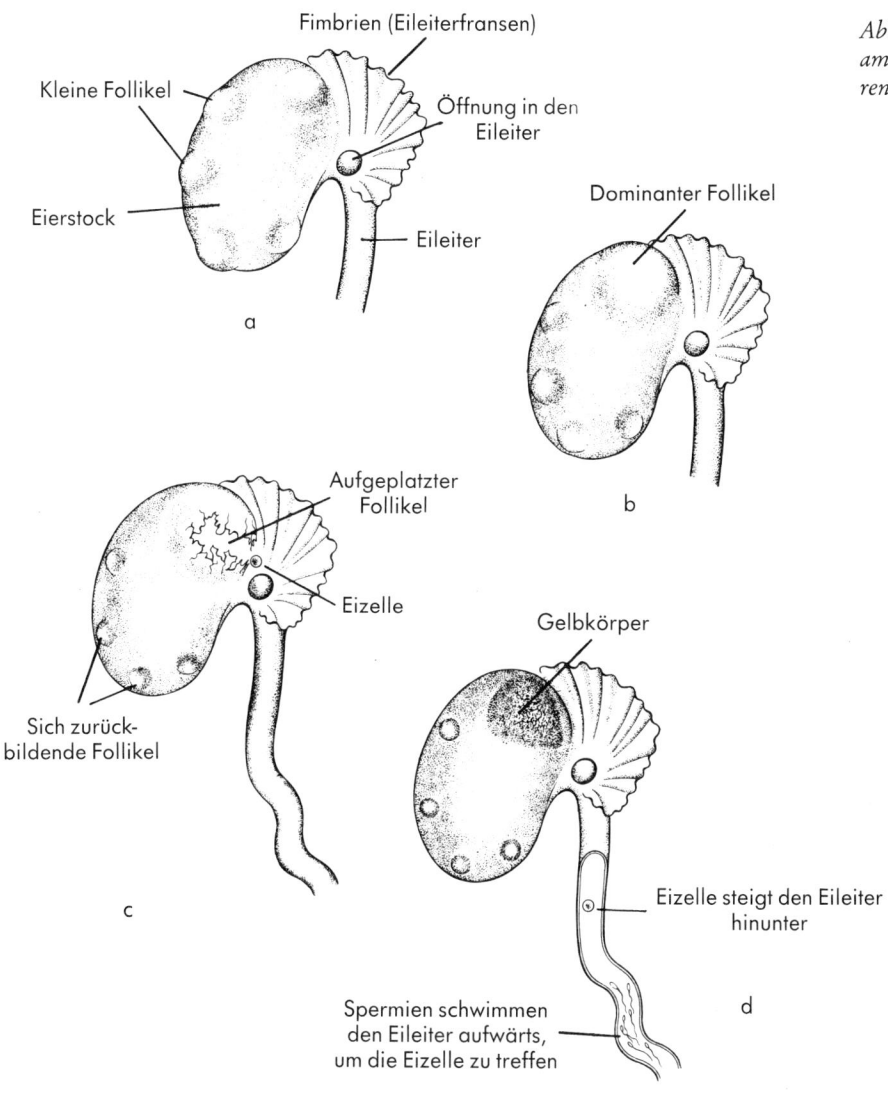

Fimbrien (Eileiterfransen)

Kleine Follikel

Öffnung in den Eileiter

Eierstock

Eileiter

a

Dominanter Follikel

b

Aufgeplatzter Follikel

Eizelle

Sich zurückbildende Follikel

c

Gelbkörper

Eizelle steigt den Eileiter hinunter

Spermien schwimmen den Eileiter aufwärts, um die Eizelle zu treffen

d

Abb. 6: Vorgänge am Eierstock während der Rosse

den individuellen und saisonalen Abweichungen. Deren Größe reicht von ein paar Millimetern bis zu mehreren Zentimetern im Durchmesser. Sie sind knapp unterhalb der Oberfläche des Eierstocks zu finden. Die größeren sind durch den Mastdarm bei einer veterinärmedizinischen Untersuchung zu ertasten (siehe Seite 71) als weiche bis pralle, fluktuierende Schwellungen, die sich an der Oberfläche der Eierstöcke abzeichnen. Ein Follikel (manchmal zwei) entwickelt mehr Größe und Reife als die anderen. Dieser Follikel ist für den Eisprung vorgesehen, er soll ovulieren. Nachdem der Follikel geplatzt ist, wird er ersetzt durch den Gelbkörper. Innerhalb von 24 bis 48 Stunden ist die Stute nicht mehr rossig und im Zustand des Diöstrus.

Zusammenfassend läßt sich sagen, daß die Rosse eine Periode darstellt, in der die Eizelle abgestoßen wird und die Stute Akzeptanzverhalten zeigt. Gemeinsam mit Flüssigkeit und Trümmern vom geplatzten Follikel zieht die Eizelle in den Eileiter. Dort kann sie vom Sperma des Hengstes befruchtet werden. Im Idealfall soll das Sperma schon vor dem Eisprung im Eileiter vorhanden sein.

Diöstrus: Der Diöstrus (Zeit zwischen zwei Rossen) ist ein Zustand der Bereitschaft für die Entwicklung der befruchteten Eizelle, die am fünften oder sechsten Tag nach der Empfängnis in der Gebärmutter ankommt. Die Schleimhaut der Gebärmutter ist jetzt nicht mehr feucht, sondern klebrig-trocken. Ist die Eizelle nicht befruchtet worden, machen die Geschlechtsorgane gleichwohl diese Zeit der Vorbereitung durch. Diese wird jedoch bei ausbleibender Befruchtung etwa am 15. Tag abgebrochen, damit eine weitere Rosse einsetzen und derart wieder ein neuer Zyklus starten kann.

In der Zwischenrosse sind die Schamlippen verkürzt und trocken, die Oberfläche von Scheide und Gebärmutterhals ist blaß und von klebrigem Schleim überzogen. Der Gebärmutterhals ist eng verschlossen. Die Gebärmutter ist fest oder geschwollen, die Zellen ihrer Oberflächenauskleidung (Epithel) haben sich auf würfelförmige Gestalt reduziert, und die darunterliegenden Drüsen sind relativ untätig und klein. Die Eierstöcke enthalten den Gelbkörper der vorherigen Rosse. Nur wenige oder gar keine Follikel sind vorhanden, außer wenn erstens kleinere, nicht geplatzte Follikel der vorherigen Rosse noch dabei sind, sich zu verkleinern oder zurückzubilden, und wenn zweitens neue Follikel sich inmitten des Diöstrus zur Vorbereitung auf die nächste Rosseperiode entwickeln.

Natürliche Steuerung des Rossezyklus

Der Körper steuert seine verschiedenen Funktionen durch die Kommunikation über Nerven und durch Hormone. Die Fortpflanzungsfunktionen werden hauptsächlich hormonal gesteuert, in geringerem, aber wichtigem Maße auch über die Nerven.

Hormone sind natürliche Substanzen. Sie werden von Drüsen produziert, die als endokrine Drüsen bezeichnet werden. Diese Drüsen sondern spezielle Hormone ab, die in den Blutkreislauf oder die Lymphbahnen eindringen und dann zu den Organen oder Teilen des Körpers transportiert werden, die sie beeinflussen oder steuern sollen.

Diese Hormone könnte man vergleichen mit den „Botschaften", die über die Nerven transportiert werden, aber sie benötigen keine Knoten oder Fasern als Reisewege. Ein Hormon übt einen speziellen Einfluß auf einen bestimmten Körperteil aus, der als Erfolgsorgan (oder auch Zielorgan) bezeichnet wird. Es kann dem Leser an dieser Stelle helfen, einmal ein Hormon als Beispiel heranzuziehen und seine Produktion, seinen Transport und seine Wirkung auf das Zielorgan zu beschreiben. Das Follikel-stimulierende Hormon (FSH) wird gebildet in der Hypophyse (Hirnanhangdrüse), die unterhalb des Gehirns liegt. Wird es von der Drüse freigesetzt, wird das Hormon durch den Blutkreislauf zu den Eierstöcken befördert. Hier stimuliert es die Entwicklung und Vergrößerung der Follikel.

Ein sehr wichtiges Prinzip, das dem Leser erklärt werden muß, ist das der Hormonrezeptoren. Rezeptoren sind winzige Bereiche an der Oberfläche von Zellen, an die sich das Hormon anbinden muß, um seine Wirkung entfalten zu können. Wir können dieses System mit dem von Schloß und Schlüssel vergleichen: Der Schlüssel ist das Hormon, und das Schloß ist der Rezeptor. Die Zahl der Rezeptoren an einem bestimmten (Erfolgs-)Organ variiert zum Beispiel je nach den anderen Hormonkonzentrationen und der Zeitdauer, in der das Organ einem bestimmten stimulierenden Hormon ausgesetzt wird. Nehmen wir als Beispiel das FSH, das nur dann effektiv auf die Follikel einwirken kann, wenn genügend Rezeptoren vorhanden sind. Die Zahl der Rezeptoren kann durch die Anwesenheit von Östrogen vergrößert werden. Für die Praxis erklärt es die wohlbekannte Tatsache, daß Follikel im Eierstock zu finden sein können, die an Größe nicht zunehmen, obwohl die Stute rossig ist und die FSH-Konzentration ansteigt. Follikel, die nicht größer werden, sind womöglich nicht hinreichend mit Rezeptoren ausgerüstet. Dieses Verhältnis kann noch deutlicher gemacht werden, wenn wir LH ins Spiel bringen, das Hormon, das das Platzen des Follikels und die Freisetzung der Eizelle verursacht. Ein offensichtlich reifer, großer Follikel kann im Eierstock vorhanden sein, und wir können die natürlich zunehmende Konzentration von LH im Blut noch steigern, indem wir eine Dosis LH injizieren – und doch findet kein Eisprung statt. Unter diesen Umständen mangelt es dem Follikel trotz seiner scheinbaren Reife an genügend LH-Rezeptoren für das Hormon, um einen Eisprung zu veranlassen.

Abbildung 7 stellt die hormonale Steuerung des Rossezyklus dar. Wenn wir in diesen Zyklus zu Beginn der Rosse einsteigen, stellen wir fest, daß die FSH-Konzentration zunimmt und daß von den Follikeln Östrogen produziert wird, wenn sich diese unter dem Einfluß von FSH entwickeln. Das Hormon Östrogen ist zuständig für das psychologische Verhalten in der Rosse und für die Veränderungen am Geschlechtsapparat, zu denen die Absonderung von feuchtflüssigem Schleim, das Vorhandensein eines großen, säulenartigen Epithels auf der Gebärmutteroberfläche usw. gehören. Wenn der Follikel reif ist, platzt er unter dem Einfluß des Hypophysenhormons LH (luteinisierendes Hormon). Dies führt zur Bildung eines Gelbkörpers (Corpus luteum), der Progesteron absondert. Progesteron ist verantwortlich für das Verhalten und die Veränderungen, die mit dem Diöstrus und der Trächtigkeit verbunden sind. Follikel wie Gelbkörper sind nur zeitweilige Gebilde mit einer begrenzten Lebensspanne. Unter diesem Aspekt sind sie ungewöhnliche Hormondrüsen.

Dem Leben des Gelbkörpers wird ein Ende gesetzt durch das Hormon Prostaglandin (PGF_2 alpha). Dieses Hormon wird in der Gebärmutter produziert und erreicht die Eierstöcke wahrscheinlich über die Lymphbahnen. Durch die Beendigung der hormonproduzierenden Zeit des Gelbkörpers (typischerweise am 15. oder 16. Tag nach seiner Bildung) werden die Keimdrüsen und Geschlechtsorgane zu einer weiteren Rosse und zum Start eines neuen Rossezyklus veranlaßt.

Jetzt wollen wir uns damit befassen, wie der Zyklus gesteuert, in Gang gehalten und beendet wird. Früher dachte man, die Hypophyse würde das hormonale

Abb. 7: Der Rosse-zyklus

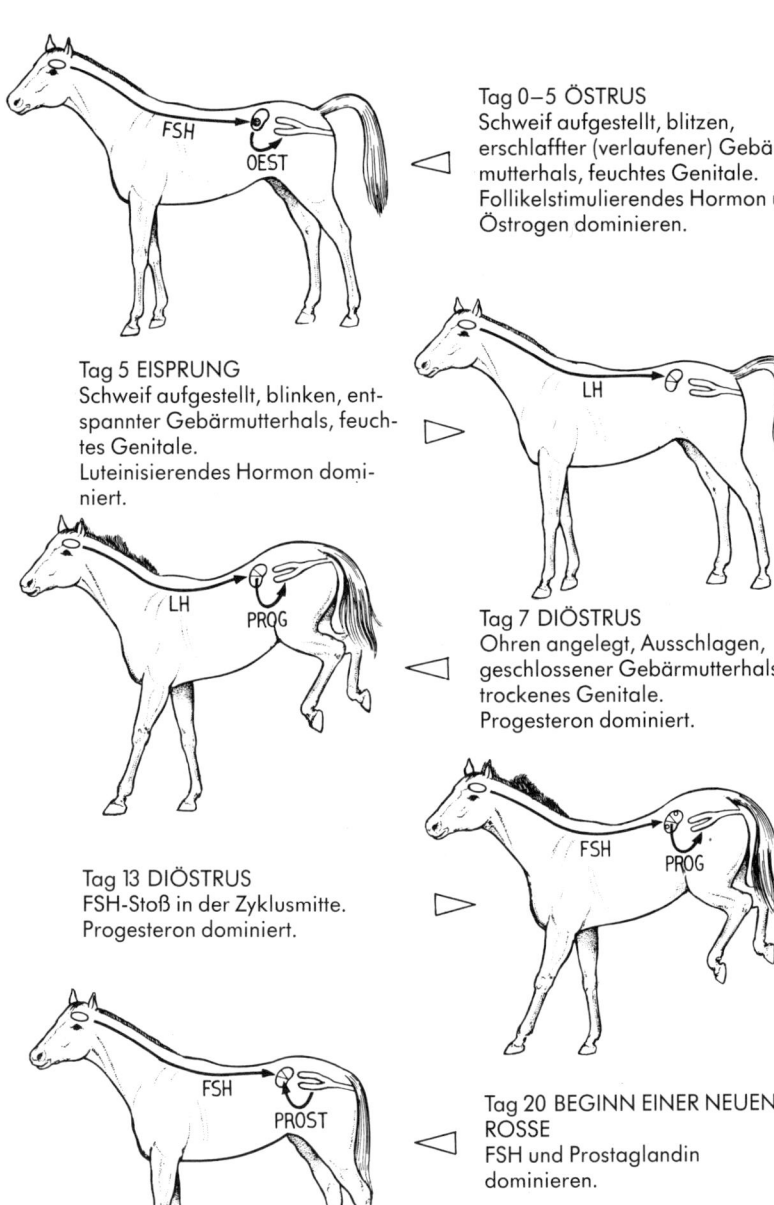

Tag 0–5 ÖSTRUS
Schweif aufgestellt, blitzen, erschlaffter (verlaufener) Gebär-mutterhals, feuchtes Genitale. Follikelstimulierendes Hormon und Östrogen dominieren.

Tag 5 EISPRUNG
Schweif aufgestellt, blinken, ent-spannter Gebärmutterhals, feuch-tes Genitale. Luteinisierendes Hormon domi-niert.

Tag 7 DIÖSTRUS
Ohren angelegt, Ausschlagen, geschlossener Gebärmutterhals, trockenes Genitale. Progesteron dominiert.

Tag 13 DIÖSTRUS
FSH-Stoß in der Zyklusmitte. Progesteron dominiert.

Tag 20 BEGINN EINER NEUEN ROSSE
FSH und Prostaglandin dominieren.

Orchester dirigieren, indem sie die Hormone FSH und LH produziert. Hormondrüsen reagieren gewöhnlich empfindlich auf die Konzentration anderer Hormone, gelegentlich sogar auf solche, die sie selbst produzieren. Derart wirken sich ansteigende Konzentrationen der Steroidhormone Progesteron und Östrogen auf die Menge an FSH und LH aus, die ausgeschüttet wird. Die Reaktion von Hormondrüsen wird als Feedback (Rückkoppelung) bezeichnet.

Man nahm an, daß die zunehmende Konzentration an Progesteron während des Diöstrus die Hypophyse veranlaßt, FSH zu produzieren, während in der Rosse die Zunahme von Östrogen die Hypophyse zur Ausschüttung von LH anregt, der Zyklus also von der Hypophyse gelenkt würde, indem er empfindlich auf die Konzentration zweier von den Eierstöcken produzierter Hormone reagiert. In gewissem Maße wird das immer noch so gesehen. In jüngerer Zeit mußte diese Annahme jedoch modifiziert werden im Lichte neuer Erkenntnisse und des gewachsenen Verständnisses von den Abläufen, die das Leben des Gelbkörpers limitieren. Dazu gehörte auch die Entdeckung von Hormonen, die im Gehirn erzeugt werden, die Releasing-Hormone. Es hat den Anschein, als sei die Hypophyse nicht der einzige Dirigent des Orchesters und als werde sie ihrerseits von Substanzen gesteuert, die in speziellen Gehirnzellen produziert werden. Diese werden nach dem Empfang von Nervenreizen freigesetzt, die wiederum durch das Licht, das mit den Augen wahrgenommen wird, vermittelt werden.

Der Einfluß des Lichtes auf den Zuchtzyklus der Stute ist schon lange bekannt. Die im Frühjahr und Sommer länger werdenden Tage fördern die sexuelle Aktivität und veranlassen die Stute während dieser beiden Jahreszeiten und zu keiner anderen Zeit, die typischen Anzeichen der Rosse zu zeigen. Allerjüngste Forschungen führten zu der Annahme, daß die Hypophyse einem ererbten Primärrhythmus unterliegt, der die spontane rhythmische Aktivität diktiert, die wir als Rossezyklus kennen. Beeinflußt und verändert wird dieser ererbte Rhythmus durch das Licht, das über das zentrale Nervensystem wirkt, durch die Hormone, die von den Eierstöcken produziert werden, durch die Ernährung und durch andere Faktoren wie das Saugen von Fohlen.

Praktische Auswirkungen des Rossezyklus

Auf der nördlichen wie der südlichen Erdhalbkugel weisen Stuten in natürlichem Zustand Rossezyklen im späten Frühjahr und im Sommer auf. Außerhalb dieser Jahreszeiten fehlen diese Zyklen im allgemeinen. Man spricht dann vom Anöstrus (Zeit ohne Rosse). Es besteht also eine sehr ausgeprägte Tendenz bei den Stuten, nur begrenzte Zeit fortpflanzungsbereit zu sein, d.h. während der Rossezyklen, und im Winter jegliche sexuelle Aktivität einzustellen. Dieses Muster sticht noch mehr hervor bei den Ponys und bei anderen Rassen, bei denen die Selektion auf spezielle Merkmale (wie etwa Rennleistung) nicht so intensiv gehandhabt wird. Unter dem Gesichtspunkt der Evolution hatten die Vorfahren des heutigen Pferdes größere Überlebenschancen, wenn sie sich im Sommer paarten. Die Fohlen wurden dann im Frühling geboren, wenn Klima und Futter den Bedürfnissen der Stute in den letzten Phasen der Trächtigkeit und des Fohlens nach der Geburt entsprachen. Die Notwendigkeit einer begrenzten Decksaison ist durch die moderne Landwirtschaft entschärft worden. Zuchtstuten können zum eigenen und zum Schutz der Fohlen bei unfreundlichem Wetter aufgestallt werden, ihnen können Heu und Hafer gefüttert werden. Derart werden die Bedingungen der Frühjahrsweide simuliert.

Nachdem die einst von der Natur auferlegten Zwänge außer Kraft gesetzt waren, wurde die angeborene Neigung der Stute, den Rossezyklus im Frühjahr und Sommer durchzumachen, durchsetzt von einer Tendenz, zu verschiedenen Jahreszeiten paarungsbereit zu sein. Dieser Prozeß wurde verstärkt durch kommerziellen Druck, der auf eine Selektion auf Fohlengeburten früh im Jahr drängte.

Die Stute macht Rossezyklen durch a) im späten Frühjahr und Sommer (wenn es sich um eine Vertreterin der im Naturzustand belassenen Tiere handelt), b) im Winter und zu Beginn des Frühjahrs, c) im Herbst und Winter und d) periodisch das ganze Jahr hindurch. Kategorie b) entspricht der willkürlich gewählten Zeitspanne der Vollblut-Decksaison – auf der Nordhalbkugel vom 15. Februar bis zum 15. Juli und auf der Südhalbkugel vom 12. August bis zum 15. Januar. Die Stuten der anderen Kategorien können ein Problem darstellen, weil sie nicht rossig werden, wenn wir sie unbedingt decken lassen müßten: die Stute etwa, die regelmäßig im Winter rossig wird und in den Anöstrus fällt, wenn die Hengste Station beziehen. Stuten, die außerhalb der Decksaison rossen, fordern den Tierarzt

Stute mit den typischen Anzeichen für Rosse: Sie hebt den Schweif und hat die Hinterbeine auseinandergestellt. Beachten Sie die Reaktion des (Probier-)Hengstes: Er flehmt.

und die Veterinärmedizin heraus, den Rossezyklus zu verändern und zu steuern. Das Ausmaß, in dem wir auf diese Herausforderung, auf unsere Erfolge und Fehlschläge reagiert haben, wird später diskutiert.

Verhalten

In der Rosse nimmt die Stute den Hengst an. In Anwesenheit eines Hengstes stellt sie ihre Hintergliedmaßen auseinander, hebt den Schweif und sondert eine gelbliche Flüssigkeit mit einem charakteristischen Duft ab. Häufig stülpt sie den unteren Schamwinkel nach außen und entblößt so die Klitoris. Rossige Stuten strecken auch Kopf und Hals nach vorne und ziehen dabei die Oberlippe hoch, sie „flehmen" (Abb. 8). Stärke und Vollständigkeit dieser Anzeichen unterscheiden sich bei den verschiedenen Tieren. Der entscheidende Hinweis auf Rosse ist letztlich die Bereitschaft der Stute, sich vom Hengst decken zu lassen.

Das Verhalten im Diöstrus (zwischen den Rossen) dagegen sieht so aus: Zurückweisung des Hengstes durch Ausschlagen, Anlegen der Ohren und Beißen. Die Schamlippen sind verkürzt. Der Schweif wird fest über dem Damm gehalten, wenn die Stute nicht gerade uriniert oder in Anwesenheit eines Hengstes mit dem Schweif schlägt.

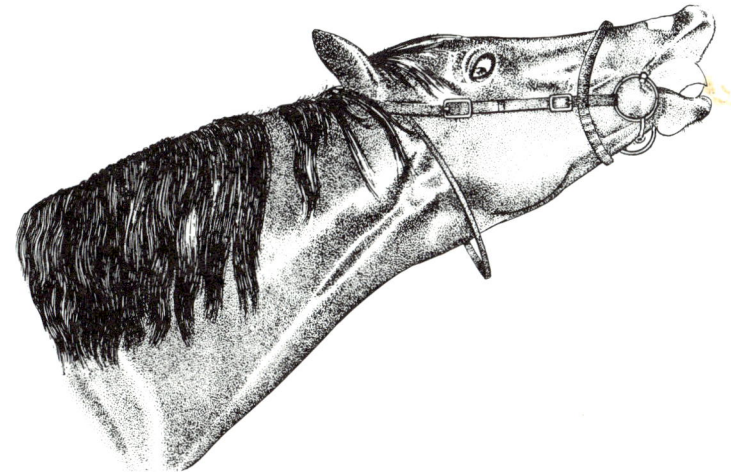

Abb. 8: Haltung beim Flehmen

Der Leser sollte berücksichtigen, daß diese Beschreibung des Sexualverhaltens der Stute auf unserer Interpretation dessen beruht, was sich im Probierstand abspielt. Das Abprobieren ist ein Ritual, das auf Deckstellen angewandt wird, um Stuten zu veranlassen, ihren sexuellen Status darzustellen – und zwar, indem man sie, anders als in der Natur, nur für kurze Perioden dem Kontakt mit dem Hengst aussetzt. Unter natürlichen Bedingungen – wenn der Hengst sich frei mit seinem Harem bewegt – können die einzelnen Stuten ihren sexuellen Zustand feiner vermitteln. Visuelle Hinweise sind womöglich nicht besonders wichtig, obgleich die

Ansicht einer Stute, die „steht", für die Aufmerksamkeit des Hengstes auch auf einige Entfernung sorgen kann. Bei Annäherung wird der Hengst nicht durch visuelle Hinweise erregt, sondern durch den Duft, den die Stute in der Rosse abgibt, sowie durch den Geschmack des Harns und der Sekrete von Scheide und Scham. Substanzen, die durch ein Tier abgesondert werden und sich auf das Verhalten von Artgenossen auswirken, werden Pheromone oder auch Soziohormone genannt. Der Hengst erkennt, daß eine Stute nicht rossig ist, auch ohne ihr recht nahe zu sein oder sie zu stimulieren.

Abprobieren

Grundsätze

Zweck des Abprobierens ist es, die Stute zu Hinweisen auf ihren Zyklusstand zu veranlassen, d.h. zum Rosseverhalten oder zum Abschlagen. Wenn sich der Hengst mit seinen Stuten frei bewegt, stellt seine Anwesenheit eine ständige Herausforderung für sie dar; sie lassen sich decken, wenn sie rossig sind. Diese natürliche Situation sorgt für ein zwangloses sexuelles Miteinander ohne aggressives Verhalten auf seiten der Stute oder des Hengstes. Der Hengst nähert sich der Stute, wenn sein Gesichts- und Geruchssinn Anzeichen für Rosse ausmachen, ansonsten läßt er sie in Frieden. Aus diesem Grund gibt es weder die Notwendigkeit noch die Nähe für ein Ausschlagen wie im Probierstand.

Es ist äußerst wichtig, daß wir das Abprobieren als unnatürlichen Prozeß begreifen. Je häufiger die Stute dem männlichen Tier unter den künstlichen Bedingungen des Probierstandes ausgesetzt wird, desto eher können sich atypische und höchst eigenwillige Verhaltensmuster entwickeln. Insbesondere werden einzelne rossige Stuten ein Nicht-Rosse-Verhalten zeigen, von dem viel auf Verhaltensformung beruhen kann, wenn die Stute wiederholt in diöstrischem, nicht rossigem Zustand stimuliert wurde. Die künstlich bewirkte Aufmerksamkeit des Hengstes verursacht umfangreiche Veränderungen im Sexualverhalten der Stute. Pferde assoziieren schnell und lernen flott aus Erfahrung, aus guter wie aus schlechter. Wenn wir sie immer wieder in den Probierstand zerren und sexueller Stimulation aussetzen, können sie die Angewohnheit entwickeln, Abwehrverhalten zu zeigen, gleich ob sie rossig sind oder nicht. Umgekehrt können Stuten den Aufmerksamkeiten des Probierhengstes gegenüber auch Gleichgültigkeit oder Neutralität entwickeln und keine positiven Hinweise auf Rosse oder Diöstrus geben.

Es gibt noch andere Gründe, weshalb die Stute sich dem Probierhengst gegenüber feindlich zeigt: wenn zum Beispiel die Sorge um das Fohlen oder der Wunsch nach freier Bewegung auf der Koppel die Oberhand gewinnen. Wird eine Stute von ihrem Fohlen getrennt, ist es natürlich, daß sie ihre sexuellen Instinkte unterdrückt. Diese Ablenkung hat unterschiedlichen Einfluß auf die einzelnen Tiere. Generell kann man sagen, daß die Stute sich um so mehr aufregt, je jünger das Fohlen ist. Stuten, die zum erstenmal ein Fohlen bei Fuß haben, sind meist am stärksten beunruhigt. Vielerorts wird beim Abprobieren das Fohlen mit zum Probierstand geführt und neben oder vor die Mutter placiert, um die Besorgnis

Die Stute zeigt an, daß sie rossig ist.

der Stute zu vermindern. Einige Stuten zeigen mehr Bereitschaft beim Abprobieren, wenn sie zuvor über die Koppel streifen durften oder bevor sie abends in den Stall geführt werden. Natürlich gibt es individuelle Abweichungen, die der kluge Pferdepfleger in Rechnung stellt, indem er die Stuten auf unterschiedliche Art täglich oder einen über den anderen Tag abprobiert.

Die Häufigkeit des Abprobierens und das gewählte Schema hängen von der Zahl der verfügbaren Mitarbeiter ab, der Jahreszeit und den persönlichen Präferenzen von Gestütsleitern und Pferdebesitzern. Gibt es ein ideales Schema? *Nein*, es gibt keines, aus den schon erwähnten Gründen. Das Abprobieren bleibt ein unnatürlicher Vorgang. Wir sollten uns nach dem Individuum richten und nicht nach Schema F vorgehen. Grundsätzlich sollten Stuten in der Decksaison täglich abprobiert werden, vorzugsweise nachmittags oder abends. Soweit praktikabel sollten wir eine möglichst natürliche Umgebung simulieren und auf der Koppel abprobieren. Das ist besser, als die Stute für dieses Ereignis aus dem Stall zu ziehen. Dieses Programm sollte ergänzt werden durch sorgfältige Beobachtung der Stute beim Grasen auf der Weide, weil viele Tiere nur dann Hinweise auf Rosse geben, wenn sie sich in der Herde geborgen fühlen und entspannt sind. Es ist insbesondere wichtig, ihr Verhalten zu beobachten, wenn ein Hengst in der Nachbarschaft ist, wenn etwa Hengst oder Probierhengst am Koppelzaun entlanggeführt werden.

Natürlich haben viele Gestüte nicht die Möglichkeit, täglich abzuprobieren. Vielen paßt es auch besser, früh morgens abzuprobieren, bevor die Stuten auf die Weide geschickt werden. Das erspart das Abprobieren am Abend, wenn das Gestütspersonal den verdienten Feierabend genießt. Das morgendliche Abprobieren kommt auch dem Tagesablauf entgegen: Später wird gedeckt, und es finden die routinemäßigen tierärztlichen Untersuchungen statt.

Ein typischer Tagesablauf im Gestüt kann so aussehen:

6.30 Uhr	Fütterung der aufgestallten Stuten
7.00 bis 8.00 Uhr	Abprobieren
8.00 bis 9.00 Uhr	Die über Nacht aufgestallten Stuten werden auf die Weide geführt.
9.00 bis 10.00 Uhr	Routinemäßige veterinärmedizinische Untersuchungen
10.30 bis 11.30 Uhr	Decken
11.30 bis 13.00 Uhr	Komplettes Ausmisten der Ställe; Abprobieren der Stuten auf der Koppel
14.00 bis 15.00	Beginn des Hereinholens der Stuten, je nach Jahreszeit
15.00 bis 15.30 Uhr	Zweites Decken
15.30 bis 17.00 Uhr	Alle Tiere werden von der Weide geholt und gefüttert

Natürlich gibt es viele Variationen dieses Routineschemas je nach der Organisation des Gestüts. Ein relativ kurzer Arbeitstag (höchstens neun Stunden) muß für eine ganze Reihe von Vorgängen aufgeteilt werden. Auch für das Abprobieren steht nur begrenzte Zeit zur Verfügung. Das Abprobier-Schema muß den vorhan-

denen Bedingungen angepaßt werden: zum Beispiel der Anzahl von Stuten im Verhältnis zur Zahl der Mitarbeiter, der Jahreszeit, der herrschenden Witterung und dem Verhältnis von tragenden zu güsten Stuten. All dies ist bei Entscheidungen zu berücksichtigen. Im Verlaufe jeder Decksaison wechselt überdies das Anforderungsmuster, mit dem sich die Gestütsführung auseinanderzusetzen hat. Zeitweise ist es vielleicht nicht praktikabel, Stuten täglich abzuprobieren, und man muß sich mit einem zweitägigen Rhythmus begnügen. Eine andere Möglichkeit, den Druck aufzufangen, liegt darin, das Verhalten der Stuten beim Abprobieren sorgfältig zu registrieren. Derart kann man Zeiten voraussehen, in denen das Abprobieren eines bestimmten Tieres nicht unbedingt erforderlich ist. Wenn eine Stute etwa unlängst gedeckt worden ist und bei der tierärztlichen Untersuchung festgestellt wurde, daß der Eisprung stattgefunden hat, ist zu erwarten, daß sie für zumindest 14 Tage nicht mehr rossig ist. Trotzdem müssen wir aufpassen bei den Tieren, die nur kurzfristig einen Diöstrus zeigen. Diese Stuten kann man übersehen, wenn sie nicht zu einer bestimmten Zeit abprobiert worden sind.

Das wirkungsvollste Minimalprogramm besteht darin, jede Stute täglich zu beobachten und sie alle zwei Tage – besser noch jeden Tag – sexueller Stimulation auszusetzen. Das Abprobier-Programm muß in enger Verbindung zu den tierärztlichen Untersuchungen stehen, die heute in den meisten Vollblutgestüten zur Routine gehören. Der Erfolg eines solchen Programms ist ebenso sehr mit dem

Die Stute zeigt typische Rosseanzeichen; sie hebt den Schweif und möchte nicht vom Probierhengst weggeführt werden.

intelligenten und einfühlsamen Vorgehen der zuständigen Mitarbeiter verknüpft wie mit der Stimulation der Stuten durch den Probierhengst. In der Decksaison sollten die Pferdepfleger positiv denken und immer nach Rosseanzeichen Ausschau halten, zu denen die Vergrößerung der Scham oder eine kaum merkliche Verhaltensänderung gehören. Diese Zeichen müssen durch eine verläßliche Diagnose abgesichert werden, indem man die Stute zum Probierhengst führt und vom Tierarzt untersuchen läßt. Erfolgreiche Abprobierprogramme hängen im wesentlichen von der Erfahrung und der Sorgfalt der Gestüter ab.

Der Probierhengst selbst spielt eine wichtige Nebenrolle: Er zeigt deutliches Interesse an rossigen Stuten und relativ wenig Interesse an nichtrossigen Stuten.

Der Probierhengst sollte nicht zu aggressiv sein. Brutales Beißen, lautes Brüllen oder eine zu lebhafte Annäherung können Stuten ängstigen, ob sie nun rossig sind oder nicht. Andererseits entlockt ein fügsamer, zögerlicher Hengst einer Stute von ähnlicher Zurückhaltung womöglich keine wirklichen Hinweise auf ihren sexuellen Status. Zukünftige Entwicklungen werden vielleicht solche Hilfen umfassen wie das Abspielen von Videoclips, in denen sich ein Hengst den Stuten präsentiert. Eventuell werden dabei auch noch künstliche Gerüche verströmt. Hunde kann man trainieren, Brunst bei Kühen auszumachen. Dieses Verfahren könnte ebenfalls ein nützliches Mittel sein, den Anteil des Probierhengstes an der Gestütsroutine zu ergänzen oder gar zu ersetzen.

Der Probierstand
Die Wand, durch die Stute und Hengst voneinander getrennt werden, sollte etwa 2,50 Meter lang und 1,70 Meter hoch sein. Sie ist mit Matten oder anderen geeigneten Materialien auf der Stutenseite gepolstert. Eine frei drehbare Rolle mit einem Durchmesser von ungefähr 15 cm soll oben auf der Wand befestigt sein. Die Wand kann zum Beispiel aus zwei Tischlerplatten von je 5 cm Dicke bestehen und dort aufgestellt werden, wo auf beiden Seiten Flüssigkeiten gut versickern können und wo der Grund weder schlüpfrig noch glatt ist, also auf Kreideboden oder auf geripptem Beton. Der Einlaß für die Stute muß sich unproblematisch gestalten, und es muß genügend Raum für den Probierhengst vorhanden sein, damit der Hengstwärter das Tier kontrollieren kann, indem er ihn seinen Kopf über die Wand stecken läßt oder ihn zurückzieht, wenn er die Stute zu heftig attackiert.

Bei der Konstruktion eines Probierstandes haben die Sicherheit des Personals und die Vorkehrungen gegen Verletzungen von Stute und Probierhengst Vorrang. Die Wand und der komplette Deckstand sollten regelmäßig auf scharfe Ecken, vorstehende Nägel oder andere Gefahrenstellen untersucht werden. Sehr häufig kommt es zu Unfällen, wenn die Stute über die Barriere ausschlägt und ihre Hinterbeine an scharfen Kanten verletzt. Das Ausschlagen gegen die Abgrenzung selbst kann zu Verletzungen am Sprunggelenk oder an den unteren Gliedmaßen führen, wenn die Wand ungenügend gepolstert ist.

Die Stute wird an die Wand geführt und dem Probierhengst mit dem Kopf voraus präsentiert. Man achtet genau auf die ersten Reaktionen. Schon in dieser Position kann eine stark rossige Stute die Hinterbeine auseinanderstellen und urinieren. Sie kann freilich auch Abneigung zeigen, indem sie die Ohren anlegt, beißt oder mit einem Vorderbein ausschlägt. Diese Anzeichen für Zurückweisung können bedeuten, daß die Stute nicht rossig oder tragend ist. Deshalb würde sie den Hengst nicht akzeptieren. Viele Stuten zeigen zuerst aggressives Verhalten, das sich dann bei längerem Kontakt mit dem Hengst verliert. Die Stute sollte ermuntert werden, sich parallel zur Wand hinzustellen, damit sich der Hengst mit ihren seitlichen Körperpartien von der Schulter bis zur Kruppe beschäftigen kann. Ist die Stute rossig, wird sie ihm schließlich erlauben, sich mit ihrer Dammgegend zu befassen. Sie hebt den Schweif, macht sich hinten etwas kleiner und blitzt. Stuten mit starken Anzeichen für Rosse lehnen sich gewöhnlich gegen die Wand, selbst dann, wenn kein Hengst auf der anderen Seite steht. Andererseits sind einige Tiere „schüchtern" und müssen mit viel Verständnis überredet werden, bevor sie sich parallel zur Wand hinstellen lassen. Die Zeitspanne, in der die Stute Kontakt mit dem Hengst unter den Bedingungen des Probierstandes hat, kann in einigen Fällen von entscheidender Bedeutung für den Erfolg des Verfahrens sein.

Die Probierwand sollte so im Gestüt aufgestellt werden, daß die Stuten problemlos an der Hand hingeführt werden können. Dadurch verliert man nicht zuviel Zeit mit dem Hin- und Zurückführen der Stuten. Probierwände, die in die Umzäunung der Koppeln integriert sind, sind nützlich für das Abprobieren der draußen weilenden Stuten. Bei einer solchen Anlage kann die Stute selbst an die

Die Stute wird dem Probierhengst im Gestüt Ashley Heath, Newmarket, präsentiert. Zuerst darf sich der Hengst mit Kopf und Hals befassen, dann wird die Stute parallel zur Probierwand hingestellt, falls sie das nicht von selbst tut.

Probierwand herangehen und „sich zeigen", während die anderen auf Distanz bleiben. Bei diesen Stuten handelt es sich um Tiere im Diöstrus oder aber um „schüchterne" Tiere, die sich als rossig erweisen, sobald man sie an die Wand heranführt. Es ist daher angebracht, Stuten an der Hand zu dieser Wand zu führen, wenn sie an der Koppelumzäunung probiert werden sollen.

Wo Stuten sich in Gruppen aufhalten, benutzt man häufig einen Pferch, durch den sie getrieben und mit dem Probierhengst in Kontakt gebracht werden. Diese Methode stellt eine Variante zum Führen dar und engt die Stute in ihrer Bewegungsfreiheit derart ein, daß ein enger Kontakt mit dem Probierhengst hergestellt werden kann.

Einer der Nachteile des Probierens an der Wand liegt darin, daß die Stute der Aufmerksamkeit des Hengstes nur für kurze Zeit ausgesetzt ist und unter solchen Umständen, die sich von den natürlichen stark unterscheiden. In der Natur hält sich der Hengst ständig bei seinem Harem auf.

Probierhengst in ständigem Kontakt mit den Stuten

Eine Alternative zu der Methode des zuvor beschriebenen geplanten Abprobierens ist der ständige Kontakt von Stuten und Hengst. Dieser kann auf unterschiedliche Art erzielt werden. Die Placierung eines Ponyhengstes in einen kleinen Auslauf, der an zwei bis vier größere Koppeln grenzt, ist eine Methode, die besonders in der südlichen Hemisphäre, in Australien und Neuseeland, bevorzugt wird. Die Umzäunung des Hengstauslaufes muß natürlich mit Sorgfalt konstruiert werden, um einerseits den notwendigen Kontakt zu erlauben und andererseits Ausbruchversuche zu verhindern. Ist der Hengst im Vergleich zu den Stuten klein – Shetlandponyhengst und Vollblutstute etwa –, dann ist das Risiko gering, daß sich das männliche Tier selbständig macht und eine der Vollblutstuten deckt. Das Temperament des Hengstes kann ebenfalls Einfluß auf den Erfolg dieser Methode haben. Einige Hengste finden sich bereitwillig mit der Einschränkung und mit der Abtrennung von den Stuten ab. Weil es sich hierbei um eine natürlichere Situation handelt, gewöhnen sich die Stuten daran, sich während ihrer individuell unterschiedlich langen Rosse an dieser Trennlinie zu präsentieren. Einige Stuten gehen gelegentlich an den Zaun heran und zeigen sich, andere halten sich für den größten Teil des Tages nahe beim Hengst auf. Der Erfolg dieser wie auch aller anderen Probiermethoden beruht auf der Fähigkeit der Mitarbeiter, genau zu beobachten und die Anzeichen entsprechend der Umstände und der Unterschiede zwischen den Tieren zu deuten. Die dauernde Anwesenheit des Hengstes in der Nähe der Herde ist natürlicher und weniger dramatisch als die erzwungene Werbung an der Probierwand oder andere Methoden. Erweitern kann man diese Methode, indem man einen vasektomierten Hengst (H. mit unterbundenem und durchtrenntem Samenleiter) oder einen solchen, der zu klein ist, die betreffenden Stuten zu decken, mit der Herde laufen läßt. Der Nachteil eines vasektomierten Hengstes liegt darin, daß er venerische Infektionen (Geschlechtskrankheiten) übertragen und überflüssigen Geschlechtsverkehr mit den Stuten pflegen kann (siehe Seite 118).

Abprobieren auf der Koppel

Die Methode, den Hengst zum Abprobieren an die Probierwand in der Koppel-umzäunung zu stellen, haben wir bereits diskutiert. Eine Variante dieser Methode besteht darin, den Hengst um die Koppel herumzuführen und dabei das Verhalten der Stuten und ihre Reaktion auf seine Anwesenheit zu beobachten. Es ist auf vielen englischen Gestüten üblich, dem Hengst derart etwas Bewegung zu gönnen. Der Hengstwärter studiert das Verhalten der Stuten, die auf den Koppeln weiden. Gelegentlich wird der Hengst an den Zaun herangeführt, darf an einer Stute schnuppern und sie ein bißchen stupsen. Dieses Verfahren ist jedoch nicht zu empfehlen. Es besteht die Gefahr, daß Stute oder Hengst nach vorne in den Zaun ausschlagen und sich dabei verletzen.

Das Verhalten des Pferdes basiert auf Herdeninstinkten. Soziale Bindungen spielen eine große Rolle bei der Entscheidung über seine Verhaltensmuster. Isolation ist unnatürlich, Kontakte dienen der wechselseitigen Stimulation. Derart kann die Anwesenheit von anderen Herdenmitgliedern auf der Koppel sexuelles Verhalten provozieren, wie es in der isolierten Umgebung einer Pferdebox nicht auftreten würde. Auf der Koppel kommt es vor, daß eine Stute einer anderen ihre Rosse zeigt und die andere sich diesem Zustand anschließt, manchmal sogar in einem Maße, daß beide schließlich zur gleichen Zeit rossen. Es ist nützlich, wenn

Zwei Stuten zeigen Interesse am Probierhengst, der hinter der Probierwand innerhalb der Koppelumzäunung steht.

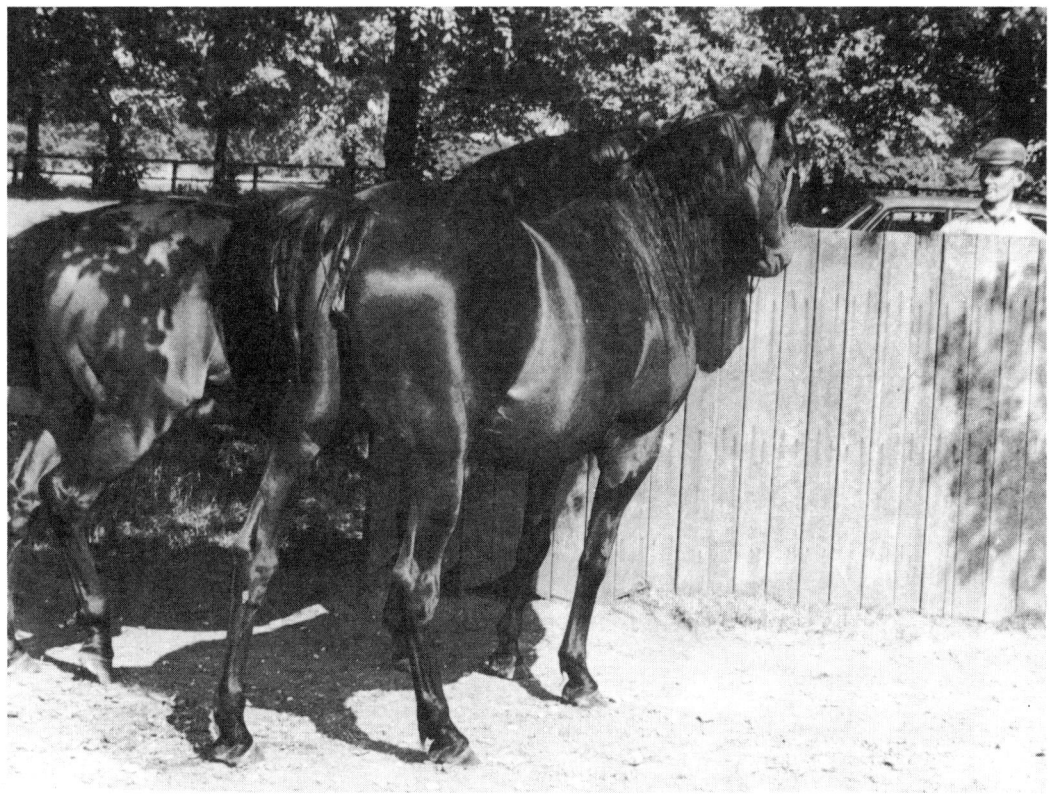

die Pferdepfleger das Verhalten der miteinander auf der Weide Kontakt pflegenden Stuten im Zusammenhang mit dem außerhalb herumgeführten Hengst beobachten. Erfahrene Mitarbeiter können aus dem Verhalten der Stute auf der Weide schließen, ob sie rossig ist. Wenn die Stute zum Beispiel flehmt, breitbeinig dasteht, ohne zu urinieren, Fellpflege mit einem anderen Tier betreibt, den Schweif hebt und vielleicht blitzt, können sie auf Rosse schließen. Verhaltensänderungen wie Unruhe oder Wiehern veranlassen den Beobachter ebenfalls zur Vermutung, daß ein Tier rossig ist. Dieses „freie" Abprobieren beruht zum großen Teil auf der Intuition des Betrachters. Eine schriftliche Gebrauchsanweisung kann nicht die Zuverlässigkeit haben, wie sie durch Erfahrung und eine intelligente Anwendung des Wissens von den sexuellen und physiologischen Funktionen des Rossezyklus zustande kommt.

Weitere Probiermethoden

Unbegrenzt ist die Zahl der Möglichkeiten, Hengst und Stute zusammenzubringen, um sie zu sexuellen Hinweisen zu veranlassen. Der Probierhengst kann an die Pferdebox oder über die Koppel geführt werden. Er kann durch das Gestüt geritten oder an der Hand geführt werden. Bei jeder Methode hat freilich die Sicherheit des Hengstwärters und die der Pferde höchste Priorität. Die hier aufgeführten Methoden bergen augenscheinliche Risiken. Viel hängt vom Charakter des Hengstes ab und, in geringerem Maße, von dem der Stuten. Den einen oder anderen Probierhengst zu reiten kann ausgesprochen dumm sein. Ihn in eine Koppel voller Stuten zu führen, hat womöglich ernsthafte Unfälle von Mensch und Tier zur Folge, während sich diese Methode bei einem besonders ruhigen Probierhengst als sehr erfolgreich erweisen kann.

Rossezyklus: Einflüsse und Abweichungen

Einflüsse

Die sexuelle Aktivität wird beeinflußt durch die Jahreszeit, die Fütterung und die Witterung. Licht, Wärme und gutes, eiweißreiches Futter stimulieren die sexuelle Aktivität. Dabei handelt es sich nämlich um die Bedingungen, wie sie im Frühjahr und Sommer anzutreffen sind. Abnehmende Tageslichtstunden, niedrigere Temperaturen und verkürzte Futterrationen haben die gegenteilige Wirkung, sie unterdrücken den Rossezyklus. Sexuelle Inaktivität kann zu jeder Jahreszeit auftreten, im allgemeinen ist sie jedoch im Herbst, Winter und zu Beginn des Frühjahrs üblich.

Frühjahr und Sommer gelten in der Wissenschaft als ovulatorische (Ovulation = Eisprung), Herbst und Winter als anovulatorische Jahreszeiten. Das hat mit der Tatsache zu tun, daß während der Rosse Eizellen produziert werden. Wenn Stuten von der anovulatorischen zur ovulatorischen Phase (gewöhnlich im Frühjahr) und von der ovulatorischen zur anovulatorischen Phase (gewöhnlich im Herbst) wechseln, kann der östrische Zyklus abweichen von dem typischen Muster (fünf Tage Rosse plus 15 Tage Diöstrus), das wir schon zuvor angesprochen haben. Während dieser Umstellung weisen viele Stuten eine verlängerte Rosse von zehn bis 20 Tagen auf, gelegentlich ist sie sogar noch länger. In einzelnen Fällen enden diese verlängerten Rossephasen mit der Entwicklung eines Follikels und mit dem Eisprung. Überwiegend verläßt die Stute das Stadium einer derartigen Rosse jedoch, ohne tatsächlich zu ovulieren.

Gelegentlich tritt ein Anöstrus (Zeit ohne Rosse) bei säugenden Stuten auf. Man nimmt an, daß das in der Hypophyse gebildete, für die Milchproduktion notwendige Hormon Prolactin die Freisetzung der Hypophysenhormone FSH und LH unterdrückt. Dem Anöstrus in der Säugephase beizukommen ist schwierig, wenn man das Fohlen nicht absetzen will.

Abweichungen

Wir haben bereits einige Abweichungen des Rossezyklus je nach Individuum und Jahreszeit diskutiert. In der Praxis ist es von äußerster Wichtigkeit, daß wir diese Besonderheiten verstehen. Von ihnen hängt einerseits die Interpretation der sexuellen Hinweise an der Probierwand ab. Andererseits wirken sie sich auch auf das Verständnis dieser Anzeichen aus, die mit den Abläufen an den Eierstöcken und den physiologischen Vorgängen in der Stute übereinstimmen.

Auf Seite 63 haben wir das Phänomen der Rezeptoren behandelt. Über sie treten die Hormone in Aktion, in einer ähnlichen Weise, wie Schlüssel und Schloß zusammenpassen. Bei nicht ausreichender Rezeptorendichte ist die Wirkung der Hormone – ungeachtet ihrer Konzentration im Blut – entsprechend vermindert. Abweichungen im Rossezyklus können durch ungenügende Rezeptoren verursacht werden.

Wenn eine Stute beispielsweise den Hengst abschlägt und nicht rossig zu sein scheint, obgleich alle anderen Zeichen (kein Progesteron im Blut, Follikel am Eierstock) das Gegenteil vermuten lassen, dann kann das auf ungenügende Rezeptoren bei einem der Erfolgsorgane (d.h. Gebärmutter und Genitaltrakt) hinweisen, auf die Östrogen seine Wirkung ausübt. Dies kann ebenfalls auf das Hirn zutreffen: Die psychische Wirkung des Östrogens vermittelt das Gefühl, empfängnisbereit zu sein.

1. *Rosse ohne Eisprung. Frühjahrsrosse:* Die Rosse ohne Eisprung kann zu jeder Jahreszeit auftreten, aber sie ist häufiger in den langen östrischen Phasen im Winter und zu Beginn des Frühjahrs, wenn die Stute aus dem Anöstrus in die zyklische Aktivität wechselt. Die Eierstöcke können inaktiv bleiben oder Follikel entwickeln, von denen jedoch keiner so weit reift, daß er springt. Nur durch die rektale Untersuchung (über den Mastdarm) oder das Messen der Progesteron-Konzentration im Blut kann man einen anovulatorischen (ohne Eisprung) von einem ovulatorischen (mit Eisprung) Östrus unterscheiden.

2. *Eisprung nach der Rosse:* Einige Stuten sind schon ein, zwei Tage nicht mehr rossig, wenn sie ovulieren. Der Deckakt hat dann so früh stattgefunden, daß die Spermien nicht mehr bis zum Eisprung überlebt haben (siehe optimaler Zeitpunkt fürs Decken, Seite 81).

3. *Luteinisierung des Follikels (Gelbkörperbildung) ohne Ovulation:* Es hat den Anschein, daß ein „reifer" Follikel gelegentlich luteinisiert wird, d.h. Progesteron produziert, ohne tatsächlich zu platzen.

4. *Ovulation inmitten des Rossezyklus:* Eisprünge in der Zeit zwischen zwei Rossen (Diöstrus) kommen häufig vor. Ihre Bedeutung für die Praxis ist nach dem derzeitigen Wissensstand nur schwer einzuschätzen. Der LH-Peak (maximale Konzentration des Luteinisierungshormons LH) liegt bei der Stute nach und seltener während des Eisprungs und kann aus diesem Grund zum Springen (Platzen) von mehr als einem Follikel führen. Der zweite Eisprung kann in einer Zwillingsempfängnis resultieren. Eisprünge inmitten des Rossezyklus können mit einer Prostaglandin-Behandlung kollidieren. Wird dieses Hormon innerhalb von vier oder fünf Tagen nach dem Eisprung gegeben, wird es den Gelbkörper nicht „töten", da er in dieser Phase gegen Prostaglandin resistent ist. Zweitovulationen scheinen die Zeit zwischen zwei Rossen nicht zu verlängern. Die natürliche Freisetzung von Prostaglandin durch die Gebärmutter am 15. oder 16. Tag nach der Rosse läßt beide Gelbkörper sich zurückbilden. Ereignet sich die zweite Ovulation innerhalb von vier Tagen nach der natürlichen Freisetzung, können wir mit einem verlängerten Diöstrus rechnen.

5. *Verlängerter Diöstrus:* Die funktionale Lebensspanne des nach dem Eisprung gebildeten Gelbkörpers kann über die üblichen 15 bis auf 20 Tage verlängert sein. Die Stute wird nicht rossig, und man könnte irrigerweise vermuten, daß sie tragend ist. Die Gelbkörper können zwei- bis dreimal solange wie normal leben oder sogar monatelang aktiv sein. Der Grund für eine solche ungewöhnliche Lebensdauer ist unbekannt. In einigen Fällen kann sie auf der Anwesenheit einer befruchteten Eizelle in der Gebärmutter beruhen, die jedoch nach wenigen Tagen abgestorben ist. Auf Trächtigkeit werden die Stuten etwa 14 Tage nach der Empfängnis „programmiert", aber es ist nicht bekannt, welche anderen Mechanismen darüber entscheiden, daß der beim Eisprung gebildete Gelbkörper sich in einen Trächtigkeitsgelbkörper verwandelt und so länger als gewöhnlich lebt. Wenn die Trächtigkeit über diesen Zeitpunkt hinaus andauert, könnte das eine Erklärung für den verlängerten Diöstrus sein. Bei einigen Stuten verlängert sich die Zeit bis zur nächsten Rosse, auch wenn sie nicht gedeckt worden sind. Der frühe Tod einer befruchteten Eizelle ist also keinesfalls der einzige Grund für dieses Phänomen.

6. *Stille Rosse:* Es gibt zwei Arten dieses Zustandes. Bei dem einen wird die Stute normal rossig: Es sind die typischen Veränderungen an den Eierstöcken und am Genitaltrakt einschließlich des Eisprungs zu finden; die Verhaltensänderungen bzw. das Rosseverhalten bleiben jedoch aus. Hierbei handelt es sich gewöhnlich um eine Fehlinterpretation auf seiten jener Mitarbeiter, die fürs Abprobieren zuständig sind und für die Deutung jener Hinweise, die die Stute an der Probierwand gibt. Eine bedeutende Anzahl von Stuten zeigt entgegengesetztes Verhalten unter den Bedingungen der künstlichen Stimulation, und es überrascht kaum,

daß viele Stuten uns über ihren tatsächlichen sexuellen Status täuschen. Hier können wir Klarheit gewinnen durch das Anschauen des Gebärmutterhalses mittels eines Spekulums oder durch das Abfühlen von Gebärmutter und Gebärmutterhals durch den Mastdarm. Macht man diese Art der stillen Rosse rechtzeitig aus, nehmen alle betroffenen Stuten – mit ganz wenigen Ausnahmen – den ihnen zugeführten Hengst an. Viele zeigen sogar die äußerlichen Hinweise auf Rosse, wenn sich der Hengst nähert.

Bei der zweiten Art der stillen Rosse kommt es zu einem zeitversetzten Auftreten der Veränderungen an den Geschlechtsorganen und des Verhaltens. Die Stute ovuliert womöglich, bevor sie das Rosseverhalten zeigt, oder sie ovuliert, ohne daß die typischen Veränderungen am Genitale auftreten. In beiden Fällen nimmt die Stute den Hengst in der für die Bedeckung wichtigen Zeit, d. h. 24 Stunden vor dem Eisprung, nicht an. Der Gebärmutterhals ist zu dieser Zeit geschlossen und blaß, die Stute würde nach dem Hengst ausschlagen, wenn man sie zusammenbringen würde. Diese Situation ähnelt jener des bereits diskutierten Eisprungs inmitten des Rossezyklus (Zwischenrosse). Sie unterscheidet sich insofern, als sie in einer Phase des Rossezyklus auftritt, wenn eine Rosse auftreten sollte. Experimentell ist nachgewiesen worden, daß einige dieser Stuten empfangen können, wenn sie zur Zeit des Eisprungs künstlich besamt werden.

7. *Rosseverhalten bei Stuten ohne echte Rosse:* Diesen Zustand könnte man als das Gegenteil einer stillen Rosse bezeichnen. Er kann auftreten, wenn die Stute tragend ist, insbesondere wenn es sich um die erste Trächtigkeit handelt. Er kann ferner angetroffen werden bei nichttragenden Stuten zum Ende des Winters und zu Beginn des Frühjahrs. Die Stute gibt zu erkennen, daß sie den Hengst akzeptieren würde. Wird er ihr zugeführt, dann schlägt sie jedoch nach ihm aus und weist ihn zurück. Es gibt freilich eine geringe Anzahl von Stuten, die den Hengst unter diesen Umständen annimmt. Untersuchen wir den Gebärmutterhals, dann stellen wir fest, daß er geschlossen und blaß ist, ein typischer Zustand zwischen zwei Rossen oder während der Trächtigkeit. Der Eisprung kann stattfinden, muß aber nicht. Gewöhnlich findet man eine gewisse follikuläre Aktivität an den Eierstöcken. Ist eine Stute tragend und wird sie gedeckt, kann das zu folgenden drei Resultaten führen: Abort; die Trächtigkeit bleibt bestehen; ein zweites Fohlen wird empfangen, und es entwickeln sich Zwillinge. Nach meinen Erfahrungen tritt zumeist der zweite Fall ein, die Trächtigkeit bleibt bestehen. Wird das Datum der letzten Bedeckung jedoch irrtümlich als Beginn dieser Trächtigkeit aufgezeichnet, fohlt die Stute drei bis sechs Wochen früher als angenommen. Ein Abort ist nach dem Bedecken einer tragenden Stute auch schon vorgekommen. Bei der Empfängnis von Zwillingen handelt es sich in diesem Zusammenhang allerdings um eine äußerst seltene Erscheinung.

8. *Aggressives Verhalten der Stute während der Rosse:* Einige Stuten schlagen den Hengst ab, obwohl sie nach den Anzeichen im Probierstand als rossig erscheinen und die visuelle Inspektion des Gebärmutterhalses ebenfalls auf Rosse deutet. Dabei handelt es sich gewöhnlich um Maidenstuten oder um solche, die

erstmals ein Fohlen bei Fuß haben. Dies ist ein unnatürliches Verhalten, das sich wahrscheinlich als Folge des Deckens an der Hand entwickelt. Bei einigen Tieren allerdings scheint dieses Verhalten angeboren zu sein.

Praktische Umsetzung der Kenntnisse

Im letzten Kapitel habe ich das Wissen um die Funktion der Rosse und das Rosseverhalten dargestellt. Wissen und Verständnis sind die Grundlagen der Pferdezucht. In der Praxis müssen wir alle – Tierärzte wie Gestütsmitarbeiter – anhand der uns bekannten Fakten Urteile fällen und Entscheidungen treffen. Eines der Probleme besteht darin, daß Wissen und Verständnis immer begrenzt sein werden. Die Grenzen unserer Erkenntnis werden nur ständig weiter hinausgeschoben. Ferner kann das Wissen, das wir uns von Jahr zu Jahr aneignen, nicht immer sofort verstanden oder eingesetzt werden. Beispielsweise haben wir schon festgestellt, daß der Gelbkörper unter bestimmten Umständen länger leben kann. Wüßten wir, wie dieses Problem zu beeinflussen ist, könnten wir bei jungen Stuten im Training ein Rossigwerden verhindern, wir könnten Stuten davon abhalten, in Zeiten zu rossen, in denen wir sie gerne sexuell ruhig hätten, und dadurch vielleicht ihre sexuelle Aktivität verstärken, wenn uns daran ganz besonders gelegen ist.

Wir dürfen nicht in den Irrtum verfallen, daß die menschliche Hilfe für die Zucht von Pferden eine wesentliche Voraussetzung ist. Man gebe einen Hengst in einen Stutenharem, füttere die ganze Gruppe ordentlich und schütze sie vor extremen klimatischen Widrigkeiten – und die Empfängnisrate wird bemerkenswert hoch sein. Entfernt man jene Stuten aus dem Harem, die weniger oft als alle zwei Jahre fohlen, oder sogar die, die nicht jedes Jahr Nachwuchs produzieren, stiege die Rate noch an, vorausgesetzt natürlich, daß der Hengst fruchtbar ist. Dasselbe Resultat kann bei Harems erreicht werden, bei denen der Sprung aus der Hand praktiziert wird, obgleich in diesem Fall die Beobachtungsschärfe und Sorgfalt der Gestütsmitarbeiter eine wesentliche Rolle bei der Erzielung guter Empfängnisraten spielen.

Künstliche Hilfen und ein tiefgründiges Verständnis der sexuellen Funktionen sind nur da erforderlich, wo männliches und weibliches Zuchtmaterial auf solche Ziele wie Rennleistung hin selektiert wird, wo züchterische Effizienz nicht angestrebt wird. Die vielleicht wichtigste Lektion, die uns unser derzeitiges Wissen vom Rossezyklus erteilt, ist die, daß Geduld ein wesentlicher Bestandteil des Erfolgs ist. Einer der am meisten gepflegten Mythen im Zusammenhang mit dem Rossezyklus ist die Beschreibung von Abweichungen als *anormal*. Es ist absurd, eine natürliche Abweichung als krankhaften Prozeß oder anormalen Zustand anzusehen. Die physiologische Funktion der Rosse umfaßt offensichtlich eine große Bandbreite an Variationen. Geht man davon aus, daß es diese Abweichungen gibt, dann kann man sie auch einkalkulieren. So wird der Beobachter offener für die Verhaltensmuster, denen er sich gegenübersieht. Dies wiederum sollte zu besseren Resultaten in der Praxis führen und zu weniger Eingriffen in die natürlichen Abläufe. Wir können aus unserem aktuellen Wissensstand viel lernen. Die Lerninhalte sind im folgenden zusammengefaßt.

Die Jahreszeit kann die sexuelle Aktivität einiger Tiere stärker als die anderer beeinflussen. Pferdebesitzer sparen Zeit, Geld und Frustrationen, wenn sie den Tierarzt heranziehen, um bei ihren Stuten den jeweiligen Zyklusstand in Abhängigkeit von der Jahreszeit und den individuellen Bedürfnissen herauszufinden. Wenn jemand eine güste Stute hat, kann er sie zur Deckstelle schicken, um sie am 15. Februar, dem Beginn der offiziellen Zuchtsaison, decken zu lassen. Wenn er klug ist, hat er sie vorher vom Tierarzt untersuchen lassen, um sich zu vergewissern, ob sie nicht etwa mitten im winterlichen Anöstrus (Zeit ohne Rosse) ist. Er kann sie dann bei sich zu Hause halten, bis sie zu rossen beginnt und zur Bedeckung bereit ist. So kann er seine Ausgaben niedrig halten und muß nur das relativ bescheidene Honorar für die tierärztliche Diagnose zahlen. Es gibt noch viele andere Möglichkeiten für Stutenbesitzer, die Kosten zu senken. Aber hier sind Grenzen, die zu beachten sind.

Im folgenden werden wir einige Wege aufzeigen, unser Wissen in die Praxis umzusetzen, und zwar auf eine nützliche Weise, die nicht gegen die natürlichen Abläufe arbeitet.

Zeitpunkt der Paarung

Es gibt einen optimalen Zeitpunkt für das Decken, bei dem gewährleistet ist, daß eine Mindestzahl reifer Spermien im Eileiter vor und nicht nach dem Eisprung vorhanden ist. Die Wahl des rechten Zeitpunktes für die Bedeckung beruht auf unserem Wissen, daß die Fortpflanzungsorgane der Stute für das Sperma eine feindliche Umgebung darstellen. Der Grad der Feindlichkeit hängt davon ab, ob eine Infektion vorliegt und ob Veränderungen im Stoffwechsel den Säure-Basen-Status und den Aufbau der Schleimhaut betroffen haben. Immunologische und hormonale Veränderungen können das Überleben und die Beweglichkeit der Spermien beeinträchtigen, so daß die Zahl der für die Befruchtung verfügbaren Spermien abnimmt. Die Spermien müssen in den Eileiter gelangen. Dort sind noch einige Stunden der Reifung nötig, bevor sie eine Eizelle befruchten können. Obgleich nur ein einziges Spermium die Eizelle befruchtet, hat es den Anschein, als sei zur Befruchtung das gleichzeitige Vorhandensein von vielen Spermien im Eileiter nötig. Vielleicht müssen sie Hilfestellung bei der Produktion von Enzymen leisten. Die Mindestanzahl für diesen Prozeß ist unbekannt, es könnten dies Hunderte oder Tausende sein. Sobald die Eizelle beim Eisprung freigesetzt ist, nimmt ihre Befruchtbarkeit ständig ab. Nach 24 Stunden ist sie endgültig „unbefruchtbar".

Was den Hengst angeht, so ist die Zahl der lebenden normalen Spermien wichtig, die sein bei der Bedeckung in der Gebärmutter abgelegtes Ejakulat (Samenflüssigkeit) enthält. Ein Hengst mit relativ wenigen normalen, lebenden Spermien (siehe Seite 113) stellt auch insgesamt weniger Spermien zur Verfügung. Da sich die Anzahl der lebenden Spermien stündlich verringert, weil die „schwächeren" sterben oder ihre Beweglichkeit verlieren, ist die Zahl der Stunden zwischen Bedeckung und Eisprung von alles entscheidender Bedeutung. Man schätzt, daß im Optimalfall die Bedeckung zwischen sechs und 24 Stunden vor dem Eisprung stattfinden soll. Gewöhnlich läßt man 48 Stunden bis zur zweiten Bedeckung verstreichen. Dieses Intervall beruht auf der überlieferten Ansicht, daß die Lebensspanne des bereits ausgestoßenen Spermas beim Vollbluthengst durchschnittlich zwei Tage beträgt. In der Praxis gibt es erhebliche Abweichungen. Das Sperma einiger Hengste ist für kaum mehr als 24 Stunden befruchtungsfähig, das anderer bis zu sieben Tage. Diese Befruchtungsfähigkeit wird natürlich vom Zustand des Geschlechtsapparates der Stute beeinflußt.

Das Verhalten der Stute im Hinblick auf den Zeitpunkt des Eisprungs

Der Eisprung ist zu Beginn der Rosse nicht vorherzusagen. Er kann nur nach der Rosse zurückdatiert werden. Ohne tierärztliche Untersuchungen, bei denen die Eierstöcke abgefühlt werden, kann der optimale Deckzeitpunkt nicht bestimmt werden, der – wie gesagt – zwischen sechs und 24 Stunden vor dem Eisprung liegt.

Erfahrene Stalleute können freilich eine Veränderung im Sexualverhalten der Stute um die Zeit des Eisprungs herum feststellen. Das hängt mit der Stärke der Hinweise beim Abprobieren zusammen. Der Begriff „stark rossig" beschreibt die Situation in solchen Fällen passend. Nicht geeignet ist diese Methode bei Stuten, die während des gesamten Östrus stark rossen. Bei diesen kann man den Zeitpunkt des Eisprungs durch Beobachtung nicht feststellen. Einige Stuten werden sogar von der Rosse derart beeinflußt, daß die Zeichen noch Tage nach dem Eisprung auszumachen sind. Es ist darum nicht praxisgerecht, das Deckprogramm vollständig an sexuellen Verhaltensmerkmalen zu orientieren. Verschiedene Stuten weisen jedes Jahr ein ähnliches Muster auf. Dann können Aufzeichnungen über ihr Sexualverhalten bei der Ermittlung des optimalen Deckzeitpunktes gelegentlich hilfreich sein, wenn der Tierarzt nicht konsultiert wird. Der Wert von Aufzeichnungen über die Länge der Rosse und die Decktermine hängt von ihrer jährlichen Fortschreibung ab.

Sexueller Ruhezustand

Das Ausbleiben der Rosse kann bedeuten, daß die Stute tragend ist, daß die Zeit zwischen den Rossen verlängert ist oder ein Anöstrus (Zeit ohne Rosse und Zyklusgeschehen) vorliegt.

Unregelmäßige Rossezyklen

Eine verkürzte Phase zwischen den Rossen (weniger als zwölf Tage) kann darauf hinweisen, daß die Stute in der vorhergehenden Rosse keinen Eisprung hatte oder daß krankhafte Ursachen vorliegen, die die Lebenszeit des Gelbkörpers verkürzen, wie z. B. eine Gebärmutterinfektion.

Grundprinzipien der tierärztlichen Untersuchung

Die tierärztliche Untersuchung ergänzt das Abprobieren. Durch das Abfühlen der Eierstöcke und der Gebärmutter über den Mastdarm (rektale Untersuchung) und/oder die Untersuchung des Gebärmutterhalses mit einem Spekulum (vaginale Untersuchung) kann der Tierarzt den Zyklusstand der Stute zu einem bestimmten Zeitpunkt feststellen. Derart werden die sexuellen Verhaltensmerkmale

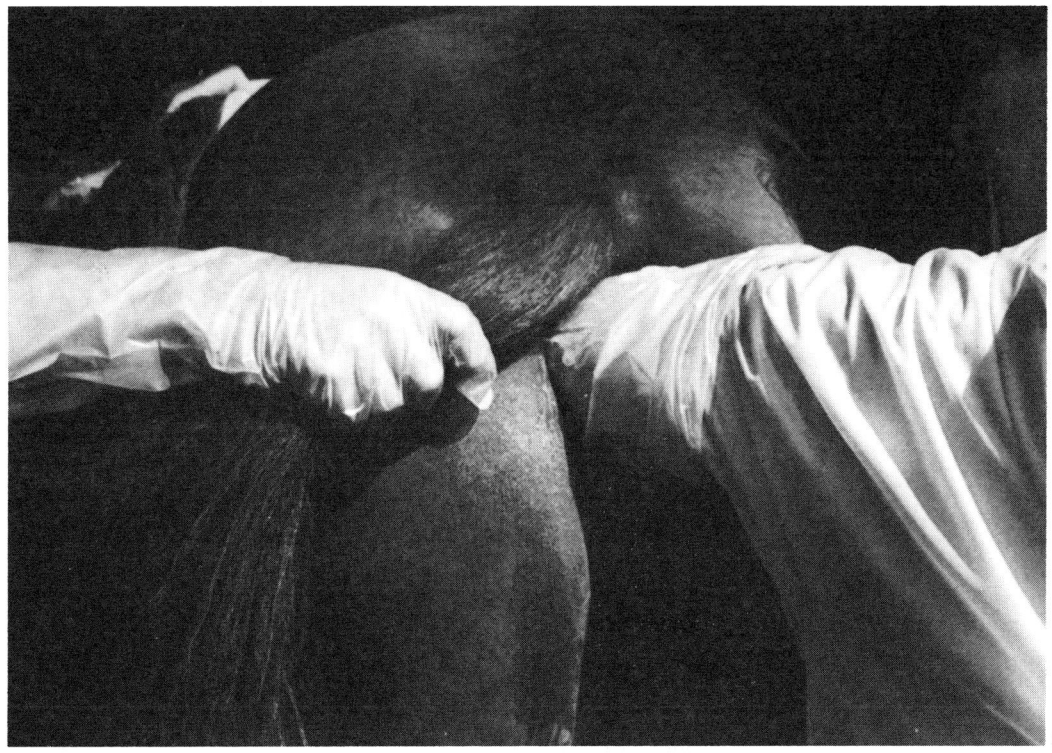

bestätigt, es werden die optimale Zeit für die Bedeckung oder das Vorhandensein einer Trächtigkeit ermittelt.

Einige Gestüte kritisieren, daß die veterinärmedizinischen Untersuchungen ausufern. Besitzer beschweren sich darüber, daß sie etwa eine gesunde Maidenstute auf die Deckstelle geschickt haben, die mehrfach untersucht wird und zwar zu Kosten, die sich insgesamt auf den Preis für eine oder zwei Wochen Pension belaufen. Diese Besitzer fragen, weshalb man ihrer Stute soviel Aufmerksamkeit zukommen läßt. Um diese und ähnliche Fragen zu beantworten, ist es notwendig, die Verflechtungen von veterinärmedizinischen Untersuchungen und Zuchtprogramm hervorzuheben. Als erstes müssen wir zwischen den Zielen des Gestütsmanagements und der Medizin unterscheiden.

Rektale und vaginale Untersuchungen (über Mastdarm und Scheide) helfen, den sexuellen Zustand einer Stute zu jeder beliebigen Zeit festzustellen.

Ziele des Managements
1. Der sexuelle Status in bezug auf Rosse, Diöstrus (Zeit zwischen zwei Rossen) oder frühe Trächtigkeit (19. bis 40. Tag) muß festgestellt werden.
2. Die optimale Zeit für die Bedeckung muß herausgefunden werden, auch unter Berücksichtigung dessen, daß mehr als zwei Stuten an einem Tag vom selben Hengst gedeckt werden sollen.
3. Der optimale Zeitpunkt für das Decken muß ermittelt werden, damit es nahe dem Zeitpunkt des Eisprungs stattfinden kann.

Ziele der Veterinärmedizin

1. Eine eventuelle Infektion muß diagnostiziert und entsprechend behandelt werden.
2. Es ist die Zahl der Bedeckungen bei solchen Stuten zu reduzieren, die anfällig für eine Infektion sind (siehe Seite 118).
3. Zu diagnostizieren sind funktionale und krankhafte Abweichungen, die dafür verantwortlich sein können, daß eine Stute nicht aufnimmt.
4. Es muß so früh wie möglich das Vorliegen einer Trächtigkeit festgestellt werden, um eine Zwillingsträchtigkeit zu erkennen und zu beenden.

Es ist nicht in jedem Fall möglich, bei einer Untersuchung zwischen den Motiven der Gestütsleitung und denen der Tiermedizin zu unterscheiden. Gibt eine Stute etwa undeutliche Hinweise an der Probierwand (sie lehnt sich gegen die Wand, zu gleicher Zeit quiekt sie und schlägt aus), bedarf es der tierärztlichen Untersuchung, um sich zu vergewissern, daß sie tatsächlich rossig ist. Dies ist ganz im Interesse des Hengstbesitzers, der jedes Verletzungsrisiko vermeiden will. Die Untersuchung kann beispielsweise ergeben, daß ein Follikel am Eierstock vorhanden ist, der wahrscheinlich innerhalb von 48 Stunden springen wird. Die Gestütsleitung verfügt so über die exakte Information und kann entsprechend planen. Bei der Untersuchung kann der Tierarzt feststellen, ob die Stute für eine Infektion anfällig ist und deshalb der vorbeugenden Behandlung bedarf, um den Deckerfolg zu vergrößern. Diese Diagnose und die sich daraus ergebende Behandlung sind Aufgaben des Tierarztes und beziehen sich auf die Stute selbst, sie sind generell nicht das Anliegen der Gestütsleitung oder des Hengstbesitzers.

An diesem Beispiel erkennen wir die gegenseitigen Verflechtungen der Anliegen von Gestütsmanagement und Tierarzt. Lassen Sie uns das Beispiel noch weiter verfolgen. Nehmen wir an, daß die routinemäßige Untersuchung bei dieser Stute ergeben hat, daß sie mit dem Erreger der CEM oder Klebsiellen infiziert ist. Beide Keime sind sexuell übertragbar, und so stellt die Stute ein Risiko für den Hengst und für andere, diesem Hengst zugeführte Stuten dar. Diese Gefahr kann nur vermieden werden, wenn auf die tierärztliche Diagnose die Managemententscheidung folgt, die Stute erst dann decken zu lassen, wenn die Infektion vorüber ist. Zu diesen Themen gibt es zahllose Variationen. Viele Fälle sind nicht so eindeutig. Hat eine Stute zum Beispiel eine verlängerte Rosse, die zwei oder drei Wochen andauert, muß sie im Interesse des Hengsthalters wiederholt untersucht werden, um unnötige Bedeckungen zu vermeiden. Wenn sich ein Follikel am Eierstock entwickelt und die Stute daher gedeckt werden könnte, liegt die Diagnose im Interesse des Stutenbesitzers, da eine Paarung zu diesem Zeitpunkt für eine größere Empfängniswahrscheinlichkeit sorgt. Aus der Sicht des Tierarztes ist die Diagnose, daß der Eisprung nahe bevorsteht, von entscheidender Bedeutung dafür, die Stute tragend zu bekommen. Es ist dies ein Teil der Behandlung.

Vielleicht sind es vor allem die Kosten der Untersuchungen, die den Streit um ihre Notwendigkeit aufkommen lassen. Noch kaum beantwortet ist die Frage, wieweit die Verantwortung auf seiten der Hengsthaltung und wieweit auf seiten des Stutenbesitzers liegt. In der Vollblutzucht sollte man sich zu einer Entscheidung aufraffen. Derart könnte man Richtlinien festlegen, nach denen Entscheidungen von den einzelnen Gestüten getroffen werden. Man könnte auch generelle Richtlinien entwickeln, die für die gesamte Vollblutzucht akzeptabel sind.

Handhabung der Stuten

Die Tierärzte sind auf das Gestütspersonal angewiesen, damit eine veterinärmedizinische Untersuchung problemlos vorgenommen werden kann. Es geht hierbei um die Schnelligkeit bei gleichzeitiger Effizienz und Sicherheit. Je flotter die Untersuchung bei aller gebotenen Genauigkeit abläuft, um so kürzer ist die Zeit, in der Personal für diese Tätigkeit in Anspruch genommen wird. Wo es nur um wenige Stuten geht, mag das nicht von sonderlicher Wichtigkeit sein. In einem großen Gestüt, in dem 20 oder 30 Stuten in einem Arbeitsgang untersucht werden müssen, kann das Einsparen von zwei oder drei Minuten pro Stute viele Arbeitsstunden einsparen. Schließlich braucht man zumindest zwei Helfer für die Untersuchung und einen dritten, der die Untersuchungsresultate notiert.

Es gibt grundsätzlich zwei Plätze, an denen man eine veterinärmedizinische gynäkologische Untersuchung vornehmen kann: in einem Zwangsstand oder unter einem Türbogen (Abb. 9). Zwangsstände werden auf der südlichen Erdhalbkugel, in vielen europäischen Ländern und in Nordamerika bevorzugt. In vielen

Das Anlegen einer Nasenbremse ist eine traditionelle Methode, die Stute während der Bedeckung unter Kontrolle zu halten.

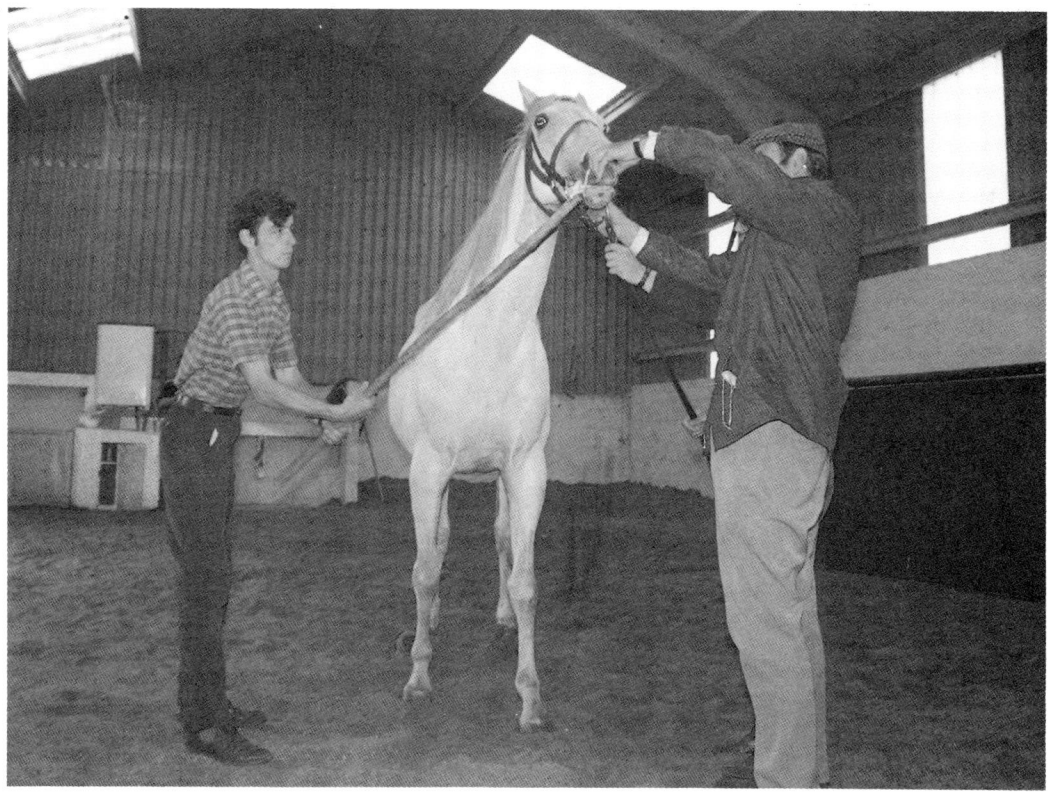

Abb. 9: Die veterinärmedizinische Untersuchung hinter einem Türpfosten bietet Schutz: Beachten Sie, wo die Helfer stehen und wie sie die Stute für den Tierarzt fixieren. Wenn die Stute ein Fohlen bei Fuß hat, sollte es am besten vor ihr festgehalten werden. Man kann es auch frei laufen lassen und es in der Ecke rechts von der Stute „einsperren".

Vollblutzentren – so in Newmarket – und auch in anderen Zuchten werden die Stuten in ihren Boxen untersucht.

Heutzutage nimmt die Zahl der Untersuchungen in Zwangsständen zu. Nachteil einer solchen Einrichtung ist, daß die Stuten hingeführt werden müssen. Das nimmt Zeit in Anspruch. Der Vorteil liegt darin, daß ein überdachter, zentraler Platz vorhanden ist, an dem Ausrüstungsgegenstände gelagert werden können. „Wandert" man von Pferdebox zu Pferdebox, dann verhält sich das ähnlich wie mit dem Berg, der zum Propheten kommt, obgleich dieses Verfahren auch ganz ordentlich funktioniert. Diese Methode rührt u. a. daher, daß die Boxen in vielen Gestüten an die Peripherie verlagert wurden, um sie näher an die Koppeln heranzubringen. So müssen die Tiere für den Weidegang nicht über zu lange Strecken geführt werden. In solchen Anlagen müßten Untersuchungsräume in jedem Boxenbereich errichtet werden, und so fand man es zweckmäßiger, die Untersuchungen unter einem Türbogen durchzuführen, so daß der Tierarzt neben der Türöffnung hinter der Wand steht. Aus der Sicht des Tierarztes hat jede Methode ihre Vor- und Nachteile. Die Untersuchung im Zwangsstand bietet ein Maximum an Sauberkeit, Licht und Schutz vor Verletzungsgefahren. Die Untersuchung in der Box ist eine weniger „ordentliche" Angelegenheit, bei der die Sorge aller Beteilten dem Benehmen der Stute gilt und – bei einer Außenbox – dem Schutz vor Witterungsunbilden.

Zwei Vorteile hat die Untersuchung der Stuten in ihrer Box: Diese Methode kann auch dann angewandt werden, wenn es um die medizinische Diagnose von Erkrankungen geht und wenn generell keine überdachten Räume für derartige Maßnahmen vorhanden sind.

Es ist wichtig, daß sich zwei Helfer um die Stute kümmern. Einer hält sie am Kopf, einer am Schweif. Die Hinterhand der Stute wird in eine solche Position manövriert, daß sie sich an der Türöffnung befindet. Wenn die Stute ausschlägt, soll sie durch die Türöffnung schlagen und nicht gegen die Wand. Für die meisten Stuten genügt ein Halfter oder Kopfzeug mit Führstrick. Bei einigen Tieren ist ein Trensen- oder gar ein Steigergebiß nötig. Bevor ein Gebiß bei der nächsten Stute wieder verwendet wird, muß es desinfiziert werden. Die Angewohnheit, die meisten Stuten routinemäßig für die Untersuchung aufzuzäumen, sollte abgestellt werden, da es sich dabei offensichtlich um eine Maßnahme handelt, die geeignet ist, Infektionen wie Druse oder Viruserkrankungen von einer Stute auf die andere zu übertragen.

Das Anlegen einer Haut- oder Nasenbremse kann ein nützliches und notwendiges Mittel zur Bändigung von widerspenstigen Tieren sein. Gelegentlich wird das Aufheben eines Vorderbeins praktiziert, obwohl man damit riskiert, daß die Stute sich nach vorne wirft und stürzt. Eine Bremse ist da besser. Es ist wichtig, daß die Pferdepfleger eng und harmonisch mit dem Tierarzt zusammenarbeiten – ungeachtet der Methode, die im Einzelfall angewendet wird. Der Tierarzt muß schon vor der Untersuchung gewarnt werden, wenn es sich um ein bösartiges oder widerspenstiges Tier handelt.

Heutzutage sind Untersuchungen schon ein etwas komplizierteres Verfahren, da Abstriche genommen werden und noch weitere Techniken anzuwenden sind. Ein Helfer mehr ist darum hochwillkommen. Notwendig sind ferner absolute Sauberkeit und Hygiene. Die Untersuchung sollte an einem staubfreien Ort stattfinden und bei angemessener Beleuchtung. Es sollte nicht ziehen, heißes und kaltes Wasser müssen leicht zugänglich sein. Während des CEM-Ausbruchs 1977 benutzte man fließendes Wasser, um den Dammbereich der Stute zu waschen. Zu diesem Zweck wurden verschiedene Geräte entwickelt. Das verwendete Wasser sollte ein mildes Desinfektionsmittel enthalten. Mit Sorgfalt ist darauf zu achten, daß das Wasser weder zu heiß noch daß das Desinfektionsmittel zu stark konzentriert ist, weil sonst die Scheide verbrüht bzw. verätzt werden könnte. Je nach Größe des Gestüts wird es der Tierarzt vorziehen, daß ihm Schutzkleidung einschließlich Kittel und Stiefel zur Verfügung steht, die auf der Anlage verbleibt.

Die Instrumente für die Untersuchung sollten im Gestüt aufbewahrt und für jede Stute sollte ein steriles Spekulum verwendet werden. Die Ergebnisse der Untersuchung müssen aufgezeichnet werden. Es gibt verschiedene Methoden, die je nach den persönlichen Erfahrungen des Tierarztes bevorzugt werden. Buchstaben- und oder Zahlensymbole werden am häufigsten verwendet, Zeichnungen und sogar ausführliche Beschreibungen sind allerdings auch nicht unüblich. Notwendig ist für die Bedeutung und Interpretation der Symbole, daß sie deutlich zu verstehen und von Untersuchung zu Untersuchung zu vergleichen sind. Auf diese Weise können wir den Verlauf der sexuellen Aktivität und des Fortpflanzungszyklus der Stute zurückblickend analysieren. Darauf baut wiederum die aktuelle Diagnose auf. Die Aufzeichnungen sollten auch von anderen Sachverständigen interpretiert werden können, da diejenigen, die das Original anfertigten, nicht immer verfügbar sind. Theoretisch wäre es ideal, wenn es eine standardisierte Methode für die Aufzeichnung gäbe, die jedermann in der Pferdezucht anwendet. Aber dieses Ideal wird wohl nie erreicht. Die aktuellen Ergebnisse sind auf jeden Fall weitgehend subjektiver Natur und unterscheiden sich von Tierarzt zu Tierarzt. Wenn etwa der Durchmesser eines Follikels nach Gefühl ermittelt werden muß – was ja nun keine sehr exakte Methode ist –, dann können sich die Ergebnisse von zwei erfahrenen Tierärzten um bis zu einem Zentimeter unterscheiden.

In der Praxis verwenden Tierärzte Zahlen eher als Hinweis denn als Meßergebnis. Das ist akzeptabel, sofern die Gestütsleitung sich auf die Gleichmäßigkeit der individuellen Resultate oder auf den Rat, der aus den Ergebnissen resultiert, verlassen kann. Nach der gültigen Lehrmeinung ist ein Follikel von drei Zentimetern Durchmesser oder mehr ovulationsbereit (wenn das oft auch für Follikel kleineren Durchmessers gilt). Die Größe allein kann darum nicht als Richtschnur herangezogen werden. Beschaffenheit, Spannung und Lage am Eierstock sind ebenfalls wichtige Faktoren und sollten aufgezeichnet werden. Um die Aktivität der Eierstöcke mit System festzuhalten, kann man die Pole des linken Eierstocks als a und b bezeichnen, die des rechten als c und d. Derart kann die Position des Follikels zusammen mit dessen Größe registriert werden.

Die Untersuchung des Gebärmutterhalses kann zweckmäßigerweise nach einem numerischen System – beispielsweise von 1 bis 6 – festgehalten werden. Derart kann man die Variationen hinsichtlich Beschaffenheit, Farbe und Feuchtigkeit beschreiben: Die 1 steht etwa für einen weit offenen, rossetypischen Gebärmutterhals, die 6 für einen eng geschlossenen, trockenen Zustand, wie er im Diöstrus (zwischen zwei Rossen) oder bei Trächtigkeit vorzufinden ist; die Zahlen 2 und 3 deuten auf Rosse, die Zahlen 4 und 5 auf Diöstrus. Abkürzungen können auch für andere Befunde verwendet werden, zum Beispiel für die Ansammlung von Urin am Scheidengrund oder für das Vorhandensein von Eiter.

Die Einführung der Ultraschalluntersuchung in den vergangenen Jahren hat es möglich gemacht, den Eierstock in bezug auf Größe, Form und Position vorhandener Follikel sehr genau zu beschreiben. Ferner kann der Zustand der Gebärmutter beurteilt werden, und man ist in der Lage, Flüssigkeit, Ödeme und Zysten zu identifizieren. Dieses Thema wird detaillierter im Kapitel 14 behandelt.

Künstliche Steuerung des Rossezyklus

Durch die Steuerung des Rossezyklus wird die Stute veranlaßt, rossig zu werden und dann einen Eisprung zu haben, wenn wir es wünschen. Es gibt veterinärmedizinische und betriebstechnische Gründe für dieses Verfahren, die später diskutiert werden. Die Zwecke sind freilich ähnlich – wenn nicht gar identisch. Zuerst einmal müssen wir die Steuerungsziele definieren. Es sind dies:

1. Rosse und Eisprung müssen in den Monaten herbeigeführt werden, in denen die Stuten gedeckt werden sollen.
2. Es muß eine ausreichende Anzahl von Eisprüngen in der Zuchtsaison ermöglicht werden, um die Empfängnischance zu optimieren – dies unter den Bedingungen des Deckens an der Hand und angesichts der Unwägbarkeiten des modernen Gestütsmanagements. Wenn eine Empfängnis in der ersten Rosse stattfindet, in der die Stute gedeckt wird, gibt es natürlich keinen Grund, weitere Eisprünge herbeizuführen. Wird die Stute, wie so oft, jedoch nicht tragend, ist es zweckmäßig, sobald wie möglich die nächste Rosse auszulösen.
3. Das Decken an der Hand beinhaltet die Paarung zu einem vorab festgelegten Zeitpunkt. Es kann darum wünschenswert sein, den Eisprung zu beschleunigen (oder zu verzögern), damit die Paarung zur optimalen Zeit stattfindet, d.h. kurz vor der Ovulation (Springen der Eizelle).
4. Die Steuerung der Anzahl der Eisprünge während einer Rosse wäre eine sehr wertvolle Methode zur Vermeidung von Zwillingen. Derzeit verfügen wir jedoch noch nicht über die Mittel, um das zu bewirken (siehe Zwillinge, Seite 246).

Folgende Schwierigkeiten sind zu bewältigen:
a) Der echte Anöstrus (Zustand der sexuellen Inaktivität ohne Rosse und Zyklusgeschehen), in dem die Eierstöcke nicht aktiv sind, die Progesteron-Konzentration im Blut bei Null liegt und die Konzentration der Hypophysenhormone FSH und LH minimal ist.
b) Der verlängerte Diöstrus (Zeit bis zum Auftreten der nächsten Rosse ist verlängert), in der der Gelbkörper nach der normalen 15-Tage-Periode weiterhin bestehen bleibt und dadurch die Stute hindert, rossig zu werden. In solchen Fällen ist Progesteron im Blut zu finden.
c) Die Wiederauslösung einer Rosse bei normal rossenden Stuten, die aus unterschiedlichen Gründen nicht gedeckt worden sind.
d) Die Rosse ohne Eisprung, bei der die Stuten Rossesignale zeigen, aber kein Eisprung stattfindet, obgleich sich Follikel im Eierstock entwickeln können. Dieses „Versagen" kann mit einem Mangel an LH und/oder mit einem vorangegangenen Ereignis zusammenhängen, wodurch der Follikel nicht reifen konnte. Lassen Sie mich das an einem Beispiel erklären. Jüngere Forschungsarbeiten haben gezeigt, daß ein FSH-Stoß inmitten des Zyklus zwischen zwei Rossen auftritt. Man nimmt an, daß der Follikel derart für die folgende Rosse vorbereitet werden soll. Bleibt diese Vorbereitung aus, entwickelt sich der Follikel nicht zur vollen Reife, und der Eisprung kann ausbleiben, auch wenn die Hirnanhangdrüse genügend LH produziert hat.
e) Ein halb-luteinisierter Follikel, also einer, der teilweise, aber nicht vollständig ovuliert hat, kann sich im Eierstock bilden und die folgende Rosse blockieren.

Uns stehen nur begrenzte Mittel zur Steuerung des Rossezyklus zur Verfügung, darum können unsere Erfolge auch nur unvollständig sein. Außerdem beruht unser Verständnis von den Vorgängen nur auf bruchstückhaften Informationen, die aus klinischen Beobachtungen und einzelnen Forschungsprogrammen herrühren. Das Messen der Hormonkonzentrationen im Blut der Stute verschafft nur eine begrenzte Sicht auf das, was sich an den Erfolgsorganen abspielt.

Wenden wir uns den künstlichen Mitteln zu, über die wir gegenwärtig verfügen. Einige Anmerkungen zu ihrer Wirksamkeit in der Praxis:

a) GNRH (Gonadotropin-releasing-Hormon). Dieses ist, wie schon sein Name sagt (release=freisetzen), das von den Gehirnzellen erzeugte Hormon, das die keimdrüsenstimulierenden Hormone der Hirnanhangdrüse freisetzt. Es hat eine FSH- und eine LH-Komponente. Es kann synthetisch hergestellt werden und dient dazu, das Wachstum von Follikeln bei einer Stute zu fördern, die Rossezeichen ohne Aktivität der Eierstöcke zeigt. Bei anöstrischen Stuten wird es verwendet, um den Rossezyklus einzuleiten. GNRH wird am besten so verabreicht, wie es natürlicherweise abgegeben wird, nämlich intervallartig. GNRH in einer einmaligen Dosis zu geben hat wenig Wirkung. In der Form eines Depots, bei der es über einige Tage langsam freigesetzt wird, kann es einen sehr erfolgreichen Effekt haben. Follikel werden an den Eierstöcken zu Wachstum und Reifung angeregt, und möglicherweise wird einer ovulieren.

b) Künstliche Beleuchtung zur Verlängerung der Tageslichtstunden ist die wirkungsvollste Methode, bei anöstrischen Stuten früh im Jahr den Rossezyklus einzuleiten. Hier gibt es viele unterschiedliche Techniken. Im allgemeinen reicht eine 200-Watt-Lampe aus, die Stute aus ihrer Inaktivität zu wecken. Die Lampe wird für etwa zwei Monate in ungefähr dreieinhalb Meter Höhe in der Box befestigt und täglich sechs Stunden nach Sonnenuntergang brennen gelassen. Zunehmende Wärme und steigende Proteinkonzentrationen im Futter unterstützen die Methode der künstlichen Beleuchtung.

c) Injektionen von Progesteronpräparaten oder die Verabreichung solcher Präparate über das Futter an etwa zehn aufeinanderfolgenden Tagen können ebenfalls eingesetzt werden, um bei anöstrischen Stuten den Eintritt in den Rossezyklus zu veranlassen oder bei jenen mit verlängerter Rosse die Entwicklung eines Follikels und den Eisprung einzuleiten. Die Zunahme von Progesteron im Blut der Stute beeinflußt die Hirnanhangdrüse insofern, als sie die Freisetzung von FSH und LH hemmt. Zirkuliert Progesteron im Blut, dann stellt die Hirnanhangdrüse die Freisetzung von FSH und LH ein. Wenn der Progesteronstrom abbricht, werden die aufgestauten Stoffe freigesetzt. Eine wirkliche Rosse wird eingeleitet. Diese Erklärung setzt jedoch voraus, daß normalerweise geringe Mengen an FSH und LH von der Hirnanhangdrüse während der zehn Tage abgegeben würden, die jedoch keine hinreichende Wirkung auf die Eierstöcke ausüben. Eine alternative Methode wird in Nordamerika bevorzugt. Dort wird zehn Tage lang täglich eine Kombination von Progesteron und Östrogen gespritzt.

d) Das luteinisierende Hormon (LH) ist jahrelang verwendet worden, um einen Eisprung bei Stuten herbeizuführen, die einen reifen Follikel im Eierstock aufweisen. Derart können wir die Rosse verkürzen und eine Paarung innerhalb von 24 oder weniger Stunden vor dem Eisprung arrangieren. Diese Behandlung hat insofern ihre Grenzen, als der Follikel zum Eisprung bereit sein muß. Ein Hormon mit LH-Wirkung können wir aus dem Urin von schwangeren Frauen ge-

winnen. Es stammt aus der menschlichen Plazenta oder dem Chorion (Zottenhaut, mittlere Eihaut) und wird darum menschliches Choriongonadotropin
(HCG) genannt.

Einige Sorge gilt dem wiederholten Gebrauch von HCG. Es hat womöglich
eine ähnliche Wirkung wie ein Impfstoff und verursacht die Bildung von Antikörpern. Dadurch wird der Effekt von HCG auf Null reduziert und die Wirksamkeit des von der Stute selbst produzierten LH vermindert. Neuere Forschungsarbeiten legen jedoch die Vermutung nahe, daß zwar Antikörper gebildet werden,
diese aber nicht die LH-Produktion der Stute beeinträchtigen und auch nicht die
Wirksamkeit von HCG, sofern es unter den richtigen Bedingungen injiziert
wird. Da die Anwendung von HCG den Eisprung erleichtert, könnte sich das Risiko von Zwillingsovulationen und Zwillingsträchtigkeiten vergrößern; es hat allerdings den Anschein, als resultierten Zwillingsovulationen nur in sehr wenigen
Fällen in Zwillingsträchtigkeiten. In einer Untersuchung, die der Autor über
einige Jahre hinweg vornahm, hatten mit HCG behandelte Stuten nicht häufiger
Zwillinge als unbehandelte.

GNRH kann ebenfalls gegeben werden, um einen Eisprung auszulösen, weil
es einen LH-freisetzenden Bestandteil hat. Es hat den Anschein, daß eher kleinere und weniger gut entwickelte Follikel als nach einer HCG-Verabreichung
ovulieren. Eine in Newmarket durchgeführte Studie zeigte, daß nach Injektion
von HCG im Vergleich zur Gabe von GNRH oder von Kochsalzlösung (als Kon-
troll- bzw. Blindversuch) nach ca. 36 bis 48 Stunden Ovulationen (Eisprünge)
einsetzten. Anscheinend verzögert HCG den Eisprung um etwa 24 Stunden,
führt jedoch zu einem gehäuften Auftreten von Ovulationen nach 24 bis 48 Stunden. Im Vergleich dazu waren die Eisprünge nach GNRH-Gabe über eine viel
längere Periode verstreut.

2
Die sexuellen Funktionen des Hengstes

Es ist merkwürdig, wie oft Tierärzte oder andere, die sich intensiv mit der Pferdezucht befassen, sagen: „Es war schwierig, die Stute tragend zu bekommen." Oder: „Die und die Stute hat dieses Hengst- oder Stutfohlen geboren." Selten wird der Beitrag des Hengstes im Hinblick auf das Trächtigwerden oder das neue Fohlen gewürdigt. Offensichtlich schreiben wir allen Verdienst am fertigen Erzeugnis uns zu, bevor wir die wichtige Rolle des Hengstes im Fortpflanzungsprozeß überhaupt erwägen. Dabei liefert der Hengst bei der Zeugung 50 Prozent des genetischen Materials für den Nachwuchs. Und sein Einfluß auf die Fruchtbarkeit ist ebenso bedeutend wie der der Stute. Wenn wir das Thema Unfruchtbarkeit diskutieren (siehe Seite 219), werden wir herausfinden, daß eine enge Verbindung zwischen der Fruchtbarkeit von Stute und Hengst besteht. Ein unzureichend fruchtbarer Hengst grenzt die Wahrscheinlichkeit, daß eine unzureichend fruchtbare Stute trächtig wird, noch weiter ein.

Anatomie

Zu den Geschlechtsteilen des Hengstes gehören die beiden Hoden und – entsprechend den Geschlechtsorganen der Stute – die schlauchförmigen Organe, die die Keimdrüsen mit der Außenwelt verbinden. Von den Hoden ziehen die Samenleiter zur Harnröhre, wodurch bis zur Austrittsöffnung am Penis ein gemeinsamer Ausführungsgang für den Urin und für das Ejakulat entsteht (Abb. 10). Die akzessorischen Geschlechtsdrüsen umgeben die Spermien auf dem Weg durch den Samenleiter mit speziellen Substanzen und Flüssigkeiten. So entsteht das milchig-weiße Sekret, das man Samen nennt.

Hoden, Nebenhoden und Samenstrang

Die Hoden sind annähernd oval geformt und seitlich etwas zusammengedrückt, so daß sie zwei Oberflächen, zwei Ränder und zwei Pole aufweisen. Beim erwachsenen Pferd liegen sie im Hodensack. Dabei hängt der untere Rand frei, während der obere über ein Band mit dem Nebenhoden verbunden ist.

Jeder Hoden ist ungefähr zwölf Zentimeter lang, mißt sieben Zentimeter vom oberen bis zum unteren Rand, ist fünf Zentimeter breit und wiegt rund 150 Gramm. Je nach Einzeltier und dessen Reife unterscheiden sich die Hoden hinsichtlich ihrer Größe und ihres Gewichtes. Der linke Hoden ist oft etwas länger als der rechte.

Die Nebenhoden sind mit dem oberen Rand der Hoden über ein Band fest verbunden und überlappen einen Teil der Hodenoberfläche. Ihr vorderes Ende ist verbreitert und wird Nebenhodenkopf genannt, ihr hinteres Ende ist – in geringerem Maße – ebenfalls verbreitert und wird Nebenhodenschwanz genannt. Der mittlere Teil heißt Nebenhodenkörper. Der Kopf ist eng mit den Kanälen verbunden, die von den Hoden ausgehen, der Schwanz mündet in den Samenleiter (Ductus deferens), der im Samenstrang verläuft. Durch den Samenleiter gelangt das Sperma von den Hoden zur Harnröhre.

Der Samenstrang zieht vom Leistenring, einer Sehnenlücke im Bauchmuskel, bis nach unten zu den Hoden im Hodensack. Er enthält eine Arterie, Venen, Lymphgefäße, Nerven, den Samenleiter und einen Muskel. Bedeckt wird er von einer feinen Faszie, die sich erweitert, um ebenfalls Nebenhoden und Hoden zu umhüllen.

Unter dieser Faszie wird der Hoden von einer starken Kapsel umgeben. Schneidet man sie auf, dann zeigt sich die weiche, rötlich-graue Substanz des darinliegenden Hodens. Das Innere des Hodens ist durch Scheidewände unterteilt, die aus Bindegewebe und einem quergestreiften Muskel bestehen. Diese Unterteilungen, auch Lobuli (Läppchen) genannt, bestehen aus den Hodenkanälchen, sehr kleinen, gewundenen Kanälchen, die auf der einen Seite blind enden und sich auf der anderen Seite mit anderen Kanälchen vereinigen, um größere, gerade Kanäle zu bilden (Abb. 11). Zusammenfassend läßt sich sagen, daß das Sperma in den Hoden produziert wird, in die Nebenhoden wandert, um dort zu lagern und zu „reifen", und dann bei der Ejakulation durch den Samenleiter und die Harnröhre herausgeschleudert wird unter Zugabe von Samenflüssigkeit und -gel, die von den akzessorischen Geschlechtsdrüsen produziert werden.

Der Hodensack

Der Hodensack (Skrotum) enthält die Hoden und besteht außen aus einer dünnen, elastischen Haut, die mit Talg- und Schweißdrüsen versehen ist. Die mittlere Schicht des Hodensacks wird von elastischem Gewebe und glatten Muskeln gebildet. Darunter befindet sich schließlich eine Schicht von Bindegewebe, deren

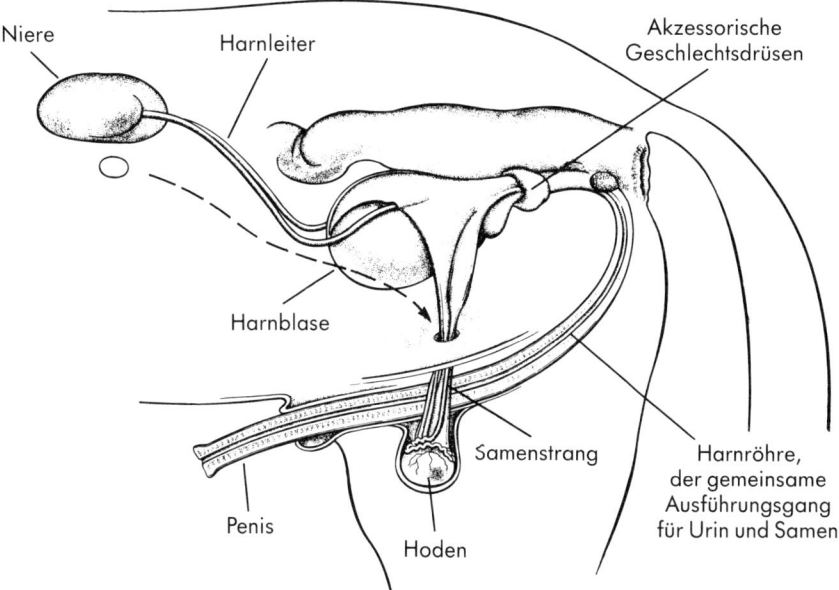

Niere
Harnleiter
Akzessorische Geschlechtsdrüsen
Harnblase
Penis
Samenstrang
Hoden
Harnröhre, der gemeinsame Ausführungsgang für Urin und Samen

Abb. 10: Die Sexualorgane des Hengstes von der linken Seite aus gesehen. Der Pfeil zeigt den Weg, den die Hoden im letzten Abschnitt der fetalen Entwicklung nehmen. Sie passieren den Leistenring und erreichen den Hodensack.

Abb. 11: Die Hoden (a) im Hodensack (b). Die blind endenden Röhren vereinigen sich nach oben hin und bilden die Nebenhoden (c) mit Nebenhodenkopf (d) und einem Nebenhodenschwanz (e). Das Sperma gelangt von den Nebenhoden in den Samenleiter (f), der gemeinsam mit den Blutgefäßen (g) den Samenstrang bildet.

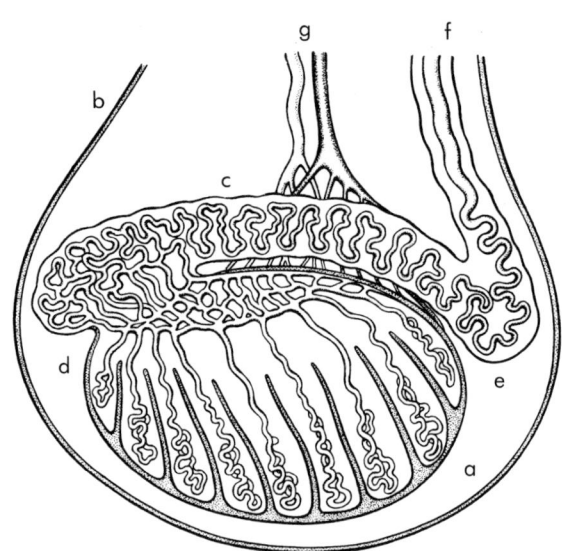

innere Auskleidung die Tunica vaginalis darstellt, eine feine Membran, deren Gegenstück den Hoden umhüllt. Derart kann der Hoden innerhalb des Hodensacks frei gleiten. Die Hoden können zurückgezogen werden, teils durch die Kontraktion des Muskels im Samenstrang, teils durch die Kontraktion des Muskels im Hodensack. So können an kalten Tagen, bei der Arbeit oder bei Gefahr die Hoden in den unteren Teil des Leistenkanals hochgezogen werden.

Der Abstieg der Hoden

In der frühen fetalen Phase entwickelt sich jeder Hoden nahe dem Dach der Bauchhöhle neben der entsprechenden Niere (Abb. 10). Später wandern die Hoden aus dieser ursprünglichen Lage durch den Leistenring im Bauchmuskel in den Hodensack. Dabei wird jeder Hoden von einer Ausstülpung des Bauchfells umgeben, die ihn gemeinsam mit dem bereits erwähnten Muskel im Samenstrang umhüllt und mit durch den Leistenkanal nach unten zieht.

Die mechanischen Faktoren, die die Wanderung der Hoden verursachen, sind noch weitgehend unbekannt. Bänder, die an den Hoden und Nebenhoden ansetzen, unterstützen durch zunehmende Verkürzung womöglich den Abstieg durch die Bauchwand. Ein ansteigender Druck in der Bauchhöhle könnte ebenfalls eine Rolle spielen. Normalerweise befinden sich bei der Geburt des Fohlens beide Hoden im Hodensack oder im Leistenkanal. Bei manchen Tieren können sie jedoch noch Wochen oder sogar Monate nach der Geburt durch den Leistenkanal absteigen, vorausgesetzt der Leistenring bleibt geöffnet. Bei manchen Vollblütern kann ein Hoden klein sein und im Leistenkanal verbleiben, bis der Hengst vier oder fünf Jahre alt ist. In anderen Fällen können auch ein oder beide Hoden auf Dauer in der Bauchhöhle bleiben. Diese Erscheinung wird Kryptorchismus genannt. Im Jargon spricht man von einem „Klopphengst". Der in der Bauchhöhle verbliebene Hoden ist klein, weich, schlaff und kann kein Sperma produzieren. Es

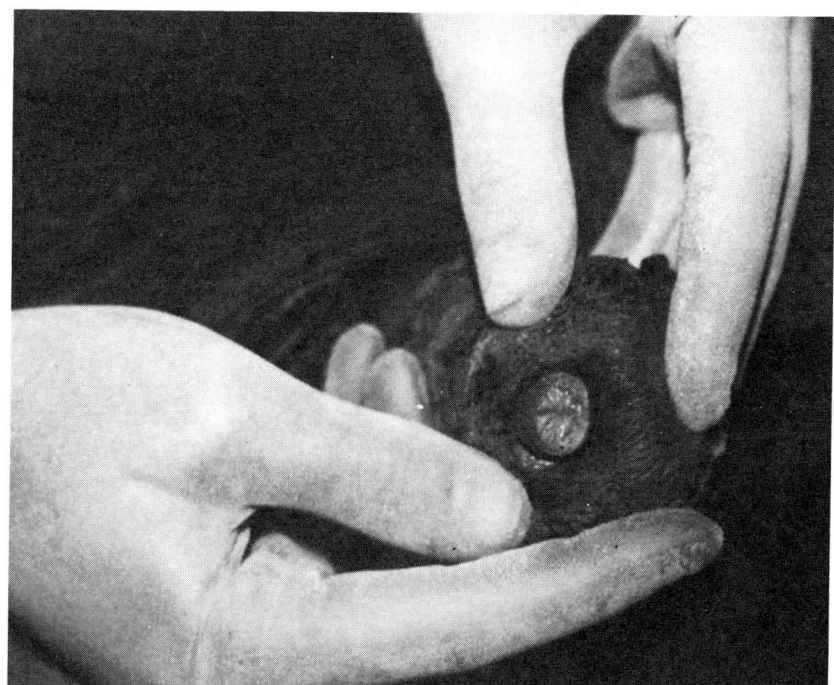

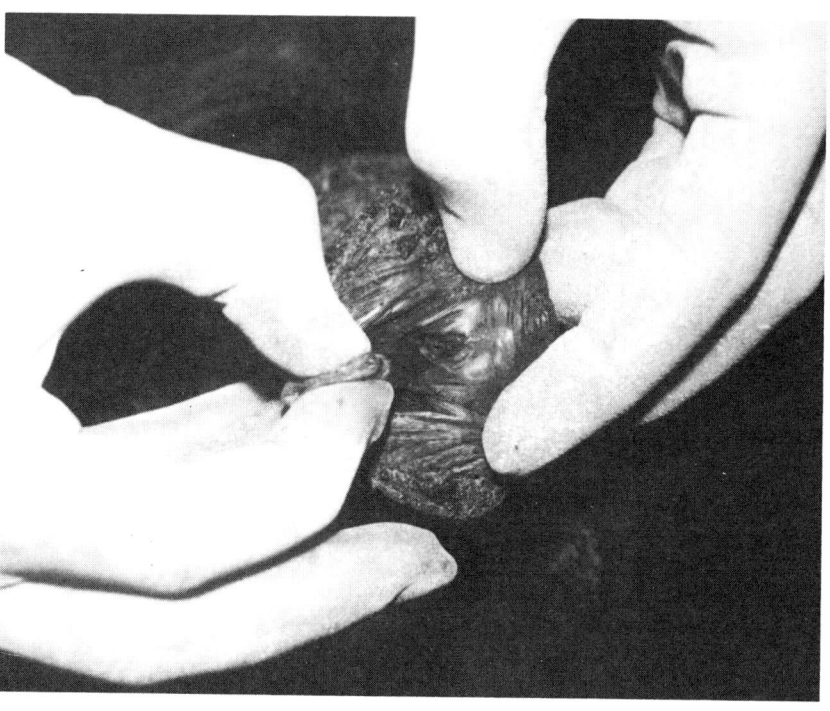

*Oben: Das End-
stück der Harn-
röhre ragt aus dem
Ende des Penis her-
vor und ist von der
Eichelgrube umge-
ben. Darin ist eine
Vertiefung (Sinus),
die eine pastöse
Absonderung
(Smegma) enthält.
Unten: Die Vertie-
fung wird sichtbar,
wenn die Harn-
röhre beiseite gezo-
gen wird.*

kommt ferner vor, daß ein Hoden auch nicht bis zum dritten, vierten oder fünften Lebensjahr in den Hodensack absteigt. In diesen Fällen kann der „fehlende" Hoden gewöhnlich im Leistenkanal ertastet werden.

Die akzessorischen Geschlechtsdrüsen

Bei diesen Drüsen (Abb. 10) handelt es sich um die Samenblasen, die Vorsteherdrüse (Prostata) und die Harnröhrenzwiebeldrüsen. Sie tragen zu der Flüssigkeit und zu den Substanzen bei, die gemeinsam mit den Spermien den Samen bilden. Die Samenblasen sind längliche Säckchen, die beiderseits an der rückseitigen Oberfläche der Harnblase liegen. Sie sind etwa 20 cm lang und haben einen Kanal, durch den ihre Sekrete in den Samenleiter gelangen.

Die Prostata ist eine aus Lappen bestehende Drüse, die auf dem Blasenhals und dem Anfang der Harnröhre liegt. Sie hat zwei seitliche Lappen, die durch den als Brücke fungierenden Mittellappen verbunden werden. Die beiden Harnröhrenzwiebeldrüsen befinden sich links und rechts der Harnröhre. Sie sind oval geformt und messen etwa vier Zentimeter in der Länge und zweieinhalb Zentimeter in der Weite.

Der Penis

Der Penis ist das männliche Begattungsorgan. Er besteht aus schwammigem, schwellfähigem Gewebe. Er hat eine zylindrische Form und ist seitlich abgeflacht. Der Harnröhrenfortsatz und seine Grube (Abb. 12) sind wichtige Bereiche für die Untersuchung auf sexuell übertragbare Keime wie Klebsiellen und den Erreger der CEM (Contagious Equine Metritis). Verletzungen des Penis können zu Blutergüssen führen, zu schmerzhaften Schwellungen und zu Deformierungen.

Die Vorhaut

Bei der Vorhaut handelt es sich um eine doppelte Einstülpung der Haut, die den freien Teil des nicht eregierten Penis umhüllt (Abb. 12). Sie ist mit Drüsen versehen, die eine salbenartige Absonderung liefern. Dieses Smegma riecht stark und

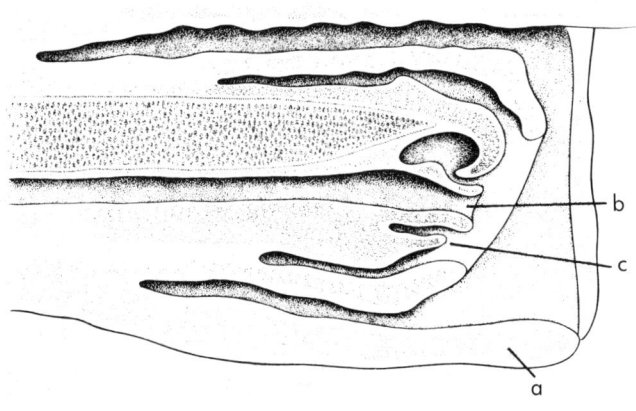

Abb. 12: Das Endstück des Penis mit Vorhaut (a), Harnröhre (b) und Harnröhrengrube (c).

unangenehm und sammelt sich häufig in größerer Menge an. Die Drüsen haben insofern einige Bedeutung für die Praxis, als sie Erreger beherbergen können, die Geschlechtskrankheiten verursachen.

Samen

Samen ist eine etwa graufarbene oder milchig-weiße Flüssigkeit, die Spermien und Samenplasma enthält. Ein erwachsener Hengst stößt insgesamt etwa 40 ml bis 80 ml Samen aus. Ein unterschiedlich großer Teil davon kann eine Schleimfraktion darstellen, die keine Spermien enthält. Jeder Milliliter (ein Fünftel eines Teelöffels) der an Spermien reichen Portion enthält 50 bis 100 Millionen Spermien. Ein Erguß enthält also ungefähr zwei bis acht Milliarden Spermien.

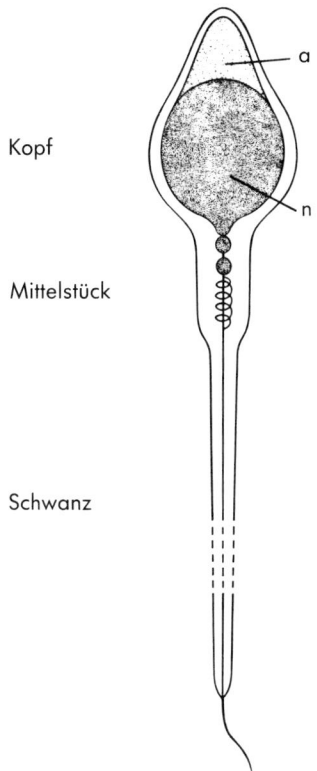

Kopf

Mittelstück

Schwanz

Abb. 13: Ein Spermium hat einen Kopf, ein Mittelstück und einen Schwanz. Der Kopf besteht aus dem Akrosom (a) und dem Zellkern (n), der das Erbmaterial (die Chromosomen) enthält. Der Schwanz ist etwa zehnmal so lang wie der Kopf, das gesamte Spermium mißt nur den Bruchteil eines Sandkorns.

Spermium

Das Spermium ist die männliche Keimzelle (Gamet). Es ist eine höchst bewegliche Zelle, die relativ große Distanzen im weiblichen Genitaltrakt schwimmend zurücklegen kann. Das Spermium sucht die Eizelle und befruchtet sie, indem es in ihren Zellkern eindringt und dort sein eigenes Zellkernmaterial abliefert. Es hat etwa ein Hundertstel der Größe einer Eizelle, die ihrerseits nicht größer als ein kleines Sandkorn ist.

Ein Spermium besteht aus Kopf, Mittelstück und Schwanz. Der Kopf enthält den Zellkern und spitzt sich vorne zu einer Kappe zu, dem Akrosom. Der Zellkern enthält die Chromosomen, das genetische Material. Das Pferd hat 64 Chromosomen, die aus 32 Chromosomenpaaren bestehen. Jedes Chromosomenpaar setzt sich aus einem männlichen und einem weiblichen Strang zusammen. So enthält das Spermium nur die Hälfte der Chromosomen, die normalerweise in jeder Körperzelle vorhanden sind – abgesehen von den roten Blutkörperchen, die nicht über Zellkernmaterial verfügen.

Die Spermien werden gebildet durch die Teilung und Vervielfachung der Zellen, die die gewundenen Hodenkanälchen auskleiden (Abb. 14). Bei der Vervielfachung wird die Zahl der Chromosomen im Zellkern auf die Hälfte reduziert. Das reife Spermium enthält darum nur einen haploiden oder halben Chromosomensatz, d.h. die Hälfte von 64, also 32. Nach der Befruchtung bilden die 32 Chromosomen der Eizelle mit den 32 Chromosomen des Spermiums Paare, und derart ist der Chromosomensatz mit 64 wieder komplett, d.h. in diploidem Zustand (Abb. 15).

Abb. 14: In den winzigen, blind endenden Hodenkanälchen werden die Spermien gebildet von größeren, primitiven Zellen, die sich wiederholt teilen und derart vervielfachen. Zwischen den Kanälchen befinden sich die Sertoli-Zellen (a), die das Hormon Testosteron absondern. Die Spermien werden in das Zentrum des Kanälchens (b) freigesetzt und finden von dort ihren Weg in die Nebenhoden.

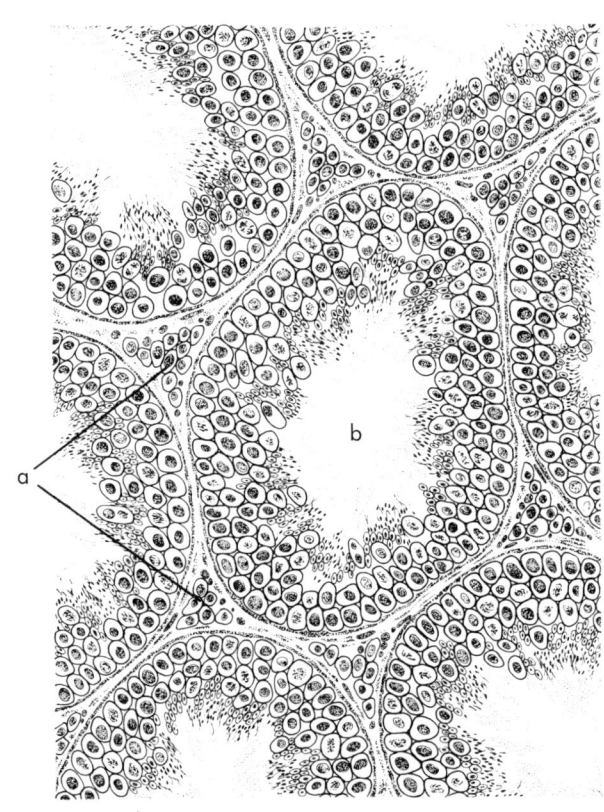

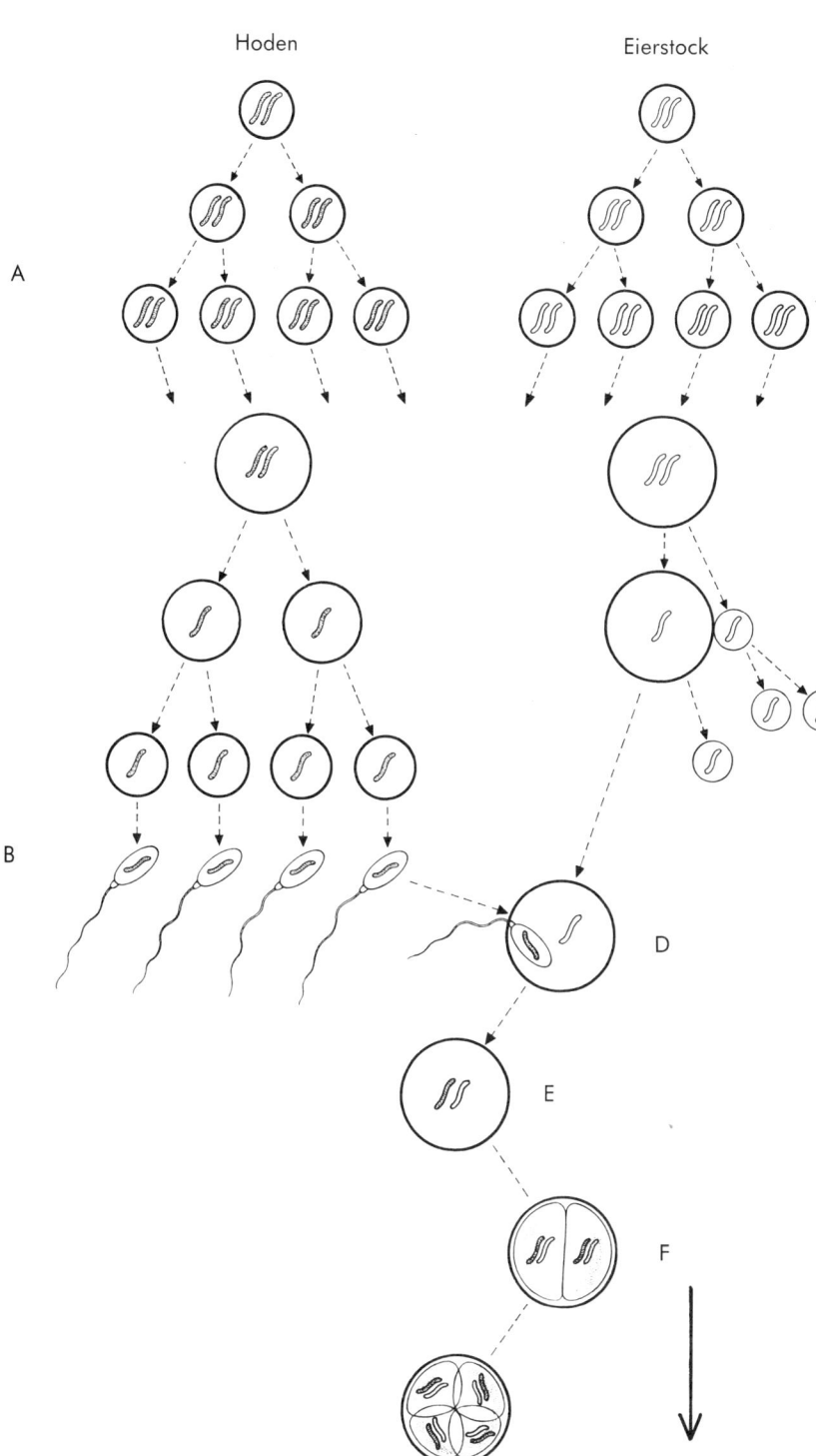

Hoden

Eierstock

A

B

C

D

E

F

Abb. 15: Eines der 32 Chromosomenpaare, die in den Körperzellen vorhanden sind, ist hier dargestellt, um zu verdeutlichen, wie die Zahl der Chromosomen der Körperzellen (A) um die Hälfte reduziert wird bei der Produktion von Spermien (B) und Eizellen (C) in den Hoden beziehungsweise in den Eierstöcken. Der komplette Chromosomensatz wird bei der Befruchtung (D) wiederhergestellt. Das neue Individuum beginnt als Einzelzelle (E) mit dem jeweils halben Chromosomensatz von Hengst und Stute. Diese Zelle teilt sich, und jede Zelle weist die normale Anzahl an Chromosomen der Körperzellen auf (F).

Samenplasma

Das Samenplasma wird von den akzessorischen Geschlechtsdrüsen (siehe Seite 94) gebildet. Einige Ergüsse können eine gelatineartige Substanz enthalten, die man Schleimfraktion nennt. Sie kann bis zu einem Fünftel des Ejakulats ausmachen und wird in den Samenblasen produziert. Die Menge hängt von der Zeitspanne zwischen den Ergüssen ab. Es hat den Anschein, als seien die Samenblasen langsamer bei der Nachproduktion ihrer Sekrete als die anderen Anhangsdrüsen. Im Sommer enthält der Samen einen größeren Schleimanteil als im Winter. Individuell variiert seine Menge von Monat zu Monat. Die Funktion des Schleimanteils ist noch unbekannt, aber es scheint keinen Zusammenhang mit der Fruchtbarkeit des Hengstes zu geben.

Das Samenplasma ist der Transportstoff für die Spermien auf dem Weg in die Gebärmutter. Sobald die Gebärmutter erreicht ist, sondern sich die Spermien vom Plasma ab und machen sich auf den Weg zu den Eileitern. Es wird angenommen, das Plasma enthalte Substanzen, von denen die Spermien nach einer gewissen Zeit abgetötet werden, damit sie nicht zu alt werden. Kann das Sperma altern, dann ist die Chance größer, daß sich fetale Defekte nach der Befruchtung entwickeln. Möglicherweise leiden einige wenig fruchtbare Hengste unter einem Überangebot an spermienabtötenden Substanzen. Die Lebensspanne ihres Spermas wird unter das für die Empfängnis notwendige Niveau gedrückt.

Die Inhaltsstoffe des Samenplasmas sind weiter unten aufgeführt. Der Fruchtzuckeranteil, von dem man annahm, daß er im Samen vieler Arten wichtig sei, ist bei Hengsten ziemlich gering. Der Grund dafür ist unbekannt. Der Anteil an Sulfhydryl-Verbindungen im Plasma weist seine höchste Konzentration beim letzten Samenstoß auf. Er ist Gift für die Spermien, und verschiedene Wissenschaftler nehmen an, daß er die Fruchtbarkeit beeinflußt. Der Beweis dafür ist jedoch noch nicht erbracht.

Jeder der in Tabelle A (siehe unten) aufgeführten Bestandteile läßt sich bis zu dieser oder jener akzessorischen Geschlechtsdrüse zurückverfolgen. Zitronensäure wird beispielsweise hauptsächlich von den Samenblasen abgegeben. Die einzelnen Bestandteile können in unterschiedlicher Menge in den einzelnen Ergußportionen vorhanden sein. Wir haben schon festgestellt, daß sich Stoffe der Sulfhydrylgruppe im letzten Samenstoß finden. Der Erguß wird gewöhnlich eingeleitet durch ein wässriges Vorsekret. Ihm folgt ein milchiger, nicht zähflüssiger spermareicher Teil, dann ein sehr zähflüssiger und gelatinöser Teil und zum Schluß, wenn der Hengst schon absteigt, entrinnt dem Penis etwas Flüssigkeit als letzter Rest des Ergusses.

Einige Wissenschaftler im polnischen Krakau, die unter Führung von Professor Bielanski arbeiten, haben eine Methode entwickelt, um die einzelnen Samenportionen untersuchen zu können. Sie verwenden dazu eine künstliche Scheide mit offenem Ende. Diese ermöglicht die separate Gewinnung jeder Samenportion, die dann im Laboratorium untersucht werden kann.

Tabelle A: Samen und Samenplasma

Durchschnittliches Samenvolumen – ohne Schleimfraktion	50 ml
Zahl der Spermien	50 – 100 Mio pro ml
Gesamtzahl der Spermien im Erguß	2 – 5 Milliarden
pH-Wert	7,330
Samenplasma	
Spezifisches Gewicht*	1,012
Ergothionin*	7,6 mg / 100 ml
Zitronensäure*	26 mg / 100 ml
Fruchtzucker*	15 mg / 100 ml
Phosphor*	17 mg / 100 ml
Milchsäure*	12 mg / 100 ml
Harnstoff*	3 mg / 100 ml
* = Durchschnittswerte	

Sexualverhalten

Entwicklung von sexuellen Verhaltensmustern

In der Natur dominiert das männliche Tier die Stuten seiner kleinen Gruppe oder seines Harems von fünf bis fünfzehn Mitgliedern. Der soziale Verbund zwischen Mitgliedern einer Gruppe untereinander und zum Hengst ist dauerhaft und unabhängig von der geographischen Verteilung. Mit anderen Worten: Der Hengst streift mit seinem Harem vom einen zum nächsten Weidegebiet. Ebenso wie die Stuten ist der Hengst im späten Frühjahr und im Sommer sexuell aktiv. Auch während der sexuell aktiven Periode nähert sich der Hengst nur selten den Stuten auf aggressive Weise. Er erkennt eine rossige Stute intuitiv dank seines Gesichtssinnes und, wichtiger noch, dank seines Geruchs- und Geschmackssinnes. Wir wissen nicht um die Faktoren, aufgrund derer sich ein Hengst zu einer bestimmten Zeit mit irgendeiner rossigen Stute seines Harems paart. Einzelne Hengste können es sich angewöhnen, früh morgens oder spät abends zu decken. Es

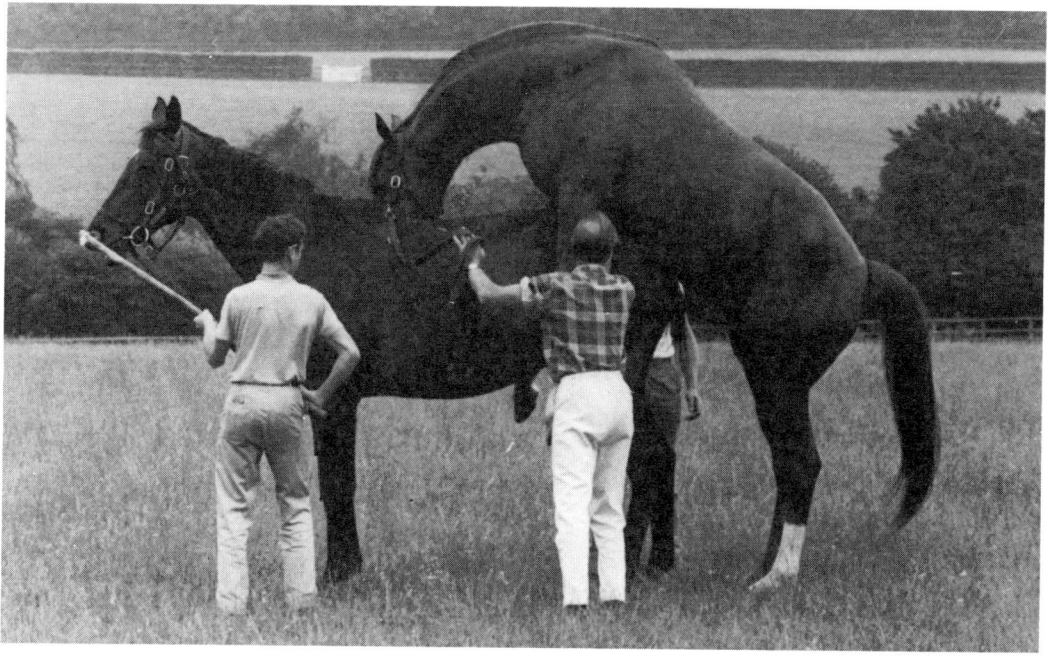

Grundsätzlich
kann der Deckakt
in sechs Phasen ein-
geteilt werden. Es
sind dies:
Annäherung (links
oben), Erektion des
Penis (links Mitte),
Besteigen der Stute
und Eindringen
(links unten), Stöße
mit dem Becken
(Friktionsbewegun-
gen) und Ejakula-
tion (ganz oben)
sowie Absteigen
(darunter).

scheint im übrigen nicht nötig zu sein, daß der Hengst eine rossige Stute mehrmals am Tag oder auch nur täglich während der Rosseperiode deckt.

Beim Verhalten des Hengstes in der Natur müssen wir jedoch nicht länger verweilen, weil es außer in abgelegenen Teilen der Welt kaum noch Bezug zur aktuellen Zuchtsituation hat. Der Sprung aus der Hand ist allgemein übliche Praxis geworden, und sogar halbwilde Pferde, wie sie in der Camargue, in New Forest, Exmoor oder Dartmoor frei streifen dürfen, werden vom Menschen weitgehend kontrolliert. Die Herdenmitglieder werden nach menschlichen Absichten zusammengestellt, je nachdem, für welche Zwecke gezüchtet werden soll.

Wenn der potentielle Vererber im Gestüt ankommt, ist sein Verhalten praktisch schon modifiziert. In der Natur wird ein junger Hengst mit etwa elf Monaten abgesetzt. Zu dieser Zeit bereitet sich seine Mutter auf die nächste Geburt vor. Der Junghengst bleibt bis zu seinem zweiten oder dritten Lebensjahr in der Herde und wird dann vom Beherrscher des Harems vertrieben. Er schließt sich einer Gruppe von Junghengsten an, denen es ähnlich ergangen ist. Schließlich trennt er sich von dieser Gruppe auf der Suche nach sexueller Befriedigung. Er gründet seinen eigenen Harem aus Stuten, die von ihrer ursprünglichen Gruppe getrennt worden sind, oder aus Maidenstuten, die sich von ihrem ursprünglichen Harem abgesondert haben.

Unter völlig anderen Bedingungen wird das Reit- oder Rennpferd aufgezogen. Schon recht früh wird der junge Hengst dem eigenwilligen Herden-Zusammenstellungsverfahren des Menschen untergeordnet. Dieses wird bestimmt von der Notwendigkeit, Stuten von einem Gestüt ins nächste zu transportieren oder innerhalb des Gestüts von einer Koppel auf die nächste umzustellen je nach den Deckplänen und den Notwendigkeiten moderner landwirtschaftlicher Zwänge. Derart wird der soziale Verbund einer Herde ständig aufgebrochen. Zeiten der Isolation in der Pferdebox verschaffen dem Junghengst weitere Trennungserlebnisse über das Absetzen hinaus, das seinerseits schon einen abrupten und störenden Prozeß darstellt.

Kommt der Junghengst ins Gestüt, um als Vererber zu wirken, ist er auf soziale und sexuelle Reaktionen konditioniert, die sich sehr von denen unterscheiden, die sich natürlicherweise in einem Harem oder einer Gruppe entwickeln. Hinsichtlich seiner sexuellen Aktivität wird der Hengst vom Menschen entmutigt und auf minimale Äußerungen reduziert. Durch das Renntraining und anderen künstlichen Zeitvertreib werden eifrig Verhaltensmuster entwickelt, die den Junghengst auf ein Leben in relativer Isolation von sozialen und körperlichen Kontakten mit anderen Pferden vorbereiten. Der Hengst wird auf Rennleistung etc. selektiert und auf seine Fähigkeit, den Anforderungen der Gestütsleitung zu entsprechen. Es ist wichtig, den natürlichen Hintergrund seiner Sexualität zu berücksichtigen, um optimale Haltungsmethoden innerhalb der Grenzen entwickeln zu können, die von kommerziellen und anderen Faktoren vorgegeben sind. Es hat den Anschein, als sei der Sprung aus der Hand die Methode der Wahl, ebenso die Absonderung des Hengstes von den Stuten, die Beschränkung sexueller Kontakte auf das Decken und, möglicherweise, auf das Abprobieren. Wir sollten allerdings zu verstehen suchen, daß der Hengst das Bedürfnis hat, sich entsprechend seiner natürlichen psychologischen Veranlagung zu betragen. Nur so können wir ernsthaftere störende Effekte künstlicher Maßnahmen vermeiden.

Das Paarungsverhalten

Anblick, Geruch und Geschmack einer rossigen Stute erregen den Hengst auf nervalem und hormonalem Wege. Sechs Komponenten gehören zwingend zum sexuellen Verhalten. Es sind dies Annäherung, Erektion des Penis, Besteigen der Stute, Eindringen, Stöße mit dem Becken (Friktionsbewegungen), Erguß und Absteigen.

Die Annäherung setzt sich zusammen aus visueller Einschätzung der Stute und körperlichem Kontakt mit ihr durch das Berühren von Flanken und Hinterhand mit der Nase. Dieses Vorspiel weckt die für den Sexualakt notwendige Lust (Libido). Alles in allem handelt es sich dabei um ein gedämpftes Verhaltensmuster, das geprägt wird durch vorsichtiges Knabbern und gelegentliches Flehmen. Hengste, die auf den Sprung aus der Hand reduziert sind, und Probierhengste, die sich nur selten paaren dürfen, können einen aggressiven Werbungsstil entwickeln und ziemlich heftig, sogar wild beißen. Wieviel Zeit mit dem Hofmachen verbracht wird, ist von Hengst zu Hengst verschieden. Beim Sprung aus der

Vor dem Decken wird der Damm- und Scheidenbereich der Stute gewaschen.

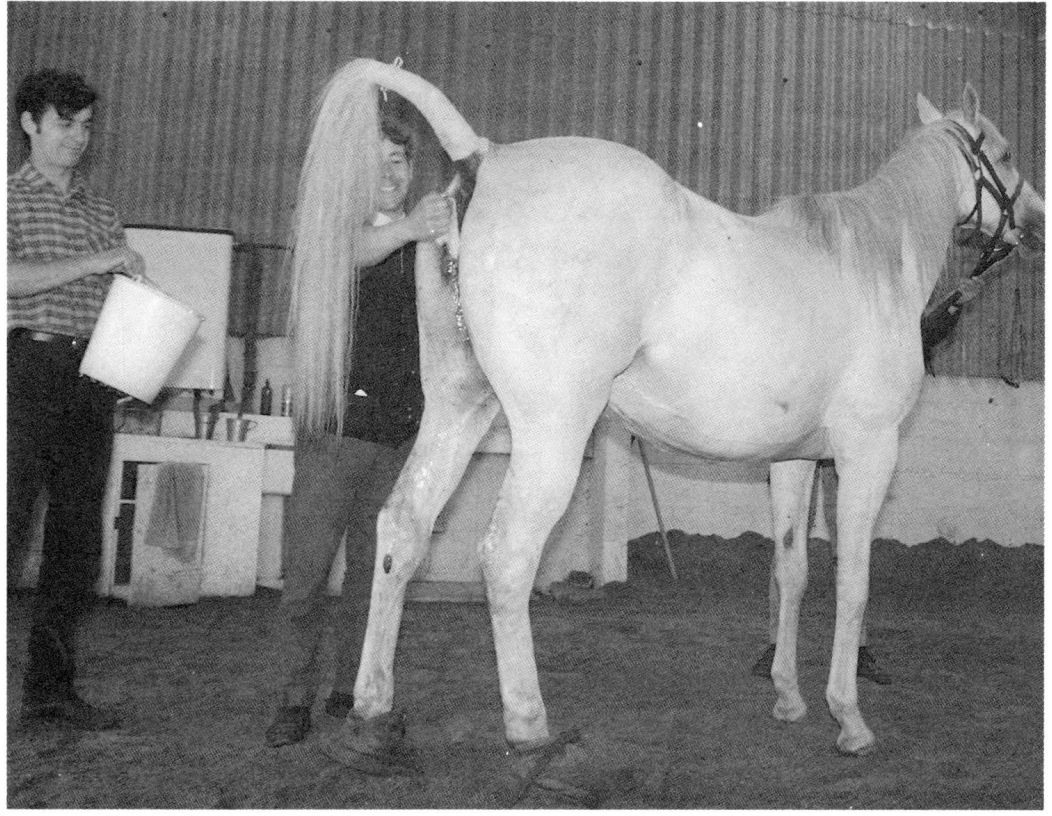

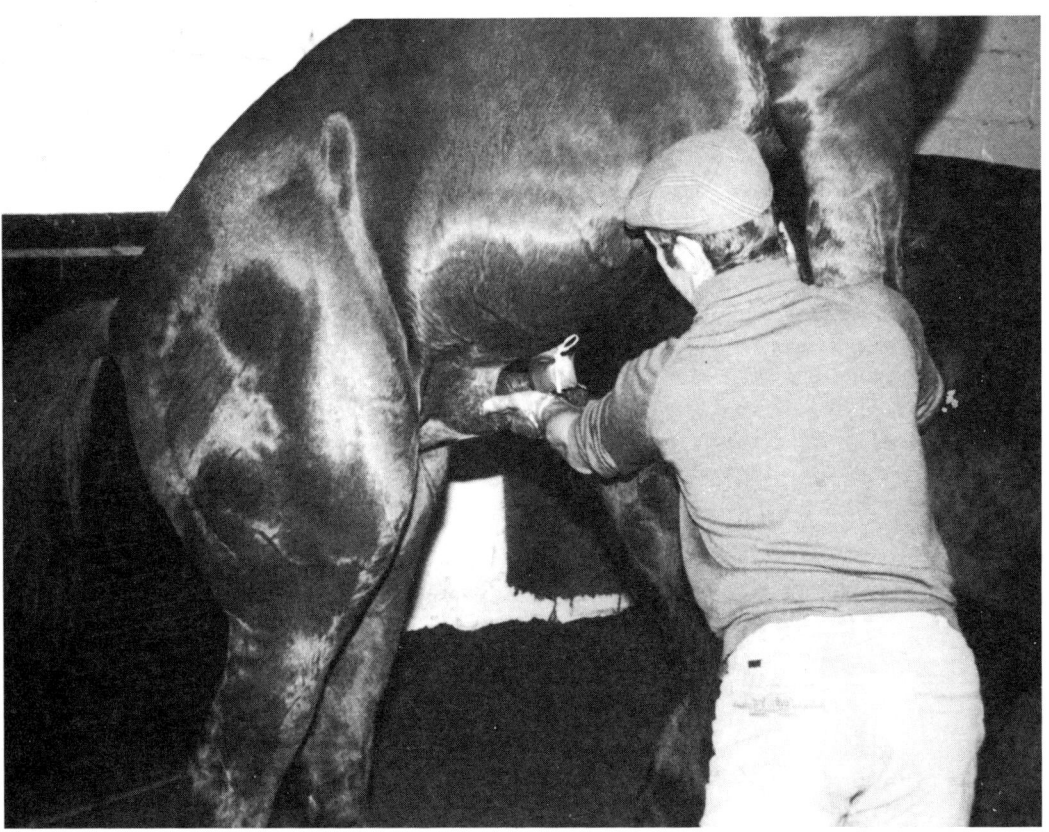

An der Harnröhre wird die Pulsation während der Ejakulation gefühlt.

Hand wird die Zeit vom Hengstwärter bestimmt, der auf das Ausschachten des Penis achtet.

Im Moment des Besteigens ist der Hengst in einer sehr verletzlichen Lage, falls die Stute etwa nicht rossig sein sollte. Einige Hengste machen deshalb Auf- und Niederbewegungen mit ihrer Brust am Hinterteil der Stute, bevor sie sich wirklich zum Besteigen aufrichten. Dieses Stupsen kann als Probiermanöver gedeutet werden: Derart will der Hengst die Stute veranlassen, noch vor dem Akt des Besteigens eventuelle aggressive Tendenzen zu zeigen. Soweit es den Hengst betrifft, ist das Ausschlagen der Stute für ihn bei weitem nicht so gefährlich, solange er noch alle vier Hufe fest auf dem Boden stehen und sich noch nicht auf den Hinterbeinen aufgerichtet hat.

Gewöhnlich besteigt er die Stute von rechts oder links in einem spitzen Winkel zur Längsachse der Stute. Der Hengstwärter steht beim Halten des Hengstes auf der linken Seite. Wie leicht der Hengst in die Stute eindringt, hängt von der Größe der Eichel ab. Die Eichel schwillt meist erst nach dem Eindringen zu ihrer vollen Größe an, in einigen Fällen geschieht das auch schon vorher. Das kann damit zusammenhängen, daß der Hengst zu lange am Besteigen gehindert worden ist. Form und Bau von Damm und Scham der Stute beeinflussen den Vorgang ebenfalls. Bei einer schrägstehenden Scham und/oder bei einer „genähten" Stute (Caslick-Operation) kann sich das Eindringen schwierig gestalten.

Sobald er in der Stute ist, stößt der Hengst mehrfach mit dem Becken zu. Dabei bewahrt er seinen Halt und sein Gleichgewicht mit den Vordergliedmaßen, oft auch dadurch, daß er in die Gegend des Widerrists oder den unteren Teil des Halses beißt. Ein aggressiver Einsatz der Zähne kann Verletzungen verursachen, eine spezielle Walze oder ein Kissen aus Leder können der Stute um den Hals gelegt werden, damit der Hengst mit seinen Zähnen Halt findet.

Der Erguß wird meist begleitet von Anzeichen wie dem Aufstellen des Schweifes. Bei einigen Tieren ist es schwierig einzuschätzen, ob ein Erguß stattgefunden hat, ohne daß man die pulsierende Welle entlang der Harnröhre oder an der Unterseite des Penis erfühlt. Einige Hengste nehmen selbst ein sehr vorsichtiges Betasten dieses Bereichs übel. In solchen Fällen ist der Hengstwärter auf optische Hinweise angewiesen, um entscheiden zu können, ob eine Ejakulation stattgefunden hat oder nicht. Wichtig ist es dabei, den Hengst zu kennen. Ein Zufallsbeobachter könnte sich irren. Das Wissen, ob der Hengst ejakuliert hat, kann gar nicht hoch genug eingeschätzt werden (siehe Seite 111).

Wie lange ein Hengst zum Absteigen braucht, hängt vom einzelnen Tier ab und in gewissem Maße von der Stute und von der Umgebung. Eine unruhige Stute, Geräusche oder Bewegungen der Umstehenden können die Zeit verkürzen, in der der Hengst nach dem Erguß in seiner Position verweilt.

Der Umgang mit Stute und Hengst beim Decken

Der Hengst hat eine privilegierte Stellung im Gestüt; es gibt dort viele Stuten, aber nur wenige Hengste. Der Umgang mit Hengsten erfordert viel Umsicht. Die meisten sind hinreichend gut erzogen. Man weiß jedoch nicht, wann aggressives Verhalten aufflackert. Das hat ihnen die Natur mitgegeben, um männliche Mitbewerber zu dominieren, die ihre Überlegenheit bedrohen könnten. Früher waren Vollbluthengste im Training und in der Zucht oft bösartig. Mit zunehmendem Alter wurden sie geradezu gefährlich. Heute sind sie insgesamt umgänglicher und leichter zu lenken. Gleichwohl zeigen Aufzeichnungen aus vergangenen Tagen, daß eine Reihe von Unfällen von solchen Hengsten verursacht wurden, von denen man dies überhaupt nicht erwartet hatte. Es sollte darum niemand mit einem Hengst von vier Jahren oder mehr umgehen, der nicht über einige Erfahrung verfügt und immer auf der Hut vor unerwarteten Attacken ist. Den Hengsten einen gewissen Respekt entgegenzubringen ist eine richtige und kluge Einstellung.

Das Decken

Auch das Management der Paarung von Stuten und Hengsten muß auf dem Prinzip gründen, das dieses Buch als roter Faden durchzieht: Natürliche Funktionen können wir nicht verbessern, aber wir müssen Schäden vermeiden bei dem Versuch, natürliche Abläufe entsprechend unserer Ziele zu modifizieren. Freilaufende Hengste und Stuten haben kein Problem mit der Paarung; nur beim Sprung aus der Hand müssen sie festgehalten werden, um mögliche Verletzungen auszuschließen und den Ablauf innerhalb einer bestimmten Zeitspanne zu gewährlei-

Diese Seite und Seite 109 oben: Vorbereitung der Stute für das Decken.

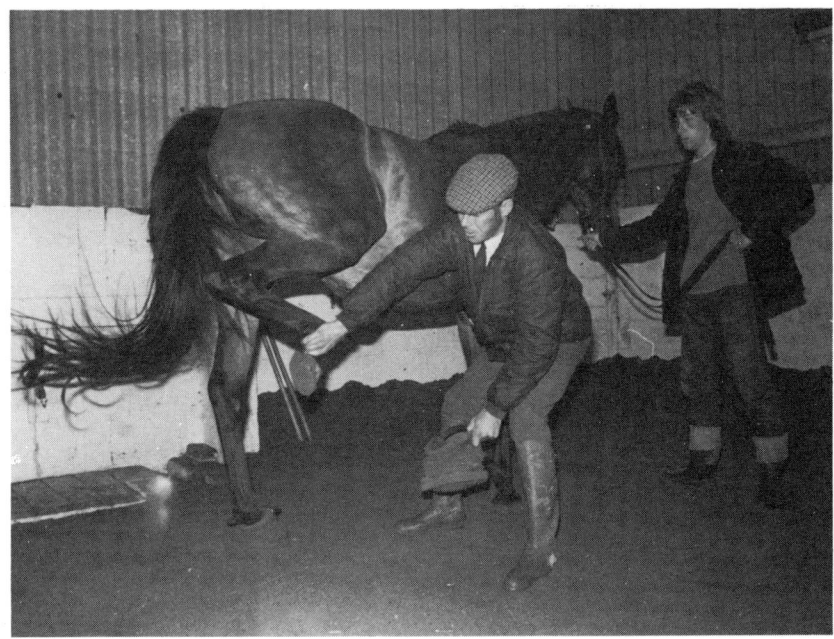

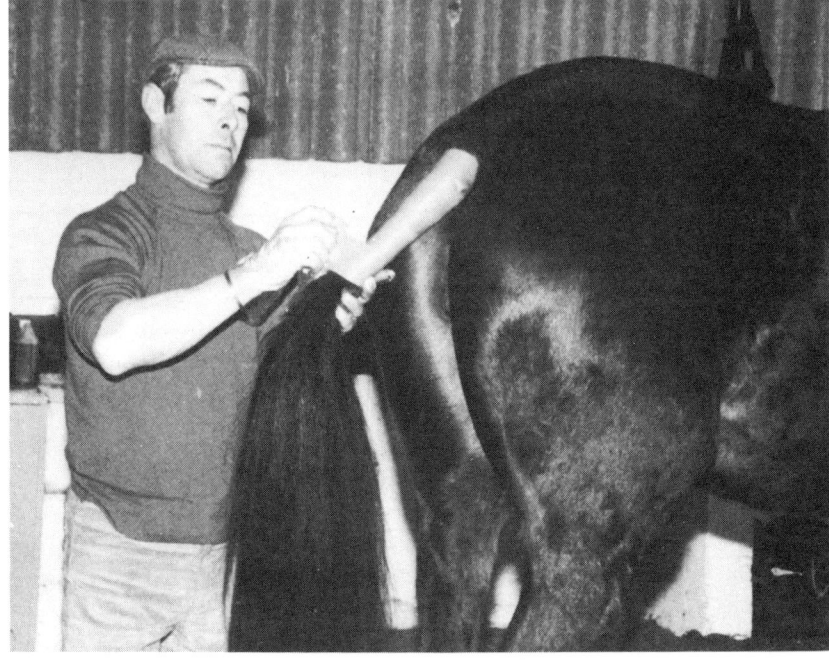

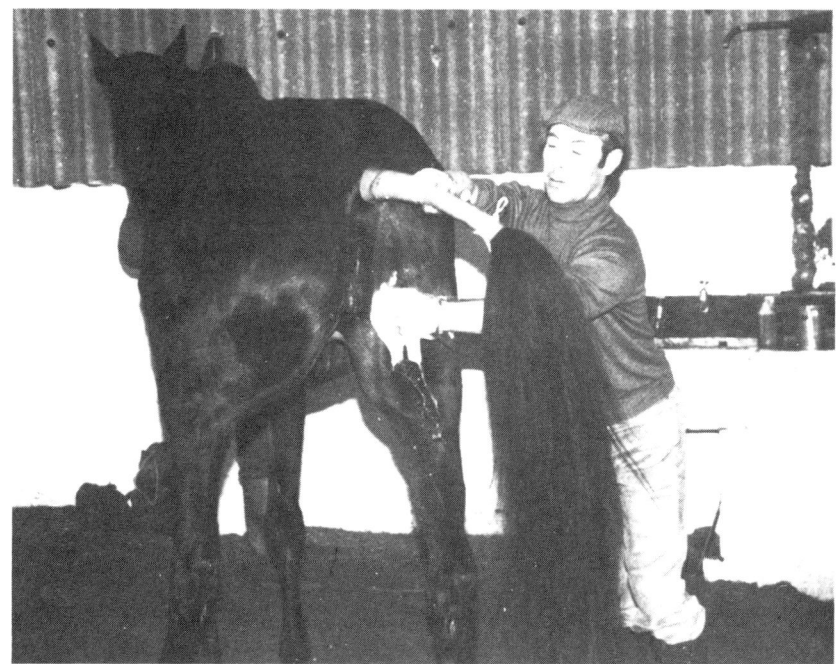

Stute und Hengst treffen an der Probierwand womöglich erstmals aufeinander.

sten. Die Stute wird zu dem Platz geführt, der für das Decken vorgesehen ist, und dem Hengst an der Probierwand vorgestellt. Zeigt sie, daß sie hinreichend rossig ist, wird sie je nach den im einzelnen Gestüt üblichen Praktiken auf verschiedene Weise vorbereitet. Zumeist wird der obere Teil des Schweifes bandagiert, das Hinterteil wird mit Seife und Wasser bzw. mit Wasser und einem Desinfektionsmittel gewaschen. Es muß betont werden, daß sowohl Seife als auch Desinfektionsmittel eine empfängnisverhütende Wirkung haben können. Werden jedoch nur das Fell und die Haut gesäubert, ist dieses Risiko wahrscheinlich nicht sehr groß. Ein ernsthafteres Problem mag daraus resultieren, daß dem Hengst Geruch und Geschmack des verwendeten Präparates nicht zusagen.

Filzschuhe werden der Stute über die Hinterhufe gestreift. Nachdem sie den zum Decken vorgesehenen Platz eingenommen hat, wird ihr eventuell eine Bremse angelegt. Falls man es für notwendig erachtet, wird ein Vorderbein in gebeugter Stellung hochgehalten oder mit einem Riemen fixiert. Die Stute ist nun bereit für den Deckakt. Es war üblich, über die beschriebenen Vorsichtsmaßnahmen hinaus, die Hinterbeine zu fesseln. Dieses Verfahren wird in Großbritannien nicht mehr angewandt, wohl aber auf der südlichen Erdhalbkugel (Anm. des Übers.: Es ist auch noch sehr häufig im Warmblutbereich zu beobachten).

Ist die Stute stark rossig, sind die erwähnten Vorsichtsmaßnahmen weitgehend überflüssig. Ihre Anwendung ist generell um so unnötiger, je stärker die Rosse ausgeprägt ist. Da die einzelnen Stuten sich in dieser Hinsicht sehr unterscheiden, ist es üblich, bestimmte Vorsichtsmaßnahmen in jedem Fall zu treffen. Wir dürfen von den Stuten auch nicht erwarten, daß sie das Decken unter diesen künstlich herbeigeführten Umständen so bereitwillig hinnehmen wie in der Natur, wo sie sich mit dem Hengst frei bewegen können. Angesichts der Lebensbedingungen, wie sie für die moderne Zucht typisch sind, kann das Sexualleben der Stute kaum als normal oder natürlich eingestuft werden. Und der Kontakt mit dem Hengst auf dem Deckplatz entspricht kaum der natürlichen Werbung. Bei Maidenstuten und solchen mit relativ gering entwickelter Libido sind u. U. weitere Zwangsmittel anzuwenden, damit sie dem Hengst nicht gefährlich werden können. So kann es nützlich sein, Stuten die Augen abzudecken, falls sie der sich von hinten nähernde Hengst ängstigt. Sogar Beruhigungsmittel können unter bestimmten Umständen den Deckakt erleichtern.

Ist die Stute entsprechend vorbereitet, wird der Hengst von seitlich hinten an sie herangeführt. Er darf Flanken und Hinterteil beschnuppern und berühren. Er wird so lange von irgendwelchen Beiß- oder Besteigungsversuchen zurückgehalten, wie sich noch keine Erektion entwickelt hat. Ist der Hengst augenscheinlich zur Paarung bereit, zieht der Hengstwärter den Führzügel über den Rücken der Stute. Für einen erfahrenen Hengst ist dies das Signal zum Besteigen. Das Eindringen kann sich je nach Bau des Dammes leicht gestalten. Ist die Scheidenöffnung tief eingesunken oder eng, kann es auch zu Schwierigkeiten kommen. Ferner kann es zu einem Problem werden bei einer Stute, deren Scham genäht ist (Caslick-Operation). Der Mann, der den Hengst hält oder den Schweif der Stute zur Seite drückt, kann Hilfestellung leisten, indem er den Penis erfaßt und Richtung Scheidenöffnung dirigiert. Dieses Verfahren wird bei einigen Gestüten rou-

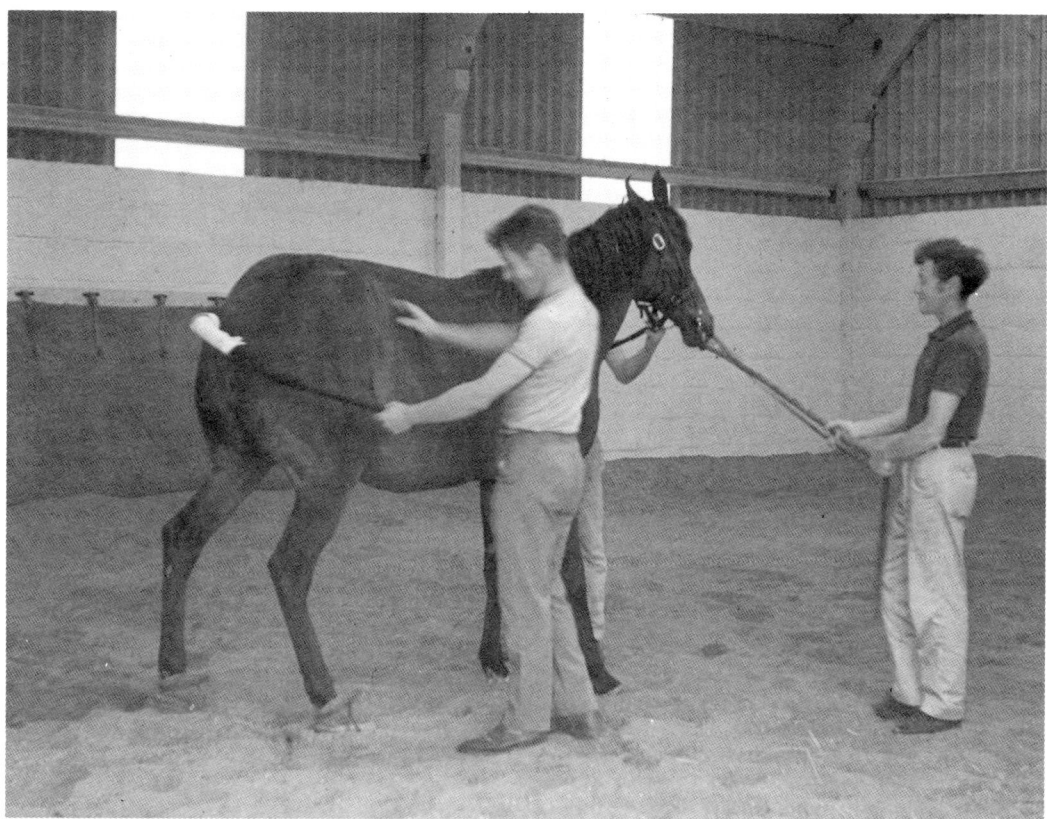

tinemäßig angewandt. Viele Hengste reagieren darauf unwillig und steigen womöglich sofort wieder ab.

Die zum Erguß führenden Stöße mit dem Becken (Friktionsbewegungen) müssen sorgfältig beobachtet werden, um feststellen zu können, ob tatsächlich eine Ejakulation stattgefunden hat, bevor der Hengst absteigt. Normalerweise wird die Ejakulation von rhythmischen Bewegungen des Schweifes begleitet. Wie bereits gesagt, ist das Erfühlen der Samenstöße ein verläßlicher Hinweis.

Der Verlauf des Ergusses kann sich verzögern oder dadurch erschwert werden, daß Stute und Hengst unterschiedlich groß sind. Ein Hengst mit einem kurzen Rücken und eine große, lange Stute zum Beispiel kommen nicht so leicht zusammen. Die Auswirkung eines solchen Mißverhältnisses kann bis zu einem gewissen Grad gemildert werden, wenn man den Boden dort, wo die Hinterbeine der Stute stehen, etwas vertieft. Andere Faktoren, die einen Erguß verhindern können, sind eine gering ausgebildete Libido, ein schmerzender Rücken des Hengstes oder eine Verletzung des Penis (siehe Seite 238).

Die Stute wird für das Decken in Stellung gebracht.

Libido

Der Sexualtrieb wird Libido genannt. Er variiert von Hengst zu Hengst, je nach Jahreszeit und je nach Anzahl der täglichen oder wöchentlichen Deckakte. Dr. Bill Pickett und seine Kollegen vom Experimentalinstitut der Universität des Staates Colorado in Fort Collins maßen die Reaktionszeit bei der Paarung auf unterschiedliche Weise; sie stellten zum Beispiel fest, wie viele Minuten der Hengst benötigte, um die Stute zu besteigen und mit den Kopulationsbewegungen zu beginnen. Es verstrichen durchschnittlich 3,5 Minuten für den ersten Erguß und 3,7 Minuten für eine zweite Ejakulation, die eine Stunde nach der ersten stattfand. Einen erheblichen Einfluß hat die Jahreszeit. Bei den Erstergüssen betrug das Zeitintervall zwischen Zusammenführung von Hengst und Stute bis zur Ejakulation zwischen einer Minute im Mai und neun Minuten im Dezember. Wie immer man den Wert der Zeitmessung einschätzt, aus den Werten geht klar hervor, daß die Reaktionszeit abnimmt, wenn die Zuchtsaison näherrückt. Die Wissenschaftler von Fort Collins fanden heraus, daß im Mittel 1,8 Besteigungen für eine Ejakulation nötig waren. Wie erwartet, war auch diese Zahl von der jeweiligen Jahreszeit abhängig.

Der wichtigste Schluß aus den Ergebnissen ist, daß Hengste mit einem starken Sexualtrieb zwei- oder dreimal täglich zu jeder Jahreszeit decken können, daß jedoch viele Hengste außerhalb der natürlichen Zuchtsaison im Frühling und Sommer und – was noch wichtiger ist – bei übermäßiger Benutzung die Lust verlieren können.

Die durchschnittliche Zahl der Spermien im Samen ohne Schleimfraktion beträgt etwa 100 Millionen pro Milliliter. Zweitejakulate, die etwa eine Stunde nach dem ersten gewonnen werden, enthalten nur etwa 60 Prozent der Spermien im Vergleich zum Ersterguß. Die Jahreszeit kann ebenfalls die Konzentration der Spermien beeinflussen – das geschieht nach demselben Muster, wie sich andere Parameter verändern: Im Frühjahr und Sommer werden bessere Werte als im Herbst und Winter erzielt.

Die Gesamtzahl der Spermien pro Ejakulat beträgt rund fünf Milliarden bei Erstejakulaten und drei Milliarden bei Zweitejakulaten. Auch hier sind ausgeprägte jahreszeitliche Abweichungen zu beobachten. Hengste, die im Januar untersucht wurden, hatten nur halb so viele Spermien wie jene, die im Juli untersucht wurden. Die Zahl der Bedeckungen pro Tag und pro Woche beeinflußt die Ergebnisse ebenfalls. Dr. Pickett und seine Mitarbeiter sammelten Hengstsamen in stündlichen Intervallen. Die Gesamtzahl der Spermien in jedem Ejakulat ging von etwa 60 Milliarden auf acht Milliarden bei der fünf-Stunden-Studie zurück. Diese Zahlen deuten an, wie die Benutzung eines Hengstes die Samenqualität beeinträchtigen kann. Die Qualität ist freilich nicht nur anhand solcher Zahlen zu bewerten, sondern sie richtet sich auch nach der Beweglichkeit der Spermien und nach ihrer Struktur, d.h. wie viele normale und abnormale Formen enthalten sind. Die Beweglichkeit (Motilität) wird unter dem Mikroskop untersucht; dafür gibt es Standardtechniken unter Verwendung vorgewärmter Instrumente. Dabei ist wichtig, daß der Samen nicht abkühlt; das kann die Spermien schädigen und ihre Beweglichkeit reduzieren. Ein Samentropfen wird auf einen Objektträger aufgebracht, umgedreht und über eine kleine Vertiefung in einem Glasplättchen gehängt. Dieser „hängende" Tropfen wird dann unter dem Mikroskop bei 200facher Vergrößerung untersucht. Die Spermien werden auf ihre vorwärts gerichtete Beweglichkeit hin beobachtet, ob sie sich also auf relativ gerader Linie quer über das Sichtfeld bewegen. In einer guten Samenprobe sollten etwa 60 Prozent aller Spermien beweglich sein. Die Zahl dieser beweglichen Spermien nimmt stündlich ab, wenngleich nach drei Stunden bei Raumtemperatur noch einige Motilität (Beweglichkeit) vorhanden sein sollte.

Bewertung der Samenqualität

Tierärzte und Züchter müssen häufig die Fruchtbarkeit von Hengsten in Hinsicht auf deren Samenqualität bewerten. Dies ist keine simple Angelegenheit, weil es große Abweichungen in der Qualität sowohl bei fruchtbaren wie bei unfruchtbaren Hengsten gibt. So ist es möglich, daß ein Hengst mit scheinbar schlechter Samenqualität befriedigende Resultate im Deckeinsatz vorzuweisen hat, während ein anderer mit vergleichsweise guter Samenqualität sich als unfruchtbar erweist. Diese Diskrepanz sorgt gelegentlich für erheblichen Ärger, wenn es um Vorauseinschätzungen geht. Sie hängt mit Faktoren zusammen, über die wir derzeit noch wenig wissen. Diese fehlenden Zusammenhänge haben zu Tests geführt, mit deren Hilfe die Fähigkeit der Spermien, die Eizelle durch den Genitaltrakt zu erreichen und zu befruchten, eingeschätzt werden kann. Mit anderen Worten: Wir brauchen ein Mittel, die Befruchtungsfähigkeit von Spermien messen zu können. Dies ist wichtiger als das gewiß nützliche Wissen um die Morphologie (Form) und die Zahl der Spermien.

Aus dieser Einschätzung folgt, daß die mangelhafte Fähigkeit zur Reifung scheinbar normaler Spermien ein Grund für Befruchtungsunfähigkeit sein kann. Ferner scheint das Vermögen des Spermiums, in die Eizelle einzudringen, von der gleichzeitigen Anwesenheit vieler Spermien abzuhängen; diese könnten eine Rolle als Katalysatoren spielen. Derart wäre die Bedingung für eine erfolgreiche Befruchtung das Vorhandensein von ausgereiften Spermien im ampullenförmigen Teil des Eileiters, wobei wir über die für den Erfolg notwendige Mindestanzahl noch nichts wissen. Wie Wissenschaftler von der Universität von Wisconsin ermittelt haben, variiert die Fähigkeit der Spermien, den Eileiter zu erreichen, von Hengst zu Hengst stark. Diese Erkenntnis legt nahe, daß die Befruchtungsfähigkeit des Samens von irgendeiner Energiequelle in den Spermien abhängt und/oder von einem Faktor, der es den Spermien gestattet, feindselige Umgebungsbedingungen im Genitaltrakt der Stute zu überleben. Keiner dieser Einflüsse kann mit den Standardtechniken der Samenuntersuchung gemessen werden.

Die derzeitigen Methoden zur Beurteilung der Samenqualität beziehen sich auf das Volumen, die Gestalt und Beweglichkeit der Spermien und auf die Zeit, in der die Spermien unter Standardbedingungen leben. Wenn sich diese Parameter als schlechter denn normal herausstellen, wird angenommen, daß der Hengst nicht ausreichend fruchtbar ist. Wichtiges Indiz ist das Vorhandensein einer Mindestanzahl von normalen lebenden Spermien im Ejakulat, wie sie für eine ausreichende Befruchtungsfähigkeit nötig ist. Am besten läßt sich das an einem extremen Beispiel erklären. Wenn die Spermien normal geformt, aber bei der Ejakulation tot sind, ist die Chance auf eine Empfängnis gleich Null. Das gleiche gilt, wenn die Spermien zu 100 Prozent abnormale Formen aufweisen – auch wenn alle lebendig und beweglich sind. Der kritische Punkt ist die Zahl der lebenden, beweglichen und normalen Spermien im Ejakulat und damit die Summe von 1. dem Volumen des Ejakulats, 2. der Konzentration von Spermien pro Milliliter und 3. dem Anteil der lebenden, normalen und beweglichen Spermien des einzelnen Ergusses. Als untere Qualitätsgrenze setzt man derzeit 500 Millionen lebende, normale Spermien pro Ejakulat an.

Wenn wir annehmen, daß es eine Minimalqualität im Hinblick auf die Anzahl der normalen, lebenden und beweglichen Spermien pro Ejakulat gibt, dann können wir einschätzen, wie wichtig andere Faktoren – Jahreszeit und Häufigkeit der Ejakulationen etwa – in bezug auf die Befruchtung durch einen Hengst mit schwacher Samenqualität sind. Die Doktoren Pickett und Voss haben nachgewiesen, daß bei Hengsten, die sechsmal in einer Woche ejakulieren, der Schleimanteil und die Spermienkonzentration geringer sind als bei jenen, die nur einmal pro Woche ejakulieren. Nach Meinung dieser Autoren ist einer der Hauptgründe für Unfruchtbarkeit die Überbeanspruchung von Hengsten. In Vollblutgestüten werden Hengste in der Zuchtsaison gewöhnlich zwei- bis dreimal pro Tag zum Decken herangezogen, pro Woche also 14 bis 20mal. Die Zahl der Bedeckungen während einer Zuchtsaison von 20 Wochen beträgt für einen Hengst mit fünfzig Stuten etwa zwischen 100 und 150. Die tatsächliche Zahl hängt ab von der Fruchtbarkeit der Stuten, der Organisation durch die Gestütsleitung und von den veterinärmedizinischen Untersuchungen. Unglücklicherweise gibt es keinen verläßlichen Anhalt dafür, wie sich die wiederholte Benutzung von Hengsten auf die individuelle Samenqualität auswirkt. Es wäre eine interessante und praktische Maßnahme, die Samenqualität von Vollbluthengsten in regelmäßigen Intervallen während der Zuchtsaison routinemäßig zu untersuchen. Wahrscheinlich würde man feststellen, daß einige Hengste durch übermäßige Beanspruchung mehr beeinträchtigt werden als andere. Wichtigste Frage für die Praxis ist: Wieweit wird die Anzahl der lebenden, normalen Spermien, die zur Befruchtung nötig ist und bei der Ejakulation in die Gebärmutter eingebracht werden muß, durch die jeweilige Beanspruchung herabgesetzt? Ist der Samen eines Hengstes von schlechter Qualität und wird er überstrapaziert, dann resultiert daraus eine Abnahme an lebenden, normalen Spermien in den einzelnen Ergüssen. Dabei kann die Untergrenze unterschritten werden, und das Ejakulat hat nicht mehr die zur Befruchtung notwendige Qualität.

Es hat sich gezeigt, daß eine sexuelle Stimulierung vor dem Decken die Spermaproduktion bei Bullen erhöht. Laut Studien, die an der Colorado State University gemacht wurden, scheint das für Hengste nicht zu gelten. Das Abprobieren vergrößert offenbar das Volumen der Schleimfraktion und des schleimfreien Samens und senkt zugleich die Zahl der Spermien pro Milliliter. Daraus läßt sich schließen, daß das Abprobieren eines Hengstes vor dem Deckakt wohl nicht dazu führt, daß eine größere Anzahl von Spermien bei der Ejakulation in die Stute gelangt. Durch die manchmal um das Dreifache erhöhte Menge der

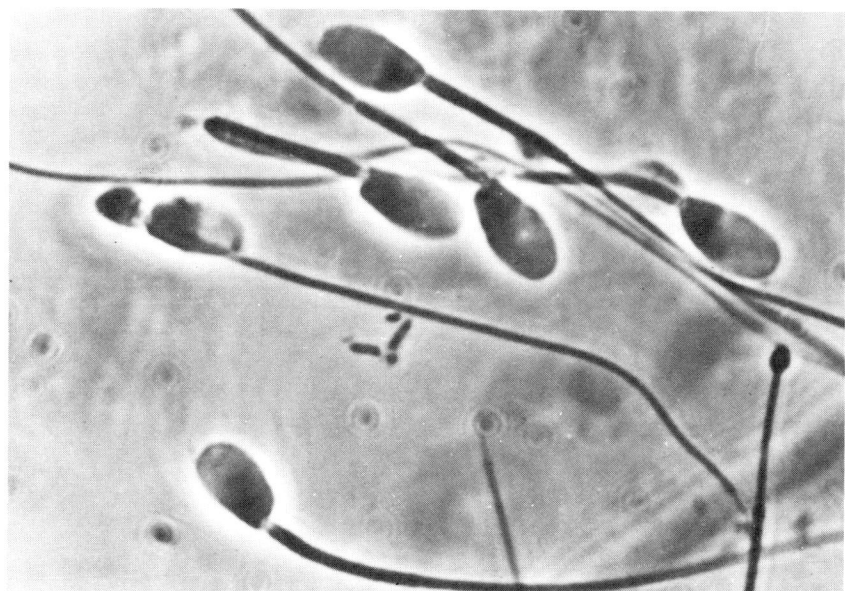

Die Spermien unter dem Mikroskop bei 200facher Vergrößerung

Schleimfraktion kann sich dieses Verfahren gar als schädlich darstellen. Allerdings gibt es noch keine wissenschaftlichen Erkenntnisse über die Wirkung des Schleimanteils in Hinsicht auf die Fähigkeit des Hengstes, Stuten tragend zu machen. Andererseits kann die Verwendung des Hengstes als Probierhengst eine signifikante Auswirkung auf die Reaktionszeit des Hengstes haben. „Langsame" Beschäler sollten darum womöglich selbst als Probierhengste vor dem Decken eingesetzt werden.

Der Zustand des Genitaltrakts der Stute muß auch eine Rolle spielen bei der Entscheidung, ob ein bestimmtes Ejakulat zur Befruchtung hinreicht oder nicht. Ist die von der Gebärmutter gebildete Umgebung den Spermien besonders abträglich – weil eine Infektion oder etwas anderes vorliegt –, dann muß die Befruchtungsfähigkeit des Ejakulats um so größer sein, damit die Spermien überleben können.

Fruchtbarkeit und mangelnde Fruchtbarkeit

Ein Hengst wird fruchtbar genannt, wenn sein Samen von höchster Qualität ist und am wenigsten durch die oben beschriebenen, veränderlichen Größen beeinträchtigt wird. Ein wenig fruchtbarer Hengst kann durch widrige Umstände wie übermäßige Benutzung und Paarung mit wenig fruchtbaren oder „schwierigen" Stuten stark beeinträchtigt werden. Bei einem sterilen Hengst ist die Befruchtungsrate gleich Null. Der Leser sollte sich darüber im klaren sein, daß diese Definitionen reiner Willkür entspringen und daß der Grad der Fruchtbarkeit, der dem einzelnen Hengst zugeschrieben wird, eher eine Frage der Sprachwissenschaft als der Veterinärmedizin ist. Wenn es um eine Versicherung gegen Unfruchtbarkeit geht, kann man Hengste dagegen versichern, daß sie eine Befruchtungsrate von 60 Prozent in der Zuchtsaison verfehlen. Diese Zahl deutet an, daß die meisten Hengste wesentlich bessere Resultate bei ihren 40 bis 50 zugeführten Stuten erzielen. Wenn man diese Zahlen diskutiert, ist Vorsicht geboten; zuerst muß man einen Maßstab bestimmen, mit dessen Hilfe die Fruchtbarkeit beurteilt wird. Nimmt man dazu etwa die Trächtigkeitsdiagnose nach dem ersten Drittel oder am Ende der Tragezeit, handelt es sich um einen ganz anderen Maßstab als bei der Diagnose nach zwanzig Tagen. Es gibt einen natürlichen Verlust von zumindest zehn Prozent zwischen dem 20. und dem 60. Tag der Trächtigkeit und von weiteren zehn Prozent zwischen dem 60. Tag und dem Ende der Trächtigkeit. Schätzt man die Fruchtbarkeit von Hengsten aufgrund einer Untersuchung am 21. Tag ein, kann sie also um mindestens 15 Prozent höher liegen als aufgrund einer Diagnose nach fünf Monaten. Ferner hängen die Ergebnisse mit der Zahl der Stuten zusammen, die während der Zuchtsaison zugeführt wurden. Je höher deren Zahl über eine zum Beispiel 30tägige Periode ist, desto geringer ist die Wahrscheinlichkeit einer 100prozentigen Erfolgsquote. Überdies wird die Empfängnisrate über die grundsätzliche Fruchtbarkeit des Hengstes hinaus auch noch durch die Fruchtbarkeit der Stuten und die Einsatzweise des Hengstes beeinflußt.

Hormonale Steuerung

Die Ejakulation und das sexuelle Verhalten von Hengsten werden bis zu einem gewissen Grad von Hormonen gesteuert. Diese Hormone werden von den Zellen des Hypophysenvorderlappens und von den Hoden abgesondert.

Die Hypophyse produziert luteinisierendes Hormon (LH) und follikelstimulierendes Hormon (FSH). Diese Hormone heißen gonadotrope Hormone, weil sie die Gonaden (Keimdrüsen) stimulieren – in diesem Fall die Hoden des Hengstes und die Eierstöcke der Stute (siehe Seite 62). Es gibt beim Hengst eine ähnliche Zusammenarbeit zwischen der Hypophyse und dem Gehirn wie bei der Stute. Die Zellen des Hypophysenvorderlappens unterliegen ihrerseits der Steuerung durch das Hormon GNRH (Gonadotropin-releasing-Hormon), das von speziellen Gehirnzellen produziert wird.

Das Hormon LH wirkt auf die Leydig-Zellen (Zellen, die im Zwischengewebe der Hoden liegen) und veranlaßt sie, Testosteron zu produzieren. Gewöhnlich ist die Reaktion auf die Ausschüttung von LH sehr schnell. Die Testosteron-Konzentration im Blut steigt an, woraus ein maskulinisierender (vermännlichender) Einfluß auf viele Körpergewebe resultiert. Der Hoden selbst reagiert auch auf das Testosteron. Allerdings sind sich die Wissenschaftler noch nicht ganz einig, in welchem Ausmaß dadurch die Spermaproduktion beeinflußt wird. Bestimmt wird die Spermatogenese (Spermienbildung) durch FSH. Dieses Hormon stimuliert die Sperma-produzierenden Zellen zur Erzeugung neuer Spermien. Es muß betont werden, daß trotz der unterschiedlichen Rollen, die LH und FSH in den Hoden spielen, diese beiden Hormone nicht unabhängig voneinander wirken. Sie arbeiten parallel und verstärken einander.

Ansteigende Testosteron-Konzentrationen im Blut unterdrücken die Ausschüttung von GNRH, LH und FSH. Die daraufhin sinkenden Testosteron-

Konzentrationen führen zum Anstieg von GNRH und damit auch der Hormone des Hypophysenvorderlappens, um die weitere Produktion von Testosteron anzuregen. So sorgt das hormonale System dafür, daß Testosteron ständig in geringer Konzentration vorhanden ist und seinen maskulinisierenden Effekt ausüben kann. Höchstkonzentrationen sind bei sexueller Aktivität vorhanden. Die vom Gehirn ausgehenden Nerven im Verbund mit dem Gesichtssinn, dem Geruch und dem Geschmack stellen sicher, daß GNRH und schließlich LH sowie FSH ausgeschüttet werden, wenn das männliche Tier vom weiblichen erregt wird. Als Folge davon steigt die Testosteron-Konzentration an. Es gibt auch gewisse jahreszeitliche Abweichungen in den Konzentrationen der Hypophysenhormone und des Testosterons. Sie werden beeinflußt vom unterschiedlich langen Tageslicht. Wir haben bereits darüber gesprochen, wie der Geschlechtstrieb und die Samenqualität sich in der natürlichen Paarungszeit verbessern. Diese Verbesserung geschieht auf dem Weg Gehirn-GNRH-Hypophyse-Hoden.

Künstliche Besamung (siehe auch Kapitel 15)
In vielen Ländern ist die künstliche Besamung (KB) eine Technik, die sich durchgesetzt hat. Derzeit darf sie bei den Vollblütern noch nicht angewandt werden. Dies ist eine weitgehend ungerechtfertigte Einschränkung, die auf traditionellen Ängsten beruht: Die Zucht könnte auf irgendeine Art Schaden nehmen durch Verfahrensfehler und übermäßigen Einsatz. Hier ist nicht der Ort, im Detail das Für und Wider der KB zu diskutieren. Eine Zusammenfassung der Techniken, der Vor- und Nachteile scheint gleichwohl angemessen.

Technik
Die Technik der KB ist simpel. Man verwendet dazu eine künstliche Scheide. Sie besteht aus einer äußeren starren Hülle und hat im Inneren eine Gummiauskleidung. Am einen Ende ist sie offen für den Penis des Hengstes, am anderen Ende für die Gewinnung des ejakulierten Samens. Zwischen Hülle und Gummiauskleidung ist Platz für Wasser, das auf Körpertemperatur erwärmt wird und für hinreichenden Druck nach innen sorgt. Die Gummiinnenfläche wird mit Vaseline oder einem Gleitmittel gleitfähig gemacht.

Die künstliche Scheide wird von einem Helfer seitlich von der Stute gehalten, wenn sie vom Hengst bestiegen wird. Der Helfer führt den Penis in die künstliche Scheide und hält das Gerät in einem angemessenen Winkel zum Hengst. Nach dem Erguß wird der Samen am anderen Ende des Apparates in einem dafür vorgesehenen Behälter gesammelt.

Es ist wichtig, daß alle Flächen, mit denen der Samen in Kontakt kommt, zumindest auf Bluttemperatur erwärmt sind. Unsachgemäßes Vorgehen kann dem Samen schaden und seine Qualität vermindern. Das Ejakulat wird dann in Schleimfraktion und schleimfreie Komponenten geschieden. Der schleimfreie Anteil kann auf unterschiedliche Weise genutzt werden:

1. Zur sofortigen Insemination (Befruchtung) in eine empfängnisbereite Stute.
2. Zur Lagerung bei Temperaturen oberhalb des Gefrierpunktes. So kann er zu

einer Stute befördert werden, die weiter entfernt oder auf einer anderen Anlage steht. Zu diesem Zweck wird der Samen in ein spezielles Medium gegeben, das Substanzen zum Schutze der Spermien enthält. Diese Flüssigkeit wird oft als Verdünner bezeichnet. Gewöhnlich enthält sie solche Bestandteile wie entrahmte Milch und Antibiotika. Es ist nicht ratsam, Samen unverdünnt länger als zwei oder drei Stunden bis zum Gebrauch zu lagern.

3. Zur Teilung in verschiedene Portionen je nach Volumen und Qualität des Ergusses. Bei guter Qualität und durchschnittlicher Menge (40 ml) kann er in zehn bis zwanzig Portionen aufgeteilt werden.

4. Zum Einfrieren. Dazu werden spezielle Methoden angewandt, die den Samen schützen. Verwendet wird er Wochen, Monate oder sogar Jahre später als Ganzes oder in mehreren Portionen.

Die Samenverdünnung wird in amerikanischen Traber-Gestüten genutzt, um eine große Anzahl von Stuten täglich mit einem Ejakulat besamen zu können. Diese Methode reduziert die Ejakulationen im Verhältnis zu den besamten Stuten. Außerdem erlaubt sie der Gestütsleitung, Stuten in der späteren Rossephase täglich besamen zu lassen; derart ist sichergestellt, daß Samen in zeitlicher Nähe zum Eisprung eingebracht wird. Das kann sehr wichtig sein bei einer Stute, die unterdurchschnittlich fruchtbar ist und in derem Genitaltrakt die Spermien nicht sehr lange leben, weil sie dort eine ungewöhnlich feindliche (infizierte oder erkrankte) Umgebung vorfinden.

Riskant ist es, einen Samen zu portionieren, der nur von minderer Qualität ist. Es ist eine Tatsache, daß die meisten Vollbluthengste einen ziemlich hohen Anteil an toten oder abnormen Spermien aufweisen. Und zumindest bei dieser Rasse könnte es sich als Fehler herausstellen, den Samen aufzuteilen. Würde man das vollständige Ejakulat bei der Besamung verwenden, hätte man eine Grundlage, die Befürchtungen der Traditionalisten und auch die der anderen zu überwinden, die da glauben: Die Anwendung der KB bedeutet, daß bestimmte Blutlinien bevorzugt, andere vernachlässigt werden. Auf die Teilung in Portionen (Verdünnung) zu verzichten bedeutet, daß nicht mehr Stuten besamt werden können als bei der natürlichen Paarung.

Kontrolle

Die Tierärzte sind bestrebt, daß die KB nur unter exakt kontrollierten Bedingungen zugelassen wird und nur unter solchen Umständen, bei denen eine veterinärmedizinische Notwendigkeit gegeben ist. Dazu würde die Anwendung bei Stuten gehören, von denen man vermutet, daß sie an Geschlechtskrankheiten wie CEM (Contagious Equine Metritis), Klebsiellen oder Pseudomonaden erkrankt sind. Stuten, die unlängst infiziert wurden oder daran in den Jahren zuvor litten, können durch die KB sicher besamt werden, während sie bei der natürlichen Paarung ein erhebliches Risiko darstellen. Die KB ist darum ein sehr nützliches Vorbeugungsmittel. Natürlich ist es bei verschiedenen infizierten Tieren nicht ratsam, sie zu besamen, bevor sie entsprechend behandelt worden sind. Dies verlangt eine veterinärmedizinische Entscheidung, die von den Verantwortlichen getroffen werden muß und Kenntnis der speziellen Umstände im Einzelfall voraussetzt.

Ferner wäre die KB bei einer anfälligen Stute (siehe Seite 229) angesagt, die der Herausforderung durch eine Infektion bei der Paarung nicht gewachsen sein könnte. Die Keime könnten sich auf dem Penis des Hengstes befinden und beim Decken in die Gebärmutter gelangen. Derart anfällige Stuten würden bei der KB der infektiösen Herausforderung erst gar nicht ausgesetzt und hätten darum eine viel größere Chance zu empfangen.

Die Anwendung der KB müßte bei den Vollblütern sorgfältig kontrolliert werden. Ein sinnvolles Vorgehen sähe so aus:

1. Die Erlaubnis einer KB würde voraussetzen, daß ein oder zwei Tierärzte das Vorliegen eines triftigen Grundes bescheinigen. Diese Bescheinigung sollte allein Tierärzten vorbehalten bleiben, um sicherzustellen, daß das Protokoll von einer zentralen Institution kontrolliert werden kann, in diesem Fall von der (oder einer) Tierärztekammer. Daß alles mit rechten Dingen zugeht, kann durch disziplinarischen Druck abgesichert werden, falls sich das einmal als nötig erweisen sollte. Tierärzte sind schon von ihrem Beruf her zu Genauigkeit bei der Bescheinigung von Fakten entschlossen. Sie sind also ideal geeignet für ein System, mit dem Betrug und Verfahrensfehler bei künstlichen Besamungen vermieden werden sollen.

2. Es ist sicherzustellen, daß jedes Ejakulat nur für eine einzige Stute verwendet und nicht portioniert wird. Kein Hengst könnte derart mehr Stuten bedienen, als ihm das auf natürliche Art möglich wäre. Die Zahl seiner Bemühungen pro Empfängnis wäre sogar dieselbe wie bei der natürlichen Paarung. Man müßte darum nicht fürchten, daß ein Hengst eine überzogene Anzahl Stuten in einer beliebigen Decksaison bedienen könnte. Es bestünde auch nicht die Gefahr, daß das genetische Material irgendeines hervorragenden Vererbers sich in der Zucht breiter machen kann, als es unter den heutigen Bedingungen der natürlichen Paarung geschieht.

Die KB würde für wesentlichen Fortschritt in der Krankheitskontrolle sorgen. Sofern prinzipiell ein triftiger Grund bescheinigt werden muß und ein Ejakulat nur für eine Stute verwendet wird, wäre sichergestellt, daß die KB keine abträgliche Wirkung auf die „Sauberkeit" von Stutbüchern hätte. Das Verfahren hat seine Grenzen wegen der Kosten und wegen der Tatsache, daß einige Hengste nicht „mitmachen" würden. Bliebe diese Technik außerdem auf veterinärmedizinisch begründete Fälle beschränkt, dann wäre es mit ihrer Verbreitung ohnehin nicht so weit her.

Es gibt eine Reihe von Kontrollmaßnahmen, die zur Überwachung der KB angewandt werden könnten. Dazu gehören Bluttests bei der Nachkommenschaft, die Meldepflichtigkeit von Stuten und Hengsten, die zur KB herangezogen werden, und eine Klausel, daß das Produkt einer illegalen oder irregulären KB nicht nur aus dem Stutbuch gestrichen wird, sondern auch keinen Huf auf eine Rennbahn setzen darf.

Die hier dargelegten Regeln stellen natürlich nur so etwas wie einen Kompromiß dar, der die Einstellung der Vollblutfunktionäre berücksichtigt. Der Leser soll jedoch nicht glauben, daß die KB eine prinzipiell falsche oder schlechte Methode darstellt. In Polen ist dieses Verfahren zum Beispiel in großem Umfang angewendet worden, um eine bessere Fruchtbarkeit der Stuten zu erzielen als unter den vorherigen, natürlichen Zuchtbedingungen. (Anm. d. Übers.: In der Warmblutzucht ist die KB generell schon sehr verbreitet.)

3
Trächtigkeit

Die Methode der Säugetiere

Die Trächtigkeit ist die Phase, in der ein neues Individuum, der Fetus, so weit heranreift, daß es als unabhängiges Wesen überleben kann. Vollständig unabhängig ist es jedoch erst nach der Entwöhnung, einige Wochen oder Monate nach der Geburt. Das Problem, die befruchtete Eizelle zu schützen und zu ernähren, bis die Reifung weit genug vorangeschritten ist, stellt sich jedem vielzelligen Leben. Säugetiere ernähren ihre Jungen im Körper der Mutter. Dabei liefert die Mutter die lebenswichtigen Stoffe an das sich entwickelnde Wesen in ihrem Bauch und nimmt die Abfallstoffe auf, die für den Fetus Gift sind.

Die Plazenta

Diesen Austausch bewerkstelligt die Plazenta (Mutterkuchen). Sie haftet der Gebärmutterwand (Abb. 16) an und ist mit dem Fetus über die Nabelschnur verbunden. Die Nabelschnur enthält Gefäße, durch die Blut zum Fetus und von ihm weg zirkuliert. In der Plazenta geraten die fetalen und die mütterlichen Blutströme, die in der Gebärmutterwand fließen, in engen Kontakt, ohne daß sie sich vermischen. Die Art, in der die Plazenta an der Gebärmutterwand befestigt ist, unterscheidet sich bei den verschiedenen Tierarten.

Fetale Umgebung

Betrachten wir jetzt einmal einige Bedürfnisse des fetalen Lebens und die Art, wie Säugetiere generell für ihre Jungen während der Trächtigkeit sorgen. Die Plazenta hat die Funktionen, die beim Lebewesen nach der Geburt der Ernährung, Atmung, dem Harn- und Kotabsatz entsprechen. Das Leben vor der Geburt stellt den Fetus vor ähnliche Probleme, wie sie sich dem Individuum auch nach der Geburt stellen. Beide müssen äußerliche Einwirkungen durch Temperatur, Schwerkraft und andere Faktoren wie Druck, Reibung oder Verletzung überleben. Könnte der Fetus sprechen, dann würde er uns das wie Shakespeares Shylock erklären: „Bluten wir nicht, wenn du uns stichst? Lachen wir nicht, wenn du uns kitzelst? Sterben wir nicht, wenn du uns vergiftest?"

Der Säugetierfetus lebt sozusagen in einem Teich tief in der Erde. Flüssigkeiten umgeben ihn und schützen ihn gegen die Wirkungen der Schwerkraft und ungünstige Bewegungen. Genau so ergeht es uns, wenn wir im Wasser treiben. Die Wirkungen des Lichtes, der Geräusche und der äußeren Bewegung sind eingeschränkt. Ferner wird der Fetus durch die Wand der Gebärmutter und die umgebenden Organe im Bauch der Mutter geschützt. Der Fetus kann weder Wärme noch Wasser außer über seine Umgebung verlieren; so steuert die Mutter die fetale Wärme und den Wasserhaushalt. Keime können nur in den fetalen Körper eindringen, wenn sie die Plazenta durchqueren. So bildet dieses Organ eine natürliche Schranke, die nur selten durchbrochen wird.

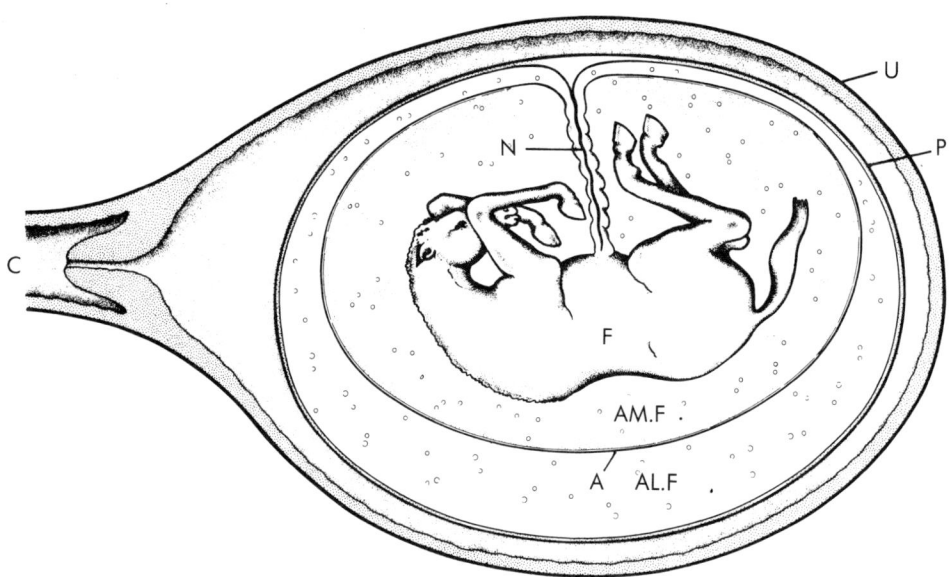

Abb. 16: Der Fetus (F) erhält seine Nahrung von der Plazenta (P), die mit der Wand des Uterus (U) verbunden ist. Die Nabelschnur (N) verbindet die Plazenta mit dem Fetus. Umgeben wird der Fetus vom Amnion (A), der sogenannten Schafshaut, einer Fruchtblase, die die Amnionflüssigkeit (AM.F.) enthält. Die Plazenta enthält eine andere Flüssigkeit, die Allantoisflüssigkeit (Al.F.). Der Gebärmutterinhalt ist während der Trächtigkeit durch die Cervix (C), den Gebärmutterhals, von der Außenwelt abgeschlossen.

Der Fetus als „Parasit"

Der sich entwickelnde Fetus ist, obwohl eine Mischung aus seinen Eltern, ein neues Individuum. Er stellt eine eigene genetische Einheit dar. Insofern sind die fetalen und die mütterlichen Gewebe einander fremd. Die Verbindung beider ähnelt der zwischen Wirt und Parasit. Normalerweise provoziert ein Parasit bei seinem Wirt eine Abstoßungsreaktion: Fremdes Material wird zurückgewiesen. Dieser Prozeß setzt immer ein, wenn Fremdstoffe in die Gewebe von Säugetieren eindringen. So werden zum Beispiel Haut- oder Nierentransplantate vom Empfänger abgestoßen, weil die Spendergewebe als fremd erkannt werden. Genauso ist es bei Parasiten oder Keimen. Wir wissen nicht sicher, weshalb bei einer Trächtigkeit die mütterliche Abstoßungsreaktion sich nicht gegen den fetalen „Parasiten" wendet. Das Überleben des Fetus ist allerdings der offensichtliche Beweis, daß es einen solchen Mechanismus gibt.

Fürsorge

Während der gesamten Trächtigkeit muß der Fetus in der Gebärmutter verbleiben. Diese bietet für diesen Zweck die idealen Voraussetzungen, da ihre Wände sich dehnen können, wenn der Fetus größer wird. Der Ausgang in den späteren Geburtskanal wird durch den Gebärmutterhals verschlossen. All diese Fürsorgemaßnahmen werden durch Hormone gesteuert. Das wichtigste Trächtigkeitshormon ist das Progesteron. Aber auch Östrogene, Prostaglandine, Kortison, Prolaktin und Gonadotropine spielen eine Rolle bei der Steuerung der Zellaktivitäten. Sie fördern die Verbindung von Plazenta und Gebärmutter und beeinflussen, direkt und indirekt, Wachstum und Entwicklung des Fetus. Der Fetus seinerseits ist vollständig mit Hormonen ausgerüstet. Inwieweit die mütterlichen und die fetalen Hormone spezielle Aufgaben besitzen, variiert von Tierart zu Tierart.

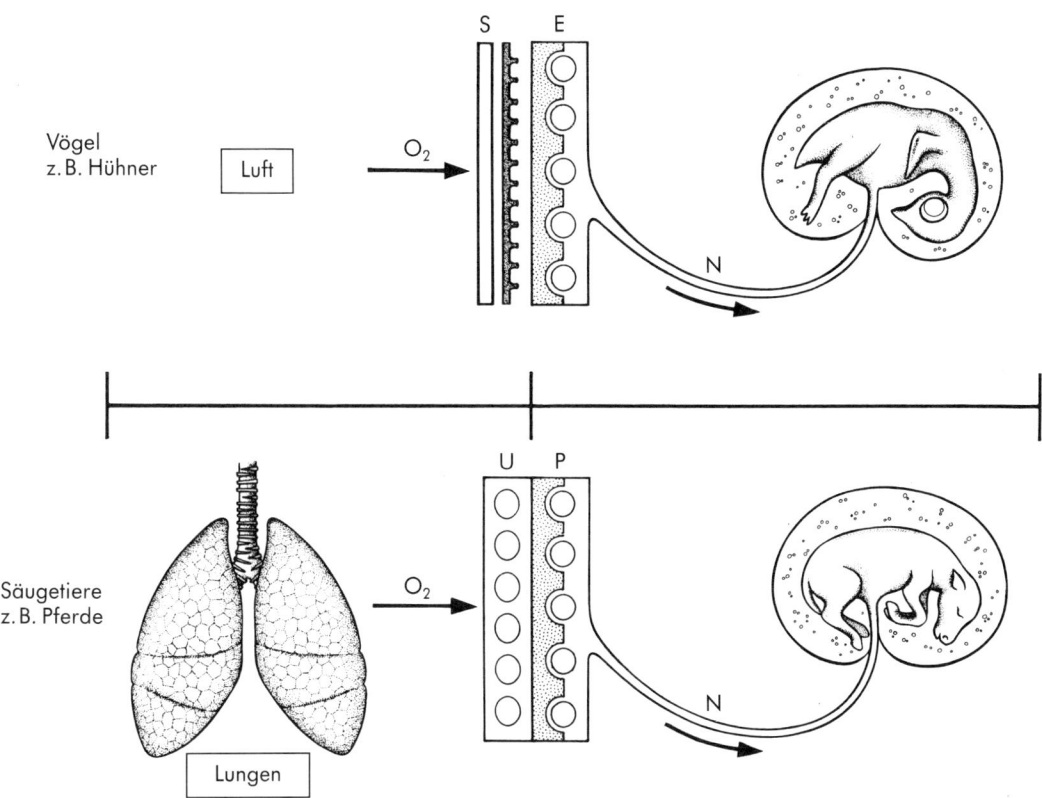

Vögel
z. B. Hühner

Säugetiere
z. B. Pferde

Abb. 17: Vögel und Säugetiere versorgen ihre Jungen während der embryonalen Entwicklung auf unterschiedliche Art mit dem lebensnotwendigen Sauerstoff (O_2). Bei den Hühnern dringt Sauerstoff durch die Schale (S) in die Eihaut (M), die das Küken umgibt; hier dringt es ins Blut ein und wird über die Nabelschnur (N) zum Embryo transportiert. Die Stute atmet Sauerstoff in die Lungen ein; dieser gelangt über ihr Blut zum Uterus (U) und passiert die Plazenta (P), die das Fohlen umhüllt; in der Plazenta tritt der Sauerstoff in das fetale Blut ein und wird durch die Nabelschnur zu dem sich entwickelnden Fohlen transportiert (aus Steven, D.H. und Samuel, C.A., ‚Anatomy of Placental Transfer', herausgegeben von Chamberlain, G. V. P. und Wilkinson, A. W., 1979)

Die Trächtigkeit des Pferdes

Jetzt wollen wir uns wieder unserem Hauptthema zuwenden: Wie stellt es das Pferd an, die Ziele der Trächtigkeit zu erreichen? Wie funktionieren seine Plazenta und die mütterlich-fetale Zusammenarbeit?

Befruchtung der Eizelle

Die Eizelle gelangt in den Eileiter durch eine trichterförmige Öffnung, die von den Fimbrien (fransenförmigen Strukturen) gebildet wird. Sie wandert zum Isthmus, einer kleinen Verengung, wo sie auf einen Schwarm von Spermien trifft. Ein Spermium durchdringt die äußere Membran der Eizelle und bringt sein genetisches Material ein. Die befruchtete Eizelle enthält also 32 plus 32 Chromosomen.

Nach der Befruchtung wird die Eizelle sofort resistent gegen das Eindringen eines weiteren Spermiums. Die Rolle der Tausenden und Abertausenden von übrigen Spermien bei der Befruchtung ist unbekannt. Gleichwohl scheint ihre Anwesenheit für das erfolgreiche Eindringen eines Spermiums vonnöten zu sein. Außerdem müssen die Spermien im Genitaltrakt der Stute einen Reifungsprozeß (Kapazitation) durchmachen, bei dem die Akrosome (Kopfkappen, siehe Seite 97) in die Lage versetzt werden, in die Eizelle einzudringen. Man weiß beim Pferd nicht, wie lange die Spermien in den Fortpflanzungsorganen der Stute verweilen müssen, bis sie reif sind. Wahrscheinlich handelt es sich dabei um Stunden.

Ist die Eizelle nicht befruchtet, „stirbt" sie innerhalb von 24 Stunden ab. In der Praxis verringern sich die Befruchtungschancen sehr schnell, sobald die Eizelle den Eileiter erreicht hat, so daß die Stute vor und nicht nach dem Eisprung gedeckt werden sollte, damit Spermien in einem „kapazitierten" (reifen) Zustand vorhanden sind, wenn die Eizelle im Eileiter angekommen ist.

Begriffsklärungen

Es ist an dieser Stelle sinnvoll, einige Begriffe zu klären, wie sie in diesem Kapitel verwendet werden müssen. Als *Embryo* wird die Eizelle während ihrer Entwicklung bis zu einer pferdeartigen Form bezeichnet. Die Embryologie ist die Wissenschaft von dieser Entwicklung. Die Bezeichnung *Fetus* kann auf den 60 Tage alten und älteren Embryo angewendet werden. Zur besseren Verständlichkeit machen wir in diesem Buch keine Unterschiede zwischen Embryo und Fetus. *Gestationszeit* ist ein anderes Wort für Tragezeit. Ihr Fortschreiten wird in Tagen beziffert. Es handelt sich dabei um die Tage, die seit der Befruchtung der Eizelle verstrichen sind oder in der Praxis beim Pferd: seit dem letzten Decken. Zu den *Eihäuten* gehören die Plazenta, die Nabelschnur und das Amnion. Es gibt zwei *fetale Flüssigkeiten* (Fruchtwasser), erstens die vom Amnion eingeschlossene Amnionflüssigkeit und zweitens die Allantoisflüssigkeit innerhalb der Plazenta. Das Amnion und die Plazenta bilden später die *Nachgeburt*. Das *Austragen* setzt eine Tragezeit voraus, in der der Fetus sich komplett ausbilden und ausreifen konnte. Beim Vollblüter dauert das zwischen 320 und 360 Tage, bei kleineren Rassen zwischen 315 und 340 Tage. Die Tragezeit beträgt bei Eseln 360 bis 380 Tage, bei Hybridkreuzungen zwischen Pferden und Eseln (Maultier oder Maulesel) die Mitte zwischen den Tragezeiten der Eltern (340 bis 360 Tage).

Fetale Entwicklung

Die befruchtete Eizelle steigt als einzelne Zelle den Eileiter hinab und teilt sich erst in zwei, dann in vier, dann in acht, dann in 16 Zellen usw. Im Vergleich zu anderen Tierarten gelangt bei der Stute normalerweise nur eine befruchtete Eizelle in die Gebärmutter. Eine nicht befruchtete Eizelle kann sich ebenfalls einige Male teilen, dann unter Umständen degenerieren und im Eileiter verbleiben. Wir kennen weder den Grund für diese Erscheinung noch ihren Mechanismus. Sie könnte mit den Unterschieden im Gewicht und der Oberflächenbeschaffenheit der befruchteten im Vergleich zur nicht befruchteten Eizelle zusammenhängen.

Der neugebildete Embryo erreicht die Gebärmutter am sechsten Tag nach der Befruchtung. Die Zellen teilen sich weiter und ordnen sich rings um eine zentrale Höhle an. So beginnen die beiden wichtigsten embryologischen Vorgänge: Differenzierung und Wachstum. Die Tatsache, daß sich die Zellen des Embryos in spezielle Schichten und Gewebe differenzieren können, ist die Basis für die Organbildung. Sie charakterisiert die hochkomplexe Organisation der Säugetiere. Wachstum ist notwendig, um die für ein unabhängiges Leben erforderliche Größe zu erreichen.

Differenzierung und Wachstum finden ständig statt. Im Verlauf der Trächtigkeit herrschen sie jedoch unterschiedlich stark vor. Grundsätzlich ist die Differenzierung während der ersten 40 Tage am intensivsten. Das Wachstum ist zwischen dem 150. und dem 250. Tag am stärksten. Relativ gesehen wächst der Embryo freilich während der frühen Entwicklung ganz enorm. Bei der Befruchtung hat er zum Beispiel gerade die Größe eines Sandkorns. Nach neun Tagen mißt er 2 mm im Durchmesser, zwei Wochen später schon etwa 60 mm: eine Vergrößerung um das 30fache. Die Proportionen des Fetus hinsichtlich seines Gewichts und seiner Länge im Verlauf der Tragezeit, vom Embryo bis kurz vor der Geburt, sind in Tabelle B dargestellt.

Am 16. Tag erscheinen kleine Blutgefäße aus der gestaltlosen Zellmasse, die der Embryo bildet. Am 23. Tag hat der Embryo eine deutliche Gestalt. Er verfügt über innere Organe, und Gliedmaßenansätze sind an allen vier Enden zu erkennen. Am 36. Tag erscheinen die speziellen Pferdemerkmale in der Gestalt und im Bau des Embryos.

Während die Differenzierung in den frühen Phasen der Trächtigkeit dramatisch ist – vom etwa kugelförmigen, einzelligen, befruchteten „Ei" bis zum Miniaturpferd handelt es sich um eine höchst bemerkenswerte Veränderung –, geht sie im weiteren Verlauf wesentlich gemächlicher vonstatten. So wird zum Beispiel die Haut schon in sehr frühen Phasen gebildet, während Haare erst ab dem 220. Tag erscheinen. Ab da wachsen sie rund um die Augen und am Nacken entlang (Tabelle B). Erst etwa am 300. Tag ist der ganze Körper von Fell bedeckt. Die Differenzierung folgt einem logischen Muster: Die lebenswichtigen Organe einschließlich des Herzens, der Leber und Nieren müssen sich für das fetale Leben als erstes entwickeln; Haar, das warmhalten soll und für die Existenz in der Außenwelt wichtig ist, entwickelt sich zuletzt. Denn innerhalb des Bauches wird die Körpertemperatur des Fohlens von der Mutter aufrechterhalten.

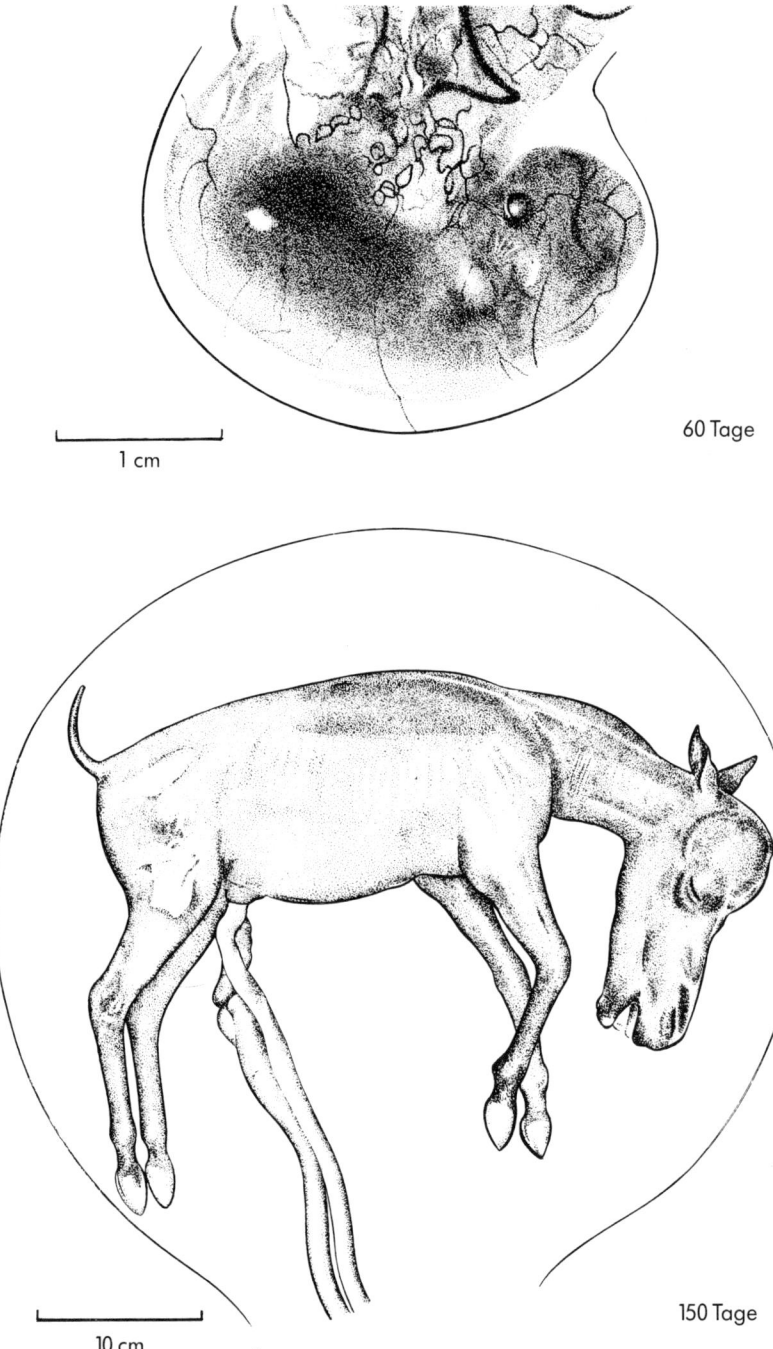

60 Tage

1 cm

150 Tage

10 cm

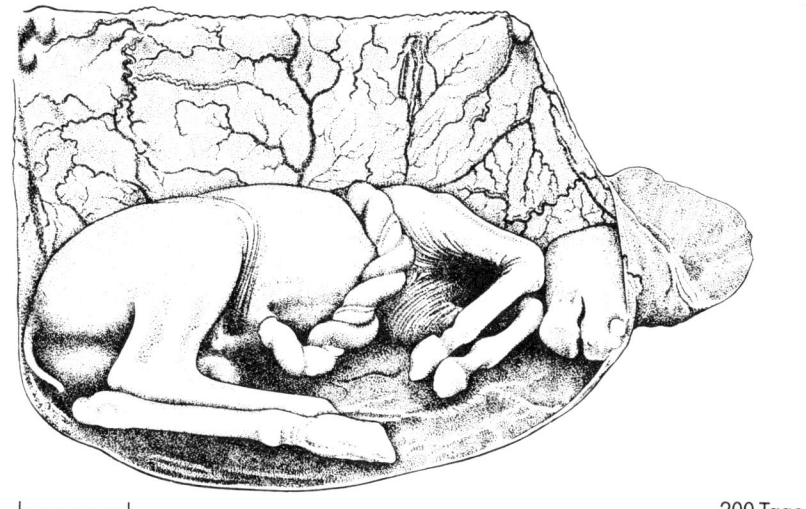

10 cm

200 Tage

Abb. 18 und 19: Vier Phasen der fetalen Entwicklung, die den Größenzuwachs vom 60. bis zum 250. Tag darstellen. Die tatsächliche Größe des Fetus geht aus dem Maßstab hervor. Erst beim 250 Tage alten Fetus wachsen Haare: rund um die Augen, entlang dem Nakken, dem Rücken und am Schweif. Am 300. Tag ist der Körper vollständig mit Fell bedeckt.

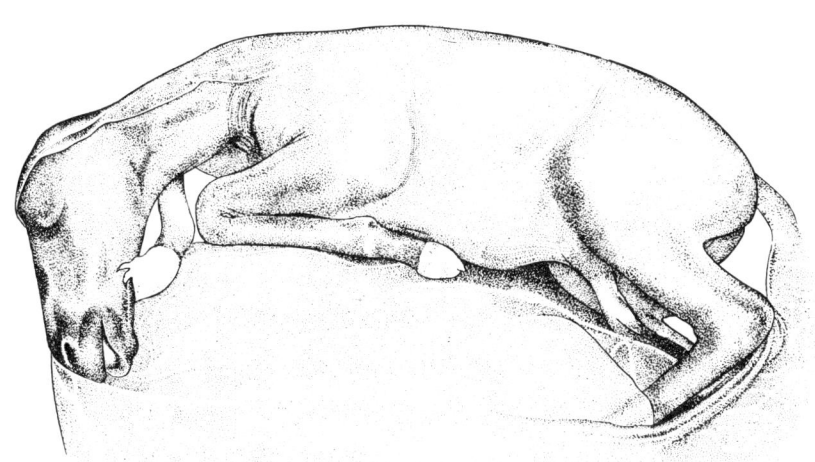

10 cm

250 Tage

Tabelle B: Wann treten welche Merkmale beim Ponyfetus auf?

Tage nach dem Ende der Rosse	Merkmal	Gewicht in Gramm	Ungefähre Nacken-Steiß-Länge in mm
10	Dottersack-Plazenta		–
24	Herzschlag Allantois (Ausstülpung des Dottersacks) erkennbar Sichtbarer Vordergliedmaßen-Ansatz Sichtbarer Hintergliedmaßen-Ansatz		5
30	Plazenta (Allanto-Chorion)		10
40	Ansatz von Nüstern und Augen Äußere Geschlechtsmerkmale Schleimhautbecher („endometrial cups") Die Plazenta befestigt sich an der Gebärmutterwand.	1,6	25
50	Hautanhangsgebilde entwickeln sich. Augenlider geschlossen		35–51
60–80	Gebärmutter wird vollständig von der Plazenta ausgefüllt.		75
80	Schleimhautbecher verkümmern.		130
100	Schleimhautbecher werden vollständig abgestoßen.	82	170–181
160	Haare um Augen und Maul	1000	310
220	Haar an Schweifspitze und Mähne	3000	500
300	Haarkleid vollständig, geöffnete Augen	10 000	900

Eihäute und Fruchtwasser

Zu den Eihäuten gehören die fetale Plazenta und das Amnion (Schafhaut). Die fetale Plazenta besteht aus dem Chorion (Zottenhaut, mittlere Eihaut) und der Allantois, die in einem frühen embryonalen Stadium verschmelzen. Das Allanto-Chorion (fetale Plazenta) umschließt den Embryo vollständig und enthält eine

Flüssigkeit (Allantoisflüssigkeit), mit der der Embryo keinen Kontakt hat, da er vollständig vom Amnion umgeben ist. Diese zarte, durchscheinende Haut (das Amnion) umgibt das fetale Fohlen und bleibt bis zu den letzten Phasen der Geburt intakt. Das Amnion enthält die Amnionflüssigkeit, die das Fohlen umspült, es aber nicht stört oder schädigt.

Die Plazenta

Die Plazenta ist ein während der Trächtigkeit entstehendes Organ, das für den Austausch zwischen dem mütterlichen und dem fetalen Blut ideal geeignet ist. Da sie nicht ein Teil des Fohlenkörpers, sondern nur mit diesem durch die Nabelschnur verbunden ist, kann sich das Fohlen nach der Geburt leicht von ihr trennen, wenn sie nicht mehr benötigt wird. Die Höhle innerhalb der Plazenta ist mit der Blase des Fohlens über den Harnblasengang (Urachus) innerhalb der Nabelschnur verbunden. Der von den fetalen Nieren gebildete Urin kann so in die Allantois abfließen, die als zusätzliche Blase (Harnsack) fungiert. Die Abfallprodukte der Nieren bleiben darin, bis der fetale Harn bei der Geburt mit dem Platzen der Fruchtblasen (Eröffnungsstadium) abfließt.

Die Plazenta übernimmt ihre Rolle als Austauschinstrument ab dem 25. Tag. Vorher wird der sich entwickelnde Fetus von dem nur vorübergehend vorhandenen Dottersack ernährt. Dieser besteht aus einem Sack, der viele Blutgefäße enthält und dem Darm des Embryos entwächst. Der Sack schwimmt in der Gebärmutterflüssigkeit und entzieht dieser die notwendigen Nährstoffe für die frühe Entwicklung des Fetus. Vom 25. Tag an entwickelt sich die richtige Plazenta als eine sehr feine, mit Flüssigkeit gefüllte Haut. Der Embryo ist an einem Pol durch einen feinen Stiel befestigt. Der Dottersack wird überflüssig und schrumpft auf unkenntliche Größe innerhalb der Nabelschnur zusammen. Er kann freilich auch als kugelförmige, amorphe Struktur erhalten bleiben, eventuell verkalken und als schädel- oder kugelförmige knochige Substanz zu erkennen sein. Bei der Geburt kann diese Struktur irrtümlich für einen ganz kleinen Zwilling gehalten werden, aber in Wirklichkeit handelt es sich um die Überreste der Dottersackplazenta, die für das Überleben des Embryos nur ganz zu Anfang der Trächtigkeit wichtig ist.

Die richtige Plazenta entwickelt sich nach und nach, sie wird zunehmend kräftiger, und zwischen dem 50. und 60. Tag ist ihre feine, samtige Oberfläche entstanden, die wir während der Austreibung bei der Geburt erkennen können. Vor der Beschreibung der Struktur der Plazenta und ihrer Verbindung zur Gebärmutterwand müssen wir uns den Schleimhautbechern (endometrial cups) zuwenden, einer Einrichtung, die es nur beim Pferd während der Trächtigkeit gibt. Diese Becher befinden sich – wie der Name schon sagt – auf der Innenseite (endo-) der Gebärmutter (-metrium). Es handelt sich um untertassenartige Vertiefungen, die um den 36. Tag der Trächtigkeit erscheinen. Sie befinden sich ringförmig am Übergang vom Gebärmutterhorn zum -körper auf jener Seite, an der sich das Keimbläschen (Blastozyste, ein früher Embryo) angelagert hat.

Die Schleimhautbecher bestehen zu Beginn aus frischem, aktivem Gewebe. Ab dem 90. Tag werden sie braun und degenerieren. Ihre aktive Lebenszeit beträgt

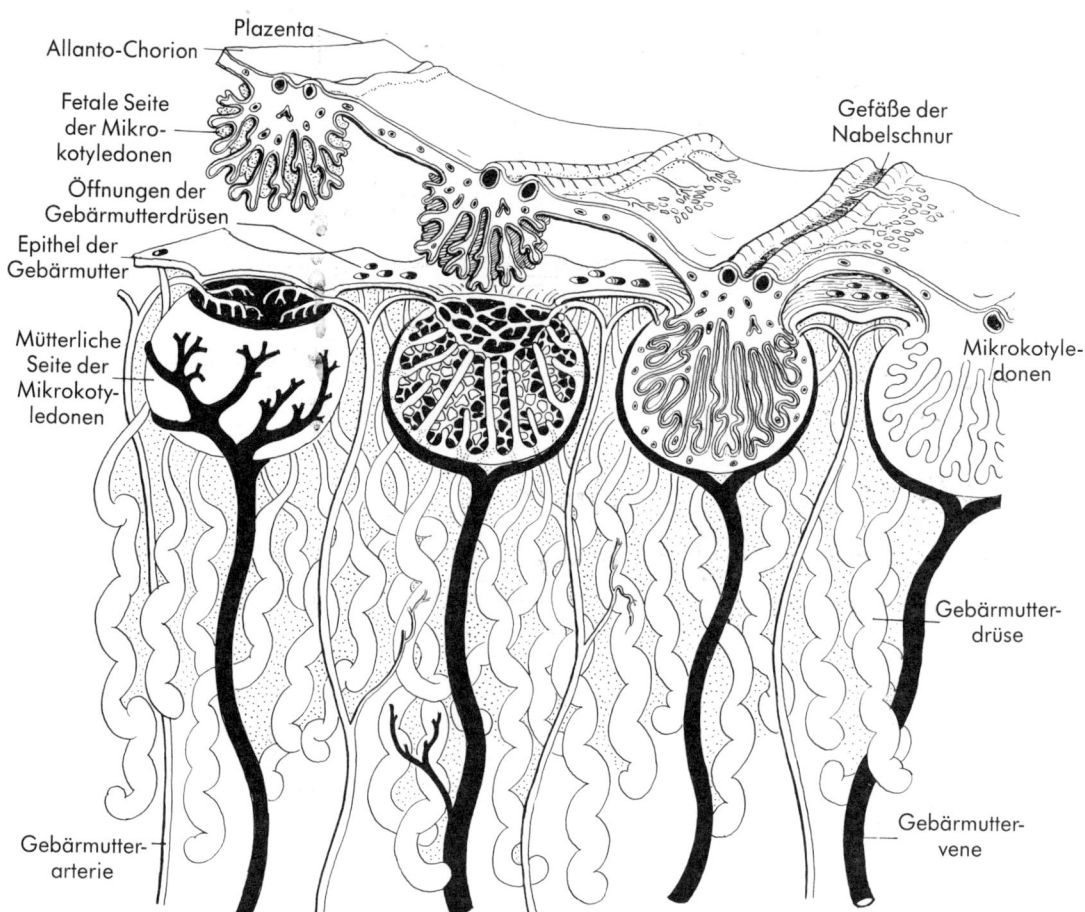

Allanto-Chorion

Fetale Seite
der Mikro-
kotyledonen

Öffnungen der
Gebärmutterdrüsen

Epithel der
Gebärmutter

Mütterliche
Seite der
Mikrokoty-
ledonen

Gebärmutter-
arterie

Plazenta

Gefäße der
Nabelschnur

Mikrokotyle-
donen

Gebärmutter-
drüse

Gebärmutter-
vene

Abb. 20: Vier der Mikrokotyledonen in der voll ausgebildeten Plazenta des Pferdes: Die beiden auf der linken Seite sind aus ihrer Position in der Gebärmutterwand „abgeknöpft". (Mit freundlicher Erlaubnis von D.H. Steven veröffentlicht.)

derart etwa 50 Tage. Viele Jahre hat man angenommen, daß mütterliche Zellen in diesen Schleimhautbechern eine Quelle des Trächtigkeitshormons PMSG (siehe Seite 139) seien. Dieses Hormon ist in großen Mengen zwischen dem 40. und dem 110. Tag der Trächtigkeit im Blut der Stute vorhanden, und auf ihm basiert der Trächtigkeits-Bluttest.

Erst in den frühen 70er Jahren entdeckten Wissenschaftler von der Universität Cambridge unter der Leitung von Dr. W. R. (Twink) Allen, daß das Hormon PMSG in fetalen und nicht, wie früher angenommen, in mütterlichen Zellen gebildet wird. Die fetalen Zellen, die aus einer bestimmten Zone des Chorions stammen, nisten sich am 35. Tag der Trächtigkeit in der Gebärmutterwand ein. Sie verbleiben in der Gebärmutterwand, bis sie durch eine immunologische Reaktion abgestoßen werden. Diese Reaktion ähnelt jener, die zum Beispiel durch Fremdkörper verursacht wird. Denn die fetalen Zellen sind für das mütterliche Gewebe fremd. Diese Abstoßung setzt erst nach einer längeren Phase ein, während der die fetalen Zellen gesund sind und das Hormon PMSG absondern.

Wenden wir uns jetzt der Plazenta des Pferdes zu. Sie unterscheidet sich vom entsprechenden Organ bei anderen Säugetieren, da sie die gesamte Innenfläche der Gebärmutter vom 100. Tag an auskleidet. Bei allen anderen Arten beschränkt sich die Plazenta auf bestimmte, einzelne Gebiete der Gebärmutterwand. Bei der Frau hat die Plazenta eine scheibenförmige Gestalt, beim Schwein ist sie bandförmig und bei der Kuh in Form von Karunkeln (warzenförmig) ausgebildet.

Die wichtigste Folge dieser Art von Befestigung ist für die Praxis, daß die Stute keinen Platz für eine zweite Plazenta hat und von Natur aus keine Zwillinge tragen kann (siehe Seite 245). Andere Tierarten haben Platz für zwei oder noch viel mehr Plazenten. Im Hinblick auf die Evolution ist das Überleben des Pferdes also von der Fähigkeit abhängig, nicht mehr als einen Fetus pro Trächtigkeit zu entwickeln. Zwillinge sind gewöhnlich der Grund für Abort oder die Geburt von zu kleinen, lebensschwachen Fohlen.

Eine andere Eigenart der Plazenta des Pferdes stellen die sechs Zellschichten zwischen den fetalen und den mütterlichen Blutgefäßen dar. Drei davon sind plazentar, drei gehören zur Gebärmutter. Wenn wir uns vorstellen, wir würden aus einem kleinen Blutgefäß (Kapillare) der Plazenta in ein entsprechendes Blutgefäß auf der mütterlichen Seite reisen, passieren wir 1. die Wand des fetalen Blutgefäßes, 2. eine Schicht von Bindegewebe und 3. die äußere Epithelschicht der Plazenta, bevor wir mütterliches Gewebe erreichen. Hier sehen wir uns 4. der äußeren Epithelschicht der Gebärmutter gegenüber, 5. einer Bindegewebsschicht und 6. der feinen Kapillarwand des mütterlichen Blutgefäßes. Wenn wir dieses Gefäß erreicht haben, haben wir denselben Weg zurückgelegt, den die Moleküle, die zur Ernährung und Unterstützung der Lebensvorgänge nötig sind, wie etwa die Sauerstoffmoleküle, auf ihrem Diffusionsweg zurücklegen müssen. Abfallprodukte, wie zum Beispiel Kohlendioxid, nehmen den umgekehrten Weg.

Bei anderen Tierarten ist die Zahl der Zellschichten geringer. Gewöhnlich werden die mütterlichen Schichten von der Plazenta abgetragen, in anderen Fällen werden auch Plazentaschichten selbst abgebaut. Die Plazenta des Pferdes – anders als beim Menschen – zerfrißt das Gebärmuttergewebe nicht. Wenn sie sich also nach der Geburt ablöst, verursacht sie kaum eine Blutung – wenn überhaupt.

Die traditionelle Vorstellung von der Art, wie die Blutgefäße der Mutter und des sich entwickelnden Fohlens in engen Kontakt kommen, sah so aus: Die mütterlichen und die fetalen Gefäße verbinden sich durch fingerartige Vorsprünge, die Seite an Seite liegen. In jüngerer Zeit hat die Forschung nachgewiesen, daß die Verbindung viel komplizierter ist (Abb. 20). Die Anordnung hat einiges gemein mit der knopfartigen Anordnung bei Schaf und Kuh. Diese Plazentome (Verankerungsstellen) kann man bei Schaf und Kuh mit bloßem Auge sehen, bei der Stute sind die knopfartigen Gebilde (Mikrokotyledonen, griech.: Saugnäpfe) mikroskopisch klein. Von ihnen gibt es viele Millionen, und sie bedecken fast die ganze Oberfläche der Plazenta. Auf der mütterlichen Seite, d.h. in der Gebärmutterwand, besteht jede Mikrokotyledone aus einer äußeren Kapsel, an deren Spitze Arterien eintreten. Diese teilen sich auf in Kapillaren, durch die das Blut in die venösen Gefäße gelangt. Die Venen verbinden sich und bilden eine große Vene, die das Blut vom unteren Teil der Kapsel wegtransportiert.

Auf der Plazenta-Seite dieser Einheit befördern die Arterien – veranlaßt durch den fetalen Herzschlag – Blut in die Kapillaren. Diese verzahnen sich mit dem Gefäßsystem der Mutter wie ineinandergreifende Finger. Venen transportieren das Blut wieder zurück ins Fohlen. Nach der Geburt wird die fetale Seite des Systems „abgeknöpft", und die fetale Plazenta wird aus der Gebärmutter ausgestoßen, ohne dabei Gebärmuttergewebe mitzunehmen.

Es wurde festgestellt, daß die Fließrichtungen der mütterlichen und der fetalen Blutgefäße einander entgegengesetzt verlaufen. Dies erleichtert den Austausch der Moleküle zwischen fetalen und mütterlichen Kapillaren, der auf dem Prinzip der einfachen Diffusion beruht: Gelöste Gase und Substanzen wandern aus Gebieten hoher in solche niedriger Konzentration. Sauerstoff z.B. ist im mütterlichen Blut in viel größerer Menge als im fetalen Blut vorhanden, darum diffundieren die Sauerstoffmoleküle von der mütterlichen zur fetalen Seite. Andererseits sammelt sich Kohlendioxid im fetalen Gewebe und wird in die fetale Plazenta befördert. Dort diffundiert es in die umgekehrte Richtung.

Ferner ist die Plazenta in der Lage, einige Substanzen selektiv auszuschließen, andere wiederum herauszuziehen, d.h. selektiv manche Stoffe nicht aufzunehmen, andere wiederum bevorzugt einzuschleusen, wie es den Bedürfnissen des Fetus entspricht. Sie kann Hormone produzieren und andere umwandeln; sie kann einen Schutzwall gegen viele Stoffe und Keime errichten, aber leider nicht gegen alle. Die plazentare Membran ist ein echtes, eigenes Organ, das eine eigene Ernährung und Sauerstoffversorgung benötigt.

Die Nabelschnur

Die Nabelschnur ist die Verbindung zwischen dem sich entwickelnden Fohlen und seinem wichtigen Ernährungsorgan. Sie enthält zwei größere Arterien und eine Vene. Die Arterien zweigen von der fetalen Aorta ab, der Hauptschlagader des Herzens, die das Blut zu sämtlichen Teilen des Körpers transportiert. Beim Fetus besitzt die Aorta zwei Abzweigungen, die im Bauch zum Nabel und dann über die Nabelschnur zur fetalen Plazenta führen, wo sie sich in zunehmend kleinere Äste teilen und schließlich die Kapillaren der Mikrokotyledonen bilden. Der Kreislauf wird vervollständigt durch die Venen der Plazenta, die sich zusammenschließen und eine große Vene in der Nabelschnur formen. Diese Nabelschnurvene tritt in den fetalen Körper ein und führt in die Leber. Das Blut fließt durch die Leber. Derart kann das fetale Herz das Blut nicht nur durch den eigenen Körper, sondern auch durch die Plazenta pumpen. Die Nabelschnur enthält außerdem den Harngang, der die fetale Blase mit der Allantoisblase verbindet.

Die Allantoisflüssigkeit

Diese gelblich-braune Flüssigkeit sammelt sich in zunehmender Menge während der Trächtigkeit an. So beträgt ihr Volumen z.B. am 35. Tag nur 60 ml, am 60. Tag schon 1200 ml; am Ende sind es dann acht Liter. Die Flüssigkeit wird von der Plazenta gebildet und vom Urin, der durch den embryonalen Harngang austritt. Sie speichert derart unerwünschte Salze, die nicht über die Plazenta oder Gebärmutter entfernt werden können. Bei der Geburt tritt diese Flüssigkeit aus, wenn die

*Das Fohlenbrot
(Mitte) mit Teilen
der Nachgeburt*

Fruchtblasen reißen. Die Flüssigkeit enthält ferner Zellen, die von der Plazenta und dem Amnion abgerieben worden sind, und ein etwas eigenartiges Gebilde, das Fohlenbrot (Hippomanes) genannt wird.

Das Fohlenbrot ist ein weiches, flaches, etwa oval geformtes Gebilde, das am Ende der Trächtigkeit etwa 14 x 1,5 cm mißt. Es ist gewöhnlich braun oder cremefarben, gelegentlich auch weiß. Es enthält in hoher Konzentration verschiedene Salze einschließlich Kalzium, Phosphor, Natrium, Kalium und Magnesium. Normalerweise ist nur ein Fohlenbrot vorhanden, gelegentlich entwickelt sich auch noch ein zweites kleineres. Wahrscheinlich bildet sich das Fohlenbrot in ähnlicher Weise wie Kristalle. Einige Zellen, die sich von der Plazenta abgerieben haben, sorgen für den Kern, um den sich Salze und andere Substanzen in der Allantoisflüssigkeit formieren. Der Ausdruck Hippomanes kommt aus dem Griechischen und bedeutet soviel wie „Pferde-Wahnsinn". Früher dachte man – manche tun das immer noch –, man könne das Fohlenbrot verwenden, um das Verhalten von Hengsten zu beeinflussen.

Das Amnion

Das Amnion ist eine durchschimmernde weiße Eihaut, die das Fohlen umschließt und als erstes bei der Geburt zu sehen ist. Es entwickelt sich etwa ab dem 17. Tag und ist am 21. Tag vollständig. Es besteht aus einer feinen, durchsichtigen Haut, die von Blutgefäßen netzartig durchzogen ist. Es bildet einen schützenden Mantel um den Fetus, verhindert jeglichen Kontakt mit der Allantoisflüssigkeit und fungiert bei der Geburt als Gleitmittel zwischen Fohlen und Geburtskanal.

Amnionflüssigkeit

Die Amnionflüssigkeit ist eine klare, strohfarbene, etwas zähflüssige Flüssigkeit, die von der Haut des Fohlens abgeriebene (abgestoßene) Zellen enthält. Ihr Volumen nimmt von ungefähr 600 ml im ersten Drittel der Trächtigkeit bis zum Ende um etwa das Achtfache zu. Sie wird teilweise von den Blutgefäßen des Amnions und teilweise von Ausscheidungen aus den Körperöffnungen gebildet, das heißt aus dem Maul und dem Harntrakt. Normalerweise enthält sie keinen Kot. Von ihrer Zusammensetzung her ist sie ideal geeignet, die oberen Luftwege des fetalen Kopfes und Halses, die Augen, Ohren und die Haut zu umspülen. Sie kann ferner abgeschluckt werden, um den Eingeweidetrakt zu schmieren. Wahrscheinlich spielt sie eine dynamische Rolle bei der Entwicklung des Magens, indem sie für die Flüssigkeit sorgt, die das Organ bei seiner Entwicklung ausweitet.

Hormone halten die Trächtigkeit aufrecht

Progesteron ist als wesentliches Hormon zuständig für die Vorbereitung der Gebärmutter auf die Aufnahme des befruchteten Eis. Außerdem ist es für die Verbindung von fetaler Plazenta und Gebärmutterwand wichtig. Wenngleich die Bedeutung des Progesterons nachgewiesen ist, sind auch noch weitere Hormone (z. B. Östrogen, Prostaglandin und Prolaktin) gemeinsam oder in Kombinationen aktiv. Hormone steuern auf der mütterlichen Seite 1. den Zustand der Gebärmutterschleimhaut, 2. die Blutmenge, die an die Oberfläche der Gebärmutter gelangt, 3. die Tätigkeit der Gebärmutterdrüsen, 4. die Sensibilität des Gebärmuttermuskulatur, die sich auf entsprechende Reize zusammenziehen muß, und 5. das Ausmaß, in dem sich die Gebärmutter weitet, um mit der Entwicklung des Fohlens Schritt zu halten, wobei der Gebärmutterhals eng verschlossen bleiben muß. Auf der fetalen Seite steuern Hormone 1. die Blutzirkulation in der Plazenta und 2. den Zustand der Plazentaauskleidung, die mit ihrem Gebärmuttergegenstück harmonieren und eine Verbindung bilden muß. Hormone wie Östrogen und Kortisol spielen ferner eine bedeutende Rolle für das fetale Wachstum und die vollständige Entwicklung.

Die Arbeitsweise der Hormone ist kompliziert. Viele haben auf spezielle Zielorgane einander entgegengesetzte Wirkungen. Als Nettoeffekt stellt sich dann ein Gleichgewicht ein. In anderen Fällen wird eine Kooperation erzielt, dabei provoziert oder verstärkt ein Hormon die Wirkung eines anderen. Einige Hormone benötigen ein weiteres Hormon, das erst einmal die Zielzellen vorbereiten muß, bevor sie selbst tätig werden können. Einige, wie Prostaglandine, haben bei niedriger Konzentration eine ganz andere Wirkung als bei hoher Konzentration; sie veranlassen zum Beispiel bei niedriger Konzentration Blutgefäße sich zu erweitern, bei hoher Konzentration sich zusammenzuziehen.

Diese komplexe Geschichte weist auch noch eine weitere Verwicklung auf. Hormone sind Substanzen, die aus anderen Substanzen „aufgebaut" werden und die ebenso in ihre Bestandteile zerlegt werden, wodurch sie weniger wirksam oder unwirksam werden. Der Aufbauprozeß befähigt den Körper, Hormone aus „Rohmaterial" oder aus Stoffen zu bilden, die im Futter vorhanden sind oder innerhalb verschiedener Gewebe produziert werden. Die Rohstoffe können bei verschiedenen Hormonen dieselben sein, die ihrerseits zerlegt und in andere eingebaut werden können. Östrogen und Progesteron zum Beispiel haben als gemeinsame Bausteine Steroide. So können manche Gewebe Progesteron in Östrogen umwandeln.

Das hormonale System arbeitet nach folgendem Prinzip: Einerseits werden Hormone von bestimmten Drüsen produziert, andererseits werden sie zerstört von Organen oder Geweben, auf die sie ihre Wirkung ausüben. Gäbe es keine Mittel, um Hormone unwirksam zu machen, würden sie sich immer stärker anhäufen. Die Empfindlichkeit der hormonalen Steuerung hängt einerseits von der Fähigkeit bestimmter Drüsen ab, unterschiedliche Mengen zu produzieren, andererseits von der Fähigkeit der Gewebe, die Hormone in einer Rate auszuschalten, die dem Produktionsniveau entspricht. Der Leser muß sich bewußt werden, daß es keine einfache Methode gibt, mit der man eine Diagnose stellen, einen Abort verhindern oder hormonale Funktionen oder Fehlfunktionen ermitteln kann.

Eine weitere Dimension bekommt die Geschichte dadurch, daß wir uns bei der trächtigen Stute eigentlich mit zwei unterschiedlichen Wesen befassen. Wir finden also auch zwei getrennte hormonale Systeme vor, von denen jedes seine eigenen hormonproduzierenden Drüsen besitzt (Hypophyse, Nebennierenrinde, Keimdrüsen usw.). Zusätzlich produziert die fetale Plazenta Hormone und verändert jene, die von den fetalen Keimdrüsen oder anderen Organen kommen. Dies bedeutet, daß die Konzentration der verschiedenen Hormone wie etwa Progesteron nicht notwendigerweise im fetalen und im mütterlichen Blut identisch

Das Fohlen ist bei der Geburt vom Amnion umgeben, dessen schlüpfrige Oberfläche das Austreiben durch den Geburtskanal erleichtert.

ist. Wir haben nur zum mütterlichen Blut Zugang; Meßergebnisse hier spiegeln also nicht unbedingt die Menge an Progesteron oder anderen Hormonen wider, die zur Aufrechterhaltung der Trächtigkeit für den Fetus vorhanden sind.

Untersuchungen über den hormonalen Zustand der Stute und das sich entwickelnde Fohlen während der Trächtigkeit haben sich in jüngerer Zeit in zwei Richtungen gespalten.

1. Die traditionelle Methode, bei der der Stute Blut aus der Halsvene abgenommen wird, hat sich durch bessere Meßverfahren im Labor fortentwickelt. Schon seit langem konnte man die Konzentration von PMSG (siehe Seite 130) messen. Heute kann man auch die Konzentration der meisten anderen Sexualhormone (Progesteron, Östrogen, FSH und LH) messen, selbst wenn sie nur extrem gering ist, sogar bis zu einem tausendstel (Milligramm) eines tausendstel (Nanogramm) eines tausendstel (Picogramm) Gramms. Forscher in vielen Ländern haben festgestellt, daß sich die hormonalen Muster während der gesamten Trächtigkeit täglich verändern.

2. Dagegen ist es technisch sehr schwierig, die fetale Seite der Plazenta zu untersuchen. Beim Schaf wurden Methoden entwickelt, um fetale und mütterliche Blutproben entnehmen zu können. Ganz dünne Schläuche (Katheter) werden in die Blutgefäße der Nabelschnur und der Gebärmutter für die Dauer der Trächtigkeit eingebracht. Dazu ist ein chirurgischer Eingriff unter Vollnarkose nötig. Das andere Ende der Schläuche wird durch die Bauchwand und die darüberliegende Haut nach außen geführt. Wenn sich das Mutterschaf von der Operation erholt hat, können Blutproben in regelmäßigen Abständen ohne Schaden für die Mutter oder den Fetus genommen werden. Derart haben die Wissenschaftler direkten Zugang zum Blut auf beiden Seiten der durch die Plazenta gebildeten Schranke. Beim Schaf verwendet man diese Methode schon seit vielen Jahren und hat nützliche Informationen über die Hormone und den Stoffwechsel des Fetus in den verschiedenen Phasen der Trächtigkeit sammeln können. Leider hat es sich herausgestellt, daß das Pferd dieser Technik bei weitem weniger zugänglich ist. Stuten verfohlen häufig innerhalb von 20 bis 30 Tagen nach der Operation; so hat man nur relativ kurze Phasen der Trächtigkeit untersuchen können.

Das Einbringen von radioaktiven Substanzen in den Fetus und langfristige Untersuchungen des radioaktiv markierten Materials im Kot der Stute haben zu interessanten Informationen geführt. Die Entfernung der Eierstöcke oder Hoden des Fetus und die Beobachtung, wie sich dies auf die Trächtigkeit und die fetale Entwicklung auswirkt, haben ebenfalls unser Wissen erweitert.

In den letzten Jahren hat die klinische Annäherung an den Fetus Fortschritte gemacht. Bei der Fruchtwasserpunktion wird mit einer Nadel, die durch die Bauchwand eingeführt wird, eine Fruchtwasserprobe entnommen. Auf diese Weise gelangt man auch an Allantoisflüssigkeit. Diese Technik wird schon jahrelang beim Menschen angewendet. Daß sie jetzt auch in der Tiermedizin Einzug hält, ist der Entwicklung der Ultraschalltechnik zu verdanken. Die Stute wird mit einem geeigneten Medikament ruhiggestellt; nachdem die Lage des Fetus, die umgebenden Eihäute und Fruchtwasser per Ultraschallverfahren (siehe Seite 319) ausgemacht worden sind, wird die Bauchwand an der entsprechenden Stelle örtlich betäubt. Inzwischen hat man auch erste Ergebnisse mit einer Technik erzielt, bei der man verschiedene Präparate wie zum Beispiel ACTH in den Fetus selbst injiziert. Die Entnahme von Flüssigkeit direkt aus dem Fetus oder die Injektion in den Fetus erfolgen bislang nur für Forschungszwecke. Weitere Fortschritte in den nächsten Jahren erlauben womöglich ihre Anwendung auch für die klinische Diagnose und Behandlung.

Trotz aller Forschung fehlen uns noch viele Teile zu dem Puzzle, das die hormonale Steuerung der Trächtigkeit bei der Stute darstellt.

Progesteron

Progesteron wird als das Trächtigkeitshormon bezeichnet, weil es für das ständige Wohlergehen des Fetus notwendig ist. Die Eierstöcke der Stute produzieren etwa bis zum 120. Tag Progesteron; der Fetus oder die Plazenta beteiligen sich vom 40. Tag bis zum Ende der Tragezeit an der Produktion. Die Eierstöcke der Stuten können, sobald die fetale Quelle ihre Arbeit aufgenommen hat, aus experimentellen Gründen entfernt werden, und doch käme es nicht zu einem Verfohlen. Progesteronkonzentration im mütterlichen Blut rührt vom Gelbkörper her, der sich zur Zeit der Empfängnis gebildet hat. Dieser Gelbkörper würde normalerweise nach etwa 15 Tagen durch Prostaglandin, das aus der Gebärmutter stammt, aufgelöst. Ist eine befruchtete Eizelle vorhanden, bleibt er jedoch bis zu hundert Tage bestehen. Bislang verstehen wir nicht, wie die Stute „erfährt", daß sie tragend ist, und durch welches Signal oder Mittel der Gelbkörper geschützt wird. Da er weiterhin empfindlich auf Prostaglandine ist, scheint der Mechanismus der Lebensverlängerung nicht von einer Schutzwirkung gegen dieses Hormon abzuhängen. Durch das Vorhandensein eines Fetus wird offenbar die Freisetzung von Prostaglandinen durch die Gebärmutter unterdrückt. Der Auslösemechanismus, der den kurzlebigen Gelbkörper in einen langlebigen verwandelt, setzt um den 14. Tag der Trächtigkeit ein. Jüngere Arbeiten legen die Annahme nahe, daß zwei Faktoren bei der Unterdrückung der Prostaglandinproduktion in der Gebärmutter eine Rolle spielen und derart das funktionale Leben des Gelbkörpers verlängern, der sich bei der Empfängnis bildet. Der erste Faktor ist die Bewegung des Embryos in der Gebärmutter bis zum 16. Tag. Darüber werden wir genauer im Kapitel 15 sprechen. Es ist von vergleichsweisem Interesse, daß der Embryo beim Rind sich nur in der Gegend eines Gebärmutterhorns bewegt, während er sich beim Pferd in beiden Hörnern und im Gebärmutterkörper „herumtreibt". Dieser Unterschied entspricht der Tatsache, daß Prostaglandin beim Rind nur lokal von der Gebärmutter zum Eierstock zieht, während es beim Pferd in den Blutkreislauf gelangt. Bei der Kuh besetzt der Embryo das Horn auf der Seite, auf der der Eisprung stattgefunden hat, beim Pferd kann er jedes Horn besetzen. Der Kontakt des Rinderembryos mit nur einem Horn blockiert darum die Prostaglandinfreisetzung auf der Seite der Gebärmutter, wo es wichtig ist, während beim Pferd ein ganzflächiger Kontakt mit der Gebärmutter nötig ist, um eine ähnliche Blockade zu erzielen. Für den zweiten Faktor hält man ein Protein, das vom Embryo abgesondert wird und der Stute ab dem 16. Tag „mitteilt", daß sie tragend ist. Die genaue Wirkungsweise dieses Proteins ist noch unbekannt.

Zweite und weitere Gelbkörper bilden sich um den 25. Tag als Folge von Eisprüngen, die unter dem Einfluß der Hypophysenhormone FSH und LH auftreten; die FSH- und die LH-Konzentration schwillt in Abständen auch bei der tragenden Stute an. Früher dachte man, daß diese zusätzlichen Ovulationen (Eisprünge) als Folge hoher PMSG-Konzentrationen aufträten, die etwa ab dem 40. Tag zu beobachten sind. Inzwischen hat sich herausgestellt, daß diese Aktivität der Eierstöcke bereits auftritt, bevor die PMSG-Konzentration zugenommen hat, und daß die Eierstöcke nicht auf PMSG (siehe Seite 130) reagieren. Die zusätzlichen Gelbkörper haben ein unterschiedlich langes Leben, aber um den 120. Tag stellen sie ihre Funktion ein. Die Progesteron-Konzentration im Blut der Stute nimmt ab und bleibt für den Rest der Trächtigkeit gering. Erst in den Tagen vor der Geburt steigt sie wieder an. Die Ausschüttung von Progesteron erfolgt nach dem 150. Tag alleine aus der Plazenta und dem Fetus, sie beruht nicht mehr auf einer Eierstockaktivität der Stute.

Östrogene

Eine Reihe von unterschiedlichen Substanzen wird unter dem Begriff „Östrogene" zusammengefaßt. Dazu gehören Östradiol, Östron und zwei Wirkstoffe, die es nur in der Pferdefamilie gibt, das Equilenin und das Equilin. Die beiden letzteren scheinen keine hormonale Bedeutung zu haben. Sie werden kommerziell in Gesichtscremes verwendet und als Kosmetika verkauft. Östrogene treten ab dem 120. Tag in großen Mengen im Urin der Stute auf. Ihre Konzentration erreicht einen Höhepunkt in der Trächtigkeitsmitte und nimmt dann bis zur Geburt wieder ab. Diese Östrogene werden aus Bestandteilen zusammengesetzt, die von den fetalen Keimdrüsen produziert werden (siehe Seite 134). Östrogene sind wahrscheinlich für das Wachstum und die Entwicklung des Fetus notwendig, nicht aber für das Aufrechterhalten der Trächtigkeit. Die Östrogenbestimmung im Urin der Stute während der Trächtigkeit stellt die Basis für den Trächtigkeitsnachweis durch Harnuntersuchung dar. Dieser Test führt ab dem 120. Tag zu verläßlichen Ergebnissen.

Equines Choriongonadotropin

Das PMSG (Pregnant mares' serum gonadotrophine, Serumgonadotrophin) ist unlängst umbenannt worden in eCG (Equines Choriongonadotropin, Gonadotropin des Pferdechorions). Es hat follikelstimulierende und luteinisierende Eigenschaften. Produziert wird es nicht von der Hypophyse der Stute während des Rossezyklus, sondern von speziellen Zellen in den Schleimhautbechern (endometrial cups). Es kann aus dem Blut tragender Stuten zwischen dem 40. und dem 100. Tag der Trächtigkeit gewonnen werden. eCG kann aufgrund seiner follikelstimulierenden und ovulations(Eisprung-) fördernden Wirkung gereinigt und kommerziell verwendet werden. Es ist eine kuriose Tatsache, daß diese Substanz zwar bei anderen Arten (auch beim Menschen) wirkt, jedoch keinen Effekt auf die Eierstöcke der Stute hat.

Vernünftigerweise könnte man fragen: Warum ist es dann in so großen Mengen bei tragenden Stuten vorhanden? Darauf gibt es bislang keine exakte Antwort. Jüngere Arbeiten legen nahe, daß sich die FSH- und LH-Komponenten des eCG hinreichend von ihren Hypophysen-Gegenstücken unterscheiden, um als solche von den Eierstöcken des Pferdes erkannt zu werden – nicht jedoch von den Eierstöcken anderer Arten. Man nimmt an, daß die großen Mengen an eCG eine Rolle bei der Unterdrückung von Abstoßungsreaktionen der trächtigen Gebärmutter im frühen Stadium zu spielen haben: Sie verhindern, daß der Fetus abgestoßen wird. Außerdem kann das Hormon die Entwicklung der fetalen Keimdrüsen stimulieren und verantwortlich sein für deren erhebliche Größenzunahme während der Zeit, in der eCG ausgeschüttet wird.

Gebildet und abgegeben wird eCG von den Schleimhautbechern zwischen dem siebten und etwa dem 100. Tag der Trächtigkeit . Diese Becher – so genannt wegen ihrer Form – sind Stellen in der Gebärmutterwand, wohin Zellen aus dem Gürtel, der den Embryo umgibt (siehe Seite 122), um den 37. Tag wandern. Die Becher bedecken eine kleine kreisförmige oder ovale Fläche. Eine Reihe von ihnen ist rings um die Basis des Gebärmutterhorns auf der Seite, wo sich der Embryo entwickelt, zu finden. Die Hypophyse der Stute produziert selbst dann noch FSH und LH, wenn die Stute tragend ist. Diese Hormone sind wahrscheinlich für die Entwicklung und Ovulation der Follikel verantwortlich, die die zusätzlichen Gelbkörper bilden (siehe oben). Man weiß nicht, ob die FSH und LH während der gesamten Trächtigkeit erhöht sind, bei der Geburt sind jedenfalls gestiegene Werte zu beobachten. Wahrscheinlich sind sie dann zuständig für die Vorbereitung der Follikel, die bei der Fohlenrosse vorhanden sind.

Prostaglandine

Es gibt eine große Anzahl verschiedener Prostaglandine (PG) neben jenen, die für das Ende des Gelbkörperlebens verantwortlich sind. Die Wirkungsweise von PGF und PGE (PG-Gruppen) reicht von Größenveränderungen bei kleineren Blutgefäßen bis zum Zusammenziehen und Erschlaffen von Muskelfasern. Diese Substanzen sind darum eng verbunden mit Veränderungen im Blutfluß und der Muskelaktivität in der Gebärmutter. Sie sind im fetalen Blutkreislauf und in der Allantoisflüssigkeit vorhanden. Ihre Konzentration nimmt meist zum Ende der Tragezeit zu, ein ausgeprägter Anstieg tritt jedoch nur während der Geburt auf. Prostaglandine sind ein Teil des komplizierten hormonalen Systems, das die Geburt sowie die Plazenta- und Fetus-Funktionen während der Trächtigkeit steuert.

Kortisol

Die Kortisol-Konzentration im Fetus ist während der gesamten Trächtigkeit gering, sie steigt ein bißchen an, wenn es auf die Geburt zugeht. Dieses Hormon spielt eine bedeutende Rolle im Stoffwechsel des Fetus und bei der Geburt – und zwar im Verbund mit solchen Hormonen wie Prostaglandin und Oxytozin.

Trächtigkeitsdiagnose

Die Trächtigkeitsdiagnose ist während der Decksaison für ein besseres Zuchtmanagement sowie bei Verkäufen und bei Abschluß einer Versicherung nötig. In den Verträgen ist häufig eine „no foal no fee"-Klausel eingebaut: Fällig wird das Deckgeld also nur bei Geburt eines Fohlens. Weiterhin ist die Trächtigkeitsdiagnose zur Planung der folgenden Zuchtsaison hilfreich. Am wichtigsten ist sie allerdings für die Feststellung und Behandlung von Unfruchtbarkeit.

Es gibt vier wesentliche Untersuchungsmethoden: Ultraschalluntersuchung, rektale Untersuchung (Abtasten durch den Mastdarm), Bluttest und Harnuntersuchung.

Ultraschalluntersuchung

Diese Technik wird eingehend im Kapitel 14 beschrieben.

Rektale Untersuchung (Abtasten durch den Mastdarm)

<u>Nach 19 bis 21 Tagen.</u> Die rektale Untersuchung kann schon am 17. Tag nach dem Eisprung vorgenommen werden, d.h. 19 Tage nach dem letzten Decken. In dieser Phase kann man zu folgenden Befunden gelangen: a) Vorhandensein eines kleinen Säckchens in der Gebärmutter und verdickte Gebärmutterhörner, b) kein Säckchen ist zu erfühlen, aber die Gebärmutterwände sind verdickt, c) die Gebärmutterwände sind etwas angespannt, aber nicht wesentlich verdickt, und d) die Gebärmutterwände sind völlig entspannt und weisen keinen Muskeltonus auf. Diese Ergebnisse werden so bewertet: a) eindeutig trächtig, b) wahrscheinlich trächtig, c) wahrscheinlich nicht trächtig und d) eindeutig nicht trächtig.

Es muß betont werden, daß diese sehr frühzeitige Diagnose keine hundertprozentige Sicherheit verschafft. Aber sie liefert dem Gestütsleiter höchst nützliche Informationen während der Decksaison. Das Wissen um den wahrscheinlichen sexuellen Status der Stute in dieser entscheidenden Situation kann sehr hilfreich sein und die Betriebsleitung in die Lage versetzen, spezielle Vorsichtsmaßnahmen bei solchen Stuten zu ergreifen, die man des „Betrugs" verdächtigt, die also weder tragend sind noch bei der erwarteten nächsten Rosse sichtbare Rosseanzeichen aufweisen.

<u>Nach 30 bis 35 Tagen.</u> Eine Trächtigkeitsuntersuchung 30 bis 35 Tage nach dem Decken ist eindeutiger, da der fetale Sack besser ertastet werden kann. Der Vorteil einer Untersuchung zu dieser Zeit liegt darin: Falls Zwillinge vorhanden sind, können sie entfernt werden, bevor die Schleimhautbecher aktiv werden. Ist PMSG erst einmal vorhanden, wird die normale zyklische Aktivität unterdrückt.

<u>Nach 39 bis 42 Tagen.</u> Nach 40 Tagen ist der fetale Sack hinreichend groß für eine sichere Trächtigkeitsdiagnose, die in allen Fällen vorgenommen werden sollte. Gelegentlich kann sich die Aussackung klein oder etwas weniger angespannt als normal anfühlen. Der Tierarzt wird diesen Befund melden und wahrscheinlich eine weitere Untersuchung in sieben oder zehn Tagen vorschlagen, um entscheiden zu können, ob die Trächtigkeit normal verläuft.

Nach 60 Tagen. Während der Zuchtsaison ist ein wiederholter Check nach 60 Tagen empfehlenswert, da ein kleiner Teil der Stuten ihr Fohlen zwischen dem 40. und dem 60. Tag verliert. Bei Zwillingen liegen die Aussackungen nun in der Gebärmutter aneinander, und es ist schwer, sie voneinander zu unterscheiden. Ab dem 100. Tag ist es unmöglich, Zwillinge durch manuelle Untersuchungen zu diagnostizieren. Manche Leute fürchten, daß durch eine manuelle Untersuchung ein Verfohlen heraufbeschworen wird. Es gibt bis heute keine Beweise dafür, daß die rektale Untersuchung einen Abort – gleich in welcher Phase der Trächtigkeit – verursacht hat. Diese Technik ist weit verbreitet, und die überwiegende Mehrheit der untersuchten Stuten bleibt tragend und bringt zum Schluß lebende, gesunde Fohlen zur Welt. Versucht man bei Zwillingsträchtigkeiten, einen der beiden fetalen Säcke „abzudrücken", scheitert man häufig. Beide entwickeln sich ungeachtet des ausgeübten Drucks weiter: Und dabei wirken wesentlich größere Kräfte ein als bei der routinemäßigen Trächtigkeitsdiagnose.

Es wäre nun falsch, kategorisch zu behaupten, daß die Berührung der Gebärmutter oder auch das Festhalten der Stute für die Untersuchung bei einzelnen, anfälligeren Tieren keinen Abort verursachen kann. Es gibt alternative Techniken, die herangezogen werden können, wenn man annimmt, daß die manuelle Untersuchung im speziellen Fall schädlich sein könnte, oder wenn der Stutenbesitzer dieser Methode ablehnend gegenübersteht.

Bluttest

Nach 45 bis 90 Tagen. Der Bluttest basiert auf der Ermittlung des PMSG und ist vom 45. bis zum 90. Tag der Trächtigkeit verläßlich. Positive Ergebnisse treffen auch außerhalb dieser Periode zu, wenn sie zwischen dem 40. und dem 45. Tag bzw. zwischen dem 90. und dem 120. Tage erlangt wurden, negative Ergebnisse in diesen Zeitabschnitten können falsch sein. Der Test wurde als biologische Methode entwickelt, wobei Mäuse, Kaninchen oder Frösche benutzt wurden. Heute verwendet man meist Teströhrchen und macht sich immunologische Reaktionen zunutze. Der Bluttest ist äußerst exakt. Gleichwohl ist es möglich, daß in einigen wenigen Fällen ein positives Resultat nicht auf ein Fohlen schließen läßt. Der Grund für diese Unstimmigkeit, die bei etwa zehn Prozent der Trächtigkeiten auftritt, ist dieser: Die Zellen, die das PMSG absondern, werden zwischen dem 35. und 40. Tag „angeschaltet", und sie setzen ihre Hormonabgabe ungeachtet dessen fort, ob ein Fetus noch oder nicht mehr vorhanden ist, bis sie etwa zwischen dem 90. und 120. Tag abgestoßen werden. Die zehnprozentige Unstimmigkeit wird manchmal als Ungenauigkeit des Tests angesehen. In Wirklichkeit ist der Hormontest zu 99,9 Prozent exakt, und es handelt sich nur um einen biologischen Schnörkel der Natur, der ihn scheinbar unzuverlässig macht.

Harnuntersuchung

Die anhand von Urin vorgenommene Trächtigkeitsdiagnose ist vom 120. Tag der Trächtigkeit bis zur Geburt zuverlässig. Sie basiert auf der chemischen Ermittlung des Hormons Östrogen, das während dieser Zeit im Urin zu finden ist. Der Test ist höchst verläßlich. In einigen Fällen erzielt man jedoch zweifelhafte Resultate, und so kann eine weitere Untersuchung notwendig werden, um das Ergebnis zu bestätigen. Nachteil dieses Tests ist natürlich, daß es Probleme bereitet, bei nicht kooperativen Stuten an eine Urinprobe zu gelangen.

Andere Methoden

Es gibt noch weitere Methoden, um eine Trächtigkeit festzustellen. Sie werden jedoch normalerweise in der Praxis nicht angewendet. Die Elektrokardiographie (EKG) kann in der zweiten Trächtigkeitshälfte benutzt werden, um den fetalen Herzschlag aufzuzeichnen. Elektroden werden an Rücken und Bauch der Stute angebracht, und der fetale Herzschlag kann identifiziert werden, indem man in vom mütterlichen Herzschlag ableitet. Herzschläge können auch mit der Ultraschallsonde ermittelt werden, mit der man ferner Herzfrequenz und Bewegung des Fetus aufzeichnen kann. Die Sonde wird in den Mastdarm der Stute eingeführt und zeichnet jede Lageveränderung der Gliedmaßen und des Körpers des Fetus auf. Ebenso ist die Röntgentechnik verwendet worden, um fetale Bewegungen bei Ponystuten zu ermitteln. Dazu hat man ein sehr starkes Röntgengerät benutzt. Es ist fraglich, ob eine dieser Methoden von besonderem Wert für die Praxis ist. In der Forschung haben sie jedoch ihren Sinn, weil man mit ihnen die Gesundheit des Fetus und das Verhältnis zwischen fetalem Wohlergehen und Veränderungen der mütterlichen Umwelt studieren kann. Leider kann man mit ihnen nicht das Vorhandensein von Zwillingen feststellen. Freilich, werden zwei fetale Herzschläge wiedergegeben, dann ist das ein eindeutiger Nachweis für Zwillinge. Es kann allerdings sein, daß der zweite Herzschlag nicht sichtbar ist oder irrtümlich für einen einzelnen Herzschlag gehalten wird.

Vorbereitung auf die Geburt

Wie wir schon zu Anfang dieses Kapitels sagten, ist die Trächtigkeit eine Phase der Entwicklung und der Vorbereitung auf das Leben außerhalb des Mutterleibes. Die gesamte Periode fetaler Entwicklung baut sich Stück für Stück bis zur vollständigen Reife auf. Ein Fohlen, das ohne Haar auf die Welt käme, wäre offensichtlich schlecht vorbereitet auf ein Überleben selbst bei sommerlichem Wetter. Das Haar wächst und formt sich noch vor der Geburt zu einem vollständigen Fell. Andere Organe, wie die Lungen und das Nervensystem, sind notwendigerweise voll entwickelt, wenn das Fohlen geboren wird. Die meisten Organe funktionieren bei der Geburt – aber nicht alle. Wie wir schon erfahren haben, leisten Herz und Kreislauf dieselbe Arbeit vor wie nach der Geburt, auch wenn das Tempo geringer ist. Die Bewegung des Fetus, zu der auch Bewegungen der Brust zur Stimulierung des Atmens gehören, spielt eine wichtige Rolle für das „Training" der Muskeln und des Nervensystems für die Arbeit, die beide nach der Geburt zu leisten haben. Alle Systeme müssen bei der Geburt entsprechend vorbereitet sein, um die Herausforderungen der Welt außerhalb der Gebärmutter annehmen zu können. Dazu gehören auch die für den Stoffwechsel notwendigen Leberenzyme und die Drüsen, die die hormonalen Aktivitäten und die Verdauung unterstützen. In der Gebärmutter wird das Fohlen von seiner Mutter geschützt, draußen muß es für sich selbst sorgen. Erst in den letzten Phasen der

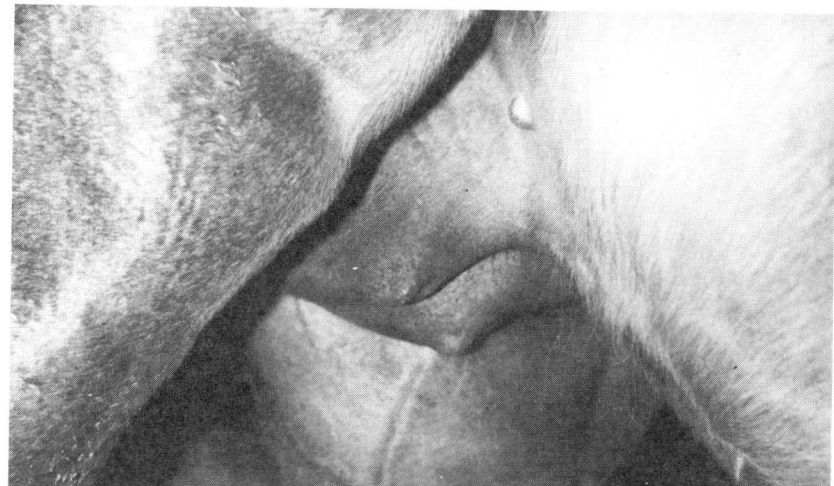

Links: Der Zustand des Euters ungefähr eine Woche vor der Geburt. Unten: Ein voll entwickeltes Euter, aufgenommen während der Geburt.

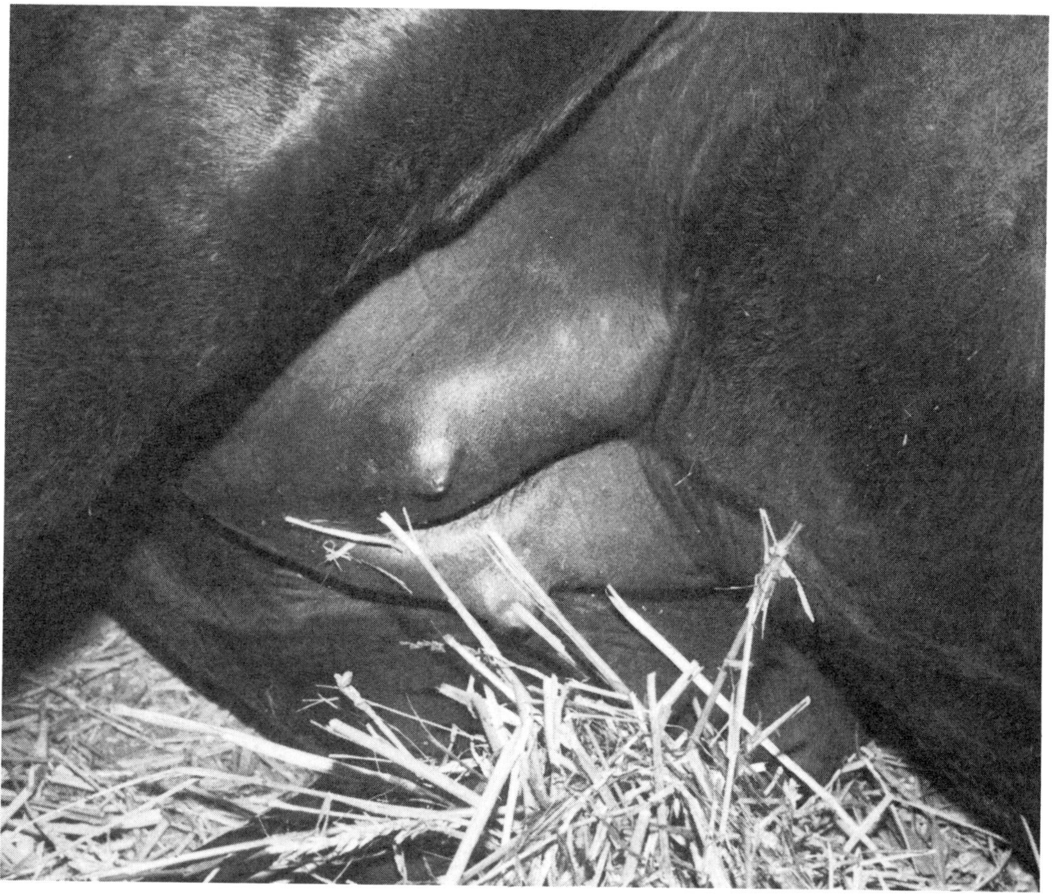

Trächtigkeit sind alle Systeme voll entwickelt. Würde ein Fohlen mit irgendeinem mangelhaften System geboren (fehlt etwa ein Leberenzym oder ist die Lungenkapazität nicht ausreichend), dann hätte es ein ähnliches Problem wie ein Mann, der ein Auto den Berg hinaufziehen möchte an einer Kette, die ein schwaches Glied aufweist oder in der ein Glied fehlt. Solch ein Fohlen nennen wir nicht ausgereift oder unreif.

Eine normale Trächtigkeit muß länger als 320 Tage währen. Ein früher geborenes Fohlen wird unreif sein, d. h. unterentwickelt im Hinblick auf seine Größe und die lebenswichtigen Körpersysteme. Fohlen, die nach 320 bis 355 Tagen geboren werden, gelten als ausgetragen, d. h. sie sind reif. Bei mehr als 355 Tagen könnte man von einer verlängerten Tragezeit sprechen. Sollte im Wachstum eine Abnormalität auftreten, dann ist die Überlebensfähigkeit selbst eines normal ausgetragenen Fohlens vermindert. Das kann auch für ein zeitlich ausgetragenes Fohlen gelten, wenn die Plazenta geschädigt worden ist und es sich darum ungleichmäßig entwickelt hat. Ein solches Fohlen kann Merkmale der Unreife aufweisen; man spricht dann von Dysmaturität. Menschliche Kleinkinder werden in diesen Fällen als „zu klein für ihr Alter" beschrieben. Wir werden uns mit diesem Thema weiter befassen, wenn wir die Erkrankungen des neugeborenen Fohlens behandeln (siehe Seite 269).

Wichtig daran ist, daß eine Geburt normalerweise nur dann stattfindet, wenn der Fetus reif ist und bereit, sein Zuhause in der Gebärmutter zu verlassen. Bei Stuten ist das 320 bis 355 Tage nach dem letzten Decken der Fall. Normale Tragezeiten weichen erheblich voneinander ab. Benötigt ein Tier 355 Tage für seine Entwicklung, dann wäre es zweifellos unreif, wenn es zum Beispiel nach 325 Tagen geboren würde. Es stellt sich die Frage, woher Fetus und Stute wissen, wann die Geburt stattfinden soll. Der Geburtstermin hängt weitgehend vom Fetus selbst ab. Er ist offensichtlich in der Lage, der Stute zu signalisieren, daß er geburtsreif ist. Im nächsten Kapitel werden wir erfahren, daß die Hormone eine dominierende Rolle bei der Geburtseinleitung spielen. Die Stute kann dieses Ereignis freilich so weit steuern, daß es vorwiegend nachts stattfindet. Es hat den Anschein, als bestimme der Fetus die Gesamtlänge der Trächtigkeit, während die Stute für die Feinabstimmung zuständig ist, bis hin zur Nachtstunde, in der sie fohlt. So ist sie vielleicht von der Natur mit der Fähigkeit ausgerüstet, in der Dunkelheit zu gebären, wenn Raubtiere schlafen.

In den Wochen vor der Geburt vergrößern sich die Milchdrüsen (das Euter) der Stute durch die Zunahme an Drüsensubstanz. Es sammelt sich Milch in den Drüsen, die Kolostralmilch oder Biestmilch genannt wird. Sie enthält viel Protein (Eiweiß), u. a. auch ein spezielles Protein, das Globulin heißt und die Schutzstoffe oder Antikörper enthält, die für das Wohlergehen des neugeborenen Fohlens wichtig sind.

4
Die Geburt

Die Geburt ist ein einzigartiges Ereignis im Leben von Säugetieren. Dabei wird der Fetus aus der Sicherheit der mütterlichen Gebärmutter in die rauhe Wirklichkeit der Außenwelt hinausgetrieben. Die Lebensweise ändert sich für den Fetus dramatisch und stellt zwangsläufig eine Herausforderung an seine Überlebensfähigkeit dar, die wir im nächsten Kapitel abhandeln. Hier interessiert uns der Geburtsvorgang selbst.

Es empfiehlt sich, die Geburt in drei Phasen aufzuteilen. Diese Phasen stellen biologische Ereignisse dar, die eine fortschreitende Sequenz bilden. Im ersten Stadium (Eröffnungsphase) treten die Wehen auf, dabei handelt es sich um ein vorbereitendes Zusammenziehen der Gebärmutter. Im zweiten Stadium (Austreibungsphase) findet die tatsächliche Geburt durch den Geburtskanal statt, im dritten Stadium (Nachgeburtsphase) die Austreibung der Eihäute (Nachgeburt), die nicht länger für das fetale Leben nötig sind.

Hormonale Steuerung der Geburt

Wie wir im letzten Kapitel erfahren haben, ist die Geburt ein vorbestimmtes Ereignis, das auf der Reife des Fetus basiert und auf der Fähigkeit der Stute, meistens Nachtstunden für ihre „Niederkunft" zu wählen. Hormone leiten den Geburtsvorgang ein und steuern ihn. Sie wirken auf die Gebärmuttermuskulatur ein, um die Kontraktionen auszulösen, die den Fetus durch den Geburtsweg treiben. Hormone sind ferner zuständig für Veränderungen im Genitaltrakt, zum Beispiel für die Erschlaffung des Gebärmutterhalses, dank deren der Fetus den Weg durch den Geburtskanal nehmen kann.

Sobald die sich zusammenziehende (kontrahierende) Gebärmuttermuskulatur den Fetus veranlaßt, seine Reise in die Außenwelt anzutreten, wird die Austreibung unterstützt durch die pressenden Bauchmuskeln der Stute, die dabei auf der Seite liegt. Die jetzt aktivierten Gebärmutterwände und die Auskleidung der Geburtswege senden nervöse Impulse (Botschaften) ans Hirn und ans Rückenmark, durch die jene Reflexe ausgelöst werden, die mit der Geburt verknüpft sind (Abb. 21).

Zwei Hormone, Oxytozin aus der Hirnanhangdrüse und Prostaglandin aus der Gebärmutter und der Plazenta, sind verantwortlich für die kraftvollen Kontraktionen der Gebärmuttermuskulatur. Für diese Wirkung mußte der Muskel bereits empfänglich gemacht werden: durch das Vorhandensein der Hormone Östrogen und Kortison.

Einfluß auf diese Kontraktionen haben auch die verminderten Progesteron-Konzentrationen zu diesem Zeitpunkt. Progesteron hat einen dem Östrogen entgegengesetzten Effekt, indem es die Gebärmuttermuskulatur weniger empfänglich für die Wirkung des Oxytozins macht. Die hormonalen Veränderungen und ihre Wechselwirkung sind zu komplex, um hier diskutiert zu werden. Außerdem weist unser Wissen hier noch viele Lücken auf.

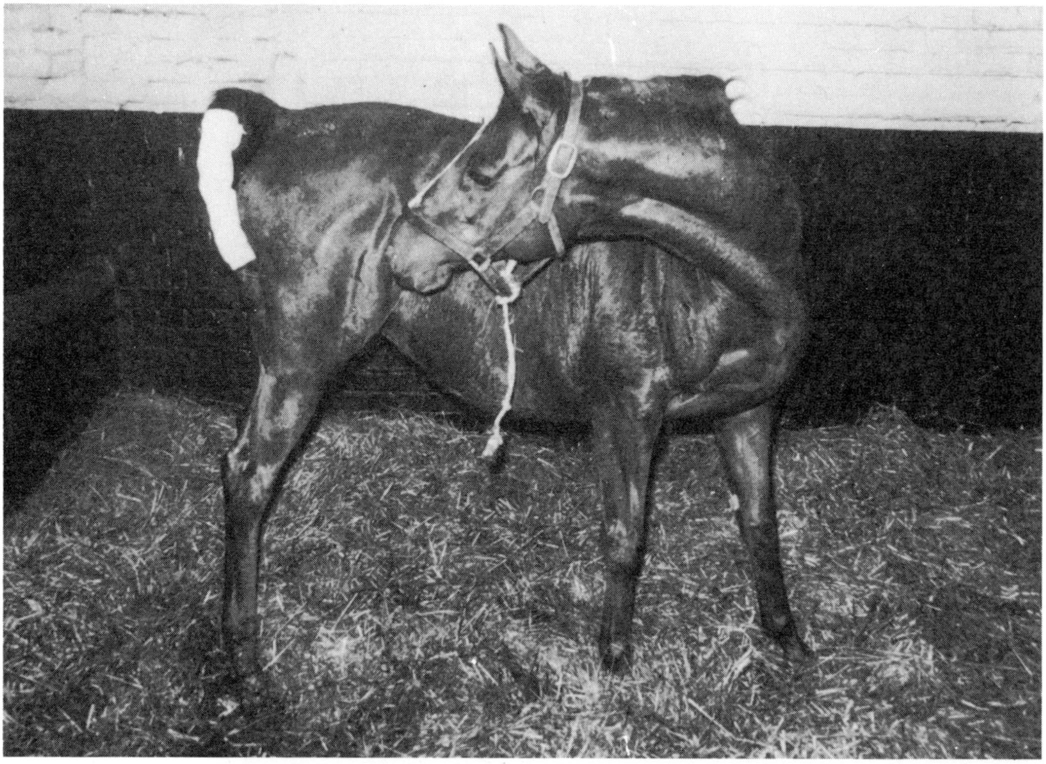

*Die Eröffnungs-
phase: Die Gebär-
mutterkontraktio-
nen verursachen
Schmerzen.*

*Austreibungsphase:
Das Fohlen gelangt
ins Freie.*

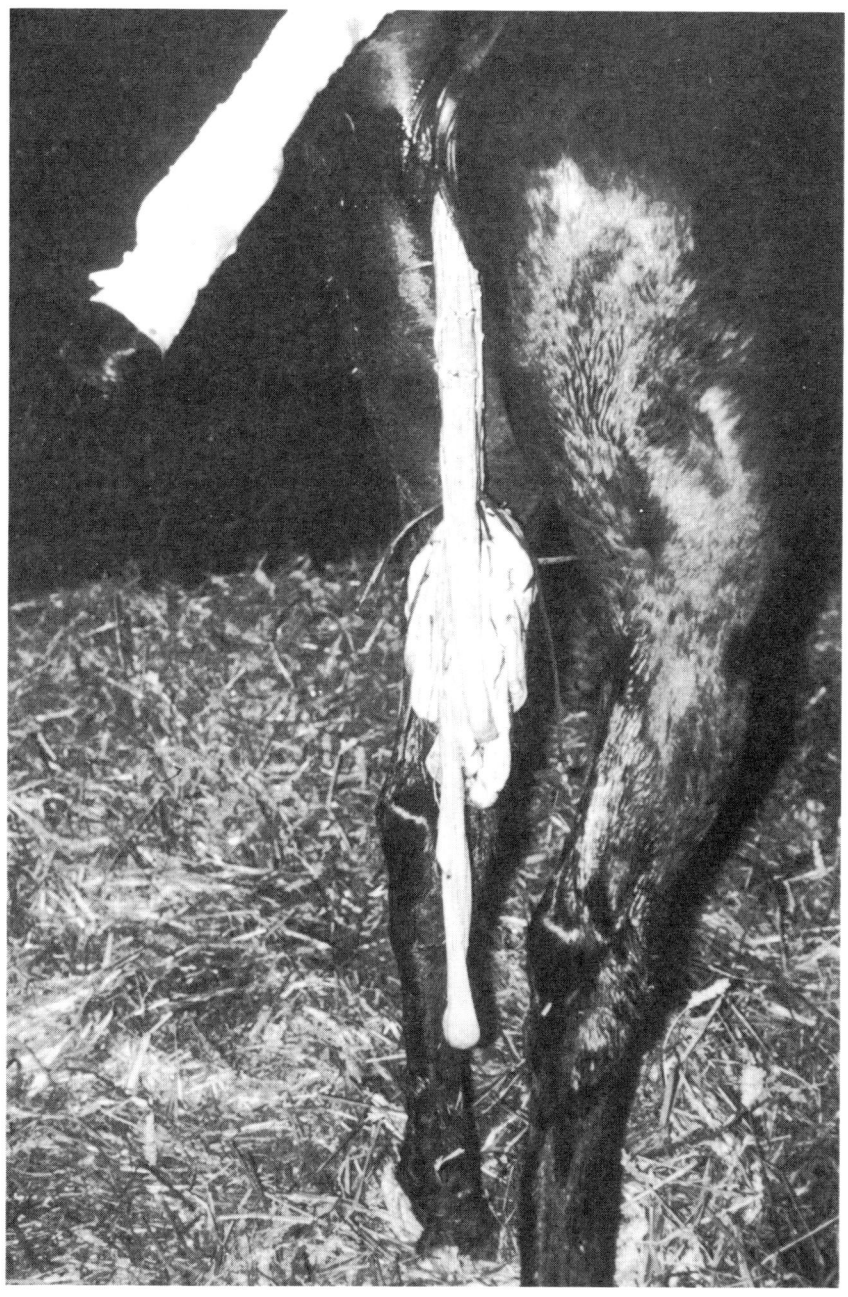

*Nachgeburtsphase:
Die Nachgeburt
geht ab.*

Abb. 21: Die Geburt wird durch Hormone von Organen der Stute und des Fetus gesteuert, die auf Gebärmutter, Gebärmutterhals und Scheide der Stute wirken. Nervöse Reflexe spielen bei der Stute ebenfalls eine Rolle. Die fetale Hypophyse (FHY), die fetalen Nebennierenrinden (FNN) und Keimdrüsen (KEI) wirken vereint entlang der dargestellten Wege. Im Verbund mit diesen wirken auf der Gebärmutterseite auch Hormone der Stute, so daß die Geburt vom Fetus und der Stute beeinflußt wird.

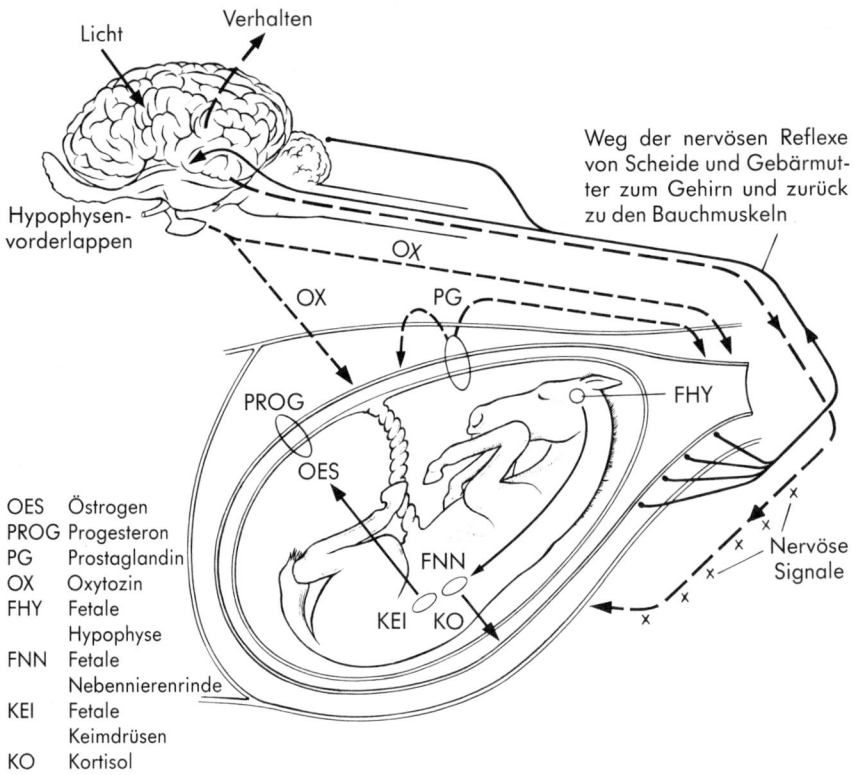

OES	Östrogen
PROG	Progesteron
PG	Prostaglandin
OX	Oxytozin
FHY	Fetale Hypophyse
FNN	Fetale Nebennierenrinde
KEI	Fetale Keimdrüsen
KO	Kortisol

Die Anatomie der Geburt

Der Geburtskanal

Geburt bedeutet Trennung zweier Lebewesen, von denen das eine aus dem anderen heraustritt. An dieser Stelle befassen wir uns mit der Struktur und der Anordnung von Stute und fetalem Fohlen während dieser Trennungsphase. In der Gebärmutter hat das Fohlen mit gebeugtem Hals und angezogenen Gliedmaßen auf dem Rücken gelegen (Abb. 22a). Jetzt muß es von der Gebärmutter durch den Beckenausgang ins Freie gelangen (Abb. 22d). Dabei passiert es den Gebärmutterhals, die Scheide und die Schamlippen – weiche Gebilde, die sich zu diesem Zweck hinreichend dehnen können. Der Geburtskanal besteht also aus einer weichen Röhre, die von einem starren, knöchernen Ring umgeben ist (Abb. 23, 24). Der unflexible Ring entscheidet darüber, wie leicht der Geburtsvorgang vonstatten geht. Die Öffnung, die der knöcherne Geburtskanal läßt, hat eine etwa konische Gestalt. Sie wird oben vom Kreuzbein und den ersten drei Schwanzwirbeln und an den Seiten sowie unten vom Beckenboden bzw. den Darmbeinsäulen begrenzt. Die Öffnung des knöchernen Geburtskanals ist auf der Seite der Gebär-

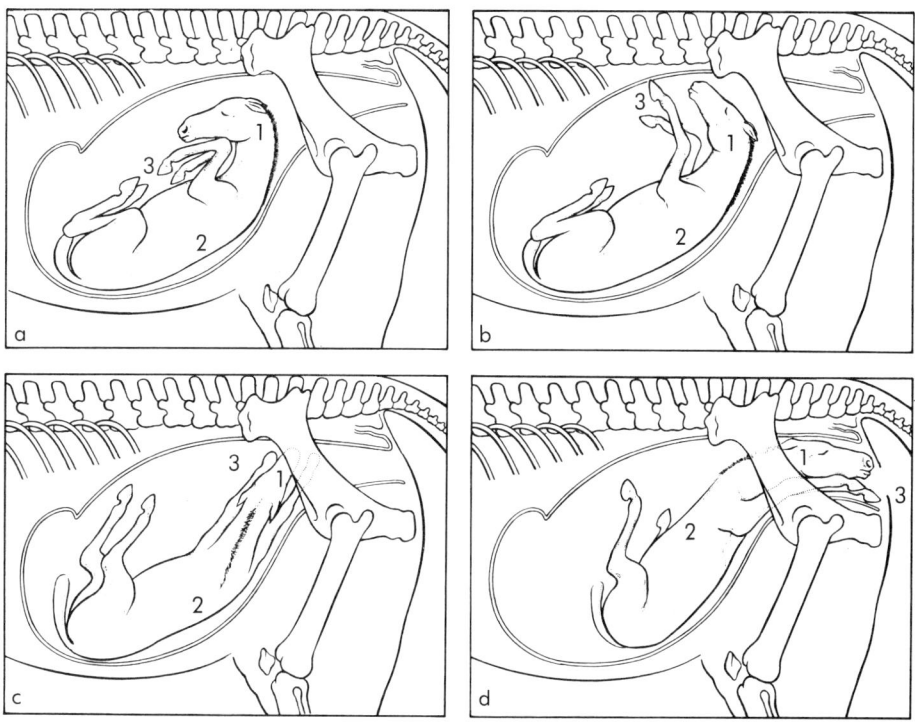

1 = Lage — Vorderendlage a–d
2 = Stellung — untere (Bauch nach oben) a–b; obere (Rücken nach oben) d
3 = Haltung — gebeugt a–b; gestreckt c–d

mutter etwas weiter als auf der Ausgangsseite. Bei einer Vollblutstute hat die innere Öffnung einen Durchmesser von etwa 24 cm und die äußere einen von etwa 20 cm. Der größte Durchmesser liegt leicht schräg zur Mittellinie. Diese Tatsache ist wichtig im Hinblick auf die Stellung des Fohlens, wenn es in den Geburtskanal eintritt und ihn durchquert.

Während der Austreibungsphase erweitert sich der Gebärmutterhals, die Schamlippen entspannen sich, und die Scheide wird feucht. Der weiche Geburtskanal behindert die Austreibung des Fohlens nicht, er trägt vielmehr dazu bei, daß die Passage entlang der verschiedenen Oberflächen leicht vonstatten geht. Der knöcherne Geburtskanal kann von seiner Struktur her nicht nachgeben. Die Bänder, durch die die Knochen miteinander verbunden sind, erschlaffen allerdings und geben etwas nach. Dadurch wird der knöcherne Ring ein klein wenig erweitert. Es ist daher für das fetale Fohlen äußerst wichtig, sich so auszurichten, daß es seinen Umfang vermindert und seine Gliedmaßen stromlinienförmig anordnet, um nicht irgendwo am knöchernen Becken hängenzubleiben. Wie das Fohlen sich am vorteilhaftesten ausrichtet, ist in Abb. 22 zu sehen.

Abb. 22: Lage (1), Stellung (2) und Haltung (3) des Fohlens vor (a) und während der Eröffnungswehen (b und c) und zu Beginn der Austreibungsphase (d). (Aus Joffcot und Rossdale – Ergänzung 27 des Journal of Reproduction and Fertility)

Fetale Ausrichtung

Es ist üblich, die Ausrichtung des Fetus im Hinblick auf seine *Lage, Stellung* und *Haltung* (Abb. 22) zu bestimmen. Die Lage bezieht sich auf den Körperteil des Fetus, der sich dem Beckeneingang präsentiert. Bei der normalen Lage kommt der Kopf als erstes. Die Stellung bezieht sich auf die Ausrichtung des Fohlenkörpers im Verhältnis zum Rückgrat der Stute. Die korrekte Stellung ist dann gegeben, wenn sich die Wirbelsäule des Fohlens ganz oben befindet, sozusagen parallel zu der der Stute. „Untere Stellung" bedeutet, daß die Fohlenbrust nach oben zeigt. Die Haltung beschreibt die räumliche Beziehung von Kopf, Hals und Gliedmaßen im Verhältnis zum fetalen Körper. Im fetalen Leben sind diese – wie bereits beschrieben – gebeugt, während der Geburt werden sie gestreckt.

Im sechsten Monat der Trächtigkeit nimmt das fetale Fohlen eine Vorderendlage und untere Stellung ein, d.h. der Kopf ist gegen den Gebärmutterhals gerichtet, und das Fohlen liegt auf dem Rücken. Kopf, Vorder- und Hinterbeine sind gebeugt. Diese Lage bleibt bis zur Geburt erhalten. Mit radiologischen Verfahren hat man nachgewiesen, daß sich der Fetus in der Eröffnungsphase, knapp vor der Geburt, offenbar „zielbewußt" bewegt. Er streckt Kopf und Vordergliedmaßen und dreht sich aus der unteren Stellung in die korrekte obere Stellung. Bei diesen „zielbewußten" Bewegungen handelt es sich wahrscheinlich um Reflexe des Fetus, die durch die Kontraktionen der mütterlichen Gebärmutter ausgelöst werden. Außerdem werden sie beeinflußt durch Stellungsveränderungen der Stute, die aufsteht und sich wieder hinlegt, die auf der einen, dann wieder auf der anderen Seite liegt. Druckveränderungen spielen auch eine Rolle. Sie treten auf, wenn die Fruchtblase (Allantoisblase) durch den sich öffnenden Gebärmutterhals springt. Diese Druckveränderungen unterstützen nicht allein die neue Ausrichtung des Fetus, sie treiben ihn auch in Richtung des Geburtskanals. Wir können den prozentualen Anteil nicht exakt beziffern, den die Schwerkraft, die fetalen Reflexe und die Druckveränderungen an diesem Ablauf haben. Wir wissen, daß sich der Fetus während der Eröffnungsphase dreht, um sich optimal für seine Reise durch den Geburtskanal während der Austreibungsphase auszurichten (Abb. 22). Daß Maul und Vorderfüße gegen den Gebärmutterhals drücken, trägt wahrscheinlich dazu bei, daß sich dieser zum Ende der Eröffnungsphase hin erweitert.

Die austreibenden Kräfte während der Geburt

In der Gebärmutterwand ist eine Muskelschicht vorhanden, die sich rhythmisch in Wellen zusammenzieht. Diese Wellen verlaufen nach rückwärts vom Ende der Gebärmutter in Richtung Gebärmutterhals. Während der Eröffnungsphase beginnen diese Wellen an den Gebärmutterhörnern und pflanzen sich über den Gebärmutterkörper Richtung Gebärmutterhals fort. Dabei wird wachsender Druck auf den Gebärmutterinhalt ausgeübt – d.h. auf den Fetus und die ihn umgebenden Flüssigkeiten – und der Fetus wird in Richtung Gebärmutterhals gepreßt. Diese Muskelkontraktionen sind schmerzhaft und für das Verhalten der Stute während des Gebärens verantwortlich. Dazu gehören, wie wir später sehen werden, Schwitzen und Unruhe. Die Kontraktionen der Gebärmutter nehmen an

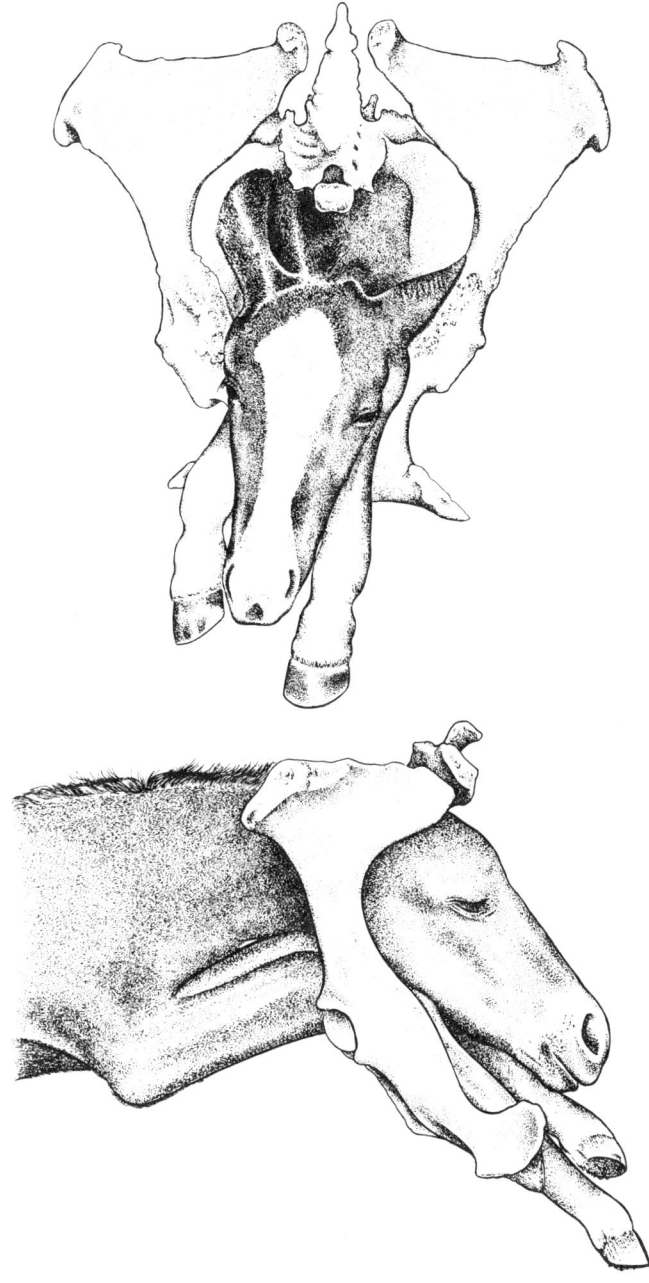

Abb. 23 und 24: Es gibt einen weichen Geburtskanal, der aus Gebärmutterhals, Scheide und Schamlippen besteht und von einem knöchernen Ring umgeben wird: dem Becken der Stute. Da muß das Fohlen in der Austreibungsphase hindurch.

Abb. 25: Die Kräfte, die während der Eröffnungsphase (a) auf den Fetus wirken: Wellen von Muskelkontraktionen, die in der Gebärmutterwand verlaufen. In der Austreibungsphase (b) erweitert sich der Gebärmutterhals, und die Fruchtblase (Allantois) reißt. Dadurch kann Allantoisflüssigkeit abfließen. Die Aktion der Gebärmutter wird durch Kontraktionen der Bauchmuskeln unterstützt. Diese Kräfte verteilen sich über die Bauchhöhle, und ihre Wirkung wird verstärkt, indem das Zwerchfell in Einatmungsstellung bleibt. Bei der Geburt wird der Fetus also durch den Geburtskanal gepreßt.

Zwerchfell

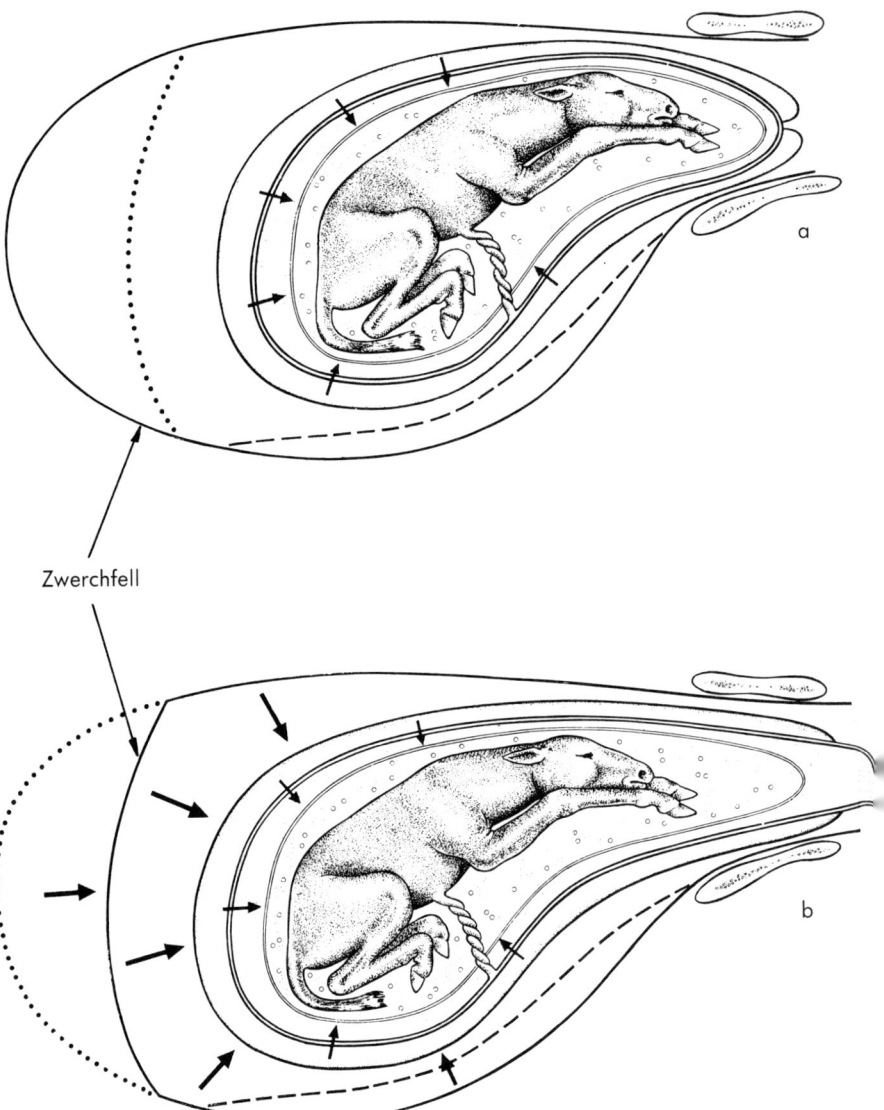

a

b

Stärke und Effektivität zu. Der Gebärmutterhals erweitert sich unter dem öffnenden Druck der Gebärmutter und aufgrund der herandrängenden Gliedmaßen. Der zunehmende Druck und die Eröffnung des Gebärmutterhalses veranlassen die Fruchtblasen, sich in diese Öffnung hineinzuwölben. Die Allantoisblase ist auf der Seite des Gebärmutterhalses besonders dünn und reißt normalerweise, sobald sich im Verlauf der Eröffnungsphase der Fetus in den Einlaß des Geburtskanals vorgeschoben hat. Allantoisflüssigkeit fließt aus, und damit beginnt die Austreibungsphase, die eigentliche Geburt also. Die Austreibungsphase wird charak-

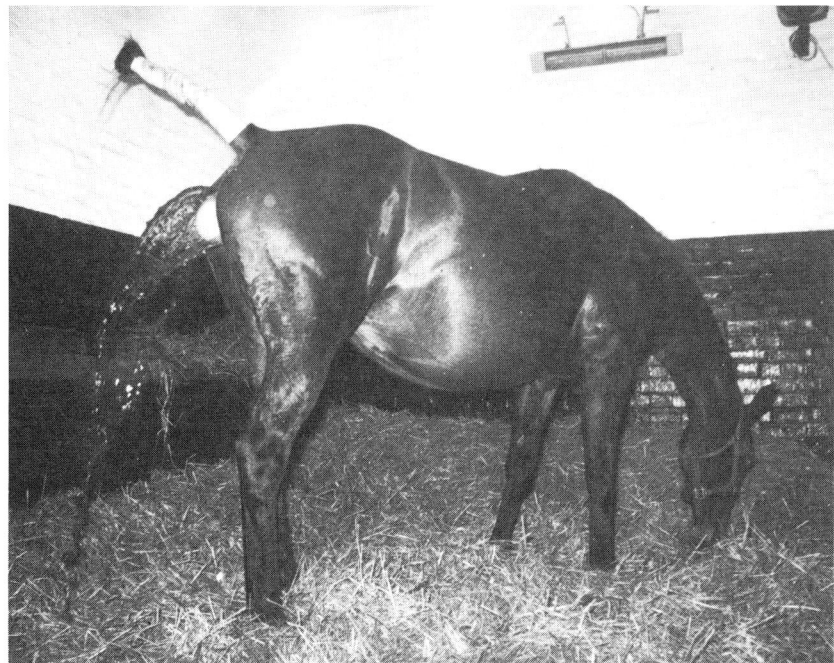

Die Fruchtblase ist geplatzt, und damit setzt die Austreibungsphase ein.

terisiert durch Kontraktionen der Bauchmuskeln, die sogenannten Preßwehen oder Bauchpresse. Dabei liegt die Stute und atmet tief ein, wodurch sie Brustkorb und Zwerchfell in maximaler Einatmungsposition hält. Nun setzt sie ihre Bauchmuskeln ein, um auf den Inhalt ihres Bauches, einschließlich der Gebärmutter, Druck auszuüben (Abb. 25). Der dabei ausgeübte Druck ist erheblich, er steigt auf viele hundert Millimeter Quecksilbersäule an (im Vergleich zum normalen Blutdruck von 120 mmHG). Dieser Druck kann nur durch die schwächste Stelle der Bauchhöhle entweichen, und das ist bei der Geburt die Öffnung des Gebärmutterhalses. Aller Druck auf den Bauchinhalt ist während der Wehen auf diesen einen Ausgang gerichtet. Dieser Druck leert natürlich auch den Enddarm der Stute, sie setzt Kot ab. Das ist also der Grund, weshalb Stuten in der Austreibungsphase koten. Diese Säuberung des Mastdarms verhindert auch, daß Kot den oberen Teil des Geburtskanals niederdrückt. Das Liegen der Stute vermindert die Auswirkungen der Schwerkraft. Würde die Stute im Stehen pressen, dann zöge die Schwerkraft den Fetus gegen die Richtung des Pressens in den Bauch zurück.

Zusammenfassung

Die vereinten Kräfte der Gebärmuttermuskulatur und der Bauchmuskeln *pressen* den Fetus durch den Geburtskanal, der von Fruchtwasser (Allantois- und Amnionflüssigkeit) gleitfähig gemacht worden ist. Der Leser sollte bedenken, daß es sich natürlicherweise um ein Pressen und nicht um ein Ziehen durch den Geburtskanal handelt. Jede Hilfe, die wir dem Fohlen leisten können, ist allerdings auf ein Ziehen beschränkt. Ist solche Hilfe nötig, müssen wir daran denken, daß wir keine natürlichen, sondern unnatürliche Kräfte ausüben. Es kann nicht genug betont werden, daß ein starkes Ziehen an den Vordergliedmaßen die Brust des Fohlens bei der Geburt schädigen kann.

Die drei Wehenformen

Eröffnungsphase

Die Eröffnungswehen veranlassen die Stute zu Verhaltensmerkmalen, die ihren Schmerzen entsprechen. Dazu gehört, daß sie stellenweise oder am ganzen Körper schwitzt, am Boden scharrt, sich nach ihren Flanken umsieht und flehmt (dabei wird die Oberlippe zurückgezogen). Einige Tiere drücken sich gegen die Stallwand oder machen einen Buckel als Reaktion auf den stechenden Schmerz. Manchmal stellt und legt sich eine Stute wiederholt, wenngleich dieses Verhalten gewöhnlich auf die Austreibungsphase beschränkt ist. Die Anzeichen sind sehr verschieden ausgeprägt; wahrscheinlich handelt es sich um individuell unterschiedliche Reaktionen auf den Schmerz und zum Teil auf die momentane Schmerzstärke. Bei einigen Tieren sind die Zeichen sehr offensichtlich, bei anderen weniger. Manche Stuten zucken nicht einmal mit der Wimper, bevor die Austreibungsphase einsetzt. Andere brechen in schäumenden Schweiß aus und sind ununterbrochen aktiv, sie gehen oder laufen in der Box herum und sind äußerst furchtsam. Ähnliche Abweichungen gibt es im Hinblick auf die Länge der Austreibungsphase, die von ein paar Minuten bis zu vielen Stunden dauern kann. Die Anzeichen der Eröffnungsphase treten wellenförmig auf und entsprechen damit der Muskeltätigkeit der Gebärmutter. Sie werden desto kräftiger, je näher die Austreibungsphase heranrückt. Wenn wir auch erwarten können, daß Stuten in der ersten Phase ihren Schmerzen entsprechende Reaktionen zeigen, sehen wir in der Praxis immer wieder Stuten, die unruhig werden und schwitzen, um sich dann wieder eine kurze Erholungspause zu gönnen. Sie fressen womöglich oder stehen friedlich da, bevor die nächsten Kontraktionen auftreten.

Einige Tiere zeigen deutliche Anzeichen der Eröffnungsphase, um sich dann für Stunden wieder zu beruhigen. Anschließend beginnt der Vorgang aufs neue. Solch falscher Alarm kann häufig auftreten, bevor die Geburt wirklich beginnt. Bei manchen Stuten sind Vorwehen zu verschiedenen Gelegenheiten zu beobachten, Stunden oder Tage vor der Geburt. Das ist normal und scheint für das ungeborene Fohlen nicht schädlich zu sein.

Eine übermäßig lang erscheinende Eröffnungsphase kann darauf hindeuten, daß die Fruchtblase (Allantoisblase) an der dem Gebärmutterhals zugewandten Seite verdickt ist. In solchen Fällen kann es sein, daß sich die Stute hinlegt und die Fruchtblase dann unter maximaler Anspannung springt. Der Grund dafür ist in diesem Fall die ungewöhnliche Dicke der Allantoisblase: Sie kann auf natürliche Weise nicht reißen. In einem solchen Fall kann sich die Fruchtblase auch zu Beginn der Austreibungsphase zwischen den Schamlippen zeigen. Sie muß dann von Hand oder mit einer Schere aufgebrochen werden. Das Verhalten der Stute,

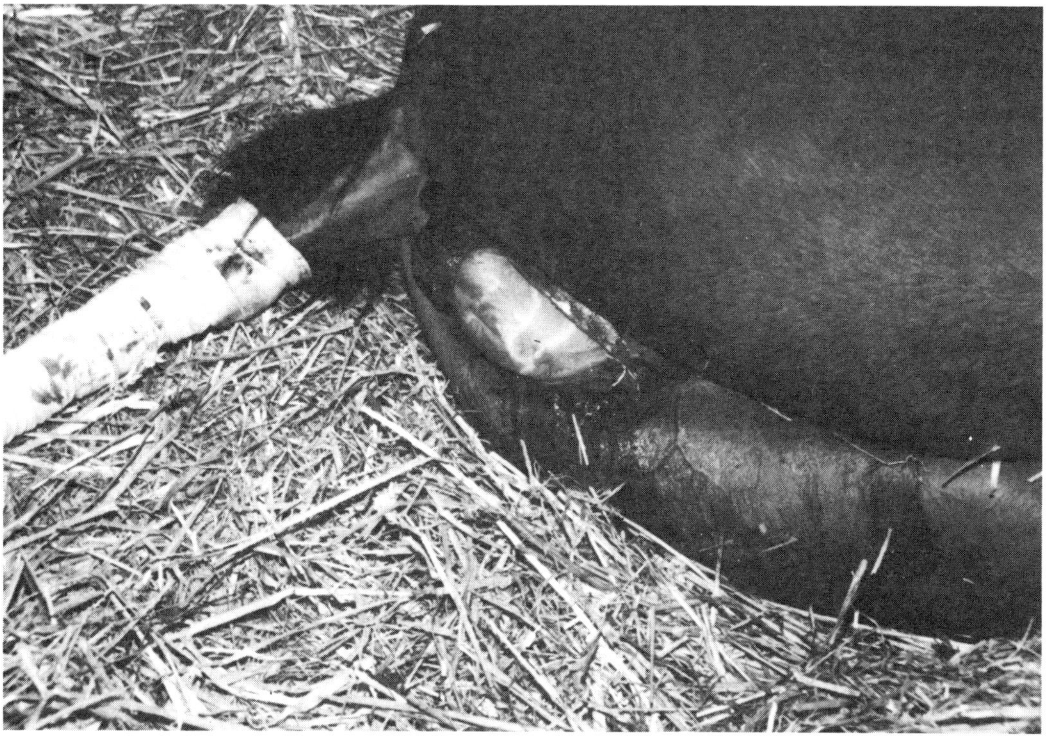

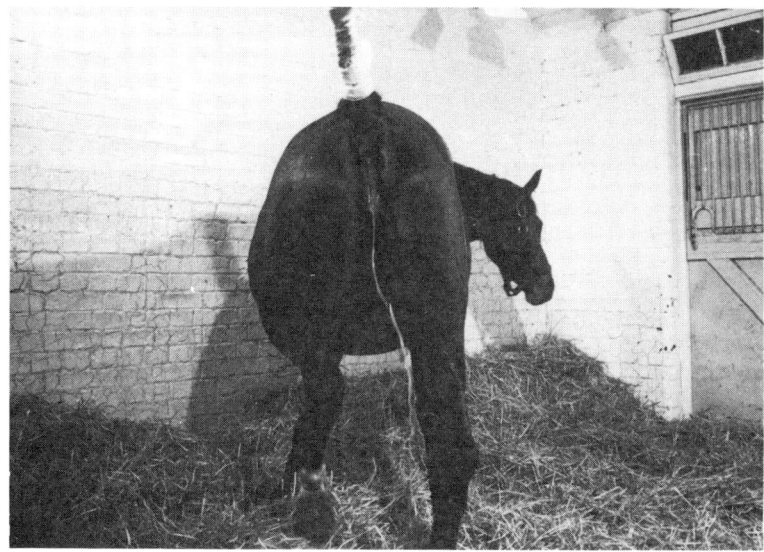

Das Amnion
erscheint, kurz
nachdem die Aus-
treibungsphase mit
dem Blasensprung
eingesetzt hat.

Drei Beispiele für
den Blasensprung
(weiter S.156): ein
dünner weißer
Strahl kommt aus
der Scheide.

Die Flüssigkeit tröpfelt, Schleim tritt aus. Die Stute liegt.

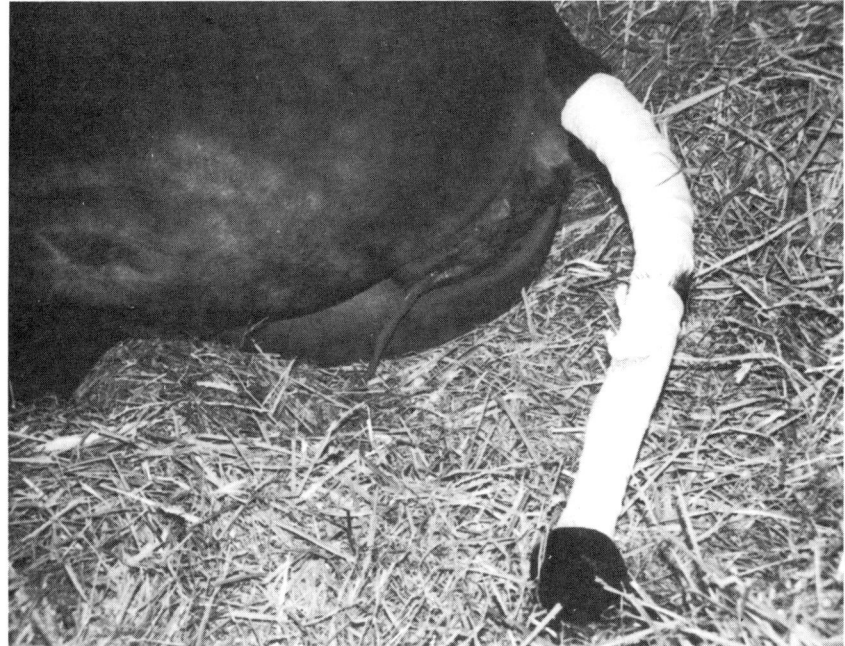

Ein hellbrauner kräftiger Strahl ist zu sehen. Beachten Sie, daß ein Pferdepfleger den Vorgang vom Wachraum aus beobachtet und daß die Stute infolge des stechenden Schmerzes zu Beginn der Austreibungswehen den Schweif hebt.

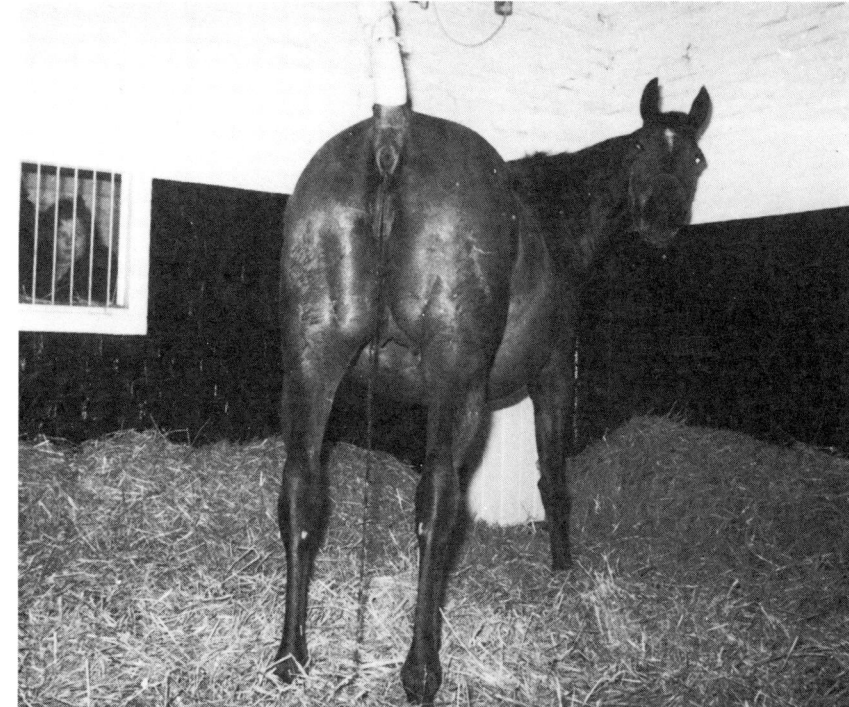

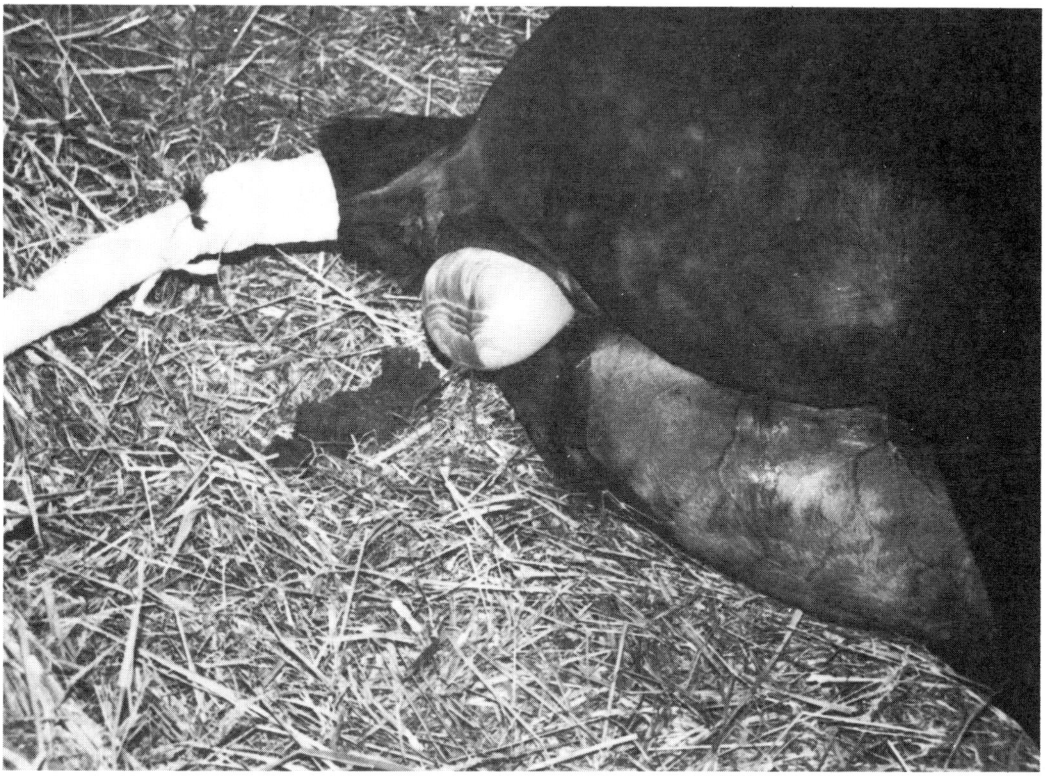

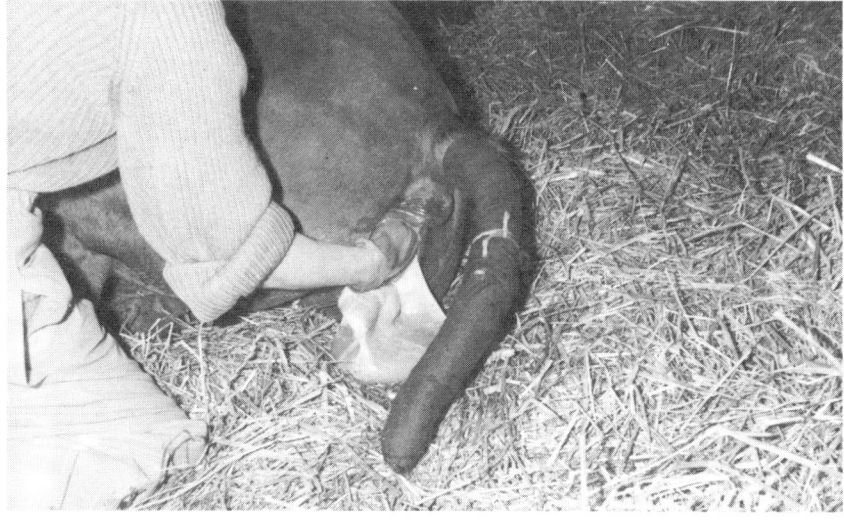

*Normalerweise
sollte sich das
Amnion etwa fünf
Minuten nach Ein-
setzen der Austrei-
bungsphase zeigen.
Kot wird durch die
zunehmenden
Geburtskräfte aus
dem Mastdarm her-
ausgedrückt.*

*Stellung und Hal-
tung des Fohlens
sollten früh in der
Austreibungsphase
überprüft werden.*

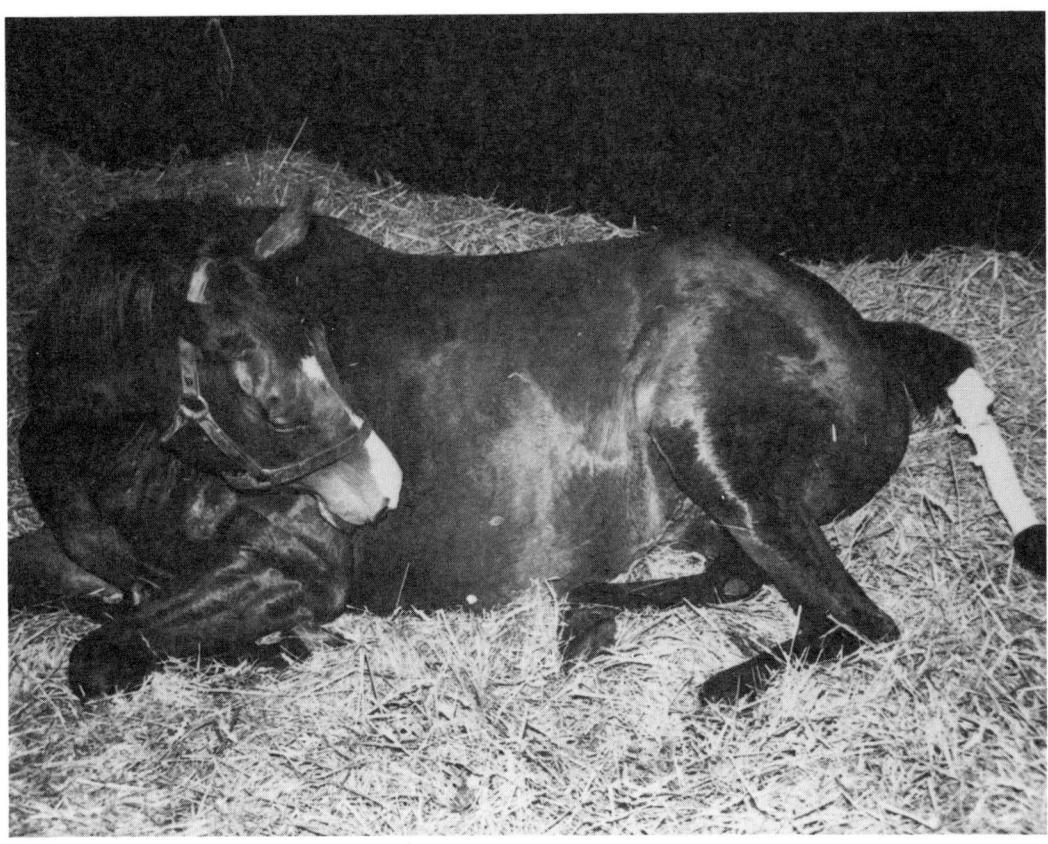

Diese Stute zeigt in den frühen Austreibungswehen mehr Interesse für das noch nicht geborene Fohlen als daran, mit den Wehen fortzufahren.

die sich immer wieder hinlegt und aufsteht, kann darauf hinweisen, daß die verdickte Allantoisblase Probleme bereitet oder daß der Fetus in falscher Stellung oder Haltung liegt. Das läßt sich jedoch erst entscheiden, wenn die Fruchtblase aufgerissen ist.

Austreibungsphase

Die Austreibungsphase setzt ein, wenn die Fruchtblase (Allantoisblase) reißt und Allantoisflüssigkeit austritt. Während dies geschieht, kann die Stute sowohl stehen als auch liegen. Die Allantoisflüssigkeit von gelber, brauner oder gelbbrauner Farbe kann aus der Scheide tröpfeln oder in einem kräftigen Schwall austreten. Die Anwesenden bemerken dieses Ereignis gewöhnlich sofort. Bei manchen Stuten entweicht jedoch so wenig Flüssigkeit, daß man den Beginn der Austreibungsphase verpaßt.

Sobald die Fruchtblase gesprungen ist, gibt es kein Zurück mehr. Die Stute muß das Fohlen zumeist innerhalb einer Stunde gebären. Bei den meisten Stuten dauert die Austreibung nur bis zu zwanzig Minuten. Bei älteren Stuten geht es schneller als bei jüngeren und bei solchen, die erstmals fohlen.

Diese Seite und nächste Doppelseite: Die Abfolge der Austreibungsphase vom Erscheinen eines Vorderfußes bis zur vollendeten Geburt.

Beachten Sie, daß ein Fuß dem anderen voraus ist und der Kopf auf den Karpalgelenken liegt.

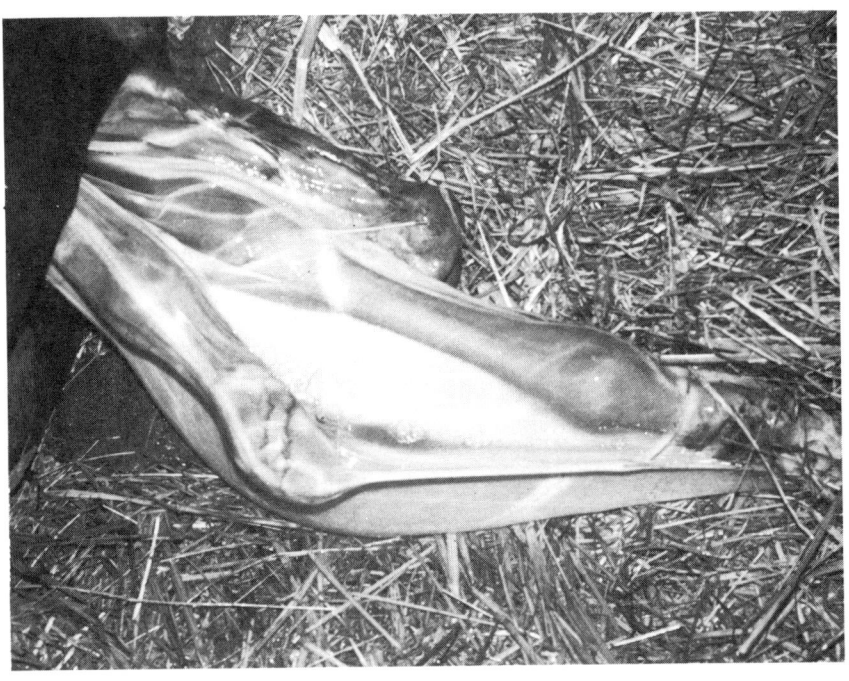

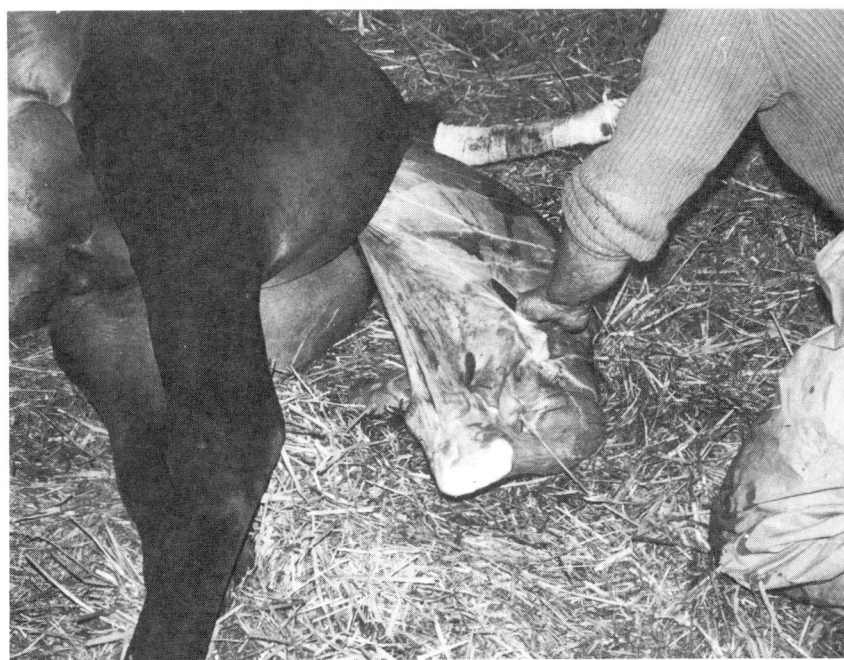

Das Fohlen bewegt sich in einem Bogen, der erst parallel zum Rückgrat der Stute, dann hinunter zu deren Sprunggelenken verläuft.

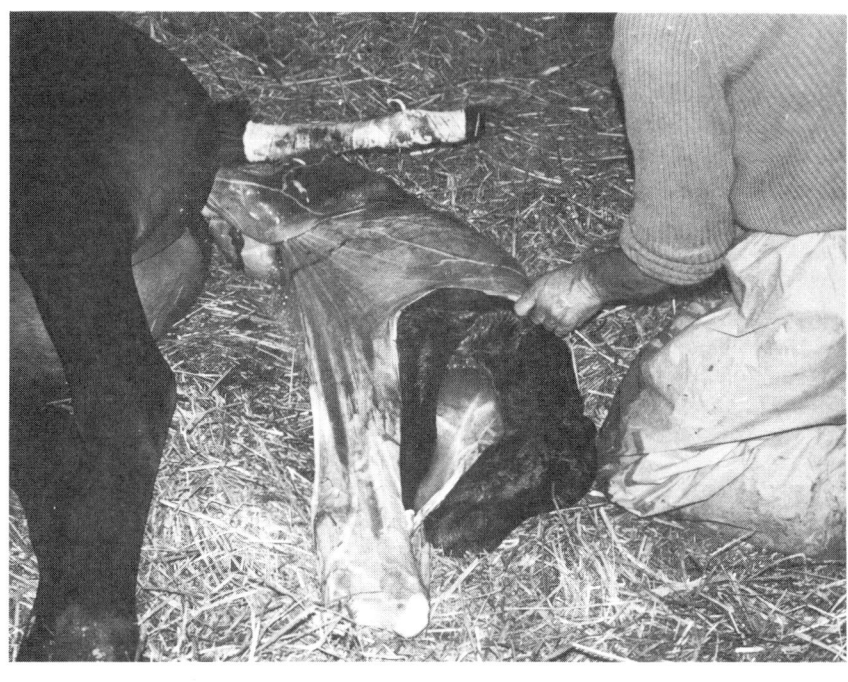

In den letzten Phasen der Geburt tritt das Fohlen in bogenförmiger Richtung aus. In diese Richtung sollten auch Helfer wirken, wenn ihr Eingreifen sich als notwendig erweisen sollte.

Das Amnion (Schafhaut) sollte innerhalb von fünf Minuten zwischen den Schamlippen erscheinen, nachdem die Allantoisblase gesprungen ist. Normalerweise legt sich die Stute jetzt nieder und beginnt sichtbar zu pressen. Austreibungsbemühungen im Stehen treten bei nervösen Stuten auf, die sich von den anwesenden Menschen gestört fühlen. Etwa 95 Prozent der Stuten bemühen sich, ihr Fohlen im Liegen auszutreiben. Sie verweilen den Großteil dieser Phase in Seitenlage, wechseln aber möglicherweise häufig ihre Position. Dabei kann es sich in einigen Fällen um den erfolgreichen Versuch der Stute handeln, die Lage des Fohlens zu verändern. Stuten, die wiederholt aufstehen und sich niederlegen, fühlen womöglich, daß ihr Fohlen falsch liegt. Der zuständige Helfer sollte Stellung und Haltung des Fohlens schon früh in der Austreibungsphase überprüfen.

Die „übertriebene" Aktivität einer Stute ist nicht das einzige Anzeichen für eine schwierige Geburt. Eine ausgeprägte Inaktivität während der Eröffnungsphase kann durch zu schwache Gebärmutterkontraktionen, durch fehlerhafte Lagerung des Fetus oder durch eine zu geringe Menge an Allantoisflüssigkeit verursacht werden. Bei manchen Tieren wird die Austreibungsphase nicht fortgesetzt, sie zeigen nicht einmal an, ob die Eröffnungsphase bereits stattgefunden hat. So kann eine Stute schwache Anzeichen für die Eröffnungsphase zeigen, sich hinlegen und sich dann nur gelegentlich zu ihren Flanken umblicken oder halbherzig pressen. Unter solchen Umständen sollte der Beobachter prüfen, ob die Allantoisblase aufgerissen ist, indem er mit der Hand in der Scheide nachfühlt. Auf diese Maßnahme werden wir später noch zurückkommen, wenn wir den Umgang mit der fohlenden Stute behandeln.

Die Abfolge der Geburt wird auf den Seiten 155–162 illustriert. Es muß darauf hingewiesen werden, daß ein Vorderfuß dem anderen etwas voraus sein kann. Das ist normal und wahrscheinlich insofern hilfreich, als die ausladenden Ellbogen den Beckenring nicht gemeinsam passieren können. Sobald sich der fetale Kopf außerhalb der Scheidenöffnung zeigt, wird die Geburt im Liegen vollendet. Stellt sich die Stute wieder hin, dann liegt das im allgemeinen daran, daß jemand die Box betritt und sich ihr nähert. Nervöse Stuten können auch den gesamten Geburtsvorgang im Stehen absolvieren. Aber das ist eine seltene Ausnahme und wird als unnormal betrachtet. In einem solchen Fall wird der Fetus durch die Schwerkraft entgegen der Preßrichtung zurückgezogen. Diese Situation kehrt sich um, sobald der fetale Körper über den Beckenrand hinaus ist. In diesem Fall muß dafür gesorgt werden, daß das Fohlen nicht durch die Schwerkraft unvermittelt auf den Boden fällt.

Einige Stuten finden es hilfreich, ihre Wirbelsäule gegen eine Stallwand zu drücken, wenn sie die entscheidenden Austreibungsanstrengungen unternehmen. Sie wälzen sich von einer Seite auf die andere, stellen sich wiederholt hin und legen sich nieder, als wollten sie die Ausrichtung des Fetus verändern. Ständiges Wälzen kann darauf hindeuten, daß der Schmerz ungewöhnlich stark ist und eventuell von einer inneren Blutung herrührt (siehe Seite 265). Insbesondere ältere Stuten können dazu neigen, nicht zu pressen, obgleich sonst alles normal verläuft. Das deutet eher auf Bequemlichkeit denn auf eine ernsthafte Störung hin – anscheinend warten diese Stuten auf jemanden, der ihre Arbeit für sie erledigt! Freilich kann dieses Verhalten auch auf eine verdrehte Gebärmutter oder einen eingerissenen Darm zurückzuführen sein, womöglich liegt auch das Fohlen so, daß es auf normale Weise nicht geboren werden kann. Die Richtung, die der Fetus während der Geburt nimmt, ist die eines Bogens. Dergestalt „dreht" es sich durch den Beckenring und landet schließlich an den Sprunggelenken der Stute, wenn die fetalen Hüften das mütterliche Becken passiert haben. Nach vollendeter Geburt liegt das Fohlen auf der Seite, während sich seine Hinterbeine noch bis zu den Sprunggelenken in der Scheide befinden. Diese Situation markiert das Ende der Austreibungsphase.

Nachgeburtsphase

Die dritte Phase ist die Nachgeburtsphase: die Nachgeburt wird ausgetrieben. Innerhalb von 30 Minuten nach der Geburt reißt die Nabelschnur, wenn die Stute aufsteht oder wenn das Fohlen zappelt und daran zieht. Die Plazenta bleibt zunächst mit der Gebärmutterwand verbunden, um sich dann allmählich abzulösen, bis sie vollständig abgegangen ist. Dies ist gewöhnlich eine Stunde nach Be-

Die Oberfläche der Plazenta (Nachgeburt), die mit der Gebärmutterwand verbunden war. Oben sind die Hörner zu sehen, darunter die Nabelschnur in der Öffnung, durch die das Fohlen nach draußen gelangt ist. Diese Öffnung stellt den aufgerissenen Teil am Pol des Gebärmutterhalses dar; sie wird von den Händen auseinandergehalten.

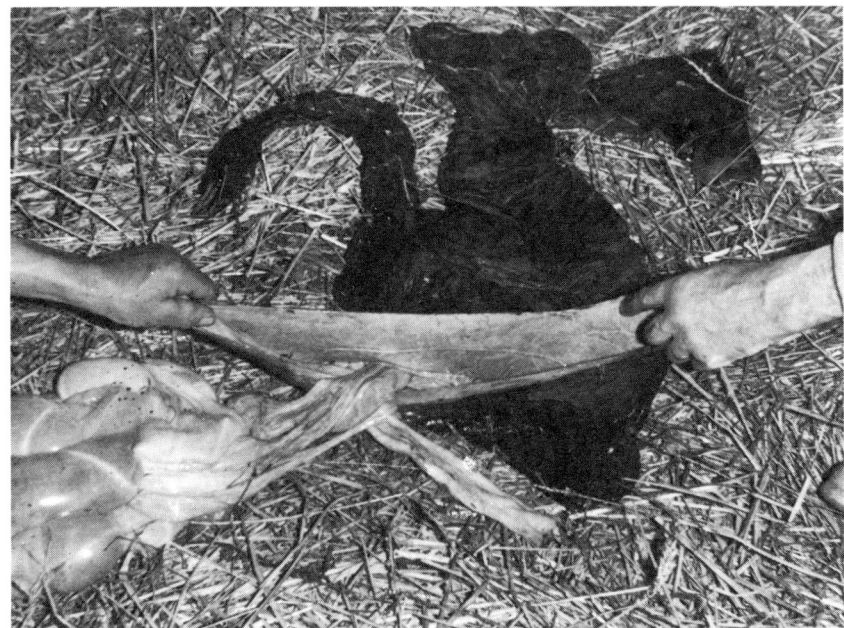

endigung der Austreibungsphase geschehen. Manchmal dauert es länger (bis zu zehn Stunden), bevor sich die Plazenta von den beiden Gebärmutterhörnern gelöst hat. Nach spätestens zehn Stunden muß ein Nachgeburtsverhalten tierärztlich behandelt werden.

Normalerweise stülpt sich die Plazenta nach innen ein, wenn sie sich von der Gebärmutterwand löst. Wenn sie außerhalb der Stute sichtbar wird, besitzt sie eine weiche Oberfläche (Allantoisoberfläche). Die Plazenta kann sich in einigen Fällen auch von hinten nach vorne lösen, d.h. vom Gebärmutterkörper zu den Hörnern, so daß eine rote, samtige Oberfläche erscheint. Das geschieht häufiger bei unnormalen als bei normalen Geburten.

Die Nachgeburt wiegt bei einer Vollblutstute zum Geburtstermin etwa neun Kilogramm. Die Plazenta kann zwischen vier und sechs Kilogramm wiegen, und ihre Oberfläche ist etwa 13 000 cm² groß.

Die Nachgeburtsphase ist abgeschlossen, wenn die Stute sich schließlich von der Nachgeburt befreit hat. In dieser Phase kann die Stute Schmerzen zeigen, die sich durch Wälzen, Schwitzen oder Scharren äußern. Diese Schmerzanfälle dauern normalerweise weder an, noch sind sie stark. Anders sieht das bei Komplikationen aus, die durch Blutungen verursacht werden und tierärztlicher Maßnahmen bedürfen, wenn sie andauern.

Betreuung während des Abfohlens

Bisher haben wir die Stute aus dem Blickwinkel des Physiologen und Geburtshelfers betrachtet. Alle, die mit der Fürsorge und Betreuung der Stute während der Geburt befaßt sind, müssen die grundsätzlichen Muster des Abfohlens verstehen

– ob es sich nun um Tierärzte oder Laien handelt. Beispielsweise müssen wir die Probleme einschätzen können, denen sich der Fetus beim Durchqueren des Geburtskanals gegenübersieht, bevor wir dem Fohlen beistehen können und an seinen Vorderbeinen auf angemessene Weise und in die korrekte Richtung ziehen.

Beobachtung

Der Schlüssel für ein erfolgreiches Vorgehen bei der Geburt liegt zum einen darin, die „Hilfestellung" auf ein Mindestmaß zu beschränken, zum anderen darin, das Hauptaugenmerk auf die Beobachtung zu verwenden, um beurteilen zu können, ob die Geburt normal verläuft oder nicht. Bei einer nicht normal verlaufenden Geburt müssen wir entscheiden, ob wir in der Lage sind, die Probleme alleine zu bewältigen, oder ob wir einen Tierarzt herbeirufen müssen. Die Entscheidung, wann man eingreifen oder wann man aus der Abfohlbox herausbleiben soll, hängt von der Erfahrung des Beobachters ab.

Eine gute Beobachtung der Abläufe ist für jeden wichtig, der Verantwortung beim Abfohlen übernehmen will. Viele, viele Stunden werden in Gestüten mit dem Warten aufs Fohlen verbracht. Höchste Priorität hat darum die Fähigkeit, die Anzeichen der Eröffnungsphase erkennen zu können. Sogar noch vorher sollte der Pferdepfleger einschätzen können, ob eine bestimmte Stute in naher Zukunft fohlen wird oder nicht. Wer Effizienz anstrebt, muß sich darauf einrichten, eine große Zahl von normalen Geburten zu studieren, um anormale Geburten als solche erkennen zu können, und er muß die Fähigkeit erlangen, zum frühestmöglichen Zeitpunkt zu erkennen, daß da etwas falsch läuft. Eine gute Beobachtungsgabe wird noch durch die Aufmerksamkeit für Details gesteigert.

Entwicklung des Euters

Die Milchdrüsen sollten jeden Abend inspiziert werden. Auch wenn wir diese Inspektion auf die Tage vor dem erwarteten Geburtstermin beschränken, d. h. auf die Zeit ab dem 320. Tag, ist es sinnvoll, schon ab dem 200. Tag „unter" die Stute zu schauen und auf Hinweise für ein drohendes Verfohlen oder eine unerwartet frühe Geburt zu achten. Das Gestütspersonal sollte angehalten werden, solche Beobachtungen routinemäßig vorzunehmen, wenn es tragende Stuten auf die Koppel oder zurück in die Box führt. Es ist wichtig, jede Veränderung in der Eutergröße, Harztropfen an den Zitzen oder gar austretende Milchtröpfchen zu registrieren. Veränderungen in der Eutergröße kurz vor der Geburt müssen sofort bewertet werden. Die Milchdrüsen sind morgens immer größer, weil die Stute nachts auf ihre Box beschränkt war, während das Euter am Abend, nachdem sie sich auf der Weide hat bewegen können, etwas kleiner ist. Wir müssen also Gleiches mit Gleichem vergleichen. Eine Eutervergrößerung läßt nicht unbedingt auf eine nahe bevorstehende Geburt schließen. Es gibt große Abweichungen zwischen den einzelnen Tieren. Bei Stuten, die zum erstenmal fohlen, ist zu erwarten, daß die Anbildung ihres Euters längere Zeit in Anspruch nimmt (bis zu vier Wochen) als bei einer Stute, die schon einige Fohlen gehabt hat (ein bis zwei Wochen). Bei einigen Stuten entwickelt sich das Euter sehr kurzfristig vor der Geburt. Das kann einen falschen Eindruck vermitteln, wenn das einen Tag oder zwei vor der tatsächlichen Geburt geschieht. Ein Voreuterödem, eine weiche Schwellung um das Euter und in Richtung Brust, kann bei einigen Stuten auftreten, insbesondere bei solchen, die zum erstenmal fohlen. Das ist nicht unnormal, sondern ein Hinweis auf eine intensive Euteranbildung und wahrscheinlich auf starke Fütterung bei verminderter Bewegung. Das Ödem verschwindet normalerweise nach der Geburt, ohne Probleme zu bereiten. Harztropfen an den Zitzen und Milchfluß sind Merkmale, die auf eine nahe bevorstehende Geburt hinweisen. Sie zeigen aber nicht unbedingt an, daß die Stute schon in der nächsten Nacht fohlt.

An den Tagen vor der Geburt sollten die Stuten beim Weidegang sorgfältig beobachtet werden. Falls ein Tier irgendwelche Anzeichen von Unruhe zeigt oder sich von den anderen Stuten absondert, sollte es gekennzeichnet und mit besonderer Aufmerksamkeit behandelt werden.

Zusammensetzung der Milch und fetale Reife

Unlängst ist nachgewiesen worden, daß anhand bestimmter Indikatoren in der Stute noch vor der Geburt der Reifezustand des Fohlens bestimmt werden kann. Erster Indikator ist der Anstieg von Progesteron-Metaboliten (M. = Abbauprodukte) in ihrem Blut. Diese Zunahme resultiert aus einer Änderung des Progesteronstoffwechsels in der Plazenta. Progesteron ist der dominierende Stoff, der allerdings aus anderen Substanzen (Cholesterol und Pregnenolon) unter dem Einfluß von Enzymen gebildet wird. Sobald er sich gebildet hat, wird er durch andere Enzyme in Substanzen verwandelt, die Metaboliten heißen. Diese Metaboliten umfassen eine ganze Reihe von untergeordneten Substanzen, die Pregnane genannt werden. Diese können eine Progesteron-ähnliche Wirkung ausüben, aber sie sind weniger wirkungsvoll als Progesteron selbst. Gleichwohl sind sie in hoher Konzentration im Blut der Stute während der letzten 20 Trächtigkeitstage vorhanden. Ihr Vorhandensein kann darum als Signal verstanden werden, daß die Geburt eher in Tagen denn in Wochen stattfindet. Bei täglicher Aufzeichnung können die Resultate verwendet werden, um die Geburt bis auf zwei, drei Tage genau vorauszusagen.

Der andere Indikator, der heute im allgemeinen in Gestüten genutzt wird, ist die Konzentration von Kalzium, Natrium und Kalium in der Milch. Während die Natrium-Konzentration innerhalb von Stunden vor dem Geburtstermin sinkt, steigen Kalium und Kalzium an. Insbesondere das Kalzium kann zur Vorhersage der nahe bevorstehenden Geburt herangezogen werden, weil es normalerweise das letzte Glied in der Kette darstellt, das in der Milch auftritt. Es ist eine Meßmethode mittels Teststreifen entwickelt worden, mit der diese Veränderungen bewertet werden können.

Es scheint eine Verbindung zu bestehen zwischen dem Anstieg von Progesteron-Metaboliten, den Veränderungen in der Milch und der Bereitschaft des fetalen Fohlens zur Geburt. Diese Beziehung ist noch nicht ganz geklärt, wahrscheinlich aber beeinflußt und kontrolliert der Fetus viele dieser biologischen Veränderungen, wenn er ausgereift ist. Werden diese Beziehungen gestört oder unterbrochen, hat das zur Folge, daß ein Fohlen geboren wird, das für die Geburt und das Leben außerhalb der Gebärmutter noch nicht fertig ist. Es kommt dann zur Totgeburt, Frühgeburt, Unreife etc.

Die Fohlenwache

Bei Nacht ist die Abfohlbox das Objekt besonderer Aufmerksamkeit, da die Stuten meist zu dieser Zeit abfohlen. Auf die Sorgfalt der Menschen, die zur Fohlenwache eingeteilt sind, kann die Zucht zu Recht stolz sein. Es gibt nicht viele Bereiche des Lebens, in denen so viel Passion erwartet oder gefunden werden kann. Es ist bemerkenswert, wie wenige Geburten unbeobachtet vonstatten gehen, wenn sich die Gestütsleitung, beispielsweise in Vollblutgestüten, zum Ziel setzt, jede Geburt zu beobachten und von qualifizierten Helfern begleiten zu lassen.

In den meisten Fällen sind die Anzeichen der Eröffnungsphase eindeutig auszumachen. Eine erhebliche Zahl von Stuten fohlt jedoch ohne offensichtliche Vorwarnung. Solche Fälle können der Fohlenwache entgehen. Es ist darum sinnvoll, wenn die Wachperson nicht nur auf die Anzeichen für die Eröffnungsphase achtet, sondern auch die Haut der Stute auf Wärme und leichte Feuchtigkeit abfühlt, die Vergrößerung der Schamlippen und den Einsatz des Milchflusses beobachtet. Wenn Anzeichen für die Eröffnungsphase vermutet werden, wird gewöhnlich der zuständige Pfleger oder der Gestütsleiter benachrichtigt.

Blasensprung

Zu dieser Zeit ist es am wichtigsten, den Blasensprung zu bemerken. Die genaue Uhrzeit dieses Ereignisses sollte aufgezeichnet werden, da dies eine nützliche Information sein kann, wenn die Austreibungsphase nicht normal verläuft. Das Verhalten der Stute während der Austreibung kann darauf hindeuten, daß etwas nicht in Ordnung ist. Liegen, ohne zu pressen, zu heftiges Pressen, wiederholtes Aufstehen und Niederlegen sind Anzeichen, die wir bereits erwähnt haben. Das schimmernde Amnion sollte innerhalb von fünf Minuten, nachdem die Austreibungsphase eingesetzt hat, zwischen den Schamlippen erscheinen, insbesondere, wenn die Stute liegt, was sie normalerweise nach dem Aufreißen der Fruchtblase (Allantoisblase) tut. Erscheint das Amnion nicht oder liegt die Stute da, ohne zu pressen, kann das darauf hindeuten, daß das Fohlen sich nicht in den Geburtskanal bewegt. Das kann mit einer abnormalen Stellung zusammenhängen. Vielleicht hat sich der Kopf zurückgedreht oder die Vordergliedmaßen bleiben gebeugt (siehe Seite 150, 261).

Geburtsvorgang

Es sollte Routine sein, daß der Pfleger bald nach dem Blasensprung in der Scheide nach der Nase und den beiden Vorderbeinen des Fohlens fühlt. (Hände und Arme sind ordentlich mit Wasser und Seife zu waschen, bevor man mit ihnen in den Geburtskanal fährt.) Der erfahrene Pferdepfleger kann einschätzen, wie es um den Verlauf der Austreibung bestellt ist, und er hat eine Intuition dafür, ob alles glatt und normal verläuft. Dem Neuling kann man nicht beschreiben, wie normale von unnormalen Abläufen zu unterscheiden sind. Die Bemühungen, das Fohlen auszutreiben, unterscheiden sich von Stute zu Stute je nach Größe des Fohlens und

Lage, Stellung und Haltung des Fohlens können überprüft werden, wenn die Stute liegt (oben) oder wenn sie steht (unten). Ist eine Korrektur nötig, dann sollte die Stute stehen, weil das Fohlen durch die Schwerkraft in den Bauch zurück und weg vom Becken gezogen wird. So hat man mehr Platz zum Arbeiten.

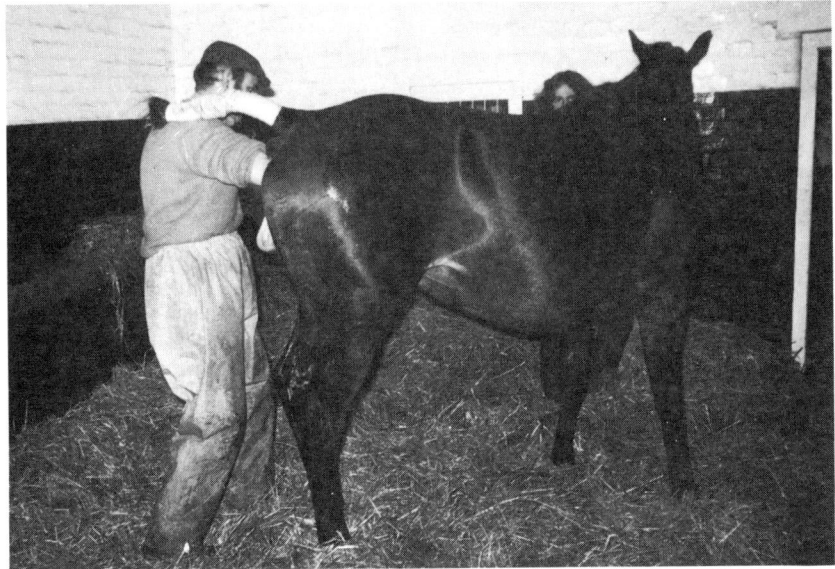

nach der Leichtigkeit, mit der es den Geburtskanal passiert. Stuten, die zum erstenmal fohlen, strengen sich oft am stärksten an, aber ihr Geburtskanal erweitert sich auch nicht so leicht wie bei älteren Stuten. Die Beurteilung des Vorgangs hängt von der Erfahrung ab, von der Zahl der beobachteten Geburten und dem Wissen, wie sich das Fohlen in Relation zu den Anstrengungen der Stute im Geburtskanal vorwärtsbewegt.

Das Abfohlen kann man nicht mit dem glatten Ausdrücken von Zahnpasta aus einer Tube vergleichen. Es ist eher ein immer wieder verzögerter und neu einsetzender Vorgang. Die Vorderbeine erscheinen einigermaßen leicht, aber die Ellbogen können am Beckenrand hängenbleiben. Dann ist es an der Zeit zu entscheiden, ob Hilfe geleistet werden sollte, um die Gliedmaßen über den Rand hinwegzubringen, indem man an dem einen oder anderen Bein zieht. Ein weiteres Hindernis kann auftreten, wenn sich der Fohlenkörper nicht ein wenig zu einer Seite in den größten Durchmesser des Stutenbeckens dreht. Dies kann die Stute zum Aufstehen und Niederlegen oder zum abwechselnden Liegen auf der einen und der anderen Seite veranlassen. Derart versucht sie, die Lage des Fohlens zu verändern. Der Fohlenkopf stellt manchmal ein Problem dar, wenn er sich zwischen oder unterhalb der Karpalgelenke befindet, während er den knöchernen Beckenring passieren muß. Schultern und Widerrist haben beim Fetus die größte Querschnittsfläche. Es kann der Stute Schwierigkeiten bereiten, diese durch den Geburtskanal zu pressen. Schließlich können auch noch die Hüften an der Seite des Stutenbeckens steckenbleiben.

Nach der Austreibung

Nach dem Austreiben des Fohlens sollte die Stute noch etwa eine halbe Stunde liegenbleiben. Je länger die Stute nach der Geburt liegt, um so mehr Zeit haben Gebärmutter und Genitaltrakt, sich wieder zusammenzuziehen, und um so weniger Luft dringt wahrscheinlich in die Gebärmutter ein. In vielen Fällen wird die Plazenta ausgetrieben und die Nachgeburtsphase beendet, während die Stute noch liegt.

Einrichtungen für das Abfohlen

Die Einrichtungen für das Abfohlen sind sehr unterschiedlich je nach Rasse und Wert der Stuten, der Gestütsanlage und der Zahl der Stuten, die ein Fohlen bekommen. Abgesehen vom Klima gibt es keinen Grund, weshalb Stuten im Stall fohlen müssen. Auf der südlichen Erdhalbkugel, wo das Klima anbietet, die Stuten Tag und Nacht draußen zu lassen, werden für eine erfolgreiche Beobachtung Lampen hoch auf einer Seite der Koppel angebracht. Natürlich können Stuten auch unbeobachtet und draußen abfohlen. Die Mehrzahl der Stuten dieser Welt tut dies. Ist freilich der Wert des Einzeltieres hinreichend hoch, dann sind die Kosten für eine ständige Beobachtung gerechtfertigt. Nur so kann man sicherstellen, daß den wenigen Stuten, die Hilfestellung brauchen (wahrscheinlich fünf bis zehn Prozent), Hilfe geleistet werden kann.

Die Abfohlbox soll relativ groß sein, 4,30 m x 4,30 m oder mehr. Sie muß durch ein Fenster oder Gitter gut einzusehen sein. Kein toter Winkel darf den Beobachter behindern. Die Box ist vorzugsweise mit einer Schiebetür ausgestattet oder mit einer Tür, die sich nach außen öffnet, falls sich die Stute gegen die Tür legt. In einigen Gestüten bevorzugt man halbierte Türen. Lampen sollten die Box bis in alle vier Ecken hinreichend ausleuchten. Es ist wichtig, daß der Boden so griffig ist wie irgend möglich. Dazu empfehlen sich Kalksandstein, geriffelter Beton oder ein anderes geeignetes Material. Die Drainage muß funktionieren, die Box

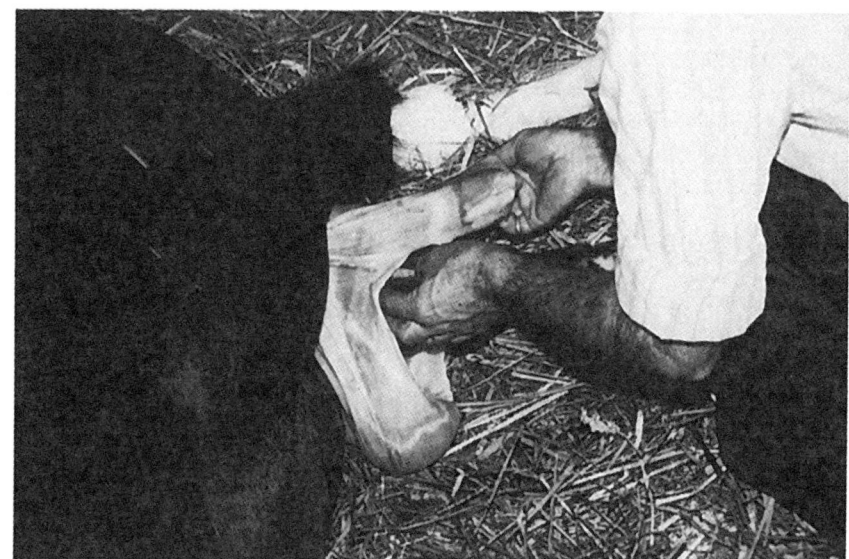

Die Geburt ist ein immer wieder verzögerter und neu einsetzender Vorgang.
Vor jeder Hilfeleistung ist zu überprüfen, ob das Fohlen korrekt liegt, mit Gliedmaßen und Kopf voraus.

– insbesondere ihr Dach – muß gut isoliert und belüftet sein. Zugluft ist nach Möglichkeit zu vermeiden. Vor allem aber darf die Luft nicht staubig sein.

Die Abfohlbox sollte die folgenden Einrichtungen aufweisen: einen benachbarten Raum oder einen Durchgang, in dem heißes und kaltes Wasser leicht zugänglich bereit gehalten werden können, in dem ein Waschbecken zu finden ist und eine Spüle zur Zubereitung von Ersatzmilch. All dies muß in sauberem Zustand sein. Ein davon getrennter Platz sollte vorhanden sein, wo schmutzige Eimer und Utensilien gesäubert werden, die mit Blut, Kot oder Darmpech verunreinigt sind. Außerdem sollten Tierarzt und Gestütspersonal ihre Stiefel unter fließendem Wasser reinigen können. Sauberkeit und Hygiene können auch bei eigentlich ungeeigneten Einrichtungen gewährleistet sein, aber die Erfahrung zeigt, daß ihre Eignung meist auch der tatsächlich geübten Hygiene entspricht.

Wer die Einrichtungen für gleich mehrere Abfohlboxen planen muß, sollte berücksichtigen, daß es sehr vorteilhaft ist, in jeder Box, in allen benachbarten Räumen und Durchgängen angemessene Beleuchtung vorzufinden. Zumindest eine Box sollte mit einer wärmespendenden Lichtquelle von genügender Stärke versehen sein, um Temperaturen bis zu 25° Celsius erzeugen zu können. Geerdete Steckdosen sollten außerhalb der Boxen in bequemer Höhe angebracht sein, damit weitere Lampen, Röntgenapparaturen und sonstige veterinärmedizinische Geräte angeschlossen werden können.

Im Aufenthaltsraum soll ein Schrank von genügender Größe stehen, in dem solche Sachen aufbewahrt werden können wie Thermometer, Scheren, Bandagen, Medikamente, Desinfektionsmittel und Ausrüstungsgegenstände, wie sie zur Zubereitung von Milchersatz für mutterlose oder kranke Fohlen gebraucht werden. Der Schrank ist so hinzustellen, daß man leicht an ihn und seinen Inhalt herankommt, vor allem wenn es sich um Notfälle und ähnliche Gelegenheiten

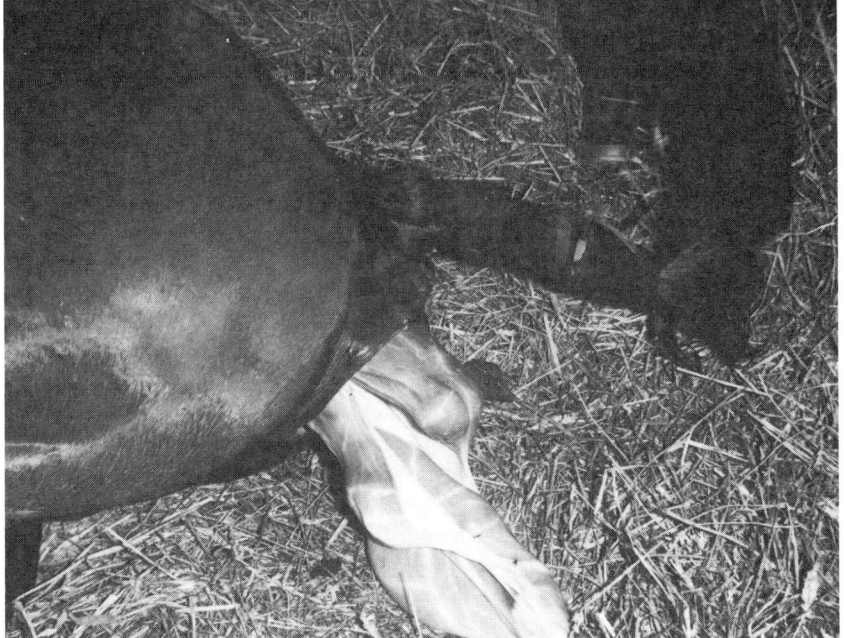

*Die Vorderbeine
erscheinen relativ
leicht, aber die Ell-
bogen können am
Beckenrand stek-
kenbleiben. Hilfe
kann angebracht
sein. Die Entschei-
dung dafür muß
dem für die Geburt
Verantwortlichen
vorbehalten blei-
ben.*

Falls Hilfe erforderlich ist, sollte möglichst wenig Kraft aufgewendet werden, und diese muß in die natürliche Geburtsrichtung wirken.

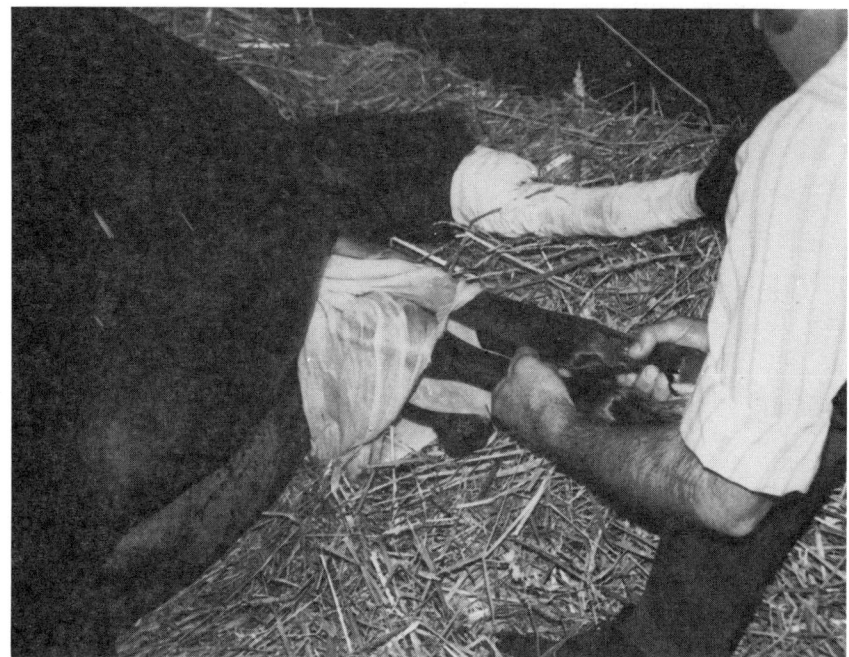

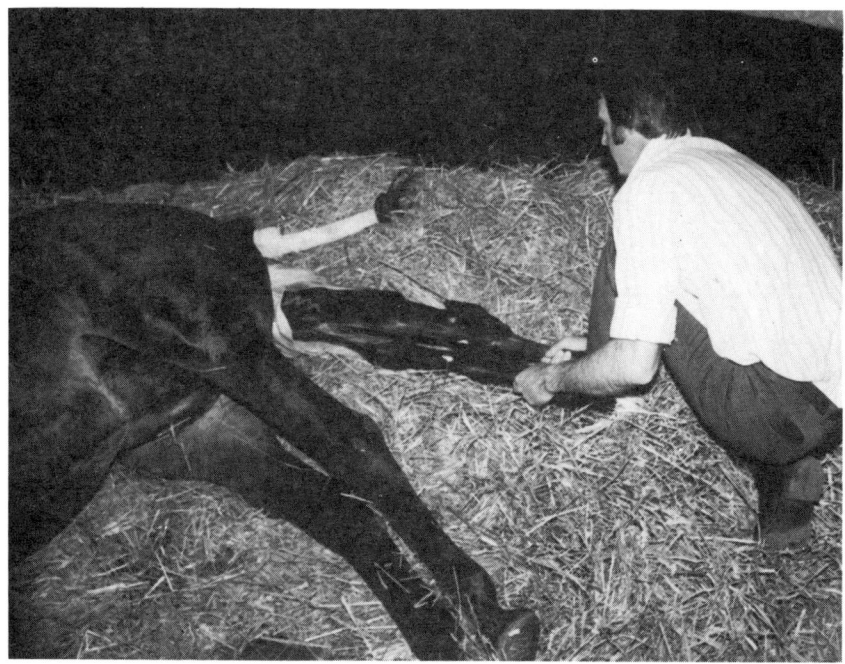

Wenn die Stute nach der Geburt wieder auf den Beinen steht, reißt die Nabelschnur, und man kann hören, wie Luft in den erweiterten Geburtskanal eingesaugt wird.

handelt. Auch sollte eine Sauerstoffflasche vorhanden sein, die bei kranken Fohlen gebraucht wird. Auf diesen notwendigen Gegenstand werden wir in Kapitel 12 zurückkommen.

Nach jeder Geburt ist die Abfohlbox sorgfältig zu desinfizieren, wenn die Stute in einen anderen Teil der Anlage verbracht worden ist. Alle getrockneten Exkremente und anderen Verunreinigungen sind von den Wänden, dem Boden und der Krippe abzuschrubben. Aufpassen muß man bei der Tränke, deren Wasser zu erneuern ist. Alle Einstreu und Futterreste sind zu entfernen und gegen frisches Material auszutauschen. Wenn möglich sollte die Box drei Wochen leer

Ein Abfohlboxen-komplex, bei dem sich ein Gang hinter den Pferdeboxen befindet. Er wurde im Gestüt Ashley Heath, Newmarket, unter Einbeziehung bereits existierender Gebäude errichtet.

stehen, bevor die nächste tragende Stute darin untergebracht wird. Diese Art der Vorbeugung gegen die Ausbreitung von Infektionen ist jedoch selten in die Praxis umzusetzen außer bei einer amerikanischen Bauweise, bei der eine durchgehende Deckenbelüftung der Boxen gewährleistet ist und das Wachpersonal einen Durchgang hat, von dem aus es die Stuten beobachten kann. Dies ist die optimale Anlage für Abfohlboxen, weil sie eine Langzeit-Aufstallung von Stuten erlaubt und vermeidet, daß Stute auf Stute wie bei einer zentralen Abfohlbox aufeinanderfolgen. Das traditionelle Konzept in Gestüten sieht so aus, daß zwei Abfohlboxen einem Wachraum benachbart sind. Heute haben sich die meisten Gestüte jedoch um so viele tragende Stuten zu kümmern, daß sich ein System eingebürgert hat, bei dem eine größere Zahl von Abfohlboxen von der Stallgasse aus beobachtet werden kann. Die Notwendigkeit, Abfohlboxen sorgfältig zu kontrollieren und zu desinfizieren, ist um so dringlicher, wenn es sich um eine Stute handelt, die an dem Virus der Rhinopneumonitis oder gar der infektiösen Anämie leidet. Wenn auf diese Stute nach dem Abfohlen die nächste tragende Stute folgt, ist die Gefahr einer Ansteckung gegeben. Dasselbe gilt für andere ansteckende

Teil des Wachraum-Durchgangs im Gestüt Ashley Heath. Zu sehen ist ein Wandtisch für veterinärmedizinischen und anderen Gebrauch, ein Heißluft-Ventilator und eine Dreifach-Steckdose für Röntgenapparatur, elektrische Heizdecken oder sonstige Ausrüstungen, die im Notfall gebraucht werden.

Erkrankungen, auch wenn diese nicht so gefährlich sind wie die beiden genannten Beispiele.

Die Luft, die beim Aufstehen nach dem Abfohlen in den Genitaltrakt der Stute gelangt, ist beladen mit Pilzen und anderen Erregern, die zu einer Irritation oder einer Infektion der Gebärmutter während der Fohlenrosse oder, schlimmer noch,

Rechte Seite oben:
Stuten, die „zuge-
näht" (Caslick -
Operation) sind,
müssen aufge-
schnitten werden,
bevor die Austrei-
bungsphase ein-
setzt. Das geschieht
am sichersten und
besten bei der lie-
genden Stute, aber
manchmal muß die
Scham auch bei der
stehenden Stute
aufgeschnitten wer-
den (unten). In
einem solchen Fall
ist es wichtig, Vor-
sichtsmaßnahmen
zu ergreifen, um
nicht geschlagen zu
werden, wenn-
gleich die Scham
beim Einsetzen der
Austreibung oft nur
wenig Gefühl hat.

über eine längere Zeit führen können. Die Staubkeime können auch vom neuge-borenen Fohlen eingeatmet werden, und zwar zu einer Zeit, in der seine Wider-standskraft am geringsten ist. Sie können seine Lungen und die anderen Organe befallen. Stroh sehr guter Qualität ist aus diesem Grund als Einstreu für gebä-rende Stuten äußerst wichtig. Es sollte nicht vom Ballen innerhalb der Box aufge-schüttet werden.

Nach dem Abfohlen werden gewöhnlich Kot und nasses Stroh aus der Box ent-fernt und durch frisches, trockenes Stroh ersetzt. Der Stute sollte nach der Ge-burt Futter angeboten werden, vorzugsweise etwas nasse Kleie und Grünfutter. Heu und Wasser sollten ständig vorhanden sein, sowohl während als auch nach der Geburt.

Spezielle Aufgaben der Pfleger bei der Geburt

Der bei der Geburt anwesende Pferdepfleger hat eine besondere Verantwortung: Er muß feststellen, ob bei der Geburt irgend etwas nicht normal abläuft. Dann muß er entscheiden, ob er selbst eingreift oder ob der Tierarzt herbeigerufen wird. Was oben beschrieben worden ist, war gedacht als Hilfe für das Verstehen des Geburtsvorganges. Hier befassen wir uns mit bestimmten Maßnahmen, die im allgemeinen vom Gestütspersonal bei der Geburt zu ergreifen sind.

„Genähte" Stuten

Stuten, deren Schamlippen im oberen Bereich zugenäht sind (Caslick-Opera-tion), müssen aufgeschnitten werden, bevor die Austreibungsphase einsetzt. Wird diese simple Maßnahme unterlassen, dann wird das Fohlen einen zerklüfte-ten Riß verursachen, der schlecht heilt und den Dammbereich durch Narbenge-webe deformieren kann.

Der gerade Schnitt mit einer Schere, deren Schenkellänge 15 cm beträgt, sollte bis auf Höhe des Scheidendachs vorgenommen werden. Die Länge des Schnitts und die Tatsache, daß die Stute überhaupt zuvor genäht worden ist, können über-prüft werden, indem man mit dem Zeigefinger zwischen den Schamlippen nach oben fährt. Ist die Stute „aufgetrennt", kann der Finger keine Hautfalte erfühlen. Am besten ist es, den Schnitt dann vorzunehmen, wenn der Blasensprung stattge-funden hat und die Vorderbeine sich noch nicht zwischen den Schamlippen zei-gen. Die Scham hat in dieser Phase meist wenig oder gar kein Gefühl. Viele Pfer-depfleger machen den Schnitt gerne bei der liegenden Stute. Einige Stuten sind je-doch nicht kooperativ und springen auf, wenn sich ihnen jemand nähert. Diese müssen in stehender Position aufgetrennt werden, wobei Vorsichtsmaßnahmen gegen ein Ausschlagen zu ergreifen sind.

Wenn dieser chirurgische Eingriff aus irgendeinem Grunde nicht während der Geburt erfolgen kann, dann sollte er einige Stunden oder Tage vorher vom Tier-arzt unter lokaler Betäubung vorgenommen werden. Das Nähen des Schnittes sollte unmittelbar nach der Geburt geschehen. Im allgemeinen kann man dann auf eine örtliche Betäubung verzichten, weil die Schamlippen zu dieser Zeit noch taub sind. Später ist eine Lokalanästhesie unumgänglich. Das Zunähen ist ein an-spruchsvoller Eingriff, der vom Tierarzt vorgenommen werden muß.

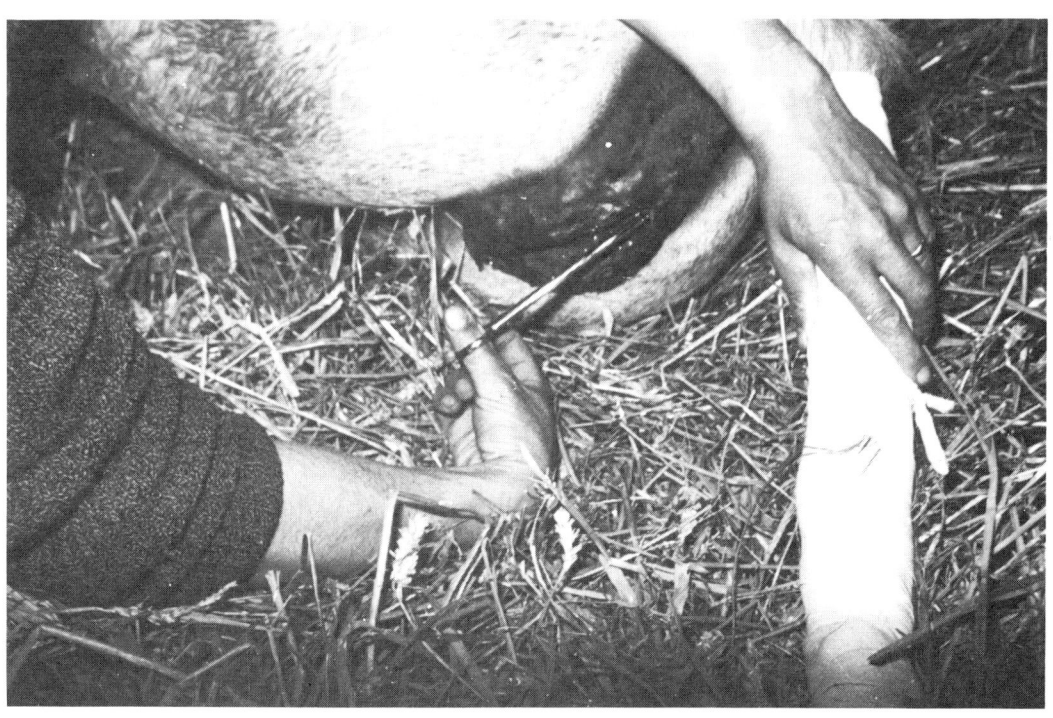

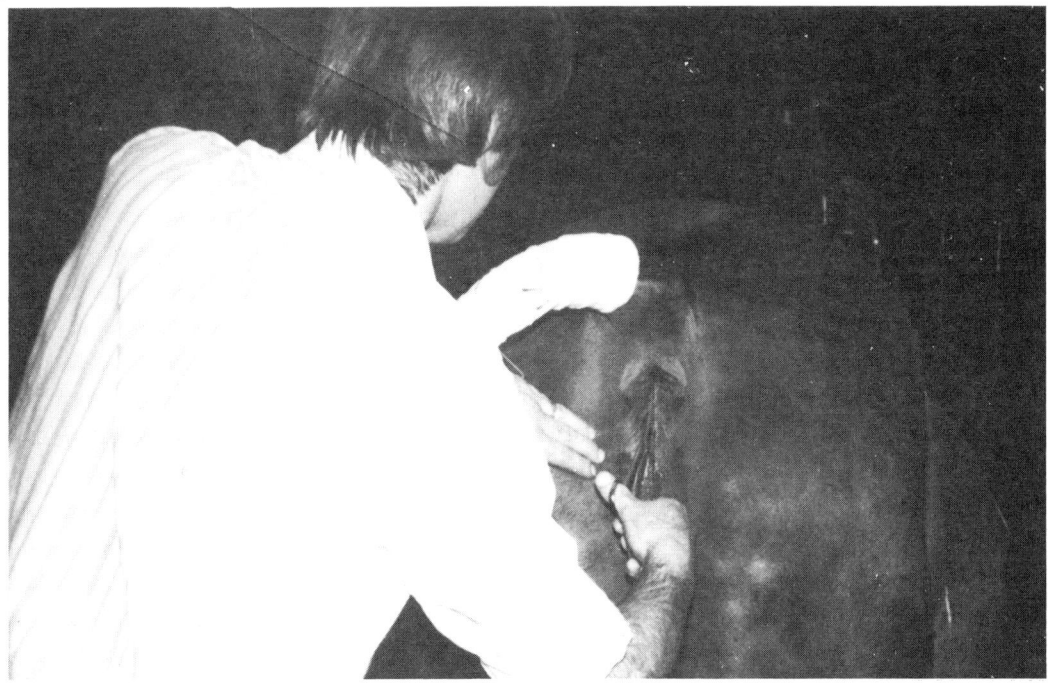

Überwachung des Fohlens während der Austreibungsphase

Wenn der Pferdepfleger den Beginn der Austreibungsphase festgestellt hat, sollte er das Fohlen bei seinem Eintritt in den Geburtskanal überprüfen. Dabei kann die Stute stehen oder liegen. Bei der stehenden Stute wird das Fohlen durch die Schwerkraft in den Bauch zurückgezogen. Derart hat man mehr Platz zum Hantieren, obgleich der Arm tiefer eingeführt werden muß als bei der liegenden Stute. Liegt die Stute, dann wird das Fohlen in den Geburtskanal gedrückt. Nase und Vorderbeine können leichter erfühlt werden, wenn man in die Scheide der Stute hineingreift. Der für die Geburt zuständige Pferdepfleger sollte den Damm und den Schamlippenbereich der Stute von oben nach unten mit einem Schwamm säubern und dann mit seinem in einem Handschuh steckenden oder in Seifenwasser gewaschenen Arm nach dem Maul und den beiden Vorderfüßen fühlen. Die Vordergliedmaßen können identifiziert werden, indem man die Füße betastet und über die Fesselgelenke bis zu den Karpalgelenken hinauffährt. Nachdem der Pferdepfleger Maul und Vorderbeine ausgemacht hat, muß er beurteilen, ob das Fohlen richtig- oder falschherum liegt. Praxis und Erfahrung sind die beiden wesentlichen Voraussetzungen, um die vorgefundene Situation interpretieren zu können. Sind die Gliedmaßen des Fohlens nicht korrekt ausgerichtet, muß etwas unternommen werden, um die korrekte Lage herzustellen. Als erstes ist eine präzise Diagnose nötig. Vor jedem Versuch, eine falsche Lage zu korrigieren, wird die Stute aufgetrieben. In dieser Position wird das Fohlen durch die Schwerkraft in den Bauch gezogen und kann leichter manipuliert werden als in der liegenden Stute. Jeder, der sich einem solchen Problem gegenübersieht, muß beurteilen, ob er hinreichend erfahren ist, um das auftretende Problem richtig zu diagnostizieren und zu korrigieren. Ein vergeblicher Versuch, eine Fehllage zu korrigieren, kann alles noch schlimmer machen, und der Zeitverzug kann für das Fohlen tödlich sein. Im Zweifelsfall ist es viel besser, den Tierarzt herbeizurufen, als einen Fehler zu riskieren. Den Tierarzt wird es nicht stören, wenn er eintrifft und feststellt, daß das Fohlen geboren und wohlauf ist. Er wird freilich sehr ärgerlich sein, wenn man ihm nicht die Chance gegeben hat, das Fohlen zu retten, weil er nicht rechtzeitig angerufen worden ist.

Unterscheiden muß man die normale Lage bzw. Stellung des Fetus, bei der Kopf und Vorderfüße zuerst erscheinen, von einer abnormalen Haltung (d.h. gebeugte Karpalgelenke, Vorhandensein der beiden Vorderfüße, aber nicht des Kopfes, Vorhandensein des Kopfes, aber nicht der Vorderfüße) oder einer unkorrekten Lage (d.h. Füße und Sprunggelenke sind zu ertasten, jedoch nicht der Kopf). All diese fehlerhaften Geburtslagen können leicht eine Verzögerung der Geburt verursachen. Der erfahrene Beobachter entwickelt einige Intuition für solche Probleme. Er erkennt sie, bevor er sie bei der Untersuchung erfühlt hat.

Korrektur kleinerer Probleme

Wenn die Austreibung voranschreitet, kann es vorkommen, daß sich der Kopf unter die Vordergliedmaßen schiebt oder auf andere Art den Geburtsvorgang hemmt. Vorsichtige Manipulation des Kopfes und ein Verschieben der Vordergliedmaßen können helfen. Häufig bleibt eine Vordergliedmaße um einiges hin-

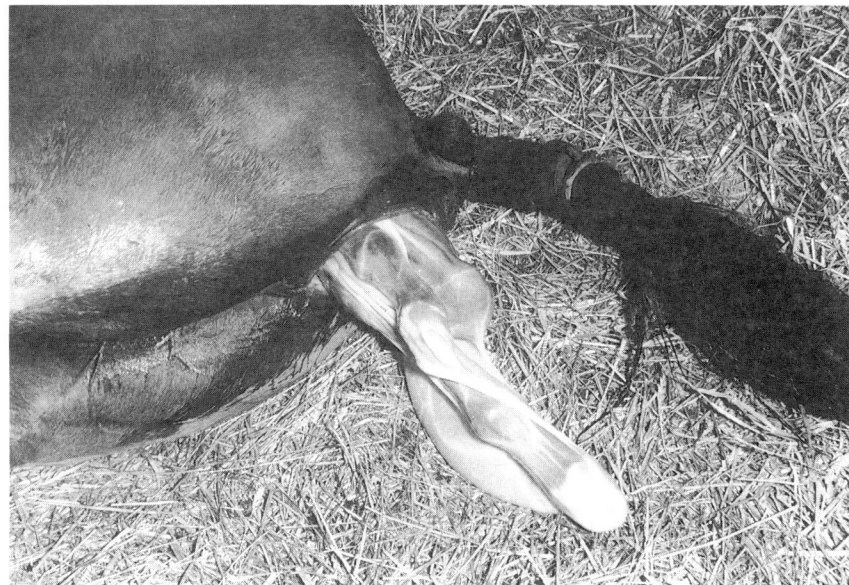

In dieser Phase ist die Nabelschnur normalerweise nicht in Gefahr, gequetscht zu werden. Die Lebensader des Fohlens ist darum intakt.

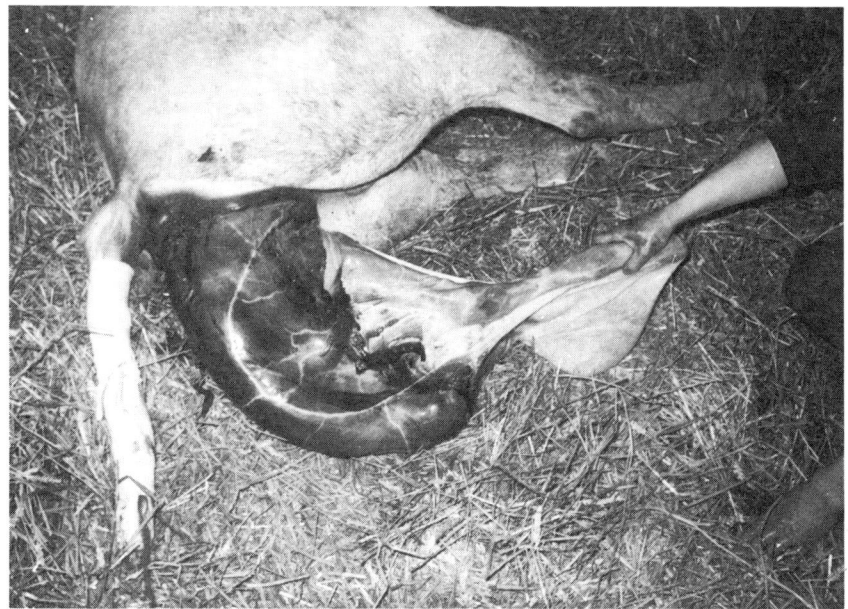

Jetzt wird die Nabelschnur über den Beckenrand gezogen, und die Austreibung muß rasch vollendet werden, damit das Fohlen anfangen kann zu atmen.

ter der anderen zurück. Auch hier kann eine gefühlvolle Manipulation die Austreibung beschleunigen. Man kann freilich nicht überbetonen, daß bei der Bewegung der Extremitäten die fetale Brust keinen Schaden nehmen darf. Durch heftiges Ziehen an den Vorderbeinen und Strecken der Karpal- und Schultergelenke kann es während der Beckenpassage durch die enormen Kräfte während der Austreibung zu Verletzungen im Brustbereich kommen. Der Pferdepfleger muß hier fest, aber gefühlvoll zufassen und durch sorgfältige und zugleich entschiedene Lageveränderungen die Geburt erleichtern. Hier ist die praktische Erfahrung ganz besonders wertvoll. Der unerfahrene Laie muß wissen, daß selbst bei einer verlängerten Austreibungsphase der Lebensfaden des Fohlens, d.h. die Nabelschnur, intakt und unbeschädigt bleibt, solange die Brust des Fohlens den Beckenausgang noch nicht erreicht hat. Sobald die Brust den Geburtskanal verläßt, passiert der Nabel den Beckenrand, und die Nabelschnur kann abgeklemmt werden. Die Nabelschnur wird in dieser Phase über den Beckenrand gezogen und kann vom Bauch des Fohlens gegen die knöcherne Unterseite des Geburtskanals gequetscht werden. Dadurch wird die Blutzufuhr von der Plazenta aus behindert und die Sauerstoffversorgung des Fohlens eingeschränkt. Sobald die Brust den Geburtskanal verlassen hat, kann das Fohlen Sauerstoff aus der Atmosphäre einatmen. Jetzt spielt es keine Rolle mehr, wenn die Nabelschnur verengt wird. Dagegen kann das Fohlen noch keine Atembewegungen machen, solange seine Brust noch in der Scheide der Stute steckt. Es tritt darum eine kurze Phase ein, in der das Fohlen Gefahr läuft zu ersticken. Dieser gefährliche Moment geht gewöhnlich ohne Zwischenfälle vorüber, weil der Brustbereich ziemlich leicht den Geburtskanal passieren kann – teils gezogen durch das Gewicht der bereits ausgetriebenen Vorhand, teils gepreßt durch die Austreibungsanstrengungen der Stute. In einigen Fällen bleiben die Hüften des Fohlens am Becken der Stute stecken. Trotz ihres Pressens kann sie das Fohlen nicht nach draußen befördern. Dann ist Hilfe nötig. Gefühlvoll werden die hinteren Körperteile aus dem Geburtskanal befreit, indem man sie leicht nach links oder rechts dreht. Dazu kann man die Vorderbeine vorsichtig in Richtung der Stutensprunggelenke ziehen, während eine zweite Person die Haut auf beiden Seiten des Fohlenbauchs ergreift und für eine leichte Drehbewegung erst in die eine, dann in die andere Richtung sorgt. Gewöhnlich werden dadurch die Hüften befreit. Sie fallen aus dem Geburtskanal, und die Geburt ist vollendet.

Ersticken verhindern

Sollen wir das Amnion vom Maul des Fohlens wegziehen? Diese Frage wird oft gestellt. Die passendste Anwort lautet so: Ein normales, gesundes Fohlen hat kein Problem, das Amnion zu öffnen, indem es seinen Hals wölbt und die Vorderbeine beim ersten Atemzug nach vorne streckt. Ein Fohlen, das jedoch während der Trächtigkeit erkrankt oder bei der Geburt außerordentlichem Streß ausgesetzt ist, kann unfähig sein, sich selbst zu befreien. Es läuft Gefahr zu ersticken, wenn die Eihaut seine Nüstern bedeckt oder wenn das Maul beim ersten Atemzug in Amnionflüssigkeit steckt. Es ist empfehlenswert, das Amnion aufzureißen, es sofort nach der Geburt vom Kopf abzuziehen und den Kopf aus der Am-

Dieses Fohlen wird durch vorsichtigen Zug an den Vorderbeinen geholt, während der Kopf gerade aus der Scheide hervorgekommen ist. Es kann notwendig sein, das Amnion sofort nach der Geburt aufzureißen und den Kopf aus der Amnionflüssigkeit zu heben.

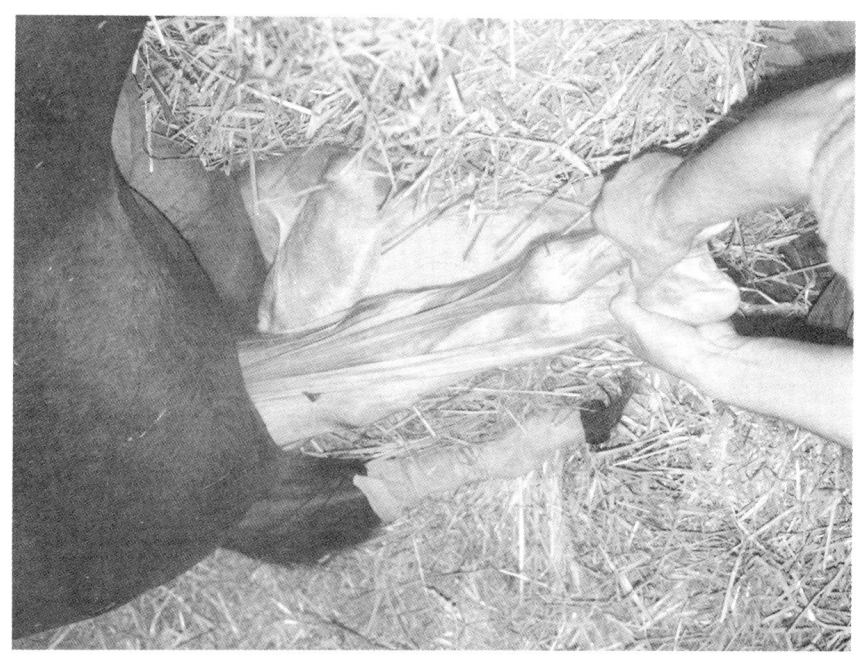

Nach der Austreibung strampelt das Fohlen, um die Füße frei zu bekommen. Derart bewegt es sich von der Stute weg und zieht an der Nabelschnur.

nionflüssigkeit zu heben, wenn das Fohlen dies nicht aus eigenem Antrieb schafft. Diese Maßnahme wird in den meisten Fällen unnötig sein. Bevor das Fohlen tatsächlich geboren ist, können wir jedoch nicht feststellen, ob es an einer Erkrankung leidet oder ob es durch den Geburtsvorgang in Mitleidenschaft gezogen worden ist. Es gibt natürlich Ausnahmen. Wenn Amnion und Amnionflüssigkeit mit Darmpech verschmutzt sind, weist das darauf hin, daß das Fohlen vor oder während der Geburt zuwenig Sauerstoff bekommen hat. In einem solchen Fall ist es besonders wichtig, geeignete Maßnahmen zu ergreifen. Dazu müssen wir zurückblättern zu den Aufgaben des Pferdepflegers (siehe Seite 176).

Die Nabelschnur

Es war einst üblich, daß der Pferdepfleger die Nabelschnur ergriff, durchtrennte und verknotete, sobald das Fohlen vollständig geboren war. Dieses Verfahren ist weitgehend aufgegeben worden, da sich gezeigt hat, daß man dem Kreislauf des Fohlens bis zu einem Drittel des Gesamtvolumens an Blut vorenthält, wenn man die Nabelschnur durchtrennt, bevor das Fohlen zu atmen begonnen hat. Es ist darum wichtig, die Nabelschnur auf natürliche Weise reißen zu lassen. Das geschieht, wenn sich das Fohlen streckt und zieht, um seine Füße freizubekommen. Sie kann auch reißen, wenn die Stute aufsteht. Die Nabelschnur wird weiß und spröde, wenn die Blutzirkulation zwischen Fohlen und Plazenta abnimmt. Sie reißt an der von der Natur vorgesehenen „Soll-Bruch-Stelle" nahe dem Bauch des Fohlens. Gewöhnlich wird der Stumpf mit antibiotischem Puder versorgt, obgleich das nicht unbedingt notwendig ist. Reißt die Nabelschnur auf die beschriebene Weise, schließen sich die Blutgefäße, und es muß keine Klemme angelegt werden. Tritt eine Blutung auf, muß man in den meisten Fällen den Stumpf nur

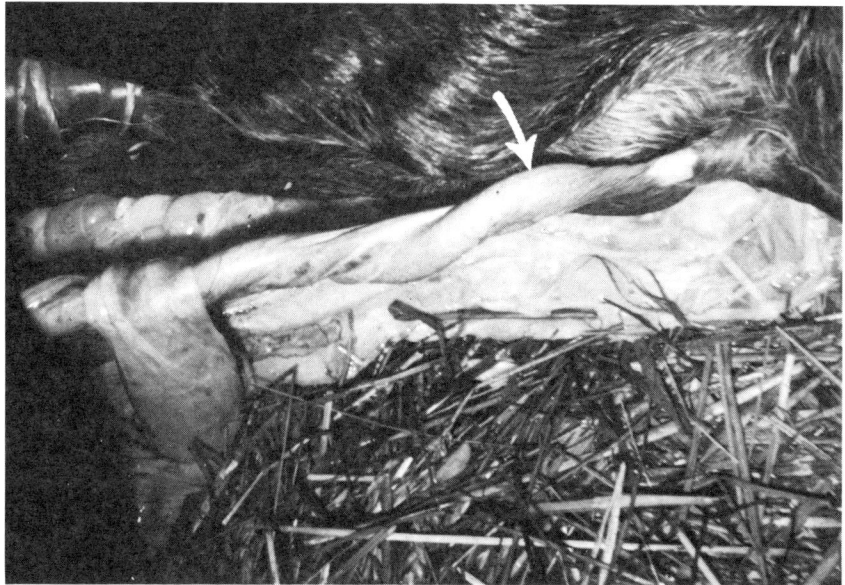

Die Blutzirkulation durch die Nabelschnur (das große Gefäß, auf das der Pfeil hindeutet, ist die Vene, die Blut von der Plazenta zum Fohlen transportiert) nimmt ab, wenn die Nabelschnur gedehnt wird.

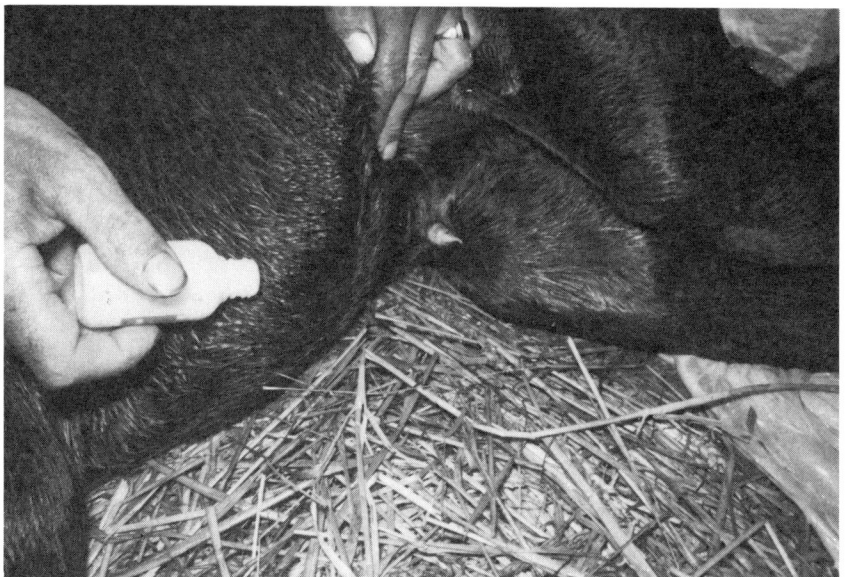

Nahe am Nabel entwickelt sich eine weiße Stelle. Wenn die Nabelschnur reißt, bleibt ein Stumpf zurück, der mit Antibiotika oder antiseptischem Puder versorgt wird.

mit Daumen und Zeigefinger zukneifen, um die Blutung zu stoppen. Sollte es jedoch weiterbluten, wird der Stumpf fest mit einem Pflaster abgebunden. Ungewöhnlich dicke Nabelschnüre müssen gelegentlich von Hand durchtrennt werden. In diesem Fall wird der Nabel mit der einen Hand zurückgehalten, während die andere Hand ruckartig an der Nabelschnur zieht.

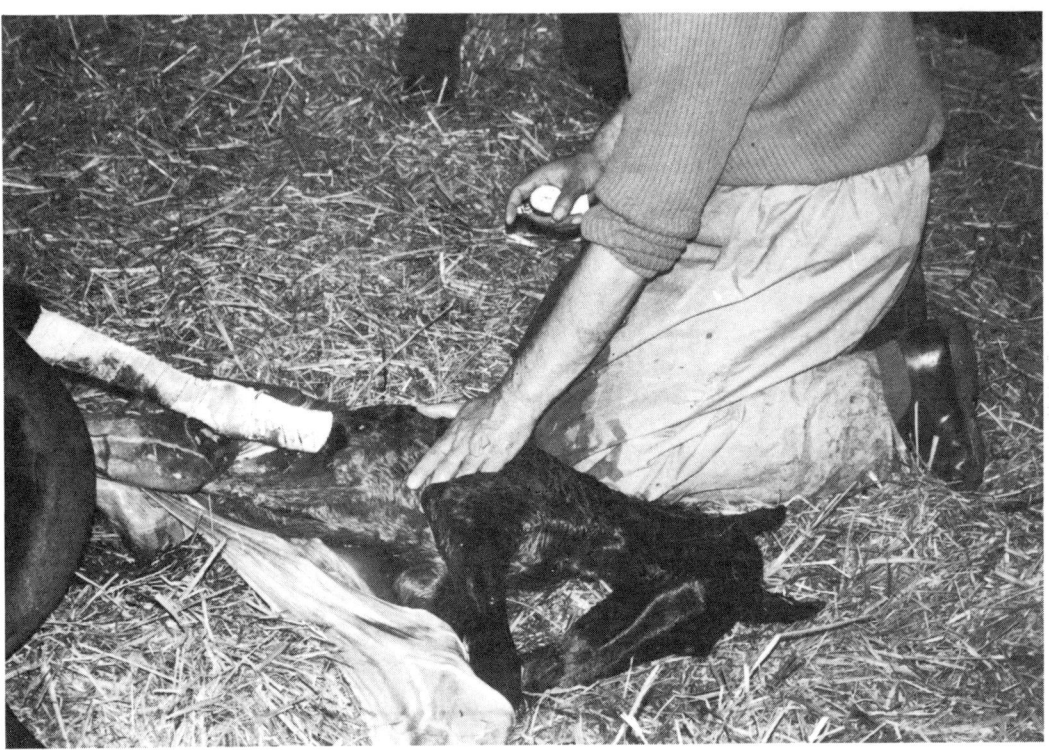

Das Messen des Herzschlags bei der Austreibung gibt wichtige Informationen über den Zustand des Fohlens bei der Geburt.

Die Herzfrequenz des Fohlens bei der Geburt

Es ist empfehlenswert, den Herzschlag des Fohlens bei der Geburt zu messen. Normalerweise schlägt das Herz zwischen 40- und 80mal pro Minute. Ein ungewöhnlich langsamer oder schneller Herzschlag kann darauf hindeuten, daß das Fohlen an einer Geburtsasphyxie (Atemstillstand, siehe Seite 260) leidet.

Trocknen des Fells

Pferdepfleger reiben oft das Fell des Fohlens trocken, das mit Amnionflüssigkeit getränkt ist. Das muß nicht sein, ist aber ganz nützlich bei kaltem Wetter, wenn das Fohlen an den Folgen der Austreibung oder einer abnormalen Trächtigkeit leidet. Es wird dadurch nicht nur der Hitzeverlust durch die Verdunstung vermindert, das Fohlen wird auch allgemein stimuliert und zu Reflextätigkeiten wie Atmung und Bewegung angeregt, die für sein Überleben wichtig sind. Diese Maßnahme ist jedoch nur in sehr seltenen Fällen nötig.

Unter temperaturneutral wird jener Bereich der Außentemperaturen verstanden, innerhalb dessen sich die Stoffwechselvorgänge im Fohlen (Hitzeproduktion) auf einem Minimum befinden. In diesem Fall zeigt das Fohlen eine normale Rektaltemperatur (im Enddarm gemessene Temperatur) von etwa 38,5° Celsius. Wenn die Lufttemperaturen ansteigen, schwitzt das Fohlen, um Hitze abzugeben. Nehmen die Lufttemperaturen ab, muß das Fohlen seinen Stoffwechsel beschleunigen, und es wird infolgedessen zittern. Die Temperatur, bei der dies geschieht, liegt für Ponyfohlen bei etwa 20° Celsius und bei 10° bis 15° Celsius für Vollblutfohlen. Normalerweise können Fohlen ihren Temperaturhaushalt sehr wirkungsvoll regulieren. Aber gesunde Fohlen, die bei der Geburt naß geworden sind, und kranke Fohlen reagieren empfindlich auf niedrige Lufttemperaturen. Bei ihnen muß dafür gesorgt werden, daß sie im temperaturneutralen Bereich bleiben.

5
Neugeborene und ältere Fohlen

Das neugeborene Fohlen ist dasselbe wie das fetale Fohlen, mit dem wir uns schon in Kapitel 6 befaßt haben. Aber jetzt können wir es direkt sehen und beurteilen, überprüfen und studieren, wir können es untersuchen und eventuelle Leiden feststellen.

Es ist faszinierend, die Unterschiede und die Ähnlichkeiten zwischen dem fetalen und dem neugeborenen Fohlen zu betrachten. Wir haben festgestellt, daß das Wohlergehen des Fetus in der Gebärmutter von der Plazenta abhängt, einem Organ, das für den Gasaustausch, für die Ernährung und Entsorgung zuständig ist. Seine Lebensader war die Nabelschnur mit ihren Gefäßen, die Blut hin und her transportierten. Die Geburt holte das Fohlen aus seinem Schutzraum und trennte seine Verbindung zur Plazenta. Die unmittelbarste Herausforderung in seiner neuen Umgebung ist der Bedarf an Sauerstoff. Das Atmen ist darum der erste und wichtigste Schritt, den das Fohlen in seinem Überlebenskampf tun muß. Wenn sich seine Lungen erstmals mit Luft füllen, steigt die Sauerstoffkonzentration im Blut enorm an. Derart wird der im Vergleich zum fetalen Leben viel höhere Bedarf gedeckt, den die weitaus stärkere Aktivität der Körpergewebe bedingt. Insbesondere die Muskeln müssen den Anstrengungen gewachsen sein, die nötig sind, damit das Fohlen auf die Beine kommt. Energie ist nötig, damit das Fohlen mit der Mutter galoppieren kann. Das neugeborene Fohlen ist schon ein paar Stunden nach der Geburt ein Athlet.

Einige Herausforderungen, denen sich das neugeborene Fohlen stellen muß, ähneln jenen, die es in der Gebärmutter erfahren hat. Sie sind nur stärker. Beispielsweise hat das Herz schon vierzig der vierundvierzig Wochen Tragezeit Blut durch den Körper und die Plazenta gepumpt. Die Arbeitsleistung des Herzens steigt jedoch während und nach der Geburt dramatisch an. In der Gebärmutter ist das Fohlen ziemlich inaktiv. Jede Bewegung wird durch die umgebende Flüssigkeit und die Organe im Bauch der Stute abgepolstert. Außerhalb der Gebärmutter ist das Fohlen viel aktiver. Jede Bewegung wird von der Schwerkraft behindert. Der Energiebedarf wächst darum entsprechend und muß durch einen ähnlichen Anstieg der Stoffwechseltätigkeit und der Leistung von Herz und Kreislauf unterstützt werden. Eine Zusammenfassung, die das Leben außerhalb und innerhalb der Gebärmutter miteinander vergleicht, ist in Tabelle C zu finden.

Tabelle C: Das Leben innerhalb und außerhalb der Gebärmutter

Aktivität	Fetus	Neugeborenes Fohlen
Respiration (Atmung, Austausch von Gasen, Sauerstoff und Kohlendioxid)	zwischen dem mütterlichen Blut in der Gebärmutter und dem fetalen Blut in der Plazenta; die Lungen enthalten Flüssigkeit – keine Luft – und arbeiten noch nicht als Austauschorgan.	zwischen der Luft und dem Blut des Fohlens in den Lungen; die Lungenbläschen enthalten Luft, und das Organ ist der Ort des Gasaustauschs zwischen der Luft und dem Blut.
Bewegung und Muskeltonus (Spannungszustand der Muskeln)	praktisch unbehindert von der Schwerkraft; zeitweilige, aber nicht anstrengende Bewegungen	gegen die Schwerkraft; anstrengende Leistungen nötig, um aufstehen, galoppieren zu können etc.
Nerven	notwendig zur Koordination fetaler Bewegungen, wenige „Botschaften", die durch das Auftreten von Schmerz, Geräusch, Licht, Hitze zum Fohlen gelangen	Koordination komplexer Bewegungen und Auseinandersetzung mit erheblichen sensorischen Eindrücken
Licht, Geräusche und Berührung	nicht oder in nur sehr geringem Maße ausgesetzt, weil er im Bauch der Stute eingeschlossen ist	erheblichen äußeren Reizen ausgesetzt, auf die das Fohlen auf zweckmäßige und kontrollierte Weise reagieren muß, indem es sich z. B. Geräuschen zuwendet, die nützliche Erfahrungen darstellen, und von solchen weg, die auf Schaden oder Gefahr hindeuten
Verdauung	Nahrung gelangt über die Plazenta aus dem mütterlichen in das fetale Blut; Verdauungsvorgänge werden von der Stute abgeschlossen, bevor die Nahrung beim Fetus ist	aktive Suche nach Futter ist nötig; der Verdauungsprozeß spielt sich im Magen ab

Entsorgung	Urin, der von den Nieren gebildet wird, gelangt in die Blase und über den Harngang in die Allantoishöhle; festes Material wird als Darmpech im Blinddarm, Grimmdarm und Mastdarm gelagert	Es bilden sich große Mengen Urin, die beim „Stallen" abgelassen werden; Kot bildet sich im Dickdarm und gelangt durch den After nach draußen
Stoffwechsel	Leber und andere Organe produzieren Hormone und Enzyme, um der ziemlich geringen Stoffwechselaktivität zu entsprechen	starke Stoffwechseltätigkeit, der durch stärkeren Ausstoß der Drüsen und Leber begegnet wird
Herz-Kreislauf-Zustand	Das Herz pumpt mit ziemlich geringem Druck Blut durch den Körper und die Plazenta	Das Herz pumpt Blut mit relativ hohem Druck; die Plazenta ist durch die Lungen ersetzt worden
Körpertemperatur	Die Körpertemperatur wird durch die umgebenden Gewebe und Organe der Stute aufrechterhalten; der Fetus muß darum nur wenig Nährstoffe (Zucker) verbrennen, um die Körpertemperatur zu halten	Der Körper verliert Hitze durch Abstrahlung, durch Luftströmung, Verdunstung und Ableitung; es müssen Nährstoffe (Zucker) verbrannt werden, um die Körpertemperatur gegen die herrschenden Umweltbedingungen aufrechtzuerhalten
Verhalten und Sozialisierung	nicht erforderlich	Wesentliche Verbindungen müssen zwischen Stute und Fohlen und zwischen anderen Herdenmitgliedern geknüpft werden

Neugeborenen-Phase und Anpassung

Die neonatale Phase

Die neonatale Phase (neonatal = neugeboren) umfaßt die ersten vier Tage nach der Geburt. Während dieser Zeit werden die wichtigsten Anpassungsvorgänge an das Leben außerhalb der Gebärmutter abgeschlossen. Es ist ferner die Phase, in der Erkrankungen und Probleme des Neugeborenen erstmals sichtbar werden.

Es muß jedoch betont werden, daß diese Definition nur aus Bequemlichkeit gewählt wurde, um Ordnung in unsere Beschreibungen und unser Verständnis zu bringen.

Die Art, in der der Fohlenkörper reagiert, um der Herausforderung durch seine neue Umwelt zu begegnen, wird Adaptation oder Anpassung genannt. Versagt er, sprechen wir von Maladaptation oder Fehlanpassung. Die normale Anpassung kann am Verhalten des Fohlens abgelesen werden: Zum Beispiel beginnt es innerhalb von 30 bis 60 Sekunden nach der Geburt zu atmen, sich innerhalb von fünf Minuten auf die Brust zu drehen, innerhalb von neunzig Minuten zu stehen und innerhalb von 200 Minuten am Euter der Stute zu saugen. Die Kennzeichen einer normalen Anpassung sind in Tabelle D beschrieben.

Tabelle D: Merkmale normaler Anpassung in den ersten vier Lebenstagen

Zeit seit vollendeter Geburt	
1 Minute	Atmen, schnelle Bewegungen von Brust und Bauch; Herzfrequenz 60 bis 80 Schläge pro Minute; Temperatur 37,5° Celsius
5 Minuten	Atemrhythmus hat voll eingesetzt; Fohlen beginnt, den Kopf zu heben, und versucht, die Brustlage einzunehmen, zur selben Zeit zieht es die Hinterbeine von der Scheide weg; Saugreflex ist da; Temperatur 37,5° Celsius
15 Minuten	Das Fohlen hat die Brustlage eingenommen, Vorderbeine sind nach vorne gestreckt, Hinterbeine angezogen, eventuelle erste Aufstehversuche; 40 bis 60 Atemzüge pro Minute, 120 bis 160 Herzschläge pro Minute
30–90 Minuten	Fohlen steht zum erstenmal; beginnt nach dem Euter zu suchen
100 bis 200 Minuten	Fohlen saugt erstmals; der Instinkt, der Mutter zu folgen, wird angelegt; Darmpech geht ab
12 Stunden	Die Instinkte, der Mutter zu folgen und zu saugen, sind fest etabliert; es kann aufstehen und sich hinlegen ohne Mühe; Harn und Darmpech gehen ab; die Temperatur beträgt 38° Celsius, das Herz schlägt 80- bis 120mal pro Minute, die Atemfrequenz beträgt 30 Atemzüge pro Minute in Ruhe
48 bis 72 Stunden	Milchkot erscheint, und das Darmpech ist vollständig abgegangen

Betreuung des neugeborenen Fohlens

Im letzten Kapitel haben wir das Fohlen zu dem Zeitpunkt verlassen, als es geboren war und zu atmen begonnen hatte. Wie schon bei der Geburt sollte sich die Gestütsleitung auch in dieser Phase eine wachsame Einstellung zu eigen machen; die Pferdepfleger sollten beiseite stehen und der Natur ihren Lauf lassen, wenn alles normal vonstatten geht – aber entschieden eingreifen, wenn Abweichungen auftreten.

Einmal mehr muß der Pferdepfleger die Entwicklung der Dinge interpretieren können auf der Grundlage seines Wissens um die normalen Abläufe. Wir haben bereits einige wichtige Symptome des Normalfalls besprochen, zum Beispiel das erstmalige Aufstehen innerhalb von 90 Minuten und das Saugen innerhalb von 200 Minuten nach der Geburt. Schafft ein Fohlen das nicht innerhalb dieser Zeitspanne, ist dies nicht unbedingt krankhaft, aber solch ein Fohlen muß mit Argwohn beobachtet werden, und es kann nützlich sein, sich tierärztlichen Rat zu holen. Bei der Diskussion der Erkrankungen von neugeborenen Fohlen werden wir feststellen, wie wichtig es ist, schnell und rechtzeitig zu handeln, um zu verhindern, daß sich ein Zustand verschlechtert. Junge Fohlen haben nicht die Widerstandskraft älterer Pferde. Eine Verzögerung um nur wenige Stunden kann sich als kritisch oder gar tödlich erweisen.

Das Verhalten als Hinweis auf Gesundheit

Das Verhalten von Fohlen kann der alles entscheidende Hinweis auf Gesundheit oder Krankheit sein. Wie ein Fohlen steht, wie es aufsteht oder sich auf den Bo-

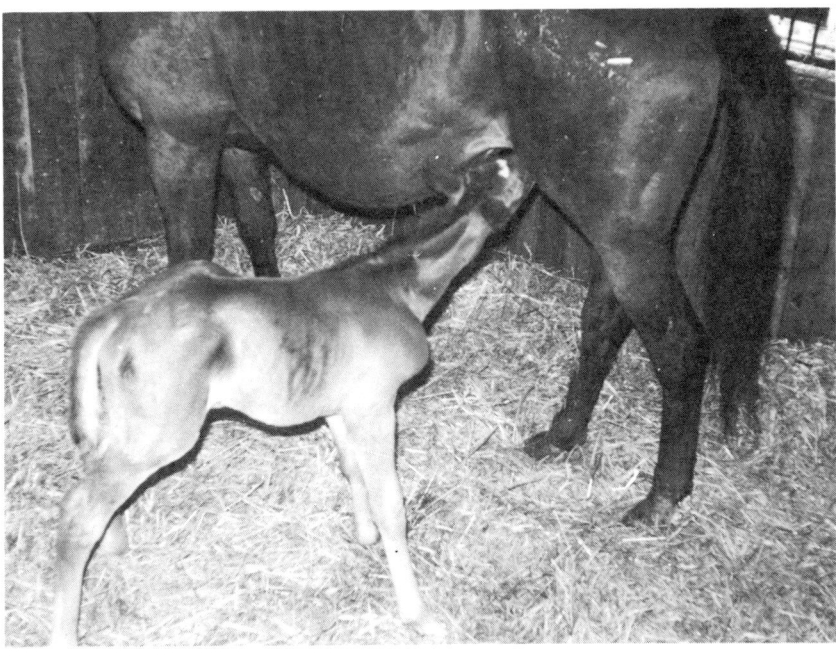

Art und Weise, wie das Fohlen das Euter der Stute findet, sowie das Saugen selbst sind ein guter Hinweis auf die Gesundheit. Im Bild ist die typische Saughaltung dargestellt.

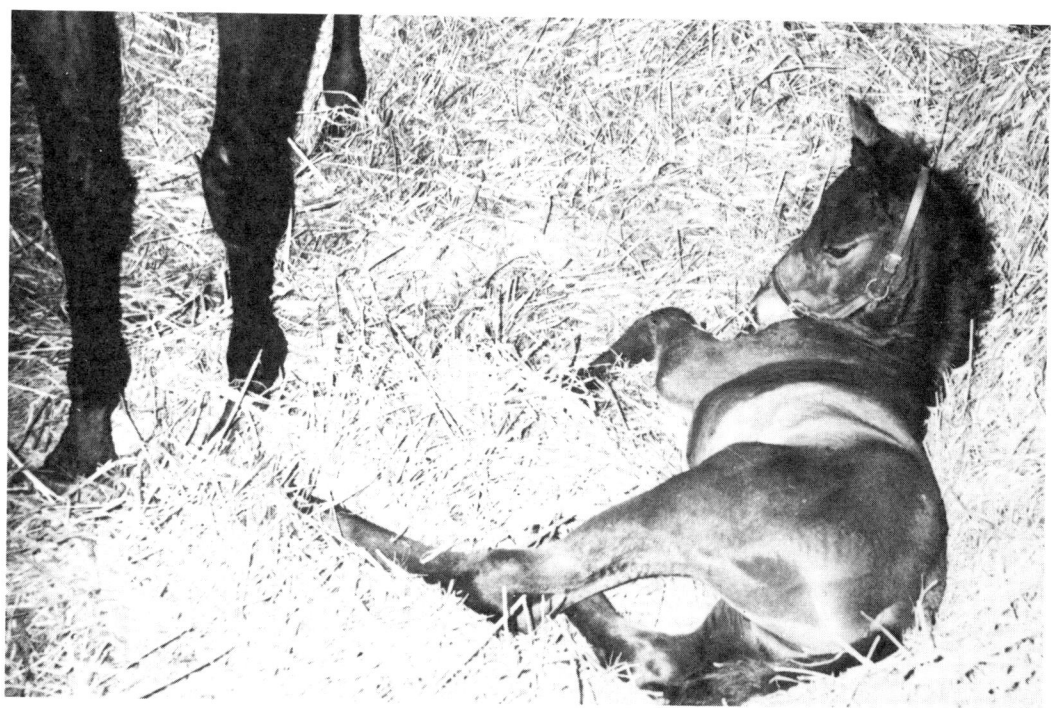

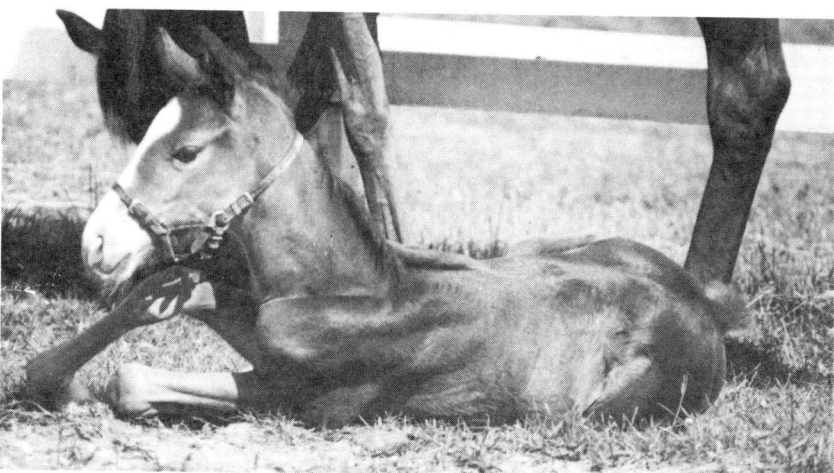

Gesunde Fohlen liegen entspannt, manchmal ausgestreckt (oben), manchmal in Brustlage (unten).

den legt, ist sehr aufschlußreich. Zum Beispiel stehen Fohlen normalerweise auf dieselbe Art auf wie erwachsene Pferde: Sie strecken die Vorderbeine nach vorne, erheben sich erst vorne und dann hinten. Das Hinlegen geschieht in umgekehrter Reihenfolge. In den ersten ein, zwei Stunden nach der Geburt können Fohlen damit etwas Schwierigkeiten haben, sie fallen um oder balancieren sich nur mühsam aus. Sobald der erste Stehversuch erfolgreich war, werden die Bewegungen immer besser koordiniert. Das Fohlen kann geschmeidig und in der richtigen Reihenfolge aufstehen. Ist es älter als drei Stunden und kommt es nur halb hoch, um dann wieder nach vorne zu fallen, oder hat es nicht die Kraft zu stehen, dann kann es an einer infektiösen oder anderen Krankheit leiden.

Wie die Fohlen nach dem Euter der Stute suchen, wie sie die Zitzen halten und welche Position sie beim Saugen einnehmen, ist ein weiterer Hinweis auf Schwäche oder Stärke. Ein gesundes Fohlen hat keine Schwierigkeiten, die Zitzen zu finden. Es wird seine Suche hartnäckig fortsetzen, wenn es sie nicht sofort beim Erreichen der Eutergegend findet. Ein schwaches Fohlen kann dagegen erhebliche Schwierigkeiten beim Finden und auch beim nur kurzzeitigen Festhalten der Zitzen haben. Das in der Eutergegend herumstupsende Fohlenmaul regt die Stute an, Milch zu geben; ein Fohlen, das nicht ordentlich saugt, kann Nase und Maul mit Milch verschmiert haben, die unverbraucht aus dem Stuteneuter fließt.

Fohlen saugen an den ersten Lebenstagen jeweils ein bis zwei Minuten lang und das drei- oder viermal pro Stunde. Häufigkeit und Dauer des Saugens nehmen mit zunehmendem Alter ab. Der Zustand des Euters und die Art, in der sich das Fohlen dem Euter nähert und daran säuft, sind entscheidende Hinweise auf das Wohlergehen des Fohlens. Ein Fohlen, das liegt und dann aufgetrieben wird, sollte sich dem Euter nähern und saugen wollen, sobald die Störung vorüber ist. Ein krankes Fohlen zeigt je nach Art und Schwere seiner Erkrankung womöglich

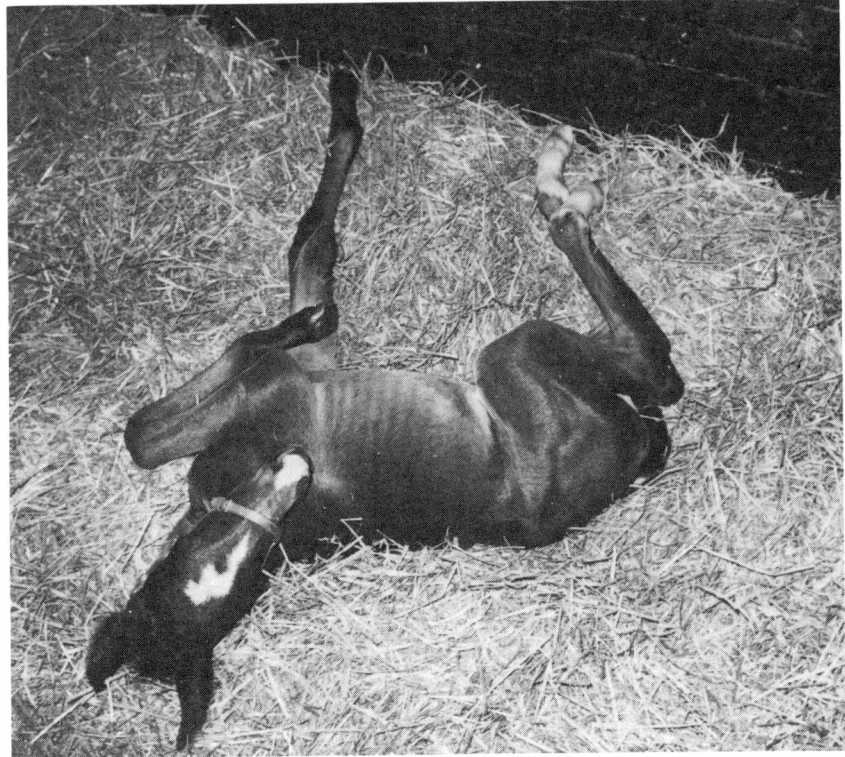

Fohlen, die Schmerzen haben, wälzen sich vermehrt oder liegen in ungewöhnlicher Stellung.

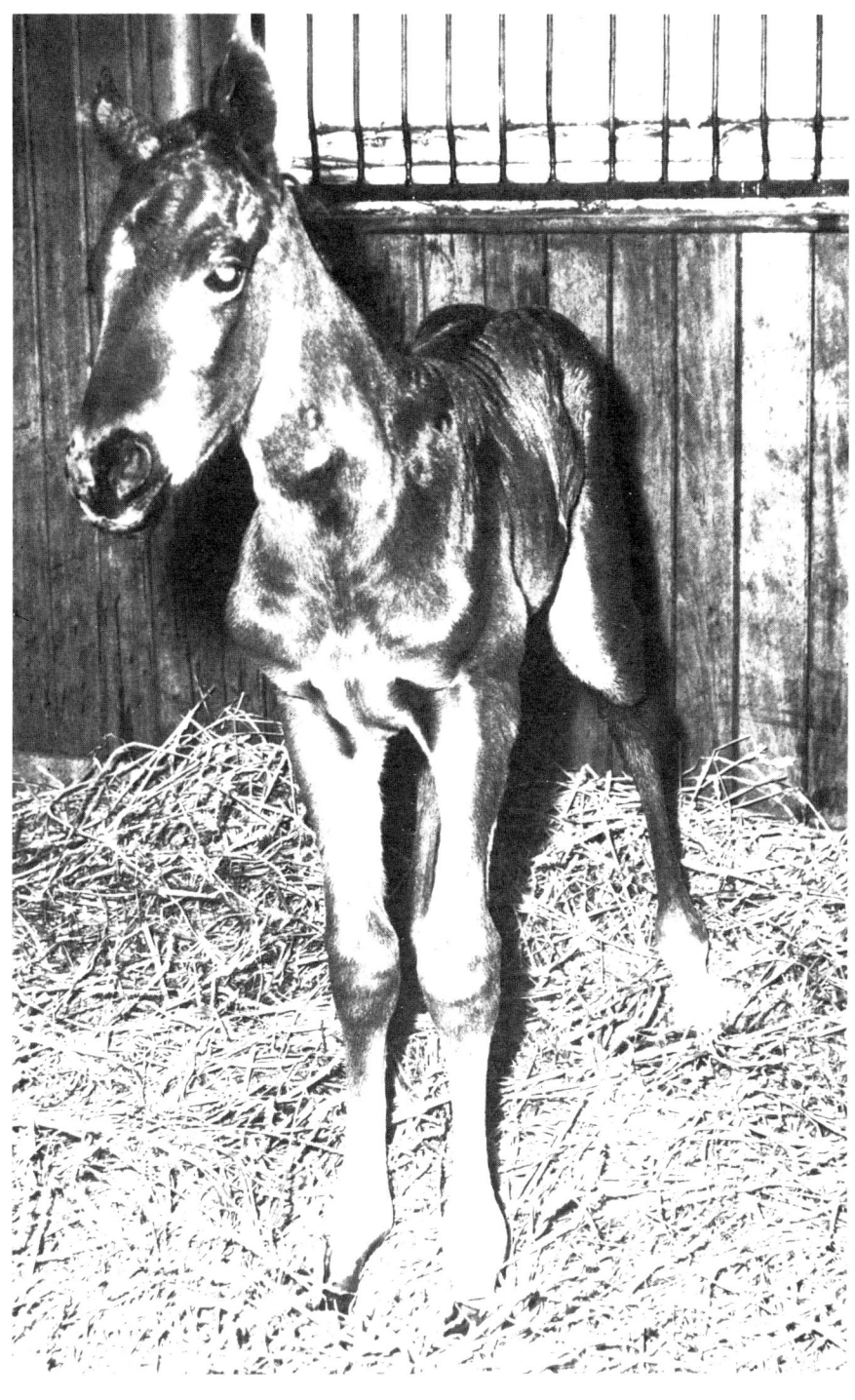

Das Fohlen preßt in Hockstellung und mit erhobenem Schweif, um Harn oder Darmpech abgehen zu lassen.

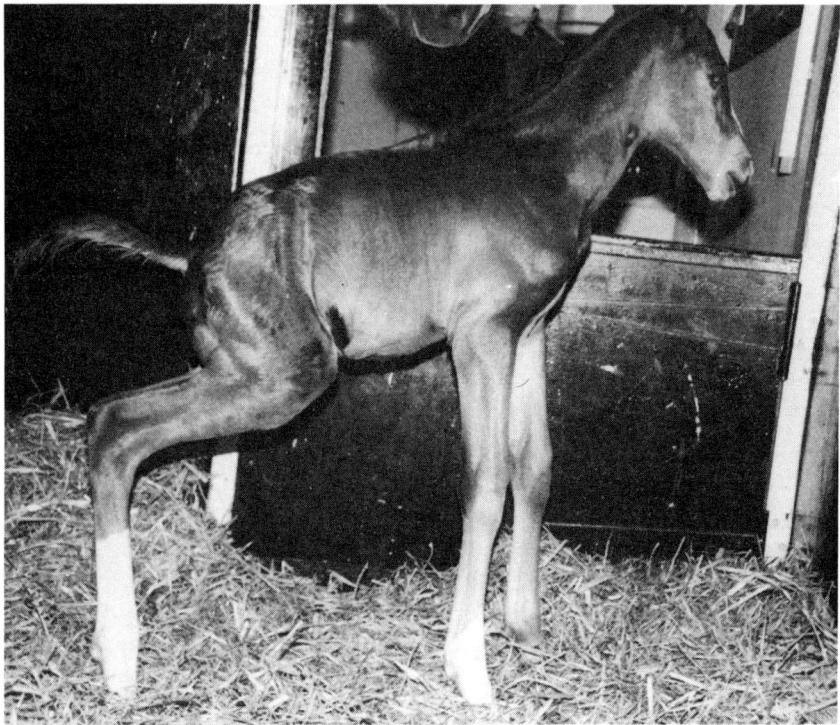

überhaupt kein Interesse oder stupst nur ein bißchen um das Euter herum, ohne die Zitzen zu packen und zu saugen. Die Pferdepfleger sollten sich vertraut machen mit den unterschiedlichen Zuständen des Euters, die indirekt auf das Wohlergehen des Fohlens schließen lassen. Ein flaches, schlaffes Euter mit einem feuchten Bereich um die Zitzen zeigt an, daß das Fohlen unlängst gesaugt hat. Trockene Zitzen sind ein Hinweis dafür, daß das Fohlen in der letzten halben Stunde nicht gesaugt hat. Ob das Euter voll ist, kann mit dem Auge oder durch Betasten überprüft werden. Man muß dabei freilich berücksichtigen, daß einige Tiere ein sehr großes, fleischiges Euter haben. Dieser Unterschied kann leicht festgestellt werden, indem man die Spannung des vollen Euters fühlt, anschließend die Milch abmelkt und die Menge bestimmt. Bei einem vollen Euter können Tropfen am Ende der Zitzen erscheinen, die Milch kann auch herauströpfeln oder -fließen.

Die Art, wie ein Fohlen in Ruhe liegt, ist ein weiterer Hinweis auf sein Wohlergehen. Normalerweise liegt das Fohlen ausgestreckt auf der Seite, die Beine ruhen leicht gebeugt in einem rechten Winkel zum Körper. Liegt das Fohlen auf der Brust, sind die Karpalgelenke gebeugt, die Hinterbeine sind angezogen und befinden sich neben dem Körper. Es kann seinen Kopf wenden und sich nach den Flanken umsehen. Diese Bewegung wird jedoch weder übertrieben noch wiederholt, wie etwa bei einem Pferd, das eine Kolik hat. Fohlen, die Schmerzen haben, wälzen sich oder liegen in ungewöhnlicher Position; dabei sehen sie sich nach hinten zu ihren Flanken um oder liegen ausgestreckt mit nach hinten verdrehtem Kopf. Die Art des Stehens kann ebenfalls auf eine Erkrankung hinweisen. Man muß allerdings auch hier den Normalfall kennen, um das Abnormale einschätzen zu können.

Darmpech (Mekonium)

In den ersten drei oder vier Tagen nach der Geburt nimmt das Fohlen häufig eine hockende, breitbeinige oder angespannte Stellung ein. Es handelt sich dabei wahrscheinlich um Versuche, das Darmpech abgehen zu lassen.

Das Darmpech ist ein dunkelbrauner, schwarzer oder grünlicher Kot von etwas gummiartiger Beschaffenheit. Es wird während des fetalen Lebens im Mastdarm, Grimmdarm und Blinddarm gelagert und geht nach der Geburt ab, sobald die Futteraufnahme übers Maul und die Verdauung im Darm einsetzen. Das Darmpech wird durch den normalen Vorgang des Kotabsatzes nach draußen befördert. Ein Fohlen kann jedoch Schwierigkeiten haben, größere Mengen aus dem Mastdarm durch den schmalen, vom knöchernen Beckengürtel gebildeten Ausgang zu drücken. Dieses Problem ist besonders ausgeprägt bei Hengstfohlen, bei denen der Ausgang meist schmaler ist als bei Stutfohlen. Das Darmpech reicht vom Becken aus gesehen weit in die Därme zurück. Die Ausscheidung dieses langgezogenen Kotmaterials ist darum nicht als einfaches Auspressen durch den Beckenausgang anzusehen. Die Darmwände müssen das Darmpech rückwärts in Richtung Mastdarm und After treiben. Dieser Vorgang wird Peristaltik genannt. Er bezeichnet wellenförmige Muskelkontraktionen, die die Wände des Dünn- und Dickdarms entlanglaufen. Werden die Darmwände durch Gase oder Kotansammlungen ausgedehnt, dann verursacht das Schmerzen. Es sind Kolikanzeichen zu beobachten. Eine übermäßige Ausdehnung der Darmwände vermindert deren Vermögen, sich in peristaltischen Wellen zusammenzuziehen, und führt zu schmerzhaften Krämpfen. Das Absetzen des Darmpechs ist ein Vorgang, bei dem der Darm von hinten „preßt", damit die Verengung im Mastdarm am Beckenausgang passiert werden kann. Als Darmpechverhaltung wird ein Zustand bezeichnet, bei dem das Mekonium nicht normal abgeht.

Einläufe

Im fetalen Leben wird niemals Darmpech abgesetzt, wenn nicht krankhafte Ursachen vorliegen (gewöhnlich verbunden mit akutem Sauerstoffmangel). Das Darmpech sollte auf jeden Fall während der ersten drei Tage nach der Geburt abgehen. Meist gelingt das ohne große Schwierigkeiten, da das Darmpech wegen seines schleimigen Überzugs schlüpfrig ist. Es kann freilich hilfreich sein, zusätzliche Schmierstoffe und Einläufe zu verabreichen, um den Abgang zu erleichtern. Flüssige Medikamente, deren spezielle Inhaltsstoffe für Schmierung sorgen und Kotbrocken im Mastdarm aufweichen, können auch Komponenten mit mild abführender Wirkung enthalten, die die Peristaltik im kleinen Kolon und Mastdarm fördert. Für die klassische Methode, einen Einlauf mit Seife und Wasser oder mit flüssigem Paraffin vorzunehmen, muß ein Gummischlauch vorhanden sein. Dieser soll weich sein und keine scharfen Ränder aufweisen, damit weder After noch

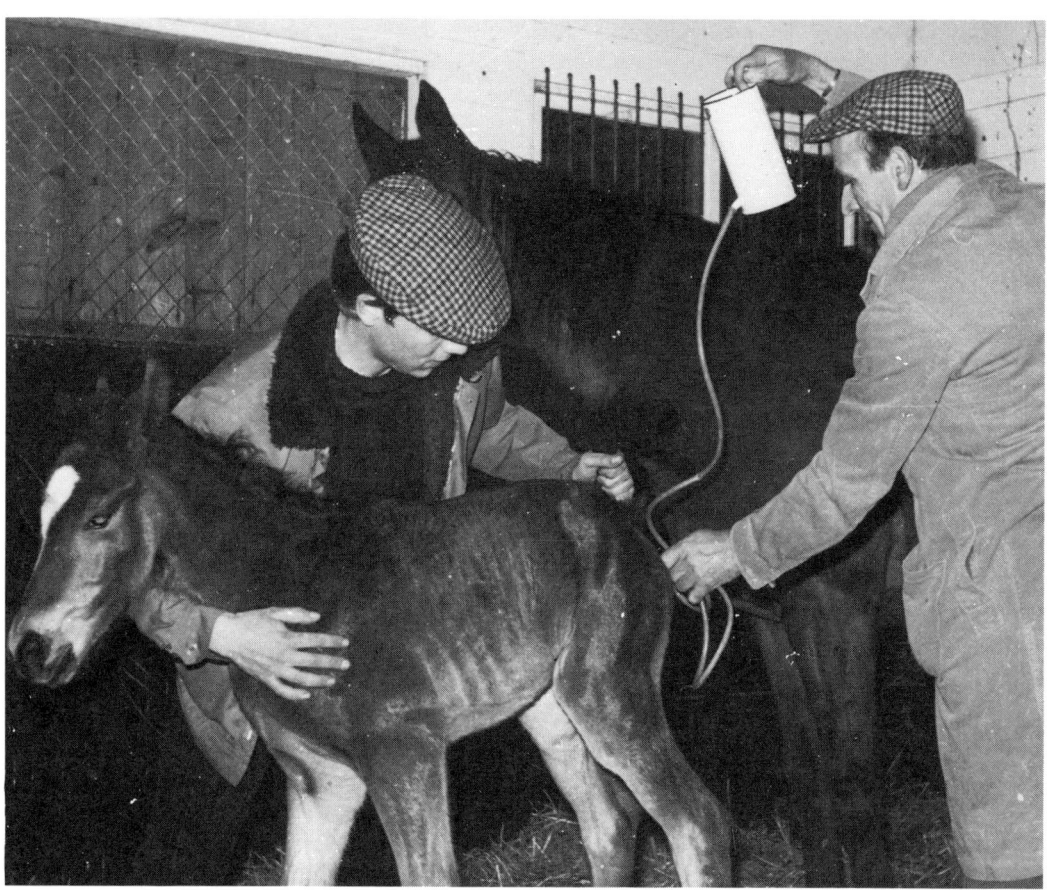

Ein junges Fohlen erhält einen Einlauf mit warmem Wasser und Seife. Achten Sie darauf, wie das Fohlen festgehalten wird. Es ist wichtig, nicht mit Gewalt am Schweif zu reißen, das könnte die zarten Gewebe an der Schweifwurzel schädigen. Der Schlauch muß weich sein und darf keine scharfen Ränder aufweisen.

Mastdarm verletzt werden können. Niemals darf Gewalt angewendet werden, wenn das Schlauchende in den Mastdarm eingeführt und am Darmpech vorbeigeschoben wird. Zuviel Flüssigkeit und/oder zu häufige Einläufe können den Mastdarm „aufblasen". Dadurch wird die Peristaltik abgeschwächt, die aber wiederum für den Abgang des Darmpechs verantwortlich ist. So schafft man sich Probleme, löst aber keine. Die gleitfähig machende Wirkung von Öl oder Seife ist in geringen Mengen hilfreich. Aber – wie bereits erklärt – zieht sich das Darmpech bis in das Kolon hinein und ist dort außer Reichweite des Einlaufs. In schweren Fällen von Darmpechverhaltung müssen darum andere Maßnahmen ergriffen werden. So kann Öl über das Maul oder über eine Magensonde verabreicht werden, um die angeschoppten Massen von vorne aufzuweichen.

Es gibt zwei Schulmeinungen, was den ersten Einlauf bzw. die erste Verabreichung von Paraffinöl betrifft. Die einen plädieren für eine Anwendung bald nach der Geburt, die anderen für eine Anwendung nach dem ersten Saugen. Nachteil der ersten Variante ist, daß das Fohlen zu dieser Zeit für irgendwelche Manipulationen weniger zugänglich ist; außerdem ist der Druck im Bauch beim liegenden

Fohlen größer als beim stehenden. Vorteil des Einlaufs nach dem ersten Saugen ist außerdem, daß schon das Abschlucken von Milch die Peristaltik fördert und dadurch Kot aus dem Enddarm abgesetzt wird. Unter diesen Umständen trifft der Einlauf zeitlich mit der Darmtätigkeit zusammen und unterstützt sie. Die Kolostralmilch, die erste Milch der Stute, ist ein kraftvolles Abführmittel, das schließlich den Enddarm vom Darmpech befreit.

Das Darmpech kann am besten mit einem behandschuhten Zeigefinger herausgeholt werden. Der wird mit flüssigem Paraffin schlüpfrig gemacht und durch den After eingeführt. Darmpechkügelchen in Reichweite werden vorsichtig „herausmassiert". Spannt sich das Fohlen dabei an, dann unterstützt es die Aktion. Bleibt es – wie so oft – passiv, dann kann nur das Darmpech im Bereich des Beckenbodens entfernt werden. Darmpech im Mastdarm, das sich hinter dem Beckenrand befindet, kann mit der Fingerspitze berührt, aber nicht herausmassiert werden. Gelingt es, etwas Darmpech herauszuholen, ist Platz geschaffen für den Einlauf von etwas flüssigem Paraffin. Dann läßt man das Fohlen erst einmal in Frieden, bis weiteres Darmpech in Reichweite kommt. Versuche, das Darmpech mit dem Finger zu entfernen, und Einläufe sollten aus den bereits erklärten Gründen nicht zu häufig vorgenommen werden. Sie können After und Mastdarm verletzen oder aufblähen.

Umgang mit dem neugeborenen Fohlen

Das Herumhantieren an einem Fohlen, das noch nicht gesaugt hat, kann dazu führen, daß es in Panik gerät und sich heftig sträubt. So verstärkt man noch den Streß, unter dem es angesichts der neuen Umgebung ohnehin leidet. Der Großteil aller Fohlen nimmt gleichwohl keinen Schaden. Aber jene Fohlen, die sich bereits an der Grenze zwischen Normalität und Abnormalität befinden, können durch die zusätzliche Aufregung schwer mitgenommen werden und Krämpfe oder andere ähnliche Symptome der Fehlanpassung (siehe Seite 284) zeigen. Neugeborene Fohlen sollten möglichst wenig Streß ausgesetzt werden. Eine ruhige, freundliche Annäherung ist von äußerster Wichtigkeit. Die erfolgreichste und sicherste Methode, ein Fohlen festzuhalten, sieht so aus, daß man mit einem Arm um das Vorder- und mit dem anderen um das Hinterteil faßt. Eine zweite Person kann dann ein Halfter auflegen, geringe Mengen Flüssigkeit oder Medikamente ins Maul geben, eine subkutane Injektion (in das Unterhautgewebe) ins Hinterteil oder eine intramuskuläre Injektion in den Hals oder einen Einlauf vornehmen. Der Schweif ist beim Festhalten des Fohlens äußerst nützlich. Wenn wir ihn jedoch zu stark nach oben umbiegen, dann werden wir sicher die empfindlichen Gewebe an seiner Basis verletzen und Schwellungen rund um den After verursachen. Fohlen sollten niemals am Schweif hochgezogen werden, auch sollten sie nie am Brustkorb hochgehoben werden, weil dadurch Rippen brechen könnten. Junge Fohlen verhalten sich gewöhnlich kooperativ und bleiben ruhig, wenn sie mit den Armen rund um die Schultern und das Hinterteil getragen werden. Aus dieser Position können wir sie auch niederlegen. Das Festhalten am Boden gelingt optimal, wenn der Kopf dabei angehoben wird und das Maul nach oben zeigt. Im allgemeinen muß man dann nicht mehr tun, als das Fohlen mit freund-

Ein erfahrener Pferdepfleger zeigt, wie man ein junges Fohlen nicht hochheben soll. Bei dieser Methode wird zuviel Druck auf die Brust ausgeübt.

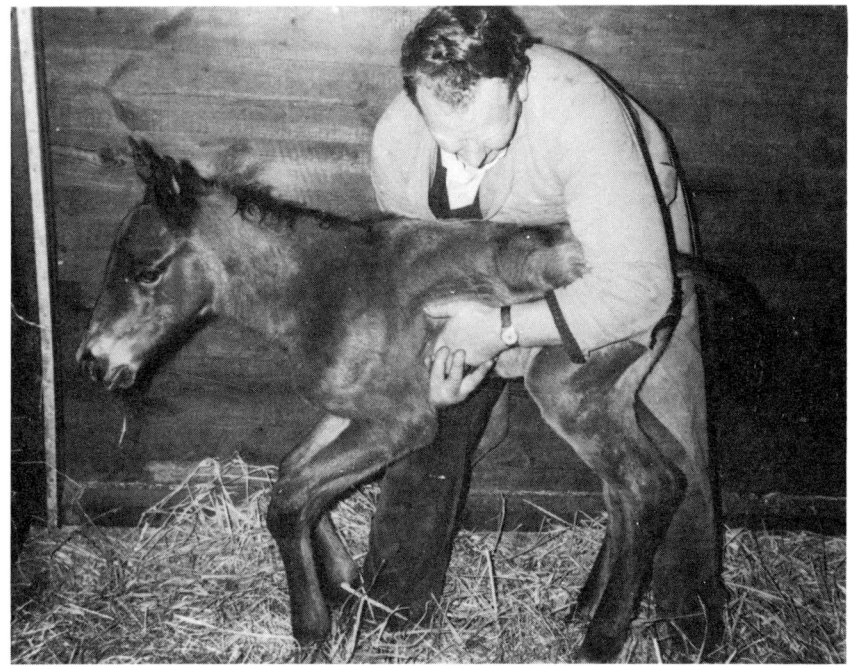

Junge Fohlen verhalten sich gewöhnlich ruhig, wenn sie auf diese Weise getragen werden, damit man mit einer Badezimmerwaage das Gewicht ermitteln kann.

lichen Worten zu beruhigen und den Hals vorsichtig zu tätscheln. Es ist absolut unnötig und wenig hilfreich, wenn man die Beine zusammenhält. Das veranlaßt das Fohlen nur zum Strampeln. Die auf Seite 288 dargestellte Haltung ist die die günstigte Art des Festhaltens von Fohlen, die an Krämpfen oder an anderen Verhaltensstörungen der Neugeborenenphase leiden.

Instinkte und Lernvorgänge

Ein Gutteil des Verhaltens von Tieren stellt ein für die jeweilige Art typisches Muster dar. Einige Verhaltensweisen sind angeboren, andere werden erworben. Beide sind jedoch positiven und negativen Einflüssen der Umwelt ausgesetzt. Wenn wir Verhalten analysieren, können wir jedoch nicht vorhersagen, wie sich das Pferd in irgendeiner speziellen Situation benimmt. In der Neugeborenenphase können wir noch in einem größeren Ausmaß als in jeder anderen Phase zwischen angeborenem instinktivem und erworbenem Verhalten unterscheiden. Wie sich etwa ein neugeborenes Fohlen zuerst mit der Brust aufrichtet und seine Beine so anordnet, daß es aufstehen kann, entspricht genau der Technik des älteren Pferdes. Bei diesem Prozeß spielt also der Instinkt eine größere Rolle als das Lernen, wenngleich das Lernen durch Versuch und Irrtum bei seinen ersten Aufstehversuchen auch von einiger Bedeutung für das Fohlen ist. Es ist vermutlich auch der Instinkt, der es zum dunkleren Euterbereich führt und zum Geruch und Erspüren des Euters, das seine Instinkte durch die angemessene Versorgung mit „Futter" belohnt. Auch hier spielen Versuch und Irrtum insofern eine Rolle, als das Fohlen oft zuerst an der Brust sucht und an der Haut rund um das Knie saugt. Instinkt veranlaßt das Fohlen, der Mutter zu folgen; es schließt sich dem ersten großen, sich bewegenden Objekt an, das es sieht, sobald es die Augen geöffnet hat. So wird die Verbindung zwischen dem Fohlen und seiner Mutter durch eine Folge von instinktiven Verhaltensweisen hergestellt. Dazu gehören auch Reflexe, dank deren das Fohlen stehen, gehen, galoppieren, sich seiner Mutter nähern und ihr folgen kann. Gesichts-, Geruchs- und Gehörsinn befähigen das Fohlen, den Kontakt mit seiner Mutter aufrechtzuerhalten, die Position ihres Euters auszumachen und die Zitzen zu erreichen, um Milch zu trinken.

Diese Verhaltensfolge, bei der eine Phase zur nächsten führt, ist wichtig für das Überleben und hat mit Lernen nur wenig zu tun. Sie kann durch äußere Einflüsse gestört werden, durch den Eingriff des Menschen etwa. Wenn jemand zum Beispiel einen braunen Overall trägt und sich um das Fohlen kümmert, bevor es auf seine Mutter geprägt ist, kann dieser Mensch das Objekt des nach Fürsorge suchenden Fohlens werden. Fohlen können in den ersten Stunden nach der Geburt verwirrt werden, und es kann ihnen dann mißlingen, ein starkes Band zur Mutter zu knüpfen. In einigen Fällen kann das mit einem Gehirnschaden zusammenhängen (siehe Seite 287). Es hat jedoch den Anschein, daß die Stärke des Instinktes individuell unterschiedlich ausgeprägt ist und daß nur solche Fohlen mit schwachen Instinkten durch den Einfluß des Menschen Schaden nehmen können. Dieselben Abweichungen in der Stärke sind bei den mütterlichen Instinkten zu beobachten. Es ist darum wichtig für den Umgang mit dem Fohlen, daß keine Handlung die Verbindung Stute/Fohlen und Fohlen/Stute verhindert, stört oder unterbricht.

So legt man ein Fohlen nieder.

Nachteilige Auswirkungen können die Bewegungen von Menschen oder die Kontakte zu den Menschen in der Pferdebox haben. Das kann im Extremfall dazu führen, daß sich das Fohlen einem Menschen anschließt oder unsicher wird, welchem „Objekt" es denn nun folgen soll. Selbst unter natürlichen Bedingungen kann ein Fohlen verwirrt werden durch ein Objekt, das bei der Geburt in der Nähe steht.

Dr. Stephanie Tyler, die New Forest Ponys untersuchte, berichtete von einem Fohlen, das sich mehr auf einen Baum als auf seine Mutter fixierte. Fohlen, die in Pferdeboxen geboren werden, können auf die Krippe oder die dunkle Oberfläche von Wänden fixiert werden und sie ihrer Mutter vorziehen. Einige Fohlen sind sehr ängstlich, und der Umgang mit ihnen kann zu panischen Reaktionen führen, durch die die normalen Instinkte zeitweise oder dauerhaft aufgehoben werden. Erworbenes Verhalten entwickelt sich durch Erfahrung. In den ersten Stunden und Tagen nach der Geburt ist das Fohlen ganz besonders lernfähig. Unter natürlichen Bedingungen befähigt die Prägungsphase das Fohlen, seine instinktiven Verbindungen zur Mutter zu verstärken. Dadurch etabliert sich ein fürsorgesuchendes Verhalten, das bis zum Absetzen anhält und allmählich ersetzt wird durch soziale Verbindungen, die zu den anderen Herdenmitgliedern hergestellt werden.

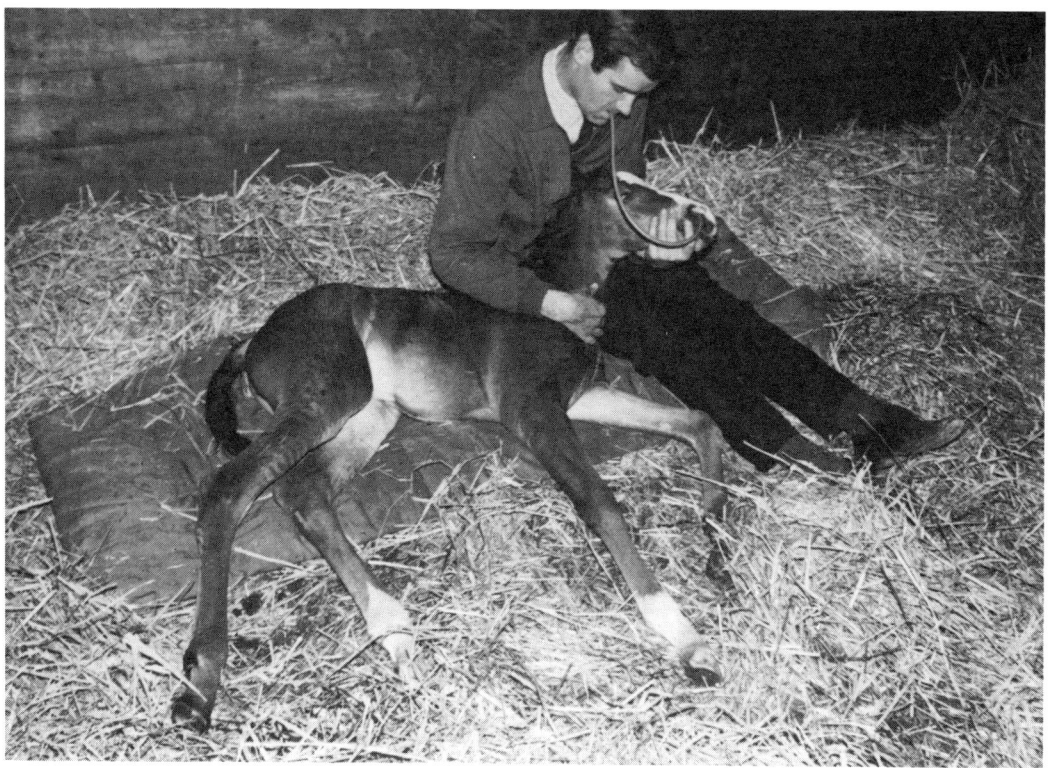

Das ältere Fohlen: bis zum Absetzen und Danach

Hat das Fohlen ein Alter von etwa fünf Tagen erreicht, führt seine Entwicklung langsam immer mehr in Richtung auf ein von der Mutter unabhängiges Leben. Seiner Bestimmung als reifes, fortpflanzungsfähiges Individuum geht es nun allerdings in viel geringerer Geschwindigkeit entgegen als in den ersten Tagen nach der Geburt. Der Entwicklungsprozeß schreitet aber ständig fort, kann allerdings Störungen durch die Umgebung, die Menschen und die Keime ausgesetzt sein.

Wenn wir dem Fohlen durch diese Phasen folgen, fällt als eindrucksvollste Veränderung das Gewicht auf: Es nimmt von der Geburt bis zum zweiten oder dritten Jahr um das Zehnfache zu. Das Hauptwachstum erfolgt innerhalb zweier Jahre, die Hälfte davon innerhalb des ersten Jahres. Das Größenwachstum hängt vor allem vom Wachstum der Knochen ab, in geringerem Maß auch von der damit einhergehenden Zunahme an Muskelmasse.

Ganze Bücher könnten geschrieben werden über die Wachstumsprozesse in Abhängigkeit von den verschiedenen Körpersystemen. Hier müssen wir uns auf die Darstellung jener Elemente beschränken, die wesentlich sind für den praktischen Umgang mit gesunden Pferden während ihrer Entwicklung von der Geburt bis zum ausgewachsenen Tier. Ist das Ergebnis letztendlich gut, werden wir kaum darüber nachdenken, wie es uns gelungen ist, solch optimale Resultate zu

An einem gesunden Fohlen wird hier die Haltung gezeigt, in der das Tier mit einer Magensonde künstlich ernährt oder anderweitig behandelt werden kann.

Junge Fohlen spielen miteinander und erwerben dabei Herdeninstinkte. Mit den Spielkameraden oder den Müttern wird eifrig soziale Fellpflege betrieben.

erzielen. Nur wenn wir Fehlschläge hinnehmen müssen, stellen wir unsere Methoden der Gestütsführung und Landwirtschaft in Frage.

Die Verhaltensmuster von Pferden aller Altersstufen zu kennen ist sowohl für die Gestütsleute wichtig als auch für alle anderen, die für die Aufzucht von Pferden verantwortlich sind, auch für den Tierarzt, der eine korrekte Diagnose stellen muß. Die Kenntnis des normalen Verhaltens ist die Grundlage für das Erkennen von Erkrankungen. In vielen Fällen ist es ein hilfreicher Ratgeber für optimale Aufzuchtbedingungen.

Das junge Fohlen verbringt viel Zeit nahe der Mutter und trinkt sehr häufig, wenn auch nur jeweils für kurze Zeit. Wenn es älter wird, hält es sich öfters in größerer Entfernung von seiner Mutter auf, es trinkt seltener und kürzer. In der zweiten Woche nach der Geburt beginnen die Fohlen, miteinander zu spielen, ihre Spielphasen werden mit der Zeit häufiger, heftiger und verschlungener. Das Spiel ist ein wesentlicher Bestandteil des Herdenverhaltens. Es entwickelt die sozialen Bindungen, die für die Herde nötig sind, damit sie als zusammenhängende Einheit agieren und ihre Fortpflanzungsfähigkeit entfalten kann. Das Spiel zwischen Jährlingshengsten ist notwendigerweise eine Vorstufe des Hengstverhaltens. In diesem Licht sieht dies freilich das Gestütspersonal nicht, das die Vorbereitungen für die Jährlingsauktionen zu treffen hat. Um Verletzungen zu vermeiden, werden die Hengstfohlen voneinander getrennt, wenn es auf die Auktionen zugeht. Auch die Stuten grenzen sich immer mehr von ihren Fohlen ab, wenn der natürliche Zeitpunkt der Entwöhnung herankommt. Dies geschieht, kurz bevor die Stute wieder fohlt. Eine güste Stute läßt ihr Fohlen auch schon mal über ein

Jahr hinaus saugen. Die Entwöhnung ist unter natürlichen Bedingungen ein Vorgang, der sowohl von der Stute als auch vom Fohlen ausgeht. Die Stute reagiert zunehmend unmutiger auf die Annäherung ihres Fohlens, wenn sie nicht mehr so viel Milch hat. Ist das neue Fohlen da, entwickelt sie ein geradezu feindseliges Verhalten. Zur gleichen Zeit wird das Fohlen immer unabhängiger von seiner Mutter und nimmt Wasser und feste Nahrung zu sich. Diese Art des Absetzens beruht also auf einer gegenseitigen Übereinkunft und ist für beide Tiere nur mit einem Minimum an Streß verbunden.

Absetzen

Es ist für Züchter jedoch unpraktisch, sich vollständig auf den natürlichen Prozeß der Entwöhnung zu verlassen. Das wäre unökonomisch und auch schwer zu organisieren angesichts der geplanten Bedeckungen und des Transports der Tiere von einem Zuchtbetrieb zum anderen. Die meisten Fachleute empfehlen, das Fohlen im Alter von fünf bis sechs Monaten abzusetzen. Hinter dieser Empfehlung steckt die Ansicht, daß das noch saugende Fohlen bei Fuß mit dem Energiebedarf des Fetus konkurrieren könnte – zu einer Zeit, in der das fetale Wachstum am stärksten ausgeprägt ist, also während der zweiten Hälfte der Trächtigkeit. Es gibt freilich keinen Beweis dafür, daß der Fetus durch spätes Absetzen geschädigt wird, solange die Stute entsprechendes Futter erhält. Eine weitere Erwägung für das Absetzen zu dieser Zeit betrifft die dann bequemere Vorbereitung für die öffentlichen Auktionen im Winter. Außerdem ist das Absetzen dann abgeschlossen vor der nächsten Decksaison, wenn das Personal wieder mit dem Abfohlen und den Bedeckungen beschäftigt ist.

1. Methode: Es gibt grundsätzlich zwei Methoden des künstlichen Absetzens. Bei der ersten wird das Fohlen zu einem festgesetzten Datum von der Stute entfernt. Es wird in eine Pferdebox verbracht, während sich die Stute außer Hörweite befindet. Das Fohlen wird vier, fünf Tage in der Box gehalten und dann mit den anderen Fohlen, die am selben Tag abgesetzt worden sind, auf die Koppel geschickt. Die Fohlen werden als Gruppe behandelt und nachts in ihre Boxen gestellt. Diese Methode ist für Fohlen wahrscheinlich die stressigste, weil sie das Einzeltier für lange Phasen isoliert. Und dies ist genau das Gegenteil von der sozialen Kameradschaft, die das Fohlen unter Herdenbedingungen erlebt. Isolation ist freilich die Lebensweise älterer Pferde, die einzeln aufgestallt werden und sich offensichtlich gut an dieses System anpassen. Der Streß, der mit der plötzlichen Trennung von der Mutter und anderen Herdenmitgliedern verbunden ist, ist erheblich. Zu dieser Zeit beginnen einige Tiere, sich jene ärgerlichen Angewohnheiten anzueignen, die wir in ihrem späteren Leben beobachten können: Weben, Krippensetzen, Boxenlaufen und Scheuern. Die meisten Fohlen schicken sich aber recht schnell in die neue Situation, obgleich sie zeitweilig an Gewicht verlieren können.

2. Methode: Bei der zweiten Methode des Absetzens wird der natürliche Ablauf simuliert. Man läßt eine Gruppe von Stuten mit ihren Fohlen für einige Wochen

Im Gestüt Cheveley Park, Newmarket, wird die Methode des gruppenweisen Absetzens praktiziert. Stuten und Fohlen werden morgens zusammen auf die Koppel geführt.

auf derselben Koppel weiden, so daß sich soziale Bindungen zwischen den einzelnen Herdenmitgliedern herstellen. An einem bestimmten Tag werden eine oder zwei Stuten aus der Gruppe entfernt und ihre Fohlen bei den verbleibenden Stuten und Fohlen zurückgelassen. Die abgesetzten Fohlen kommen gelegentlich an die Umzäunung und rufen nach ihren Müttern. Bald kehren sie jedoch zur Herde zurück und sind anscheinend nicht allzu besorgt über den Abzug ihrer Mütter. Fohlen nähern sich nur selten anderen Stuten, um bei ihnen zu saugen, und ihre Anwesenheit wird gewöhnlich von den verbliebenen Stuten geduldet, während die abgesetzten Fohlen den anderen Fohlen Gesellschaft leisten. Nach weiteren zwei oder drei Tagen werden ein, zwei andere Stuten aus der Gruppe genommen. Der Prozeß des Absetzens wird so lange fortgeführt, bis nur noch eine Stute übrig ist. Diese Stute kann bei der Gruppe gelassen oder aus ihr entfernt werden. Die Stuten können morgens von der Gruppe getrennt werden, falls die Tiere nachts eingestallt gewesen sind. Abends werden die abgesetzten Fohlen allein oder zu zweit in ihrer Box untergebracht. Morgens kehren sie wieder zur Gruppe in der Koppel zurück. Ist die Gruppe Tag und Nacht auf der Weide, geht das Absetzen noch natürlicher vonstatten, indem die Stuten zu irgendeiner Zeit einfach von der Herde weggeführt und die Fohlen zurückgelassen werden.

Selbstverständlich gibt es für alle Pferde eine Phase, in der sie sich erstmals allein überlassen sind. Es ist Ansichtssache, ob die Fohlen im Herbst abgesetzt werden sollen, wenn sie eingestallt werden, oder erst später, vielleicht sogar erst als Jährling. In Australien und anderen Ländern der südlichen Erdhalbkugel ist es üblich, eine Stute als „Schullehrer" bei den abgesetzten Fohlen zu belassen. Gele-

Ein Fohlen der Gruppe wird abgesetzt.

Alle Fohlen sind abgesetzt, nur eine Stute ist geblieben.

gentlich übernimmt auch ein alter Wallach oder eine güste Stute diese Aufgabe. Wie man sich auch entscheiden mag – einem gewissen Streß setzt man jedes Pferd aus, dem man zumutet, erstmals alleine und ohne die unmittelbare Gesellschaft von anderen zu leben.

Wachstum

Am schnellsten wächst das Fohlen im ersten Monat nach der Geburt: Seine Schulterhöhe nimmt um etwa 30 Prozent zu. Ein zweiter Wachstumsschub tritt zwischen sechs und zwölf Monaten auf, ein dritter folgt nach der Pubertät. Fohlen, die im Winter geboren werden, sind bei der Geburt oftmals leichter und kleiner als Frühjahrs- und Sommerfohlen. Das hat eine Studie ergeben, die von Wissenschaftlern an der Universität Cornell erarbeitet wurde. Bei dieser Untersuchung, die an Vollblütern vorgenommen wurde, zeigte sich, daß die Abweichung im Hinblick auf Gewicht und Größe zumindest achtzehn Monate andauerte.

Früh im Jahr geborene Fohlen sind also tendenziell kleiner als gleichaltrige Fohlen, die im späten Frühjahr oder im Sommer zur Welt gekommen sind. Diese Erkenntnis stützt die Ansicht, daß das Wachstum von Fohlen in erheblichem Ausmaß während der Trächtigkeit vorprogrammiert wird. Ein Fohlen wird mit einem Wachstumspotential geboren, das von der Umwelt im Fohlen- und Jährlingsalter nicht zu verbessern ist, sich wohl aber durch unzureichende Umweltbedingungen und andere widrige Faktoren verschlechtern kann. Das Verhältnis zwischen Güte und Menge der Muttermilch und der letztlichen Größe des Fohlens müssen wir erst noch erforschen. Es ist allerdings auch eine Tatsache, daß einige Fohlen noch im neunten Lebensmonat trotz angemessener Fütterung und Haltung enttäuschend klein sind. Es ist anzunehmen, daß diese Tiere angeborene Wachstumsbeschränkungen haben und darum nicht jene Größe erreichen können, die ihre Pfleger von ihnen erwarten. Geringe Größe kann die Folge eines krankhaften Prozesses sein, einer Infektion etwa, oder auch die Folge einer Versorgung mit Futtermitteln, in denen Mineralstoffe, Vitamine oder Proteine nicht ausgewogen oder nur mangelhaft vorhanden sind. Möglicherweise spielen diese Faktoren durch direkten Einfluß auf den Fetus während der Trächtigkeit eine bedeutendere Rolle und eine geringere beim bereits geborenen Fohlen. Weitere Untersuchungen sind nötig im Hinblick auf dieses faszinierende Thema, das so wichtig ist für die Erfüllung von Züchterhoffnungen.

Knochen wachsen dank der Wachstumsfugen (Epiphysenfugen), die man am Schaftende langer Knochen der Vorder- und Hintergliedmaßen findet, z.B. am Röhrbein, an der Speiche, am Schienbein und vielen anderen Knochen. Die Wachstumsfuge (siehe Abb. 26) besteht aus Knorpel, der verkalkt, zu neuem Knochen wird und so die bestehende Knochensäule verlängert. Der Knochen wächst also in die Länge und das Pferd in die Höhe.

Die Wachstumsfugen verändern sich in verschiedenen Altersstufen je nach ihrer Lage im Skelett. Zum Beispiel schließen sich die Wachstumsfugen (stellen das Wachstum ein) in den Fesselgelenksknochen zwischen dem sechsten und neunten Monat, die am unteren Ende der Röhrbeine zwischen dem neunten und zwölften Monat, die am unteren Ende der Speiche (unmittelbar oberhalb des

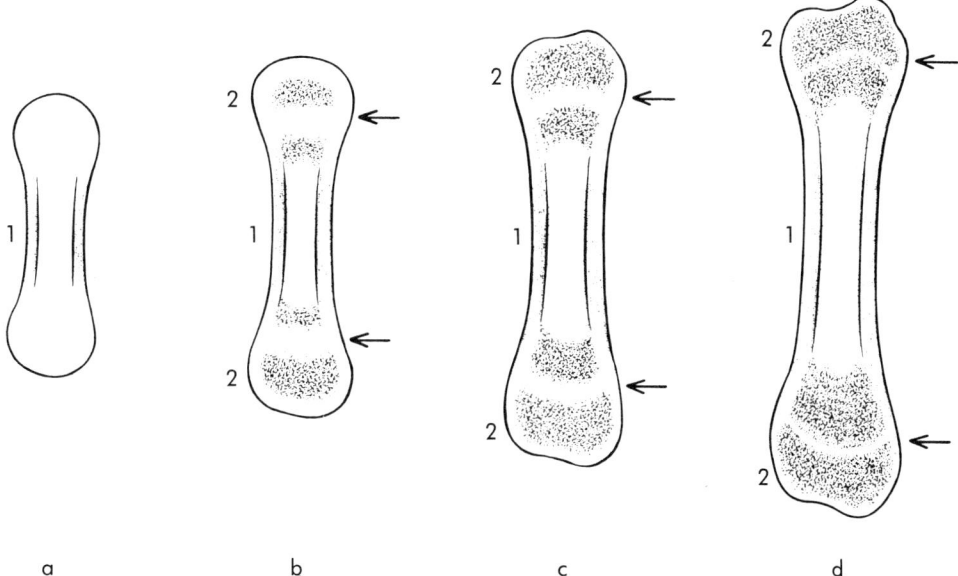

Karpalgelenks) und die an den Fußwurzelknochen (oberhalb des Fesselgelenks) zwischen dem 24. und 30. Lebensmonat.

Üblicherweise sprechen die Leute von offenen oder geschlossenen Wachstumsfugen je nach Wachstumsaktivität. Eine offene Wachstumsfuge steht jedoch nicht unbedingt für Unreife, sie zeigt nur an, daß der fragliche Knochen noch wachsen kann. Eine Entzündung der Wachstumsfuge wird als Epiphysitis (siehe Seite 295) bezeichnet. Das leitet sich her von dem Begriff Epiphyse oder „Knochenende".

Fütterung des jungen Fohlens und des Jährlings

Es gibt viele gelehrte Werke und Empfehlungen zum Nahrungsbedarf. Der vielleicht verläßlichste Ratgeber sind die Research Council Recommendations on Nutrient Requirements of Horses (veröffentlicht von der Nationalen Akademie der Wissenschaften, Washington DC). Die Empfehlungen für abgesetzte Fohlen sehen so aus: 16 Prozent Rohprotein, 0,8 Prozent Kalzium und 0,55 Prozent Phosphor; für Jährlinge: 12 Prozent Rohprotein, 0,5 Prozent Kalzium und 0,35 Prozent Phosphor. Unglücklicherweise ist es in der Praxis selten möglich, die Futtermittel auch nur näherungsweise so exakt zu bestimmen. Es gibt einfach zu viele variable Faktoren, zu denen die Qualität der Stutenmilch, die Weide und die Lagerung der Futtermittel gehören. Ferner gibt es enorme Abweichungen im Hinblick auf die betriebstechnischen Methoden (Stunden, die auf der Weide und/oder in den Ställen verbracht werden), die Umwelttemperaturen, den Schutz gegen widrige Witterungsbedingungen und die Verfügbarkeit der unterschiedlichen Futtermittel. Heute wird generell die Meinung vertreten, daß eine zunehmende Beifütterung von Vorteil ist: Die Tiere erhalten einen angemessenen Zu-

Abb. 26: Ein Röhrenknochen von der fetalen (a) bis zur ausgereiften Größe (d). Der Schaft des Knochens (1) wächst an beiden Enden (Epiphyse-2). Die Epiphyse besteht aus einem Knochenkern und einer Wachstumsfuge (Pfeil), die sich schließt, wenn das Knochenwachstum beendet ist.

gang zu einer Krippe im Stall oder auf der Koppel. Getrocknete Milchpellets sind das Futter der Wahl, das Fohlen bei Fuß in beliebiger Menge angeboten wird. Nach dem Absetzen werden individuelle Futtermittel gegeben, und Trockenmilchpulver kann unter den Hafer gemischt werden. Es ist wichtig, daß Fohlen und Jährlinge Zugang zu Heu von ausgezeichneter Qualität haben, um sie mit der Rauhfaser zu versorgen, die der Magen-Darm-Trakt für seine normale Entwicklung benötigt. Mehr über Fütterung ist in Kapitel 13 zu lesen.

Mutterlose Aufzucht

Fohlen, die ihre Mutter während der Geburt oder später durch Unfall oder Erkrankung verloren haben, müssen von Hand aufgezogen werden. Im Hinblick auf die Ernährung ist es ideal, wenn eine Ammenstute (siehe unten) das Fohlen in Pflege nimmt, was freilich nicht immer praktisch durchführbar oder erfolgreich ist. Daher muß das Fohlen aus einer alternativen Milchquelle versorgt werden. Kuh- oder Ziegenmilch kann mit Erfolg zur Fütterung von Fohlen verwendet werden (manchmal direkt, wenn man eine willfährige Kuh oder eine freundliche Ziege findet!), obwohl die Milch dieser Tiere nicht so viele Kohlenhydrate enthält wie die der Stute. Industriell hergestellter Stutenmilch-Ersatz in Verbindung mit Konzentraten und Rauhfutter kann ebenfalls mit Erfolg gefüttert werden, obgleich die Verwendung einiger Mischungen zu Magenproblemen beim Fohlen führt.

Im folgenden sind einige grundsätzliche Empfehlungen zur Fütterung verwaister Fohlen beschrieben, die ich verschiedenen Abhandlungen entnommen habe:

a) Es ist wesentlich, Fohlen innerhalb der ersten zwölf Stunden nach der Geburt mit Kolostralmilch zu versorgen (siehe Seite 283).
b) Futteränderungen sollten langsam vorgenommen werden (über zwölf bis 24 Stunden).
c) Mit Futter ist so hygienisch wie möglich umzugehen.
d) Bei der Herstellung des Stutenmilchaustauschers müssen die essentiellen Aminosäuren erhalten bleiben.
e) Bei jeder einzelnen Mahlzeit darf nicht zuviel flüssige Nahrung angeboten werden, weil das eine Reihe von Komplikationen verursachen kann, zum Beispiel das Wachstum krankheitserregender Keime im Magen, die Entzündung der Magenschleimhaut durch den Rückfluß von gallehaltigen Säften oder das Auftreten einer Lungenentzündung durch Verschlucken.
f) Eine Fütterung aus dem Eimer wird empfohlen. So verhindert man, daß sich das Fohlen zu eng an den Menschen bindet, obgleich zu Anfang eine Fütterung aus der mit einem Gummisauger versehenen Flasche vom Fohlen oft vorgezogen wird.

Was die Futtermenge für Fohlen betrifft, gilt: wenig, aber oft. Der tägliche Milchkonsum beträgt bei gesunden Fohlen zu Anfang 10 bis 15 Prozent des Körpergewichts. Das steigert sich schnell auf 20 Prozent oder mehr. Für ein Fohlen von 50 kg bedeutet das etwa zwölf Liter pro Tag (500 ml/Stunde) oder 150 kcal pro

Jährlinge im Gestüt Derisley Wood, Newmarket, werden an die Arbeit gewöhnt.

Der fachmännische Umgang mit den jungen Fohlen ist eine wesentliche Voraussetzung dafür, daß auch später keine größeren Schwierigkeiten auftreten.

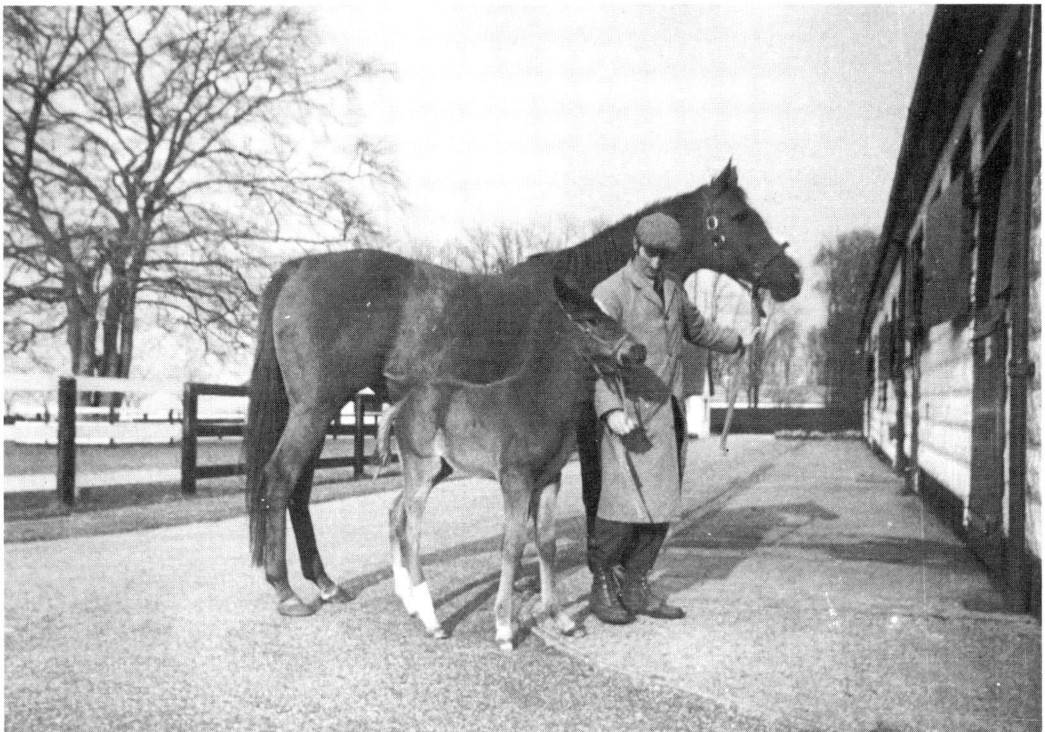

kg Körpergewicht pro Tag. Es empfiehlt sich, das Fohlen anfangs alle zwei Stunden zu füttern. Die Häufigkeit nimmt innerhalb der nächsten Wochen ab, bis das Fohlen schließlich selbständig frißt. Diese Zahlen können bei einzelnen Tieren voneinander abweichen.

*Die Hufpflege
sollte mit dem zwei-
ten Lebensmonat
beginnen.*

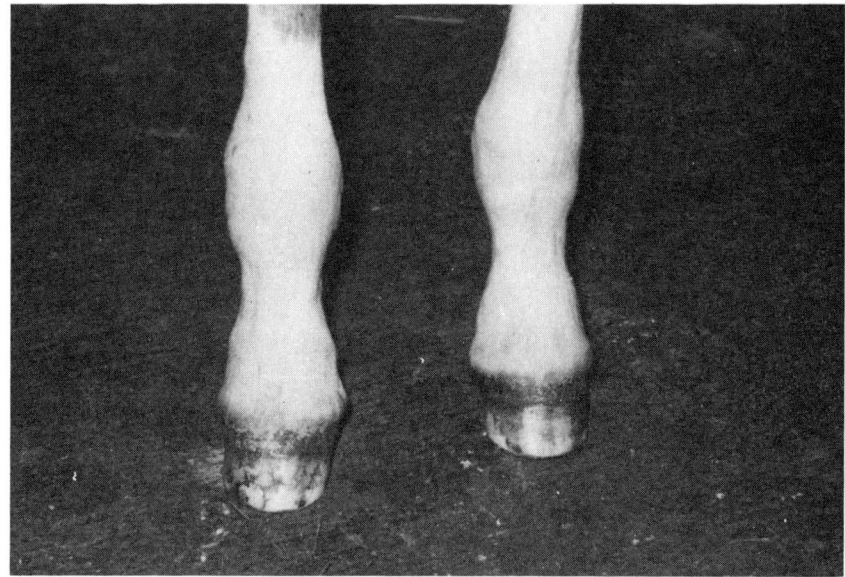

*Der Huf muß die
korrekte Form
erhalten, Über-
schüssiges Horn
wird abgetragen,
damit die Zehe
nicht zu lang ist
und die Hufsohle
gleichmäßig wird.
Hier ist der Strahl
in der Mitte – so soll
es sein.*

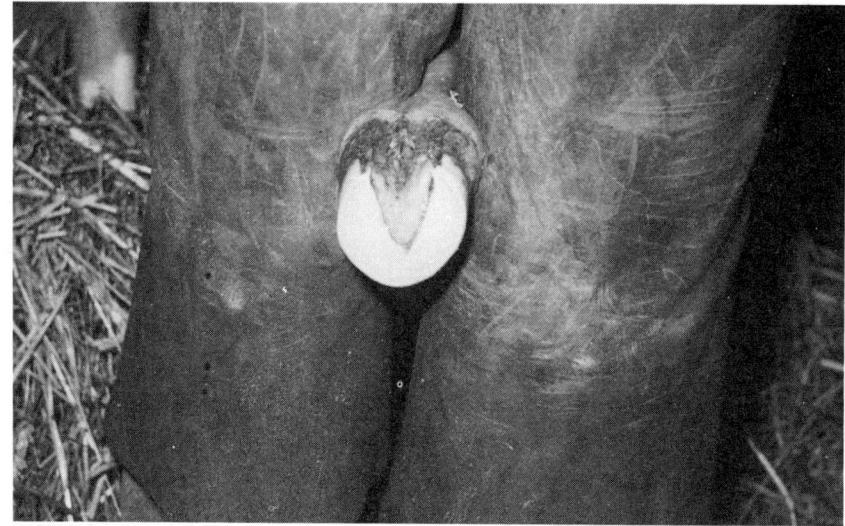

Das Fohlen sollte schon früh ermutigt werden, feste Nahrung zu sich zu nehmen. Im Alter von zwei Monaten sollte es täglich etwa 0,45 kg konzentriertes
Futter erhalten. Die empfohlene Beifütterung sollte umfassen: 40 Prozent ge-
schrotetes Korn, 20 Prozent Sojamehl, 23 Prozent ganzen Walzhafer, 0,5 Prozent
Bierhefe, 3 Prozent Melasse, ein Prozent Dicalciumphosphat, ein Prozent Kalk,
0,5 Prozent Vitamin- und Mineralmischung.

Die beste Methode, ein verwaistes Fohlen aufzuziehen, besteht darin, ihm eine

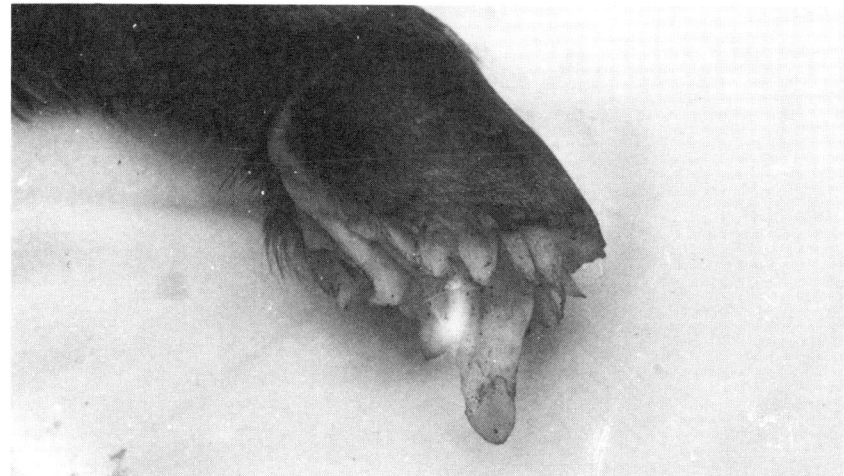

Das Eponychium des neugeborenen Fohlens. Es verschwindet, sobald das Fohlen Kontakt mit der Erde hat und nicht mehr mit der weichen Umgebung der Gebärmutter während der Trächtigkeit.

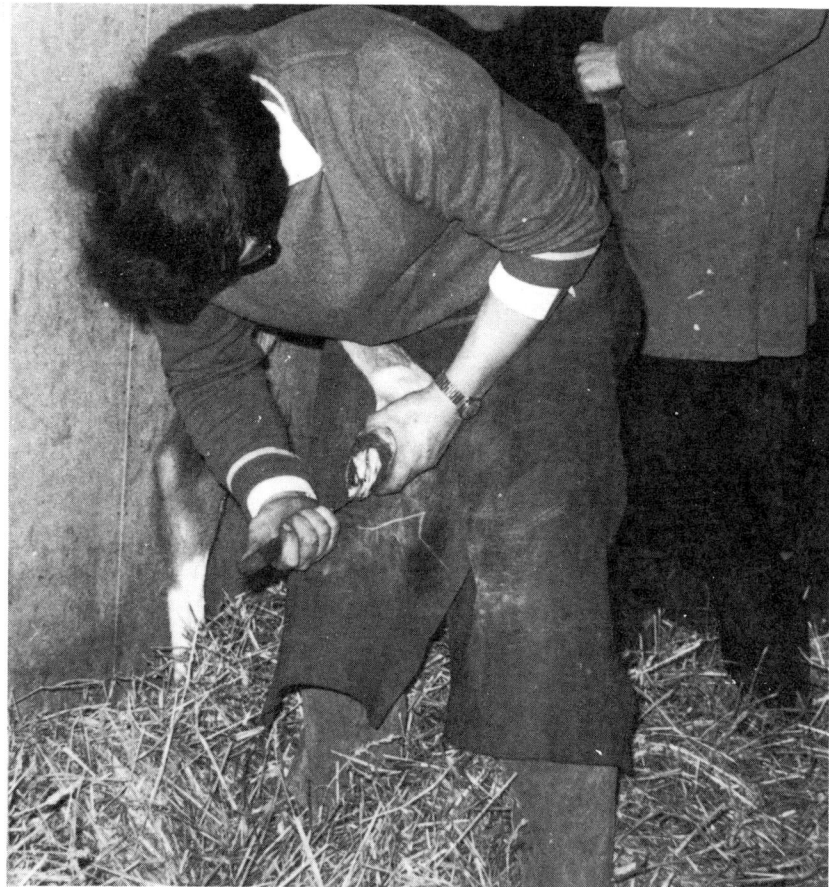

Der Schmied bei der Arbeit: Das Fohlen wird gegen die Wand fixiert und nach vorne durch die Krippe begrenzt.

Amme zu verschaffen. Es gibt verschiedene Methoden, ein Waisenfohlen mit einer Ammenstute zusammenzubringen. Dazu gehören:

1. Dem Fohlen wird Haut vom toten Fohlen der Amme oder dessen Amnion übergezogen. Die Nachteile dieser Methode sind der Mangel an Hygiene, das Risiko einer Erkrankung und die Wahrscheinlichkeit, daß das Fell dem Fohlen zu warm wird.
2. Die Nüstern der Stute werden mit einer widerlichen Salbe bestrichen, ihr wird eine Nasenbremse angelegt oder ein Beruhigungsmittel gegeben, und ihr werden die Augen verbunden.
3. Die Stute wird in einen soliden, hölzernen Pferch gestellt. Dieser hat eine Öffnung in der Euterregion, durch die das Fohlen saugen kann, ohne durch Abwehrbewegungen der Stute verletzt zu werden.

Die meisten dieser Methoden laufen nach dem Muster „Versuch und Irrtum" ab. Das Hauptziel muß immer sein, daß das Fohlen nicht verletzt werden kann. Leser, die mit dem Zusammenführen von verwaisten Fohlen und Ammenstuten noch keine Erfahrung haben, sollten sich an ihren Tierarzt wenden oder an jemanden, der schon Übung darin hat.

Umgang mit Fohlen und Jährlingen

Das Training von Pferden geht über den Rahmen dieses Buches hinaus. Für die Vorbereitung auf die Arbeit ist der korrekte Umgang mit den jungen Pferden im Gestüt jedoch die wichtigste Voraussetzung dafür, daß das Tier es hinnimmt, durch den Menschen bestimmt zu werden. Wenn man dem neugeborenen Fohlen ein Halfter überstreift, ist das der Anfang eines Prozesses, der im Einbrechen der Jährlinge (im Vollblutbereich) oder im Einreiten des dreijährigen Warmblüters gipfelt. Es ist ebenso die Voraussetzung, um das Fohlen später führen zu können.

Herrichten der Hufe

Das Fohlen wird mit einem weichen, goldgelben Gewebe (Eponychium, Epithelwucherungen) an der Hufunterseite geboren. In der Gebärmutter gibt es keine Reibung, durch die sich dieses Gewebe hätte abschleifen können. Bald nach der Geburt bewegt sich das Fohlen jedoch auf festem Boden, so daß dieses Gewebe sich abläuft. Eine fachmännische Bearbeitung der Hufe sollte erstmals nach zwei Monaten vorgenommen werden, damit die korrekte Form des Hufes erhalten und Stellungsfehlern durch ungleichmäßiges Ablaufen vorgebeugt wird. Es dient außerdem dazu, das Fohlen an diese Maßnahmen zu gewöhnen.

Teil III
Störungen und Erkrankungen

1
Die Rolle des Tierarztes in der Zucht

Die Aufgaben des Tierarztes in der Zucht können nach betriebstechnischen und veterinärmedizinischen Funktionen aufgeteilt werden. Das betriebstechnische Element ist am besten durch einen kurzen historischen Rückblick zu illustrieren.

Der Tierarzt aus historischer Sicht

Vor dem Zweiten Weltkrieg hing die Pferdezucht von der simplen Kenntnis des Rossezyklus ab: Wenn eine Stute rossig ist, muß sie gedeckt werden; zwei, drei Wochen später, wenn sie zum erwarteten Zeitpunkt nicht rossig ist, kann angenommen werden, daß sie tragend ist. Es war darum üblich, Stuten mit einem männlichen Pferd abzuprobieren und nach Anzeichen für Rosse oder Diöstrus (Zeit zwischen Rossen) Ausschau zu halten. War die Stute rossig, entschied der Pferdepfleger, wann sie dem Hengst zugeführt wurde. Das geschah häufig nach dem Schema, daß die Bedeckung am dritten Tag nach den ersten Rosseanzeichen und dann jeden zweiten Tag bis zum Ende der Rosse stattfand. In vielen Fällen – insbesondere wenn die betreffende Stute eine typische Rosseperiode von etwa fünf Tagen durchmachte – war diese Pi-mal-Daumen-Methode erfolgreich. Bei einer verlängerten Rosse von vielen Tagen oder Wochen konnte das Deckprogramm nicht abgeschlossen werden, ohne den Hengst übermäßig zu beanspruchen. In vielen Fällen hatte sich der Hengstwärter entschlossen, die Zahl der Bedeckungen auf zwei oder drei zu beschränken; derart fand die letzte Paarung in der Rosseperiode womöglich viel zu früh vor dem Eisprung statt, als daß es zu einer Empfängnis hätte kommen können. Andererseits entwickelten die Hengstwärter die intuitive Fähigkeit, die Anzeichen der Stuten richtig zu deuten, einschließlich der Art, in der sie sich auf der Koppel und im Stall benahmen. Diese Interpretation wurde auf visuellem Wege vorgenommen.

Diese Fertigkeit ist nicht verlorengegangen, sie hat jedoch in dem Maße abgenommen, wie sich die Tierärzte immer mehr bei der Feststellung des Zyklusgeschehens der Stuten einmischten. Sie bedienen sich dazu rektaler (durch den Mastdarm) und vaginaler (durch die Scheide) Untersuchungen. Diese Untersuchungen wurden nach dem Zweiten Weltkrieg zunehmend populär. Sie basierten weitgehend auf den Arbeiten von John Hammond und Fred Day in Cambridge. Es bestand nun die Möglichkeit, den Rossestatus dadurch festzustellen, daß man den Gebärmutterhals durch ein Spekulum betrachtet. Noch wichtiger war, daß sie die Eierstöcke auf das Vorhandensein von Follikeln hin abtasten und so den optimalen Deckzeitpunkt bestimmen konnten; außerdem waren sie in der Lage, einen Eisprung zu festgesetzter Zeit während der Rosse durch die Injektion von Hormonen hervorzurufen. Der praktische Nutzen dieser simplen Untersuchungen war erheblich, besonders weil man hoffte, mit dieser Technik das Problem der Zwillingsträchtigkeit auszuschalten. Würden bei der rektalen Untersuchung zwei Follikel gefühlt, glaubte man durch verschiedene Mittel das Auftreten von

Zwillingen bei Vollblütern ganz verhindern oder zumindest drastisch reduzieren zu können. Unglücklicherweise haben sich diese Hoffnungen zerschlagen, und zwar aus Gründen, die an anderer Stelle diskutiert werden.

Folge dieser Hoffnungen war jedenfalls, daß Besitzer und Gestütsleiter zunehmend von den veterinärmedizinischen Untersuchungen abhängig wurden: Diese sollten über den sexuellen Status der Stute und über den optimalen Zeitpunkt der Anpaarung entscheiden. Die angewendeten Methoden sorgten dafür, daß sich die Zahl der Bedeckungen pro Hengst verminderte, der Hengst also mehr geschont wurde, und daß sich der Personalaufwand günstiger gestaltete, da die Stuten nicht mehr so häufig von der Koppel zum Deckstand und zurück geführt werden mußten. Durch die Verminderung der Bedeckungen pro Decksaison war es außerdem möglich, dem einzelnen Hengst mehr Stuten zuzuführen. Dieser praktische Vorteil der rektalen Untersuchung wurde viele Jahre lang nicht voll genutzt. Die Züchter weigerten sich, die traditionelle Zahl von 40 Stuten pro Hengst zu erhöhen. Diese Zahl wurde ferner durch juristische Vereinbarungen bei der Hengstesyndikatisierung garantiert: Der Besitz an einem Vollbluthengst wurde in vierzig Anteilen pro Hengst verkauft.

In den 50er Jahren war die routinemäßige Untersuchung aller Vollblutstuten vor der Bedeckung in der Gegend um Newmarket so fest etabliert, daß es als nicht mehr in Ordnung galt, wenn eine Stute gedeckt wurde, bevor sie von einem Tierarzt untersucht worden war. Teil dieser Maßnahme war die Feststellung, daß eine Stute frei von ansteckenden Krankheiten war, die dem Hengst hätten schaden können; zu diesem Zweck wurden die Stuten als „sauber" *(clean)* oder „schmutzig" *(dirty)* eingestuft. Die Hengsthalter gewöhnten sich daran, Stuten nur noch dann anzunehmen, wenn der Tierarzt sie „gesehen" und für fit und gesund befunden hatte. Auf diese Weise wurde der Tierarzt ein integraler Bestandteil des Gestütmanagements; das Wort des Tierarztes galt mehr als die Meinung des Pferdepflegers, wenn entschieden werden mußte, ob eine Stute zu einem bestimmten Zeitpunkt gedeckt werden sollte. Unter diesem Aspekt der Gestütsführung wurde die Autorität des Tierarztes in den 60er Jahren immer offensichtlicher, sie breitete sich von Newmarket bis zu anderen Zuchtzentren in England und Irland aus. Inzwischen sind die routinemäßigen gynäkologischen Untersuchungen von Stuten allgemeine Praxis in den meisten großen Vollblutzucht-Zentren geworden. Das epidemische (seuchenhafte) Auftreten sexuell übertragbarer Krankheiten in den frühen 60er Jahren und die CEM-Epidemie (Contagious Equine Metritis) von 1977 haben die Übernahme der betriebstechnischen Verantwortung durch den Tierarzt noch erheblich gefördert.

Sexuell übertragbare Infektionen: Der Porchester Report
In den frühen sechziger Jahren schien das Auftreten der Klebsiellen-Infektionen bei Stuten zuzunehmen. Zu dieser Zeit waren die Tierärzte in Großbritannien auf eine visuelle Inspektion des Genitaltrakts der Stute angewiesen, um entscheiden zu können, ob eine Stute infiziert war oder nicht. Nur wenige oder gar keine bakteriologischen Untersuchungen wurden durchgeführt. Dagegen wurden in Irland bereits bei den Routineuntersuchungen vermehrt Abstriche vom Gebär-

mutterhals (Tupferproben) entnommen. In beiden Ländern waren sich jedoch die Fachleute über die Notwendigkeit und den Sinn der Gebärmutterhalsabstriche uneins. Die Kontroverse erreichte ihren Höhepunkt, als der Verband der Vollblutzüchter in England ein Komitee unter dem Vorsitz von Lord Porchester installierte. Das Komitee lieferte 1964 und 1966 Berichte ab. Der erste Bericht wies aus, daß bei 19 Prozent der 3628 untersuchten Stuten die Tupferprobe zu irgendeiner Zeit während der Decksaison positiv war; davon waren bei acht Prozent *Klebsiella pneumoniae* nachweisbar. Das Komitee zog folgende Schlüsse:

Die Untersuchung hat nicht den Nachweis erbracht, daß die Infektion mit *Klebsiella pneumoniae* eine spezifische sexuell übertragbare Infektion beim Pferd darstellt. Es gibt allerdings sichere Hinweise dafür, daß Klebsiellen mechanisch durch den Hengst von Stute zu Stute weitergegeben werden können. Diesen Keim kann sich die Stute auch auf andere Art als durch die Bedeckung zuziehen. Es ist nicht der Nachweis erbracht worden, daß es sich bei der Infektion mit Klebsiellen um eine unheilbare Erkrankung handelt, obwohl eine Heilung schwierig oder langwierig sein kann, wenn sich der Keim in der Stute festgesetzt hat.

Was die Tupferproben anging, kam der Bericht zu folgender Empfehlung:

Es ist auf jeden Fall gerechtfertigt, Abstriche zu entnehmen und einen kulturellen Erregernachweis durchzuführen bei Stuten mit Gebärmutterausfluß oder bei solchen, die klinisch nicht in Ordnung sind. Das sollte vorzugsweise früh in der Decksaison geschehen. Die Überlegungen des Berichts von 1964 weisen eindeutig darauf hin, daß es nicht wünschenswert ist, irgendeine einheitliche, durchgreifende und schnelle Empfehlung im Hinblick auf die Tupferproben bei sämtlichen Stuten in allen Gestüten zu geben, da die Bedingungen sehr unterschiedlich sind. Besitzer sollten sich von ihren Tierärzten beraten lassen. Das gilt für die Stuten, die zu Hause bleiben, aber auch für die Stuten, die zum Hengst auf die Station geschickt werden. Sie sollten mit der Politik der Hengststation kooperieren. Es muß darauf hingewiesen werden, daß Abstriche keinen Selbstzweckcharakter haben. Sie dienen der wichtigen Identifizierung von Infektionen und ihrer Vorbeuge sowie der angemessenen Behandlung und der erfolgreichen Behebung von Infektionen.

1966 hatte das Komitee eine entschlossenere Haltung entwickelt und empfahl folgendes:

1. *Güste Stuten, güste Maiden- und Maidenstuten.* Alle güsten Stuten, güsten Maiden- und Maidenstuten sollen einer bakteriologischen Untersuchung unterzogen werden. Es ist zumindest eine Tupferprobe vor der ersten Bedeckung und weitere nach Ermessen des Tierarztes vorzunehmen. Nur solche Stuten sollten gedeckt werden, bei denen keine Krankheitserreger festgestellt werden.
2. *Tragende Stuten.* Da sich einige tragende Stuten als infiziert herausgestellt

haben, dringt das Komittee darauf, daß bei tragenden Stuten ebenfalls ein Abstrich vorgenommen wird, wenn der Tierarzt es für nötig befindet.

Keinesfalls sollte irgendeine Stute gedeckt werden, bevor der Tierarzt sich davon überzeugt hat, daß sie sauber ist.

Angesichts der Tatsache, daß es 1966 zweimal zu einem ernsthaften Ausbruch der Infektion mit Klebsiellen gekommen ist, wobei die Ausbreitung der Infektion durch einen Hengst erfolgte, ist es im Interesse aller Stuteneigner, der Ausführung der oben erwähnten Empfehlungen zuzustimmen.

Hintergrund der veränderten Einstellung im Hinblick auf die Tupferprobe war die Kenntnis von zwei „ernsthaften" *Klebsiella*-Ausbrüchen 1966 in zwei Gestüten nahe Newmarket. Derart waren auf einmal all jene gerechtfertigt, die sich für routinemäßige Abstriche stark gemacht hatten. Und zwar weniger durch eine Untersuchung an mehr als 3000 Stuten, sondern vielmehr durch das zufällige Auftreten dieser Epidemie in renommierten Gestüten. Sie wurde auch als bedeutender eingeschätzt als das achtprozentige Auftreten von Klebsiellen in den Tupferproben, das sich in der Untersuchung ergeben hatte.

Kontagiöse equine Metritis (CEM)

1977 trat noch eine weitere venerische Epidemie in Großbritannien und Irland auf, diesmal verursacht durch einen bis dahin noch nicht identifizierten Keim, der dann *Haemophilus equigenitalis* genannt wurde. Diese Infektion schien ansteckender zu sein als jede andere, auf die man vorher bei Pferden gestoßen war. Es erkrankten über 50 Prozent der Stuten, die den sechs im englischen Nationalgestüt aufgestellten Hengsten zugeführt wurden. Siebzehn Gestüte in der Gegend von Newmarket und weitere in Irland waren ebenfalls betroffen. Diese außerordentliche Situation führte zu einer noch nie dagewesenen Entschlossenheit, veterinärmedizinische Kontrollen vorzunehmen. Dazu wurde mehrmals Untersuchungsmaterial aus dem Genitaltrakt der Stuten entnommen. Vorher sollte keine Stute als „sauber" gelten und für eine Bedeckung angenommen werden. Es wurden Richtlinien für die Praxis entwickelt und freiwillig eingeführt – und durch Sanktionen bekräftigt: Stutenbesitzer, die nicht mitmachten, hatten keinen Zugang mehr zu den führenden Hengsten.

In den späten 70er Jahren wurde die veterinärmedizinische Kontrolle über die Deckprogramme bei Vollblutstuten praktisch vervollständigt. Glücklicherweise hat sich inzwischen eine enge Verbindung zwischen den Tierärzten und den Züchtern entwickelt. Das System funktioniert, und nur wenige Stuten – wenn überhaupt welche – werden in einer Rosseperiode gedeckt, ohne daß sie der Tierarzt vorher gesehen hat. Ferner werden Stuten jetzt vor und bei der Ankunft im Gestüt während der Decksaison untersucht.

Die Richtlinien für die Praxis (Code of Practice) werden vom Horserace Betting Levy Board zur Kontrolle ansteckender Fortpflanzungserkrankungen der Pferde herausgegeben und können bei der Thoroughbred Breeders Association, Stanstead House, Newmarket, Suffolk CB8 9AA, bezogen werden.

Diagnose und Behandlung der Unfruchtbarkeit und anderer Erkrankungen

Das Abfühlen der Eierstöcke, um die Größe des Follikels zu ermitteln, und die Feststellung des Zyklusstandes der Stute sind auch die Basis für die Diagnose der Unfruchtbarkeit. In dieser Hinsicht sind die Untersuchungen rein veterinärmedizinischer Natur. Die Aufgabe des Tierarztes besteht also in der Behandlung von Erkrankungen und krankhaften Veränderungen. Das umfaßt: 1. die Diagnose der Ursache für Unfruchtbarkeit oder ungenügende Fruchtbarkeit bei der Stute und beim Hengst (siehe Seite 221 und 238); 2. Beratung und Ausführung in Sachen vorbeugender Programme gegen Parasiten (siehe Seite 30), gegen Seuchen (siehe Seite 253) wie infektiöse Anämie der Pferde, Virusabort, CEM- und Klebsiellen-Infektionen, Druse oder gegen endemische Krankheiten (bodenständige Krankheiten) wie den Wundstarrkrampf; 3. die Auseinandersetzung mit zahllosen Störungen und Krankheiten wie Verletzungen und Koliken, von denen Pferde aller Altersstufen und Typen betroffen sind.

Die Verantwortung des Tierarztes

Der Leser mag daran interessiert sein, die Dinge einmal aus dem Blickwinkel des Tierarztes zu betrachten. Der Praktiker hat die Aufgabe, den Gestüten professionelle Dienstleistungen zu erbringen. Die vielleicht beschwerlichste Pflicht besteht darin, für Notfälle jederzeit, Tag und Nacht, 365 Tage im Jahr, erreichbar zu sein. Dazu benötigt eine Praxis mindestens zwei Tierärzte. Zweitwichtigster Punkt sind die technischen Möglichkeiten, über die wir dank der modernen Wissenschaft verfügen, die jedoch hohe Investitionen erfordern. Unaufhörlich vermehrt sich heute die Zahl der Untersuchungen und Therapien, mit denen wir Diagnose und Behandlung angehen können. Die Grenzen werden häufiger durch die wirtschaftlichen Bedingungen als durch wissenschaftliche Kriterien gezogen – das gilt gleichermaßen für die finanziellen Möglichkeiten der Klienten wie für die der Tierärzte. Die Fähigkeit des veterinärmedizinischen Berufsstandes, in irgendeinem speziellen Fall auch noch die letzten Möglichkeiten auszuschöpfen, steht in direkter Beziehung zur Bereitschaft des Patientenbesitzers, die Kosten der erforderlichen Technik zu tragen. Leidet beispielsweise eine Stute an Darmverschlingung, muß sofort gehandelt werden; sie ist nur durch eine größere Bauchoperation zu retten, die unter Vollnarkose durchgeführt wird; anschließend sind maximale Anstrengungen nötig, um dem Schock entgegenzuwirken; dazu gehört auch die intravenöse Verabreichung von vielen Litern Flüssigkeit. Diagnose wie auch Behandlung beruhen auf der Laboranalyse von Elektrolyten und anderen Bestandteilen des Blutes; dazu bedarf es erfahrener Techniker und hochmoderner Apparate. Darum kann die beste, schnellste und umfassendste veterinärmedizinische Dienstleistung nur im Teamwork und mit einem erheblichen finanziellen Aufwand erbracht werden. Unausweichlich ist da ein Widerstreit zwischen Möglichkeit (im Hinblick auf die diagnostischen und therapeutischen Anstrengungen) und Praxis (im Hinblick auf das, was Besitzer bezahlen können und wollen). Der Wert des Tieres ist natürlich ein weiterer Faktor bei der Gewichtung.

2
Unfruchtbarkeit

Die verminderte Fruchtbarkeit ist für Pferdezüchter von offensichtlichem Interesse und von großer Bedeutung, da sie zu wirtschaftlichen Fehlschlägen führen kann. Von Natur aus bringen Stuten nur ein Fohlen pro Jahr zur Welt. Bleibt eine Stute aus irgendeinem Grund einmal güst, dann stellt sich unausweichlich ein Zwei-Jahres-Intervall in ihrer Reproduktion ein. Der Verlust umfaßt in solchen Fällen die Haltungskosten für ein Jahr, das Deckgeld und die Wertminderung der Stute, die bestenfalls eine Zuchtkarriere von fünfzehn Jahren hat. Wird sie ein Jahr nicht tragend, verringert sich ihre „Ausbeute" um ein Fünfzehntel bis ein Zehntel. Mangelnde Fruchtbarkeit ist ein Problem, das Stute wie Hengst betrifft. Sie kann bei beiden auftreten und sich addieren.

Begriffsbestimmungen
Die Begriffe *Unfruchtbarkeit, verminderte Fruchtbarkeit* und *Sterilität* müssen wir erst einmal bestimmen, bevor wir sie diskutieren können. Die beiden ersteren sind austauschbar und besagen, daß das betreffende Tier eine unterdurchschnittliche Fähigkeit hat, zu empfangen und ein Fohlen auszutragen. Jede Begriffsbestimmung muß unpräzise sein, da viele veränderliche Faktoren die Resultate einer Anpaarung von Stute und Hengst beeinflussen. Eine Stute kann in der einen Saison als unfruchtbar beschrieben werden und als fruchtbar in der nächsten. Diese Beschreibung kann auch angewendet werden, um eine Rosseperiode mit einer anderen zu vergleichen. Zum Beispiel sagt man, daß die Fohlenrosse weniger fruchtbar ist als die folgenden Rossen.

In der Praxis wird die Bezeichnung „verminderte Fruchtbarkeit" benutzt, um Stuten zu beschreiben, die „schwer" tragend zu bekommen sind oder nicht so häufig tragend werden. Wenn wir die Zuchtleistung von zufällig ausgewählten Einzeltieren studieren, erhalten wir folgendes Muster, das in einer Population auftreten kann:

a) Tiere, die jährlich ein Fohlen gebären und eine relativ lange Zuchtlaufbahn haben.

b) Tiere, die sich erfolgreich bis in ihr mittleres Alter fortpflanzen und danach weniger produktiv sind.

c) Tiere, die in einem Zwei-Jahres-Rhythmus Fohlen bekommen.

d) Tiere, die unterschiedliche Perioden aufweisen: Eine Zeitlang bringen sie Fohlen, dann wieder nehmen sie nicht auf oder verfohlen.

e) Tiere, die regelmäßig in irgendeiner Phase der Trächtigkeit verfohlen oder Zwillinge empfangen.

In der Praxis kann als ungenügend fruchtbar oder unfruchtbar eine solche Stute bezeichnet werden, die weniger als ein Fohlen in vier von fünf Jahren liefert. Unter dem tierärztlichen Aspekt handelt es sich dabei um eine Stute, von der man weiß, daß ihre Chance, zu empfangen und erfolgreich auszutragen, reduziert ist.

Steril ist ein solches Tier, dessen Zustand verhindert, daß mit ihm zu irgendeiner Zeit gezüchtet werden kann. Zwei Beispiele für einen solchen Zustand sind angeborene Mißbildungen und Altersschwäche.

Beim Hengst bedeutet verminderte Fruchtbarkeit die unterdurchschnittliche Fähigkeit, eine Gruppe von dreißig bis vierzig Stuten zu befruchten. Diese Definition ist ziemlich willkürlich, weil die Fruchtbarkeit der Stuten ein variabler Faktor ist, der das Resultat im Einzelfall beeinträchtigen kann. Ferner können sich betriebstechnische, saisonale und andere Faktoren auf das Ergebnis auswirken. In Versicherungsverträgen geht man gewöhnlich davon aus, daß ein durchschnittlicher Hengst in der Decksaison bei einer Gruppe von 20 bis 40 Stuten auf eine über 60prozentige Empfängnisrate kommt. Dieses 60-Prozent-Niveau wurde gewählt, weil die Mehrzahl der Hengste eine etwas höhere Befruchtungsrate aufweist.

Bei der tierärztlichen Definition der verminderten Fruchtbarkeit müssen noch Störungen des Deckverhaltens (z. B. Unfähigkeit, die Stute zu besteigen oder zu ejakulieren) und Mängel in der Samenqualität berücksichtigt werden. Tierärzte erkennen auf mangelhafte Fruchtbarkeit, wenn ein Hengst sich als unfähig erweist, fruchtbare Stuten während der Decksaison zu befruchten.

Unfruchtbarkeit der Stute

Bei Unfruchtbarkeit sollten wir nicht nur an eine Stute denken, die nicht empfängt. Die befruchtete Eizelle ist während der ganzen Zeit ihrer Entwicklung vom einzelligen Stadium bis zum reifen Fetus bei der Geburt anfällig. Es gibt eine Reihe von Ursachen für einen Abort (Verfohlen), die wir in Kapitel III, 2 besprechen. Und ein Abort – gleich welcher Ursache – verhindert ebenfalls, daß die Stute ein lebendes Fohlen zur Welt bringt. Die Fortpflanzung ist ein kontinuierlicher Prozeß. Ob eine Phase normal verläuft, hängt davon ab, ob die vorherige normal war. Unfruchtbarkeit ist darum nicht auf die einfache Frage zu reduzieren, ob man eine Stute tragend bekommt oder nicht. Dieser simple Ansatz läßt das volle Ausmaß des Problems außer Betracht.

Unfruchtbarkeit des Hengstes

Die Fruchtbarkeit des Hengstes wird anhand der Befruchtungsrate bestimmt, die der Hengst in einer Gruppe von Stuten erzielt. Die Resultate können je nach dem Zeitpunkt der Trächtigkeitsuntersuchung voneinander abweichen. Sie werden außerdem durch den Zuchtstatus der Stuten und die Anzahl der in der Decksaison gedeckten Stuten beeinflußt. Ein hoher Prozentsatz an unfruchtbaren oder „schwierigen" Stuten drückt die Fruchtbarkeitsrate auf jeden Fall. Und je stärker die Gruppe die Zahl 40 überschreitet, desto geringer ist die zu erwartende Fruchtbarkeitsrate. Die Anzahl der Stuten ist in der Praxis wichtig, denn je mehr Stuten einem Hengst zugeführt werden, desto größer wird die Anzahl ungenügend fruchtbarer Stuten sein. Und die größere Zahl der Bedeckungen führt dazu, daß sich die Zahl der Spermien pro Samenerguß vermindert.

Die verläßlichste und vielleicht gerechteste Methode, die Fruchtbarkeit eines Hengstes zu bestimmen, liegt darin, seine Leistung bei Maidenstuten heranzuziehen. Neunzig Prozent der Maidenstuten nehmen in ihrer ersten Decksaison auf. Von einem fruchtbaren Hengst kann man erwarten, daß er diesen Prozentsatz erreicht. Die Mindestanzahl, die für einen solchen Test herangezogen werden muß, beträgt acht Stuten, wenngleich auch schon eine geringere Zahl Hinweise geben kann.

Einflüsse auf die Fruchtbarkeit

Wie immer wir verminderte Fruchtbarkeit definieren – das Ergebnis stellt stets ein Gleichgewicht verschiedener Einflüsse dar. Dazu gehören die grundsätzliche Fortpflanzungsfähigkeit des einzelnen Tiers, die Umgebung, die Qualität der Betriebsführung und das Zusammenwirken zwischen der Fruchtbarkeit des Hengstes und der Fruchtbarkeit der Stute. Das Management spielt eine entscheidende Rolle. Abgesehen von der Gesundheit der Stute und des Hengstes sind alle anderen Faktoren mehr oder minder eine Angelegenheit des Zuchtmanagements.

Unfruchtbarkeit der Stute

Unfruchtbarkeit kann betriebstechnische, physiologische oder krankhafte Ursachen haben – oder eine Kombination dieser Ursachen darstellen. Die Störung kann zeitweilig sein (z. B. für nur eine Decksaison), lang andauern (mehrere Decksaisons) oder dauerhaft bestehen (Sterilität).

Management

Betriebstechnische Ursachen dafür, daß Stuten nicht aufnehmen:

a) Die Stute wird dem Hengst nicht zur optimalen Zeit vor dem Eisprung zugeführt. Das kann passieren bei 1. stiller Rosse, 2. zu früher Bedeckung in der Rosse, 3. Bedeckung nach dem Eisprung.

b) Es wird übersehen, daß der Hengst nicht ejakuliert hat.

c) Es mangelt an der notwendigen Vorbereitung, zu der auch gehört, daß man den Rat des Tierarztes einholt und ihn befolgt. Zum Beispiel dringt Luft in den Genitaltrakt der Stute ein („Blubberstute"), aber der Züchter ergreift keine Maßnahme und läßt die Störung weder diagnostizieren noch durch eine Operation nach Caslick beheben. In ähnlicher Weise wird oft nicht bedacht, daß die Diagnose von Problemen und ihre Beseitigung am besten außerhalb der Decksaison erfolgen sollten, wie z. B. bei einer Endometritis (Entzündung der Gebärmutterschleimhaut). Später werden wir sehen, wie stark krankheitsanfällige Stuten durch die Paarung gefährdet sind und in welchem Umfang die Auswirkungen für dieses Tier durch das Zuchtmanagement gemildert oder verstärkt werden können.

d) Fehler des Tierarztes bei der rektalen Untersuchung können dazu beitragen, daß eine Stute „übergangen" wird, indem etwa der erwartete Zeitpunkt des Eisprungs falsch kalkuliert wird: Die Stute wird beispielsweise erst nach dem Eisprung gedeckt.

Die Bedeutung von betriebstechnischen Fehlern wird noch durch die willkürlich gesetzte Begrenzung der Decksaison verstärkt. Diese Beschränkung müssen wir auch vor dem Hintergrund der physiologischen und krankhaften Einflüsse betrachten, auf die wir unten eingehen. Zu einer Empfängnis kommt es nur, wenn ein Eisprung stattfindet und Spermien während einer relativ kurzen Zeitspanne von 24 bis 48 Stunden im Eileiter vorhanden sind. Die Zahl der Eisprünge pro Decksaison stellt die Zahl der Empfängnischancen dar. Deren Anzahl wird wiederum durch die willkürlich festgelegte Decksaison begrenzt.

Physiologische Faktoren

Hätte eine Stute ihren Eisprung alle 20 Tage vom Beginn bis zum Ende der Decksaison (150 Tage), dann würden in diesem Zeitraum sieben Eizellen ausgestoßen. Die folgenden Einflüsse vermindern jedoch die Zahl der günstigen Gelegenheiten:

a) Der Rossezyklus währt bei vielen Tieren länger als zwanzig Tage, insbesondere in den ersten beiden Monaten der Saison.

b) Nicht in jeder Rosse tritt ein Eisprung auf. Das gilt wiederum besonders für die ersten beiden Monate der Saison.

c) Einige Stuten haben einen verlängerten Diöstrus (Zeit zwischen zwei Rossen) und können sechs, zwölf oder mehr Wochen nicht aufnehmen, wenn sie nicht behandelt werden. Diese verlängerte Zeit zwischen Rossen kann nach dem Decken auftreten. Eine Behandlung kann darum nicht empfohlen werden, zumindest nicht bevor der früheste Zeitpunkt für eine sichere Trächtigkeitsdiagnose gekommen ist, d. h. gewöhnlich nach vierzig Tagen.

d) Es kann zum Eisprung kommen ohne Rosseanzeichen oder unmittelbar vor Einsetzen der Rosse. Diese Phasenverschiebung ist physiologischer Natur, d. h. sie ist normal, und unter natürlichen Verhältnissen würde die Stute vor dem Eisprung gedeckt. Beim Decken an der Hand werden die Rosseanzeichen für die geplante Paarung zu spät entdeckt, und die Stute wird nicht gedeckt, bis es zu spät ist.

Berücksichtigt man diese physiologischen Einflüsse, kann man davon ausgehen, daß die Zahl der Eisprünge während der 150tägigen Decksaison sich in vielen Fällen auf drei oder vier vermindert. Und daß es wichtig ist, jeden dieser Eisprünge voll zu nutzen, ist offensichtlich, auch gerade angesichts der widrigen betriebstechnischen und krankhaften Einflüsse, denen Stute und Hengst ausgesetzt sind. Eine verpaßte Rosse, ein Hengst, der nicht ejakuliert oder nur unzureichend fruchtbaren Samen geliefert hat – all dies vermindert die Chance auf eine Empfängnis. In jeder Rosse, in der solche Fehler unterlaufen, werden die vorhandenen Chancen während der Decksaison um ein Drittel oder Viertel reduziert. Krankhafte Störungen mindern die Chance auf eine Empfängnis noch weiter.

Krankhafte Einflüsse

Erkrankungen der Geschlechtsorgane können die Chance auf eine Empfängnis mindern oder ganz ausschließen, und zwar in einer einzelnen Rosse, in mehreren oder auf Dauer. Eine Erkrankung kann also zu einer verminderten Fruchtbarkeit führen, die zeitweilig währt, eine Saison lang oder langfristig anhält. Lassen Sie uns an einigen Beispielen erläutern, wie eine Erkrankung die Chance reduziert, daß eine Stute aufnimmt oder ein Fohlen austrägt.

Viele Krankheiten, die zu Unfruchtbarkeit führen, betreffen den Genitaltrakt und insbesondere die Schleimhautauskleidung der Gebärmutter (Endometrium). Für unser erstes Beispiel nehmen wir an, daß eine Stute mit Klebsiellen infiziert ist oder mit dem Erreger der CEM (Contagious Equine Metritis). Der Keim ist durch den Hengst bei der Paarung in die Gebärmutter gelangt. Er dringt in die Gebärmutterschleimhaut ein, und diese entzündet sich. Durch das Vorhandensein des Erregers wird die befruchtete Eizelle zerstört, sobald sie in der Gebärmutter angekommen ist. In dieser Rosse nimmt die Stute also nicht auf. Die Entzündung verschlimmert sich, weil sich der Erreger in und auf der Schleimhaut vermehrt. Ein eitriger und schleimiger Ausfluß, der aus den Drüsen der Gebärmutterschleimhaut stammt, entweicht aus der Gebärmutter über Gebärmutterhals und Scheide. Der Ausfluß kann Schamlippen und Damm überziehen, den Schweif und die Innenseite von Schenkeln und Sprunggelenken, je nach Menge des Sekrets. Die äußeren Anzeichen sind deshalb – abhängig von der Reaktion der Gebärmutter – mehr oder weniger sichtbar. Wenn die Stute in der nächsten Rosse erneut ohne Behandlung gedeckt wird, wird das Wachstum der Keime durch den Samen in der Gebärmutter angeregt. Das wiederum führt zu einem größeren Anteil an toten Spermien und einer geringeren Chance, daß die Eizelle befruchtet wird. Sollte die Eizelle trotzdem befruchtet werden, dann verhindern die Keime und die entzündete Oberfläche der Gebärmutter das Überleben des sich entwickelnden Fetus, sobald er in der Gebärmutter anlangt.

Wir können darum davon ausgehen, daß eine unbehandelte Gebärmutterinfektion nicht nur während einer, sondern während mehrerer Rosseperioden für Unfruchtbarkeit sorgt. In der Tat sind die entzündlichen Veränderungen in der Gebärmutterschleimhaut um so schwerwiegender, je länger die Infektion anhält. Diese Veränderungen vergrößern die Wahrscheinlichkeit, daß eine Empfängnis nicht stattfindet oder der Embryo frühzeitig stirbt. Selbst wenn die Infektion behandelt wird, können chronische Gebärmutterveränderungen, zu denen die Fibrose (krankhafte Bindegewebszubildung) und Drüsendegeneration (Entartung der Drüsen) gehören, hartnäckig sein und den Grund für eine weitere mangelhafte Fruchtbarkeit darstellen. Das heißt, die Chance einer Empfängnis oder des fetalen Überlebens ist gering.

Als Pneumovagina wird eine Störung bezeichnet, bei der Luft auf abnorme Weise in den Genitaltrakt eingezogen wird („Blubberstute"). Die Luft trägt kleine Staubpartikel und Keime mit sich, die eine Reizung und Infektion der Gebärmutter verursachen können. Solange diese Fehlstellung von Scham, Damm, Scheide und Becken vorhanden ist, wird das betroffene Tier unfruchtbar sein. Werden die Schamlippen im oberen Bereich durch eine Operation nach Caslick zugenäht, ist der Verschluß wiederhergestellt, und es wird keine Luft mehr in die Scheide gezogen. Die Infektion in der Gebärmutter klingt ab, und die Chancen auf eine Empfängnis nehmen drastisch zu. Bestand die Pneumovagina allerdings schon über eine längere Zeit, dann kann der Schaden an der Gebärmutterschleimhaut schwerwiegender sein und zu einer anhaltenden verminderten Fruchtbarkeit führen.

Diese Beispiele sollten zeigen, wie eine krankhafte Gebärmutterveränderung die Chancen auf eine Trächtigkeit selbst dann vermindern kann, wenn ein Eisprung stattgefunden hat. In anderen Fällen sind die Eierstöcke von Tumoren befallen, und es können keine Follikel mehr heranreifen und springen. Ferner gibt es hormonale Fehlfunktionen; dieses Gebiet muß jedoch noch weiter erforscht werden. Häufig ist die hormonale Fehlfunktion physiologischer Natur und hängt eher mit der Jahreszeit und der Umwelt (siehe oben) zusammen als mit einer krankhaften Störung. Eine Ausnahme stellt hier das Vorhandensein einer Infektion in der Gebärmutter dar. Sie stört den Prostaglandin-Mechanismus und veranlaßt Stuten, nur einen sehr kurzen Rossezyklus durchzumachen oder, alternativ, überhaupt nicht rossig zu werden; das hängt von der Schädigung der Gebärmutteroberfläche ab. Der Begriff „hormonale Fehlfunktion" oder „hormonales Ungleichgewicht" wird oft von Praktikern und Züchtern benutzt. Er bleibt jedoch ungenau, wenn er nicht sorgfältig definiert wird und die Ursachen nicht exakt diagnostiziert (siehe Diagnose, Seite 231) worden sind.

Wenn wir zur Annahme zurückkehren, daß die Stute im Durchschnitt nur drei oder vier Eisprünge pro Decksaison hat, und wir dann noch die Risiken physiologischer Abweichungen und krankhafter Störungen hinzuaddieren, können wir das Problem der verminderten Fruchtbarkeit erst richtig einschätzen. Selbstverständlich dürfen wir nicht annehmen, daß alle Stuten auf eine so geringe Anzahl von Eisprüngen beschränkt sind oder daß ein Eisprung keinesfalls ausreiche, um eine Stute tragend zu bekommen.

Erkrankungen der Geschlechtsorgane

Pneumovagina: Die normale Anordnung von Damm, Scham, Scheide und Gebärmutterhals ist in Abbildung 4 (siehe Seite 59) dargestellt. Es fällt dabei auf, daß sich die Schamlippen zum größeren Teil unterhalb des Beckenrandes befinden und daß die von der Scheide gebildete Röhre von „Absperrvorrichtungen" im Bereich der Schamlippen, des Scheidenvorhofs und des Gebärmutterhalses verschlossen wird. Luft kann also nicht in den Genitaltrakt eindringen. Nur während der Rosse kann durch die Entspannung und Vergrößerung der Schamlippen ein wenig Luft in den hinteren Teil des Genitaltrakts gelangen. Außerdem wird das Eindringen von Luft durch den Verschluß des Scheidenvorhofs verhindert. Zusätzlich gibt es einen Schutzmechanismus gegen Erreger, zu dem die Absonderung von Schleim gehört. Dieser Schleim enthält antimikrobielle Stoffe. Sie bekämpfen die Keime, die bis zum Gebärmutterhals gelangt sind.

Die schützenden Verschlußeinrichtungen im Genitaltrakt der Stute können durch eine der folgenden Situationen alleine oder in Kombination aufgebrochen werden:

a) Die Anordnung des Damms im Verhältnis zum Beckenrand kann insofern schlecht sein, als sich der größere Teil der Schamlippen oberhalb und nicht unterhalb des Beckenrandes befindet. Diese Anordnung hat mit der Gestalt dieser Körperregion zu tun und wird bis zu einem gewissen Grad vererbt. Die relative Anhebung des Scheideneingangs hat zwei Auswirkungen. In vielen Fällen ist der Vorhofverschluß nicht mehr gegeben, und außerdem können sich der obere Schamwinkel und der Damm nach vorne absenken, so daß sie in einem schrägen Winkel stehen, in einigen Fällen sogar fast in der Waagerechten. Staub und keimbeladene Luft können jetzt durch die mangelhaften Verschlüsse von Scham und Vorhof in den Genitaltrakt eindringen. Ebenso kann es zu Verschmutzungen kommen, wenn der Kot den Bereich der Schamlippen passiert.

Normalerweise liegen die Wände des Genitaltrakts dicht aneinander. Die umgebenden Organe sind so angeordnet, daß eine gewisse Saugwirkung ausgeübt wird auf die Scheide und die Gebärmutter, in der ein potentielles Vakuum herrscht. Ist der Genitaltrakt durch mangelhafte Verschlüsse von Vorhof und Scham atmosphärischem Druck ausgesetzt, wird Luft in die Scheide und – wenn der Gebärmutterhals ebenfalls offen ist – auch in die Gebärmutter eingesaugt.

b) Während der Rosse werden die Wände der Scheide feucht, und die umgebenden Gewebe einschließlich Schamlippen und Gebärmutterhals sind entspannt bzw. erschlafft. Dadurch weichen die Wände während der Paarung leichter auseinander. Aber das führt auch unausweichlich dazu, daß sich die Verschlüsse des Vorhofs und der Scham öffnen. Derart ist die Rosse eine Phase, in der für den Genitaltrakt eine besondere Gefahr besteht, daß Luft und Krankheitserreger ein-

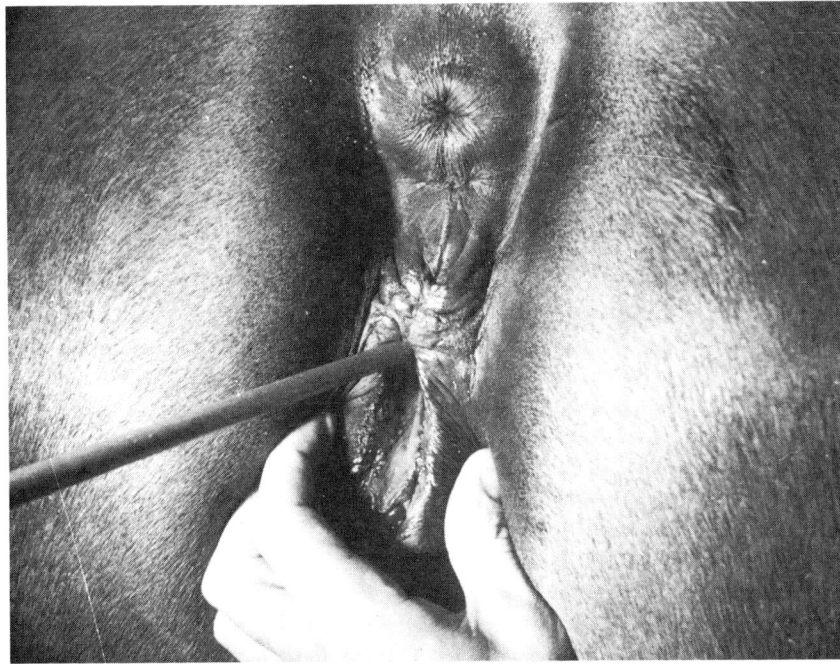

Eine Fehlstellung der Scham, die durch eine Operation nach Caslick korrigiert wurde. Der Metallstab liegt auf dem Beckenboden.

dringen. Die Gefahr ist am größten bei einer schlechten Stellung der Organe. Das Eindringen des Penis beim Decken verschärft das Problem, weil es eine große Anzahl von Keimen tief in den Genitaltrakt befördert.

c) Beim Abfohlen gelangt der Fetus durch den Geburtskanal, der aus Gebärmutterhals, Scheide und Scham besteht, ins Freie. Dadurch wird der Genitaltrakt ausgedehnt – zu einer Zeit, in der die Gebärmutter selbst schon in größtmöglichem Ausmaß gedehnt ist. Wenngleich sich die Wände des Geburtskanals und der Gebärmutter nach der Geburt schnell wieder zusammenziehen, sind sie noch für viele Stunden entspannt. In den Zustand wie bei Nichtträchtigkeit kehren sie vollständig erst nach einigen Tagen oder Wochen nach dem Abfohlen zurück. Die meisten Leser, die schon einmal bei einer Geburt dabei waren, werden das Geräusch gehört haben, das beim Eindringen der Luft in den Genitaltrakt entsteht. Das tritt am häufigsten auf, wenn die Stute nach der Geburt aufsteht und die Nachgeburt sich teilweise noch in der Gebärmutter befindet und teilweise hinten herunterhängt. In dieser Situation klaffen die Schamlippen durch die heraushängende Nachgeburt auseinander, der Genitaltrakt ist entspannt, und die Verschlüsse von Vorhof, Scheide und Scham stehen offen. Dabei sollten wir im übrigen nicht die schädliche Wirkung einer staubigen Atmosphäre übersehen, die durch Stroh schlechter Qualität verursacht wird, besonders wenn es heftig aufgeschüttelt wird. Der Staub enthält Pilzsporen und Keime. Wenn sie bei dieser Gelegenheit in die Gebärmutter eingesaugt werden, können sie für eine Pilzinfektion verantwortlich sein, die wiederum eine Unfruchtbarkeit oder einen Abort in der nächsten Trächtigkeit verursacht.

d) Die Schamlippen können erschlafft sein oder auseinanderklaffen, so daß dieser Verschluß vollständig oder teilweise aufgehoben ist. In solchen Fällen dringt Luft jedoch nur während der Rosse in den Genitaltrakt ein, wenn der Verschluß des Vorhofes zu dieser Zeit ebenfalls entspannt ist.

e) Die Bänder und Gewebe, die die Gebärmutter und andere Teile des Genitaltrakts unterstützen, können schlaff werden, insbesondere mit zunehmendem Alter. Die Saugwirkung der Wände ist dann verstärkt, und es nimmt die Gefahr zu, daß Luft in den Genitaltrakt eingesogen wird, wenn die schützenden Verschlüsse auch nur die geringste Schwäche aufweisen. In einigen Fällen kann man mit einem Spekulum erkennen, daß der Gebärmutterhals unterhalb des Beckenrandes liegt. Um den Gebärmutterhals sehen zu können, muß das Spekulum in diesem Fall schräg nach unten geführt werden, und nicht waagerecht oder leicht nach oben. Häufig sieht man Harn oder andere Flüssigkeit, die sich am Boden der Scheide angesammelt hat.

Wird ein Spekulum oder ein dünnes Röhrchen in die Scheide eingeführt, gelangt normalerweise Luft in die Scheide. Sie wird durch das potentielle Vakuum im Genitaltrakt angesaugt. Ist dort schon Luft vorhanden, weil die schützenden Verschlüsse nicht korrekt funktionieren, dann wird die Einführung eines Spekulums diese Wirkung nicht haben.

Entzündung der Gebärmutterschleimhaut: Die Schleimhaut der Gebärmutter besteht aus einer Epithelschicht, darunter befindet sich die Submukosa (Schicht

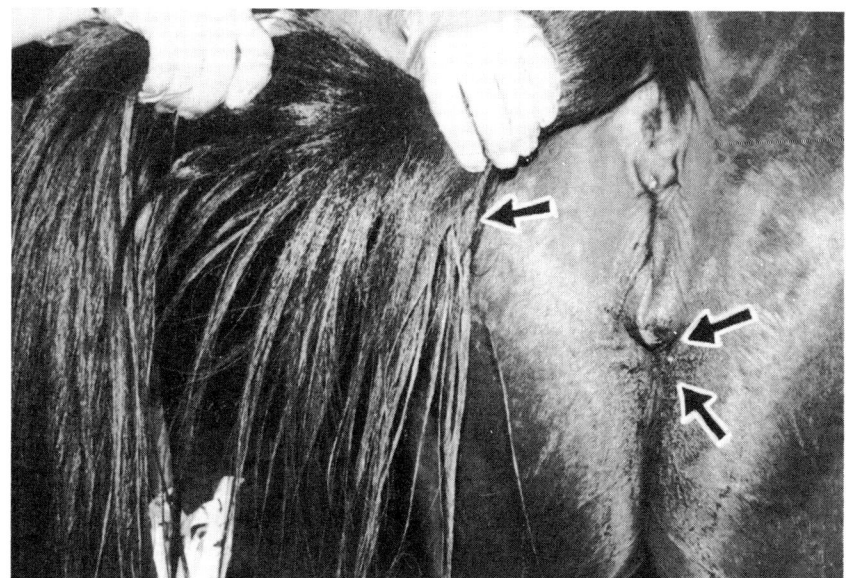

Schleim und „Eiter"-Zellen (Leukozyten) aus der Gebärmutter erscheinen als schmieriger oder getrockneter Ausfluß (Pfeil) am Schweif, am unteren Schamwinkel und innen an den Schenkeln.

direkt unter der Schleimhaut) aus Drüsen und Bindegewebe. Keime und andere Faktoren können die Schleimhaut schädigen, indem sie eine Entzündung verursachen (Endometritis). Die Bezeichnung „akute Endometritis" steht für eine entzündliche Reaktion auf eine Schädigung; es sind Eiterzellen vorhanden. Diese können sich in der Submukosa unter der Epithelschicht ansammeln. Sie gelangen zusammen mit dem Schleim, der von den Drüsen abgesondert wird, in die Gebärmutterhöhle. Wir können den Ausfluß von Eiterzellen (Leukozyten) und Schleim sehen, wenn er den Genitaltrakt bei „schmutzigen" Stuten verläßt.

Der Begriff „chronische Endometritis" beschreibt das Vorhandensein von anderen Entzündungszellen. Plasmazellen und Lymphozyten sind spezielle weiße Blutkörperchen, die mit den Immunreaktionen des Körpers befaßt sind. Die größeren weißen Blutkörperchen, die als mononukleare Zellen bekannt sind, „wischen" Abfall und Keime nach der ursprünglichen Schädigung auf und sind im allgemeinen bei der chronischen Endometritis vorhanden. Diese Erkrankung umfaßt langfristige Veränderungen, die nicht so leicht zu behandeln sind wie bei der akuten Endometritis. Der Leser sollte berücksichtigen, daß die Begriffe akut und chronisch vom Pathologen verwendet werden und nicht unbedingt die Schwere der Veränderung kennzeichnen.

Hormonales Ungleichgewicht: Diese Bezeichnung wird oft von Tierärzten und Pferdebesitzern gebraucht. Sie hat keine präzise Bedeutung und nur einen geringen praktischen Bezug. Die meisten Probleme bei der hormonalen Steuerung des Rossezyklus, insbesondere jene, die mit der Rosse und dem Eisprung zu tun haben, hängen eher mit der Jahreszeit und der Umwelt zusammen als mit krankhaften Störungen. Es mag Fälle von primär hormonaler Fehlfunktion geben, aber wir können diese derzeit noch nicht diagnostizieren, da unsere diagnostischen Techniken und unser Wissen begrenzt sind. Es sind zwei echte krankhafte hormonale Fehlfunktionen bekannt:

a) Der Granulosazelltumor des Eierstocks stört die hormonale Steuerung, und aus diesem Grund wird der gegenüberliegende Eierstock klein und inaktiv. Das Vorhandensein eines Tumors verhindert den Eisprung. In einigen Fällen zeigen die Stuten noch Rosseanzeichen, bei vielen Stuten ist keine Rosse mehr erkennbar.

b) Angeborene Veränderungen führen dazu, daß die Eierstöcke klein bleiben oder gar nicht vorhanden sind. Diese Störungen sind mit einer vollständigen Inaktivität der Eierstöcke verbunden. Sie beruhen auf Defekten in den Geschlechtschromosomen. Das weibliche Tier hat normalerweise zwei Geschlechtschromosomen, die beide etwa wie ein X (also XX) geformt sind, das männliche Tier hat ein X- und ein Y-Chromosom (also XY). Bei Störungen kann es sein, daß die Zellen der Stute nur ein Geschlechtschromosom enthalten – das wird als XO dargestellt –, daß sie ein zusätzliches Chromosom (XXX) oder verschiedene andere anormale Kombinationen aufweisen.

Altersschwäche: Stuten stellen ihre Fortpflanzungsfähigkeit mit unterschiedlichem Alter ein, die meisten in einem Alter von 18 Jahren oder darüber. Die Eierstöcke werden klein und inaktiv, die Gebärmutterschleimhaut verliert ihre Drüsen.

Anatomische Mißbildungen: Abgesehen von einem fehlerhaften Bau von Scheide und Scham spielen anatomische Mißbildungen nur eine untergeordnete Rolle bei der Unfruchtbarkeit. Ein vollständig geschlossenes Jungfernhäutchen (Hymen) kommt gelegentlich bei Maidenstuten vor. In diesem Fall ist die Falte, die den Vorhofverschluß bildet, zu einer kompletten Membran ausgebildet. Dieser Zustand kommt selten vor und kann durch eine kleine Operation behoben werden. Größere Mißbildungen wie das angeborene Fehlen des Gebärmutterhalses sind natürlich schwerwiegender und führen zu vollständiger Sterilität. Glücklicherweise begegnet man diesen Mißbildungen nur sehr selten.

Infektionen: Mikrobielle Infektionen sind im allgemeinen mit Unfruchtbarkeit verbunden. Es ist jedoch im einzelnen Fall nicht leicht zu entscheiden, ob die Entdeckung eines Erregers in der Gebärmutter Symptom oder Ursache einer Krankheit ist. Tabelle E listet die Keime auf, die man im Genitaltrakt finden kann. Die Liste ist unterteilt in primäre und sekundäre Krankheitserreger, die die Schleimhaut des Genitaltraktes schädigen. Bei den primären Krankheitserregern ist kein prädisponierender (krankheitsbegünstigender) Faktor notwendig, sie sind alleine krankheitserregend; bei den sekundären müssen prädisponierende Faktoren vorhanden sein. Außerdem kann sich die Art des Keimes verändern, und in einigen Fällen kann sich ein primärer wie ein sekundärer Krankheitserreger verhalten und umgekehrt.

Zu den krankheitsbegünstigenden Ursachen (prädisponierenden Faktoren) gehören Pneumovagina, Nachwirkungen von Geburt und Trächtigkeit und verschiedene Zustände während des Rossezyklus. Zum Beispiel ist die Gebärmutter im Diöstrus (Zeit zwischen zwei Rossen) und im Anöstrus (Zeit ohne Rosse) anfälliger für eine Infektion als während der Rosse. Hohes Alter, Verletzung oder eine Quetschung bei der Geburt, medizinische Maßnahmen, die eine Dehnung von Scheide und Gebärmutterhals umfassen, Abort, Fehlernährung, Schwäche oder Blutvergiftung aufgrund systemischer Erkrankungen (Allgemeinerkrankungen) oder Infektionen sind weitere Faktoren, die eine Infektion der Gebärmutter begünstigen.

Tabelle E: Einige primäre und sekundäre Krankheitserreger, die im Genitaltrakt der Stute zu finden sein können

Primäre Krankheitserreger	
Klebsiella aerogenes	Typ 1 und 5
Haemophilus equigenitalis	Contagious equine metritis (CEM)
Pseudomonas aeruginosa	einige Unterarten
Sekundäre Krankheitserreger	
Streptococcus zooepidemicus	
Escherichia coli	
Staphylococcus aureus	
Klebsiella aerogenes	Typ 7 und andere
Pseudomonas aeruginosa	einige Unterarten
Pilze	
Schmutzkeime	
Staphylococcus albus	

Die anfällige Stute: Die Bezeichnung „anfällig" bedeutet in diesem Zusammenhang: anfällig für eine Infektion oder Entzündung der Gebärmutterschleimhaut zu sein. Als anfällig gilt in der Praxis eine Stute, die häufig infiziert wird – nicht unbedingt mit demselben Erreger. Einmal stoßen wir bei ihr auf *Escherichia coli*, beim nächstenmal auf Streptokokken oder sonst einen Krankheitserreger. Gewöhnlich erscheint die Stute während des Diöstrus (Zeit zwischen zwei Rossen) als „sauber", um dann in der Rosse Ausfluß oder sonstige Anzeichen einer Infektion zu zeigen. Am typischsten ist ein Ausfluß aus der Scheide einen oder zwei Tage nach der Bedeckung: Das zeigt an, daß die Stute auf die Gefährdung durch den Geschlechtsakt (siehe unten) anfällig reagiert. Zu den Abwehrmechanismen gegen Infektionen gehören auf der Oberfläche der Gebärmutter spezielle Proteine (Immunglobuline der Klasse A und G; IgA u. IgG). Diese Proteine enthalten Antikörper, von denen die Erreger auf direktem und indirektem Weg vernichtet werden. Antikörper können eine Zusammenklumpung der Keime bewirken, oder sie machen sie zugänglicher für „Reinigungszellen" (Phagozyten), wie z. B. Eiterzellen, die sie verdauen und töten. Die Abwehr der Gebärmutter hängt von diesen Immunkörpern und den Phagozyten ab. Die letzteren werden durch Östrogen angeregt und sind darum in der Rosse wirkungsvoller als in anderen Phasen des Zyklus. Auf alle Fälle sind die Anzeichen für eine Infektion während der Rosse deutlicher, wenn der Schleim, der den Genitaltrakt überzieht, reichlicher vorhanden und frei beweglich ist. Außerdem sorgt das Vorhandensein von zunehmend mehr neutrophilen Granulozyten (weiße Blutkörperchen) für ein dickeres, eitrig erscheinendes Sekret.

Wir wissen nicht, warum das Immunsystem bei bestimmten Tieren oder unter speziellen Bedingungen versagt. Trächtigkeit und Geburt könnten eine wichtigere Rolle bei diesem Problem spielen, weil die Abwehr in den Tagen nach der Geburt wahrscheinlich geschwächt ist. Normalerweise wird sie wieder vollständig hergestellt, manchmal in der Fohlenrosse, zumeist aber in der folgenden Rosseperiode. In der Praxis können wir beobachten, daß die Wiederherstellung der normalen Abwehrmechanismen bei einigen Tieren länger währt und manchmal nur unvollständig gelingt. Das Alter ist ein weiterer Faktor, der eine bedeutende Rolle für die Anfälligkeit von Stuten spielt; seine Auswirkungen zeigen sich insbesondere etwa ab dem elften Lebensjahr.

Gefährdung durch den Deckakt: Der Penis des Hengstes beherbergt viele Keime. Die meisten sind harmlos und gar nicht in der Lage, bei der Stute eine Infektion hervorzurufen. Diese Keimflora kann jedoch durch äußere Umstände verändert werden. Wird eine Stute gedeckt, die selbst schon primär krankheitserregende Keime aufweist oder besonders stark von sekundären Krankheitserregern befallen ist, dann kann sich die Keimflora stark verändern. Die Behandlung des Penis mit Desinfektionsmitteln, mit Antiseptika oder Antibiotika kann die meisten Keime auf einen Schlag von der Oberfläche entfernen. Je mehr das Organ jedoch gesäubert wird, desto anfälliger wird es für den neuerlichen Befall mit schädlichen Erregern wie Klebsiellen oder Pseudomonaden.

Es ist nicht zu verhindern, daß bei der Paarung viele Keime in den hinteren Teil des Genitaltrakts der Stute gelangen. Einige dieser Erreger sind harmlos, und andere alarmieren das Abwehrsystem der Gebärmutter und des Gebärmutterhalses und werden anschließend leicht überwältigt. Auf jeden Fall ist die Gefährdung durch den Deckakt erheblich für eine anfällige Stute, deren geschwächte Abwehr mit den Keimen nicht fertigwerden kann. Diese anfälligen Stuten sollten künstlich besamt werden, oder es müssen Maßnahmen ergriffen werden, um ihr Abwehrsystem zu unterstützen. Dazu können Antibiotika und andere Medikamente vor, bei und/oder nach der Bedeckung angewendet werden.

Diagnose

Den Grund für eine Unfruchtbarkeit festzustellen ist vielleicht das größte Problem, dem sich der Tierarzt bei seinen routinemäßigen Tätigkeiten im Gestüt gegenübersieht. Bei den meisten Erkrankungen wird die Diagnose anhand der Symptome und der Laboruntersuchungen gestellt. Unfruchtbarkeit ist dagegen eine nebulösere und weitergefaßte Störung. In jedem Fall müssen die vergangenen, gegenwärtigen und zukünftigen Einflüsse des Managements und der Umgebung sowie mögliche krankhafte Veränderungen einbezogen werden. Es kann nötig sein, tief in die Vorgeschichte der Stute einzudringen, um die Gründe dafür zu entdecken, daß sie nicht tragend wird. Unter Umständen müssen die Untersuchungen in regelmäßigen Abständen wiederholt werden, bevor eine endgültige Entscheidung getroffen werden kann. Wie es um die Diagnose bestellt war, läßt sich durch den Ausgang des Falles bestimmen. Der muß bewertet werden im Hinblick auf Empfängnis und Geburt eines lebenden Fohlens. Für eine Diagnose können die folgenden Schritte nötig sein:

1. Vorgeschichte der Stute

a) Die Resultate der vorherigen Decksaisons sollten bekannt sein, um einen Einblick in das Fortpflanzungsmuster der Stute zu erhalten. Einige Stuten sind zum Beispiel schwer tragend zu bekommen oder sind gänzlich unfruchtbar, solange sie ihr Fohlen säugen. Die Stuten nehmen dann meistens im Zweijahresintervall auf, wenn sie in güstem Zustand in die Decksaison starten.

b) Das Wissen um das sexuelle Verhalten in den vorherigen Decksaisons kann nützlich sein, wenngleich Stuten nicht unbedingt in jedem Jahr dieselben Verhaltensmuster aufweisen. Es kann etwa sein, daß eine Stute in einer Decksaison vor dem Eisprung kaum Rosseanzeichen erkennen läßt, aber in der nächsten Saison starke Rosseanzeichen äußert – und zwar bereits viele Tage, bevor sich ein Eierstockfollikel bildet und es zum Eisprung kommt. Einige individuelle Verhaltensweisen überdauern allerdings die Jahre. Das Wissen darum kann von großem Wert für die Gestütsleitung sein.

c) Die veterinärmedizinische Vorgeschichte ist vielleicht am wichtigsten. Ausfluß aus Scheide und Gebärmutter, Keimbesiedlung des Genitaltraktes, Größe und Aktivität der Eierstöcke in der Vergangenheit sind wichtige Schlüssel zu Problemen, die während der aktuellen Decksaison auftreten.

d) Die Zahl der ausgetragenen Fohlen, die Jahre, in denen eine Stute in der Vergangenheit güst blieb oder verfohlte, können nützliche Hinweise auf das wahrscheinliche Ergebnis der aktuellen Paarung geben. Eine güst gebliebene Stute kann beispielsweise nur in der letzten Saison Probleme gehabt haben. Sie sollte darum weiterhin als Stute mit einem hohen Fortpflanzungspotential gelten, wenn sie im Vorjahr nicht noch Maidenstute war.

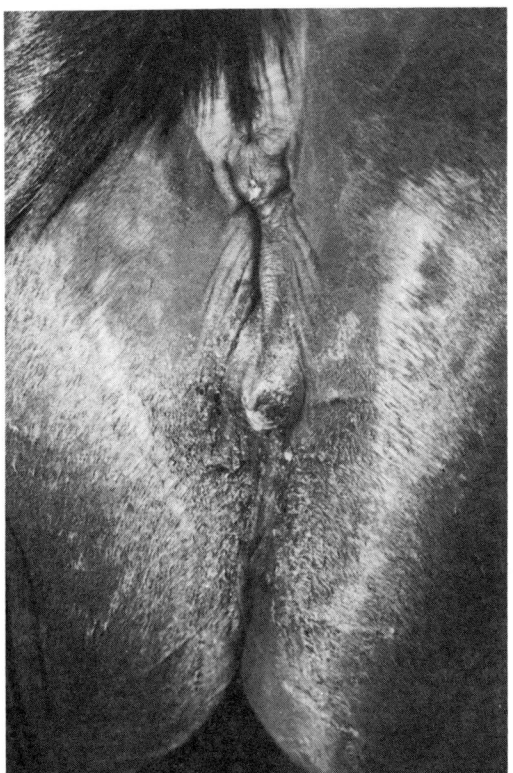 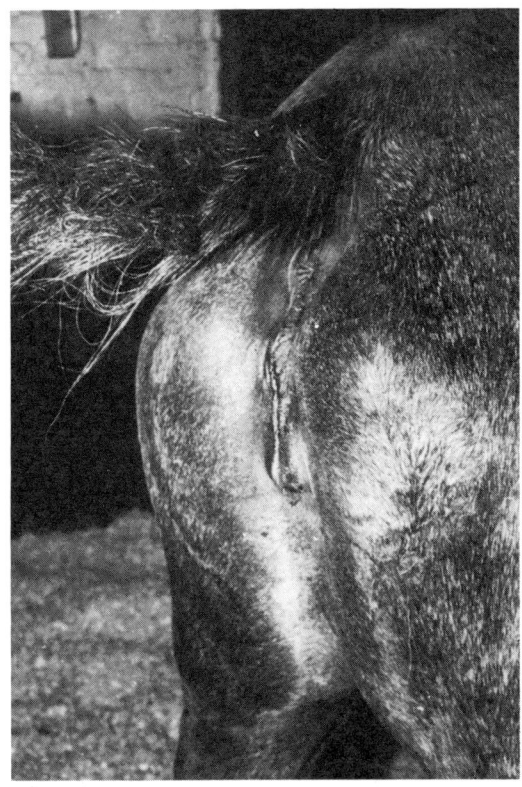

Das Gestütsperso-nal muß einen Aus-fluß aus der Scheide erkennen können. Auf dem linken Bild ist das Fell um die Schamlippen herum verklebt, während auf dem rechten Bild die Schweifhaare ver-filzt sind.

Maidenstuten haben eine 90prozentige Fruchbarkeitsrate. Ist eine Maiden-stute güst geblieben, kann sich dahinter ein schwerwiegendes Problem verber-gen. Als nächstes muß man sich – wie bei einer älteren güsten Stute – über den Ablauf des Vorjahrs informieren. So kann man herausfinden, ob eine Stute viel-leicht ein spezielles Problem hat. Ist die Stute nur einmal gedeckt worden, dann ist zu vermuten, daß der Grund für ihre Nichtträchtigkeit eher im physiologi-schen als im krankhaften Bereich zu finden ist. Ist eine Stute dagegen vier- oder fünfmal gedeckt worden, kann man annehmen, daß für die Nichtträchtigkeit ein bestimmter Grund vorgelegen hat – vorausgesetzt, daß sich der Hengst als genü-gend fruchtbar erwiesen hat. Stuten, die in mehr als einer der letzten drei Deck-saisons güst geblieben sind und/oder verfohlt haben, oder Stuten, die Einzelfoh-len oder Zwillinge abortiert oder eine unnormale Trächtigkeit oder Geburt in den vergangenen zwölf Monaten durchgemacht haben, werden womöglich nur schwer tragend zu bekommen sein und erfordern eventuell spezielle diagnosti-sche und therapeutische Maßnahmen.

e) Eine Analyse der Deckergebnisse, die vom britischen Vollblutstammbuch er-stellt wurde, weist aus, daß das Fortpflanzungsvermögen mit zunehmendem Al-ter stark nachläßt. Um die Chance auf ein Fohlen in einem bestimmten Jahr ein-schätzen zu können, muß also auch das Alter der Stute berücksichtigt werden.

Eine ähnliche Tendenz finden wir bei Stuten mit überdurchschnittlicher Rennleistung vor: Sie sind unterdurchschnittlich fruchtbar.

Die züchterische Vorgeschichte einer Stute kann also herangezogen werden, um eventuell problematische Tiere zu identifizieren. Diese Stuten sollten auf jeden Fall untersucht und – wenn notwendig – zwischen den Decksaisons behandelt werden. Häufig geschieht das nicht, und man befaßt sich erst zu Beginn oder während der Decksaison mit ihnen.

2. Rektale und vaginale Untersuchungen

Untersuchungen über den Mastdarm und Scheidenuntersuchungen sind die Grundlage, um eine verminderte Fruchtbarkeit zu diagnostizieren. In aller Regel sind wiederholte Untersuchungen notwendig, um eine verminderte Fruchtbarkeit diagnostizieren zu können. Nur so kann man die Veränderungen an Eierstökken und Gebärmutter richtig interpretieren und u. a. feststellen, ob sie dauerhafter oder vorübergehender Natur sind. Natürlich müssen diese Informationen vor dem Hintergrund der Jahreszeit, der körperlichen Verfassung, der Länge des Fells, der Ernährung und anderer Einflüsse gedeutet werden. Dieselbe Notwendigkeit für Verlaufsuntersuchungen kann sich auch für Untersuchungen der Scheide ergeben.

Damm, Scham und Bau des Genitaltrakts werden daraufhin untersucht, ob eine Pneumovagina, ein Ausfluß oder eine Entzündung vorliegen. Das Gestütspersonal sollte sich mit den äußeren Symptomen bei Erkrankungen des Genitaltrakts vertraut machen. Zu denen gehört auch Ausfluß aus der Scheide. Der Ausfluß selbst muß nicht bedeutend sein, aber sein Vorhandensein sollte notiert und dem Tierarzt mitgeteilt werden, besonders da er durch einen primär krankheitserregenden Keim verursacht sein könnte, der verantwortlich ist für eine Deckinfektion. Jeder Ausfluß aus der Scheide sollte als krankhaft angesehen werden. In einigen Fällen können jedoch Verschmutzungen an der Innenseite der Schenkel irrtümlich für Ausfluß gehalten werden, obwohl es sich nur um Salzablagerungen aus dem Harn handelt.

3. Bestimmung der Keime des Genitaltrakts (Tupferprobe)

Der Abstrich vom Gebärmutterhals ist heute eine anerkannte Untersuchungsmethode für die veterinärmedizinische Diagnose. Das Wort Tupferprobe zählt inzwischen zum Sprachschatz bei allen Züchtern. Beim Abstrich wird an einer beliebigen Stelle des Körpers Untersuchungsmaterial entnommen. Der Tupfer besteht aus Baumwolle oder einem anderen saugfähigen Material, das an einem Draht oder Holzstab befestigt und steril aufbewahrt wird. Abstriche können damit beispielsweise aus den Nasenhöhlen, von einem Abszeß oder aus dem Genitaltrakt gemacht werden. Der Tupfer wird anschließend in ein Labor geschafft, wo die Erreger in Kulturmedien angezüchtet werden. Folgende Fragen müssen wir uns stellen: a) An welcher Stelle des ziemlich langen Genitaltrakts der Stute soll der Abstrich entnommen werden? b) Welche Bedeutung haben die Keime, die in diesem Abstrich isoliert werden konnten?

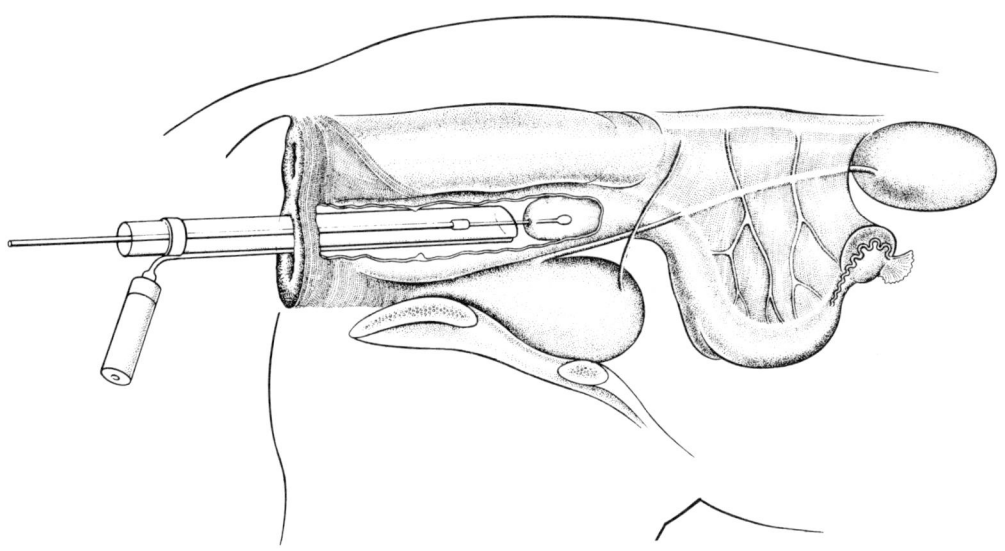

Abb. 27: Bei der Cervix-Tupferprobe (vom Gebärmutterhals) wird ein Tupfer, der an einem Metallstab befestigt ist, durch ein Spekulum in den Gebärmutterhals eingeführt.

Entnahmestelle: Die bequemste Stelle für eine Entnahme von Material ist zweifellos der hintere Teil des Genitaltrakts. Der Gebärmutterhals ist durch ein Spekulum leicht zugänglich. Ohne Schwierigkeit kann man einen Tupfer in den Gebärmutterhals einbringen. Die Tupferprobe an dieser Stelle wird von den Tierärzten seit vielen Jahren bevorzugt, um eine Infektion nachzuweisen.

In jüngerer Zeit hat sich die Aufmerksamkeit noch zwei anderen Stellen zugewandt, an denen Keime zu finden sein können: der Mündung der Harnröhre auf dem Boden der Scheide und der Klitoris. Abstriche an diesen Stellen sind inzwischen ebenfalls Routine geworden. Insbesondere Klebsiellen können in der Harnröhrenmündung „lauern", während der CEM-Erreger an der Klitoris zu finden ist. Die Klitoris hat einen Körper, eine Vertiefung oder Grube und eine Ausbuchtung (Sinus), in denen sich Smegma ansammeln kann. In dieser öligen, pastenartigen Substanz können sich Keime aufhalten. Daher muß auch eine Tupferprobe aus dem Sinus entnommen oder Smegma an die Oberfläche gequetscht werden, damit der Erreger der CEM oder andere Keime nachgewiesen werden können.

Bedeutung: Die Bedeutung der Erreger, die aus irgendeinem Bereich des Genitaltrakts isoliert werden, hängt von ihrer Art und Identität ab. Die primären Krankheitserreger sind potentiell schädlich – gleich von welcher Stelle sie entnommen wurden. Werden diese Keime bei der Paarung auf eine andere Stute übertragen, können sie die Schleimhaut der Gebärmutter schädigen und zu einer Deckinfektion führen. Nach Isolierung solcher Keime vom Gebärmutterhals, aus der Harnröhrenmündung oder von der Klitoris müssen strikte Vorsichtsmaßnahmen erfolgen. Es darf so lange keine Bedeckung stattfinden, bis der Erreger vollständig eliminiert ist.

Die sekundären Krankheitserreger können ebenfalls bei der Paarung von einer Stute auf die andere übertragen werden. Sie verursachen jedoch bei einer gesun-

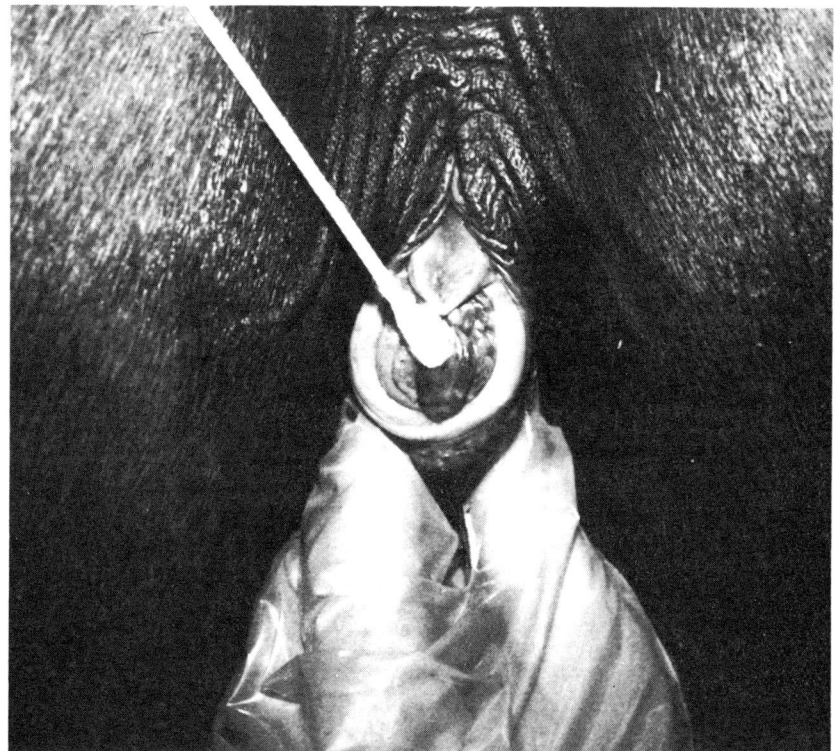

Aus der Klitoris wird eine Tupferprobe entnommen, indem man den Klitoriskörper nach außen stülpt und das Ende des Tupfers in die Klitorisgrube einführt; Smegma kann aus dem Sinus gedrückt werden, es kann auch ein kleiner Tupfer direkt in den Sinus eingebracht werden.

den Stute keine Erkrankung, wohl aber bei einer anfälligen. Diese Keime werden als unbedeutend angesehen, wenn sie aus der Harnröhrenmündung oder von der Klitoris entnommen wurden, weil diese Stellen normalerweise viele Arten von Bakterien beherbergen. Im Gegensatz dazu sind Gebärmutterhals und Schleimhaut der Gebärmutter normalerweise keimfrei; finden sich an einer dieser beiden Stellen Keime, dann sollten sie als potentiell bedeutungsvoll für das betreffende Tier angesehen werden. Keime wie *Staphylococcus albus* sind eine Ausnahme, weil sie keine Erkrankung verursachen können und lediglich als Schmutzkeime gelten.

Es ist optimal, zu Beginn der Rosse einen Abstrich vom Gebärmutterhals zu entnehmen. Er ist dann entspannt, und seine Sekrete sind eher flüssig als klebrig. Die Probe ist zu diesem Zeitpunkt für den gesamten Genitaltrakt repräsentativer als im Diöstrus (Zeit zwischen zwei Rossen). Proben von der Klitoris können dagegen jederzeit genommen werden, weil dieser Bereich ein Keimreservoir darstellt: Hier sind auch noch ältere Sekrete nachweisbar, die bereits früher hängenblieben.

4. Zytologie (Untersuchung von Zellen)
Die Untersuchung der Zellen, die man von Abstrichen der Gebärmutterschleimhaut oder des Gebärmutterhalses gewinnt, ist ein notwendiges und verläßliches

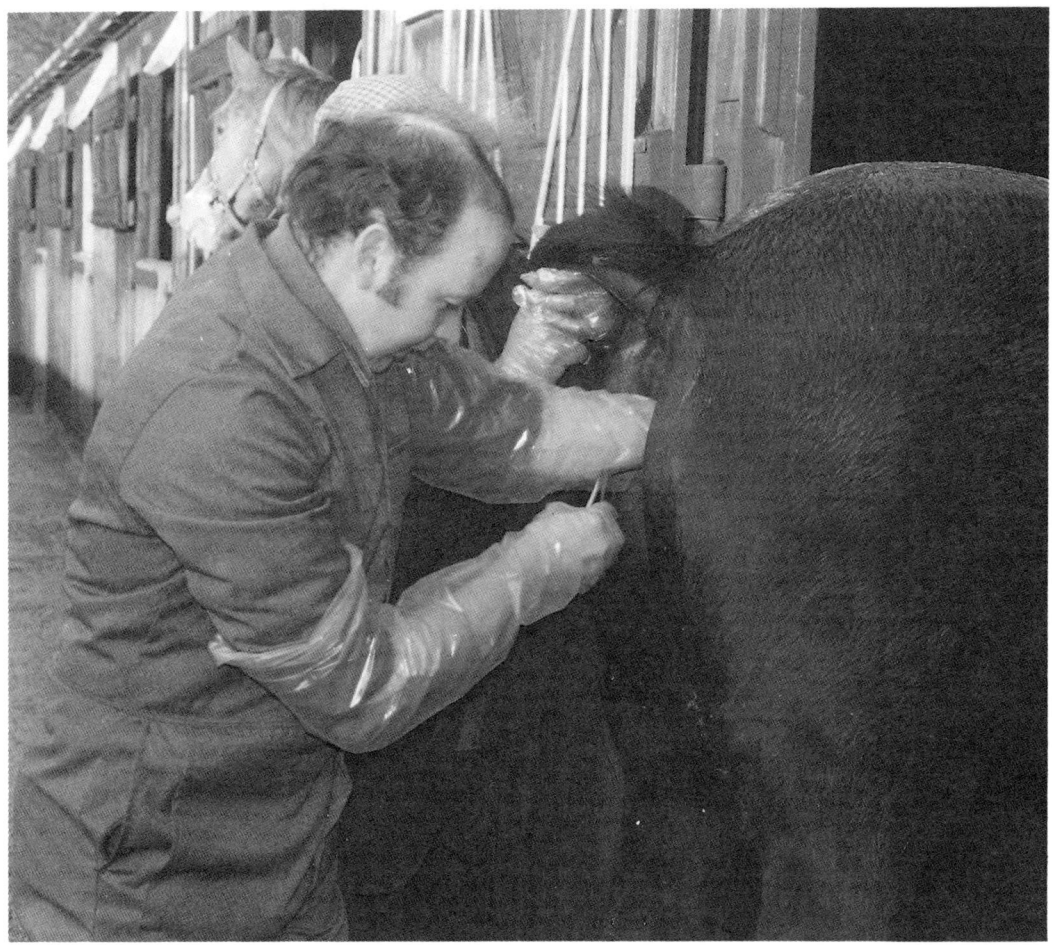

Entnahme einer Gewebeprobe aus der Gebärmutter einer Stute

Mittel, um die Bedeutung von Keimen einschätzen zu können, die sich am Gebärmutterhals angesiedelt haben. Wir können annehmen, daß die Gebärmutterschleimhaut entzündet ist, wenn bestimmte weiße Blutkörperchen (neutrophile Granulozyten, Leukozyten mit einem vielgestaltigen Kern) im Abstrich vorhanden sind. Die Zellen sind normalerweise nicht zu finden, außer vielleicht einen oder zwei Tage nach der Bedeckung. So gibt die Zytologie in Verbindung mit bakteriologischen Befunden Hinweise, die für die Diagnose nützlich sind.

5. Entnahme einer Gewebeprobe (Biopsie) aus der Gebärmutter
Die Entnahme einer Gewebeprobe aus der Gebärmutter (Abb. 28) erlaubt uns eine mikroskopische Untersuchung der Gebärmutterschleimhaut auf einfache und sichere Weise. Die Biopsiezange besitzt zwei kleine Zangenbacken, die über einen Griff von außerhalb der Stute betätigt werden. Ein kleines Stück der Gebärmutterschleimhaut wird mit den Backenstücken der Zange entnommen und in

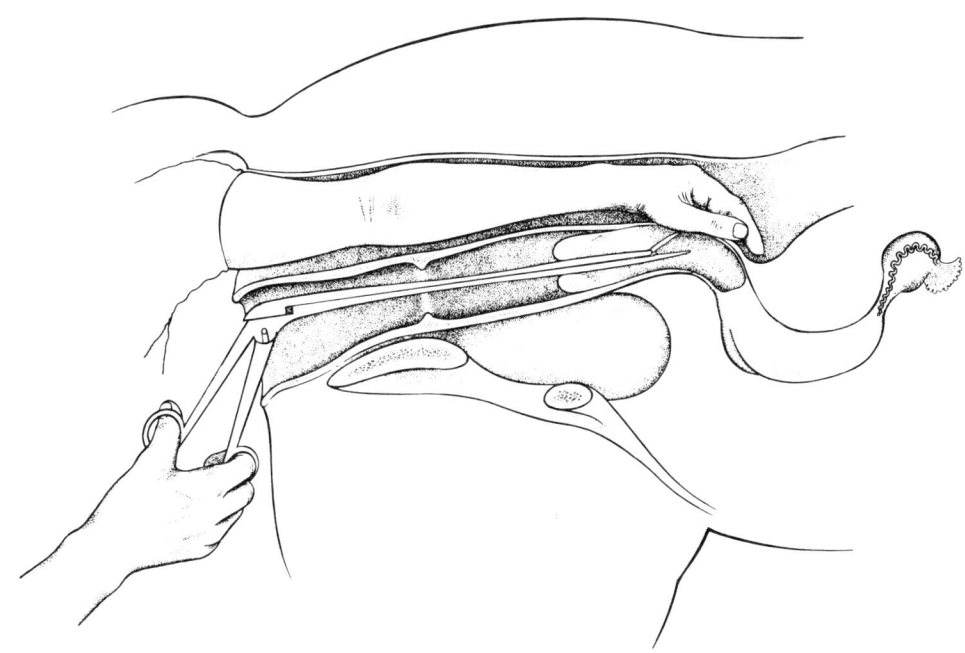

eine spezielle Flüssigkeit zur Konservierung gegeben. Im Labor wird die Probe dann untersucht.

Hier kann der Fachmann über Grad und Art der Entzündung entscheiden. So vermittelt er dem Praktiker wertvolle Informationen im Hinblick auf die Behandlung und ihren wahrscheinlichen Erfolg. Wir können uns hier nicht mit den Einzelheiten der Gebärmutterpathologie befassen; allgemein gesprochen kann der Pathologe erkennen, ob eine akute Entzündung (Endometritis) vorliegt, die auf eine aktuelle Infektion zur Zeit der Gewebeentnahme hinweist, ob chronische Veränderungen zu sehen sind, die mit einer langfristigen Erkrankung oder Degeneration der Drüsen oder mit einer bindegewebigen Narbenbildung einhergehen, oder ob Veränderungen bestehen, die auf Altersschwäche oder Unreife beruhen.

Abb. 28: Die Entnahmetechnik einer Gebärmutterbiopsie: Mit der Hand drückt der Tierarzt gegen das Instrument, das durch Scheide und Gebärmutterhals in die Gebärmutter eingeführt wurde, so daß er ein kleines Stückchen aus der Gebärmutterwand abzwicken kann.

6. Weitere Untersuchungsmethoden

Moderne optische Instrumente ermöglichen dem Tierarzt, direkt in die Gebärmutter zu schauen. Das Fiberendoskop mit Glasfaseroptik wird dazu durch den Gebärmutterhals in den Uterus geschoben. Andere, ähnliche Instrumente können durch die Bauchwand eingeführt werden, um die Eierstöcke und die Gebärmutter von außen zu betrachten. Die Untersuchung des Blutes auf Antikörper (serologische U.) kann angewendet werden, um die Anwesenheit bestimmter Keime herauszufinden. Diese Untersuchung kann nur im positiven Fall Rückschlüsse auf eine Erkrankung geben, sie kann nicht den Nachweis erbringen, daß keine Störung vorliegt.

7. Die Ermittlung von Hormonkonzentrationen

Die Hormonkonzentrationen im Blut von Stuten während des Rossezyklus zu ermitteln kann eine Diagnose sehr erleichtern. Der Progesterongehalt kann gemessen werden, um zu entscheiden, ob ein aktiver Gelbkörper zu irgendeiner Zeit vorhanden ist oder auch nicht. Mißt man wiederholt die Progesteronkonzentration, dann kann man unter Berücksichtigung der klinischen Befunde feststellen, ob eine Stute einen funktionierenden Zyklus hat. Unter speziellen Umständen kann auch das Messen von anderen Sexualhormonen bei der Diagnose der Unfruchtbarkeit helfen.

Unfruchtbarkeit des Hengstes

In Kapitel II, 2 haben wir die sexuellen Funktionen des Hengstes diskutiert im Hinblick auf die Libido (Verlangen und Fähigkeit, die Stute zu besteigen, in sie einzudringen und zu ejakulieren) und die Kapazität, Samen von hinreichender Qualität und Quantität zu liefern, um die Eizelle der Stute befruchten zu können. Eine verminderte Fruchtbarkeit ist die andere Seite der Medaille: nämlich die herabgesetzte Fähigkeit, Samen zu liefern, und/oder zu befruchten.

Ungenügende Libido, Unfähigkeit, eine Erektion aufrechtzuerhalten, einzudringen oder zu ejakulieren – all dies kann psychologische Ursachen haben, aber auch auf Schmerzen zurückzuführen sein, die aus einer Verletzung oder Krankheit resultieren. Der Geschlechtsakt ist eine Aneinanderreihung von Verhaltensmustern. Das Versagen in irgendeinem Abschnitt verhindert die nächste und die folgenden Phasen. Die letzte Phase, der Samenerguß, kann z. B. durch eine schmerzhafte Verletzung des Rückens oder des Penis verhindert werden. Sie veranlaßt den Hengst, abzusteigen und nicht zu ejakulieren. Es ist in jedem Fall wichtig, daß das zuständige Personal feststellt, ob der Hengst ejakuliert hat oder nicht.

Die Befruchtungsfähigkeit

Die Befruchtungsfähigkeit des Samens hängt vom Vorhandensein einer ausreichenden Zahl normaler lebender Spermien ab. Jeder Faktor, der die Wahrscheinlichkeit erhöht, daß diese Zahl nicht erreicht wird, kann zu einer unterdurchschnittlichen Fruchtbarkeit des Hengstes führen. Die folgenden Störungen können einzeln oder in Kombination auftreten:

a) Ein hoher Anteil toter Spermien wird die Befruchtungsfähigkeit des Hengstes in entsprechendem Maße sinken lassen.

b) Spermien können die Fähigkeit verlieren, im Genitaltrakt lang genug zu leben oder zu „schwimmen". Sie erreichen den Eileiter nicht oder sterben, bevor die Eizelle befruchtet werden kann.

c) Die Spermien können strukturelle Defekte haben, aufgrund deren sie nicht leben, sich nicht bewegen oder die Eizelle nicht befruchten können. Diese Defekte können als primär, sekundär oder tertiär eingestuft werden, je nachdem, wann sie auftreten: bei der Spermaproduktion, bei der Passage oder nach dem Erguß. Zu den Primärdefekten zählen die Kopfkappendefekte, dabei ist das

Akrosom vorne am Kopf des Spermiums deformiert. Protoplasmatropfen sind Sekundärdefekte. Abgebrochene oder abgeknickte Schwänze sind Tertiärdefekte, die oft von einer mechanischen Schädigung bei der Gewinnung des Spermas mit einer künstlichen Scheide herrühren.

Die klassische Methode, das Sperma zu untersuchen, besteht darin, daß man mit einer künstlichen Scheide eine Samenprobe auffängt und sie im Labor untersuchen läßt: auf die Anzahl der Spermien (Konzentration pro Milliliter und im Gesamtvolumen einer Ejakulation), auf den Prozentsatz an lebenden/toten und normalen/abweichenden Formen. Die Beweglichkeit wird in etwa eingeschätzt, indem man in stündlichen oder halbstündlichen Intervallen feststellt, wie hoch der Anteil der Spermien ist, die sich noch bewegen. Diese Untersuchung gibt Hinweise auf die Langlebigkeit der Spermien in einer Probe unter standardisierten Bedingungen (Temperatur etc.). Die Labortechniken sollten uns hier nicht weiter beschäftigen. Sie beinhalten das Anfärben der Spermien sowie die mikroskopische Untersuchung.

Die Fruchtbarkeit eines Samens kann aufgrund der Laboranalyse nur eingeschätzt werden, wenn man die mengenmäßigen und qualitativen Abweichungen je nach Jahreszeit berücksichtigt, die Zahl der Ejakulationen pro Woche und die Methode, mit der der Samen gewonnen wurde. Es kann nötig sein, eine Reihe von Proben unter vergleichbaren Begingungen zu entnehmen, um einen Hengst bewerten zu können, dessen Samen an der unteren Grenze liegt. Die Erfahrung zeigt, daß die derzeitigen Methoden und das heutige Wissen immer eine hundertprozentige Vorhersage der Fruchtbarkeit eines Hengstes auf der Grundlage von Laborergebnissen erlauben. Es gibt eine Reihe von Ausnahmen. So kann eine scheinbar schlechte Samenqualität eines Hengstes mit einer relativ hohen Fruchtbarkeitsrate verbunden sein. Andererseits werden gelegentlich Proben von Hengsten, die nachweisbar unfruchtbar sind, als ausgezeichnet bewertet.

Der Ruf eines Hengstes hat einigen Einfluß auf die Fruchtbarkeitsrate. Ein vielbegehrter Hengst mit einem relativ hohen Deckgeld wird gewiß eher Stuten anziehen, die sich bereits durch eine gute Zuchtleistung ausgezeichnet haben. Werden etwa einem Gewinner der Triple Crown 40 Stuten bei einem Deckgeld von (umgerechnet) 45000 DM zugeführt, dann sollte man erwarten, daß dabei ein höheres Zuchtpotential zustande kommt, als wenn es sich um einen Hengst handelt, dessen Decktaxe 1200 DM mit der Maßgabe „kein Fohlen, kein Deckgeld" beträgt. Mode kann also über die endgültige Fruchtbarkeitsrate in einem beliebigen Jahr entscheiden.

Die Mindestanzahl lebender, normaler Spermien in einem Ejakulat, die für eine Empfängnis bei einer normal fruchtbaren Stute nötig ist, soll bei ca. 100 Millionen liegen. Wir wollen zwei Beispiele dafür durchdenken, wie diese Zahl in der Praxis erreicht werden kann. Hengst A liefert ein Ejakulat von 50 ml mit einer Konzentration von 200 Millionen Spermien pro Milliliter, also 50 x 200 = 10 Milliarden pro Ejakulat. Von diesen sind 50 Prozent normal. Hengst A hat also 5 Milliarden lebende, normale Spermien im Ejakulat – fünfzigmal mehr als die angenommene Mindestmenge. Seine Ejakulate sind wahrscheinlich fruchtbar, selbst wenn sich die Zahl seiner Spermien durch übermäßige Benutzung vermindert. Hengst B andererseits hat ein kleineres Ejakulat, eine geringere Konzentration und einen höheren Anteil an veränderten Spermien. Seine Zahlen sehen so aus: Ein Ejakulat von 20 ml enthält 50 Millionen Spermien pro Milliliter, d.h. 1 Milliarde Spermien pro Ejakulat. 25 Prozent davon sind normal, also 250 Millionen Spermien pro Ejakulat. Die Ejakulate von Hengst B enthalten demnach 250 Millionen normale lebende Spermien. Damit ist er sehr nahe an der Mindestgrenze für Fruchtbarkeit.

Diese Beispiele sollten illustrieren, welche Abweichungen zwischen den Hengsten und der Zahl der in die Gebärmutter abgegebenen Spermien auftreten können. Solche Abweichungen kann freilich auch ein einzelner Hengst im Verlauf der Decksaison aufweisen. Die Qualität des Samens kann sich von Tag zu Tag ändern. Wenn in den obigen Beispielen die Qualität der Ejakulate gleich bleibt und es sich um verläßliche Durchschnittswerte der Hengste A und B handelt, können wir annehmen, daß Hengst A eine hohe Fruchtbarkeit aufweist, während Hengst B seine Stuten nur unter bestimmten, günstigen Umständen tragend bekommt. Dazu kann es nötig sein, daß Hengst B nur einmal am Tag deckt und zwar nur solche Stuten, die ausreichend fruchtbar sind. Ferner sollte die Paarung nahe dem Zeitpunkt des Eisprungs stattfinden.

Züchter wissen, daß einige Hengste Samen von langanhaltender Qualität haben, während bei anderen die Bedeckung innerhalb von 12 bis 24 Stunden vor dem Eisprung stattfinden muß. Es hat Fälle gegeben, in denen ein Hengst erfolgreich mit einer Stute zwei, drei oder sogar sieben Tage vor dem Eisprung gepaart wurde. Häufiger sind natürlich die gegenteiligen Beispiele, d.h. daß Hengste außerstande sind, bei ihren Stuten für eine Empfängnis zu sorgen, wenn sie jenseits der Zwei-Tage-Grenze decken. Das ist in der Tat so häufig bei Vollblütern, daß es sich eingebürgert hat, Stuten im zweitägigen Rhythmus zu decken. Eine seriöse Studie zu diesem Aspekt der Fruchtbarkeit steht noch aus, es gibt jedoch Gründe für die Annahme, daß Hengste mit langlebigem Samen eine hohe Zahl normaler lebender Spermien aufweisen. Je größer die Zahl der eingebrachten Spermien ist, desto länger wird die Mindestzahl vorhanden sein, auch wenn die Zahl der Spermien, die unbeweglich und befruchtungsunfähig werden, ständig zunimmt. Wir können selbstverständlich nicht die Möglichkeit ausschließen, daß einige Hengste wirklich Samen besserer Qualität und längerer Lebensdauer haben. Es weist einiges darauf hin, daß das Samenplasma des Hengstes Stoffe enthält, von denen die Spermien nach einer gewissen Zeit abgetötet werden. Man nimmt an, daß dies nötig ist, um eine Verschlechterung der Spermien durch Alterung zu verhindern. Die Alterung kann zu genetischen Defekten der befruchteten Eizelle führen, und darum hat es die Natur wohl für nötig befunden, diesen biologischen Schnörkel einzurichten. Bei einigen Arten hat man festgestellt, daß die tödlichen Stoffe bei verschiedenen Einzeltieren übermäßig aktiv sind; derart wird das Leben der Spermien in einem Ausmaß verkürzt, daß eine Empfängnis unwahrscheinlich ist, selbst wenn die Paarung zu einem Zeitpunkt nahe dem Eisprung stattfindet.

3
Fetaler Streß, Tod und Abort

Die Trächtigkeit ist ein Alles-oder-Nichts-Ereignis im Leben des einzelnen Tieres. Ziehen wir als Beispiel ein zweijähriges Rennpferd heran, das erstmals, im Frühling seiner Karriere, auf der Rennbahn erscheint. Es ist von der Geburt an gerechnet 24 Monate alt, von der Empfängnis an gerechnet fast 36 Monate. Wenn es zum Start kantert, die Hoffnungen seines Besitzers, Züchters und Trainers trägt, hat es ein Drittel seines Lebens in der Gebärmutter verbracht. Zumindest für ein Rennpferd ist die Trächtigkeit die wichtigste Grundlage für zukünftigen Erfolg. Alle Entwicklungsfehler, Schäden oder Krankheiten, die es im fetalen Leben erlitten hat, können leicht dauerhafte Gesundheitsschäden und Mißbildung hinterlassen.

Die Gesundheit des Fetus hängt davon ab, wie wirkungsvoll die Plazenta Nahrung weitergibt, Abfallmaterial beseitigt und als Schranke gegen Erreger wirkt. Gewöhnlich bewältigt die Plazenta diese Aufgaben ohne Schwierigkeit.

Fetaler Streß

Der Fetus ist Streß ausgesetzt, wenn sich seine Umwelt aufgrund irgendwelcher anormaler Geschehnisse verändert. Lassen Sie uns einige Beispiele betrachten.

Krankheit der Mutterstute

Die Auswirkung einer mütterlichen Erkrankung auf den Fetus hängt von der Art des Leidens ab. Wenn sich etwa schädliche oder giftige Stoffe im Blut ansammeln, kann der Fetus davon unberührt bleiben, weil die Plazenta als Schranke wirkt. Unter bestimmten Umständen funktioniert die Schranke nicht perfekt, und dann können giftige Substanzen über die Plazenta in das fetale Fohlen gelangen, dort Gewebe schädigen und Funktionen beeinträchtigen.

Der Fetus einer fiebernden Stute kann darauf reagieren, indem er seine Wärmeabgabe reduziert und so die anormale Temperatur seiner Umgebung ausgleicht. Bleibt das Fieber der Stute fortbestehen, kann es sein, daß der Fetus sich an die Situation gewöhnt und sich bei höherer Temperatur weiterentwickelt. Viel hängt davon ab, in welcher Phase der Trächtigkeit das Fieber auftritt. Hohe Körpertemperaturen, die länger andauern, können angeborene Mißbildungen verursachen, wenn ihnen der Fetus in kritischen Phasen der Organentwicklung ausgesetzt ist, d.h. früh in der Trächtigkeit.

Infektion des Fetus

Fetus und Plazenta beherbergen gewöhnlich keine Keime. Infektionen der Stute können jedoch dazu führen, daß Erreger die Plazenta-Schranke überwinden. Das offensichtlichste Beispiel ist das Herpesvirus, das das Atmungssystem der Stute in Form einer „laufenden Nase" oder gewöhnlichen Erkältung (Rhinopneumonitis) beeinträchtigt. Gewisse Typen dieses Keims durchbrechen die Plazenta-Schranke und verursachen eine Infektion beim Fetus, die mit fetalem Streß und Abort enden kann.

Äußere und innere Einflüsse

Jedes der oben beschriebenen Beispiele bezieht sich auf Ereignisse, die von außerhalb auf den Fetus und seine Eihäute einwirken. Dieselbe Situation erfahren auch wir. Keime in unserer eigenen Umwelt wirken von außen auf unseren Körper ein. Gifte und andere schädliche Stoffe gelangen in unseren Körper. Hohe oder niedrige Temperaturen beeinträchtigen unser Wohlergehen. Der Unterschied liegt darin, daß sich unsere Umwelt aus Luft zusammensetzt und fast grenzenlos ist, während die des Fetus durch die Gebärmutter und die Plazenta begrenzt wird.

Einen ganz wesentlichen Unterschied gibt es zwischen dem direktem Streß, dem ein Luft einatmendes Wesen ausgesetzt ist, und dem indirekten Streß, der auf den Fetus wirkt. Man kann ihn so beschreiben: Die Plazenta wird geschädigt und beeinträchtigt, weil nicht mehr effizient, die fetale Umgebung; der Fetus wird um wesentliche Nährstoffe gebracht, giftige Stoffe und Keime können über die geschädigte Plazenta eindringen. Schäden an der Plazenta sind am besten zu vergleichen mit Veränderungen unserer Umwelt, die bis zur Vergiftung reichen können. Eine geschädigte Plazenta ist eine mögliche Ursache für fetalen Streß.

Bislang haben wir von Streß gesprochen, der *auf* das Fohlen einwirkt. Gibt es auch irgendwelche Situationen, in denen Streß vom Fetus selbst ausgelöst wird? *Ja* lautet wahrscheinlich die Antwort auf diese Frage. Entwicklung und Gesundheit des Fetus hängen von einer normalen genetischen „Mitgift" ab, die bei der Befruchtung der Eizelle mitgegeben worden ist. Fehlerhaftes genetisches Material führt zu Störungen in der Entwicklung und im Stoffwechsel des Fetus. Diese Fälle bleiben uns meistens verborgen, da sie nur selten bis zum Ende der Tragezeit fortbestehen; sie werden meist vorher resorbiert. Feten, die überleben, können Mißbildungen aufweisen.

Die Auswirkungen von Streß

Die Auswirkung einer Streßsituation auf den Fetus hängt von Art und Ausmaß ab, in denen sich die Umwelt zum Schlechten hin verändert, von der Fähigkeit des Fetus, auf die Herausforderung zu reagieren, dem Stadium der fetalen Entwicklung und der Dauer der Herausforderung.

Hypoxie und Anoxie: Sauerstoff ist wesentlich für den Fetus. Ein längerer (mehr als drei Minuten) vollständiger Sauerstoffmangel wird dem Fetus irreparablen und tödlichen Schaden zufügen. Diese Situation beschreiben wir als Anoxie (übersetzt: kein Sauerstoff), und sie kann auftreten, wenn die Stute stirbt oder sich die Nabelschnur unentwirrbar um ein Hinterbein des Fohlens schlingt. In beiden Fällen stirbt das Fohlen so gewiß wie wir, wenn man uns strangulieren würde. Streßsituationen können für kurze oder lange Zeit währen, sie können schwerwiegender und weniger ernsthafter Natur sein.

Ein häufigeres Ereignis als ein vollständiger Mangel an Sauerstoff ist eine verminderte Sauerstoffversorgung. Diese Störung wird als Hypoxie (wörtlich: wenig Sauerstoff) bezeichnet. Die Plazenta ist ein lebendes Organ und braucht Sauerstoff ebenso wie Gehirn, Nieren usw. Zuwenig Sauerstoff kann die Plazenta ebenso wie andere Körpergewebe schädigen. Die Wirkung auf den Fetus hängt wiederum vom Ausmaß des Schadens ab.

Eine *Infektion* kann vom Blut der Stute herrühren oder bereits zur Zeit der Paarung in der Gebärmutter vorliegen. Eine Infektion kann auch als Folge einer Hypoxie entstehen. Es kann sich ferner um eine Mischinfektion handeln, wenn Bakterien und Pilze daran beteiligt sind. Eine Infektion kann die Plazenta ebenso stark schädigen wie eine Hypoxie. Der Grad und das Ausmaß des Schadens variieren mit der Art des Erregers und der Infektionsdauer. Insbesondere Virusinfektionen können die Plazenta-Schranke durchbrechen. Die Keime dringen in den fetalen Körper ein und infizieren ihn ebenso, wie sie ein erwachsenes Tier infizieren würden. Schäden können in den Lungen, in der Leber und in anderen Organen gefunden werden.

Die Reaktion des Fetus auf diese Herausforderung verursacht einen ähnlichen Streß, wie sie es bei einem unabhängigen Lebewesen tun würde. Der Grad der Reaktion kann jedoch abgeschwächt sein, d.h. der Fetus ist toleranter gegenüber der Herausforderung. Es werden etwa Phasen von Sauerstoffknappheit (Hypoxie) leichter toleriert, und sie richten darum weniger Schaden an als eine vergleichbare Hypoxie bei einem erwachsenen Tier. Dies ist zum Vorteil für den Fetus, der auf jeden Fall mit erheblich geringeren Sauerstoffmengen auskommt, als sie für das Leben außerhalb der Gebärmutter nötig sind. Die Reaktion auf eine Infektion ist dagegen weniger günstig, weil der Fetus nur wenig Abwehrvermögen hat, um der Invasion von Keimen durch die Plazenta-Schranke zu widerstehen.

Daß ein Streß vorhanden gewesen ist, schließen wir in der Praxis aus den Auswirkungen, die wir am geborenen Fohlen beobachten können. Findet die Geburt vor dem 300. Tag der Trächtigkeit statt, sprechen wir von Abort (Verfohlen). Wegen seiner Unreife hat das Fohlen in diesem Fall keine Überlebenschance. Der Streß ist oft so schwerwiegend, daß der Tod des Fetus eintritt, bevor der Abort stattfindet. Nach dem 300. Tag kann ein Fohlen ausreichend entwickelt sein, um eine gewisse Überlebenschance zu haben. In einem solchen Fall kann ein Streß folgende Auswirkungen haben: 1. Das Fohlen wird in unreifem Zustand geboren, es ist schwach und klein; 2. Es ist voll ausgewachsen, aber leidet an dem erlittenen Streß insofern, als es schwach ist und Schwierigkeiten hat, sich der Umwelt außerhalb der Gebärmutter anzupassen (siehe Seite 188 ff.); 3. Es erliegt den Anstrengungen des Geburtsvorgangs und wird tot geboren.

Zusammenfassend läßt sich sagen, daß ein Streß während der Fetalentwicklung zu Abort, Unreife, Fehlanpassung in der Neugeborenenphase, Mißbildungen, ansteckender Erkrankung und Totgeburt führt. Anzeichen dafür sind geringe Größe im Bezug auf Rasse und Alter, Unterernährung, Verunreinigung von Amnion und Fruchtwasser mit Darmpech sowie Schwäche, die sich beim Aufstehen, Stehen und Saugen zeigt. Die Plazenta kann verdickt sein, oder ein Teil ihrer Oberfläche ist wie weggefressen, und die normale samtartige Oberfläche ist durch eine grob aufgeraute und pergamentartige Struktur ersetzt. Eine genaue Untersuchung der Plazenta nach Abgang aus der Gebärmutter kann eindeutig den Grad der Beeinträchtigung von Plazenta und Gebärmutter aufzeigen; es wird dabei unter anderem festgestellt, wieweit die Oberfläche der Plazenta geschädigt war.

Abort, Verfohlen

Unter Abort versteht man den Abgang oder die Geburt eines Fohlens vor dem 300. Tag der Trächtigkeit. Man spricht häufig auch dann von einem Abort, wenn ein Fohlen tot oder in sterbendem Zustand in einer späteren Phase der Trächtigkeit geboren wird, also nach 300 Tagen. Das mag eine vernünftige Beschreibung sein, aber es ist empfehlenswert, den Begriff Abort nur für eine Geburt zu verwenden, die vor dem Ende der Mindesttragezeit stattfindet. Andere Begriffe, die ebenfalls verwendet werden, sind „fetaler" oder „embryonaler Tod" und „Resorption". Der fetale Tod ist in der Tat ein Teil des Aborts. Die Resorption beschreibt den Tod eines Fetus (Embryo) in einer frühen Phase der Trächtigkeit. Zu dieser Zeit wird der Fetus mit seinen Eihäuten eher resorbiert als ausgetrieben; die Unterscheidung zwischen Resorption und Abort ist akademischer Natur. Einige Fachleute bestreiten die Tatsache, daß wirklich eine Resorption stattfindet. Für uns ist das hier nicht wichtig, denn beide Ereignisse umfassen den fetalen Tod und das Ende der Trächtigkeit.

Der Abort kann außerdem in Früh- oder Spätabort unterteilt werden. Unter Frühabort wird gewöhnlich ein Abort (Resorption, fetaler Tod) bezeichnet, der vor dem 90. Tag der Trächtigkeit eintritt. Diese Unterteilung hat jedoch wenig praktischen Wert, da uns bei einem Abort mehr das „Warum" als das „Wann" beschäftigt. Die Bezeichnung Frühabort ist verwendet worden, um solche Aborte zu beschreiben, die nach der oft um den 40. Tag herum vorgenommenen Trächtigkeitsdiagnose auftraten. In diesem Fall folgte später eine negative Trächtigkeitsdiagnose, ohne daß die Stute nachweislich verfohlt hatte. Ein Beweis ist in einem solchen Fall meist nicht zu erbringen, weil der Fetus und seine Eihäute vergleichsweise klein sind und der Abort häufig passiert, wenn die Stute im Sommer oder zu Beginn des Herbstes draußen auf der Koppel ist. Die Tatsache, daß keine Anzeichen für einen Abort zu beobachten sind, kann sogar Zweifel an der Richtigkeit der ursprünglichen Trächtigkeitsdiagnose aufkommen lassen.

Etwa fünfzig Prozent der Aborte treten spontan auf, ohne vorherige Anzeichen. Bei den anderen fünfzig Prozent kann es sein, daß eine Euterentwicklung über Tage, Wochen oder sogar Monate hin festzustellen ist. Das Euter wird größer und enthält reichlich Milch, die wie bei einer Stute zum normalen Geburtstermin herausfließen kann. Diese Entwicklung ist oftmals mit einer Schädigung der Plazenta verbunden und tritt besonders häufig vor dem Zwillingsabort auf. Sie ist ebenfalls bei einer chronischen Infektion oder Schädigung der Plazenta zu beobachten.

Andererseits verläuft ein Abort ähnlich wie eine Geburt. Beim Abort ist das Fohlen jedoch oft schon tot, oder es stirbt und hat darum eine fehlerhafte Lage, wenn es in den Geburtskanal eindringt. Jedenfalls ist der abortierte Fetus gewöhnlich kleiner, und seine Knochen sind biegsamer, als sie es bei einem ausgetragenen Fohlen sind. Seine Passage durch den Geburtskanal geht deshalb im allgemeinen ziemlich problemlos vonstatten. Wenn es sich um Zwillinge handelt, können Verzögerungen auftreten, falls beide Fohlen gleichzeitig in den Geburtskanal eintreten. Gelegentlich trennt sich die Nachgeburt nicht von der Gebärmutterwand und muß manuell vom Tierarzt entfernt werden, oder das Fohlen wird noch umgeben von den vollständigen Eihäuten abortiert.

Zu den möglichen Folgen einer Fehlgeburt gehören die bleibende Schädigung der Gebärmutter, aufgrund deren die Stute in der Folge Fruchtbarkeitsprobleme hat, die Entzündung der Gebärmutter (Metritis) und die Hufrehe. Manchmal kann es auch zum Vorfall der Gebärmutter kommen.

Für die Praxis ist es am wichtigsten, zwischen infektiösen und nichtinfektiösen Ursachen zu unterscheiden (siehe Tabelle F, Seite 270). Ein nichtinfektiöser Abort wird höchstwahrscheinlich nicht in epidemischer Form auftreten, während ein durch Keime verursachter Abort auch andere Stuten betreffen kann. Von den infektiösen Aborten ist der bei weitem gefährlichste der Virusabort, hervorgerufen durch die Infektion mit dem Equinen Herpesvirus I (EHV I: Rhinopneumonitis).

Nichtinfektiöse Ursachen

Zwillinge sind bei einigen Rassen häufiger als bei anderen, und innerhalb bestimmter Rassen kommen sie in bestimmten Linien häufiger vor. Mit Ausnahme des Pferdes sind alle Tierarten in der Lage, Zwillinge auszutragen; ihr Nachwuchs kommt gesund zur Welt, wächst und entwickelt sich in der Folge normal. Leider ist die Situation bei Pferden ganz anders. Eine Stute hat große Schwierigkeiten, zwei Fohlen in ihrer Gebärmutter zu ernähren. Der Ausgang einer Zwillingsträchtigkeit ist häufig schrecklich; die Zwillinge werden gewöhnlich zwischen dem sechsten und neunten Monat abortiert. Nur wenige werden ausgetragen. Die Fohlen sind dann kleiner als normal, und eines oder beide können tot geboren werden.

Bei etwa zwei Prozent liegt das Auftreten von Zwillingsträchtigkeiten im Vollblutbereich laut den Aufzeichnungen des zuständigen Stammbuchs *(The General Stud Book)*. Seit Einführung der Ultraschalltechnik hat sich diese Zahl erheblich verkleinert. Die Bedeutung dieser Technik für das Problem wird ausführlich in Kapitel IV, 2 dargestellt. Ungefähr 80 Prozent der Zwillingsträchtigkeiten bei Vollblütern enden mit einer Fehlgeburt. Zwanzig Prozent werden ausgetragen, wobei meist ein Zwilling oder beide sterben. Gewöhnlich sind beide viel kleiner als normal. Zwillinge, die ausgetragen und lebend geboren werden, überleben oftmals die ersten Tage nach der Geburt nicht, sie sind klein und schwach oder weisen Gesundheitsstörungen im späteren Leben auf. Nur in Ausnahmefällen wachsen sich Zwillinge zu angemessener Größe aus, um im Sport oder in der Zucht eingesetzt werden zu können.

Der Grund dafür, daß eine Stute normalerweise keine Zwillinge austragen kann, liegt in der Tatsache begründet, daß die Plazenta die gesamte Oberfläche der Gebärmutter bedeckt. Derart ergibt sich ein Verhältnis von 1:1 zwischen Pla-

Abb. 29: Die Plazenta (P) eines Einzelfohlens besetzt Körper und beide Hörner der Gebärmutter (A). Ist ein zweiter Fetus vorhanden, dann müssen sich beide Feten die verfügbare Fläche der Gebärmutterwand teilen. Es können sich drei Situationen ergeben: die Fläche wird ungleich aufgeteilt (B), die Fläche wird hälftig aufgeteilt (C), ein Zwilling „mauert" den anderen in die Spitze eines Gebärmutterhorns ein (D). (Aus Jeffcot und Whitwell – Journal of Comparative Pathology)

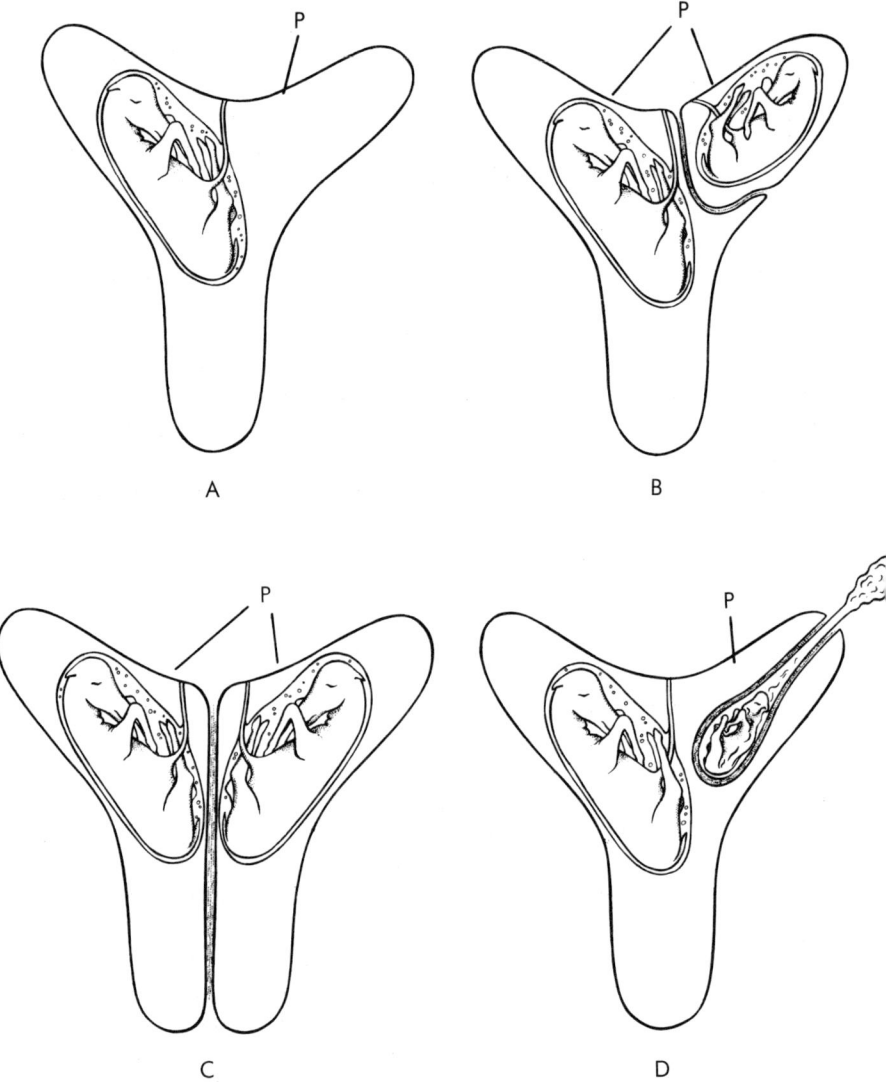

zenta und Gebärmutter. Bei Zwillingen konkurrieren zwei Plazenten um den verfügbaren Platz. Bestenfalls teilen sie sich ihn zu gleichen Hälften. In den meisten Fällen besetzt jedoch eine Plazenta mehr als die Hälfte des Platzes in der Gebärmutter – und hat doch weniger Raum zur Verfügung, als wenn sie alleine vorhanden wäre. Der andere Zwilling hat unter diesen Umständen nur sehr eingeschränkten Platz. Die Gebärmutter kann sich vergrößern, um sich der Anwesenheit zweier Feten anzupassen; ganz kann sie das Defizit allerdings nicht ausgleichen. So leiden beide Zwillinge schließlich mehr oder minder stark, je nachdem wie es der jeweiligen Plazenta gelingt, sich in der Gebärmutter anzuheften. Wenn die Trächtigkeit fortschreitet, gerät jeder Fetus unter zunehmenden Streß, um seinen Bedarf für das Wachstum zu decken. Schließlich stirbt ein Fetus, gewöhnlich der kleinere. Wenngleich ein toter Fetus nicht sofort einen Abort verursachen muß, so gefährdet er doch erheblich das Überleben des verbleibenden Zwillings, da giftige Substanzen entstehen. Beim Tod des ersten Zwillings kann sich das Euter der Stute entwickeln, es schießt Milch ein. Werden beide Zwillinge abortiert, ist der Fetus, der länger gelebt hat, frisch, während der andere in Verwesung begriffen ist.

Weibliche Säugetiere anderer Arten können mehrere Junge in ihrer Gebärmutter nähren, weil ihre Plazenten nur in bestimmten Bereichen an der Gebärmutterwand befestigt sind. Pferdezwillinge sind selten – wenn überhaupt – das Resultat der Teilung einer Eizelle nach der Befruchtung (eineiige Zwillinge). Identische Pferde gibt es nicht, und Zwillinge sind immer unterschiedlich. Eine ähnliche Erscheinung wie die Zwickenbildung bei verschieden-geschlechtlichen Zwillingen beim Rind gibt es bei Pferde-Zwillingen nicht. Diese Störung tritt bei Rindern auf und beruht darauf, daß Hormone oder Zellen vom männlichen zum weiblichen Zwilling hinüberwechseln und zu Mißbildungen des Genitaltrakts führen.

Die Zwillingsträchtigkeit ist ein seltenes, aber bedeutungsvolles Problem in der Vollblutzucht. Im besten Fall kommt es durch die Zwillinge nur zu einem einmaligen wirtschaftlichen Verlust. Im schlimmsten Falle hinterlassen sie eine Stute, die nach ihrem Abort dauerhafte Fruchtbarkeitsstörungen hat. Einst hatte man gehofft, durch rektale Untersuchungen das Problem vermeiden zu können. Einer der wichtigsten Gründe dafür, daß sich diese Hoffnungen nicht erfüllt haben, liegt darin, daß erheblich mehr Doppelovulationen (zwei Eisprünge) zum Ende der Rosse hin auftreten, als bei der rektalen Untersuchung durch den Tierarzt entdeckt werden. Doppelovulationen können auf dem Höhepunkt der Decksaison zu dreißig Prozent auftreten. Ein hoher Eiweißgehalt des Futters mag ihre Häufigkeit verstärken. Ungeachtet des Futters oder der Jahreszeit sind Doppelovulationen jedoch viel häufiger als Zwillingsträchtigkeiten.

Gestörtes Gleichgewicht zwischen Fetus und Mutter: Wir haben bereits den Fetus mit einem Schmarotzer und die Stute mit seinem Wirt verglichen. Der Parasit wird vertrieben, wenn das empfindliche Gleichgewicht zwischen Wirt und Parasit gestört wird. Das kann unter den folgenden Umständen geschehen.

1. Die Plazenta ist geschädigt, die fetalen Wege der Nahrungs- und Sauerstoffversorgung sind gestört. Neben Infektionen können noch viele andere Ursachen eine solche Schädigung bewirken. Das vielleicht interessanteste Problem ist die mangelhafte Versorgung der Plazenta mit Sauerstoff und / oder Nahrung. Die Versorgung erfolgt durch Diffusion (Ausbreitung eines Stoffes durch Konzentrationsgefälle) vom mütterlichen Blut. Wird die Plazenta von ihrer Versorgung abgeschnitten, dann nimmt sie Schaden, und ihre Rolle als Austauschorgan ist gestört. Dies wiederum übt auf den Fetus einen erheblichen Streß aus und führt mit hoher Wahrscheinlichkeit zu seinem Tod und Abort.

2. Die Nabelschnur kann sich um ein Hinterbein des Fetus schlingen, woraus für

den Fetus ein Sauerstoffmangel resultiert. Kurzfristige Mangelsituationen können hingenommen werden, längerfristige führen zu Tod und Abort. Wir können diese Situation mit der beim Tauchen vergleichen, wenn der Sauerstoffschlauch teilweise oder ganz zusammengeschnürt wird. Die Auswirkungen auf den Taucher hängen vom Ausmaß und von der Zeitspanne der Sauerstoffverknappung ab.

3. Eine unzureichende Ernährung der Plazenta kann aus einer Störung im mütterlichen oder fetalen Blut herrühren. Das fetale Herz muß Blut durch die Nabelschnur in die Plazenta und zurück zur Leber pumpen. Das stellt erhebliche Anforderungen an seine Arbeitskraft. Herzversagen kann durch viele widrige Umstände wie Blutvergiftung oder zu hohen Blutdruck verursacht werden. Wir wissen wenig darüber, wie sich fetale Blutdruckveränderungen auswirken und wie diese verursacht werden.

4. Es ist faszinierend, darüber zu spekulieren, wie der Fetus durch Veränderungen in der mütterlichen Umgebung beeinträchtigt werden kann. Die Behandlung und der Transport von Ponys, die an solche Streßsituationen nicht gewöhnt sind, rufen bekanntlich Fehlgeburten hervor. Trotzdem gibt es kaum Beweise für die vielen angenommenen Ursachen eines Aborts. Können zum Beispiel Furcht, harte Arbeit, erhebliche Abkühlung durch kalten Wind und Regen oder starke Überhitzung die fetale Umgebung beeinträchtigen und zum Tod des ungeborenen Fohlens führen?

5. Allgemein wird die Auffassung vertreten, daß einige Fehlgeburten durch hormonale Fehlfunktionen verursacht werden. Dieser Begriff hat keine sehr präzise Bedeutung, da es an einer objektiven Methode zur Feststellung einer solchen Diagnose mangelt. Vom Progesteron wissen wir zum Beispiel, daß es ein wesentlicher Stoff für die Aufrechterhaltung der Trächtigkeit ist (siehe Seite 134), aber die Konzentration, die dafür ausschlaggebend ist, ist jene, die in der Plazenta vorliegt. Wir können jedoch nur den Progesteronspiegel im *mütterlichen* Blut messen. Dieser gibt die Konzentration des Hormons in den Blutgefäßen der Gebärmutter wieder. Sie hat jedoch überhaupt nichts zu tun mit den Konzentrationen im *fetalen* Blut, d. h. innerhalb der Plazenta. Dem Praktiker fehlt also die entscheidende Information, wieviel Progesteron dort verfügbar ist, wo es gebraucht wird. Infolgedessen können wir nicht entscheiden, ob ein Absinken des Progesteronspiegels im mütterlichen Blut das Resultat oder die Ursache einer Fehlgeburt ist.

Genetische Ursachen: Wahrscheinlich beruht – wie bei anderen Arten – eine Reihe von noch nicht erklärbaren Aborten auch beim Pferd auf genetischen Abnormalitäten. Werden die Chromosomen während der Befruchtung geschädigt, oder sorgen bestimmte Gene für Mißbildungen des Fetus, dann kann das zu einem Abort führen. Diese Maßnahme der Natur dient dazu, mißgebildete Individuen schon vor der Geburt auszuschalten. Die Aborte finden gewöhnlich schon in einer frühen Phase der Trächtigkeit statt. Obgleich es beim Pferd noch nicht nachgewiesen worden ist, gibt es Grund zur Annahme, daß dieser Vorgang bei dieser Tierart ebenso wie bei anderen Säugetierarten auftritt.

Immunsystem: Ein Versagen der Immun-Abwehrmechanismen verursacht womöglich ebenfalls Aborte, die derzeit noch nicht erklärt werden können. Wir mögen staunen, daß die Stute einen „fremden Parasiten" in ihrer Gebärmutter duldet, aber wir wissen noch wenig über den Mechanismus, aufgrund dessen ihr Abwehrsystem das erlaubt. Es ist nicht schwierig, sich vorzustellen, daß dieser Mechanismus bei einigen Tieren versagen und daraus eine Fehlgeburt resultieren kann, weil die Gebärmutter den sich entwickelnden „fetalen Schmarotzer" abstößt.

Ernährung: Beim trächtigen Tier hat der Nahrungsbedarf des Fetus Vorrang. Hat eine Stute wenig Futter, dann muß ihr Fetus nicht darunter leiden. Selbstverständlich gibt es eine Grenze, ab der ihre Stoffwechselprodukte nicht mehr ausreichen, um ihr Fohlen zu ernähren. Doch selbst wenn eine Stute völlig ausgemergelt ist, wird es nur sehr selten zu einer Fehlgeburt kommen. Es kann allerdings sein, daß ihr Fohlen bei der Geburt etwas kümmerlich ist. Es steht fest, daß der Fetus auf bestimmte Mängel in den frühen Phasen der Trächtigkeit empfindlich reagiert, besonders auf ein Defizit an Protein und essentiellen (lebensnotwendigen) Aminosäuren. Es ist also wichtig, für eine angemessene Nahrungsmenge und -qualität schon ab Beginn der Trächtigkeit zu sorgen. Dabei ist zu berücksichtigen, daß in der zweiten Trächtigkeitshälfte zunehmend mehr Futter angeboten wird, wenn der Fetus rapide größer wird.

Stoffe und Medikamente, die zu einem Abort führen könnten, sollten vermieden werden. Dazu gehören das luteinisierende Hormon (LH) während der ersten sechs Trächtigkeitswochen, Kortisone, Prostaglandine, Oxytozin und Diäthylstilböstrol. Einzelne Pflanzen enthalten Alkaloide, Glykoide, Saponine und photodynamische Substanzen, die für das Pferd giftig sind und direkt oder indirekt zum Abort führen können.

Infektiöse Ursachen
Viren: Das wichtigste Virus, das zu einem Abort führt, ist das EHV I (Equines Herpesvirus I). EHV I wurde einst unterteilt in den Typ 1, der Aborte und Probleme der Atmungsorgane verursacht, und in den Typ 2, der nur die Atmungsorgane befällt und selten einen Abort bewirkt. Inzwischen ist es üblich, den Typ 1 als EHV 1 und den Typ 2 als EHV 4 zu bezeichnen. Die als Rhinopneumonitis oder Virusabort bekannte Infektion erhielt ihren Namen von Forschern in Kentucky, wo die Erkrankung zuerst entdeckt wurde. Dank moderner Techniken konnte der Erreger der Gruppe der *Herpes*-Viren zugeordnet werden, zu der auch jene Mitglieder gehören, die Krankheiten beim Menschen verursachen, einschließlich Herpes-simplex-Bläschen und Gürtelrose. Das Pferdevirus sieht natürlich ganz anders aus und es befällt im wesentlichen das Atmungssystem. Der Abort ist nur ein zufälliges Symptom.

Zu den Symptomen einer Atemwegsinfektion gehören u. a. Nasenausfluß, der insbesondere Pferde unter vier Jahren befällt. Der Ausfluß kann wässrig sein, jedoch auch zäh und eitrig werden. Befallene Tiere können leichtes Fieber bekommen. Im allgemeinen zeigen sie allerdings nur wenig oder gar kein Unwohlsein,

Nasenausfluß kann serös (wässrig, oben) sein und dann schleimig-eitrig (zähflüssig, unten) werden.

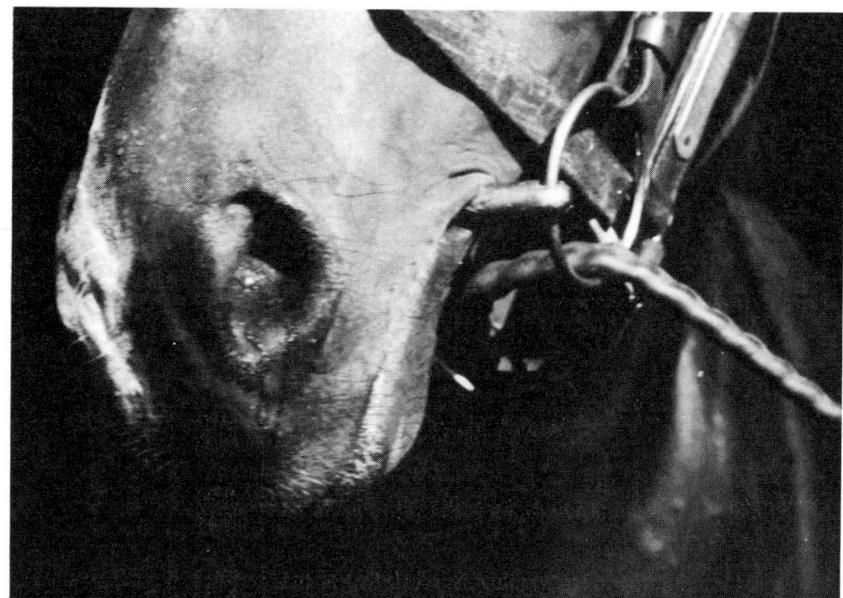

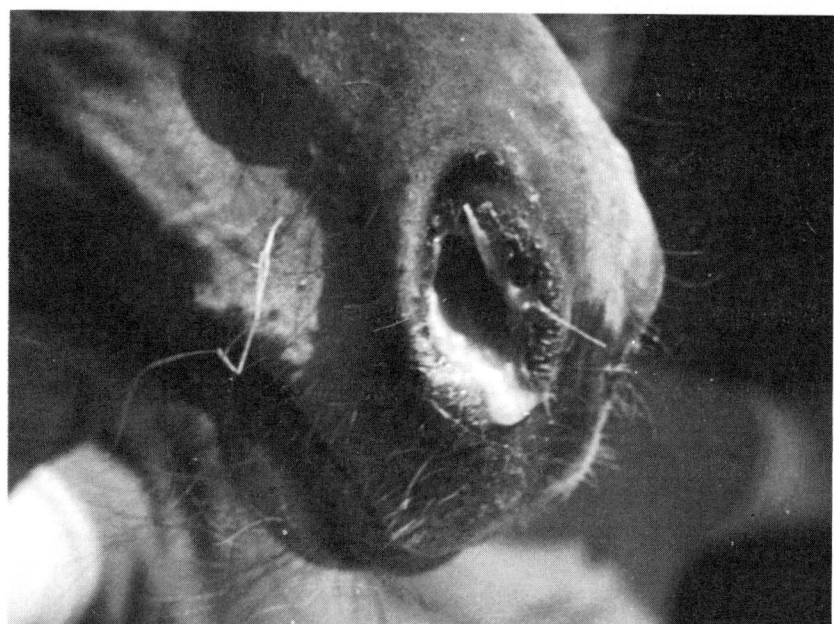

abgesehen von gelegentlichem Husten, einer laufenden Nase und triefenden Augen. Die Symptome sind das Resultat einer Entzündung, von der die Schleimhäute betroffen sind, die die oberen Luftwege und die Lunge auskleiden. Daher rührt auch der Name Rhino (Nase) -pneumon (Lunge) -itis.

Die Infektion ist höchst ansteckend für Fohlen und Jährlinge. Wie auch die gewöhnliche Erkältung beim Menschen braucht sie ihre Zeit. Schließlich erlangt das Tier eine gewisse Immunität und Abwehrkraft. Die Symptome verschwinden bis zur nächsten Attacke. Bei einem Renn- oder Turnierpferd kann die Erkrankung ernsthafter sein als beim noch nicht gerittenen Pferd, da sie die sportliche Leistung beeinträchtigen kann. Das Virus kann auch einen chronischen Rachenkatarrh verursachen.

Bestimmte Stämme der equinen Herpesviren führen eher zu einem Abort als andere. In den Labors spricht man vom Abort- und Respirationstyp. Die Situation wird verkompliziert durch eine unterschiedliche Immunität, die wiederum eine individuell unterschiedliche Anfälligkeit für den Abort bewirkt, je nachdem, ob die tragende Stute vom Abort- oder Respirationstyp betroffen ist. Es sind Impfstoffe entwickelt worden, die sich in vielen Ländern einschließlich Großbritanniens großer Verbreitung erfreuen. In den letzten Jahren haben wir zwei wesentliche Entwicklungen im Verlauf der Rhinopneumonitis-Fälle festgestellt, nämlich die Zunahme von befallenen Stuten, die ausgetragen haben, und den Ausbruch einer Krankheitsform, die mit Lähmungserscheinungen einhergeht, von der Stuten, Hengste und Fohlen betroffen sind und die erstmals 1979 in der Gegend von Newmarket aufgetreten ist.

Bei der klassischen Form der Rhinopneumonitis kommt es zum plötzlichen, unerwarteten Abort, der meistens im siebten bis neunten Monat der Trächtigkeit auftritt. Ein anderes Erscheinungsbild ist die respiratorische Attacke (laufende Nase), die der Fehlgeburt manchmal um Wochen vorausgeht. Ein Abort tritt oft einzeln auf, in vielen Fällen ist jedoch mehr als eine Stute betroffen. Manchmal finden „Massen-Aborte" statt, bei denen der Großteil der Stuten eines betroffenen Gestüts innerhalb einer Periode von etwa vier bis acht Wochen verfohlt. Aus diesem Grund nahm man bereits früh an, daß die Erkrankung höchst ansteckend sei, noch lange bevor man den verantwortlichen Erreger entdecken konnte. Man hielt es für höchst wahrscheinlich, daß das Virus sich von den Atemwegen ausgehend von einer auf die andere Stute ausbreitet und im Körper der Stute verbleibt, bis die Zeit da ist, die Plazenta zu durchqueren, den Fetus anzustecken und eine Fehlgeburt zu bewirken. Die Veränderungen beim betroffenen Fetus sind ziemlich typisch: Man findet eine vergrößerte Leber vor, die mit stecknadelkopfgroßen Knötchen aus abgestorbenen Zellen durchsetzt ist. Die Zerstörung der Leberzellen verursacht Gelbsucht und schädigt Organe, die Lungen, das Herz und die Blutgefäße; es kommt zu Flüssigkeitsansammlungen in der Bauch- und Brusthöhle. Eine andere, für die Krankheit typische Erscheinung ist das Vorhandensein von sogenannten „Einschlußkörperchen" im Kern der Leberzellen, die sich am Rand der „Mikroabszesse" befinden.

In ihrer derzeitigen Form unterscheidet sich die Krankheit kaum von der, über die in den 30er Jahren berichtet wurde. Der Krankheitsverlauf hat jedoch zwei

Veränderungen erfahren. Erstens kann in den meisten Fällen nicht der Nachweis erbracht werden, daß bei den betroffenen Stuten vorher eine Erkältung oder laufende Nase aufgetreten ist. Zweitens kann sich der Abort am Ende der vollen Tragezeit ereignen, wobei ein Fohlen zur Welt kommt, das an den Anzeichen einer ansteckenden Erkrankung leidet (siehe Seite 270), d.h. es ist matt, kann kaum aufstehen und nach der Stute suchen, um bei ihr zu saugen.

Im letzten Jahrzehnt hat die Wissenschaft herausgefunden, daß es eine latente Infektion mit dem EHV 1 gibt. Dies bedeutet, daß das Virus in Körperzellen vorhanden ist, jedoch keine Aktivität zeigt, sich nicht vermehrt und keine Symptome zu beobachten sind. Streß oder andere Faktoren können das latente Virus veranlassen, aktiv zu werden – Monate oder Jahre nach der ursprünglichen Ansteckung. Dieser Vorgang wird Wiederausbrechen genannt.

Bakterien: Es ist interessant und vermutlich bezeichnend, daß die mit einem Abort verbundenen Bakterien dieselben sind, die man in der güsten Gebärmutter findet und Unfruchtbarkeit verursachen (siehe Kapitel II, 1). Es sind bis auf wenige Ausnahmen dieselben Keime, die zu Krankheit und Tod des neugeborenen Fohlens führen. Der verstorbene Murray Bain, ein hochgeschätzter Tierarzt aus Scone Valley, Australien, machte auf diesen Verlauf der mikrobiellen Infektion aufmerksam und wies nach, daß Infektionen, die bei der Empfängnis vorhanden sind, sich oft über die Trächtigkeit und bis in die Neugeborenen-Phase fortsetzen.

Bakterien können die Plazenta und/oder den fetalen Körper betreffen. Eine Infektion der Plazenta kann schon allein zu einer Fehlgeburt führen, der Erreger muß nicht unbedingt in den Fetus und seine Organe eindringen. Die Pathologen sehen sich dem Problem gegenüber, wie sie das Vorhandensein von bestimmten Erregern im Fetus nach einer Fehlgeburt interpretieren sollen. *Streptokokken* werden zum Beispiel üblicherweise in geschädigtem Gewebe angetroffen. Ihre Anwesenheit könnte darum eher das Resultat des fetalen Todes als der Grund dafür sein. Der Fetus und seine Eihäute sind normalerweise steril, aber Bakterien können beispielsweise von der Mutter auf dem Blutweg eindringen, ähnlich wie es die Viren anstellen. Keime könnten auch zum Zeitpunkt der Empfängnis in der Gebärmutter vorhanden sein; sie treffen auf den Embryo, sobald dieser aus dem Eileiter hierhin hinabgestiegen ist. In einigen Fällen können Keime auch während der Trächtigkeit durch den Gebärmutterhals eindringen. Welchen Weg die Erreger auch einschlagen – sie müssen den Fetus nicht unbedingt infizieren. So kann es vorkommen, daß sie bis zum Ende der Trächtigkeit toleriert werden. Hat sich eine echte Infektion ausgebildet, kommt es zur Schädigung des Fetus. Die Erkrankung wirkt sich dann auf den Fetus ähnlich aus wie eine virale oder bakterielle Infektion auf das neugeborene oder ältere Fohlen. Beispielsweise werden Organe direkt oder indirekt, durch Giftstoffe der Erreger, geschädigt.

Pilze: Im Gegensatz zu Viren und Bakterien wachsen Pilze langsam und sind ausgesprochen hartnäckig. Wie wir bereits ausführten, gelangen Pilzsporen nach der Geburt oder beim Decken in die Gebärmutter. Ihr Wachstum kann noch vor der

Empfängnis durch die Verabreichung von Antibiotika verstärkt werden; dadurch wird die bakterielle Flora zerstört, und der Pilz kann gedeihen. Nicht immer gelangt der Pilz direkt zum Fetus, aber er zerfrißt die Oberfläche der Plazenta und beraubt den Fetus schließlich wesentlicher Nahrung, stört sein Wachstum und verursacht in vielen Fällen einen Abort. Meist ist die Plazenta an ihrer Aussackkung zum Gebärmutterhals betroffen.

Wie man die Ausbreitung von infektiösen Aborten verhindert

Eine Virusinfektion kann Aborte in epidemischem (seuchenhaftem) Ausmaß verursachen. Wenn ein Abort auftritt, sollten wir ihn so lange als mögliche Virusinfektion betrachten, bis eine Diagnose das Gegenteil erweist. Die Probleme der Diagnoseerstellung und die Zeit, die verstreicht, bis ein sicheres Resultat vorliegt, werden später erörtert. Wir sollten uns ferner daran erinnern, daß das Rhinopneumonitis-Virus auch das neugeborene Fohlen erkranken lassen kann. Und die Vorsorgemaßnahmen, die nötig sind, um eine Ausbreitung der Infektion nach einem Abort zu verhindern, sind dieselben wie bei einer Krankheit in der Neugeborenen-Phase.

Eine Ausbreitung wird so verhindert:

1. Der tote Fetus (Totgeburt oder gestorbenes neugeborenes Fohlen) sollte in einen wasserdichten (auslaufsicheren) Behälter gesteckt werden, zum Beispiel in einen starken Plastiksack. Die Nachgeburt wird auf ähnliche Weise verpackt. Beide Behälter sind in ein entsprechend ausgerüstetes veterinärmedizinisches Labor zur Untersuchung zu schicken.
2. Die Stute, die verfohlt hat, sollte soweit wie möglich isoliert werden und keinen Kontakt mit irgendeiner anderen trächtigen Stute haben. Am besten läßt man die Stute in der Box, in der sie verfohlt hat; auf beiden Seiten bleibt zumindest je eine Box leer. Die Pferdepfleger sollten ihre Stiefel desinfizieren und die Box der betroffenen Stute nur mit spezieller Schutzkleidung betreten. Wenn es sich einrichten läßt, sollte ein Pfleger abgestellt werden, um nach der Stute zu sehen, sie zu füttern und bei ihr auszumisten. Dieser Pfleger kann sich zwar auch um die güsten Stuten kümmern, aber er sollte Schutzkleidung tragen, die desinfiziert werden kann und außerhalb der Box gewechselt wird, um das Virus nicht von einem Teil des Gestüts zum anderen zu tragen. Angemessene Einrichtungen zum Waschen der Hände und Desinfizieren der Stiefel sollten nahe der Box vorhanden sein, in der die betroffene Stute steht.
3. Wenn eine Stute auf der Koppel verfohlt, sollte sie in ihren Stall gebracht werden oder in eine Box, in der man sie gut isolieren kann. Das wichtigste Ziel ist, jeden direkten oder indirekten Kontakt mit allen anderen tragenden Stuten zu vermeiden, insbesondere mit jenen, mit denen sie vorher keine Berührung gehabt hat. In diesem Zusammenhang bedeutet *direkter* Kontakt, daß die Stuten während der beiden letzten Monate im selben Stallbereich untergebracht waren oder auf denselben Koppeln grasten. *Indirekter* Kontakt bedeutet, daß die Stuten während der beiden letzten Monate keinen direkten Kontakt hatten, aber im selben

Gestüt standen, vom selben Personal betreut wurden oder im selben Fahrzeug transportiert wurden wie die betroffene Stute.

4. Tragende Stuten sollten für zumindest einen Monat nach dem Abort weder zum Gestüt noch von ihm weg transportiert werden. Es sollte damit sogar möglichst gewartet werden, bis alle Stuten gefohlt haben. Güste Tiere und Maidenstuten sollten erst dann zur Bedeckung ins Gestüt gebracht werden, wenn innerhalb der nächsten vier Wochen keine Fehlgeburt mehr aufgetreten ist. Je geringer der Reiseverkehr zum Gestüt und von ihm weg ist, desto besser, weil man die Inkubationszeit zwischen Ansteckung und Abort nicht kennt (Abb. 30).

5. Eine Stute, die verfohlt hat, darf einen Monat nach dem Abort wieder gedeckt werden.

6. Es ist immer sinnvoll, die Nachgeburt sofort nach der Geburt in einen Plastiksack zu stecken. Außerdem sollten verschiedene Abfohlboxen verwendet werden (siehe Seite 169ff.).

7. Alle geschilderten Vorsichtsmaßnahmen sollten bei einem Abort oder bei Geburt eines toten Fohlens ergriffen werden. Sie sind wieder aufzuheben, wenn sich hernach herausstellt, daß der Tod nicht auf ein Virus zurückzuführen ist.

Diagnose

Die Ursache für einen Abort festzustellen ist Angelegenheit des Pathologen. Der Fetus und seine Eihäute werden in Augenschein genommen, es folgen Laboruntersuchungen und Tests. Die Schädigung der Plazenta ist in groben Umrissen zu erkennen an einer ungewöhnlichen Verdickung und/oder der Farbe und Art der Oberfläche. Hier ist nicht der Ort für eine eingehende pathologische Darstellung. Leser, die sich weiter informieren wollen, sollten sich die Plazenta nach einer normalen Trächtigkeit und Geburt genau ansehen, um derart den Normalfall kennenzulernen und eine krankhaft veränderte Nachgeburt leichter ausmachen zu können.

Pilze verursachen eine Verdickung der gesamten Plazenta. Die Oberfläche der Gebärmutter ist mit dickem, klebrigem, braunem Ausfluß bedeckt. Bei Streptokokkeninfektionen und in den Fällen, in denen sich die Plazenta von der Gebärmutterwand gelöst hat, kann die Oberfläche glatt und braun sein oder weiß und pergamentartig. Im Normalfall ist sie rot/purpurfarben und samtig. In einigen Fällen hängt die Nachgeburt an den Gebärmutterhörnern fest, so daß sie nach einem Abort nicht abgehen kann.

Das Amnion kann ebenfalls großflächig verändert, verdickt und verfärbt sein. Die Amnionflüssigkeit und das Amnion können mit Darmpech braun verschmiert sein. Leidet der Fetus an Sauerstoffmangel, wird das Darmpech infolge von Darmkrämpfen vorzeitig ausgetrieben. Nach einer Fehlgeburt findet man daher häufig das Darmpech.

Der fetale Körper kann frisch sein. Viele Feten werden abortiert, während ihr Herz noch schlägt. Aber sie sind wegen ihrer extremen Frühreife nicht in der Lage, zu überleben oder einen Atemrhythmus zu etablieren. In anderen Fällen ist der Fetus schon Stunden oder Tage tot, bevor er ausgetrieben wird, so daß das Gewebe bereits degeneriert (verändert) ist. Der Pathologe achtet auch auf andere

Stufenweise Isolation in einem Gestüt oder Stall

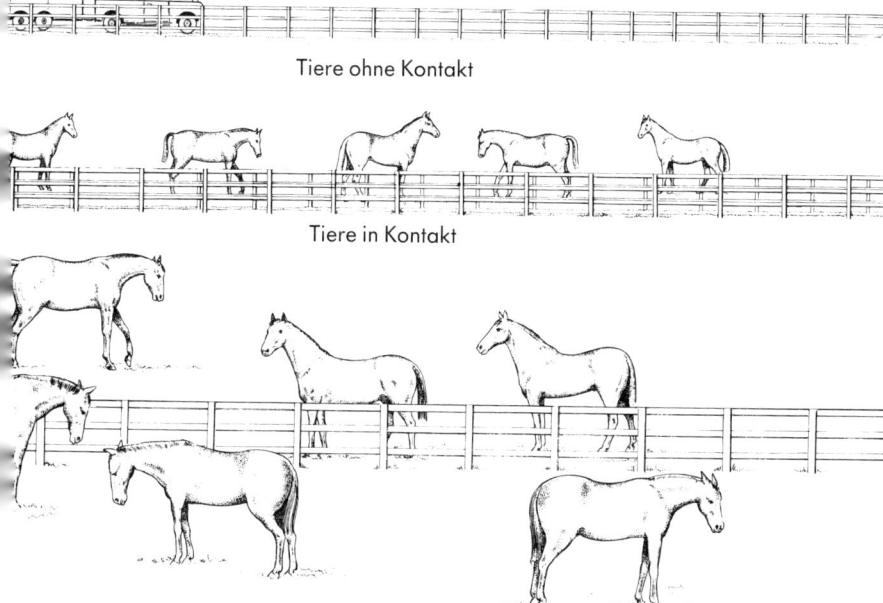

Äußere Begrenzung des Gestüts

Tiere ohne Kontakt

Tiere in Kontakt

Tiere mit Anzeichen für eine ansteckende Erkrankung

Abb. 30: Eine stufenweise Isolation mindert das Risiko, daß sich eine Ansteckung epidemisch ausbreitet. Tiere mit Anzeichen für eine ansteckende Erkrankung sollten gemeinsam isoliert werden. Ein zweiter Isolationsbereich umfaßt die Tiere, die direkten oder indirekten Kontakt haben. Tiere, die keinen Kontakt mit den möglicherweise Erkrankten haben, aber in denselben Anlagen untergebracht sind, sollten soweit wie möglich isoliert werden. Kein Tier sollte zum Gestüt und von ihm weg transportiert werden, bis eine präzise Diagnose gestellt und die Gefahr von weiteren Erkrankungsfällen gebannt ist.

Veränderungen, so z. B. auf den Stand der Entwicklung im Verhältnis zur jeweiligen Tragezeit (Vorhandensein oder Nichtvorhandensein von Haaren, Länge und Gewicht des Körpers). Ein Vergleich mit den Normalwerten gibt Aufschluß darüber, ob die Plazenta bis zum Zeitpunkt der Fehlgeburt noch funktioniert hat. War die Plazenta schon einige Zeit vor dem Abort geschädigt, ist zu erwarten, daß das fetale Wachstum zurückgeblieben ist. Wenn andererseits die Plazenta bis zum Tode normal funktionierte, hat der Fetus die volle Größe und ist entsprechend der Trächtigkeitsdauer entwickelt.

Eine vollständige Aufzählung aller Methoden, mit denen man die Ursachen für einen Abort diagnostiziert, ist in diesem Buch nicht angebracht. Allerdings ist es wichtig, daß alle, die für Zuchtstuten verantwortlich sind, verstehen, wie eine Diagnose erstellt wird und welchen Problemen sich der Pathologe besonders dann gegenübersieht, wenn es um die Diagnose eines Virusabortes geht. Wir haben bereits gesehen, wie entscheidend es ist, jeden Abort erst einmal als möglichen Virusabort zu behandeln und angemessene Vorkehrungen zu ergreifen, bis sich das Gegenteil herausgestellt hat. Die dargestellten Vorkehrungen sind ziemlich hart, weil sie den Verkehr von und zum Gestüt einschränken. Ist die ohnehin hektische Decksaison auf ihrem Höhepunkt, dann erfordert das eine rigorose

Disziplin. Die Gestütsleitung ist in einem solchen Fall auf eine genaue und schnelle Diagnose angewiesen. Leider schließen sich Genauigkeit und Schnelligkeit bei einer Diagnose aus.

Der erste Schritt zur Diagnose ist die Eröffnung des Körpers und die Untersuchung der inneren Organe. Bestimmte Merkmale legen den Verdacht nahe, daß ein Virus vorhanden ist. Dazu gehören ein ikterisches (gelbsüchtiges) Aussehen des Kadavers, eine gelbliche oder blutverschmutzte Flüssigkeit in Bauch- und Brusthöhle, eine vergrößerte Leber mit stecknadelkopfgroßen braunen Punkten auf der Oberfläche und im Organ selbst, eine gesprenkelte (marmorierte) Schnittfläche der Lungen. Jedes dieser Anzeichen legt den Verdacht einer Virusinfektion nahe, verschafft jedoch keine absolute Gewißheit. Sind diese Anzeichen nicht vorhanden, ist eine Virusinfektion nicht unbedingt ausgeschlossen.

Leberproben können unter dem Mikroskop auf die typischen Merkmale einer Schädigung durch EHV-I-Infektion untersucht werden. Dazu gehören die vielen kleinen Bereiche, wo die Zellen zerstört sind, und die Einschlußkörperchen im Kern der Zellen am Rand dieser zerstörten Gebiete. Diese können auch noch in den Zellen anderer Organe gefunden werden wie z. B. in der Lunge und im Thymus. Diese Gewebe werden innerhalb von Stunden nach Ankunft im Labor nach einem Verfahren untersucht, das Gefrierschnitt genannt wird. Die Resultate sind nicht zu hundert Prozent zuverlässig. Negative oder positive Befunde müssen durch eine standardisierte, bis zu drei Tagen während Untersuchung bestätigt werden, bei der die Gewebe angefärbt und präpariert werden.

Viren können mit einem speziellen Kulturverfahren angezüchtet werden. Dabei wird das Virus in lebende Zellen eingepflanzt (Inokulation). Dieser Prozeß kann sich bis zu zwei Wochen hinziehen, bevor nachgewiesen werden kann, daß das spezielle Virus im Fetus vorhanden war. Dieser kulturelle Nachweis ist der entscheidende Faktor für eine Diagnose. Darum kann der endgültige Nachweis eines Virusabortes zwei oder drei Wochen dauern.

Insgesamt erfolgt die Diagnose des Virusabortes anhand des Aussehens von Fetus und Eihäuten und der Untersuchung eines Gefrierschnitts der Leber. Anschließend folgt die Suche nach Einschlüssen in der Leber und anderen Organen sowie schließlich die Anzüchtung der Viren in Gewebekulturen. Eine negative Diagnose beruht auf dem Nichtvorhandensein jeglicher Symptome für den Virusabort bei gleichzeitig positivem Nachweis anderer Ursachen. Die jeweilige Situation muß mit großer Sorgfalt bewertet werden, weil beispielsweise Zwillinge zwar ein offensichtlicher Grund für eine Fehlgeburt sind, es aber darüber hinaus möglich ist, daß außerdem noch das EHV 1 im Spiel war.

Die endgültige Bewertung ist selbstverständlich Aufgabe des Tierarztes und des Pathologen. Zu ihrer Verantwortung gehört es, den Klienten in jeder einzelnen Situation zu beraten. Der Patientenbesitzer sollte eine Art Mitgefühl für die Probleme entwickeln, denen sich der Pathologe bei der Diagnose gegenübersieht, er sollte geduldig den Bescheid abwarten und bereit sein, alle Vorkehrungen zu treffen, bis die Untersuchung abgeschlossen ist. Man sollte sich immer auf der sicheren Seite aufhalten, besonders wenn auf der anderen Seite das Risiko steht, eine sehr schwerwiegende Erkrankung vielleicht unnötig auszubreiten.

Die Diagnose anderer Abortursachen erfolgt nach einem ähnlichen Muster – es ist ein Mosaik, bei dem die einzelnen Stücke (Gesamterscheinung und mikroskopische Untersuchung, bakteriologische und virologische Kulturen) gewissenhaft gesammelt und zusammengesetzt werden, damit sie ein Bild ergeben. Das größte Hindernis auf dem Weg zum Erfolg ist der Zustand des Materials, in dem es im Labor ankommt. Der Leser sollte berücksichtigen, daß ein Fetus, der in der Gebärmutter stirbt, noch einige Zeit in der Mutter bei Körpertemperatur verbleiben kann. Das ist so, als ob man Fleisch in einem Raum bei 38° Celsius aufbewahrt; niemand würde erwarten, daß es unter diesen Umständen sehr lange einen erstklassigen Zustand aufwiese. Dasselbe gilt für den Zustand des Fetus. Die Verwesung setzt innerhalb von Stunden ein, nachdem der Fetus gestorben ist. Entsprechend sinkt die Chance, brauchbares Material für die Laboruntersuchungen zu erhalten. Der Diagnostiker versucht sich daher an einer Aufgabe, die ziemlich einmalig im Bereich der Medizin ist: aus den Anzeichen und dem Verlauf der Krankheit Schlüsse zu ziehen, ohne den „Patienten" zur Zeit seiner Erkrankung untersuchen zu können und ohne hinreichendes Material für eine Untersuchung nach dem Tode zu haben.

Es kann hilfreich sein, die Stute auf eine Infektion hin zu untersuchen und Gebärmutteruntersuchungen (Entnahme von Gewebeproben usw.) vorzunehmen, um die Diagnose einer Abortursache zu unterstützen.

Zuchtmanagement und Fehlgeburten

Jeder Pferdebesitzer möchte wissen, wie man dem Unglück einer Fehlgeburt vorbeugen kann. Für viele Fragen, die sich der Pferdemann in diesem Zusammenhang stellt, hat die Veterinärmedizin keine präzise Antwort anzubieten. Es muß noch viel Forschungsarbeit geleistet werden, bevor wir Fragen wie diese beantworten können: Gibt es einen optimalen Zeitpunkt während der Trächtigkeit, zu dem tragende Stuten transportiert werden können? Ist es gefährlich, Fohlen bei Fuß über eine bestimmte Phase der Trächtigkeit hinaus abzusetzen oder bei der Stute zu lassen? Können die Haltungsbedingungen zum Abort führen?

Es kann hilfreich sein, *mögliche* schädliche Auswirkungen des Managements aufzulisten. Einige haben wir bereits erwähnt. Plötzliche und extreme Veränderungen im Management bergen wahrscheinlich die höchsten Risiken, ob es sich dabei um Haltungsveränderungen (z. B. vom Weidegang zur Aufstallung wechseln) handelt oder um eine Futterumstellung. Unlängst ist nachgewiesen worden, daß bei einer Stute, der man zwölf bis 24 Stunden kein Futter gibt, der Prostaglandinspiegel ansteigt. Dieses Hormon kann eine Fehlgeburt heraufbeschwören. Ganz speziellen Problemen kann man sich im Herbst zur Zeit des Absetzens gegenübersehen, wenn den Stuten nur Futter minderer Qualität gegeben wird, nachdem sie vorher mit ihrem Fohlen bei Fuß nachts aufgestallt waren und mit bestem Futter versorgt wurden. Gravierende Beeinträchtigungen gehen auch von heftigem, langem Regen aus, der gemeinsam mit starkem Wind für eine erhebliche Auskühlung sorgt. Veränderung in der täglichen Routine, Angst, die durch laute Geräusche erzeugt wird, und andere physische Störungen können ebenfalls ungünstige Auswirkungen haben. In der Vergangenheit hat man niedrig fliegende

Flugzeuge ebenso für Fehlgeburten verantwortlich gemacht wie Hundemeuten, die in der Nähe von Koppeln jagten.

Es muß allerdings betont werden, daß keines dieser Geschehnisse nachweislich zu einem Abort führte. Wahrscheinlich sind einige Stuten anfälliger und haben eher eine Fehlgeburt als andere. Die anfällige Stute kann ihr Fohlen verlieren, während weniger anfällige Stuten außer unter sehr extremen Umständen unbehelligt bleiben. Trotzdem ist dem Züchter anzuraten, daß er alle seine Stuten vor abrupten Haltungsveränderungen schützt, vor widrigen klimatischen Bedingungen, vor unausgewogener Fütterung und vor drastischen Futterumstellungen. Ferner sollten tragende Stuten jederzeit Zugang zu sauberem Trinkwasser haben.

Vorbeugende Maßnahmen wie die Gabe von Progesteron oder Antibiotika während der Trächtigkeit sind Sache des Tierarztes. Dem Leser sei daher geraten, sich in diesen Angelegenheiten an seinen Haustierarzt zu wenden.

4
Schwierigkeiten bei der Geburt

Die Geburt ist ein natürlicher Vorgang, aber sie hat alle Merkmale eines Dramas: Die Austreibung geht schnell vor sich, die Anstrengungen der Stute sind ungeheuer eindrucksvoll, und es handelt sich um ein einmaliges biologisches Ereignis, um die Trennung zweier Lebewesen. Der unerfahrene Beobachter mag darum einige Befürchtungen im Hinblick auf den Ausgang hegen. Er dringt auf Eile oder stört den Ablauf unnötig und stellt sich vor, daß die Stute außerstande ist, ihr Fohlen sicher zu gebären. In Wirklichkeit hat die Mehrzahl der Stuten keine Schwierigkeiten, ein Fohlen zur Welt zu bringen. Gleichwohl sind einige Probleme häufiger bei bestimmten Rassen – bei den Vollblütern etwa – als bei anderen Rassen, zum Beispiel bei den Ponys.

Als eine Schwergeburt (Dystokie) wird oft nur eine solche angesehen, bei der Austreibungsprobleme auftreten, wenn das Fohlen etwa am Beckengürtel der Stute hängenbleibt. In diesem Kapitel werden wir allerdings die Schwierigkeiten bei der Geburt in größerer Breite behandeln. Dazu gehören Störungen in der Eröffnungs- und Nachgeburtsphase sowie die Auswirkungen der Geburt auf das Fohlen und auf die Stute.

Anormale Eröffnungsphase

Anormale Eröffnungswehen rühren gewöhnlich von einer Verdickung jenes Teils der Plazenta her, der dem Gebärmutterhals zugewandt ist. Diese Stelle ist normalerweise dünn und reißt leicht auf, wenn sich der Gebärmutterhals erweitert und die Gliedmaßen des Fohlens knapp vor Beginn der Austreibungsphase dagegendrücken. Die Fruchtblase kann ungewöhnlich dick sein infolge einer Infektion, eines Ödems (Wasseransammlung) oder einer Hypoxie (Mangel an Sauerstoff) und dementsprechend zu stark, um durch die normalen, bei einer Geburt auftretenden Kräfte aufzureißen. So wird sie durch den Geburtskanal geschoben und erscheint unaufgerissen zwischen den Schamlippen nach einer womöglich verlängerten Eröffnungsphase. Wenn die Fruchtblase nicht auf normale Weise springt, kann sich die Stute recht unbehaglich fühlen. Anstatt das Fruchtwasser stehend abzulassen, legt sie sich vielleicht nieder und preßt. Diese Aktion treibt die Fruchtblase durch die Scheide und die Schamlippen. Wenn keine Hilfe geleistet wird, reißt die Membran weiter hinten, so daß das Fruchtblasenende komplett abgetrennt wird. Die Pferdepfleger sollten die Fruchtblase aufreißen, sobald sie zwischen den Schamlippen erscheint. Sie ist zu erkennen an der sternförmigen Narbe, die in der Mitte der bauchigen Blase vorhanden ist. Durch diese Narbe läßt sich auch die Fruchtblase identifizieren und unterscheiden vom selten vorkommenden Vorfall der Harnblase oder der Scheidenwand. Es kann sehr schwierig sein, die Fruchtblase mit den Fingern aufzureißen. Man benutzt dann eine Schere. Sobald die Fruchtblase aufgebrochen ist, kann die Austreibungsphase normal verlaufen.

Anormale Austreibungsphase

Eine fehlerhafte Lagerung des Fetus ist der häufigste Grund für eine schwierige Austreibung. Das Fohlen kann falsch liegen, in einer ungünstigen Lage in bezug auf die knöcherne Umgebung des Geburtskanals und/oder mit einer anormalen Haltung von Kopf, Hals und/oder Gliedmaßen. Zwei fehlerhafte Haltungen sind in Abbildung 31 und 31a dargestellt.

Fohlen, die falsch herum liegen, bei denen also die Hinterbeine dem Geburtskanal zugewandt sind (Hinterendlage), können schon früh in der Austreibungsphase diagnostiziert werden, indem man Sprunggelenke und Hüften im Geburtskanal ausmacht. Eine solche Lage ist sehr ungünstig und ungewöhnlich. Sie behindert nicht unbedingt die Austreibung, weil das Fohlen im allgemeinen ziemlich leicht rückwärts durch den Geburtskanal gleitet. Der Durchtritt auf diese Weise zieht freilich die Nabelschnur über das Becken der Stute. Die Schnur wird zwischen der Fohlenbrust und der knöchernen Unterlage gequetscht und schneidet so die Sauerstoffversorgung des Fohlens ab, dessen Kopf ja noch in der Stute steckt. Fohlen, die falsch herum geboren werden, sollten darum so schnell wie möglich aus der Stute gezogen werden, sobald die Sprunggelenke diesseits der Schamlippen auftauchen. Trotz dieser Maßnahme kann das Fohlen tot geboren werden oder schwer durch Asphyxie (Atemdepression) geschädigt sein.

Eine fehlerhafte Haltung der Vordergliedmaßen und/oder von Kopf und Hals

Die Plazenta (in der Hand gehalten) taucht unphysiologischerweise am Ende der Eröffnungswehen auf. Achten Sie auf die Narbe, an der die Plazenta zu erkennen und von einem Harnblasen- oder Gebärmuttervorfall zu unterscheiden ist. Die Plazenta sollte mit der Hand oder mit einer Schere eröffnet werden.

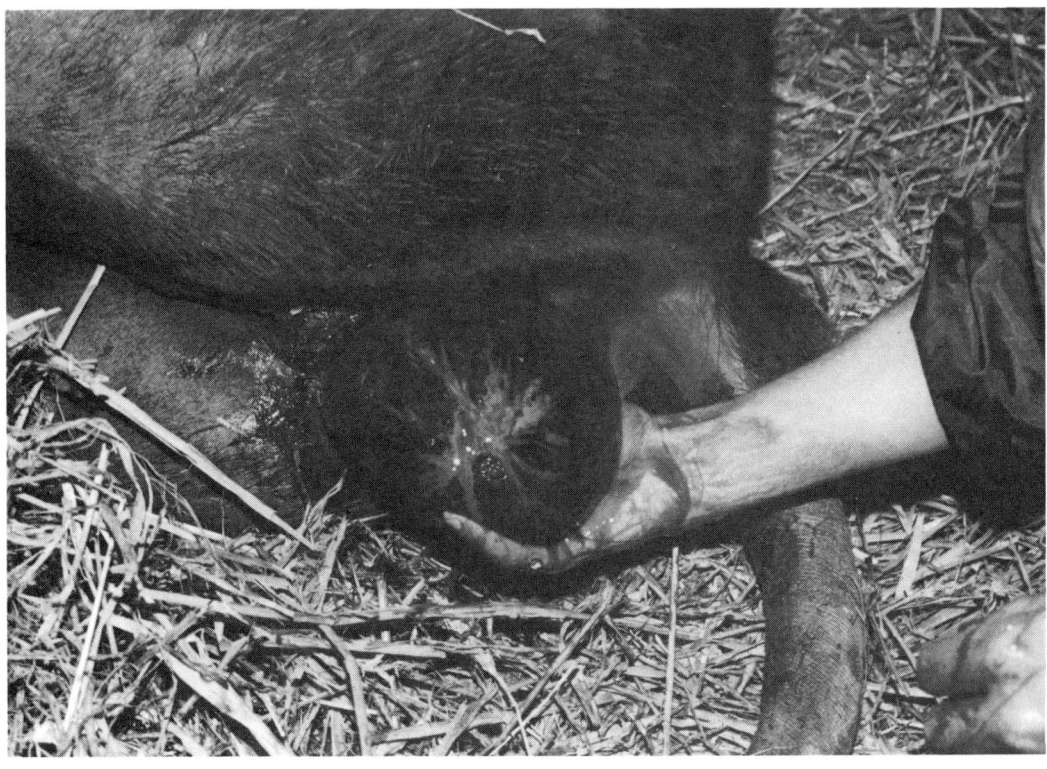

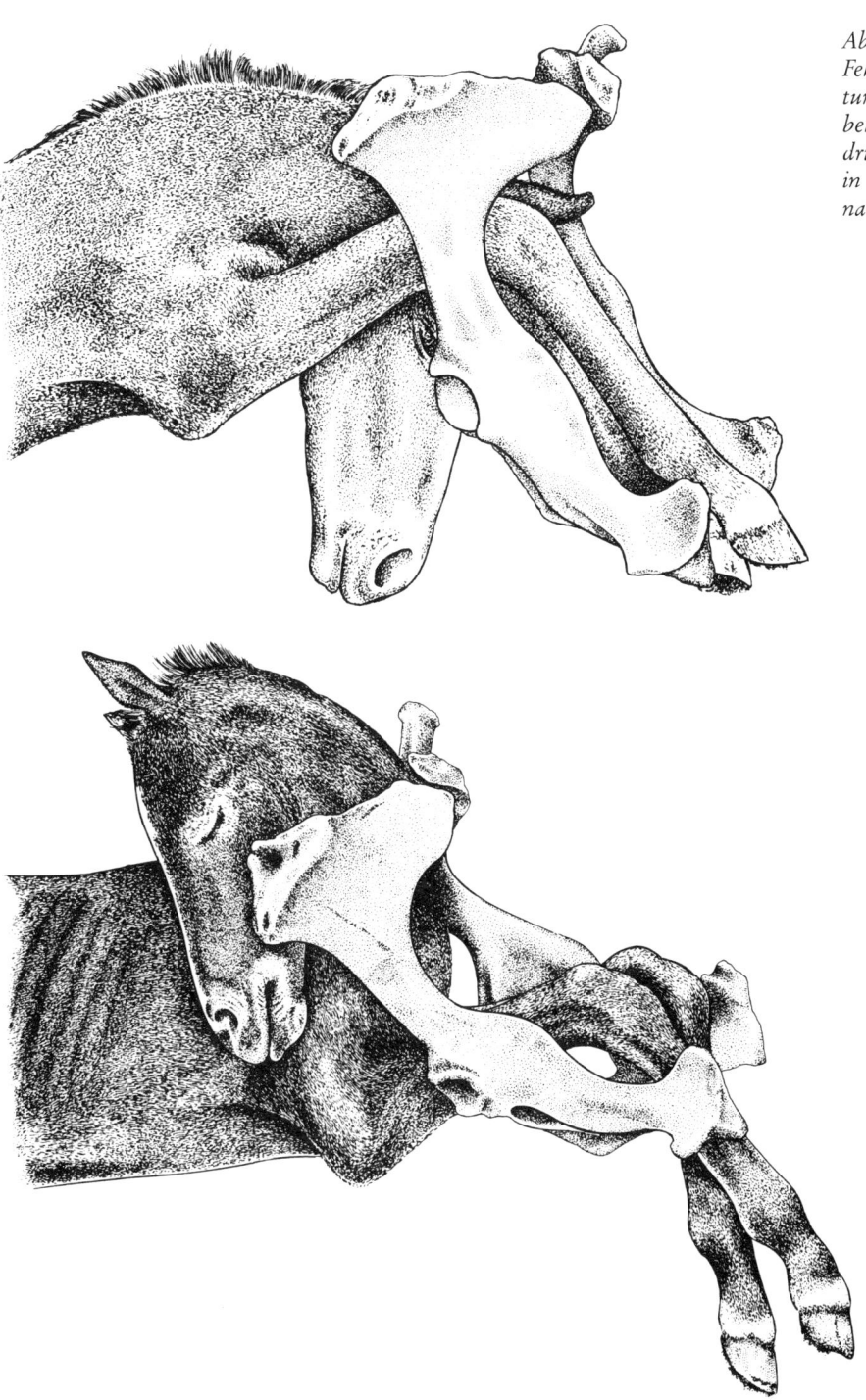

*Abb. 31 und 31 a:
Fehlerhafte Hal-
tungen – der Kopf
behindert das Ein-
dringen des Fohlens
in den Geburtska-
nal.*

kann vermutet werden, wenn irgendeines dieser Körperteile nicht ertastet wird bei einer Untersuchung, die früh in der Austreibungsphase vorgenommen wird (siehe Seite 162). Es ist beispielsweise zu erwarten, daß man beide Vorderbeine, aber nicht das Maul in solchen Fällen vorfindet, in denen der Hals zu einer Seite hin gebogen ist. Eine solche anormale Haltung verhindert, daß der Fetus in den Geburtskanal gelangt. Sie kann dann angenommen werden, wenn Stuten nach dem Blasensprung nicht mit der Austreibung fortfahren. Das Verhalten der Stute kann ebenfalls auf eine falsche Haltung des Fetus hindeuten: Sie preßt nicht, legt sich wiederholt hin und steht wieder auf, als versuche sie, ihr Fohlen in die korrekte Lage zu rücken.

Die durch eine fehlerhafte Haltung von Kopf und Vordergliedmaßen verursachte schwierige Austreibung bedeutet kein unmittelbares Risiko für das Leben des Fohlens, weil die Nabelschnur nicht gequetscht wird und die Plazenta noch mit der Gebärmutterwand verbunden ist. So ist die Lebensader des Fohlens intakt, die Ausrichtung kann korrigiert und das Fohlen auf normale Weise geboren werden.

Andererseits kann eine anormale Haltung der Hintergliedmaßen dazu führen, daß die Hinterfüße am Beckenrand hängenbleiben. Zu dieser Zeit sind Vorderteil und Brust des Fohlens bereits im Geburtskanal, und es besteht die Gefahr, daß die Nabelschnur zusammengedrückt wird. Diese Störung wird offenbar, wenn das Fohlen so weit vorgerückt ist wie auf den Abbildungen 32 und 32a, es dann jedoch keine weiteren Fortschritte macht, selbst wenn starker Zug auf seine Vorderbeine ausgeübt wird, um die Austreibungsphase vollständig abzuschließen. Starkes Ziehen bewegt in solchen Fällen die Stute mehr als ihr Fohlen. In dieser Situation ist der Lebensfaden des Fohlens ernsthaft in Gefahr. Uns bleibt nur wenig Zeit, die Schwierigkeit zu korrigieren. Je mehr wir ziehen, desto stärker klemmen wir die Hinterfüße vor dem Beckenrand fest. Wir müssen daher mit der Hand am Boden des Geburtskanals entlangfahren und versuchen, den Fuß (bzw. die Füße) des Fohlens vom Beckenrand zu lösen. Das Fohlen erst zur einen und dann zur anderen Seite zu drehen ist eine weitere Möglichkeit, um die Füße auf indirektem Weg freizubekommen. Der Vorteil dieser Methode liegt darin, daß sie auch dann Erfolg verspricht, wenn die Hüften und nicht die Hinterbeine gegen das mütterliche Becken stoßen. Beim Drehen des Fohlens muß man große Sorgfalt walten lassen. Dem Brustkorb kann leicht Schaden zugefügt werden, wenn wir den Körper drehen, während die hinteren Teile festgeklemmt sind. Bei dieser Aktion können wir die Rippen des Fohlens brechen. Um das Hinterteil zu drehen, ist es am besten, wenn wir das Amnion vom Fohlenkörper abziehen und die Haut an beiden Flanken erfassen. Eine zweite Person sollte die Brust stützen, wenn das Fohlen erst zur einen und dann zur anderen Seite gedreht wird. Zur selben Zeit sollte sie behutsam in Richtung der Austreibung ziehen, das heißt nach unten, in Richtung auf die Sprunggelenke der Stute.

Die Stellung des Fohlens beim Eintritt in den Geburtskanal kann wie auf Seite 163 beschrieben werden: Das Rückgrat des Fohlens ist im Verhältnis zur Wirbelsäule der Stute leicht nach rechts oder links versetzt. Mit anderen Worten: Widerrist und Brust des Fohlens passieren den Beckengürtel in einer leicht diagonalen

Ebene im Bezug auf die senkrechte Ebene der Stute, das heißt ein wenig geneigt zu einer Seite der Linie, die von den Schamlippen gebildet wird. Die Schultern können am Becken der Stute hängenbleiben, wenn die Stellung des Fohlens zu senkrecht oder zu stark geneigt ist, das heißt, wenn es zu sehr zu einer Seite hin liegt. Der Leser wird sich daran erinnern, daß das Fohlen zu Beginn der Eröffnungsphase auf dem Rücken liegt und daß es sich während der Eröffnungsphase und anfangs der Austreibungsphase dreht. Wird diese Rotation nicht abgeschlossen, dann ist die Stute außerstande, das Fohlen durch den Geburtskanal zu pressen.

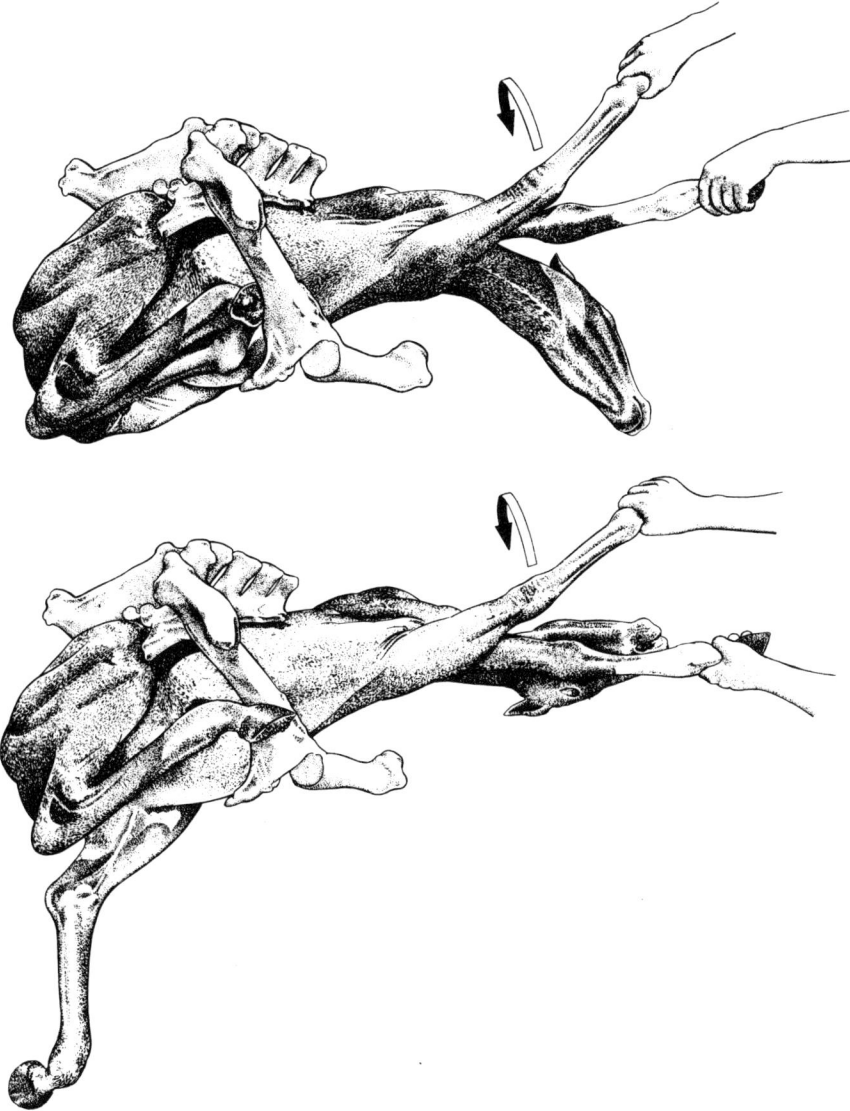

Abb. 32 und 32a: Die Hinterglied-maßen sind am Beckenrand festge-klemmt. In dieser Phase ist das Fohlen schon fast ausgetrieben. Die einzigen Möglichkeiten, die Gliedmaßen freizu-bekommen, liegen darin, mit der Hand am Boden der Scheide ent-langzufahren und/ oder das Fohlen wie dargestellt zu dre-hen. Diese Methode übt erheblichen Druck auf die Brust des Fohlens aus. Es ist daher ratsam, daß zur Unterstüt-zung der Drehbe-wegung eine zweite Person die Haut auf jeder Seite der Brust und der Schulterregion erfaßt.

Größere Manipulationen an den Gliedmaßen oder am Körper des Fohlens sollten vorgenommen werden, wenn die Stute steht, weil das Fohlen dabei durch die Schwerkraft in die Gebärmutter zurückgezogen wird. Dies vergrößert den Handlungsspielraum im wörtlichen Sinne, wenn zum Beispiel die Haltung der fetalen Gliedmaßen verändert werden soll. Das Pressen der Stute hat den gegenteiligen Effekt, es engt den Raum für manuelle Maßnahmen ein, weil der Fetus in den Geburtskanal gepreßt und gedrückt wird. Dort ist zu wenig Platz, um Anomalien wie ein gebeugtes Vorderbein zu korrigieren. Unter bestimmten Umständen kann es nötig sein, eine Rückenmarksanästhesie vorzunehmen oder Medikamente zu verabreichen, die das Pressen vermindern oder unterbinden. Darüber muß natürlich der Tierarzt entscheiden; sollten derartige Maßnahmen notwendig werden, ist es unumgänglich, schon sehr frühzeitig erfahrenen Beistand herbeizurufen. Je länger die Wehen andauern, bevor die Fehlstellung behoben ist, desto größer ist die Gefahr, daß selbst ein sehr erfahrener Tierarzt keinen Erfolg bei der Lagekorrektur hat. Die fruchtlosen Preßbemühungen der Stute sorgen bald dafür, daß der Geburtskanal anschwillt und austrocknet. Das macht Manipulationen schwieriger oder gar unmöglich. Ferner besteht die Gefahr, daß sich die Plazenta von der Gebärmutterwand ablöst. Das verursacht den Tod und/oder Schock des Fetus und möglicherweise einen Gebärmutterriß bei der Stute.

Sobald entschieden worden ist, daß eine Austreibung ohne versierten Beistand unmöglich ist, sollte dafür gesorgt werden, daß die Stute stehenbleibt, oder sie sollte in der Pferdebox herumgeführt werden, bis der Tierarzt eintrifft.

Mastdarm-Scheiden-Fistel: Die Aufgaben des Pferdepflegers bei der Geburt haben wir bereits diskutiert (siehe Seite 176). Eine Geburtsverletzung ist z.B. die Mastdarm-Scheiden-Fistel, wenn die Vorderbeine des Fohlens durch das Scheidendach in den Mastdarm getrieben werden. Das kann passieren, wenn die Stute liegt und sich die Vorderfüße bereits in der Scheide befinden, während das Fohlen so gewinkelt ist, daß seine Vorderbeine nach oben zeigen. Eine Stute, die genäht worden ist (Caslick-Operation), kann besonders anfällig für diese Verletzung sein: Der genähte Teil der Scham kann eine Falte bilden, die verhindert, daß die Vorderfüße leicht durch die Scham schlüpfen. Sobald es den Anschein hat, als könne sich derartiges ereignen, sollten die Vorderbeine weg vom Scheidendach und durch die Schamlippen nach außen geführt werden.

Es muß sofort gehandelt werden, wenn Vordergliedmaßen oder Kopf des Fohlens durch den After austreten und nicht zwischen den Schamlippen erscheinen. Die Stute sollte aufgetrieben werden, und die Gliedmaßen sind durch den Riß zwischen Mastdarm und Scheide in den Geburtskanal zurückzudrücken. Gelingt dies, kann der Fetus durch den normalen Geburtskanal geleitet werden. Es bleibt zwischen Mastdarm und Scheide eine Fistel (Verbindung zwischen Körperhöhlen) zurück, die nach der Geburt operativ geschlossen werden muß.

Fetale Mißbildungen: Bevor wir das Thema Austreibungsschwierigkeiten verlassen, müssen wir uns noch einem nicht seltenen Problem zuwenden, nämlich den Mißbildungen der fetalen Gliedmaßen oder des Körpers, besonders jenen, die eine Kontraktion der Vordergliedmaßen bewirken. Dadurch kann es schwierig oder unmöglich sein, daß die Vordergliedmaßen genügend gestreckt werden, um über den Rand des mütterlichen Beckens in den Geburtskanal zu gelangen. Selbst versierten Tierärzten kann es mißlingen, die Beugung der Karpalgelenke aufzuheben. Dann ist es nötig, zu solchen Methoden zu greifen wie der Embryotomie (Abschneiden von Körperteilen, etwa der Gliedmaßen), während das Fohlen noch in der Gebärmutter ist, oder dem Kaiserschnitt. In einigen Fällen ist es möglich, mißgebildete Fohlen oder solche in ungünstiger Haltung unter Vollnarkose durch die Scheide herauszuholen, ohne daß chirurgische Maßnahmen ergriffen werden müssen. Die Entscheidung darüber wird natürlich vom Tierarzt getroffen – und unter Berücksichtigung der Umstände, unter denen die Geburt stattfindet.

Gebärmutterblutung

Eine Blutung (Hämorrhagie) bei der Geburt kann in zwei Formen auftreten: Der häufigste und gefährliche Typ ist die Blutung nach dem Riß einer der größeren Arterien, die Gebärmutter oder Scheide versorgen. Weil es sich dabei um eine innere Blutung handelt, dringt gewöhnlich kein Blut nach außen. Zu den Symptomen gehören u.a. Schmerzen: Die Stute wälzt sich heftig, stellt und legt sich wiederholt hin wie bei einer Kolik. Es sind dann Anzeichen für einen großen Blutverlust zu beobachten: Der Gang wird torkelnd und schwankend, je nach Menge des verlorenen Blutes folgen Mattigkeit, Schock und Tod. Die Blutung tritt während des Geburtsvorgangs auf oder innerhalb der nächsten zwei Tage und ist am häufigsten bei älteren Stuten. Ein weiteres Anzeichen ist die Blässe der sichtbaren Schleimhäute (Maul, Augen und Scheide), die im Verlaufe von mehreren Tagen gelb werden, weil sich eine Gelbsucht entwickelt. Eine Schwellung kann auf einer Seite der Schamlippen auftreten, wenn sich die Blutung seitlich von Gebärmutter und Scheide nach hinten zieht. In seltenen Fällen kann die Blutung sich tatsächlich in die Scheidenwand einbuchten, die Wand durchbrechen und sich in großen Mengen aus der Scham ergießen.

Die Blutgefäße verlaufen zur Gebärmutter in einem stützenden Gewebe, dem sogenannten Gekröse (breites Gebärmutterband). Reißt eines der Blutgefäße, dann dringt Blut in das Gekröse und dehnt es aus – daher die Schmerzsymptome. Die Blutung kann innerhalb des Gekröses verbleiben; in solchen Fällen läßt der Schmerz nach, wenn die Heilung voranschreitet. Anämie und Gelbsucht sind Folgen des Blutverlustes und des Abbaus des großen Blutgerinnsels, das sich im Gekröse bildet. Bricht das Blut durch das Gekröse in die Bauchhöhle, dann stemmt sich seinem Fluß nichts entgegen. Die Stute verblutet schnell. Das findet gewöhnlich unmittelbar nach der Geburt statt.

Eine Blutung, die im Gekröse verbleibt, kann vom Tierarzt durch den Mastdarm einige Tage nach der Geburt als umfängliche Masse erfühlt werden. Dieser Befund bestätigt die ursprüngliche Diagnose, die auf Schmerz, Gelbsucht und Anämie basiert.

Die zweite Form einer mit der Geburt verbundenen Hämorrhagie ist die Blutung aus der Gebärmutterwand, d.h. ins Innere der Gebärmutter. Diese Störung ist gewöhnlich nicht ernsthaft, weil sie bei weitem nicht so anhaltend ist wie die oben beschriebene innere Blutung. Ein Großteil des Blutes, das Stuten nach der Geburt absondern, stammt aus der Plazenta, das heißt, es handelt sich um Fohlenblut, das mit etwas Blut der Stute aus der Gebärmutterwand vermischt ist. Man muß begreifen, daß diese Gebärmutterblutung nicht zu vergleichen ist mit der Gebärmutterhämorrhagie bei anderen Tierarten oder dem Menschen, da die Anheftung der Plazenta an die Gebärmutter der Stute so beschaffen ist, daß nur geringer Schaden entsteht, wenn sie sich nach dem Abfohlen löst. Bei Frauen ist die Plazenta so mit der Wand der Gebärmutter verbunden, daß mütterliches Gewebe bei der Ablösung mitgerissen wird; bei der Stute kommt kaum mütterliches Gewebe mit der Plazenta mit – wenn überhaupt.

Erholung der Gebärmutter nach der Geburt

Tierärzte sprechen von der Involution (Rückbildung) der Gebärmutter. Dieser Begriff bezeichnet die Rückkehr der Gebärmutter zur Größe und zum Zustand wie bei einer güsten Stute. Es ist bemerkenswert, wie schnell das geschieht: zu einem großen Teil bis zur Fohlenrosse, neun bis fünfzehn Tage nach der Geburt. So schrumpfen die Gebärmutterwände von einem Zustand maximaler Ausdehnung, den sie unmittelbar vor der Geburt erreicht haben, innerhalb von vierzehn Tagen auf eine ziemlich geringe Größe. Ähnlich dramatische Veränderungen erfährt die Schleimhaut vom trächtigen bis zum nichtträchtigen Status. Natürlich dauert die Erholung bei einigen Tieren länger als bei anderen, und – wie wir in Kapitel III, 2 sehen – eine vollständige Erholung kann einige Wochen, Monate und, in Ausnahmefällen, Jahre währen. Gelingt es der Gebärmutter nicht, sich zurückzubilden, dann kann das die Phase unmittelbar nach der Geburt erschweren. Die Anzeichen dafür sind reichlicher Ausfluß von blutverschmutzter Flüssigkeit aus der Scheide, Symptome leichteren Schmerzes und Unruhe.

Nachgeburtsverhalten

Die Nachgeburt geht normalerweise innerhalb einer Stunde nach der Geburt ab. Die Plazenta löst sich von der Gebärmutterwand. Dieser Vorgang beginnt an den Gebärmutterhörnern und setzt sich am Gebärmutterkörper bis zum Gebärmutterhals fort. Dann ist die Trennung vollständig. Der Vorgang basiert teilweise auf einem biochemischen System, an dem Enzyme und Hormone beteiligt sind, teilweise auf der Verminderung des Blutdrucks in den Mikrokotyledonen (siehe Seite 130), der sie veranlaßt, ihren „Griff" zu lockern, teilweise auf dem Zug der Schwerkraft (Gewicht), den die bereits ausgestoßenen, hinten an der Stute herunterhängenden Teile der Plazenta ausüben, teilweise auf einem aktiven Ausstoßungsprozeß, der von Kontraktionen der Gebärmutterwand bewirkt wird. Diese Mechanismen können versagen, und die Plazenta bleibt ungewöhnlich lang an der Gebärmutterwand befestigt. Heute sprechen die meisten Tierärzte von einem Nachgeburtsverhalten, wenn diese Phase länger als zehn Stunden währt. Dann ist manuelle Entfernung geboten. Früher war es üblich, jede Anstrengung zu unternehmen, um auch noch den letzten Rest der angehefteten Plazenta zu entfernen; heute ist es Praxis geworden, den größten Teil der Nachgeburt zu entfernen, aber

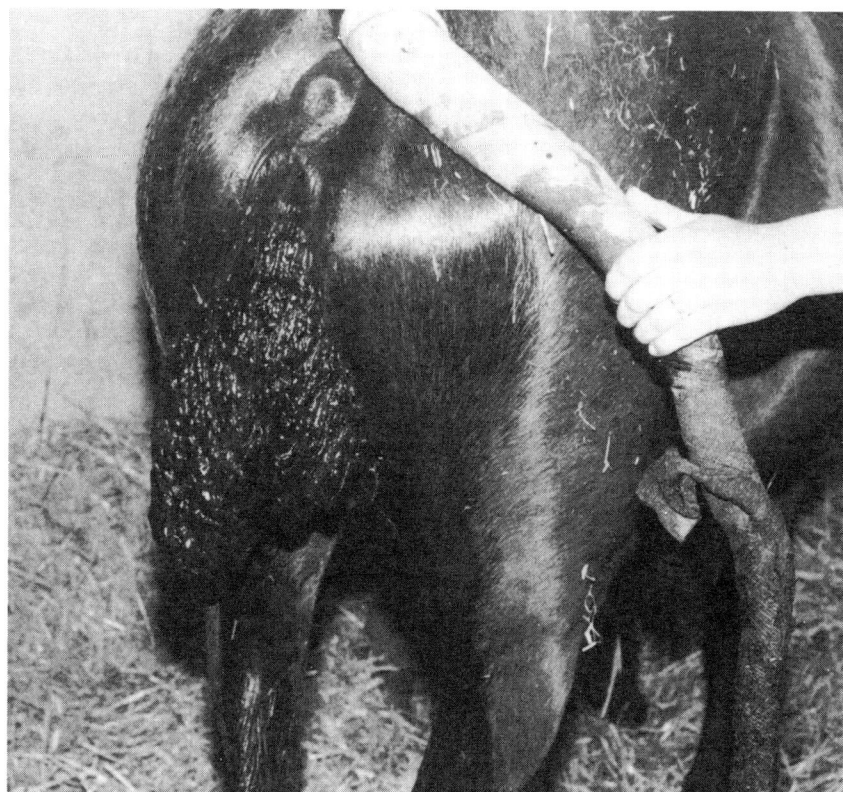

Bei einer Ponystute, die gerade gefohlt hat, ist die Gebärmutter umgestülpt und aus der Scheide vorgefallen (Gebärmuttervorfall). Sie wurde erfolgreich zurückverlagert, und die Stute wurde noch in der selben Decksaison wieder tragend.

nicht unbedingt auch noch den letzten Rest. Die Spitze der Plazenta (an den Gebärmutterhörnern), die am schwierigsten zu entfernen ist, kann für einige Tage belassen werden, dann löst sie sich recht leicht. Die schwer lösbare Anheftung eines Plazentahornes am entsprechenden Teil der Gebärmutter ist häufig der Grund für das Nachgeburtsverhalten. Die tierärztliche Behandlung einer zurückgehaltenen Plazenta kann sich je nach persönlicher Erfahrung unterscheiden. Die meisten Maßnahmen basieren jedoch auf der Anwendung des Hormons Oxytozin, das die Gebärmutter veranlaßt, sich zusammenzuziehen.

Andere Komplikationen bei der Geburt

Der Gebärmuttervorfall ist eine Störung, die bei jungen Stuten auftreten kann, die erstmals fohlen; bei älteren Stuten ist sie weniger häufig. Die Gebärmutter stülpt sich nach außen, ihr Inneres dringt durch den Geburtskanal, und schließlich hängt das Organ hinten an der Stute herunter. Hier muß der Tierarzt eingreifen. Für den Leser reicht an dieser Stelle die Empfehlung, erstens sofort den Tierarzt herbeizurufen, zweitens bis zu dessen Ankunft dafür zu sorgen, daß die Stute stehenbleibt, und drittens zu versuchen, das vorgefallene Organ mit einem sauberen, feuchten Tuch oder Laken zu schützen und es derart vor weiterem

Schaden zu bewahren, der durch Austrocknung und durch den Kontakt mit Stroh oder harten Gegenständen entstehen könnte. Eine normale Kochsalzlösung, das heißt einen Teelöffel Salz auf 0,6 Liter Wasser, ist die ideale Flüssigkeit, um die Oberfläche des Organs zu spülen.

Ein Gebärmutterriß ist eine seltene Komplikation bei der Geburt. Man kann auf eine solche Verletzung schließen, wenn die Stute bei der Austreibung nicht preßt oder sehr starken Schmerz nach der Geburt zeigt. Die Diagnose ist eindeutig Sache des Tierarztes, und sie ist von anderen Störungen zu unterscheiden, die mit ähnlichen Anzeichen einhergehen, zum Beispiel dem Riß von Blinddarm oder Kolon. Diese seltenen Komplikationen werden verursacht durch die bei der Geburt auftretenden Kräfte und/oder die fetalen Gliedmaßen, die gegen die umgebenden Organe stoßen.

Ein Bruch des Beckens oder Oberschenkels kann manchmal davon herrühren, daß die Stute in gegrätschter Stellung hinfällt. Das kann vor allem dann geschehen, wenn die Stute bei halb ausgetriebenem Fohlen aufstehen will, d.h. wenn die Brust des Fohlens schon die Schamlippen passiert hat. Das Gewicht des Fohlens kann in dieser Situation zu Gleichgewichtsproblemen führen, wenn die Stute sich aufrichten will. Sie stürzt mit auseinandergestellten Gliedmaßen. Ist solch ein Bruch aufgetreten, kann sich die Stute nicht mehr erheben. Wahrscheinlich ist es besser, sie nottöten zu lassen, um weiteres Leiden zu verhindern.

5
Erkrankungen des neugeborenen Fohlens

Das neugeborene Fohlen ist in den Augen des praktischen Tierarztes ein eigentümliches Wesen. Es ist ein Patient mit unbekannter Vorgeschichte. In allen anderen Situationen können wir den Patienten schon zu Beginn seiner Krankheit beobachten, bei den ersten Anzeichen untersuchen und Schlüsse ziehen aus den Umständen, die zur Krankheit führten und uns aus erster Hand von den Pferdepflegern mitgeteilt werden. In aller Regel leidet der neugeborene Patient an einer Krankheit, deren Ursprünge vor oder während der Geburt zu suchen sind. Beim Neugeborenen gelangen wir an Informationen durch die Untersuchung der Plazenta, des Amnions und des Fruchtwassers; gewöhnlich wissen wir etwas über den Ablauf der Geburt, d. h. ob sie verlängert oder schwierig war. Abgesehen davon müssen die Tierärzte die Diagnose mehr auf aktuellem denn auf vergangenem Wissen erstellen.

Auf jeden Fall haben Tierärzte einen wichtigen Vorteil – sie wissen nämlich, daß Fohlen in dieser einmaligen Lebensphase an speziellen Krankheiten leiden; sie wissen ferner, daß die Anzeichen dieser Erkrankungen mit wenigen Ausnahmen innerhalb der ersten vier Lebenstage erscheinen.

Einteilung

Es ist angebracht, Fohlenkrankheiten in vier Gruppen einzuteilen und zwischen ansteckenden und nicht ansteckenden Erkrankungen zu unterscheiden. *Gruppe 1* umfaßt Infektionen, die durch viele verschiedene Erreger verursacht werden (Tabelle F); die Gruppen 2, 3 und 4 beziehen sich auf nicht ansteckende Erkrankungen, von denen jede normalerweise auf sehr unterschiedlichen Krankheitsarten basiert, die weit genug auseinanderklaffen, um sie in getrennte Kategorien einzuordnen.

In die *Gruppe 2* (Tabelle G) ordnen wir solche allseits bekannten Erkrankungen ein wie Unreife (Trächtigkeitsalter weniger als 320 Tage), mangelhafte Entwicklung, Fehlanpassungssyndrom der Neugeborenen und Darmpechverhaltung.

Störungen der *Gruppe 3* sind anatomische Mißbildungen, herbeigeführt durch schädigende Einflüsse auf den fetalen Körper während der Trächtigkeit. Zu den häufigeren Defekten zählen „Überbeißer", Sehnenstelzfuß, Hernien (Brüche), Fehlen eines oder beider Augäpfel und Gaumenspalten. Wir wissen wenig über die Ursachen dieser Defekte beim Pferd, doch aus Studien an anderen Arten, auch am Menschen, können wir auf folgende Hauptursachen schließen:

Tabelle F: Ansteckende Erkrankungen des neugeborenen Fohlens der Gruppe 1

Erkrankung	Andere Bezeichnungen	Merkmale	Ursache
Allgemeine Infektionen	Durchfall Ruhr Rippenfellentzündung Lungenentzündung Bauchfellentzündung	Fieber bis 39,5 °C und hartnäckiger Durchfall Beschleunigte Atmung mit Rasselgeräuschen Austrocknung, Zurückziehen der Augäpfel	*Escherichia coli* *Streptokokken*
Hepatitis	Virusabort Rhinopneumonitis	Krämpfe Lethargie Leichte Gelbsucht	*Equines Herpesvirus I* *Zytomegalie-Virus*
Nierenentzündung	Shigellose „Sleeper"-Syndrom, „Sleepy foal Disease" Frühlähme „Viscosum-Equi-Infektion"	Anfängliches Fieber bis 39,5 °C sinkt unter Normaltemperatur ab Schläfrigkeit Verminderte Sauglust Durchfall, leichte Kolik Krämpfe Urämie (Harnvergiftung): Eiweiß, Zellen im Harn	*Actinobacillus equuli*
„Meningitis"	Hirnhautentzündung Krämpfe	Fieber bis 39,5 °C, hartnäckig Krämpfe	*Streptokokken* *Escherichia coli* *Actinobacillus equuli*
Gehirnentzündung		Massive Verhaltensstörungen	
Infektiöse Gelenkentzündung	Fohlenlähme	Fieber bis 39,5 °C, hartnäckig Lahmheit	*Streptokokken* *Salmonella typhimurium*
Tendovaginitis (Sehnenscheidenentzündung)		Schmerzhafte Schwellungen an den Gelenken	*Streptokokken* *Escherichia coli*

Aus „The Practice of Equine Stud Medicine" (Rossdale & Ricketts, 1974)

Tabelle G: Nicht ansteckende Erkrankungen der Gruppe 2, durch allgemeine Verhaltensstörungen gekennzeichnet

Erkrankung	Andere Bezeichnungen	Merkmale	*Ursache*
Fehlanpassungssyndrom des Neugeborenen (FAS)	im englischen Sprachraum: Wanderers (Wanderer), Barkers (Beller), Dummies (Puppen), Convulsives (Krampfende)	Ausgetragen Erste Anzeichen innerhalb von 24 Stunden; oft normal bis zum Ausbruch der Erkrankung Vollständiger Verlust des Saugvermögens Scheinbare Blindheit Krämpfe, Zuckungen Koma Fieber	*Asphyxie (Atemdepression) Geburtsverletzung Fetaler Streß*
	Atemnotsyndrom des Neugeborenen	Schnelles und mühsames Atmen	
Unreife		Tragezeit von 300 bis 320 Tagen Anzeichen bei der Geburt vorhanden Schwäche, verzögertes erstes Aufstehen Geringes Geburtsgewicht Verminderte Saugstärke, herabgesetzte Fähigkeit zu saugen und Körpertemperatur aufrechtzuerhalten Kolikneigung nach dem Fressen „Wundliegen" Entfärbte Zunge, seidige Haut	*Fetaler Streß*
Normale Tragezeit	Mangelhafte Entwicklung	Tragezeit mehr als 320 Tage Erscheinung und Symptome der Unreife Abmagerung, Austrocknung Durchfall Anfällig für Infektionen	*Fetaler Streß*
Darmpechverhaltung	Verstopfung Störung des Darmdurchgangs	Anzeichen von der Geburt bis zum dritten Tag Pressen, Kolik, eigenartige Liegehaltung Saugt im allgemeinen noch und ist bei guter Gesundheit Geblähter Bauch	*Unbekannt*

Aus „The Practice of Equine Stud Medicine" (Rossdale & Ricketts, 1974)

a) Genetische Ursachen, d. h. solche, die von einem oder beiden Elternteilen mitgegeben worden sind.

b) Schädigung der Chromosomen, die bei der Befruchtung der Eizelle durch die Spermien auftritt.

c) Viren und Bakterien.

d) Medikamente und andere Stoffe, die die Plazenta-Schranke während bestimmter Entwicklungsphasen durchbrochen haben und in den fetalen Körper eingedrungen sind. Man spricht hier von teratogenen Substanzen (S., die Fehlbildungen auslösen können). Hierzu gehören Thalidomid (Schlafmittel, war in ConterganR enthalten) und sogar Vitamine und Mineralien in extrem hohen Dosierungen.

Die Störungen sind abhängig von der Art ihrer Ursache und dem Stadium der Trächtigkeit, zu dem sie wirksam geworden ist. Grundsätzlich gilt, daß der Fetus für die unter c) und d) aufgeführten Faktoren während der ersten vierzig Tage der Trächtigkeit besonders anfällig ist; zu dieser Zeit differenzieren sich die fetalen Gewebe in die verschiedenen Organe und Teile des Körpers. In dieser Phase können sich Mißbildungen entwickeln wie der Wolfsrachen, der Ventrikel-Septum-Defekt (Loch in der Herzkammerscheidewand), fehlende Gliedmaßen und Augen. In späteren Stadien sind eher Störungen im Wachstum zu erwarten wie Sehnenstelzfuß oder andere Skelettmißbildungen.

Die Züchtervereinigungen sollten sich eingehender mit dem Aufspüren von Erbdefekten des Pferdes beschäftigen. Sie haben schließlich die ideale Grundlage für eine solche Untersuchung, da sie über gut dokumentierte Abstammungsunterlagen verfügen. Es könnten Maßnahmen ergriffen werden, um Erbdefekte (d. h. solche, die von Generation zu Generation weitergegeben werden) zu erkennen und auszuschalten, indem man fehlerhaftes genetisches Material aussondert.

Weitere Untersuchungen sind erforderlich, um die Auswirkungen des Managements auf jene Anomalien zu bestimmen, die keine genetische Grundlage haben. Die Häufigkeit dieser Veränderungen muß in Beziehung gesetzt werden zu betriebstechnischen Faktoren wie Fütterung, Anwendung von Hormonen, Medikamenten etc. während der Trächtigkeit. Derzeit wissen wir nur wenig über dieses Thema bei Pferden, vielleicht gar nichts. Eine angeborene Erkrankung, die als Immunmangel bei Araberfohlen (Combined Immunodeficiency Disease, CID), bezeichnet wird, ist in *Gruppe 3* aufgeführt. Dieser Immunmangel hat nichts zu tun mit dem hämolytischen Syndrom des Fohlens (hämolytische Gelbsucht, übermäßiger Abbau der roten Blutkörperchen); bei CID kann das Fohlen keine normalen Lymphozyten (weiße Blutkörperchen) bilden. Lymphozyten stellen die Grundlage für die Abwehrreaktionen auf Infektionen dar. Fehlen sie, dann mangelt es vollständig am Widerstand gegen ansteckende Erkrankungen. Betroffene Fohlen sterben gewöhnlich während der ersten vier Lebensmonate an Virus- oder Bakterieninfektionen, von denen sie überwältigt werden. In der Neugeborenen-Phase kann ihre Widerstandskraft gegen eine Ansteckung ausreichen dank der schützenden Substanzen (Antikörper), die sie über die Kolostralmilch mitbekommen haben.

Zu den Krankheiten der *Gruppe 4* gehört die sehr interessante, aber seltene hämolytische Gelbsucht des neugeborenen Fohlens. Diese Erkrankung resultiert aus einer Laune der Natur: Das fetale Fohlen erbt von seinem Vater in den roten Blutkörperchen einen Faktor (Antigen), der von der mütterlichen Seite aus nicht vorhanden ist. Dieser Faktor, den wir einmal A nennen wollen, ist dem Rhesusfaktor des Menschen ähnlich, der für die hämolytische Erkrankung bei Kindern verantwortlich ist, aber nicht mit ihm identisch. Die fetalen roten Blutkörperchen enthalten den Faktor A, und einige gelangen in den Blutkreislauf der Mutter, wo sie eine Abwehrreaktion auf dieselbe Art hervorrufen wie ein Impfstoff, der Antikörper produziert, wenn er in den Körper eingebracht wird. In diesem Fall produziert die Stute Antikörper gegen den Faktor A. Diese sammeln sich in der Kolostralmilch gemeinsam mit anderen schützenden Stoffen (Antikörpern) kurz vor der Geburt an. Anders als beim Menschen gelangen die Antikörper bei der Stute (Mutter) nicht mehr durch die Plazenta-Schranke zurück ins Fohlen (Kind). Derart wird das Fohlen davon nicht in der Gebärmutter betroffen – jedoch der menschliche Fetus. Beim ersten Saugen erhält das Fohlen jedoch die Kolostralmilch, und die gegen den Faktor A wirksamen Antikörper gelangen mit den anderen schützenden Substanzen in den Blutkreislauf des Fohlens. Hier lassen sie sich auf den roten Blutkörperchen des Fohlens nieder und überziehen deren Oberfläche, sie reagieren mit dem Antigen A und zerstören die Zellen. Diese massive Zerstörung der roten Blutkörperchen verursacht starke Anämie (Blutarmut) und Gelbsucht.

Tabelle H: Symptome, auf die man beim neugeborenen Fohlen achten soll

	Normale Anzeichen	*Krankhafte Symptome*
30 bis 60 Sekunden	Atmung: ca. 70 Atemzüge pro Minute Temperatur: 37,5° C Herzfrequenz: etwa 50 bis 80 Schläge pro Minute	Keine Atmung oder Luftschnappen (Schnappatmung) weisen auf Sauerstoffmangel hin. Sehr langsamer oder schneller Herzschlag zeigt Geburtsschädigung an.
5 Minuten	Nabelschnur reißt. Fohlen zittert – hebt den Kopf und dreht sich auf die Brust. Saug- und Aufrichtungsreflexe Fohlen versucht, aufzustehen und Gliedmaßen zu koordinieren.	Fehlen der Reflexe, zuckende oder krampfhafte Bewegungen zeigen mögliche Hirnschädigung an.

30 Minuten	Gehör-, Gesichts- und Stimmreaktionen vorhanden Fohlen steht erstmals	
1 bis 12 Stunden	Suche nach dem Euter Es saugt und lernt, der Mutter zu folgen. Atemzüge: etwa 35 pro Minute Temperatur: 38°C Herzfrequenz: etwa 120 bis 140 Schläge pro Minute Setzt erstmals Harn und Darmpech ab. Stellt und legt sich gezielt hin.	Unfähigkeit zu stehen oder mühsames Aufstehen nach zwei Stunden läßt Schwäche aufgrund einer Infektion oder aus anderem Grund vermuten. Beschleunigte Atmung kann eine Infektion, hämolytische Gelbsucht oder andere Erkrankung anzeigen. Hohe oder niedrige Temperaturen lassen Infektion oder Stoffwechselstörung vermuten. Beschleunigter Herzschlag kann auf hämolytische Gelbsucht, Infektion oder Fehlanpassungssyndrom hindeuten. Roter Harn zeigt hämolytische Gelbsucht an.
12 Stunden	Atmung / Temperatur stabilisiert Herzfrequenz ist auf etwa 80 bis 120 Schläge / Minute in Ruhe abgesunken	
24 Stunden	Darmwand läßt keine Eiweißmoleküle (Antikörper) mehr durch.	Geringer Widerstand des Fohlens gegenüber Infektionen, wenn bis zu dieser Zeit keine passive Abwehr durch die Kolostralmilch übertragen worden ist.
48 bis 72 Stunden	Zunehmend engere Stute-Fohlen-Beziehung Darmpech ist vollständig abgegangen. „Milchkot" erscheint.	Art des Darmpechs ist wichtig, z.B. im Hinblick auf Durchfall.

Tabelle I: Zeit des Auftretens erster Symptome

Erkrankung	Vor Ablauf von 12 Stunden	12 bis 24 Stunden	24 bis 48 Stunden	48 bis 72 Stunden	72 bis 96 Stunden
Gruppe 1 Septische Erkrankungen	+	++	+++	+++	+++
Gruppe 2 Fehlanpassungssyndrom des Neugeborenen	+++	++	+	+	
Unreife, Mangelentwicklung	+++				
Darmpechverhaltung	+	+++	+++	+	+
Gruppe 3 Harnblasenriß				+++	++
Mißbildungen	+++	+ (Gaumenspalte)			
Kombinierter Immunmangel (CID)					
Gruppe 4 Hämolytische Gelbsucht			+	+++	++

Aus „The Practice of Equine Stud Medicine" (Rossdale & Ricketts, 1974)
+ = Wahrscheinlichkeit, daß Anzeichen auftreten

Symptome

Die Leser, die für neugeborene Fohlen verantwortlich sind, werden sich nicht so sehr für die Diagnose der verschiedenen Krankheitskategorien interessieren als vielmehr dafür, wie man die Symptome der jeweiligen Krankheit erkennen kann. Daß frühzeitig die Alarmglocken bei einer Erkrankung schrillen, ist wichtig und bereits betont worden. Nur so kann ohne Verzug gehandelt werden. Tabelle H führt die Symptome auf, auf die wir bei neugeborenen Fohlen besonders achten sollten. Sie kann ferner von jenen als Richtschnur verwendet werden, die vielleicht noch keine Erfahrung mit der Aufzucht von ganz jungen Fohlen haben.

Es ist ebenfalls hilfreich, sich mit dem zeitlichen Ablauf von Krankheitsprozessen zu befassen (Tabelle I). Hier ist zu sehen, wann Anzeichen erstmals auftauchen können. Totgeborene Fohlen können so unterschieden werden: in Fohlen, die schon nicht mehr leben, wenn die Geburt beginnt, und in Fohlen, die das Vermögen haben zu atmen, deren Atmung jedoch versagt, wenn sie schließlich ausgetrieben sind. Fohlen der zweiten Kategorie weisen bestimmte Lebenszeichen auf, ihr Herz schlägt, und womöglich schnappen sie einige Male nach Luft. Werden jedoch nicht sofort die auf Seite 280ff. beschriebenen Maßnahmen ergriffen, dann machen sie keine weiteren Fortschritte und sterben (d.h. ihr Herz schlägt nicht mehr) nach ein oder zwei Minuten.

Während der ersten Stunde können wir zwei Entwicklungstendenzen in Sachen ungewöhnliches Verhalten unterscheiden: Zum einen sind die Bewegungen übertrieben, vielleicht ruckartig und krampfhaft, zum anderen können sie gegenteiliger Natur sein, d. h. schwach: Das Fohlen ist außerstande, ohne fremde Hilfe aufzustehen, und – wenn es aufgerichtet worden ist – sich der Stute zu nähern und die Saughaltung auf normale Weise beizubehalten. Krampfartige oder ruckhafte Bewegungen sind mit einer Gehirnschädigung verbunden, während Schwäche eher von Unreife oder einer Infektion herrührt.

Krämpfe und Schwäche

Krämpfe können zu jeder Zeit bis hin zu 24 Stunden plötzlich auftreten, am häufigsten sind sie jedoch innerhalb der ersten drei Stunden nach der Geburt. Schwäche wird gewöhnlich schon von der Geburt an augenscheinlich, wenngleich der Beobachter sich dessen womöglich nicht vor der zweiten oder dritten Stunde bewußt wird – dann sollte das Fohlen nämlich mit zunehmender Intensität saugen. Fohlen, die an einer Infektion leiden, können etwa bis zu zwei Stunden normal erscheinen; wenn sie dann gesaugt haben, weisen sie jedoch Anzeichen zunehmender Schwäche auf. Sie sind außerstande, die Saugstellung auch nur für kurze Zeit aufrechtzuerhalten. Können sie andererseits plötzlich nicht mehr saugen, ist eher auf eine Fehlanpassungs-Erkrankung zu schließen. Diese Regel hat ihre Ausnahmen, im allgemeinen ist sie jedoch verläßlich. Fohlen, die älter als eine Woche sind und auf einmal nicht mehr saugen, leiden gewöhnlich an Durchfall oder an einer anderen Stoffwechselstörung.

Atmung

Vom ersten Atemzug an ist die Beurteilung der Fohlenatmung von Interesse und Bedeutung. Schnappt ein Fohlen in dieser Phase nach Luft, ist das ein schlechtes Zeichen. Sobald sich ein Atemrhythmus ausgebildet hat, sind Anzahl der Atemzüge pro Minute, Tiefe und Art der Atembewegungen wichtige Hinweise auf das Funktionieren der Atmung. Die Frequenz kann gemessen werden, indem man die Bewegungen der Brust beobachtet und sie 30 Sekunden oder eine Minute lang zählt. In Fällen von flacher Atmung kann es leichter sein, die Nüstern zu beobachten, die sich im Gleichklang mit der Brust bewegen. Wir können die Atmung mit der Aktion eines Gebläses vergleichen. Dieselbe Menge an Luft kann durch schnelle, kurze Stöße wie durch langsame, vollständige Hübe des Gebläses bewegt werden. Die Luftmenge ist das Produkt von Frequenz und Tiefe. Die doppelte Tiefe (Volumen) und die halbe Frequenz sind derart dem halben Volumen und der doppelten Frequenz gleich. Ein junges Fohlen, das auf dem Boden liegt, wechselt oft und spontan seinen Rhythmus.

Eine Beurteilung der Atmung ist Angelegenheit des Tierarztes, der noch durch weitere Untersuchungen seine Ansicht stützen kann. Eine sehr hohe Frequenz jedenfalls (sechzig Brustbewegungen pro Minute), die über mehrere Minuten von einem nicht angestrengten Fohlen aufrechterhalten wird, ist ungewöhnlich. Eine hohe Frequenz ist nach Anstrengung oder Aufregung zu erwarten. Aber ein Fohlen von zwei oder drei Tagen, das sehr schnell und tief nach einer Anstrengung at-

Sehnenstelzfuß beim jungen Fohlen.

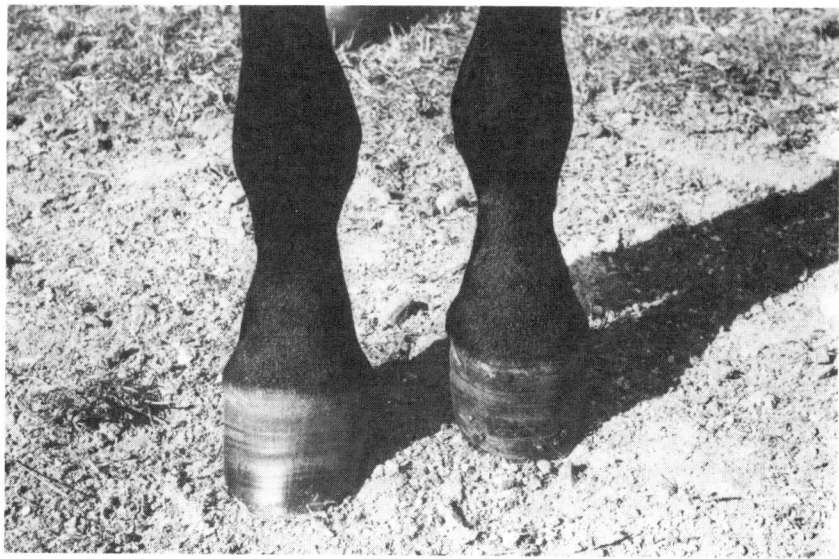

Bockhuf von vorne gesehen (linker Huf); im Bereich der Zehe ist ein Hufeisen aufgelegt worden, um den Druck auf die Trachten zu verstärken. Hierdurch soll die Deformierung korrigiert werden.

met, leidet womöglich an einer hämolytischen Gelbsucht. Unter diesen Umständen wäre auch die Herzfrequenz stark erhöht (mehr als 150 Schläge pro Minute), und das Weiße der Augen sowie andere sichtbare Schleimhäute wiesen Anzeichen für Gelbsucht auf. Mühsames Atmen bei weit geöffneten Nüstern sind bei einem Fohlen in Ruhe normalerweise Anzeichen für Lungenentzündung oder irgendeine Stoffwechselstörung verbunden mit einer Übersäuerung des Blutes.

Herzfrequenz

Die Herzfrequenz spiegelt den Zustand des Kreislaufsystems wider. Wir haben bereits festgestellt, daß die Herzfrequenz bei der Geburt etwa zwischen fünfzig und neunzig Schläge pro Minute betragen sollte und jede Frequenz außerhalb dieses Bereichs auf eine schwierige Geburt einschließlich Verletzung oder Sauerstoffmangel schließen läßt. Die Herzfrequenz nach 30 Minuten hängt von der Aktivität des Fohlens zum Zeitpunkt der Messung ab. Ist die Herzfrequenz jedoch sehr hoch und pocht das Herz stark gegen die Brustwand, wenn das Fohlen in liegender oder stehender Stellung festgehalten wird, kann das auf eine hämolytische Gelbsucht oder einen Herzfehler hindeuten. In beiden Fällen handelt es sich um seltene Erkrankungen, die durch eine tierärztliche Diagnose abgesichert werden müssen.

Temperatur

Die rektal (im Mastdarm) gemessene Temperatur des Fohlens steigt in Phasen der Aktivität an, zum Beispiel bei Krämpfen, bei Infektionen oder Schmerzen. Sie sinkt, wenn das Fohlen sich im Koma befindet oder in einem Zustand ungewöhnlicher Schwäche und Mattigkeit. Die Körpertemperatur kann ebenfalls über die normale Höhe steigen oder darunter absinken, wenn eine Hirnschädigung vorliegt. Das Messen gibt darum keinen verläßlichen Hinweis auf eine Infektion wie bei älteren Fohlen oder erwachsenen Pferden.

Symptome für Darmpechverhaltung

Anzeichen für Kolik (Wälzen, auf dem Rücken oder in ungewöhnlicher Stellung liegen und starkes Pressen) können in den ersten Stunden nach der Geburt auftreten. Häufiger sind sie jedoch am zweiten oder dritten Tag mit einer Darmpechverhaltung verbunden. Ein Fohlen sollte das gesamte Darmpech bis zum Ende des dritten Tages ausgeschieden haben und ab dem vierten Tag „Milchkot" absetzen. Preßt ein Fohlen jedoch unverändert häufig, obwohl das gesamte Darmpech offensichtlich abgegangen ist, können wir einen Harnblasenriß vermuten. Diese Störung wird weiter unten eingehender beschrieben. Der Pferdepfleger sollte darauf achten, ob das Fohlen an den ersten vier oder fünf Tagen nach der Geburt Harn in einem satten Strahl absetzt – wenn ja, dann ist ein Blasenriß weniger wahrscheinlich. Jedenfalls sollte ein Fohlen, das preßt, nachdem das Darmpech abgegangen ist, und dessen Bauch anschwillt, vom Tierarzt untersucht werden, sobald diese Anzeichen auftreten.

Körperliche Mißbildungen

Mißbildungen fallen im allgemeinen gleich nach der Geburt und bei den Aufstehversuchen des Fohlens auf. Routinemäßig sollte nach solchen Anomalien wie fehlendes Auge oder angeborener Sehnenstelzfuß Ausschau gehalten werden. Es hat Fälle gegeben, in denen selbst höchst erfahrene Gestütsleiter dem Besitzer die Ankunft eines Fohlens meldeten, ohne zuvor eine hinreichend sorgfältige Untersuchung vorgenommen zu haben. Einem Fohlen fehlte ein Auge, und man kann sich vorstellen, wie peinlich der zweite Anruf beim Besitzer war!

Im folgenden sind einige Defekte aufgeführt, die sich erst später zeigen. Dazu gehören:

a) Nabelbruch; Anzeichen treten erst auf, wenn das Fohlen etwa vier Wochen alt ist,
b) After- und Darmlosigkeit (Fehlen des Anus und eventuell des Mastdarms) verursachen akute Koliksymptome im Alter von etwa zwölf bis 24 Stunden,
c) Ventrikel-Septum-Defekt (Loch in der Herzkammerscheidewand) macht sich im Alter von zwei Tagen oder später bemerkbar,
d) Defekte wie Hämophilie (Bluterkrankheit) oder Immunschwäche (CID) werden erst Wochen oder möglicherweise Monate nach der Geburt entdeckt.

Aufgaben des Gestütspersonals

Für Diagnosen ist der Tierarzt zuständig. Das Beobachten der ersten Anzeichen einer Erkrankung ist Aufgabe des Pferdepflegers oder Gestütswärters. Die folgende kurze Beschreibung der Störungen, die beim neugeborenen Fohlen auftreten können, soll das Verständnis des Pferdepflegers für bestimmte Krankheiten erweitern und die Anmerkungen ordnen, die bereits zu den Symptomen und Ursprüngen dieser Krankheiten gemacht worden sind. Außerdem bietet sie Gelegenheit, auf angemessene Erste-Hilfe-Maßnahmen und unterstützende Behandlungen hinzuweisen.

Es gibt zwei Situationen, bei denen das Fohlen nach der Geburt Schwierigkeiten hat, einen normalen Atmungsrhythmus zu entwickeln:

1. Das Fohlen ist einem Sauerstoffmangel ausgesetzt, weil die Nabelschnur zusammengedrückt wurde, bevor seine Brust den Geburtskanal verlassen hat. Es beginnt zu atmen, kann aber nicht richtig atmen, weil seine Brust noch eingeklemmt ist. So sind seine ersten Atemversuche fruchtlos, und Luft dringt nicht in genügender Menge in die Lungen. Für einen Augenblick stellt es seine Atembemühungen ein, aber es reagiert auf die absinkende Sauerstoffkonzentration, und für eine kurze Zeit schnappt es einige Male nach Luft. Dieses Nach-Luft-Schnappen dauert etwa eine Minute. Befreit sich das Fohlen in dieser Zeit vom Geburtskanal, blähen sich seine Lungen auf, und die Sauerstoffkonzentration im Blut steigt dramatisch an. Viele Fohlen werden mit einer primären Apnoe (anfänglicher Atemstillstand) geboren. Die Atmung wird dann ausgelöst durch das Zusammentreffen der Reize, die resultieren aus dem Absinken der Sauerstoffkonzentration und der ansteigenden Kohlendioxid-Konzentration (in Verbindung

Abb. 33: Künstliche Beatmung mit einer Sauerstoffflasche: Zur besseren Darstellung ist der Schlauch in die oben liegende (rechte) Nüster eingeführt worden. Eine Hand ist so um den Schlauch gelegt, daß kein Sauerstoff entweichen kann, die andere Hand verschließt die untere Nüster. Dabei beobachtet man die Fohlenbrust auf eine Bewegung, wenn der Sauerstoff in die Lungen fließt. In der Praxis ist es besser, den Schlauch in die untere Nüster einzuführen und die obere Nüster freizulassen, damit das Fohlen „ausatmen" kann, sobald die Lungen hinreichend aufgebläht sind.

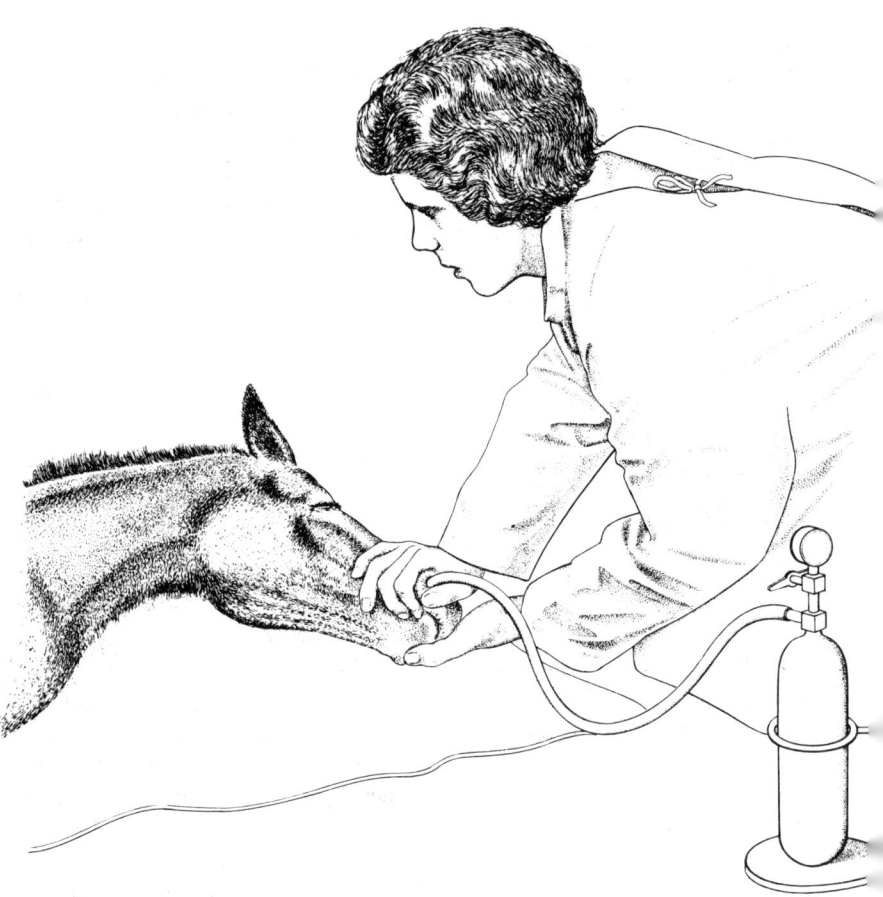

mit dem Atemstillstand) sowie aus den äußeren Reizen, die Kälte und Reibung ausüben.

2. Bei diesem Beispiel befindet sich das Fohlen noch im Geburtskanal, wenn es schon einige Male, wie beschrieben, nach Luft schnappt. Die Lungen füllen sich in diesem Fall nicht mit Luft. Nach ein bis zwei Minuten Luftschnappen hört das Fohlen mit dem Atmen wieder auf, es setzt ein sekundärer Atemstillstand ein. Von dieser Phase wird es sich erst erholen, wenn die Lungen künstlich ventiliert (belüftet) und andere Maßnahmen ergriffen werden.

Der Beobachter kann bei der Geburt nicht zwischen einer primären Apnoe (bei der das Fohlen nach dem Luftschnappen spontan zu atmen beginnt) und einer sekundären Apnoe (die künstliche Hilfe erfordert) unterscheiden. Wenn man natürlich abwartet, um festzustellen, in welchem Zustand ein bestimmtes Fohlen geboren worden ist, ist die Antwort innerhalb von fünf Minuten klar. Sollte das Fohlen freilich an einem sekundären Atemstillstand leiden, ist es tot, bevor die Unterscheidung getroffen ist. Bei einem sekundären Atemstillstand müssen die

Lungen künstlich mit Sauerstoff gefüllt und es muß eine schwache Base direkt ins Blut gegeben werden, um der zunehmenden Übersäuerung zu begegnen, die mit dem Aussetzen der Atmung verbunden ist. Dieser ansteigende Säuregehalt des Blutes ist tödlich, weil er zum Herzstillstand führt. Das Aufblasen der Lungen sorgt für eine zunehmende Sauerstoffkonzentration. Diese Maßnahme alleine reicht jedoch nicht unbedingt aus, ein Fohlen zu retten, wenn nicht zugleich der Übersäuerung des Blutes entgegengewirkt wird.

Methoden der künstlichen Beatmung
Die Lungen können belüftet werden durch Mund-zu-Nüster-Beatmung oder vorzugsweise durch die Verwendung einer Sauerstoffflasche, von der aus ein Gummischlauch in die jeweils unten liegende Nüster eingeschoben wird (Abb. 33). Zu diesem Zweck muß man sich vor dem Kopf des ausgestreckten Fohlens hinknien. Von hier aus wird eine Hand unter das Maul des Fohlens gelegt und der Gummischlauch etwa sechs Zentimeter tief in die untere Nüster hineingeschoben. Diese Nüster wird geschlossen, indem man ihren Rand gegen den Schlauch drückt. Der Sauerstoff soll in einer Menge von zehn Litern pro Minute aus der ·Flasche fließen. Der obere Luftweg (oberes Nasenloch) wird mit der anderen Hand verschlossen. Man achtet auf Bewegungen der Brustwand, wenn die Lungen sich aufblähen. Es ist äußerst wichtig, keinen Überdruck zu erzeugen. Man fährt nur so lange mit dieser Maßnahme fort, bis sich eine ganz geringe Bewegung der Brust zeigt. Der Druck sollte dann zurückgenommen werden, indem man die Hand von der oberen Nüster wegnimmt. Dieses Verfahren ist in Intervallen von etwa zehn Sekunden zu wiederholen, bis sich ein spontaner Atemrhythmus einstellt und das Fohlen selbständig weiteratmen kann. Die Zeitspanne bis zum Atmen ohne fremde Hilfe hängt bis zu einem gewissen Grad vom Ausmaß des

Abb. 33a: Mund-zu-Nüstern-Beatmung: Die rechte Hand liegt um die obere Nüster, in die hineingeblasen werden soll. Die linke Hand ist über die untere Nüster gelegt, damit sie geschlossen ist, wenn man in die obere hineinbläst. Diese Methode kann unabhängig davon angewendet werden, ob das Fohlen auf der rechten oder auf der linken Seite liegt. Es ist vorteilhaft, sich im rechten Winkel zum Fohlen hinzuknien, d.h. parallel zu den Vorderbeinen des Fohlens.

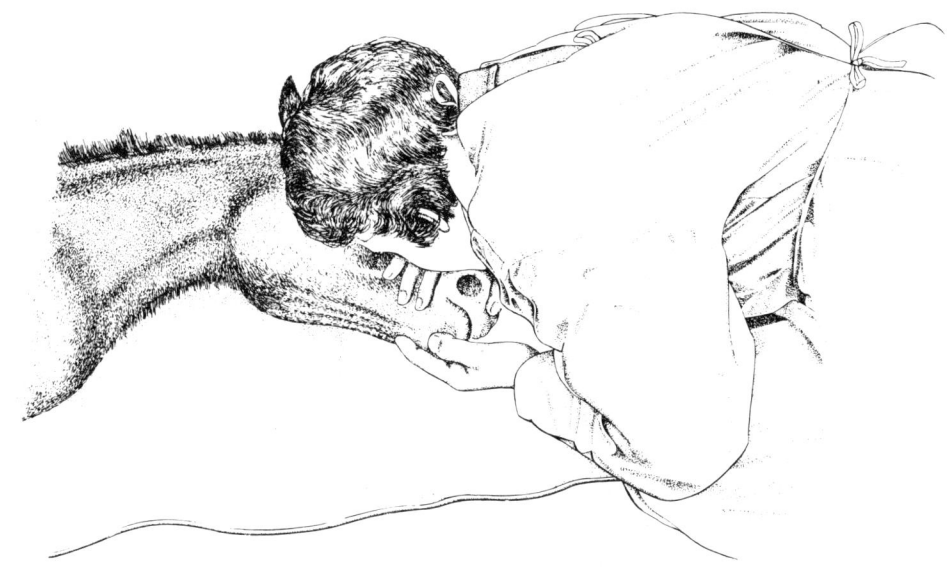

Atemstillstandes ab. Ist das Gehirn durch den Sauerstoffmangel bereits geschädigt, kann das Fohlen Krämpfe zeigen. Muß das Fohlen in der beschriebenen Weise beatmet werden, ist es klug, sofort den Tierarzt herbeizuholen. Eine schwache Base sollte unter diesen Umständen sobald wie möglich verabreicht werden. Diese Maßnahme sprengt jedoch den Rahmen der Ersten Hilfe und sollte nur von einem Pferdepfleger vorgenommen werden, der die Methode der intravenösen Injektion beherrscht. Um die Übersäuerung abzubauen, ist eine Menge von 100 ml einer fünfprozentigen sterilen Natriumbicarbonat-Lösung nötig. Diese kann mit einer Spritze oder über einen Tropf schnell verabreicht werden.

Künstliche Beatmung kann ebenfalls geleistet werden, indem man den Mund auf die obere Nüster drückt, die untere Nüster verschließt und dann in derselben Weise vorgeht wie oben beschrieben (Abb. 33a).

Anzeichen für eine Infektion

Symptome für eine Infektion umfassen Mattigkeit, Lethargie, teilweisen Verlust des Saugreflexes und Unfähigkeit, die Saugposition aufrechtzuerhalten. Fohlen, die derartige Symptome innerhalb der ersten zwölf Stunden zeigen, sind wahrscheinlich während der Trächtigkeit infiziert worden, und die Erreger waren schon bei der Geburt in ihrem Körper aktiv. Nach der Geburt können Keime durch das Maul, die Luftwege und den Nabel in den Körper eindringen. Die schädliche Wirkung von Staub in der Abfohlbox haben wir bereits erwähnt. Staub kann dazu beitragen, Erreger in die Lunge zu befördern. Vorbeugende Maßnahmen, die verhindern, daß Keime über den Nabel in den Körper gelangen, umfassen die Versorgung mit sauberer Einstreu sowie eine gewisse Hygiene, besonders beim Hantieren am Nabel. Normalerweise reißt die Nabelschnur an der von der Natur vorgesehenen Stelle etwa drei bis vier Zentimeter vom Bauch entfernt. Die Gefäße ziehen sich zusammen, so daß der Bauch des Fohlens verschlossen und versiegelt ist. In den meisten Fällen ist es nicht nötig, Jod oder ein antiseptisches und antibiotisches Puder auf den Stumpf aufzutragen, weil die Natur wirkungsvollere Mechanismen vorgesehen hat. Verdickte oder von einem fehlerhaften Abriß herrührende Nabelstümpfe können allerdings einen antiseptischen Verband erfordern.

Ob die Keime eine Krankheit verursachen, hängt von ihrer Art, ihrem Grad der Aggressivität und vom Widerstand des Fohlens ab. Wir haben bereits darüber gesprochen, wie Fohlen ihre Abwehrkraft durch die Übertragung schützender Substanzen (Antikörper) über die Kolostralmilch erhalten. Die Anfälligkeit eines Fohlens für eine Infektion ist also weitgehend mit der Wirksamkeit der passiven Immunitätsübertragung verbunden. Um einer Infektion vorzubeugen ist einerseits eine angemessene Versorgung mit schützenden Stoffen sicherzustellen, andererseits der Kontakt mit aggressiven Erregern zu vermeiden.

Geht bei einer Stute die Milch von alleine ab oder besteht Grund zur Annahme, daß das Fohlen nicht seinen gebührenden Anteil an Kolostralmilch guter Qualität erhält, muß eine andere Quelle gefunden werden. Viele Gestüte haben heute einen Vorrat an Kolostralmilch, den sie von solchen Stuten gewinnen, die

Kolostralmilch im Überfluß haben. Beim Abmelken muß vermieden werden, daß das Fohlen der Spenderstute zu kurz kommt. Nur kleine Mengen (50 ml) sollten jeweils abgenommen werden. Größere Mengen können von solchen Stuten gewonnen werden, deren Fohlen während oder kurz nach der Geburt gestorben sind. Kolostralmilch von Stuten mit hämolytischen Antikörpern sollte jedoch nicht verwendet werden.

Die Kolostralmilch wird in einem Gefrierschrank bei -20 °C gelagert. Mit einem künstlichen Sauger sollten 200 ml bis 300 ml einem Fohlen gegeben werden, das über einen starken Saugreflex verfügt, oder per Magensonde einem Fohlen, daß nicht aus der Flasche saufen kann oder will. Bei der Fütterung sollte die Kolostralmilch Bluttemperatur haben. Zur Erwärmung sind allein saubere Gerätschaften zu verwenden. Diese Milch ist nur bis zum Alter von zwölf Stunden zu verabreichen – und zwar vor jeder anderen Nahrung. Obgleich die Dosis geteilt werden kann, ist es besser, das meiste auf einmal zu verabreichen, weil die Fähigkeit des Fohlens, die schützenden Stoffe zu resorbieren, nachläßt, sobald Eiweiß in den Darm gelangt ist. Die Fütterung von Nicht-Kolostralmilch vor der Vergabe von Kolostralmilch vermindert darum die Fähigkeit des Fohlens, die schützenden Substanzen zu resorbieren.

Es ist unmöglich, den Abwehrstatus des Fohlens zu verbessern, wenn die Kolostralmilch im Alter von mehr als zwölf Stunden gegeben wird, weil die Darmwand dann undurchdringlich für die Antikörper geworden ist. Man kann in einem solchen Fall Blut von einem Spenderpferd gewinnen, das Blutplasma abtrennen und langsam in das Blut des Fohlens mit einer Spritze oder einem Katheter in eine der großen Venen infundieren. Diese Technik ist etwas mühsam, und die Pferdezucht verlangt nach einem zuverlässigen Ersatz wie etwa einem gefriergetrockneten Eiweißprodukt, das unter die Haut gespritzt werden kann. Die kommerziellen Möglichkeiten eines solchen Produktes sind jedoch nicht ausreichend, um das Interesse von pharmazeutischen Firmen an seiner Herstellung zu wecken.

Die Behandlung von ansteckenden Erkrankungen ist Angelegenheit des Tierarztes. Sie beruht auf der Einschätzung des Falles und der vermuteten Keimart. Im allgemeinen sorgen wiederholt verabreichte, hohe Dosen von Antibiotika gemeinsam mit der Vergabe von Blutplasma und anderen begleitenden Maßnahmen für gute Resultate. Es kann freilich nicht stark genug betont werden, daß eine erfolgreiche Behandlung davon abhängt, wie schnell die Maßnahmen nach dem Beginn der Infektion getroffen werden. Damit beruht der Erfolg auf der Fähigkeit der Pferdepfleger, die Anzeichen einer Erkrankung im möglichst frühen Stadium zu erkennen und zu deuten.

Unreife und mangelhaft entwickelte Fohlen
Abgesehen von ihrer zu geringen Größe können unreife Fohlen die folgenden Merkmale aufweisen: ein seidiges, dünnes Fell, eine dunkelrote Zunge, Unfähigkeit, in den ersten Stunden nach der Geburt aufzustehen, Schwierigkeiten, das Euter zu erreichen oder in Saugposition zu bleiben, eine Neigung, sich wundzuliegen, und ein Mangel an Fettpolstern, der ihnen eine unterernährte (abgema-

gerte) Erscheinung verleiht. Das unreife Fohlen ist gewöhnlich anfälliger für infektiöse Erkrankungen und Durchfall als ein ausgetragenes Fohlen. Unreife Fohlen können überleben und gedeihen, wenngleich manche Tiere Probleme bei der Knochenentwicklung aufweisen und zu klein bleiben.

Mangelhaft entwickelten Fohlen hat es an der vollständigen Plazentafunktion gefehlt. Das Ausmaß des Mangels hängt davon ab, welcher Bereich der Plazenta geschädigt war und wann sich der Schaden während der Trächtigkeit ereignete. Zu klein sind solche Fohlen, bei denen der Schaden relativ früh in der Trächtigkeit auftrat (d. h. vor dem neunten Monat). Groß genug aber unterernährt (abgemagert) sind solche Fohlen, bei denen der Schaden spät in der Trächtigkeit auftrat (d. h. während des letzten Monats).

Zwillinge sind ein typisches Beispiel für eine mangelhafte Entwicklung. Wir haben auf Seite 246 gesehen, wie der Wettbewerb zwischen zwei Plazenten beide Feten schädigt und die Anheftungsfläche an der Gebärmutterwand begrenzt. Jeder Zwilling weist darum eine mehr oder minder starke Unterentwicklung auf, die abhängig ist vom Ausmaß der Anheftung der jeweiligen Plazenta und ihrer funktionellen Unversehrtheit. Lebendgeborene Zwillinge sind meist klein und zeigen typische Symptome der Unreife und Unterentwicklung. Entweder sie überleben mit menschlicher Hilfe, oder ihr Zustand verschlechtert sich, und sie erliegen schließlich ihrer Unfähigkeit, sich der Umgebung außerhalb der Gebärmutter anzupassen.

Umgang mit Fällen des Fehlanpassungssyndroms

Das Fehlanpassungssyndrom der Neugeborenen (FAS, Neonatal Maladjustment Syndrom, NMS) beschreibt Fohlen, die an Krämpfen leiden, am plötzlichen Verlust des Saugreflexes oder der Fähigkeit, die Mutter zu erkennen und ihr zu folgen. Die Symptome treten gewöhnlich innerhalb von 24 Stunden nach der Geburt auf, am häufigsten innerhalb der ersten drei Stunden. Es gibt schwere und leichte Formen. Die beiden folgenden Fallbeispiele beschreiben die möglichen Extreme:

1. Nach einer leichten Geburt erweckt das Fohlen in den ersten dreißig Minuten einen normalen Eindruck. Es bemüht sich, auf die Beine zu kommen. Plötzlich setzen ruckhafte Bewegungen des Halses und der Vordergliedmaßen ein. Es bleibt wie ein Hund sitzen, Kopf und Vorderteil des Körpers zucken krampfartig. Bald stößt es laute Geräusche aus, die dem Bellen eines Hundes ähneln (im englischen Sprachraum spricht man von „Barkers" = Bellern, Kläffern). Dieser Phase folgt eine anstrengende Muskelaktivität, bei der das Fohlen wilde Galoppbewegungen in Seitenlage macht; ist es in stehender Haltung betroffen, kann es gegen die Wand galoppieren. Die Körpertemperatur steigt mit den Zuckungen an, das Fohlen schwitzt stark. Einige Fohlen können betroffen werden, nachdem sie bei der Stute gesaugt haben. Sobald die Symptome einsetzen, verschwindet der Saugreflex jedoch vollständig. Dieses Symptom hilft uns, die Erkrankung von Infektionen zu unterscheiden, bei denen der Saugreflex gewöhnlich allmählich nachläßt.

Die Phase der Krämpfe kann mehrere Stunden andauern und wieder einsetzen, nachdem sie für Stunden oder sogar Tage abgeklungen sind. Den Krämpfen folgen gewöhnlich Perioden des Komas (Bewußtlosigkeit). Falls sie nicht in der von Krämpfen geprägten Phase sterben, erholen sich die Fohlen, wenn ihnen angemessene Unterstützung und Behandlung gewährt werden. Es kann jedoch Wochen dauern, bis sich ein normales Verhalten gänzlich ausgebildet hat. Die Wiederherstellung seiner Fähigkeit aufzustehen, sich nach Belieben zu bewegen, zu saugen und der Stute zu folgen, ist gewöhnlich in dieser Reihenfolge zu beobachten.

2. Bei den leichteren Formen der Erkrankung treten keine Krämpfe auf. Aber die Fohlen sind teilnahmslos, sie interessieren sich insbesondere nicht für das Euter, für die Zitzen und für das Vorhandensein von Milch. Sie bleiben in unveränderter Stellung stehen oder wandern fortwährend in der Box herum, stoßen womöglich gegen die Wände oder irgendwelche Gegenstände. Diese Fälle können sich nach Stunden erholen, es mag aber auch einige Tage dauern, bis sie schließlich in der Lage sind, sich normal zu verhalten. In der Zwischenzeit ist es natürlich wichtig, sie bei Kraft und Vitalität zu halten, indem man ihren Nahrungsbedarf unter tierärztlicher Aufsicht befriedigt.

Die Symptome des Fehlanpassungssyndroms werden ausgelöst durch einen Gehirnschaden, der wahrscheinlich durch Sauerstoffmangel während des Geburtsvorganges verursacht wird und / oder durch den enormen Druck, dem das Fohlen durch die Austreibungsanstrengungen der Stute ausgesetzt ist. Eine kleine Blutung oder ein Ödem (Ansammlung wäßriger Flüssigkeit) können auf lebenswichtige Bereiche des Gehirns drücken. Sie sind verantwortlich für die Symptome und den unterschiedlichen Verlauf der Störung. Eine Behandlung beschränkt sich fast ausschließlich auf unterstützende Maßnahmen und Medikamente, mit denen man die Krämpfe kontrolliert und den Gehirnschaden vermindert. Die unterstützenden Maßnahmen werden weiter unten beschrieben (siehe Seite 289); gute Pflege durch das Gestütspersonal ist wesentlicher Bestandteil einer erfolgreichen Behandlung. Eine Methode zur Vorbeugung gibt es noch nicht.

Wie man Darmpechverhaltung und Harnblasenriß erkennt

Das Fohlen kann an Koliksymptomen leiden (Wälzen, auf dem Rücken oder in ungewöhnlicher Stellung liegen, z.B. mit dem Kopf zwischen den Vorderbeinen). Diese Anzeichen werden verursacht durch schmerzhafte Gasblasen, die den Darm aufblähen. Ein betroffenes Fohlen stellt für kurze Zeitspannen das Saugen ein, es preßt und versucht in Hockstellung bei aufgerichtetem Schweif, das verstopfende Darmpech aus dem Mastdarm abzusetzen. Eine Behandlung sollte vom Tierarzt überwacht werden.

Die Darmpechverhaltung muß unterschieden werden von einem Harnblasenriß. Die erfolgreiche Behandlung eines Blasenrisses hängt von einer frühen Diagnose ab. Die Symptome können ähnlich wie bei einer Darmpechverhaltung sein, besonders im Hinblick auf das Pressen, mit dem Kot und Harn abgesetzt werden sollen. Am zweiten oder dritten Tag schwillt der Bauch wegen der Ansammlung von Urin an. Diese Aufblähung ist zu unterscheiden von jener, die vom Gas bei der Darmpechverhaltung herrührt.

Die Ursache des Harnblasenrisses, der gewöhnlich im Dach der Blasenwand auftritt, kann Druck sein, der während der Geburt auf die mit Urin gefüllte Blase einwirkt. Der Harngang – das ist der Kanal, der Urin von der Blase zur Allantois leitet – kann vor der Geburt blockiert sein und so eine Leerung der Blase verhindern. Bei einigen Fohlen ist die Blasenwand während der embryonalen Entwicklung nicht vollständig verschlossen worden. In allen Fällen kann der Bauchfellüberzug, der die Blase umgibt, die Unversehrtheit der Wand aufrechterhalten, bis die Blase sich nach der Geburt ausdehnt. Dann bildet sich zunehmend Urin, weil das Fohlen große Mengen Milch säuft. Irgendwann steigt die Spannung derart an, daß die geschwächte Wand reißt. Urin dringt in die Bauchhöhle, anstatt durch den Harnleiter abzufließen.

Die Fähigkeit des Fohlens, Harn auf normale Weise abzusetzen, hängt in hohem Maße von der Größe der Öffnung in der Blasenwand ab. Ein kleines, stecknadelkopfgroßes Leck hindert das Fohlen zwar nicht, normal zu urinieren, aber es läßt zu, daß Harn langsam in die Bauchhöhle gelangt. Es ist zu erwarten, daß sich Symptome (Zunahme des Bauchumfangs) ab dem dritten Tag zeigen. Ein großer Riß verhindert, daß das Fohlen auf normale Weise uriniert. Es hockt sich womöglich immer wieder hin, um nur kleine Mengen abzusetzen. Große Mengen von Urin sammeln sich in der Bauchhöhle an. Anzeichen dafür treten am zweiten oder dritten Tag auf. Der Harn im Bauch verursacht keine Reizung, aber sein Volumen drückt auf das Zwerchfell und stoppt schließlich die Atembewegungen. Das Fohlen stirbt an Asphyxie, wenn die Störung nicht operativ beseitigt wird.

Die Bedeutung eines „offenen Harngangs" (Urachusfistel)

Der Harngang, der von der Blase zur Allantois verläuft, reißt, wenn die Nabelschnur bei der Geburt durchtrennt wird. Er wird gemeinsam mit den Blutgefäßen verschlossen. In einigen Fällen bleibt jedoch diese Verbindung offen, und Urin tröpfelt für einige Stunden oder Tage aus dem Nabel heraus. Diese Störung ist zu erkennen am nassen Fleck, der sich um den Nabel bildet, weil das Fell von Urin besudelt wird. Es besteht das Risiko einer Infektion, die sich in den umgebenden Geweben entwickeln kann. Es sollte der Rat des Tierarztes eingeholt werden. Die Störung kann auf eine simple Maßnahme wie die chemische Reizung mit einer einprozentigen Formalinlösung ansprechen. Unter Umständen sind jedoch auch eine chirurgische Behandlung und Antibiotikagabe notwendig.

Was ist die hämolytische Gelbsucht (hämolytisches Syndrom der Fohlen)?

Obgleich diese Krankheit selten ist, sollten Pferdepfleger auf Symptome dieser Störung am zweiten und dritten Tag nach der Geburt achten. Zu den Anzeichen gehören eine schnelle Atmung in Ruhe, die schon nach der leichtesten Anstrengung sehr mühsam wird. Eine Pulswelle ist zu beobachten, die in der Drosselrinne am Hals auf- und abläuft. Die Schleimhäute sind gelb, der Urin ist rot. Der

Tierarzt muß sofort gerufen werden, sobald diese Symptome auftreten. Die Zerstörung der roten Blutkörperchen schreitet fort, und wenn sich ihre Konzentration auf weniger als 2×10^{12} pro Liter (normal ist $7 - 9 \times 10^{12}$ pro Liter) vermindert, sinkt die Fähigkeit des Blutes, Sauerstoff zu transportieren, unter das kritische, lebensnotwendige Niveau ab.

Zur Behandlung müssen rote Blutkörperchen übertragen werden, um die notwendige Konzentration im Blut aufrechtzuerhalten. Die optimale Quelle dafür ist die Mutterstute. Die roten Blutkörperchen müssen jedoch durch entsprechende Labortechniken freigewaschen werden, weil das Blutplasma der Stute jene Antikörper enthält, die für die Erkrankung verantwortlich sind. Das Blut der Stute kann vor der Geburt auf das Vorhandensein dieser Antikörper untersucht werden. Werden Antikörper gefunden, kann man der Erkrankung vorbeugen, indem man das Fohlen 24 Stunden lang tränkt und ihm erst dann erlaubt, bei der Mutter zu saufen. In dieser Zeit sollte es erst mit der Kolostralmilch einer anderen Stute und dann mit einem entsprechenden Milchersatz gefüttert werden. In regelmäßigen Abständen sollte die Mutter gemolken werden, um die Kolostralmilch zu entfernen und die Milchproduktion anzuregen für den Zeitpunkt, zu dem das Fohlen wieder normal saufen darf. Auf diese Weise bezieht das Fohlen keine Antikörper aus der Kolostralmilch. Werden sie erst nach mehr als 24 Stunden aufgenommen, können sie nicht mehr vom Darm aus ins Blut gelangen. Die Kolostralmilch, die der betroffenen Stute abgemolken wird, muß weggeschüttet werden. Sie ist als Kolostralmilch-Spende für andere Fohlen nicht geeignet.

Anzeichen für angeborene Mißbildungen

Die Anzeichen hängen ab vom Sitz und von der Art der Mißbildung. Ein Wolfsrachen (Gaumenspalte) beispielsweise (der Gaumen – das Mundhöhlendach – hat sich in der Mitte nicht geschlossen) führt dazu, daß Milch nach dem Saugen wieder aus den Nüstern herausfließt. Defekte der Herzklappen oder Herzscheidewand erzeugen unterschiedliche Symptome je nach Sitz und Größe, dazu gehören Mattigkeit, Schwäche und schneller Herzschlag. Mißbildungen des Verdauungstraktes verursachen Anzeichen von chronischem Gewichtsverlust und Kolik. Die meisten anderen Mißbildungen sind äußerlich und können bei einer Untersuchung des Fohlens festgestellt werden.

Die Bedeutung der Pflege

Das neugeborene Fohlen muß sich mit den Herausforderungen einer fremden Umwelt auseinandersetzen und sich an eine unabhängige Existenz gewöhnen. Es gibt freilich Gelegenheiten, bei denen die Anpassungsmechanismen überfordert sind, zum Beispiel wenn Gehirn oder Herz bei der Geburt geschädigt wurden oder wenn Unreife und Unterentwicklung vorliegen. Die Behandlung solcher Fälle besteht weitgehend darin, das Leben zu erhalten, bis der Schaden behoben ist und die Anpassungsmechanismen Zeit gehabt haben, ihre Wirkung auszuüben. Gute Pflege ist so lange wichtig, wie das Fohlen braucht, um sein biologisches Gleichgewicht zu finden. Hat ein Fohlen etwa keinen Saugreflex, muß es durch

Abb. 34: So wird ein Fohlen festgehalten: Das Tier liegt ruhig da.

Abb. 34a: Das Festhalten eines Fohlens, das etwas zappelt: Der Kopf wird weggedreht, um dem obenliegenden Hinterbein auszuweichen. Der Kopf des Fohlens wird ebenfalls hochgehalten, während die Hand das obenliegende Vorderbein ergreift.

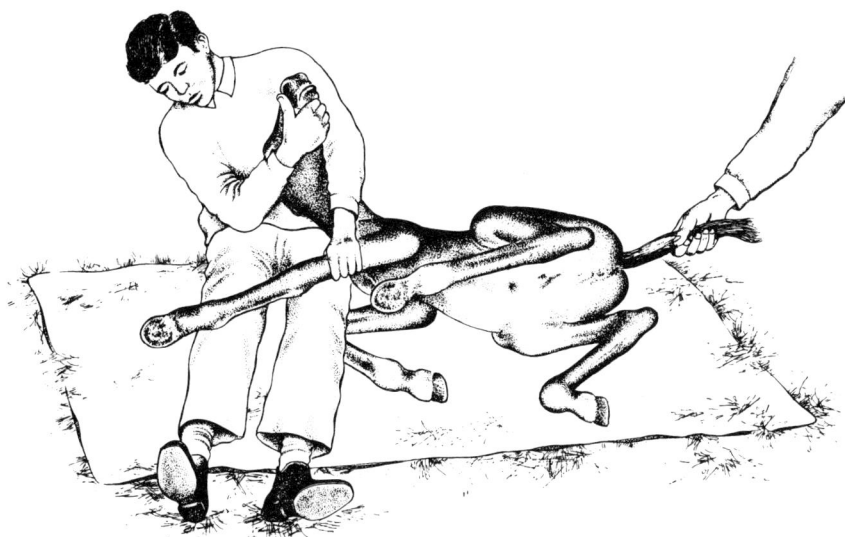

Abb. 34 b: Zappelt das Fohlen wild oder hat es Krämpfe, wird der Schweif von einem zweiten Helfer ergriffen, um zu verhindern, daß sich das Fohlen im rechten Winkel zur sitzenden Person bewegt.

künstliche Ernährung am Leben gehalten werden. Wenn es nicht auf die Beine kommen kann, muß es aufgerichtet werden, und wenn seine Körpertemperatur absinkt, muß es warmgehalten werden. Die Pflege erfolgt in diesem Zusammenhang nach Beurteilung des Fohlenverhaltens und der Stoffwechselschäden. Und diese Pflege muß sorgfältig und angemessen sein – stunden-, tage-, vielleicht sogar wochenlang.

Für die gute Pflege ist das Gestütspersonal zuständig. Tierärzte können Beruhigungsmittel geben, Medikamente gegen die Krämpfe und andere Präparate, um den Symptomen von Gehirn- und Organschäden zu begegnen, aber ihre Behandlung verspricht wenig Erfolg, wenn es an guter Pflege mangelt. Intelligente Beobachtung ist erforderlich, an die sich Abhilfemaßnahmen anschließen, die sorgfältig, mit Vorsicht und mit Verständnis für die mißliche Situation des Fohlens angewendet werden. Ein Fohlen zum Beispiel, das an einer Gehirnschädigung leidet, kann seine Bewegungen nicht so leicht koordinieren, um aus einer liegenden, ausgestreckten Haltung in die Brustlage zu kommen. Es kann heftig strampeln beim Versuch, eine Lageveränderung zu erreichen. Je stärker es strampelt, ohne sein Ziel zu erreichen, um so wilder werden seine Bemühungen. In der Folge kann es wild um sich schlagen und mit dem Kopf heftig auf den Boden aufprallen. Hilft man dem Fohlen auf, so daß es auf der Brust liegen kann, beruhigt es sich wahrscheinlich von selbst und hört auf zu strampeln, weil es sein unmittelbares Ziel erreicht hat. Dasselbe Verhaltensmuster kann in solchen Fällen beobachtet werden, in denen das Fohlen darum kämpft, auf die Beine zu kommen – Hilfe im rechten Augenblick hat eine beruhigende Wirkung auf das Fohlen, sobald es steht. Der Antrieb, der hinter dem Verhalten des Fohlens steckt, ist der Wunsch, zu stehen und zu saugen. Hilft man dem Fohlen also, seinen Magen zu füllen, beruhigt man es allein schon dadurch.

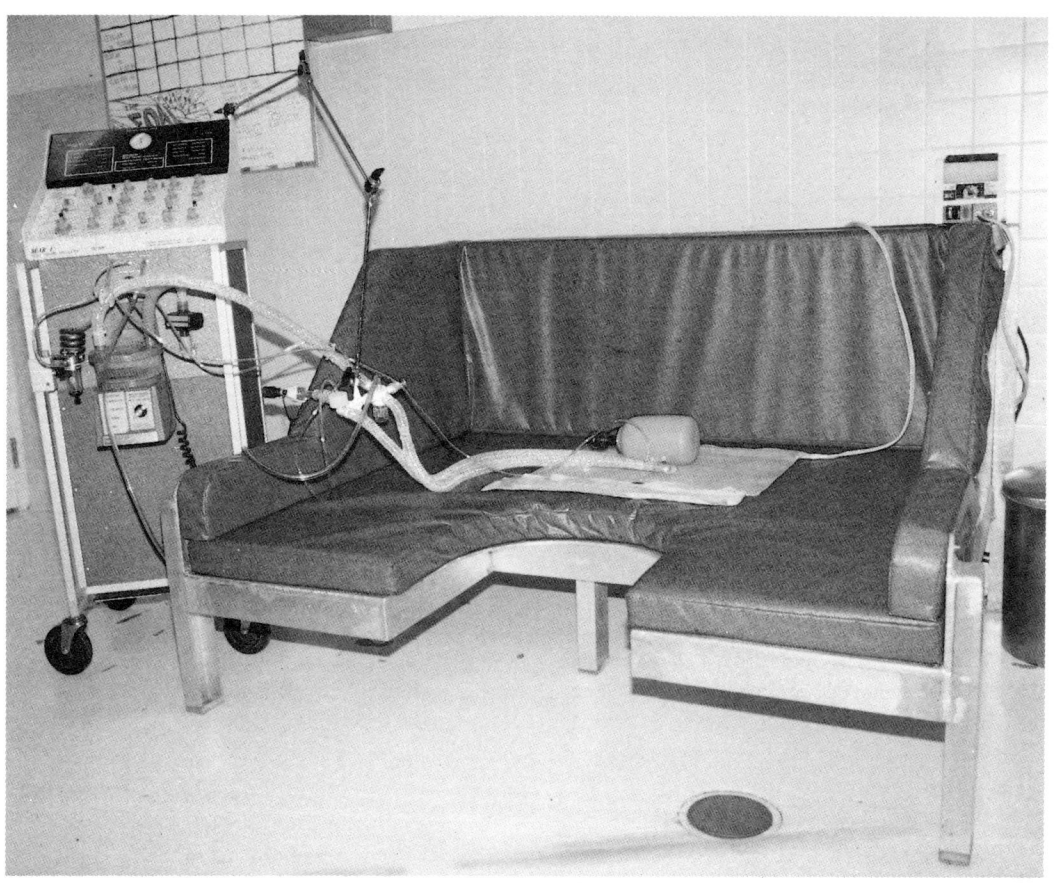

Ein Fohlenbett für die Intensivbetreuung, konstruiert von Dr. Tim Cudd, Lexington, USA

Das Strampeln ist eine Beschäftigung, die Energie verbraucht – genausoviel wie das Galoppieren oder noch mehr. Die Energie wird erzeugt durch die Verbrennung von Zucker und Eiweiß, die in den Geweben lagern. Über das Blut wird die Energie zu den Muskeln befördert. Das Blut zirkuliert dank der Pumpkraft des Herzens. Normalerweise reicht das aus, die Ernährung und den Sauerstoffbedarf der Muskeln jederzeit sicherzustellen. Beim neugeborenen Fohlen sind die Energiereserven allerdings bald erschöpft. Die Pumpkraft des Herzens kann durch einen Geburtsschaden und durch unzureichend mit energieerzeugenden Stoffen gefüllte Speicher vermindert sein. Dann mangelt es dem Herzmuskel an Kraft. Ferner kann der Herzmuskel durch chemische und giftige Stoffe geschädigt sein, die sich während eines Atemstillstandes gebildet haben. Das Herz kann darum unfähig sein, den durch ein strampelndes Fohlen gestellten Anforderungen zu genügen. Herzversagen ist eine häufige Ursache für den Tod eines erkrankten neugeborenen Fohlens. Deshalb müssen wir alles tun, um ein Fohlen von unnötigem Strampeln abzuhalten und es während einer Erkrankung nicht zu sehr anzustrengen. Lärm und grober Umgang sollten unter allen Um-

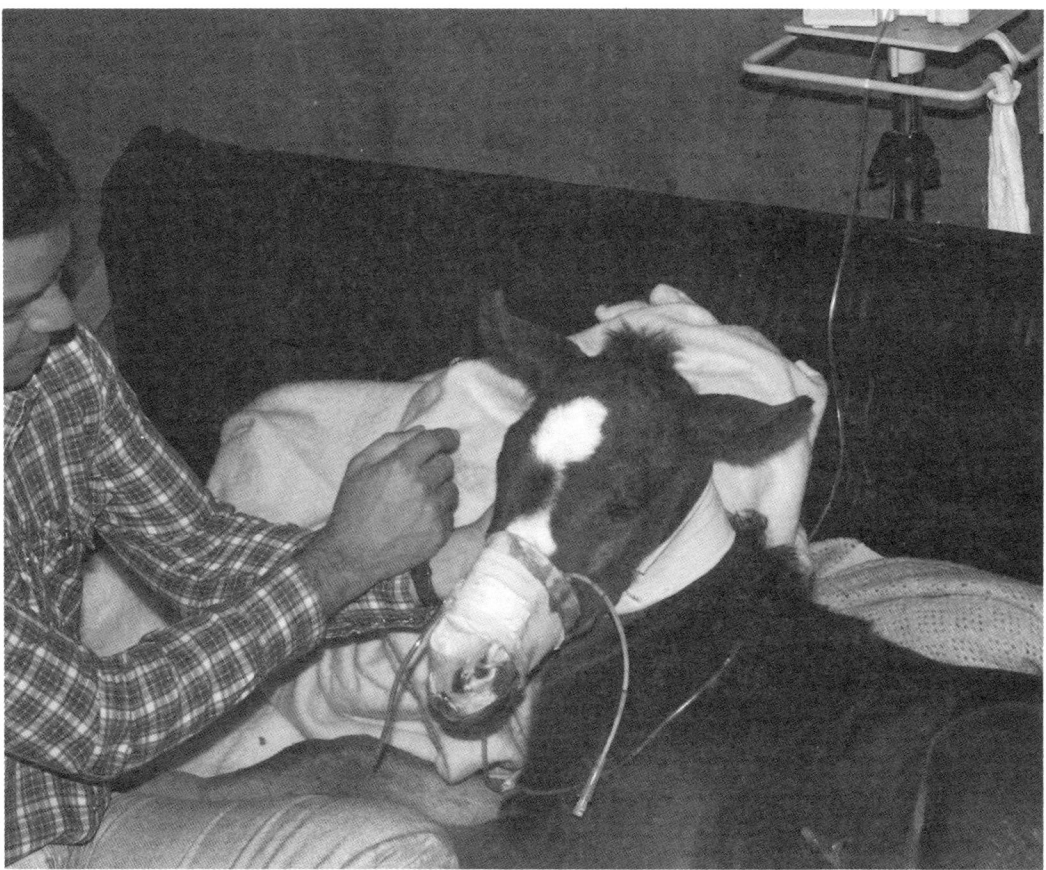

ständen vermieden werden. Beides reizt das Fohlen, in einer Zeit aktiv zu werden, in der Stille und Ruhe von äußerster Wichtigkeit sind.

Das Festhalten der Beine und andere Zwangsmethoden sind zu vermeiden. Sie verstärken die Anforderungen an das Herz, die Lungen und das Nervensystem, die vielleicht schon voll ausgelastet sind. Es ist leicht möglich, das Gleichgewicht zwischen erfolgreicher Anpassung und Fehlfunktion in Richtung auf ein tödliches Ende umkippen zu lassen – und sei es nur durch unnötiges Festhalten.

Ein Helfer sollte zu allen Zeiten zugegen sein, wenn ein Fohlen nicht in der Lage ist, sich ohne Hilfe aufzurichten, in die richtige Position zu bringen oder aufzustehen. Die ständige Anwesenheit eines Helfers kann bei nervösen Störungen einen beruhigenden Einfluß auf das Fohlen ausüben. Wie man ein Fohlen in liegender Position festhält, ist in Abbildung 34 illustriert (siehe Seite 288 / 289). Das Programm für eine ständige Überwachung setzt das Gestütspersonal einem erheblichen Streß aus, vor allem, wenn die Umstände verlangen, daß in Zeiten großer betrieblicher Geschäftigkeit immer jemand zugegen ist. Gleichwohl kann nicht überbetont werden, daß das Überleben in einigen Fällen von ständiger Be-

Fohlen während der Intensivbehandlung auf einem aufblasbaren Fohlenbett in Newmarket

treuung und intensiver Pflege des Fohlens abhängen kann. Geht ein Fall, der sich über viele Tage hingezogen hat, schließlich erfolgreich aus, ist dies für alle Verantwortlichen der schönste Lohn. Besitzer, die zu solchen Gelegenheiten gewöhnlich nicht anwesend sind, sollten die Fähigkeiten und die Ausdauer jener anerkennen, die für die Pflege verantwortlich waren.

Die optimale Unterlage, auf die man ein liegendes Fohlen betten kann, hat bislang noch niemand erfunden. Vor allem muß sie weich sein, damit das Fohlen seine vorstehenden Körperteile wie Augen, Hüften und Schultern nicht quetscht. Zugleich muß sie hinreichend porös sein, damit Urin abfließen kann und nicht das Fell beschmutzt. Wundliegen tritt bei Fohlen auf, wenn sie viele Stunden auf einer Seite liegen. Talkumpuder hilft in diesen Fällen, wenn es in großzügigen Mengen auf die hervorstehenden Körperteile aufgetragen wird. Ferner sollte das Fohlen in stündlichen Abständen von der einen auf die andere Seite gedreht werden, damit das feuchte Fell ausdunsten kann.

Fohlen, die nur schwer aufstehen und/oder die Saugstellung beibehalten können, sollte geholfen werden. Gemeinhin reicht der gesunde Menschenverstand im Einzelfall aus, unnötige Kämpfe zu vermeiden und nicht gegen die natürlichen Instinkte des Fohlens zu arbeiten. Es ist wichtig, die Absichten des Fohlens zu deuten und herauszufinden, ob es ein Eingreifen hinnimmt oder sich dagegen wehrt. Für den Versuch, ein Fohlen am Euter der Mutter saugen zu lassen, gibt es keine bessere Beschreibung als das bekannte Sprichwort: „Man kann zwar ein Pferd zum Brunnen führen, es aber nicht zum Saufen zwingen."

Warmhalten

Das Gleichgewicht der Körpertemperatur ist die Summe der von Muskeln und anderen Geweben erzeugten Wärme abzüglich des Wärmeverlustes durch Verdunstung, Ableitung, Luftbewegung und Abstrahlung. Ein Fohlen im Koma weist eine verminderte Wärmeproduktion auf im Vergleich zur Menge, wie sie normalerweise durch Muskelaktivität und Zittern erzeugt wird; im Koma fehlen solche Aktivitäten. Es ist darum nötig, den Wärmeverlust auf ein Minimum abzusenken, indem man die Lufttemperatur der Umgebung anhebt. Eine oder auch mehrere Decken reichen eventuell nicht aus, um die Körpertemperatur bei schwer erkrankten Fohlen nahe 38,5 °C aufrechtzuerhalten. Elektrische Heizdekken mit einer abwaschbaren, wasserdichten Oberfläche können mit gutem Erfolg verwendet werden, wenn man sie noch unter der normalen Decke auflegt. Die rektale Temperatur sollte stündlich gemessen werden. Die Maßnahmen, mit denen die Temperatur im gewünschten Bereich von 38,5 °C gehalten werden, sind entsprechend einzurichten.

Fütterung

Die Ernährung und die Verabreichung von Flüssigkeiten über das Maul oder intravenös sind Angelegenheit des Tierarztes, der den Fall betreut. Darum ist es nicht angebracht, den Leser im Hinblick auf Menge und Qualität der Nahrungsmittel und Häufigkeit der Verabreichung zu beraten, wie sie bei kranken neugeborenen Fohlen angebracht sind. Dasselbe gilt für medikamentöse Behandlung

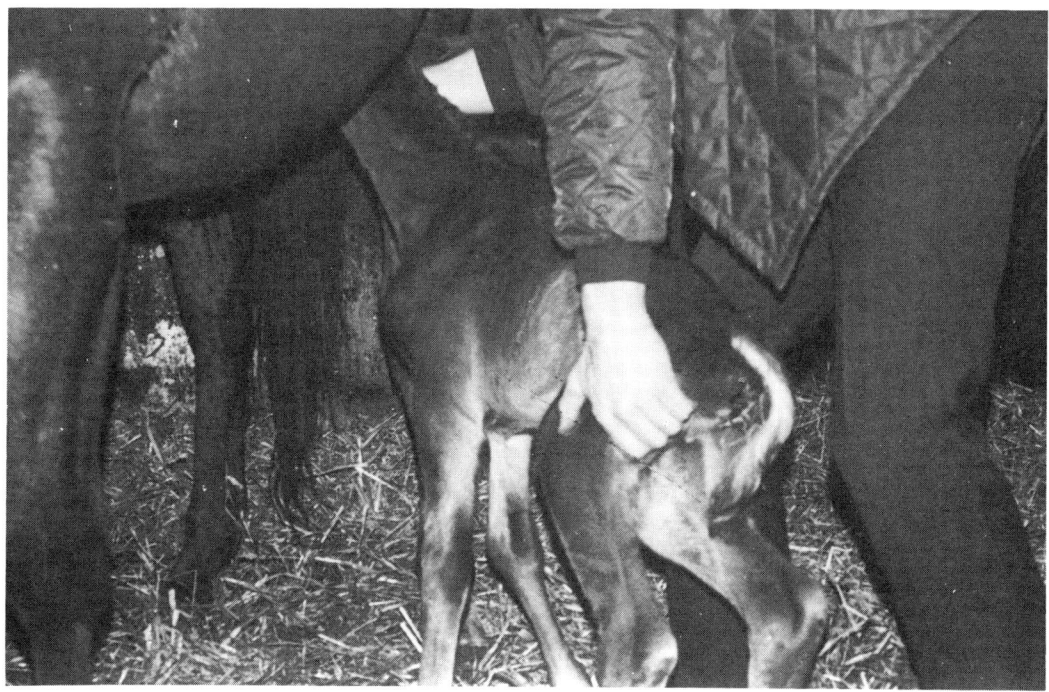

und andere tierärztliche begleitende Maßnahmen. Der Leser sollte anerkennen, daß die Therapie in jedem Fall von aktuellem Wissen und vorhandener Erfahrung abhängen. Für beide ist allein der Tierarzt zuständig und nicht der Besitzer oder der Pferdepfleger.

So hilft man einem unreifen, schwachen Fohlen, die Saugstellung beizubehalten.

Krankheiten des älteren Fohlens und des Absetzers

Die Krankheiten dieser Lebensphase sind mit wenigen Ausnahmen mit denen zu vergleichen, die man bei erwachsenen Pferden antrifft. Der Pferdepfleger muß die Symptome dieser Erkrankungen kennen. In diesem Zusammenhang erscheint es angebracht, an die verschiedenen Krankheiten anhand der Symptome heranzugehen und sie zu beschreiben.

Durchfall

Durchfall (Diarrhoe) ist ein Symptom für einige unterschiedliche Erkrankungen. Sein Auftreten kann je nach Ursache von geringer, aber auch von erheblicher Bedeutung sein. Bei Fohlen bis zu fünf Monaten ist der Durchfall viel häufiger als bei irgendeiner anderen Patientenkategorie. Durchfall kann von der Haltung, der Ernährung, von Bakterien, Viren, Pilzen oder Parasiten herrühren. Die Diagnose ist Sache des Tierarztes, jedoch muß der Pferdepfleger die möglichen Ursachen kennen, weil sich diese Störung auch auf andere Fohlen ausbreiten kann. Hat ein Fohlen Durchfall, sollte man auf die folgenden Punkte achten:

a) Ist die Mutterstute rossig? Besonders die Fohlenrosse kann beim Fohlen für Durchfall sorgen. Gewöhnlich handelt es sich um einen leichteren Durchfall, der sich allerdings zu einer schwerwiegenderen Form entwickeln kann, falls weitere Faktoren vorliegen, eine Infektion etwa.

b) Die rektale Temperatur (im Mastdarm) sollte gemessen werden, wobei der Zustand des Afters und des Mastdarms zu berücksichtigen ist. Ist die Afterrosette erweitert und Luft im Mastdarm vorhanden, dann kann die gemessene Temperatur falsch sein, weil das Thermometer nicht in unmittelbaren Kontakt mit der Mastdarmschleimhaut gelangt.

c) Eine Kotprobe sollte in einer sauberen, vorzugsweise sterilen Flasche gesammelt werden, damit der Tierarzt eine Analyse vornehmen kann. Der Durchfall kann grün, braun oder grau sein; er kann stark oder überhaupt nicht riechen; er kann von wässriger, breiiger oder pastöser Beschaffenheit sein; er kann von Blut gefärbt sein.

d) Die Zunge kann feucht und normal sein oder trocken und pelzig.

e) Das Fohlen kann teilnahmslos und niedergeschlagen sein oder munter und lebhaft, es kann nicht saugen, es kann normal fressen oder große Mengen Wasser trinken.

Der Verlauf der Erkrankung variiert von Fällen, bei denen für ein paar Stunden Durchfall besteht, bis zu solchen, die für Tage oder gar Wochen betroffen sind. Pferdepfleger müssen einschätzen lernen, ob der Tierarzt dringend konsultiert werden muß oder nicht. Ein teilnahmsloses, niedergeschlagenes Fohlen, das nicht saugt, aber reichlich Wasser säuft, muß umgehend behandelt werden. Ein starkes Fohlen, das ansonsten einen offensichtlich ziemlich gesunden Eindruck erweckt, kann für Stunden in Ruhe gelassen werden oder auch bis zum folgenden Tag, bevor man professionellen Rat hinzuzieht.

Auf jeden Fall sollte ein betroffenes Fohlen soweit wie möglich von anderen Fohlen gleichen Alters und gleicher Anfälligkeit isoliert werden. Die Isolation in einer Pferdebox ist die bequemste Methode. Es sollte freilich bedacht werden, daß einige Erreger, die Durchfall verursachen – etwa das Rotavirus –, sich in der Einstreu und sogar in der Krippe ansammeln können. Sie reinfizieren das Fohlen und verschlimmern den Zustand. Bei Fohlen mit Durchfall sollte darum die Einstreu häufig erneuert werden, mit Kot beschmutzte Stellen sind zu desinfizieren. Wenn praktisch durchführbar, kann es hilfreich sein, das Fohlen in eine zweite Box zu stellen, während die erste gesäubert wird.

Rotavirus
Das Rotavirus befällt Fohlen bis zum Alter von fünf Monaten. Sein Vorhandensein kann durch eine Kotprobe nachgewiesen werden. Sein häufigstes Erscheinungsbild ist starker Durchfall, weitere Symptome umfassen Niedergeschlagenheit, Appetitlosigkeit, leichte Kolik, zunehmende Darmgeräusche und Fieber. Die Durchfallphase währt gewöhnlich bis zu zwei Wochen. Schwerere Fälle können zur Austrocknung und zur Übersäuerung (metabolische Azidose) führen. Das Virus schädigt die Auskleidung des Verdauungstraktes. Das kann dazu füh-

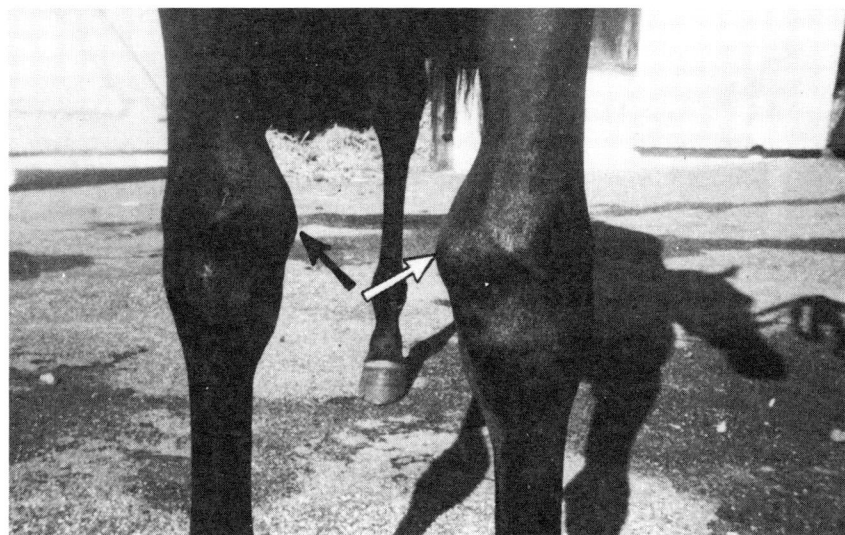

Am unteren Ende des Radius (Speiche) weist dieser Jährling innen eine Verdickung auf, die von einer Epiphysitis herrührt.

ren, daß die Nährstoffe nicht mehr hinreichend aufgenommen werden. Die Erkrankung wird durch Gabe von Flüssigkeit behandelt. Eventuell sind Antibiotika nötig, um mit einer bakteriellen Sekundärinfektion fertig zu werden. Bis heute gibt es keinen Impfstoff gegen das Rotavirus bei Fohlen. Kühe werden bereits vor dem Kalben geimpft, so daß Antikörper in der Milch vorhanden sind. Die Impfstoffe für Rinder wurden auch bei Pferden angewendet, aber sie führten zu schweren Reaktionen an der Impfstelle.

Sommerpneumonie (eitrig-abszedierende Bronchopneumonie)

Diese Erkrankung junger, bis zu fünf Monate alter Fohlen ist durch viele kleine Abszesse in den Lungen charakterisiert. Die Symptome sind dieselben wie bei einer Lungenentzündung. Die Krankheit bricht schleichend aus, und die Lunge kann schon geschädigt sein, bevor irgendwelche Anzeichen zu bemerken sind. Zu den Symptomen gehören schnelles und mühsames Atmen, hohes, hartnäckiges Fieber, das Tage oder Wochen andauert, Husten, Nasenausfluß, Konditionsverlust. Die Sommerpneumonie ist meist tödlich. Unter Umständen erholen sich einige Fohlen, sofern ihnen eine Intensivbehandlung zuteil wird und Antibiotika hinreichend früh im Verlauf der Krankheit verabreicht werden.

Epiphysitis

Eine Entzündung der Epiphysenfugen (Wachstumsfugen, siehe Seite 207) tritt gewöhnlich in der Zeit größter Wachstumsaktivität auf, d. h. einige Zeit bevor das Knochenwachstum endet und sich die Fuge schließt. Wir können darum Symptome am unteren Ende der Röhrbeine erwarten, wenn das Fohlen etwa sechs Monate alt ist, und am unteren Ende des Radius (Speiche) im Alter von achtzehn Monaten. Gelegentlich bilden sich schmerzhafte Schwellungen an der Innenseite der Wachstumsfugen. Betroffene Fohlen können in der akuten Phase der Erkrankung lahmen und eventuell später Gesundheitsprobleme aufweisen, wenn sie angeritten werden.

Es gibt eine Reihe von unterschiedlichen Gründen für die Epiphysitis, wobei jedoch die übermäßige Belastung bei Fehlstellungen und die ungleichmäßige Gewichtsverteilung auf den Gliedmaßen die häufigsten Ursachen sind. Übergewicht, falsche Ernährung, Futtermittel, die übermäßig viel Phosphor und zu wenig Kalzium enthalten, Mangel an Vitamin D und eiweißreiche Futtermittel können ebenfalls unmittelbare Ursache sein oder den Ausbruch der Krankheit begünstigen. In einigen Fällen ist auch eine ererbte Prädisposition (Anfälligkeit) zu vermuten.

Man sollte den Tierarzt heranziehen, damit die Ursache festgestellt und die günstigste Behandlungsmaßnahme eingeleitet werden kann. Das Kalzium : Phosphor-Verhältnis im Futter sollte etwa 2:1 betragen. Der Eiweißgehalt sollte bei Fohlen mit Epiphysitis zehn Prozent im Trockenzustand nicht übersteigen. Kleie darf nicht gefüttert werden; Kalziumkarbonat oder Knochenmehl (10 bis 30 Gramm pro Tag) sollten dem Futter hinzugefügt werden.

Angeborener Sehnenstelzfuß

Viele Fohlen werden mit geraden oder leicht nach vorne gebeugten („überköteten") Gliedmaßen geboren. Dieser Zustand verbessert sich normalerweise mit zunehmendem Alter, wenn sich das Fohlen viel bewegt und durch den Druck, der auf Bänder, Gelenke, Sehnen und Knochen ausgeübt wird, die Gliedmaßen umgestaltet werden. In anderen Fällen wird der Zustand schlimmer, oder er entwickelt sich erst, plötzlich oder allmählich, wenn das Fohlen ein Alter von zwei Monaten oder mehr erreicht. Der Grund für diese Störung ist unbekannt, wenngleich ein Mangel an Kalzium, Phosphor und Vitamin A oder D schon als Ursache vermutet wurde. Eine angeborene Prädisposition (Anfälligkeit) kann ebenfalls im Verbund mit Überfütterung, Bewegung auf hartem Boden oder Infektionen beteiligt sein.

Die Therapie besteht gewöhnlich darin, daß man versucht, die Fehlstellungen durch Gegendruck zu korrigieren. So werden zum Beispiel die Trachten gekürzt, oder an der betroffenen Gliedmaße wird ein über die Zehe ausgezogenes Eisen aufgelegt. Fixierende Verbände oder Hufschuhe können bei sehr jungen Fohlen zur Korrektur angewendet werden. Trotzdem kann sich die Behandlung als zwecklos erweisen. Durch das Kürzen der Trachten und das Auflegen eines Zeheneisens können wir vermeiden, daß das Fohlen über das Fesselgelenk nach vorne knickt. Aber zur gleichen Zeit belasten wir das Karpalgelenk, wodurch die Vorderseite der Gliedmaße konkav wird, d. h. sie wird rückbiegig.

In neuerer Zeit hat in vielen Fällen das Durchtrennen des Unterstützungsbandes der tiefen Beugesehne (d. h. des Bandes, das hinten am Karpalgelenk ansetzt und zur tiefen Beugesehne zieht) für sofortige Erleichterung gesorgt. Die Operation wird in Vollnarkose vorgenommen. Sie bewirkt, daß die Zehe nach vorne kommen kann und die Trachten allein dadurch absinken, daß die Spannung auf die tiefe Beugesehne, die am Hufbein ansetzt, nachläßt. Nachteil dieser Maßnahme ist, daß eine kleine Narbe an der Operationsstelle zurückbleiben kann.

Die überwiegende Mehrheit der Fohlen entwickelt sich jedoch normal und erlangt auch die für den Sport nötige Gesundheit. Die Gabe von Phenylbutazon kann die Heilung unterstützen und auch in leichteren Fällen für eine Genesung ohne Operation sorgen. Jedes Fohlen bedarf allerdings der tierärztlichen Beurteilung, damit eine optimale Behandlung sichergestellt ist.

Infektiöse Arthritis (Fohlenlähme)

Eine heiße, schmerzhafte Schwellung eines oder mehrerer Gelenke verbunden mit Fieber und Lahmheit sind Symptome dieser Erkrankung, von der Fohlen im Alter von wenigen Tagen bis zu vier oder fünf Monaten betroffen werden. Bei dieser Erkrankung handelt es sich im Wesentlichen um eine Infektion des Knorpels und des Knochens, der dem Gelenk benachbart ist. Die Gelenke und Innenauskleidung der Gelenke können ebenfalls eitrig entzündet sein.

Verschiedene Erreger können im Gelenk oder in den Abszessen unterhalb der Gelenkoberfläche gefunden werden. Meist handelt es sich um Streptokokken, Staphylokokken, Salmonellen und *Corynebacterium equi*. Die Erreger dringen durch den Nabel oder den Verdauungstrakt in den Körper ein und zirkulieren im Blut. Sie siedeln sich dann in den Gelenken an, wo sie die Bedingungen vorfinden, die ihrem Wachstum dienlich sind. Eine frühzeitige Diagnose und Behandlung sind wichtig. Der Tierarzt sollte in jedem Fall gerufen werden, wenn ein Fohlen lahmt. Das Fohlen sollte in eine Box gestellt werden. Seine rektale Temperatur (im Mastdarm) ist zu messen. Hinter einer Lahmheit ohne Fieber steckt sehr wahrscheinlich keine Fohlenlähme-Infektion. Es ist darum wichtig, zweimal täglich die Temperatur zu notieren und jeden Anstieg über 39,5 °C als bedeutsam zu betrachten.

Infektionen des Atmungsapparates

Fohlen und Jährlinge sind in besonderem Maße Infektionen der Luftwege ausgesetzt. Die Symptome umfassen wässrigen Ausfluß aus den Nüstern („Rotznase"), Husten, Bronchitis und Lungenentzündung. Die Infektionen werden durch Viren verursacht. Ihnen folgt oft eine bakterielle Sekundärinfektion, für die Streptokokken oder Staphylokokken verantwortlich sind.

Eine „Rotznase" wird nicht als besonders ernsthaft betrachtet, wenn die schwerwiegenderen Anzeichen wie Fieber oder Lungenentzündung fehlen. Sie kann sogar günstig sein, indem sie die Abwehrkraft des Tieres fördert. Allerdings ist dieser Zustand nicht gerade attraktiv und störend, wenn Fohlen oder Jährlinge für eine Auktion vorbereitet werden sollen. Der wäßrige Ausfluß kann sich hartnäckig über viele Tage oder Wochen halten, vielleicht sogar in Intervallen wiederauftreten. Der Ausfluß stammt in erster Linie aus den Nasen- und Nasennebenhöhlen oder aus den Lungen. Diese Erkrankung darf nicht mit Druse verwechselt werden. Dabei handelt es sich um eine Infektion des Lymphapparates und der oberen Atemwege, die von einem Erreger namens *Streptococcus equi* verursacht wird. Dieser Erreger ist zu unterscheiden von den üblicheren Streptokokken, die bei Pferden oft gefunden werden können. Bei Druse tritt Fieber auf, die Lymphknoten von Kopf und Kehle sind geschwollen. Die endgültige Diagnose ist vom

Nabelbruch: Eine weiche Schwellung tritt im Alter von etwa zwei Monaten am Nabel auf; diese Schwellung kann man von einem Abszeß unterscheiden, indem man sie vorsichtig zusammendrückt. Ein Nabelbruch wird in diesem Fall kleiner.

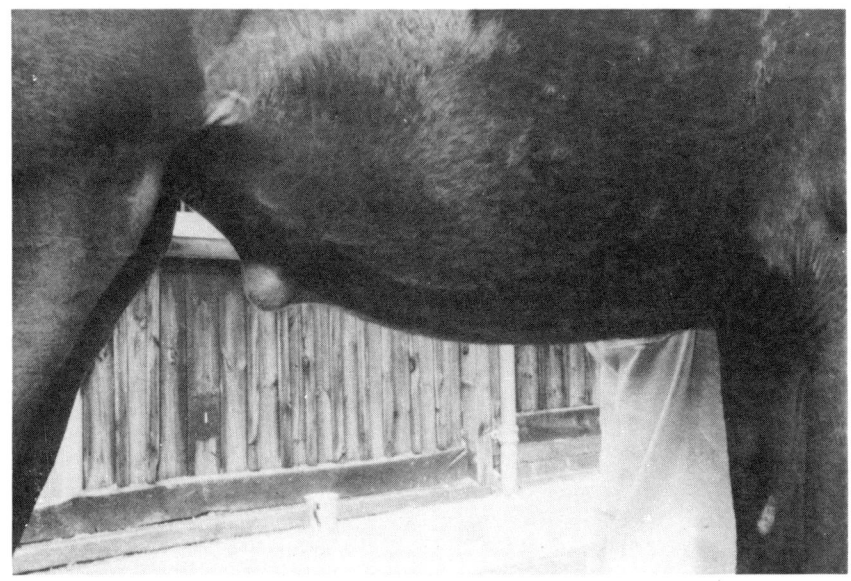

Tierarzt zu treffen, der immer konsultiert werden sollte, wenn ein Fohlen oder Jährling an Fieber, vergrößerten Lymphknoten und Nasenausfluß leidet.

Nabelbruch

Eine Schwellung, die am Nabel auftritt, wenn das Fohlen etwa sechs Wochen alt ist, und sich ständig vergrößert, kann auf einen Nabelbruch oder einen Abszeß hinweisen. Wenn wir die Schwellung vorsichtig zusammendrücken, wird sie sich verkleinern, falls es sich um einen Bruch handelt. Ein Abszeß bleibt dagegen eine feste, nicht zusammendrückbare Schwellung. Brüche sind unschön, aber sie verschwinden oft, wenn das betroffene Tier ein oder zwei Jahre alt ist. Der Bruchinhalt kann jedoch abgeschnürt werden, wenn sich die Bruchpforte schließt, durch die die Eingeweide aus dem Bauch vorgefallen sind. In diesem Fall frißt das Fohlen nicht mehr, ist teilnahmslos und weist Koliksymptome auf. Es muß dann sofort operiert werden, der Tierarzt ist umgehend zu rufen. Heute ist es weitgehend üblich geworden, den Nabelbruch zu beseitigen, wenn das Fohlen etwa drei Monate alt ist. Dadurch wird ebenso der Schönheitsfehler behoben wie das Risiko, daß der Bruch abgeschnürt wird.

Wundstarrkrampf (Tetanus)

Diese Erkrankung hat ihren Namen von den typischen Krämpfen (Spasmen), von denen die Muskeln der Gliedmaßen, des Halses und der Kiefer betroffen werden, und von dem verantwortlichen Erreger namens *Clostridium tetanus*. Der Keim lebt im Schmutz und im Kot, verunreinigt Wunden und dringt über Hautverletzungen in den Körper ein. Das neugeborene Fohlen ist besonders anfällig für das Eindringen des Keims über den Nabel; dort sind die Bedingungen ideal,

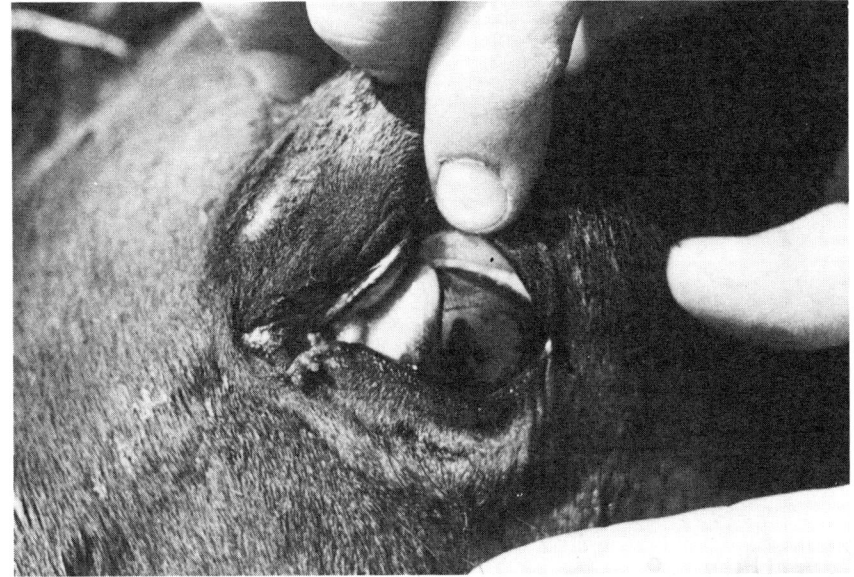

Das dritte Augenlid fällt beim Wundstarrkrampf (Tetanus) über den Augapfel vor.

wenn eine Nabelinfektion mit Abszeßbildung besteht. Der Erreger wird durch Sauerstoff zerstört. Er kann sich also nur in Eiter vermehren oder unter Schorf, wohin kein Sauerstoff gelangt. Er produziert ein Toxin (Gift), das sich an den Nervensträngen entlangbewegt, deren Funktion beeinträchtigt und für die charakteristischen Muskelspasmen sorgt.

Erste Anzeichen sind Steifheit und Unwilligkeit, sich zu bewegen. Die Spasmen nehmen schnell zu, werden immer ernsthafter, und schließlich befallen kräftige Muskelkontraktionen (Krämpfe) alle Körperteile. Jedes Geräusch oder Anfassen löst krampfartige Zuckungen aus. Die Ohren sind extrem gespitzt, der Kopf nach vorne gestreckt, und die Schweifrübe wird bis zur Waagerechten hochgehoben. Liegt das betroffene Tier oder fällt es auf die Seite, ist es womöglich nicht mehr in der Lage, auf die Beine zu kommen. Es hat Schwierigkeiten beim Schlucken und beim Absetzen von Kot. Die meisten Fälle enden mit dem Tod, weniger schwer betroffene Fälle können sich dank moderner Behandlungsmethoden nach einigen Wochen erholen.

Der Wundstarrkrampf ist im einen Gestüt häufiger als im nächsten. Gelegentlich kann er gar auf einen Teilbereich eines Anwesens begrenzt sein.

Fohlen sind in den ersten sechs Lebenswochen am anfälligsten für Tetanus. Man kann sie schützen, indem man die Stute impft oder dem Fohlen Antitoxine (Antikörper gegen das Toxin, Gift) bei der Geburt injiziert und dann wieder etwa am 30. Tag. Für den Schutz von über drei Monate alten Tieren wird ein Impfstoff (Tetanustoxoid-Impfstoff) einmal injiziert, nach vier Wochen folgt eine Auffrischungsimpfung, eine weitere nach zwölf Monaten und dann im Jahresrhythmus. Fohlen unter drei Monaten erhalten ihren Schutz von der Mutter durch die Antikörper in der Kolostralmilch, sofern die Stute selbst immunisiert worden ist.

Eine Toxoid-Auffrischungsimpfung, im letzten Monat vor der Geburt gegeben, vergrößert die Antikörper-Konzentration in der Kolostralmilch.

Das Antikörper-Serum (Antitoxine) gegen Wundstarrkrampf wird derart hergestellt, daß man Pferde immunisiert und ihnen dann Blut abnimmt. Die im Blutserum enthaltenen Antikörper, die man von diesen Pferden gewinnt, werden konzentriert, um Dosen zur Verfügung zu haben, die Tieren zum zeitweiligen Schutz injiziert werden können. Das Antiserum kann gegeben werden, wenn ein Pferd sich verletzt hat, und es schützt etwa dreißig Tage lang gegen die Erkrankung. Nach dieser Zeit nimmt die Schutzwirkung ab, und das Pferd ist für eine Ansteckung wieder anfällig.

Abb. 35: Der Lebenszyklus des Strongylus vulgaris: Larven werden beim Grasen von der Weide aufgenommen. Sie dringen in den Dünndarm ein und wandern über das Blut bis zur Aorta und dann wieder zurück zum Kolon. Dort werden sie erwachsen, legen Eier ab und vollenden so ihren Lebenszyklus.

Parasiten des Pferdes

Die von den Strongyliden und anderen Parasiten ausgehende Bedrohung war lange Zeit ein Problem für die Gesundheit und Entwicklung von Pferden. Sie hat insbesondere Leistungspferde wie die Vollblüter geschädigt. Bei diesen Rassen ist das Risiko auch deshalb am größten, da hier die Neigung besteht, zu viele Pferde viele Jahre lang auf Weiden zu halten, die allein Zuchtzwecken vorbehalten sind. Zu den bedeutendsten Fortschritten der jüngeren Zeit gehört die Einführung des Wirkstoffes Ivermectin. Er hat einen eindeutigen Vorteil gegenüber anderen Präparaten, da er Parasiten nicht nur im Darm tötet, sondern auch in den Geweben und im Blut, wo die Parasiten in ihren frühen Stadien für unterschiedlich lange Zeiten bleiben. Ein weiterer Vorteil des Medikamentes ist der, daß es die meisten Arten von Parasiten tötet einschließlich Strongyliden, Spulwürmer, Haut- und Magendassellarven. Daher sollten insbesondere junge Tiere regelmäßig Ivermectin bekommen, wenngleich man es auch im Wechsel mit anderen, weniger teuren Präparaten verabreichen kann. Es ist wichtig, die erwachsenen Formen ebenso zu töten wie die Larven während ihrer Entwicklung in den Körpergeweben. Es gibt

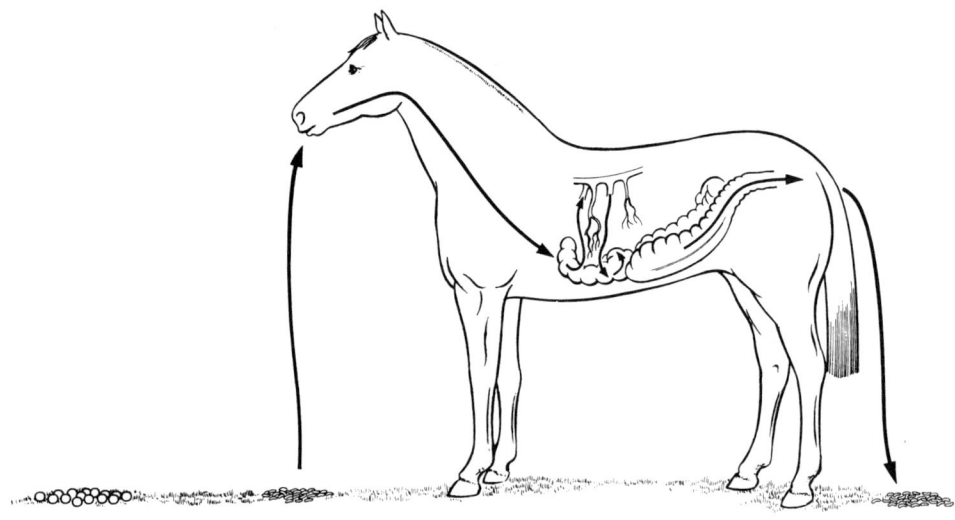

eine Reihe von Parasiten, die im Pferd leben. Einige sind harmlos, andere höchst gefährlich. Den größten Schaden richten die Strongyliden an. Es gibt viele verschiedene Gattungen und Arten dieser Familie; die schädlichsten sind *Strongylus vulgaris* und *St. edentatus*. Die Entwicklungszyklen sind in den Abbildungen 35 und 35a dargestellt. Man sieht daran, daß der *St. vulgaris* einen Teil seines Lebens in den Blutgefäßen des Dünndarms verbringt; die Larven des *St. edentatus* leben in Wurmknötchen im Bauchfell. Abgesehen vom Schaden, den alle Darmparasiten anrichten, gelangen diese beiden Arten während ihrer Entwicklung in die Körpergewebe, wodurch zusätzliche Risiken entstehen.

Der Strongyliden-Befall ist insofern heimtückisch, als die Symptome – d.h. Gewichtsverlust oder karges Gedeihen – gewöhnlich kaum festgestellt werden und die Auswirkungen langfristiger Natur sind. Zu den akuteren Symptomen gehört die Kolik. Sie rührt von Schädigungen der Blutgefäße her, die die Darmwand versorgen; die Darmwand entzündet sich und schmerzt. Eine Strongyliden-Infektion kann zum Tod führen, wenn es durch die massive Schädigung der Darmwand zu einem Riß kommt. Bei jungen Tieren können die Larven des *St. vulgaris* auch die Wand der größeren Blutgefäße schwächen, so daß sie reißen und ein plötzlicher Tod durch Verbluten eintritt.

Die Strongylidenbekämpfung ist äußerst wichtig für ein gutes Gestütsmanagement. Die folgenden Prinzipien sind zu beachten:

1. Die Ansteckung geschieht beim Grasen. Daher ist die Zahl der Eier, die im Kot auf der Weide abgelegt werden, auf ein Minimum zu beschränken.
2. Die regelmäßige Anwendung von Wurmmitteln in zum Beispiel monatlichen Abständen reduziert die Zahl der Parasiten im Darm und damit auch die Menge der Eier, die mit dem Kot ausgeschieden werden.

Abb. 35 a: Der Lebenszyklus des Strongylus edentatus *ähnelt dem des St. vulgaris (Abb. 35). Seine Larven dringen jedoch ins Bauchfell ein und nicht in die Blutgefäße. Nach der Rückkehr vom Bauchfell gelangen sie ins Kolon und legen ihre Eier ab, die mit dem Kot ausgeschieden werden.*

3. Die Zahl der Eier pro Gramm Kot kann im Labor ermittelt werden. Wird dieser Test in etwa dreimonatigen Intervallen vor einer Behandlung vorgenommen, erhält man Aufschlüsse über die Wirksamkeit des Programms zur Parasitenbekämpfung.

4. Es ist sinnvoll, zwischen den verschiedenen Mitteln jeden Monat abzuwechseln, um derart die Möglichkeit zu vermeiden, daß die Parasiten gegen die Medikamente resistent werden.

5. Weiden sollten drei Monate oder mehr ruhen, um die Zahl der Larven zu vermindern, die für eine erneute Ansteckung sorgen können. Ein wesentlicher Teil der Larven stirbt in dieser Zeit, wenn er dem Sonnenlicht und solchen Bedingungen ausgesetzt ist, die seine Energie erschöpfen.

Larven können sich auf der Weide nicht ernähren. Ihr Leben hängt davon ab, daß sie von einem grasenden Pferd aufgenommen werden. Geschieht dies nicht, bevor ihre Energiereserven aufgebraucht sind, sterben sie. Sonnenschein im Wechsel mit trübem Wetter veranlaßt sie, sich an den Grashalmen auf- und niederzubewegen. Das verkürzt ihre Lebensspanne. Helles Sonnenlicht trocknet sie zudem aus. So nimmt ihre Zahl mit jeder Woche ab, in der die Weide ruht, wenngleich einige Larven auch noch nach Monaten übrigbleiben können. Selbst wenn man die Weide umpflügt und ein ganzes Jahr ruhen läßt, wird man nicht alle Larven ausschalten.

Tägliches Aufsammeln des Kots, gemeinsamer Weidegang mit Schafen oder Rindern und das Eggen des Bodens sind empfehlenswerte Maßnahmen, um die Parasitenbürde von Weiden weiter zu vermindern. Die Bürde ist proportional der Zahl der Pferde, die pro Morgen weidet, und der Zeit, die die Tiere auf der Weide verbringen. Rund viermal soviel Kot wird auf einer Weide abgesetzt, auf der zwei Pferde Tag und Nacht pro Morgen grasen, wie auf einer Weide, auf der nur ein Pferd pro Morgen für täglich zwölf Stunden steht.

Besondere Aufmerksamkeit sollte Koppeln gewidmet werden, auf denen Fohlen, Jährlinge und Zweijährige weiden, denn junge Pferde sind anfälliger als ältere für die Schäden, die von Strongyliden verursacht werden. Pferde erlangen eine gewisse Immunität gegen die Folgen einer Ansteckung, wenn sie der Larvenwanderung und der Anwesenheit von Parasiten im Darm ausgesetzt sind. Die gefährlichste Situation ist vielleicht dann gegeben, wenn ein Fohlen für mehrere Monate einer Strongylideninfektion überhaupt nicht ausgesetzt war – weil man es z. B. nicht auf die Weide gelassen hat – und dann mit einer massiven Bürde an Strongyliden konfrontiert wird, indem man es etwa auf eine stark verwurmte Weide bringt. Weil das Fohlen dem Parasiten nicht ausgesetzt war, kann es zu einer schweren Infektion mit Durchfall kommen; ein schwerer Befall kann – je nach der speziellen Strongylidenart – zu einer Darmruptur (Riß) führen, die von Schäden an der Darmwand und den Blutgefäßen verursacht worden ist.

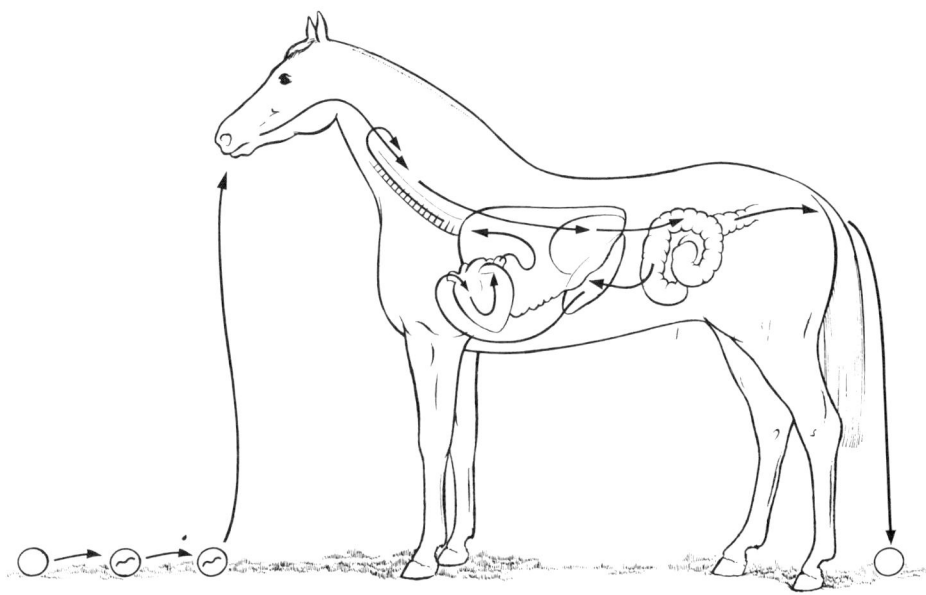

Spulwürmer (Parascaris equorum) werden bei Pferden unter drei Jahren gefunden, jedoch nur ganz selten bei älteren Pferden. Der erwachsene Wurm lebt im Dünndarm und legt Eier ab, in denen sich die Larven entwickeln. In keiner Phase leben die Larven „in Freiheit", und eine Infektion ist nur möglich, wenn das Pferd die Eier frißt. Nach dem Abschlucken schlüpfen die Larven und gelangen in den Darm. Von hier aus wandern sie in die Leber, durch die sie ins Blut, dann ins Herz und schließlich in die Lungen gelangen (Abb. 36). Von den Lungen aus wandern sie die Luftwege hoch zum Schlund und werden dort abgeschluckt. Sie kehren wieder in den Darm zurück, wo sie ausreifen – innerhalb von acht Wochen, nachdem sie in ihren Wirt eingedrungen sind. Die erwachsenen Würmer können generell Magenstörungen verursachen und bei jungen Fohlen gelegentlich eine Darmruptur. Bei ihrer Wanderung durch Leber und Lungen richten sie Schäden an, die zu Konditionsverlust und Lungenentzündung führen. Zu den Symptomen gehören Schwerfuttrigkeit und Bronchitis. Es gibt eine Reihe von Medikamenten, die zur Behandlung bei Pferden verwendet werden können. Diese sind regelmäßig – in ein- oder zweimonatigen Intervallen – an Fohlen, Jährlinge und Zweijährige zu verabreichen.

Abb. 36: Der Lebenszyklus des Spulwurms (Parascaris equorum): *Die Eier mit den Larven werden abgeschluckt und entwickeln sich im Darm. Von dort wandern sie durch die Leber ins Blut und über das Herz in die Lungen. Schließlich erreichen sie die Luftwege und wandern zur Kehle. Hier werden sie abgeschluckt, und im Dickdarm entwickeln sie sich zu erwachsenen Würmern. Hier legen sie auch ihre Eier ab, die dann mit dem Kot wieder ins Freie gelangen.*

Teil IV
Neuere Entwicklungen

1
Fütterung und Aufzucht

Die Fütterung von Pferden stellt eine etwas unsichere Verbindung von Kunst und Wissenschaft dar. Im Verlaufe der Evolution entwickelte das Pferd Zähne und einen Darm, die der Aufnahme von Gräsern mit unterschiedlichem Rohfaseranteil angepaßt sind. Das System aus stumpfflächigen Zähnen und einem Dickdarm (Kolon und Blinddarm) für die bakterielle Gärung der Rohfaser war bestens geeignet für die Ernährungsgewohnheiten der wilden Vorfahren des Pferdes. Es mußte sich anpassen, als der Mensch das Pferd domestizierte und begann, für seine Nahrung zu sorgen.

Im Wesentlichen können wir das Verdauungssystem nicht ändern. Wir können freilich die Informationen nutzen, die uns die Forschung beschert, um die Fütterung in Einklang zu bringen mit den Zielen der Verdauung, nämlich dem Wachstum und der Gesundheit. Jahrelang basierte diese Harmonie auf einer Kunst der Fütterung, der es jedoch an wissenschaftlichem Hintergrund im Hinblick auf die optimalen Futtermittelbestandteile und -mengen fehlte. Heu und Hafer waren die Hauptnahrungsmittel, aber Kleie, Mais, Bohnen und andere Hülsenfrüchte wurden dem Futter oft beigegeben.

Im Laufe der Zeit haben sich bestimmte Fütterungsprinzipien unter wissenschaftlichen Gesichtspunkten herauskristallisiert, besonders da, wo Mängel oder Überschüsse als Ursachen für Koliken nachgewiesen werden konnten, oder – noch bedeutsamer – für Fehlentwicklungen insbesondere der Knochen verantwortlich gemacht wurden. Dank praktischer Beobachtungen und der Erfahrungen, die uns die Forschung vermittelte, stellte man fest, daß ein Ungleichgewicht von Kalzium und Phosphor zu Epiphysitis und anderen Knochenerkrankungen führt und daß Kupfermangel in Gelenkschäden resultiert.

Ein anderer Ernährungsfehler, von dem man weiß, daß er schädliche Auswirkungen hat, ist die Überfütterung. Dabei geht es insbesondere um Futterstoffe mit hohem Energiegehalt, die Jungtieren und tragenden Stuten in die Krippe geschüttet werden. Die Auswirkung der Fütterung großer Mengen von Pellets, die zu bestimmten Zeiten gegeben werden, ist bereits behandelt worden. Von Natur aus sind Pferde ständige Fresser, d.h. sie nehmen kleine Mengen über lange Perioden auf. Ganz anders ist das beispielsweise bei den Fleischfressern, deren Verdauungssystem auf eine gelegentliche, große Mahlzeit eingerichtet ist. „Wenig und oft" ist daher der beste Ansatz bei Pferden, und das innerhalb der praktischen Grenzen, die von den Betriebsabläufen gesetzt werden.

Das wildlebende Pferd frißt saftige Pflanzen, die ziemlich viel Wasser, lösliche Eiweiße, Fette und Zucker enthalten, aber wenig Stärke. Es frißt bei Tag und Nacht für jeweils kurze Zeitspannen. Im Gegensatz dazu hat der Mensch in einigen tausend Jahren der Domestikation die Lebensweise der Pferde so verändert, daß sie den menschlichen Zwecken entspricht. Die dazugehörige Landwirtschaft hat sich durch Versuch und Irrtum vergangener und gegenwärtiger Generationen entwickelt.

Probleme, die mit der Ernährung in Verbindung stehen, haben ihre Ursachen teils in der Beschränkung auf Fütterungszeiten, teils in der Einführung „unnatürlicher" Stoffe wie stärkehaltigem Getreide, Eiweißkonzentraten und Trockenfutter. Damit will ich nicht etwa vorschlagen, daß wir zu einer freischweifenden, an der Umwelt orientierten Haltungsform für die Zuchtpferde zurückkehren. Das wäre unpraktisch, selbst wenn dadurch befriedigende Resultate im Hinblick auf die Fruchtbarkeit und akzeptable Wachstumsraten bei den jungen Tieren erzielt würden. Weder stehen genügend Flächen zur Verfügung, noch ist die Arbeitskraft vorhanden, um Stuten und Fohlen unter diesen Bedingungen zu halten.

Dieses Buch beschreibt die Wissenschaft, die hinter der Kunst der Pferdezucht steckt. Die Ernährung ist eindeutig ein Bestandteil dieses Unterfangens. Es gibt viele ausgezeichnete Bücher über die Wissenschaft der Fütterung – dazu zwei Beispiele am Ende dieses Kapitels. Hier sollen allerdings die Grundlagen behandelt werden, die bedeutsam sind für die Fütterung von Zuchtpferden, weniger die Einzelheiten.

Allgemein

Energieerzeugung ist die zentrale Funktion der Fütterung: Energie für den Schritt, den Arbeits- und Renngalopp, Energie zum Aufstehen und zum Hinlegen, Energie, um genug Wärme zu erzeugen, um die Körpertemperatur zu halten. Seinen Energiebedarf deckt das Pferd über das Futter. Dieses wird verdaut bei seiner Reise durch den Dünndarm, aber der Prozeß wird erst abgeschlossen durch die bakterielle Gärung im Dickdarm. Junge Fohlen bis zum Lebensalter von zwei Monaten sind eine Ausnahme, weil wegen der speziellen Nahrung, d.h. der Milch, ein wesentlicher Teil der Verdauung im Dünndarm stattfindet.

Die Verdauung stellt einen Prozeß dar, bei dem komplexe Stoffe in einfache Kohlenhydrate, Fette und Aminosäuren aufgebrochen werden. Diese werden im Dünn- und Dickdarm resorbiert und gelangen ins Blut. Die Menge an Energie, die bei diesem Vorgang erzeugt wird, hängt von der Qualität des Futters ab. Sie wird ausgedrückt in verdaulicher Energie (**D**igestible **E**nergy, DE).

Generell ist Futter hoher Qualität vorzuziehen. Die Kosten sind so hoch nicht, da weniger gefüttert werden muß. Das liegt daran, daß gutes Futter mehr verdauliche Energie hat als eine entsprechende Menge minderwertigen Futters. Dies trifft insbesondere auf Heu zu, das einen wesentlichen Bestandteil der Nahrung darstellt und das Pferd mit dem für die Verdauung notwendigen Rohfaseranteil versorgt. Heu geringer Qualität birgt ferner das Risiko, daß es Pilzsporen und Staub enthält, die bei aufgestallten Pferden so viel Schaden anrichten können.

Eine der offensichtlichsten Schwierigkeiten bei der Zusammenstellung eines Pferdefutters nach wissenschaftlichen Prinzipien ist die stark variierende Zusammensetzung von Hafer, Heu und Weidegras. Die Zusammensetzung des Grases wird je nach Monat oder sogar Woche abweichen, Heu kann sich von Ballen zu Ballen unterscheiden. Darum sind beispielsweise die Mengen an Kalzium oder Eiweiß, die ein bestimmtes Tier täglich bekommt, so schwer zu kalkulieren.

Diese Abweichungen sind freilich nicht besonders bedeutsam, falls man sich an die allgemeinen Prinzipien hält. Das offensichtlichste Risiko für junge Tiere stellt

die Fütterung mit sehr eiweißreicher Nahrung dar, wenn zugleich der Eiweißgehalt des Grases sehr hoch ist. Eine gelegentliche übermäßige Eiweißzufuhr muß
beim erwachsenen Tier keine großen Folgen haben. Aber beim Fohlen oder Jährling kann sie einen zu starken Wachstumsschub bewirken, der zur Epiphysitis
oder zum Bockhuf (s. a. Sehnenstelzfuß) führt (siehe Seite 277 und 295). Die Fütterung hochkonzentrierter Pellets kann ebenfalls die normale Entwicklung von
Knochen, Gelenken und Bändern stören.

Negative Konsequenzen hat auch die Haltungsform, bei der die Pferde aufgestallt sind und zuwenig bewegt werden. Energie ist erforderlich für Aktivität –
zuwenig Bewegung im Verbund mit Überfütterung kann insbesondere bei jungen
Pferden gesundheitsschädliche Folgen haben. Der Pferdekörper ist eingerichtet
auf ein langsames Zurücklegen großer Entfernungen während der gesamten vierundzwanzig Stunden eines jeden Tages. Lange Ruhezeiten, die durch kurzfristige
schwere Arbeit unterbrochen werden, können erhebliche Auswirkungen auf die
Entwicklung des Skeletts und auf das Wachstum haben.

Die Kunst der Fütterung besteht darin, die Zufuhr im Hinblick auf Qualität,
Zusammensetzung und Menge ins rechte Verhältnis mit dem Energieverbrauch
des Einzeltieres zu setzen. Der Züchter sollte die Einflüsse der Ernährung bedenken, auf 1. die sexuelle Leistung, d. h. auf die Notwendigkeit, den Rossezyklus zu
fördern und eine Empfängnis zu bewirken, auf 2. die Aufrechterhaltung der
Trächtigkeit, auf 3. das Geburtsgewicht, die Reife und den Körperbau des Fohlens, auf 4. das Wachstum und die Entwicklung des Fohlens. Bei der Fütterung
nach dem Absetzen ist 5. zu berücksichtigen, um welche Rasse es sich handelt
und wie die zukünftige Laufbahn des Tieres aussehen soll. Die Ziele sind beispielsweise unterschiedlich bei einem Vollblüter, der bei einer Jährlingsauktion
verkauft werden soll, einem solchen, der ins Training genommen wird, und einem
solchen, der für ein weiteres Jahr oder zwei nicht gearbeitet wird. Jedes dieser
Ziele spiegelt sich in der Fütterung wider, wenngleich alle Tiere, die sich im
Wachstum befinden, so gefüttert werden sollen, daß sie optimal wachsen und sich
entwickeln. Sie dürfen weder übertrieben noch zu wenig gefüttert werden im
Hinblick auf irgendwelche künstlichen Zwecke. Für Hengste und Zuchtstuten
sollte bei der Fütterung mehr auf Fitneß und Gesundheit als auf eine üppige
Showkondition geachtet werden.

Ziel der Fütterung ist, die Grundbedürfnisse eines gesunden Tieres zu decken.
Eine Überfülle an Informationen über die verschiedenen Gesichtspunkte der
Fütterung ist in der Literatur zu finden. Auf diesen Zug sind sowohl die Verfechter von Futterzusätzen als auch die Besitzer von Pferden aufgesprungen. Dieses
Buch, das dem Thema Zucht gewidmet ist, geht wohl am besten so an die Fütterung heran, daß der Leser mit den Grundlagen vertraut gemacht wird, auf denen
er oder sie durch weitere Lektüre und/oder persönliche Erfahrung aufbauen
kann.

Menge und Qualität des Futters

Außer für die ganz jungen Fohlen ist Heu zentraler Bestandteil des Futters für alle Pferde. Dies liegt daran, daß der Dickdarm Rohfaser braucht, um seine Aufgabe zu erfüllen. Heu kann durch Gras ersetzt werden, aber den meisten Zuchtpferden wird eine Mischung von beidem gegeben. Diese zwei Futtermittel weisen erhebliche Abweichungen in der Qualität und im Trockengehalt auf je nach Jahreszeit und Klima, in dem sie erzeugt werden. Beide entsprechen der Gewohnheit des Pferdes, ständig zu fressen, da sie täglich über mehrere Stunden aufgenommen werden. Insofern sind sie Kraftfutter vorzuziehen, das innerhalb kurzer Zeit verschlungen wird.

Zuchtpferde jeden Alters und Zustandes sollten Heu oder Gras nach Belieben zur Verfügung haben. Ein durchschnittliches erwachsenes Pferd von 500 kg frißt etwa 10 kg Heu in vierundzwanzig Stunden, wenngleich der Appetit des einzelnen Tieres sehr unterschiedlich sein kann. Der National Research Council (NRC) empfiehlt, einer Stute während der letzten drei Trächtigkeitsmonate und während der Laktation (Zeit, in der sie ihr Fohlen säugt) etwa 6 kg pro Tag zu geben. Ein Hengst soll 5 kg , ein Absetzer 2,2 kg, ein Jährling 3,7 kg Heu bekommen, das 8,2 MJ DE / kg und 88 Prozent Trockensubstanz enthält. Dies sind nur Richtlinien, um die Heumenge für das einzelne Tier zu bestimmen.

Kraftfuttermengen im Zusammenhang mit Heu sind ebenfalls berücksichtigt worden. Das NRC definiert als „Kraftfutter" eine Mischung, die 11,4 MJ DE / kg und 88 Prozent Trockensubstanz enthält. Laut NRC sollte eine Stute bis 500 kg 2,6 kg bekommen, eine säugende Stute 6,4 kg, ein Hengst in der Decksaison 5 kg und außerhalb der Decksaison 2,5 kg, ein Absetzer 4,3 kg und ein Jährling 3,6 kg pro Tag. Die Bezeichnung „Kraftfutter" deckt viele verschiedene Futtermittel ab, vom Quetschhafer bis zu industriell hergestellten Würfeln oder Mischungen, die einen kontrollierten Gehalt an Eiweiß und anderen Bestandteilen haben. Der Eiweißgehalt eines Futters kann höchst unterschiedlich sein. Unter dem Gesichtspunkt der Gesundheit und des Wohlergehens eines Fetus, Fohlens oder Jährlings ist er vielleicht der problematischste Gesichtspunkt.

Eiweiß

Eiweiß (Protein) ist eine Substanz, die sich aus kleineren Bausteinen, den sogenannten Aminosäuren, zusammensetzt. Pferde beziehen diese aus pflanzlichem Eiweiß. Einige Aminosäuren – nicht alle – sind essentiell, d. h. notwendiger Bestandteil der Ernährung. Die Qualität des Eiweißes im Futter hängt darum weitgehend davon ab, ob es die sogenannten essentiellen Aminosäuren in den Anteilen enthält, wie sie von den Körpergeweben benötigt werden. Essentielle Aminosäuren wie Lysin, Histidin, Methionin und Tryptophan sind nötig für die Nutzbarmachung anderer Aminosäuren. Ein Mangel an essentiellen Aminosäuren kann deshalb zu einer schlechteren Ausnutzung anderer, nicht essentieller Aminosäuren führen.

Proteine im Gewebe werden ständig in Aminosäuren aufgespalten und während des gesamten Lebens wieder aufgebaut. Wegen des Verschleißes von Geweben (wie dem Ablösen von Oberflächengewebe) ist es immerwährend nötig, den

Eiweißvorrat durch die Ernährung wieder aufzufüllen. Die dazu benötigten Mengen sind gering im Verhältnis zum Eiweiß, das für Wachstum oder Milchproduktion zugeführt werden muß. Besonders hoch ist der Bedarf bei tragenden und säugenden Stuten, bei Fohlen und Jährlingen.

Der Eiweißanteil im Futter sollte innerhalb ziemlich enger Grenzen für die verschiedenen Zuchtpferde-Kategorien eingehalten werden. Zuviel Protein birgt das Risiko, daß Wachstumsschübe insbesondere der Knochen ausgelöst werden. Das kann zu ungleichmäßigem Wachstum führen und dann zu Skelettproblemen (zum Beispiel Überköten im Fesselgelenk, Epiphysitis). Bei älteren Tieren kann zuviel Eiweiß die Verdauung beeinträchtigen, zur Produktion von Giftstoffen und zu solchen Erkrankungen wie Colitis X (Typhlocolitis, Entzündung von Blinddarm und Kolon), Durchfall und Rehe führen.

Gewöhnlich wird die Höchstgrenze des Eiweißgehalts im Futter als Prozentanteil der Trockensubstanz beschrieben. Er sollte annähernd 12 Prozent für eine güste Stute betragen, 14 Prozent für eine trächtige Stute und 16 Prozent für eine Stute in der zweiten Hälfte der Trächtigkeit und während der Laktation. Ein junges Fohlen sollte etwa 18 Prozent erhalten, ein Absetzer und ein Jährling 16 Prozent. Die oberen Grenzen sind nur ungefähre Anhaltspunkte, weil Abweichungen je nach Weideart, Klima und Jahreszeit unausweichlich sind.

Die unteren Grenzen des Eiweißgehaltes im Futter sind nicht eindeutig bestimmt, aber es gilt das generelle Prinzip, daß Futter sämtliche essentiellen Aminosäuren in höchstverdaulicher Form enthalten muß. Heu guter Qualität, Frühjahrs- und Sommerweide sind die beiden zuverlässigsten Quellen. Fehlt es daran, muß Kraftfutter gefüttert werden wie etwa Hafer, der durch industrielle Mischungen ergänzt wird, die Eiweiß aus einer Vielzahl von Quellen (Bohnen, Fischmehl oder Milch) enthalten.

Kohlenhydrate
Die benötigten Kohlenhydrate bezieht das Pferd aus der Verdauung von Zellulose und ähnlichen Pflanzensubstanzen im Dickdarm. Der Blinddarm und das große Kolon wachsen ab dem dritten Monat schneller als der Dünndarm. Diese Entwicklung entspricht dem Nahrungswechsel von Milch zu Rauhfutter, wenn das Fohlen heranreift.

Mehr als 80 Prozent des Pferdefutters besteht aus Kohlenhydraten in der einen oder anderen Form. Verdauung (das ist die direkte Aktion der Enzyme, die in den Magen und Darm abgesondert werden) und Gärung (das ist die Aufspaltung durch bakterielle Aktion) spalten sie hauptsächlich in Glukose (Traubenzucker) und verschiedene kurzkettige Fettsäuren auf, die durch die Darmwand ins Blut resorbiert werden. Glukose wird im Körper in eine Form von Kohlenhydrat umgewandelt, die Glykogen (tierische Stärke) genannt und in der Leber gespeichert wird. Dagegen werden andere Stoffe wie Acetat und Butyrate in Fettdepots angelegt oder direkt oxidiert (mit Sauerstoff verbunden). Ein wesentlicher Teil der Kohlenhydratzufuhr wird jedenfalls sofort als Energie für die Muskelaktivität und für die Funktion von Organ- und Gewebesystemen verwendet.

Überschüssige Glukose wird in Fettdepots umgewandelt. Insulin steuert die

Glukosemenge im Blut. Steigt der Blutzucker an, sondert die Bauchspeichel-
drüse Insulin ab. Es fördert die Umwandlung zu Fett und Glykogen, wodurch
eine zu hohe Glukosekonzentration im Blut abgebaut wird.

Alle Bestandteile des Pferdefutters enthalten wesentliche Anteile an Kohlenhydraten, wobei Getreide - wie etwa Hafer – jedoch eine leichter verfügbare Quelle
darstellt. Die Fütterung von Getreidekonzentraten an junge, im Wachstum be-
findliche Pferde kann darum gesundheitsschädliche Auswirkungen haben: Diese
Art von Futter sorgt für Spitzenwerte im Hinblick auf den Blutzucker.

Fett

Normalerweise enthält Pferdefutter keine hohen Fettanteile. Das Pferd ist angewiesen auf seine Fettreserven, die durch Umwandlung von Kohlenhydraten im
Darm entstehen. Modernen Futtermitteln sind teilweise Nahrungsfette beige-
fügt, häufig in der Form von Keimöl. Diese Beigabe ist eher für Leistungspferde
mit außerordentlich hohem Energiebedarf gedacht als für Zuchtpferde.

Milch

Das junge Fohlen im Alter bis zu etwa fünf Monaten erhält einen wesentlichen
Anteil seines Nahrungsbedarfs aus der Milch, die auch eine bedeutende Kalzium-
quelle darstellt. Die Zusammensetzung der Milch ändert sich innerhalb der ersten 24 Stunden nach der Geburt stark. Danach bleibt die Zusammensetzung
ziemlich gleichmäßig. Die Bruttoenergie beträgt dann etwa 260 kJ / 100 g Milch,
und die festen Bestandteile stellen insgesamt etwa zehn Prozent des Gewichtes
auf Volumenbasis dar.

Nach den ersten vierundzwanzig Stunden benötigt ein Fohlen 150 ml Milch
pro Kilogramm Körpergewicht. Ein Vollblutfohlen, das 50 kg wiegt, bekommt
daher etwa 7,5 Liter Milch pro Tag.

Kalzium und Phosphor

Kalzium (Ca) und Phosphor (P) sind hauptsächlich für die Stärke und Festigkeit
des Skeletts verantwortlich und voneinander abhängig. Knochen haben ein Kal-
zium:Phosphor-Verhältnis von 2:1, während das Verhältnis im Körper insgesamt
enger ist (1,7:1), da Phosphor in den weichen Geweben ein relativ höheres Vorkommen als Kalzium aufweist.

Knochen nehmen ständig Kalzium und Phosphor auf und geben sie wieder ab.
Dabei bleibt das Gleichgewicht erhalten. Dieser Vorgang erleichtert Wachstum und
Wiederaufbau des heranreifenden Skeletts. Weil wir das wissen, können wir theore-
tisch das ideale Verhältnis von Kalzium und Phosphor in der Fütterung anstreben.
Leider gibt es eine Reihe von veränderlichen Faktoren, die diese Theorie stören:

a) Der Kalziumgehalt des Futters kann für den Körper nicht vollständig verfügbar sein. Er weicht je nach Art des Futters ab. Die Nettoverfügbarkeit des Kal-
ziums liegt zwischen 45 und 70 Prozent des Futtergehalts. Sind allerdings
große Mengen von Oxalaten vorhanden, geht die Absorption zurück. Ein
ähnlicher Effekt tritt auf, wenn anorganische Phosphate im Futter zunehmen.

b) Eine tägliche Kalziumzufuhr von 5 Gramm pro 100 kg Körpergewicht ist für die Erhaltung notwendig – das sind etwa 2,5 Gramm pro Kilogramm Futter. Die erforderliche Phosphatmenge beträgt 2 Gramm pro 100 kg Körpergewicht oder ein Gramm pro Kilogramm Futter. Eine zu große Kalziumzufuhr sollte vermieden werden, weil es die Absorption von anderen Mineralstoffen wie Magnesium, Mangan und Eisen unterdrückt.

c) Der Erhaltungsbedarf an Kalzium und Phosphor entspricht den Verlusten über den Kot und den Harn. Beim jüngeren Tier muß er auch noch für das Wachstum reichen. Bei der trächtigen Stute ist Kalzium für das Wohlergehen des Fetus erforderlich, bei der säugenden Stute sollte die tägliche Zufuhr auf 10 Gramm Kalzium und 5 Gramm Phosphor gesteigert werden, um die Abgaben über die Milch auszugleichen.

Futterkalk, Dicalciumphosphat und Knochenmehl sind zuverlässige Kalziumquellen. Zehn Gramm Kalzium sind enthalten in 28 Gramm Futterkalk oder 40 Gramm Dicalciumphosphat, das außerdem den Bedarf an Phosphor deckt.

Kupfer

Anders als bei Rindern ist Kupfermangel kein Problem bei Pferden. Gleichwohl gibt es eine Verbindung zwischen der Kupferzufuhr und einer degenerativen Erkrankung von Gelenken bei jungen Pferden. Diese Störung wird *Osteochondrosis dissecans* (OCD) genannt. Dabei wird die Oberfläche des Gelenks zerfressen und Knorpel abgelöst. Es bleibt ein aufgerauhtes, geschwächtes Gebiet zurück. Man nimmt an, daß durch einen Kupfermangel die Enzyme geschädigt werden, die für die Entwicklung und Gesundheit des Knochens verantwortlich sind.

Eine Zufuhr über die Nahrung von 15 bis 20 mg pro Kilogramm Futter wird empfohlen. Wieviel Kupfer und andere Spurenelemente die Weidepflanzen aus dem Boden aufnehmen, hängt unter anderem von dem pH-Wert, vom Feuchtigkeitsgehalt und von der Pflanzenart ab.

Zink

Zink ist ein essentielles Spurenelement. Industrieemissionen haben damit jedoch schon manche Weide überlastet. Eine Zinkzufuhr über die Nahrung sollte 1,000 mg/kg Futter nicht übersteigen, da es sonst zu Schwellungen um die Wachstumsfugen herum, zu Steifheit und Lahmheit kommen kann.

Mangan

Manganmangel wird manchmal für eine Störung verantwortlich gemacht, die mit einem Überköten im Fesselgelenk einhergeht. Es wird empfohlen, daß eine Weide nicht weniger als 20 mg pro Kilogramm Trockenmasse enthält. Mangan kann die Enzymsysteme beeinträchtigen, die mit dem Knorpel- und damit dem Knochenwachstum verbunden sind.

Eisen

Ein Eisengehalt von 50 mg pro Kilogramm Futter ist angemessen für Fohlen im Wachstum. Eisenmangel tritt normalerweise bei Fohlen nicht auf. In den ersten Wochen nach der Geburt sollte kein Eisen zusätzlich verabreicht werden, da sonst Schäden (Vergiftungen) an der Leber oder anderen Organen entstehen können.

Jod

Jod ist ein Bestandteil von Thyroxin (einem in der Schilddrüse gebildeten Hormon), und ein Jodmangel kann die Schilddrüse beeinträchtigen, wodurch Probleme bei trächtigen Stuten wie bei Fohlen ausgelöst werden. Ein Futtersatz von 0,1 bis 0,2 mg Jod pro Kilogramm Körpergewicht ist angemessen, um den Bedarf von Pferden zu decken. Eine übermäßige Fütterung mit Jod – durch die Verfütterung von Seegras in großen Mengen etwa – kann zu einer Vergrößerung der Schilddrüse beim Fohlen führen. Das wiederum kann Schwäche und in einigen Fällen den Tod bewirken.

Selen

Selen ist eng mit dem Vitamin-E-Komplex und mit dem Stoffwechsel bestimmter Fettsäuren verbunden. Ein Mangel führt zu einer Muskeldystrophie („Weißmuskel-Krankheit"). Sie ist freilich selten außer in solchen Gegenden, wo ein Selenmangel im Boden herrscht. Pferde brauchen etwa 0,15 mg Selen pro Kilogramm Futter. Höhere Konzentrationen können giftig sein.

Magnesium

Magnesium ist ein essentieller Bestandteil der Inter- und Intrazellularflüssigkeit (Fl. innerhalb und zwischen den Zellen). Es wird vom Dünndarm absorbiert, aber ein Teil wird in den Darmtrakt zurückgegeben oder mit dem Urin ausgeschieden. Um das auszugleichen, sollte die Nahrung etwa 13 mg pro Kilogramm Körpergewicht (2 g / kg Futter) enthalten. Magnesiummangel kann zur Hypomagnesiämie (erniedrigter Magnesiumblutspiegel) führen, die sich in Nervosität, Schwitzen, Muskelzittern, schnellem Atmen oder Krämpfen äußert.

Kalium und Natrium

Erwachsene Pferde benötigen etwa 5 Gramm Kalium pro Kilogramm Futter, Fohlen den doppelten Anteil. Kraftfutter weist gewöhnlich wenig Kalium auf. Heu enthält jedoch etwa 20 Gramm Kalium pro Kilogramm. Pferde, die mit Heu gefüttert werden, sollten darum schon ausreichende Mengen erhalten.

Heu und Weide sind zumeist eine reichliche Quelle für Natrium. Das Futter sollte etwa 10 Gramm gewöhnliches Kochsalz pro Kilogramm enthalten, um den normalen Natriumbedarf zu decken.

Fohlen, die an Durchfall leiden, können zuviel Kalium und gelegentlich auch Natrium verlieren.

Vitamine A, D (Kalziferol) und E

Ein erwachsenes Pferd, das 500 kg wiegt, sollte täglich 50 000 IE (Internationale Einheiten) Vitamin A erhalten. Übergroße Mengen können toxisch (giftig) wirken. Weidepferde beziehen ihr Vitamin A aus dem Carotin im Gras. β-Carotin in frischen, blattreichen Gräsern entspricht ca. 150 000 IE Vitamin A pro Kilogramm Trockenmasse. Von Pferden sagt man, daß sie das β-Carotin relativ schlecht zu Vitamin A umwandeln können. Die meisten industriellen Futterzusätze enthalten jedoch dieses Vitamin. Vitamin D fördert die Absorption von Kalzium im Darm sowie die Absorption und Ablagerung von Kalzium im Knochen. Der tägliche Bedarf umfaßt etwa 1000 IE pro Kilogramm Futter. Vitamin D sollte nicht im Übermaß gegeben werden. Was Vitamin E betrifft, so sollten die Rationen 75 IE pro Kilogramm Futter enthalten und etwas mehr bei sehr jungen Fohlen.

Biotin

Biotin (ein weiteres Vitamin) ist im Mais, in Hefe, Sojabohnen und Gras leichter verfügbar als in Getreide wie Weizen und Gerste. Als Ergänzung werden etwa 3 mg täglich für ein Pferd von 500 Kilogramm empfohlen, um den Zustand der Hufe zu verbessern. Das kann allerdings einige Monate dauern.

Wasser

Ein erwachsenes Pferd setzt sich aus 65 bis 75 Prozent Wasser zusammen, ein Fohlen aus 75 bis 80 Prozent. Pferde benötigen Wasser als flüssiges Medium, um die Verdauung und den Vortrieb des Futters im Darm zu erleichtern, um Milch zu produzieren und um Verluste über die Lungen, die Haut, den Kot und Harn auszugleichen.

Der Bedarf an Wasser weicht je nach Umgebungstemperatur und Aktivität des einzelnen Tieres ab. Er nimmt zu während der Trächtigkeit und in der Säugephase. Pferde beziehen Wasser aus drei Quellen: über das Trinken und über die Aufnahme von Gras und Kraftfutter.

Als grober Anhaltspunkt gilt, daß Pferde etwa 5 Liter pro 100 kg Körpergewicht und Tag verbrauchen, auch wenn hier starke Abweichungen zwischen den einzelnen Tieren auftreten. Wasser sollte Pferden jederzeit zur Verfügung stehen. Wasser ist unterschiedlich sauber. Es kann je nach Herkunft gesundheitsschädliche Auswirkungen haben, besonders wenn das Pferd auf Verunreinigungen des Wassers allergisch reagiert. Diese Allergien können sich als Durchfall, Kolik oder Konditionsverlust darstellen. Durchfall kann zu Wasserverlust führen, der zu einer schweren Dehydration (Austrocknung) führt. In vielen Gegenden hat der hohe Kalziumgehalt des Wassers günstige Auswirkungen.

Fütterung in der Praxis

Januar bis März

Während der ersten drei Monate des Jahres ist die Weide am wenigsten nahrhaft. Das Wetter bringt womöglich Frost und Schnee mit sich, die Weiden werden eher zum Bewegen der Pferde als zum Grasenlassen benutzt. Güste Stuten und Maidenstuten können zu dieser Zeit künstlicher Beleuchtung ausgesetzt werden, um den Rossezyklus anzuregen (siehe Seite 65). Eine zunehmende Nahrungsqualität kann für diesen Zweck hilfreich sein. Die Fütterung von hochwertigem Heu und etwa 1,8 kg Kraftfutter pro Tag sollte die Stute auf einen erfolgreichen Zuchteinsatz vorbereiten.

Trächtigen Stuten, die das letzte Drittel der Trächtigkeit beginnen, sollte eine Energiezufuhr gewährt werden, die zehn bis zwanzig Prozent oberhalb des Erhaltungsniveaus liegt. Wenigstens 10 Kilogramm Heu von höchster Qualität sollten gegeben werden. Vorzugsweise stellt man sogar Heu nach Belieben zur Verfügung. Kraftfutter ist weniger wichtig, und trächtige Stuten können in den letzten Wochen der Trächtigkeit einen verminderten Appetit haben. Ihnen sollten 4 bis 6 Kilogramm täglich an Kraftfutter gegeben werden, das etwa 15 Prozent Eiweiß enthält und in zwei oder drei Portionen aufzuteilen ist. Mineralstoffe können hinzugefügt werden, wenn keine kompletten Fertigfutter verwendet werden. Der wesentlichste Bestandteil ist Kalzium.

Stuten mit jungen Fohlen bei Fuß haben denselben Ernährungsbedarf wie Stuten spät in der Trächtigkeit, wenngleich die Menge an Kraftfutter entsprechend dem Appetit steigen kann. Man muß darauf achten, daß eine gute Verdauung aufrechterhalten wird. Dazu verhelfen Mash mit Kleie, der Zusatz von geringen Mengen Paraffin- oder Keimöl oder etwas zusätzliches Salz. In diesem Zusammenhang ist die Festigkeit des Kots zu beobachten, der vom einzelnen Tier abgesetzt wird. Stuten mit Fohlen bei Fuß brauchen ebenso wie alle anderen Stuten Bewegung. Wenn die Bodenbedingungen dies nicht zulassen, ist leichtes Training in einem Hof oder sogar Longieren nützlich. Bewegung trägt dazu bei, die Gebärmutter von Abfallstoffen zu reinigen. Dieser letztere Gesichtspunkt ist besonders wichtig in den ersten zwei oder drei Wochen nach dem Abfohlen.

Im allgemeinen gibt es keine Veranlassung, das Fohlen extra zu füttern. Man sollte ihm freilich leichten Zugang zum Heu und zu den Futtermitteln geben, die für die Stute gedacht sind.

Jährlinge benötigen Futter allerbester Qualität und häufige, kleine Kraftfuttermengen. Eiweiß sollte beschränkt werden auf 16 Prozent des Futtergewichtes. Luzerne deckt den Bedarf an Eiweiß, Kalzium und Faserstoffen. Sie kann auch anstelle von Kraftfutter verwendet werden.

April bis Juni

Dies ist die Zeit des maximalen Eiweißangebotes im Gras. Daher sollte als erstes an Weidefütterung gedacht werden. Stuten, die sich in dieser Zeit ständig auf der Koppel aufhalten, benötigen wenig zusätzliches Futter – wenn überhaupt. Das üppig vorhandene Gras fördert die sexuelle Aktivität bei güsten Stuten wie bei Maidenstuten, die den Rossezyklus noch nicht aufgenommen haben. Tragende Stuten treffen auf ein besonders reichliches Nahrungsangebot, das im Einklang steht mit dem Bedarf in den letzten Phasen der fetalen Entwicklung. Säugende Stuten ergeht es ähnlich im Hinblick auf die Produktion von Milch. Und das junge Fohlen erfreut sich einer angemessenen Menge an Energie und Eiweiß, die sicherstellt, daß es in diesem Alter so schnell wächst wie von der Natur vorgesehen.

Wenn Stuten und Fohlen für einen Teil des Tages aufgestallt werden, sollten sie Zugang zu hochwertigem Heu haben. Stuten, die unlängst gedeckt worden sind (Maidenstuten, güste Stuten und Stuten mit Fohlen bei Fuß) sollten ein ausgewogenes Futter erhalten, damit sie ihren Fetus nicht wegen irgendwelcher Futtermängel verlieren. Es wird behauptet, daß man aus Zwillingen „Singles" machen kann, indem man Stuten hungern läßt. Sollte dies der Fall sein – und die Wirksamkeit wird von vielen angezweifelt –, dann kann es auch sein, daß Hungern den Verlust eines einzelnen Fetus bewirkt. Ein Gutteil der Debatte dreht sich um den Begriff „Hungernlassen". Die meisten Verfechter der Methode, eine Stute mit Zwillingen zu Beginn der Trächtigkeit hungern zu lassen, halten sich bedeckt, wenn es um die Energiezufuhr geht. Hat eine Empfängnis stattgefunden, sollte gleichwohl keiner Stute zu irgendeiner Zeit der Trächtigkeit eine vernünftige Menge an Nahrungsenergie verwehrt bleiben.

Fohlen und Jährlinge, die sich im Frühjahr und Sommer auf der Weide aufhalten, benötigen wenig oder gar kein Ergänzungsfutter. Bei einer hinreichend großen Weidefläche läßt man sie am besten Tag und Nacht draußen. Nimmt das Weidewachstum jahreszeitlich bedingt ab, kann man mit dem Zufüttern von Kraftfutter und Heu guter Qualität beginnen. Ziel während der Fohlen- und Jährlingsphase sollte sein, eine gleichbleibende Energiezufuhr zu sichern. Die Förderung von Wachstumsschüben und Wachstumseinbrüchen infolge ausgeprägter Schwankungen in der Futterqualität und -menge ist tunlichst zu vermeiden. Gleichermaßen wichtig sind eine angemessene Versorgung mit Kupfer und ein 2:1-Verhältnis von Kalzium zu Phosphor.

Juli bis September

Der Fütterungsplan sollte ähnlich sein wie im vorherigen Vierteljahr. Dabei ist der abnehmende Nährstoffgehalt des Grases zu berücksichtigen. In dieser Zeit sind die Embryos tragender Stuten vor allem mit der Zelldifferenzierung und weniger mit der Größenzunahme beschäftigt. Der Nahrungsbedarf sollte daher gleichbleibend gedeckt sein. Bei säugenden Stuten nimmt der Energiebedarf abrupt ab, wenn das Fohlen abgesetzt wird. Entsprechend sollte die Futtermenge eingeschränkt werden, um auch den durch die Ernährung bewirkten Antrieb der Milchproduktion auszuschalten. Allerdings ist es unklug, die Nahrungszufuhr bei einer tragenden Stute unterhalb des Erhaltungsniveaus abzusenken.

Während dieser Monate wird ein Teil der Jährlinge für die Auktionen vorbereitet. Je nach Betriebspolitik können sie für diesen Zweck von der Weide geholt werden. Nahrungs- und Energiezufuhr werden dramatisch gesteigert, und Bewegung gibt es nur wenig. Das mag den gewünschten Zweck erfüllen: Fettdepots werden angelegt und unterstützen den Auftritt bei der Auktion. Beim einzelnen Tier steigt jedoch die Gefahr der überschießenden Reaktionen auf kleinere Verletzungen oder Abschürfungen. Gelenke können vermehrt gefüllt und die Gliedmaßen „schwammig" sein. Feste, bindegewebige oder knöcherne Reaktionen können unter diesen Umständen auftreten. Sie sorgen für Verunstaltungen, die oft nicht von großer Bedeutung sind und doch eventuelle Käufer abschrecken können.

Oktober bis Dezember
Das Gras kann je nach den klimatischen Bedingungen noch im Herbst wachsen. Der Eiweißgehalt kann zunehmen – jedoch nicht in einem Maße, das Besorgnis erregen müßte. Trächtige Stuten kommen in eine Phase, in der der Bedarf für das fetale Wachstum am größten ist und in der die Futterrationen zu steigern sind. Stuten, die Tag und Nacht draußen bleiben, sollte Zugang zu Heu und Kraftfutter gewährt werden, insbesondere solchen Stuten, die im ersten Viertel des folgenden Jahres fohlen sollen.

Abgesetzte Fohlen müssen Zugang zu beliebig viel Heu guter Qualität haben und zu Kraftfutter, das etwa 15 Prozent Eiweiß enthält. Kalzium- und Kupferzusätze können je nach Futterstoffen nötig sein.

Weiterführende Literatur
Hintz, H. F. *Horse Nutrition: A Practical Guide* (Arco, New York 1983)
National Research Council (US) *Nutrient Requirements of Horses* Subcommitte on horse nutrition (National Academy Press, Washington D. C., 5. Auflage 1989)
Frape, D. L. *Equine Nutrition and Feeding* (Longman Scientific and Technical, Essex, 1986, überarbeiteter Reprint 1990)

2
Ultraschalluntersuchungen:
Sehen heißt Glauben

Das zweidimensionale Ultraschallverfahren (Echographie, Sonographie) hat wesentlich dazu beigetragen, die diagnostischen Möglichkeiten von Tierärzten und anderen Medizinern zu erweitern. Beim Pferd wird diese Technik heute u.a. verwendet, um Krankheiten innerer Organe wie Leber, Lungen und Nieren zu beurteilen und Sehnenschäden einzuschätzen. Die ersten allgemein üblichen Einsatzgebiete der Sonographie waren jedoch die Trächtigkeitsdiagnose und die Bestimmung der Eierstockaktivität bei Stuten.

Heute wird das zweidimensionale Ultraschallverfahren routinemäßig benutzt für die Untersuchung der Stute vor dem Decken, für die Trächtigkeitsdiagnose und die Bewertung der fetalen Gesundheit. Außerdem besitzt die Sonographie Bedeutung bei der Untersuchung der äußeren Geschlechtsorgane des Hengstes und verschafft genaue Information im Hinblick auf Größe und Beschaffenheit der Hoden. Ferner sind mit dieser Methode Ödeme und Flüssigkeiten, Zysten und andere ungewöhnliche Gebilde in der Gebärmutter auszumachen.

Dieses Kapitel beschreibt die physikalischen Grundlagen, auf denen das Ultraschallverfahren basiert, die Techniken, die für die medizinische Beurteilung der Geschlechtsorgane von Hengst und Stute benutzt werden, und die derzeitigen Diagnosevorteile im Rahmen der Zucht.

Physikalische Grundlagen

Echographie bedeutet wörtlich Abbildung von Echos. Die Technik basiert auf Schallwellen extrem (ultra) kurzer Wellenlänge. Daher rühren auch die anderen Bezeichnungen Ultraschallverfahren und Sonographie. Im allgemeinen Sprachgebrauch ist zumeist von Ultraschalluntersuchung die Rede.

Wenn wir diese Technik auf das Fortpflanzungssystem anwenden, können erstmals Strukturen gesehen werden, die bislang nur zu fühlen waren. Beispielsweise hängt beim Abtasten (Palpation) des Eierstocks, wie es in Kapitel II, 1 beschrieben ist, die Beschreibung der Größe und Beschaffenheit der Eierstöcke ausschließlich von der Deutung des Tierarztes ab, der die Gebilde zwischen Daumen und Fingern hält. Ob ein Follikel vorhanden ist, wird so entschieden: Man stellt sich eine mit Flüssigkeit gefüllte Blase vor und vergleicht sie mit dem harten oder festen Eindruck, den das Stützgewebe des Eierstocks vermittelt. Die Ausdehnung kann im Hinblick auf die Größe der Finger eingeschätzt werden, das heißt, wenn die wellenförmige Bewegung sich über zwei Fingerspitzen hinzieht, wird der Follikel etwa drei Zentimeter im Durchmesser sein. Die Ultraschalldarstellung ermöglicht uns, den Inhalt der Eierstöcke zu sehen, zu fotografieren und exakt zu messen.

Ein anderer Einsatzbereich der Technik ist die Trächtigkeitsdiagnose. 42 Tage nach dem letzten Decken kann die Schwellung in der Gebärmutter (siehe Seite 140)

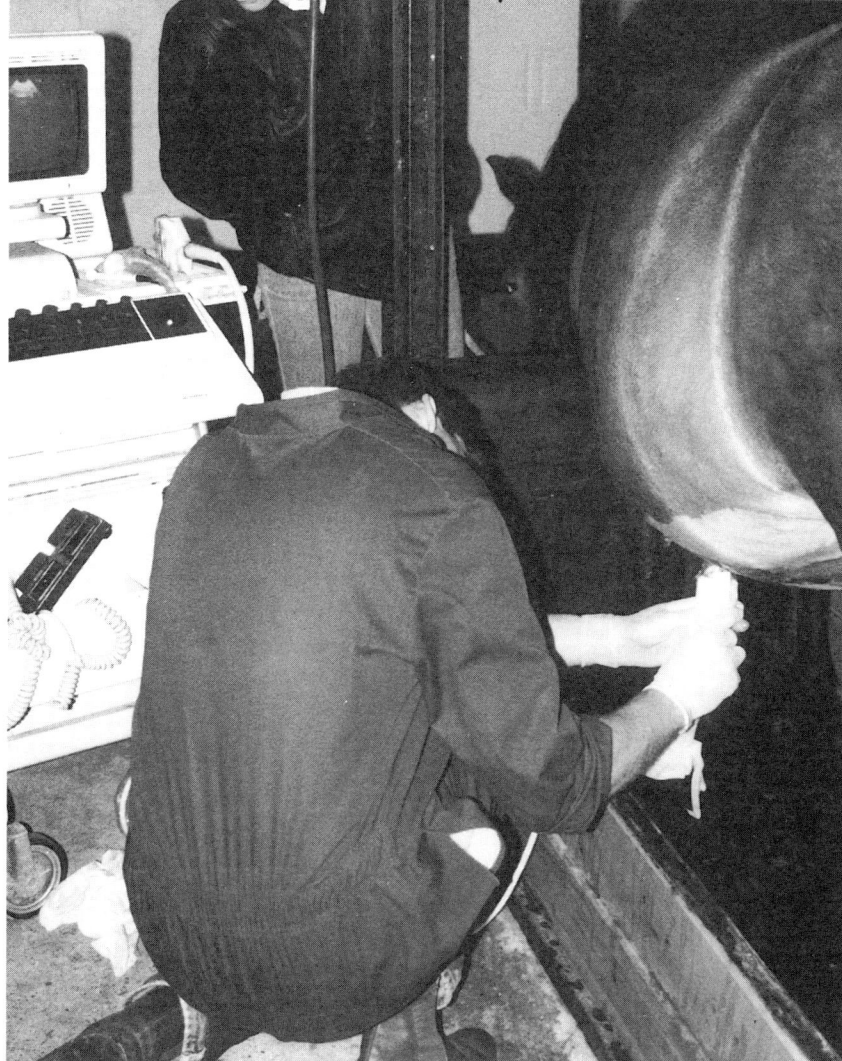

Die Entnahme von Fruchtwasser (Amniozentese) kann unter Ultraschallkontrolle vorgenommen werden, indem man eine Hohlnadel in den Bauch einführt und die Lage durch Ultraschalluntersuchung kontrolliert.

durch den Mastdarm häufig mit ziemlicher Leichtigkeit ertastet werden. Bei einigen Stuten ist dies allerdings schwieriger, und je nach Erfahrung des Tierarztes bleibt ein Rest an Unsicherheit.

Bei Verwendung der Ultraschalltechnik kann das Vorhandensein eines Fetus eindeutig ausgemacht werden, und – was sogar wichtiger ist – sie erlaubt schon eine exakte Trächtigkeitsdiagnose zwölf Tage nach der Empfängnis. Ferner kann damit eine Zwillingsempfängnis festgestellt werden; darauf werden wir weiter unten eingehen.

Abb. 37: Hier wer-den akustisch wahr-nehmbarer Schall und Ultraschall (nicht hörbar) illu-striert. Eine Trom-mel (oben) sendet Schallwellen aus, die von einem Gegenstand (z. B. einem Berg) reflek-tiert werden und zum Trommelfell im Ohr zurückkeh-ren. Dort verursa-chen sie Vibratio-nen, die vom Gehirn als Schall wahrgenommen werden. Beim Ultraschallsystem werden ultrakurze Wellen von einem Kristall ausgesandt und an Gewebe-grenzflächen reflektiert. Das Echo wird vom Kri-stall empfangen, wo es elektronisch in ein Bild (Echo-gramm) umgewan-delt wird. Ultraschallwellen dringen durch das Körpergewebe und gelangen zu Gewe-begrenzen. Dort werden einige reflektiert. Einige werden erst an der nächsten Grenze reflektiert. Derart wird ein zweidi-mensionales Bild auf dem Bildschirm aufgebaut.

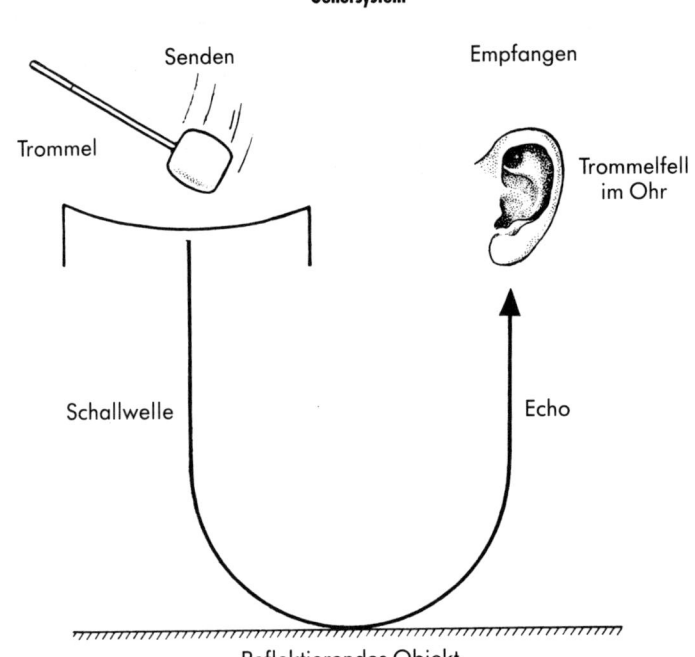

Gehörsystem

Senden

Empfangen

Trommel

Trommelfell im Ohr

Schallwelle

Echo

Reflektierendes Objekt

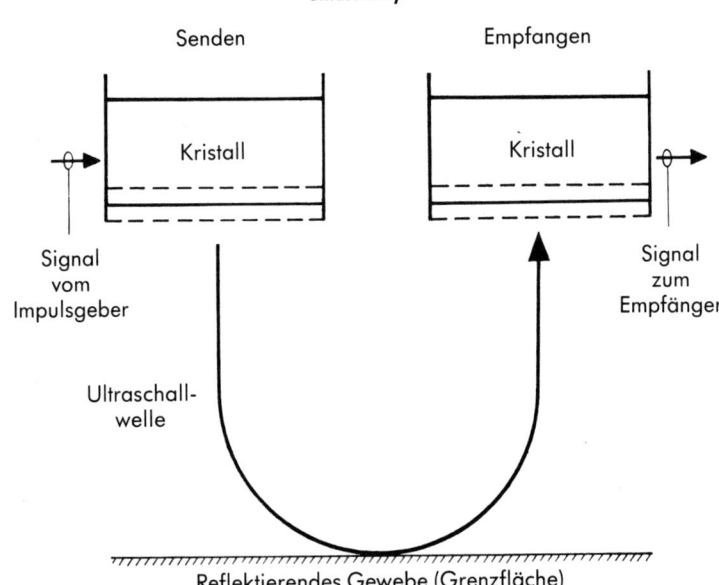

Ultraschallsystem

Senden

Empfangen

Kristall

Kristall

Signal vom Impulsgeber

Signal zum Empfänger

Ultraschall-welle

Reflektierendes Gewebe (Grenzfläche)

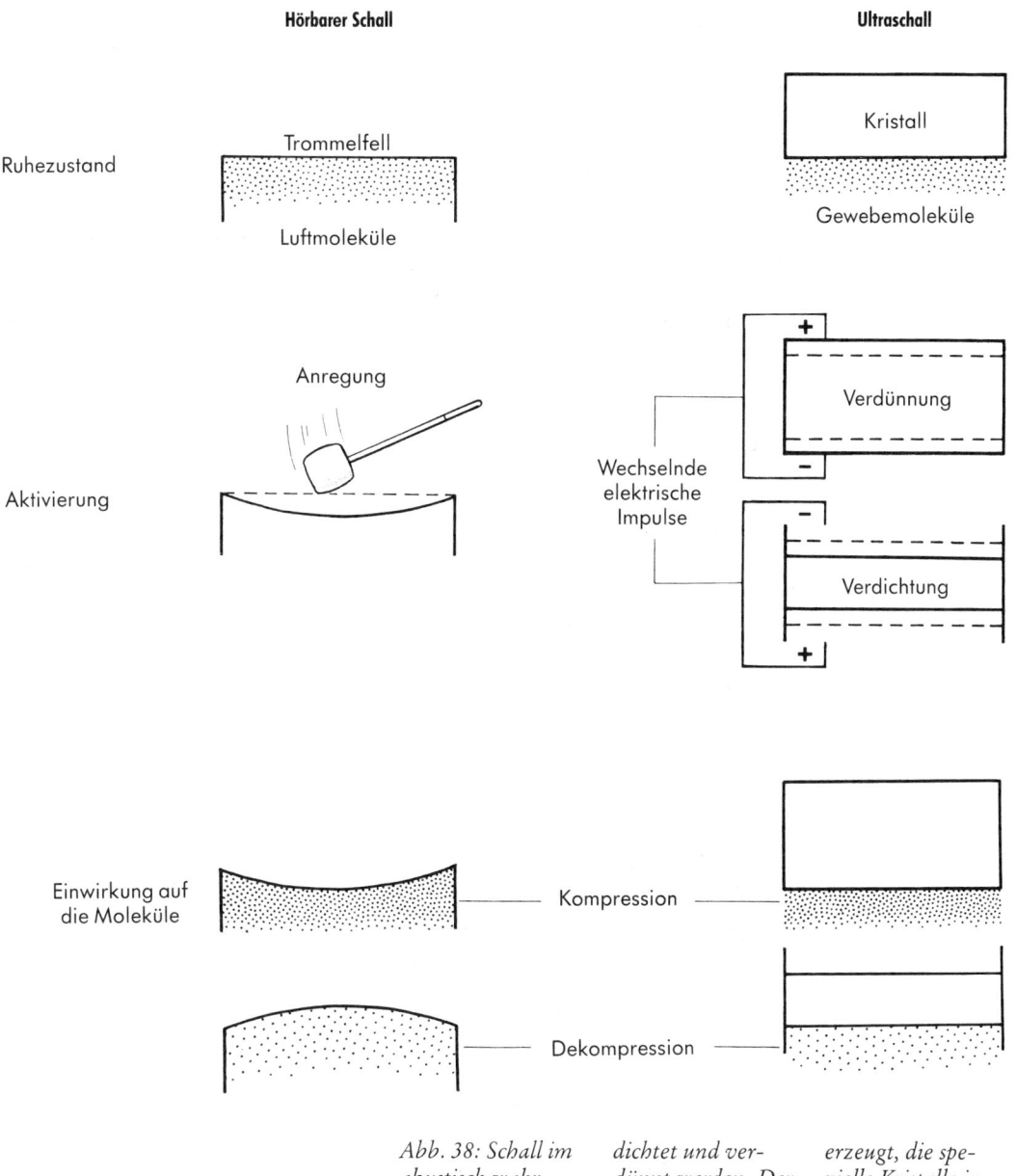

Abb. 38: Schall im akustisch wahrnehmbaren Bereich besteht aus einer Druckwirkung auf die Luftmoleküle, die wellenartig abwechselnd verdichtet und verdünnt werden. Der Ultraschall arbeitet nach denselben Prinzipien. Hier wird die Energie durch wechselnde elektrische Impulse erzeugt, die spezielle Kristalle in der Ultraschallsonde zum Senden von Ultraschallwellen anregen.

Physikalische Grundlagen des Ultraschalls

Hörbarer Schall bewegt sich mit einer Geschwindigkeit von etwa 330 Metern pro Sekunde durch die Luft. Als Wellenlänge wird der Abstand zwischen zwei benachbarten Wellenarten gleicher Schwingungsphase bezeichnet. Durch die von der Schallquelle ausgesandten Impulse werden die Luftmoleküle zu Schwingungen angeregt.Die Wellenlängen im hörbaren Bereich reichen von 2 bis 2000 Zentimeter. Die Frequenz, mit der die Schwingungen auftreten, wird in Hertz (Hz) angegeben. Ein Hertz steht für eine Schwingung pro Sekunde und ein Megahertz (MHz) für eine Million Schwingungen pro Sekunde. Der diagnostische Ultraschall hat Wellenlängen von weniger als einem Millimeter und Frequenzen von einem bis zehn Megahertz. Auf diesem „Ultra"-Niveau kann Schall sich nicht in Luft fortpflanzen, wohl aber in Weichgewebe, und zwar mit einer Geschwindigkeit von annähernd 1540 Metern pro Sekunde. Je nach Gewebeart weicht die Geschwindigkeit allerdings geringfügig von diesem Wert ab.

Bei der Sonographie werden die Ultraschallwellen von Kristallen ausgesendet, die sich im Schallkopf befinden. Die Wellen pflanzen sich so lange geradlinig fort, bis sie entweder absorbiert, mit zunehmender Entfernung zu schwach oder bei Auftreffen auf eine Gewebegrenzfläche (Oberfläche) reflektiert werden. Dies ist genau wie bei hörbarem Schall, der an einem Berg zurückgeworfen wird. Die reflektierten Echos erreichen wieder den Kristall und werden durch einen elektronischen Vorgang sichtbar gemacht. Der Schallkopf oder Transducer enthält eine große Zahl von Kristallen und ermöglicht dadurch den Aufbau eines breiten, zweidimensionalen Bildes.

Zusammenfassend kann man sagen, daß das Ultraschallverfahren auf Schallwellen beruht, die von einer Quelle ausgesandt und deren Echos wieder aufgenommen werden. Das entstehende Bild hängt von der Entfernung ab und dem Material, das die Wellen passieren. Von jeder Grenzfläche werden einige oder alle Wellen reflektiert (zurückgeworfen). Die Darstellung erfolgt unter Berücksichtigung der Entfernung bis zur Quelle und erlaubt die Bestimmung von Größe und Gestalt. Größe und Form sind ausschließlich in einem zweidimensionalen Querschnitt zu beurteilen. Wird die Sonde jedoch über das betreffende Gebiet bewegt, ist eine annähernd dreidimensionale Vorstellung zu erzielen.

Es gibt eine Reihe unterschiedlicher Begriffe in der Sonographie, die den Leser jedoch nicht im Detail beschäftigen müssen. Bezeichnungen, die der Tierarzt im allgemeinen verwendet, sind im folgenden aufgeführt.

3,5-, 5- und 7,5-MHz-Sonden

Dabei handelt es sich um Ultraschallquellen mit verschiedenen Frequenzen. Die höheren Frequenzen (Schwingungen) haben eine geringere Durchdringungskraft, aber eine höhere Auflösung auf dem Bildschirm. Ein Ultraschallkopf mit 7,5 MHz wird daher zum Beispiel bei Sehnen verwendet, wo nur eine Eindringtiefe von drei bis vier Zentimetern benötigt, aber eine hohe Auflösung gewünscht wird, um die Verletzung interpretieren zu können. Bei der sonographischen Fortpflanzungsdiagnostik ist die 7,5-MHz-Sonde nützlich, um die Plazenta zu untersuchen, weil es hier großer Detailgenauigkeit bedarf. Am häufigsten wird eine

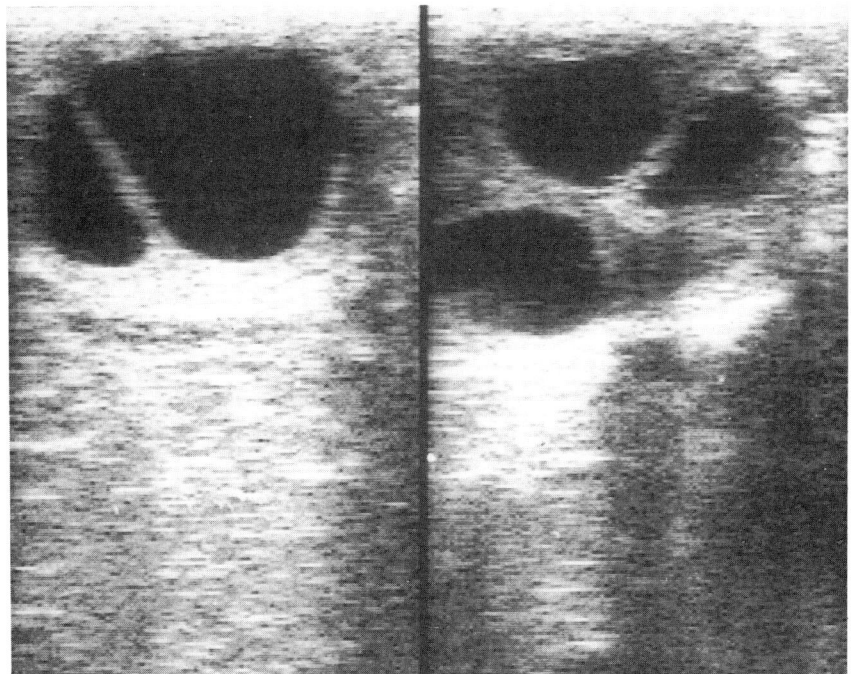

Ultraschallbild von einem linken und rechten Eierstock: Es sind drei Follikel mit einem Durchmesser von zwei Zentimetern im rechten Eierstock zu sehen und im linken Eierstock ein Follikel von drei Zentimetern Durchmesser, an den sich kleinere Follikel anschließen.

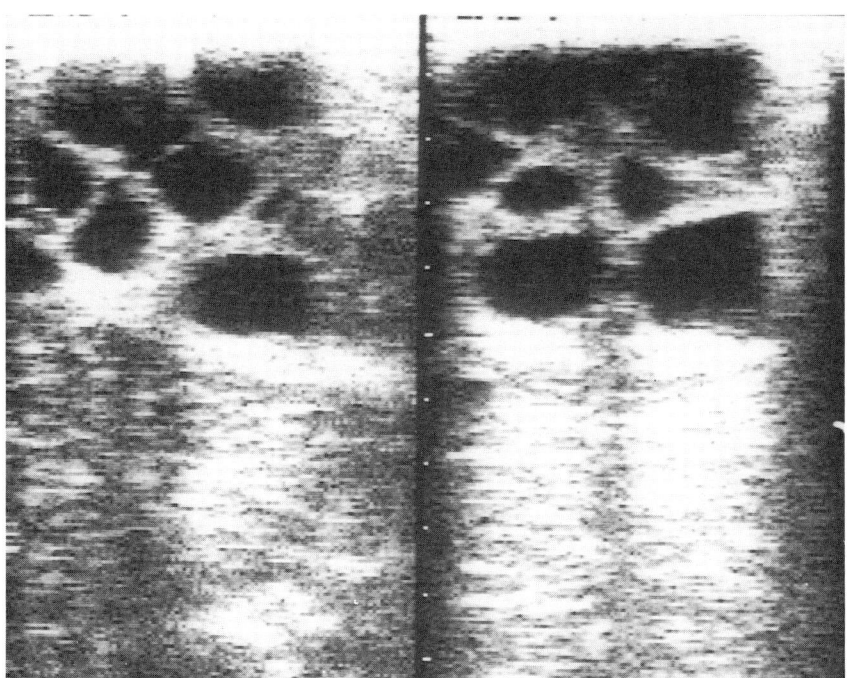

Dieses Ultraschallbild weist im linken und rechten Eierstock mehrere unreife Follikel auf.

Rechts: Transkutanes Sektor-Sonogramm zeigt auf der linken Seite das fetale Herz und die Aorta.

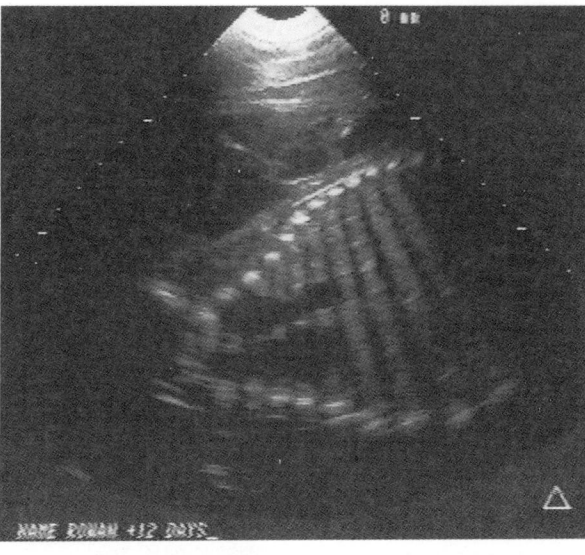

Rechts unten: Transkutanes Sektor-Sonogramm zeigt das fetale Herz mit vier Kammern: linke und rechte Herzkammer sowie Vorhöfe.

Ein lineares Ultraschallbild, das durch den Bauch (transkutan von der Bauchwand aus) von einem 277 Tage alten Fetus aufgenommen worden ist, zeigt Brustkasten und Herz (Schatten ganz links).

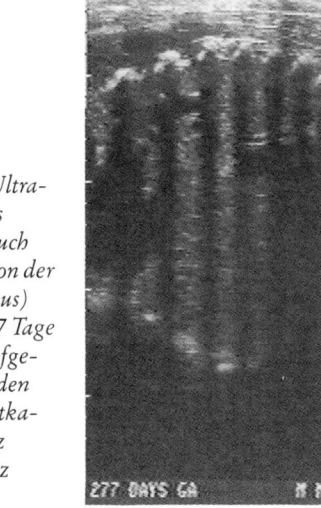

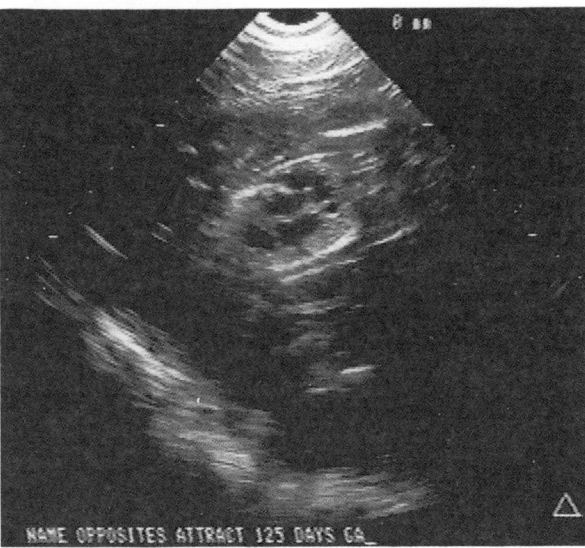

5-MHz-Sonde benutzt. Sie besitzt eine Eindringtiefe von etwa zehn Zentimetern und eine gute Auflösung, die es erlaubt, Follikel und Trächtigkeit in frühem Stadium auszumachen. Eine 3,5-MHz-Sonde weist eine Eindringtiefe von 20 bis 25 Zentimetern auf. Obgleich sie weniger Einzelheiten darstellt, ermöglicht sie doch eine ausreichende Beurteilung von Strukturen, die sich ziemlich tief im Körper befinden. Mit diesem Schallkopf werden daher die Gebärmutter im fortgeschrittenen Stadium der Trächtigkeit und innere Organe wie Nieren, Leber usw. untersucht.

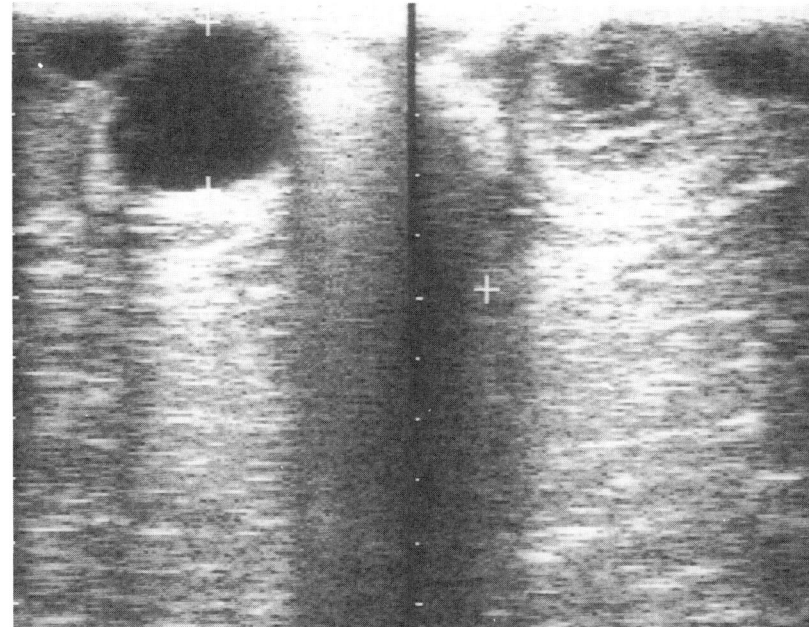

Ultraschallbilder der Eierstöcke, die Gelbkörper (Kreuzchen) im Alter von annähernd fünf Tagen aufweisen.

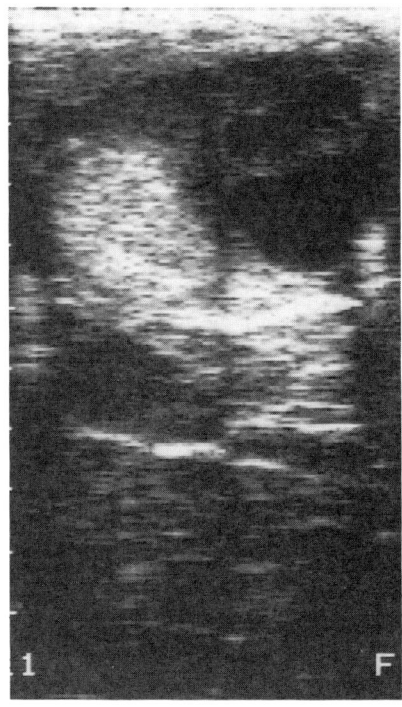

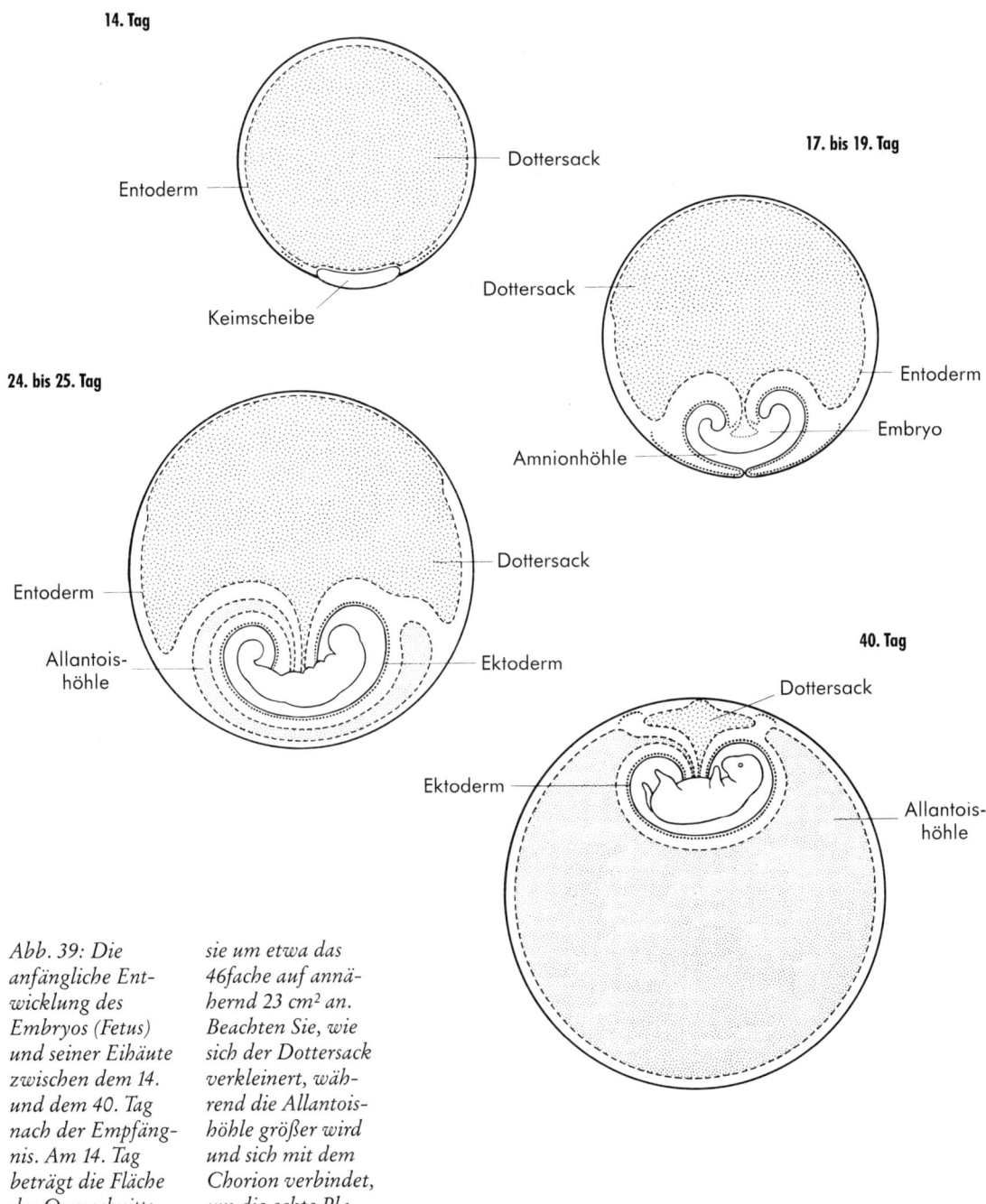

14. Tag

Entoderm — Dottersack

Keimscheibe

17. bis 19. Tag

Dottersack

Entoderm

Embryo

Amnionhöhle

24. bis 25. Tag

Entoderm

Dottersack

Allantois-höhle

Ektoderm

40. Tag

Dottersack

Ektoderm

Allantois-höhle

Abb. 39: Die anfängliche Entwicklung des Embryos (Fetus) und seiner Eihäute zwischen dem 14. und dem 40. Tag nach der Empfängnis. Am 14. Tag beträgt die Fläche des Querschnitts etwa 0,5 cm², bis zum 40. Tag steigt sie um etwa das 46fache auf annähernd 23 cm² an. Beachten Sie, wie sich der Dottersack verkleinert, während die Allantoishöhle größer wird und sich mit dem Chorion verbindet, um die echte Plazenta zu bilden.

Linear- und Sektorsonden

Diese Bezeichnungen beziehen sich auf die Anordnung der Kristalle, welche die Ultraschallquelle darstellen. Wie der Name schon sagt, sind sie in der Linearsonde linear in mehreren geraden Reihen angeordnet. Daraus resultiert ein rechteckiges Bild. Bei der Sektorsonde ist die Quelle konzentriert, sie gibt einen keilförmigen Ausschnitt wieder. Die Linearsonde ist ideal für solche Situationen, bei denen die Auflagefläche groß genug ist für die gesamte Länge des Transducers, z. B. bei der Gebärmutterdarstellung. Die Sektorsonde wird verwendet, wenn der Blick durch eine kleine Öffnung (kleines akustisches Fenster) erforderlich ist, beispielsweise zwischen den Rippen zur Untersuchung des Herzens im Brustkorb.

Routineuntersuchungen

Die Sonographie wird eingesetzt in Verbindung mit dem tierärztlichen Untersuchungsschema, wie es in Kapitel II, 1 (siehe Seite 86 ff.) beschrieben ist. Sie wird angewendet, um die Eierstöcke sichtbar zu machen, wenn ein Befund durch die Palpation (das Betasten) der Eierstöcke nicht eindeutig möglich ist. Insbesondere kann man mit diesem Verfahren festellen, ob ein Eisprung stattgefunden hat. In vielen Fällen kann ein geplatzter Follikel beim Betasten einem noch nicht geplatzten Follikel wegen der Flüssigkeitsfluktuation ähneln: Der erstere ist jedoch nicht mit Flüssigkeit gefüllt, sondern mit Blut, das beim Eisprung ausgetreten ist und die Höhlung ausfüllt. Der Gelbkörper wird von den Zellen gebildet, die in das Blutklümpchen vordringen. Der Tierarzt kann im Sonogramm festellen, daß ein Eisprung stattgefunden hat, weil die klare, einheitlich schwarze Flüssigkeit im Follikel durch eine mehr gesprenkelte Erscheinung infolge der Blutbeimengung abgelöst wurde.

Follikel können sonographisch leicht gegeneinander abgegrenzt und gemessen werden. Vor dem Einsatz des Ultraschallverfahrens wurde durch Betasten der Eierstöcke häufig ein Follikel festgestellt, aber die tatsächliche Anzahl von Follikeln war nicht festzustellen. Manchmal sind zehn bis zwanzig Follikel vorhanden. Durch Betasten würde das nicht offenbar. Dasselbe Problem tritt auf, wenn zwei Follikel nahe beieinander liegen. Ultraschall grenzt die beiden ganz deutlich gegeneinander ab.

Die Ultraschalldiagnose der Eierstöcke ist leider nicht die ultimative Lösung für die Untersuchung der Eierstöcke vor und nach dem Decken. Eine Reihe von Gesichtspunkten bereitet noch Schwierigkeiten bei der Interpretation, aus Gründen, die der Leser verstehen sollte. Nur dann kann er nicht allein die Möglichkeiten der Tiermedizin, sondern auch die Biologie der Fortpflanzung umfassend berücksichtigen.

Wir können tatsächlich Follikel identifizieren, ihre genaue Größe und Form kalkulieren. Jedoch stellen diese Informationen – so wertvoll sie auch sein mögen – keinen besonders wichtigen Teil des Puzzles dar, das Sexualverhalten heißt. Follikel reifen und platzen unter dem Einfluß von Hormonen (Östrogen, Progesteron, luteinisierendes Hormon und Follikel-stimulierendes Hormon), deren Konzentrationen im Blut sich von Tag zu Tag verändern – möglicherweise von Stunde zu Stunde. Wir haben keine Informationen darüber, wie hoch diese veränderlichen Werte zu irgendeiner bestimmten Zeit sind. Und hätten wir sie, dann fehlte uns das Wissen um den Empfangsstatus des Zielgewebes (z. B. der Auskleidung des Follikels). Die Rezeptoren („Empfänger") stellen das Schlüsselloch dar, die Hormone sind die Schlüssel. Sind keine Schlüssellöcher vorhanden, dann haben die Schlüssel keine Funktion. Und die Zahl der Rezeptoren für das luteinisierende Hormon (LH) pro Follikel ist direkt verantwortlich für die Aktionen, die LH auf den Follikel im Hinblick auf den Eisprung ausüben kann. Wenn wir einen Follikel fühlen oder sehen, haben wir doch noch kein Mittel, die Zahl der Rezeptoren pro Follikel zu bestimmen. Es überrascht daher nicht, daß Follikel nicht immer dann platzen, wenn wir es aufgrund ihrer Größe, Gestalt und Beschaffenheit vermuten. Die Tatsache, daß die Mehrzahl unserer Befunde korrekt ist, weist im allgemeinen darauf hin, daß wir hinreichende Nachweise auf der Grundlage der verschiedenen Untersuchungen erbringen können – all dies im Rahmen der Kompetenz, über die wir in dieser Angelegenheit verfügen.

Sobald eine Stute gedeckt ist und ein Eisprung stattgefunden hat, ist es nötig, so früh wie möglich herauszufinden, ob die Stute tragend ist. Den Hintergrund für diese Notwendigkeit haben wir bereits auf Seite 140 besprochen.

Das Ultraschallverfahren macht eine positive Diagnose schon zwölf Tage nach dem Eisprung möglich (gewöhnlich vierzehn Tage nach dem Decken). Zu diesem Zeitpunkt ist der sich entwickelnde Embryo nur an einem Flüssigkeitsbläschen erkennbar. Sein Durchmesser beträgt etwa zehn Millimeter, und er erscheint auf dem Bildschirm als schwarzes, rundes Gebilde, das sich vor der weißlichen Umgebung der Gebärmutterwand abhebt.

Zu diesem Zeitpunkt setzt sich die Fruchtblase aus zwei Zellschichten zusammen, dem Ektoderm und dem Entoderm (äußere und innere Schicht). In einem kleinen Bereich der Wand ist eine Zellkonzentration vorhanden, die die Embryoanlage darstellt. Diese Stelle ist jedoch auf dem Ultraschallbild nicht zu sehen.

Zwischen dem zehnten und dem sechzehnten Tag nach dem Eisprung ist die Fruchtblase sehr mobil und bewegt sich schnell in den Gebärmutterhörnern und im Gebärmutterkörper. Es wird angenommen, daß diese Aktivität die Ausschüttung von Prostaglandin durch die Gebärmutter verhindert und dadurch der Gelbkörper im Eierstock geschützt wird, der zur Aufrechterhaltung der Trächtigkeit nötig ist. Ist die Stute nicht tragend, wird Prostaglandin etwa am 16. Tag ausgeschüttet. Man geht davon aus, daß anschließend der Kontakt der Fruchtblase mit der Gebärmutterwand die Freisetzung von Prostaglandin hemmt.

Die Mobilität der Fruchtblase hat zwei praktische Konsequenzen. Bei einer Ultraschalluntersuchung vor dem 16. Tag nach dem Eisprung ist es wichtig, jeden Teil der Gebärmutter aufzunehmen (beide Hörner und den Körper), da die Fruchtblase sonst womöglich nicht gefunden wird. Nachdem sie sich am 16. Tag angeheftet hat, ist sie leichter an einer der beiden Basen der Gebärmutterhörner zu identifizieren.

Die Mobilität ist ferner wichtig im Hinblick auf Zwillingsträchtigkeiten und das dann nötige Vorgehen. Darüber wird weiter unten gesprochen.

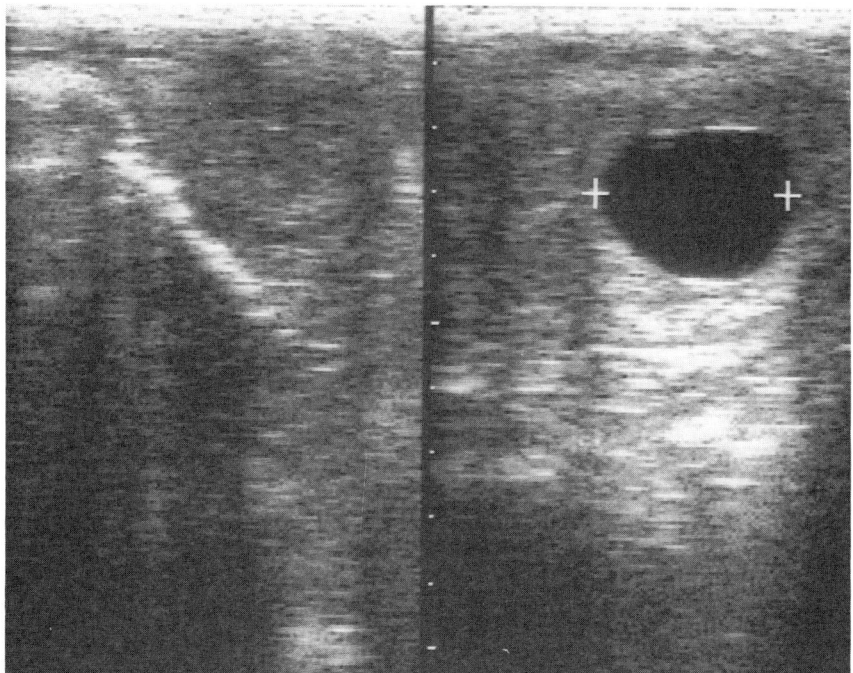

Ultraschallbild, das 17 Tage nach dem letzten Decken aufgenommen worden ist. Im rechten Gebärmutterhorn zeigt sich ein einzelner Fetus (Durchmesser des Bläschens: 29 mm). Im linken Horn ist kein Bläschen vorhanden.

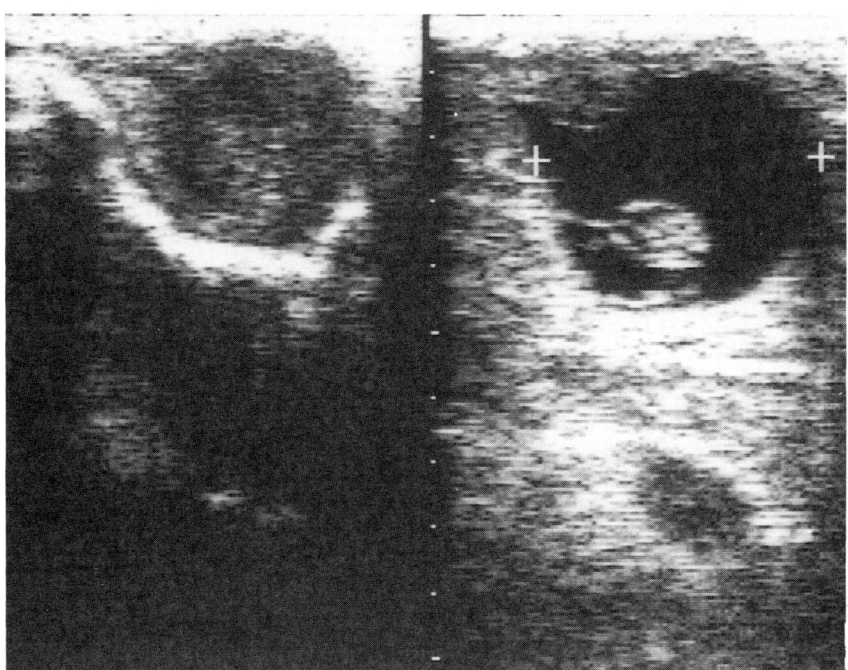

Ultraschallbild, das 35 Tage nach dem letzten Decken aufgenommen worden ist. Im rechten Gebärmutterhorn zeigt sich ein einzelner Fetus (Durchmesser des Bläschens: 43 mm). Im linken Horn ist kein Bläschen vorhanden.

Wenn die Frucht größer wird, nimmt auch die Komplexität ihrer Strukturen zu. Entsprechend verändern sich die Ultraschallbilder.

Orientierungspunkte beim Ultraschallverfahren sind Gestalt und Größe der Fruchtblase (vier Zentimeter Durchmesser am 16. Tag, 23 Zentimeter Durchmesser am 40. Tag), die erstmalige Darstellung des Embryos selbst am 22. Tag und sein Herzschlag am 24. Tag. Von diesem Zeitpunkt an ist die Linie deutlich sichtbar, die den Dottersack von der Plazenta (Allantois) trennt. Der Dottersack verkleinert sich, während die Allantois an Größe zunimmt. Am 40. Tag ist der Dottersack verkümmert, und die Plazenta umgibt den fetalen Körper, mit dem sie durch die Nabelschnur verbunden ist.

Vom 40. Tag an werden die Bestandteile des Fetus und seiner Eihäute zunehmend unterscheidbar. Immer deutlicher sind Amnion, Amnionflüssigkeit, Allantoisflüssigkeit, Plazenta und Nabelschnur zu erkennen, wie wir sie auch bei der Geburt vorfinden. Das Volumen der Flüssigkeiten nimmt schnell zu, und die Gebärmutter dehnt sich aus, um diesem Zuwachs zu entsprechen.

Von jetzt ab erweist sich die Eindringtiefe einer 7,5-MHz-Sonde als zu gering, um einen Gesamtblick auf den Fetus zu gestatten. Diese Einschränkung wird vom 60. Tag an deutlich. Vom 80. Tag an muß der Gebärmutterinhalt mit einer 3,5-MHz- oder 5-MHz-Sonde transkutan (durch die Haut) von der Bauchwand her betrachtet werden. Dieses Verfahren kann bis zum Ende der Trächtigkeit angewendet werden. Wenn der Fetus wächst, kann er allerdings nicht insgesamt betrachtet werden, auch nicht bei Schallkopfauflage an der äußeren Bauchwand. Gleichwohl können die verschiedenen Organe einzeln aufgenommen werden, so daß es uns möglich ist, Herzschlag, Zustand von Leber, Lungen, Nieren usw. zu beurteilen.

Es muß betont werden, daß in den frühen Phasen der Trächtigkeit erhebliche tägliche Unterschiede in der Größe der Fruchtblase, im Erscheinungsbild verschiedener Strukturen sowie im Herzschlag auftreten können. Bei Berechnungen, die vom letzten Decktermin ausgehen, ist zu berücksichtigen, daß das Ultraschallbild eher eine 14-Tage-Trächtigkeit denn eine 17-Tage-Trächtigkeit wiedergibt, falls der Eisprung drei Tage nach dem Decken stattgefunden hat. Nach einer Tragezeit von mehr als 25 Tagen wird dieser Unterschied zunehmend unbedeutender.

Dank des Ultraschallverfahrens können wir auch feststellen, ob der Fetus mit dem Kopf zum Gebärmutterhals hin liegt. Ein sehr kleiner Prozentsatz von Trächtigkeiten endet damit, daß das Fohlen falsch liegt. Mit dem Ultraschallverfahren läßt sich erkennen, ob der Fetus seine natürliche Lage mit dem Kopf in Richtung Gebärmutterhals bis zum 180. Tag eingenommen hat. Viele Fohlen erreichen diese Position allerdings schon vorher.

Die Aktivität des Fetus, die Klarheit der umgebenden Flüssigkeiten und der einwandfreie Zustand der Plazenta können mit der Ultraschalltechnik eingeschätzt werden. Dies verschafft uns einen Hinweis auf Gesundheit oder Krankheit des Fetus. Träge Aktivität und viele Partikel in den Flüssigkeiten können Anzeichen von krankhaften Veränderungen sein.

Die fetale Herzfrequenz nimmt mit fortschreitender Tragezeit ab. Sie liegt im

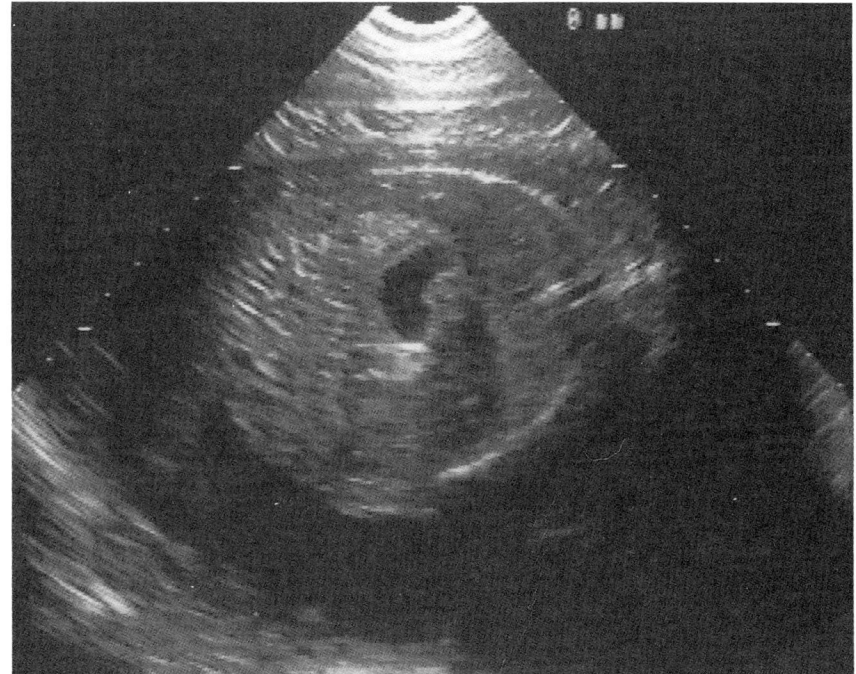

Das transkutan von
der Bauchwand aus
aufgenommene
Sektor-Sonogramm
zeigt den Quer-
schnitt durch einen
Fetus nach 125
Tagen Tragezeit. An
den fetalen Magen
in der Mitte schlie-
ßen sich links die
Leber und rechts
die Milz an.

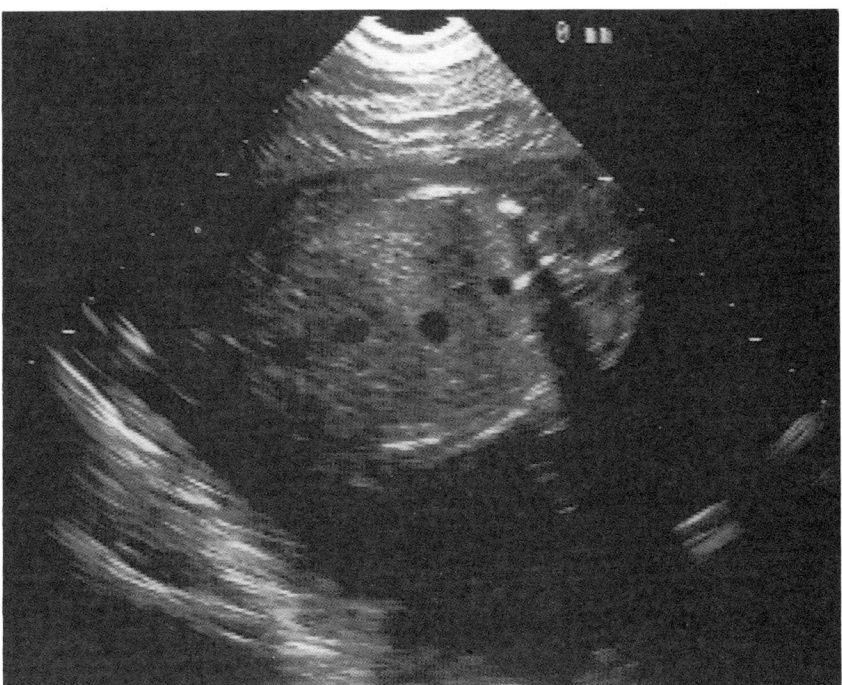

Ein etwas weiter
hinten aufgenom-
menes Bild zeigt die
Leber und vier
Blutgefäße im
Querschnitt.

Bereich von 200 Schlägen pro Minute im ersten Trächtigkeitsdrittel und unterhalb von 100 Schlägen pro Minute im letzten Drittel. Die Herzfrequenz kann auch als Richtlinie für fetale Gesundheit oder Schädigung herangezogen werden.

Eine andere Ultraschalltechnik, das sogenannte *Doppler-Verfahren*, kann benutzt werden, um die Blutströmung im Herzen und in der Aorta zu beobachten. Diese Technik wird routinemäßig bei menschlichen Ungeborenen im Mutterleib angewendet, bei Pferdefeten hat sie sich noch nicht durchgesetzt.

Das Messen der fetalen Körperteile erlaubt es, das fetale Wachstum zu beurteilen. Vorwiegend werden dazu die Durchmesser von Aorta und Augenhöhle studiert.

Zwillinge

Bevor das Ultraschallverfahren zu den Routineuntersuchungen im Gestütsbetrieb gehörte, blieb das Auftreten von Zwillingen bei Vollblütern mit ungefähr fünf Prozent hartnäckig konstant. Als in den vierziger Jahren die rektale Untersuchung erstmals in großem Umfang praktiziert wurde, kam die Hoffnung auf, man könne Zwillinge vermeiden. Wurden zwei Follikel ertastet, wurde die Bedeckung hinausgezögert. Verschiedene Strategien wurden ausprobiert. So wurde der Deckakt zwischen dem Eisprung der beiden Follikel angesetzt. Oder man spülte die Gebärmutter am fünften Tag nach dem Eisprung aus in der Hoffnung, man werde dadurch eine befruchtete Eizelle entfernen, bevor die andere die Gebärmutter erreicht hatte. Eine weitere Methode bestand darin, möglichst früh, gewöhnlich um den 30. Tag nach dem Decken, das Vorhandensein von Zwillingen (je einen in den beiden Gebärmutterhörnern) zu ertasten. Eine der beiden Fruchtblasen wurde dann zerdrückt. Dieses Verfahren hatte einigen Erfolg. Häufig jedoch setzte sich die Zwillingsträchtigkeit fort, oder beide Feten gingen verloren.

Waren Zwillingen im selben Gebärmutterhorn vorhanden, war es nicht möglich, zwischen den beiden zu unterscheiden. In solchen Fällen wurde niemals der Versuch unternommen, eine Frucht zu zerquetschen. Insgesamt gesehen blieb die Zwillingsträchtigkeit ein Problem, bis die Sonographie für Lösungen sorgte. Sie ermöglicht es, a) das Vorhandensein von Zwillingen sehr früh (12. bis 20. Tag) zu erkennen, b) die genaue Lage der Feten in einem oder beiden Gebärmutterhörnern festzustellen, und c) sich zu vergewissern, ob ein Quetschversuch zur Zerstörung eines Zwillings Erfolg hatte.

Heutzutage werden Stuten gewöhnlich etwa 15 Tage nach dem Eisprung per Ultraschall untersucht. Einige Tierärzte ziehen es vor, die erste Untersuchung noch einen oder zwei Tage vorher anzusetzen. Die Fruchtblase ist auf jeden Fall frei beweglich, und sollten zwei vorhanden sein, besteht eine Chance, die beiden vorsichtig voneinander zu trennen, bevor man eine zerdrückt.

Nachteil dieser Methode ist, daß die Mobilität der Fruchtblase dazu führen kann, daß sie den Fingern des Tierarztes beim Zugriff entschlüpft. Sie kann sich dann entlang des Gebärmutterhornes bewegen oder in den Gebärmutterkörper wandern. Nach dem 16. Tag hat die Fruchtblase gewöhnlich eine feste Position bezogen und kann ziemlich leicht zerdrückt werden. Liegen die Fruchtblasen jedoch beieinander, kann es auch in dieser Phase unmöglich sein, die eine zu quet-

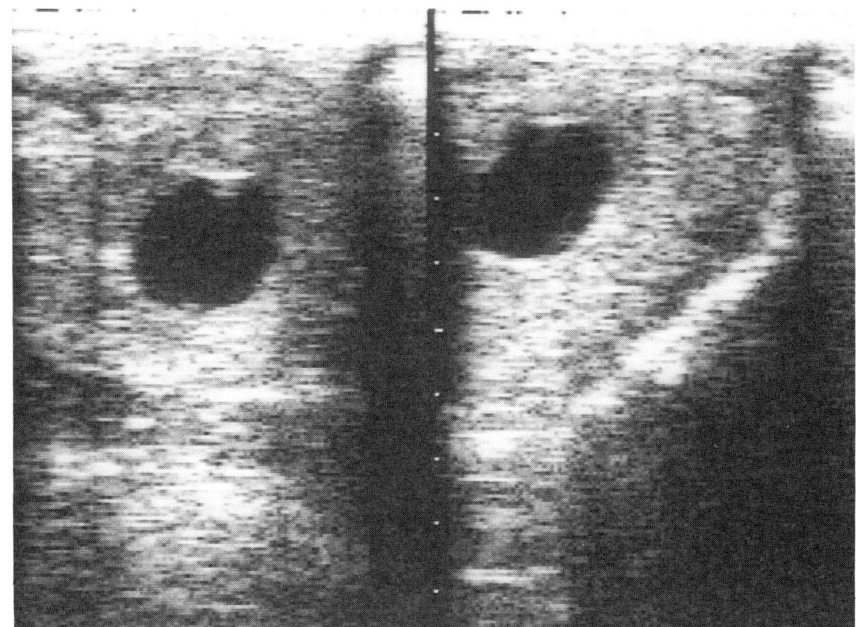

Zwillinge: In jedem Gebärmutterhorn befindet sich einer. Die Bilder wurden 16 Tage nach dem letzten Decken aufgenommen.

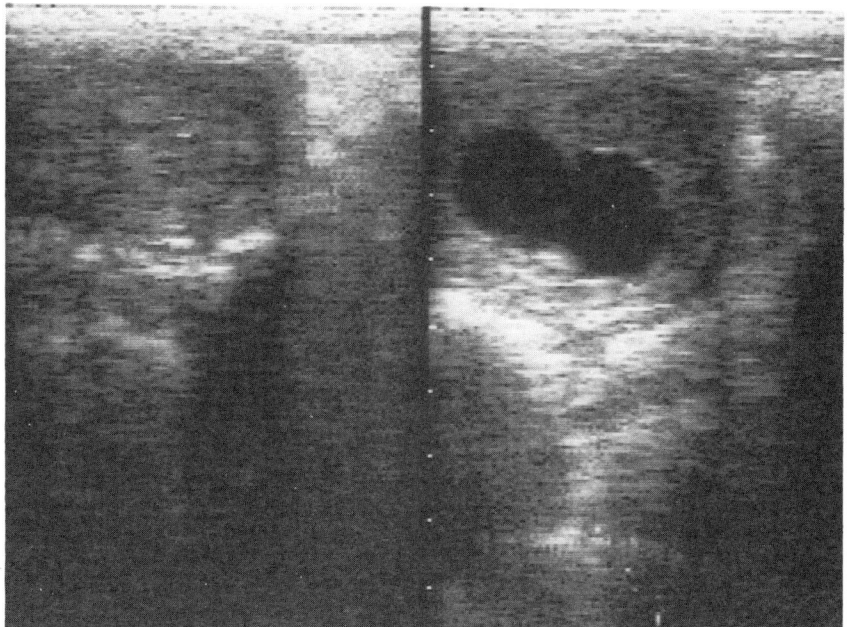

Ultraschallbild einer Gebärmutter, das 17 Tage nach dem letzten Decken entstand: Die Zwillinge befinden sich nebeneinander im selben Gebärmutterhorn.

schen, ohne die andere in Mitleidenschaft zu ziehen. In allen Fällen ist die Entscheidung, wann und wie die Zerstörung erfolgt, eine Sache der persönlichen Erfahrung des jeweiligen Tierarztes.

Befinden sich die Zwillinge in getrennten Gebärmutterhörnern, dann hat das Abdrücken eine 90prozentige Erfolgsquote. Etwa nach dem 21. Tag der Trächtigkeit sinkt diese Quote stark. Liegen die Zwillinge zusammen, beträgt die Chance einer spontanen Entfernung der Fruchtblase 50 Prozent: Ein Embryo kann die Ernährung des anderen beeinträchtigen, so daß dieser bis etwa zum 35. Tag stirbt und abgeht. Wird die Entscheidung getroffen, daß das Risiko einer Zwillingsträchtigkeit zu groß ist, wird der Stute Prostaglandin verabreicht, um beide Fruchtblasen abzutreiben und das Tier erneut decken zu lassen. Diese Entscheidung muß vor der Entwicklung der „endometrial cups" am 35. Tag getroffen werden, sonst kann es passieren, daß eine fruchtbare Rosse für viele Monate ausbleibt.

Durch routinemäßige Ultraschalluntersuchung ist das Auftreten von Zwillingen, die abortiert oder ausgetragen werden, auf weniger als ein Prozent reduziert worden. Daß Zwillinge nicht vor dem 35. Tag ausgesondert werden, kann liegen: a) an der bewußten Entscheidung des Pferdebesitzers, daß eine festgestellte Zwillingsträchtigkeit fortschreiten soll, weil der Besitzer hofft, daß einer der Zwillinge auf natürliche Weise ausgeschaltet wird; b) an der Tatsache, daß die Stute nicht untersucht oder bei der Untersuchung keine Zwillingsträchtigkeit festgestellt wurde. Das kann leicht geschehen, wenn die Untersuchung vor dem 16. Tag nach dem Eisprung vorgenommen wird, da zu dieser Zeit die Fruchtblase mobil ist. Auch nach dieser Phase können freilich noch Fehler gemacht werden. Irrtümer um den 40. Tag herum sind äußerst selten. Schließlich kann c) das Vorhandensein von Zysten in der Gebärmutter die Diagnose im Hinblick auf Einzelfeten wie auf Zwillinge erschweren, da Zysten den Anschein einer Trächtigkeit im frühen Stadium erwecken können. Größere Zysten können das Vorhandensein einer Fruchtblase verdecken. Unter diesen Umständen ist es wichtig, Ultraschalluntersuchungen so häufig wie nötig vorzunehmen, um den Herzschlag eines oder zweier Embryos feststellen zu können.

Die nichtträchtige Gebärmutter

Das Bild der Gebärmutter einer rossigen Stute weist ganz charakteristische Merkmale auf. Die Schleimhautfalten bilden ein Muster, das ihrem Wassergehalt (Ödem) entspricht. Dies ist besonders deutlich bei Stuten, die unlängst gefohlt haben. Bei älteren Stuten und bei solchen mit infizierter Gebärmutter sind häufig Ansammlungen von Flüssigkeiten im Lumen (Hohlraum) der Gebärmutterhörner oder des Gebärmutterkörpers zu finden.

Ungewöhnliche Veränderungen

Das Ultraschallverfahren kann benutzt werden, um Granulosazelltumore (Wucherungen der hormonproduzierenden Gelbkörperzellen) von Eierstockblutungen zu unterscheiden. Zysten und Eiteransammlung in der Gebärmutter können ebenfalls festgestellt werden. Das hilft bei der Diagnose einer Gebärmuttervergrößerung.

3
Künstliche Besamung und Embryotransfer

Künstliche Besamung

Die Künstliche Besamung (KB) wird beim Pferd heute weltweit bei allen Rassen praktiziert (siehe Seite 117). Unter veterinärmedizinischen, betriebstechnischen und kommerziellen Gesichtspunkten hat diese Methode viele Vorteile.

Veterinärmedizinische Gesichtspunkte: Die wichtigsten veterinärmedizinischen Vorteile liegen darin, daß die Ausbreitung von Infektionen vermindert und Epidemien eingedämmt werden, während der Zuchtbetrieb weiterläuft.

Die Ausbreitung von ansteckenden Erkrankungen wie Herpes oder Druse *(Streptococcus equi)* wird gefördert durch den Transport der Pferde zwischen den Gestüten und sogar innerhalb der Grenzen derselben Anlage. Bringt man den Samen zu den Stuten, wird das Risiko einer Ausbreitung verringert, da die Tiere nicht mehr hin- und hergeschafft werden müssen.

Dieselben Prinzipien der Krankheitsvorbeuge gelten auch für Einzeltiere. Ist eine Stute etwa wegen einer *Klebsiellen-* oder *Pseudomonaden-Infektion* ihres Genitaltraktes behandelt worden, aber nicht genug Zeit verstrichen, um sicher zu sein, daß sie frei von jeglicher Infektion ist, kann die KB angewendet werden ohne jedes Risiko für den Hengst oder für weitere Stuten, die gedeckt werden sollen. Anfällige Stuten (siehe Seite 229) können ebenfalls besamt werden, ohne daß sie den einschlägigen Problemen des natürlichen Deckaktes ausgesetzt sind.

Vorteilhaft ist ferner, daß die Samenqualität beurteilt und das Fortpflanzungspotential des Hengstes eingeschätzt werden können.

Betriebstechnische Gesichtspunkte: Während der routinemäßigen Untersuchungen vor dem Decken gibt es Situationen, in denen die KB äußerst nützlich ist. Etwa wenn eine Stute einen von der Größe her reifen Follikel entwickelt hat, aber nicht auf den Probierhengst (siehe Seite 68 ff.) reagiert oder rossig zu sein scheint, obwohl die Progesteron-Konzentration im Blut bei Null liegt. Diese Situation tritt ziemlich häufig früh im Jahr bei Maidenstuten und einigen güsten Stuten auf, so daß der Follikel platzt, ohne daß die Stute gedeckt wird. Hier spricht man gelegentlich von einem „stillen Eisprung".

Eine Vorhersage des Eisprungs, auf ein paar Stunden genau, hat immer Schwierigkeiten bereitet. Bei der KB hat man den Vorteil, daß kleine Samenportionen täglich oder zweimal täglich injiziert werden können. Dies ist besonders nützlich, wenn ein Hengst oder eine Stute unterdurchschnittlich fruchtbar ist und es sich als notwendig erweist, daß der Samen zeitlich nahe dem Eisprung in die Gebärmutter eingebracht wird.

Bei einem KB-Programm wird der Samen täglich von einem Hengst (bzw. mehreren Hengsten) gewonnen. Der Samen wird in mehrere Portionen geteilt, damit jede Stute während der Rosse zumindest einmal täglich besamt werden kann.

Kommerzielle Gesichtspunkte: Der hauptsächliche finanzielle Vorteil der KB besteht darin, daß die Kapazitäten eines jeden Hengstes erweitert werden. Andere finanzielle Vorteile liegen darin, daß weniger Arbeitskräfte und weniger tierärztliche Untersuchungen nötig sind. Außerdem werden teure Transporte vermieden.

Samen kann eingefroren und verwendet werden, um viele Fohlen von einem einzigen Hengst zu erhalten. Wegen dieser Möglichkeit fürchten Vollblutzüchter, daß der Markt mit dem Nachwuchs eines Hengstes zu Lasten anderer überschwemmt wird.

Samengewinnung

Der Samen wird mittels einer künstlichen Scheide gewonnen. Es gibt eine Reihe von Modellen, von denen einige auf diesen Seiten gezeigt werden. Im wesentlichen besteht die künstliche Scheide aus einer kräftigen, äußeren Metallröhre, an der zur leichteren Handhabung ein Griff befestigt ist. Innen ist der Behälter mit Gummi oder Latex ausgekleidet. Wasser zwischen der Röhre und der Auskleidung dient dazu, die richtige Temperatur aufrechtzuerhalten.

Die künstliche Scheide kann mit einer Einmal-Auskleidung versehen sein, um das Risiko zu vermindern, daß eine Infektion von Hengst zu Hengst übertragen wird. Die innere Temperatur der Auskleidung sollte zu Beginn des Vorgangs im Bereich von 45 °C bis 50 °C liegen. Es müssen Vorsichtsmaßnahmen ergriffen werden, um den Samen während und nach der Gewinnung zu schützen, da die Spermien leicht verletzlich sind. Plötzlicher Anstieg oder abruptes Sinken der Umgebungstemperatur ist zu vermeiden. Die gesamte Ausrüstung sollte sehr sorgfältig gesäubert werden.

Die erfolgreiche Samenabnahme hängt ab von der richtigen Temperatur und dem angemessenen Druck auf den Penis, von der Flexibilität und Anfeuchtung der Innenhaut, von dem gefühlvollen Vorgehen des Hengstwärters. Den meisten Hengsten kann beigebracht werden, in eine künstliche Scheide zu ejakulieren. Sogar Hengste, die im Natursprung decken, nehmen diese Samengewinnung gelegentlich hin, wenn eine rossige Stute zugegen ist. Hengste, die alleine für die KB benutzt werden, kann man trainieren, ein Phantom zu besteigen.

Samenbehandlung

Der Samen wird bei der KB frisch oder tiefgefroren verwendet. Frischer Samen kann bei Raumtemperatur bis zu einer oder zwei Stunden vor der Besamung aufbewahrt werden. Er kann mit einem Verdünner gemischt werden, der schützende und energiereiche Substanzen enthält, um das Überleben der Spermien zu fördern.

Eine Samenportion kann ganz gegeben oder in mehrere Portionen aufgeteilt werden. Es ist wichtig, jede Portion jederzeit mit äußerster Sorgfalt zu behandeln, damit der Samen nicht geschädigt wird.

Die Anzahl der Portionen, die man aus einem Ejakulat erhält, hängt vom Volumen und der Zahl der normalen, lebenden Spermien ab. In dieser Hinsicht weisen Vollbluthengste manchmal eine schlechtere Samenqualität im Vergleich zu Hengsten anderer Rassen auf. In der Praxis werden ihre Ejakulate darum gewöhnlich

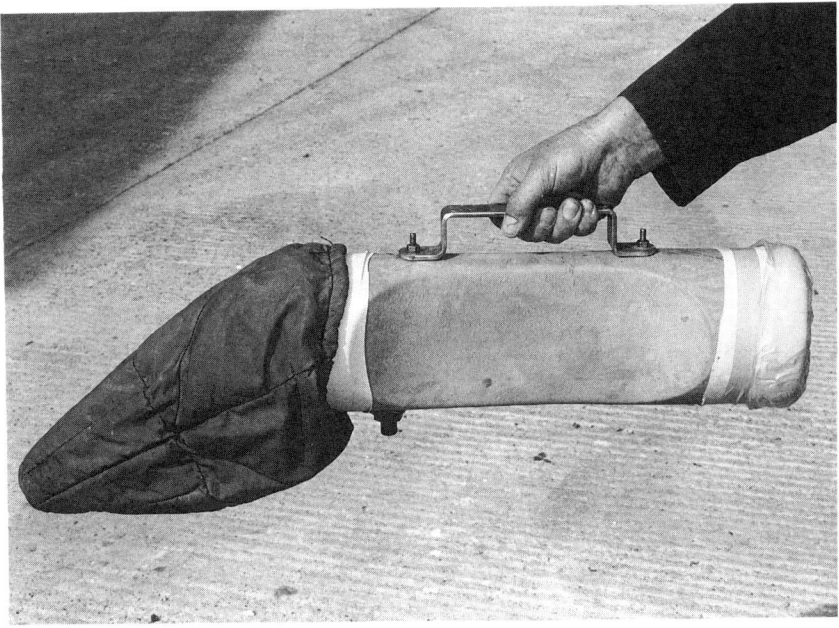

Das Cambridge-Modell einer künstlichen Scheide, unten mit einer Innenauskleidung zum einmaligen Gebrauch sowie einem Auffangbehältnis ausgestattet.

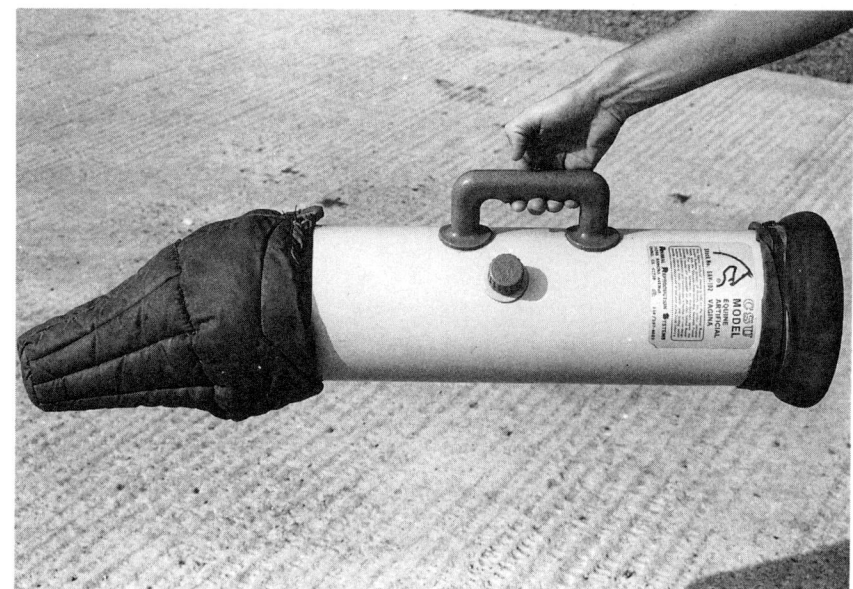

Eine künstliche Scheide, Modell CSU, fertig zusammengesetzt mit einer Schutzumhüllung um den Auffangbehälter und bereit zur Benutzung.

nur in zwei oder drei Portionen aufgeteilt, um das Befruchtungsvermögen aufrechtzuerhalten.

Frischer Samen kann zu Stuten transportiert werden, wenn die Besamung innerhalb von zwei Stunden nach der Gewinnung stattfindet. Hier gilt freilich: je früher, desto besser.

Samenbeurteilung

Spermien sind verletzlich. Es ist wichtig, sie keinen Temperaturschwankungen auszusetzen. Das Gefäß, in dem sie gesammelt werden, sollte eine Temperatur von etwa 38 °C haben. Die Bewertung des Samens beruht auf der Gesamtzahl der normalen, beweglichen Spermien im Ejakulat. Sie muß eilig vorgenommen werden, weil Spermien dazu neigen, in der Samenflüssigkeit schnell ihre Beweglichkeit zu verlieren. Es ist schon widersinnig, daß die Samenflüssigkeit, die von den akzessorischen Geschlechtsdrüsen gebildet wird (siehe Seite 93), die Spermien kaum unterstützt und sogar giftig für sie sein kann. Auch aus diesem Grund ist es notwendig, die Stuten sobald wie möglich nach der Samengewinnung zu besamen.

Zur Beurteilung der Beweglichkeit der Spermien ist es üblich, die Spermien in eine spezielle Flüssigkeit zu geben, die Verdünner genannt wird. Sie ist auch das Transportmittel, das bei der künstlichen Besamung mit frischem oder tiefgefrorenem Samen benötigt wird.

Die Beweglichkeit wird beurteilt, indem man kleine Samenportionen bei 38 °C in so viel Verdünner gibt, daß man eine Verdünnung von 1:20 erhält. Die Fläschchen mit den Samenproben werden in einen Inkubator (Brutschrank) gesteckt. Tropfen dieser Proben werden auf ein sauberes Glasplättchen aufgebracht, damit

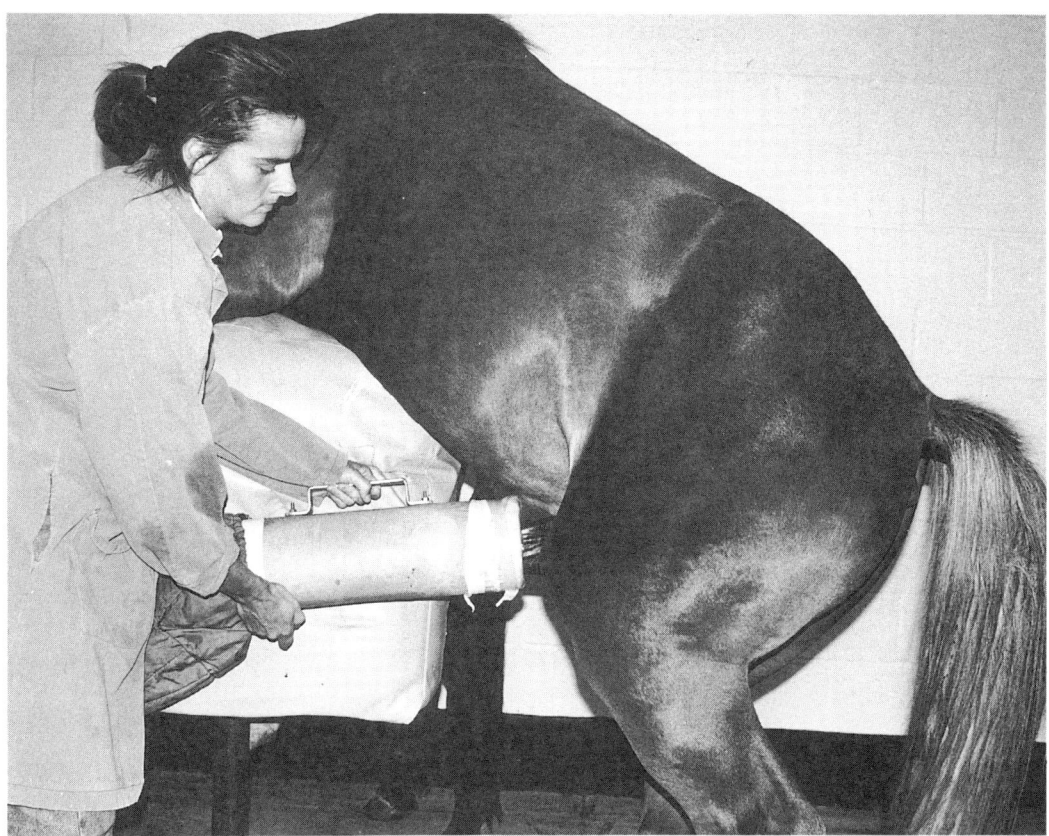

die Spermien unter dem Mikroskop beobachtet werden können. Hier bewertet man die Spermien individuell nach ihrer progressiven Vorwärtsbewegung. Das Ergebnis wird als Prozentanteil beweglicher Spermien dargestellt. Weitere Beurteilungen werden in einem halbstündigen Rhythmus vorgenommen, bis keine Beweglichkeit mehr vorhanden ist.

Nach der Beurteilung der Beweglichkeit wird die Zahl der Spermien pro Milliliter Samen gemessen. Spezielle Geräte, die einen digitalen Ausdruck der Spermienanzahl ermöglichen, stehen für diesen Zweck zur Verfügung.

Die Bewertung des Ejakulats ist wichtig, um entscheiden zu können, in wie viele Portionen ein Erguß für die Besamung aufgeteilt werden kann. Generell wird angenommen, daß für die KB 500 Millionen normaler beweglicher Spermien pro Portion erforderlich sind. Dies ist nur ein grober Anhaltspunkt, weil es über die Zahl der Spermien pro Besamung hinaus viele veränderliche Faktoren gibt, von denen die Trächtigkeitsrate beeinflußt wird. In der Praxis sollte aus der KB eine Befruchtungsrate von 80 Prozent innerhalb von vier Rossezyklen resultieren. Das sind zehn Prozent mehr, als wenn nur die erste Rosse genutzt wird (je nach Alter und Fruchtbarkeitsstatus der Stute). Bei Konzentrationen von weniger als 500 Millionen Spermien pro Portion sinken diese Raten stark ab.

Samengewinnung von einem Hengst, der ein Phantom bestiegen hat.

Aufbewahrung

Eine Aufbewahrung über längere Zeitabschnitte wird bei allen Arten mit großem Erfolg betrieben. Die Konservierung beruht auf Tiefgefrieren und Wiederaktivierung nach Wochen, Monaten oder gar Jahren nach der Samengewinnung.

Tiefgefriersperma

In den frühen fünfziger Jahren hat man herausgefunden, daß die Hengstspermien, die man von der Samenflüssigkeit getrennt, in Glyzerol und Glukose eingebracht und bei −79 °C tiefgefroren hatte, zu etwa 25 Prozent nach dem Auftauen noch beweglich waren. Seitdem ist diese Methode erfolgreich weiterentwickelt worden:

a) Die Spermien müssen mit einem angemessenen Transportmedium (Verdünner) vermischt werden;

b) sie sind langsam von Körpertemperatur abzukühlen und müssen mit solchen Stoffen wie Glyzerol oder Zucker versetzt werden, die gegen tiefe Temperaturen schützen;

c) sie müssen in geeigneten Behältern für Einzelportionen abgepackt sein, die man gewöhnlich Pailletten nennt; der anfänglich langsame Gefriervorgang muß bei +5 °C in schnelles Tiefgefrieren bis unterhalb – 100 °C übergehen; gelagert wird bei −196 °C; d) für das Auftauen müssen die Spermien schnell auf 37 °C aufgewärmt und dann alsbald für die KB benutzt werden.

Fruchtbarkeitsraten

Der Prozentsatz der Stuten, die nach der Besamung in einer Rosseperiode tragend werden, beträgt etwa zwischen 50 und 70 Prozent bei Verwendung von Frischsperma und etwa zwischen 25 und 55 Prozent bei Tiefgefriersperma.

Die Ergebnisse weichen voneinander ab je nach Gewinnungstechnik, Transport und Lagerung. Sie sind ebenfalls abhängig vom verwendeten Verdünner und vom einzelnen Tier. Die natürliche Anfälligkeit der Spermien ist von Hengst zu Hengst unterschiedlich.

Embryotransfer

Der Embryotransfer wurde als Zuchttechnik erstmals vor fünfzig Jahren entwickelt. Wissenschaftler fanden heraus, daß man Schafen eine befruchtete Eizelle entnehmen und diese in ein anderes Mutterschaf einpflanzen konnte, wenn dieses empfangsbereit war. Der Embryo entwickelte sich im Empfängerschaf und wurde voll ausgetragen. Diese Entdeckung ermöglichte es Züchtern von Schafen, Rindern und anderen Arten, eine große Anzahl von Nachkommen eines einzigen weiblichen Tieres zu produzieren. Bei Pferden wird diese Technik erst seit neuerer Zeit benutzt. Ihre Anwendung ist allerdings ebenso wie die KB bei Vollblütern noch verboten. Bei anderen Rassen hat sich dieses Zuchtverfahren inzwischen weltweit eingebürgert. Überraschenderweise ist Großbritannien auf diesem wichtigen Gebiet moderner Pferdezucht etwas zurückgeblieben – ungeachtet dessen, daß ein Forschungszentrum (The Thoroughbred Breeders' Association Equine Fertility Unit) in Newmarket unter der Leitung von Dr. W. R. Allen beheimatet ist.

Der Embryotransfer hat die folgenden Vorteile:

1. Einzeltiere hoher Qualität oder hohen kommerziellen Wertes können mehr Nachwuchs produzieren, als unter natürlichen Bedingungen möglich ist; bis zu acht Embryos können von jeder Stute im Verlaufe einer Decksaison erzeugt werden.
2. Ein Turnier- und Leistungspferd muß nicht mehr pausieren, weil es ein Fohlen austrägt.
3. Die Chance von Fohlengeburten früh in der Zuchtsaison nimmt zu.
4. Der Embryotransfer gibt die Möglichkeit, mit unzureichend fruchtbaren oder älteren Stuten zu züchten, die zwar eine befruchtete Eizelle hervorbringen, nicht jedoch ein Fohlen austragen können.

Wenn Spender- und Empfängerstute ausgewählt worden sind, müssen ihre Eisprünge zeitlich in Einklang gebracht werden. Dies kann man erreichen durch die Gabe von Prostaglandin und menschlichem Choriongonadotropin (human chorionic gonadotropine, HCG). Der Embryo sollte zwischen dem 4. und dem 9. Tag nach dem Eisprung der Empfängerstute übertragen werden.

Die Gewinnung eines Embryos kann operativ erfolgen, indem man sich durch einen Einschnitt in der Flanke Zugang zu der Gebärmutter verschafft, oder auch unblutig. Den Embryo sollte man sechs bis acht Tage nach dem Eisprung entnehmen; der Embryo erreicht den Gebärmutterkörper nicht vor dem sechsten Tag. Nach dem achten Tag ist er weniger lebensfähig. Die unblutige Methode wird heute am häufigsten durchgeführt. Dabei wird ein Katheter durch den Gebärmutterhals eingeführt. Durch dieses Gerät wird ein spezielles Medium in die Gebärmutter eingespült. Wird dieses Medium anschließend abgesogen, schwimmt der Embryo darin durch den Katheter in ein Sammelgefäß. Embryos können nicht immer mit bloßem Auge ausgemacht werden, daher läßt man das Medium durch einen sehr feinen Filter laufen. Der Embryo sollte einige Male mit einer Spüllösung gewaschen werden, die aus PBS (phosphate buffered salt solution) und fetalem Kälberserum (FCS, fetal calf serum) besteht. Dieses Verfahren entfernt jeglichen Zellabfall vom Embryo. Nach dem Waschen wird der Embryo unter dem Mikroskop betrachtet, um sicherzustellen, daß er nicht geschädigt ist und keine Zellreste mehr vorhanden sind. Findet der Transfer nicht sofort statt, kann der Embryo für späteren Gebrauch eingefroren werden. Ebenso wie die Gewinnung kann auch die Übertragung operativ vorgenommen werden, indem man einen Einschnitt in der Flanke macht, um das Gebärmutterhorn freizulegen, oder auch unblutig, indem man den Embryo mit einer Pipette durch den Gebärmutterhals in den Gebärmutterkörper einbringt.

Der Erfolg des Embryotransfers wird von vielen Faktoren beeinflußt, dazu gehören der Fortpflanzungsstatus und die Gesundheit der Empfänger- wie der Spenderstute, das Können und die Erfahrung des Tierarztes und das Ausmaß, in dem für sterile Bedingungen gesorgt wird. Die Erfolgsquote bei der Entnahme von Embryos beträgt zwischen 45 und 60 Prozent, und die Trächtigkeitsrate bei den Empfängerstuten liegt in der Gegend von 60 bis 70 Prozent bei einem unblutigen Transfer und 80 Prozent bei einem chirurgischen Transfer. Sowohl für die Entnahme wie für den Transfer werden unblutige Techniken bevorzugt.

Der Erfolg hängt in der Praxis davon ab, ob es gelingt, eine gesunde, befruchtete Eizelle aus der Gebärmutter einer Spenderstute zu erhalten. Gleichwohl ist die Forschung derzeit damit beschäftigt, Techniken für die Befruchtung einer Eizelle im Labor zu entwickeln. Die erste Fohlengeburt, die dank dieser Technik zustandekam, fand 1990 bei Dr. Eric Palmer und seiner Gruppe von INRA, Frankreich, statt. Dieses Verfahren hat keine großen praktischen Anwendungsmöglichkeiten, aber es wird für Forschungszwecke wertvoll werden.

Eine andere Technik mit interessanten Möglichkeiten ist die Teilung einer Eizelle nach der Entnahme. Jede Hälfte des Embryos wird an Empfängerstuten übertragen oder wieder in die Spenderstute eingepflanzt, um von ihr ausgetragen zu werden. Identische Zwillinge sind mit dieser Methode erzeugt worden, und in Zukunft kann es möglich sein, daß man mehr als zwei lebende Fohlen aus einem einzelnen Embryo erhält.

Register